1921

中国基本经济理论
百年探索
（1921—2021）

下部

蒋永穆　唐　永　马文武　张晓磊　张海浪　等◎著

中国基本经济理论百年探索（1921—2021）
发展篇

第十一章　社会主义经济发展及其方式

经济发展是实现国家现代化的重要保障。"以经济建设为中心是兴国之要，发展仍是解决我国所有问题的关键。只有推动经济持续健康发展，才能筑牢国家繁荣富强、人民幸福安康、社会和谐稳定的物质基础。"[①] 加快转变经济发展方式，是中国共产党在深入探索和全面把握中国经济发展规律的基础上提出的重要方针，是关系国民经济全局紧迫而重大的战略任务。建党百年来，中国学界对社会主义经济发展及其方式进行了大量研究，取得了丰富的研究成果。本章将从五个方面回顾国内学者对社会主义经济发展及其方式的相关研究。一是对马克思主义经典作家关于经济发展论述的阐释；二是对中国共产党关于经济发展论述的阐释；三是经济增长与经济发展；四是经济发展方式及其转变；五是新时代转变经济发展方式的新要求。在此基础上，总结学界对于社会主义经济发展及其方式研究的特点，并对该问题未来研究方向进行展望。

第一节　对马克思主义经典作家关于经济发展论述的阐释

经济发展一直都是经济学研究的重点问题。马克思主义创始人在批判继承古典政治经济学关于经济发展理论的基础上，创建了马克思主义经济发展理论，并随着实践不断丰富与发展。随着经济建设实践的不断推进，学界也不断挖掘马克思主义经典作家关于经济发展的理论，从而为中国经济发展提供理论指导与现实启示。

一、对马克思恩格斯经济发展思想的阐释

马克思恩格斯十分重视物质基础在无产阶级革命实践中的作用。因此，他们不仅从无产阶级革命进行理论探索，还十分重视对经济发展的研究，甚至也对未来社会经济发展进行了理论探索，形成了丰富的经济发展思想。学界对马克思恩格斯经济发展思想的研究阐释既有分别研究某个经济规律，也有整体研究经济发展动力与目的，以及现实启示等方面。

第一，关于马克思社会再生产理论的研究。社会再生产理论是马克思恩格斯经济发

[①] 中共中央文献研究室：《习近平关于协调推进"四个全面"战略布局论述摘编》，中央文献出版社，2015年，第26页。

展思想的重要组成，学界对其进行了研究阐释，形成系列研究成果，其主要观点见表11-1。

表11-1 学界关于马克思社会再生产理论的研究阐释汇总表

观点	主要内容	代表作者
内容说	主要研究了社会再生产理论的基本内容	吴树青（1963），罗季荣（1980），等等
发展说	主要研究了社会再生产理论的发展情况	胡琛（1977），王晓东（1986），等等
纠错说	主要研究了学界对社会再生产理论的误解	陈征（1981），卫兴华（2016），等等

内容说。学者主要研究阐释了马克思社会再生产理论的主要内容。吴树青（1963）着重研究阐释了马克思再生产理论依据的两个前提和两大部门的对比关系。① 曾启贤（1963）认为，马克思的再生产理论内容丰富，具体包括关于社会再生产过程是物质资料再生产、劳动力再生产和生产关系再生产的统一等方面。② 罗季荣（1980）将马克思再生产理论概括为马克思关于社会总产品的原理、关于社会再生产总过程的原理、关于社会再生产形式的原理、关于简单再生产的原理、关于扩大再生产的原理、关于国民收入形成与分配的原理等方面。③ 陈征（1981）将马克思的再生产理论概括为简单再生产与扩大再生产、扩大再生产区分为外延上和内含上的扩大再生产、价值补偿与实物补偿的实现等方面。④ 苏星（1991）将马克思的再生产理论总结为社会生产分为生产资料的生产和消费资料的生产、在扩大再生产下生产资料生产的增长占优先地位、第一部类和第二部类之间对比关系、剩余产品是积累的唯一源泉、社会基金的形成和用途、积累是扩大再生产的唯一源泉等方面。⑤ 王元璋（1998）也从社会总产品的分配、社会再生产中的比例关系等方面研究阐释了其与经济发展之间的关系。⑥ 裴小革（2013）从社会生产两大部类顺序问题、社会生产两大部类增长的对比速度问题、积累与扩大再生产的关系问题等方面研究阐释了马克思的再生产理论。⑦

发展说。持有这种观点的学者主要研究了后面的马克思主义者如何坚持和发展了马克思的再生产理论。王晓东（1986）认为列宁对马克思再生产理论的贡献在于，在第一部类比第二部类增长快的规律、积累和消费、生产有机构成的变化等方面提出了一些新的结论。⑧ 胡琛（1977）认为毛泽东同志关于农轻重之间的关系发展了马克思的再生产理论。这主要体现在：阐明了农轻重与生产资料的生产和消费资料的生产两大部类的

---

① 吴树青：《关于马克思主义再生产理论的两个问题》，《教学与研究》，1963年第2期，第25～27页。
② 曾启贤：《我国发展国民经济总方针与马克思的再生产理论》，《江汉学报》，1963年第2期，第7～10页。
③ 罗季荣：《关于马克思再生产理论的基本原理》，《厦门大学学报》（哲学社会科学版），1980年第3期，第9～29页。
④ 陈征：《马克思的再生产理论和我国社会主义建设的实践》，《福建论坛》，1981年第2期，第19～23页。
⑤ 苏星：《用马克思的再生产理论指导我国社会主义经济建设》，《科学社会主义》，1991年第1期，第11～16页。
⑥ 王元璋：《马克思恩格斯经济发展思想导论》，新疆人民出版社，1998年，第400～456页。
⑦ 裴小革：《马克思社会总资本再生产理论的若干问题》，《河北经贸大学学报》，2013年第4期，第9～14页。
⑧ 王晓东：《列宁对马克思再生产理论的卓越贡献》，《马克思主义研究》，1986年第2期，第151～166页。

关系，发展了马克思主义关于扩大再生产的生产资料优先增长的原理，进一步阐明了两大部类之间的辩证关系，正确解决了社会主义扩大再生产的资金积累问题。① 有林（2005）总结了陈云对马克思再生产理论的丰富，主要表现为保持生产中的各种比例关系、处理好建设规模和国家实力的关系、处理好吃饭和经济建设的关系等。②

纠错说。持有这种观点的学者研究了学界对马克思再生产理论的曲解。如陈征（1981）指出，部分学者将积累作为扩大再生产的唯一源泉，并非马克思的观点。③ 卫兴华（2016）指出了学界研读马克思再生产理论存在的三个认识误区：普遍存在对内涵扩大再生产和外延扩大再生产范畴的认识误区，将外延型和内涵型的扩大再生产同粗放型和集约型的生产混同，对马克思这一重要观点的解读杂乱不清——所使用资本和所消费资本之差额的增大，成为决定积累规模的因素。④

第二，关于马克思恩格斯社会主义计划经济理论的研究。马克思恩格斯社会主义计划经济理论是他们对社会主义经济建设的直接论述，学界对其也进行了研究阐释，主要观点如下。梁钊（1983）认为，马克思恩格斯关于社会主义计划经济的观点主要有：按比例分配社会劳动，是任何社会生产的客观要求；无产阶级掌握的社会化的生产资料变为公共财产，生产无政府状态就将为有计划的自觉的组织所代替；计划经济是按照全社会的需要，按照预定计划进行的社会生产；在资本主义制度下劳动按比例分配的实现形式是商品的交换价值，在社会主义制度下劳动按比例分配的实现形式是社会生产的有计划的自觉的组织，这是首要的经济规律。⑤ 白伟（1983）指出，马克思恩格斯的计划经济理论可以概括为：实行计划经济的基础是"生产资料的全国性集中"，计划经济的基本形式是劳动从一开始就是直接的社会劳动，实行计划经济的前提是生产力高度发达，实行计划经济的目的是按比例进行生产，从而满足整个社会和每个人的需要。⑥ 阮方确（1985）指出，马克思主义创始人论述社会主义计划经济是基于如下条件：建立在资本主义高度社会化大生产的物质基础之上，全部生产资料归社会占有，社会主义不存在商品生产与商品交换。⑦ 宋涛（1998）将马克思恩格斯关于社会主义计划经济理论概括为劳动者使用公有的生产资料有组织地进行劳动，有计划按比例地分配社会劳动，要计算好建设一个生产组织需要的劳动、生产资料和生活资料总量，生产的发展与社会成员对生活消费资料需要的增长要合比例，社会主义生产会有更快的发展等方面。⑧

第三，马克思恩格斯追求的经济发展的最终目的。实现人的自由全面发展，是

---

① 胡琛：《毛主席对马克思主义再生产理论的重大发展——学习毛主席关于农轻重关系的论述》，《华中师院学报》（哲学社会科学版），1977年第4期，第1～5页。
② 有林：《陈云对马克思社会资本再生产理论的运用和发展》，《马克思主义研究》，2005年第5期，第28～34页。
③ 陈征：《马克思的再生产理论和我国社会主义建设的实践》，《福建论坛》，1981年第2期，第19～23页。
④ 卫兴华：《澄清对马克思再生产理论的认识误区》，《中国社会科学》，2016年第11期，第5～14页。
⑤ 梁钊：《马克思主义计划经济理论同我国现代化建设相结合》，《学习与探索》，1983年第1期，第96～103页。
⑥ 白伟：《马克思计划经济的理论与实践》，《社会科学研究》，1983年第1期，第8～13页。
⑦ 阮方确：《马克思主义计划经济理论在我国的实践和发展》，《求实》，1985年第4期，第9～12页。
⑧ 宋涛：《社会主义计划经济理论与实践的发展》，《当代经济研究》，1998年第1期，第1～15页。

马克思恩格斯追求的经济发展的最终目的。学界也普遍围绕这个观点进行了研究阐释。严汉平（2003）指出，马克思追求的经济发展的最终目的是实现人的全面发展，即通过经济计划来实现增长、发展生产力，通过消灭阶级和阶级对立来实现经济与社会上的公平，通过消除旧式分工来实现人的全面自由发展。① 于金富（2012）认为，马克思不仅剖析资本主义经济发展的目的是追求剩余价值，而且还揭示了未来社会经济发展的最终目的是实现人的全面发展。② 顾海良（2016）通过剖析马克思人的发展三大形式理论，也指出经济的发展是实现人的全面发展。③ 李义平（2016）指出，马克思追求的经济发展目的是追求人的全面发展，物质资料的生产与发展仅仅是实现人全面发展的基础。④ 简新华（2017）也探讨了马克思主义经典作家关于经济发展的目的是实现人的全面发展。⑤ 蒋永穆等（2017）指出，马克思追求的社会主义经济发展目的是建立一个物质极大丰富、社会关系高度和谐、每个人自由全面发展的社会。⑥ 朱方明（2018）也指出，在马克思看来，经济发展的目的是满足人的需要，实现人的全面自由发展。⑦

第四，马克思恩格斯经济发展的动力理论。马克思恩格斯通过对资本主义社会经济发展的研究，形成了经济发展的动力理论。学者们从不同的维度对马克思恩格斯经济发展的动力理论进行研究阐释，其主要观点如下。"生产力发展为动力"。持这类观点的学者，主要从生产力及其系统的视角研究阐释了马克思恩格斯经济发展动力理论。张尚仁（1975）认为，生产方式的更替，最终取决于社会生产力的发展，而不是阶级斗争。⑧ 胡钧和陶玉（2011）则认为新的生产关系是生产力发展的根本动力，脱离生产关系而去寻找生产力发展的动力，是不正确的。⑨ "科学技术为动力"。持这类观点的学者，主要从科学技术的视角研究马克思恩格斯的经济发展动力理论。王能昌（1986）指出，科学技术的进步是人类社会发展的一个动力。⑩ 黄顺基（1989）指出，在动力体系中科学技术是起支配性和决定性作用的动力，"科学技术是最伟大的动力"。⑪ 严汉平（2003）通过比较马克思、斯密、熊彼特三人的经济发展理论，指出马克思也认为科技进步对经济

---

① 严汉平：《斯密、马克思、熊彼特经济发展理论比较研究》，《中南财经政法大学学报》，2003年第2期，第37～43页。
② 于金富：《马克思经济发展理论的主要内容及现实意义》，《当代经济研究》，2012年第10期，第12～17页。
③ 顾海良：《新发展理念的马克思主义政治经济学探讨》，《马克思主义与现实》，2016年第1期，第1～7页。
④ 李义平：《马克思的经济发展理论：一个分析现实经济问题的理论框架》，《中国工业经济》，2016年第11期，第13～21页。
⑤ 简新华：《发展观的演进与新发展理念》，《当代经济研究》，2017年第9期，第22～31页。
⑥ 蒋永穆、张晓磊、周宇晗：《积极探索和构建中国特色社会主义的经济发展理论》，《政治经济学评论》，2017年第2期，第33～40页。
⑦ 朱方明：《论马克思主义经济发展理论中国化的新发展》，《四川大学学报》（哲学社会科学版），2018年第5期，第15～25页。
⑧ 张尚仁：《关于生产力和社会发展的根本动力问题的几点浅见》，《国内哲学动态》，1975年第5期，第16～19页。
⑨ 胡钧、陶玉：《论生产力发展的根本动力》，《经济纵横》，2011年第3期，第1～6页。
⑩ 王能昌：《试论科学技术的进步也是人类社会发展的动力》，《河北师范大学学报》，1986年第3期，第54～60页。
⑪ 黄顺基：《科学技术动力论——唯物史观的新发展》，《中国人民大学学报》，1989年第1期，第1～8页。

发展起着重要的推作用。① 王元璋（2006）指出，马克思十分重视科学技术资源对经济发展的作用，并探讨了科学技术对经济发展的作用机理。② 顾海良（2008）指出，马克思十分重视科学技术与经济发展的关系，并强调科学技术对经济发展有着十分重要的作用。③

第五，马克思恩格斯经济发展思想的现实启示。马克思恩格斯的经济发展思想不仅具有历史价值，还有现实价值。学界结合我国经济发展的需要，研究阐释了马克思恩格斯经济发展思想的现实意义。李朝林等（2011）认为，尽管马克思关于经济发展的思想都是针对资本主义生产方式的，但马克思关于经济发展的科学思想完全可以用来指导中国经济实践，即要兼顾生产力发展和人与社会的全面进步、重视节约社会总劳动、重视各生产部门的比例性和协调性、重视资源节约和生态环境的保护。④ 于金富（2012）认为，马克思的经济发展思想的启示主要有：克服单纯就发展而讲发展的倾向；正确处理经济发展与社会进步之间的关系，既要重视从结构调整、技术变革和组织创新等物质技术方面研究与解决经济发展问题，也要注重实现人的自由与全面发展；要正确处理发展与改革的关系，既要防止单纯"为改革而改革"的倾向，也要防止借口促进发展而回避与拖延改革的倾向。⑤ 李陈和李家祥（2015）指出，马克思经济发展方式思想的时代价值主要体现在如下几个方面：清醒把握经济转型规律，高度重视加快发展方式转变；历史看待粗放发展方式，认清转型的长期性和复杂性；明确经济转型战略重点，着眼新发展方式的生成；加快推进科技创新，提高要素投入贡献率；深化经济体制改革，提升企业管理水平；统筹经济发展与环境保护，建设生态效益型经济。⑥ 朱方明和刘丸源（2019）在探究马克思关于经济发展理论的基础上，指出其对中国经济高质量发展的十大启示：要坚持"以人民为中心"；要全面评估经济发展；坚持以实体经济发展为基础；坚持劳动过程与自然生产过程相统一的发展观；充分认识经济规律，尊重经济规律的作用；坚持市场经济的改革方向不动摇，处理好政府和市场关系；尊重商品所有权规律，深化国有企业产权制度改革；正视经济波动，利用市场机制淘汰落后生产力；用社会主义制度的优越性弥补市场机制的不足；加强法治和道德建设。⑦

二、对列宁经济发展思想的阐释

列宁作为马克思主义的捍卫者，不仅坚持了马克思恩格斯经济发展思想，还在社会

---

① 严汉平：《斯密、马克思、熊彼特经济发展理论比较研究》，《中南财经政法大学学报》，2003 年第 2 期，第 37~43 页。
② 王元璋：《马克思主义经济发展思想史》，新疆人民出版社，2006 年，第 88~89 页。
③ 顾海良：《马克思经济思想概论》，经济科学出版社，2008 年，第 171 页。
④ 李朝林，张存刚，田彦平：《马克思的经济发展思想及其现实指导意义》，《经济纵横》，2011 年第 3 期，第 14~18 页。
⑤ 于金富：《马克思经济发展理论的主要内容及现实意义》，《当代经济研究》，2012 年第 10 期，第 12~17 页。
⑥ 李陈，李家祥：《马克思经济发展方式思想的时代价值》，《学术月刊》，2015 年第 4 期，第 72~78+71 页。
⑦ 朱方明，刘丸源：《马克思的经济发展理论与西方经济发展理论比较——兼论中国经济高质量发展的路径》，《政治经济学评论》，2019 年第 1 期，第 54~72 页。

主义国家经济发展的实践中不断探索，从而进一步丰富和发展马克思恩格斯经济发展思想。列宁在社会主义建设实践中形成的经济发展思想，对新中国成立初期，乃至改革开放以来的社会主义改革与建设都有着十分重要的理论指导意义。为此，学界对其进行了研究阐释。通过梳理已有研究成果，可以发现，现有的学术探讨主要集中在如下几个方面：

第一，生产资料优先增长规律。列宁明确提出生产资料优先增长规律，在中国的社会主义经济发展的实践中，如何认识这一规律，学界进行了一定的研究，形成了丰富的研究成果，具体如下：

原因说。持这类观点的学者，主要研究了生产资料优先增长规律形成的原因。关于生产资料优先增长规律形成的原因学界也存在一定的争议。于光远和苏星（1961）指出，生产资料优先增长规律存在的原因是第一部类资本有机构成的提高快于第二部类。① 李定中（1963）认为，生产资料优先增长规律的存在是由于第一部类的劳动者人数的增加快于第二部类。② 董辅礽（1964）认为，生产资料优先增长是由社会生产平均资本有机构成的提高决定的，进一步是由社会生产技术的进步决定。③ 尹世杰（1964）指出，生产资料优先增长是由于技术进步，不变资本比可变资本变化得更快。④ 吴树青（1981）也指出，生产资料优先增长规律存在的原因是生产资料生产部门的技术进步一般快于消费资料生产部门。⑤

否定说。持这类观点的学者认为，生产资料优先增长规律不是社会主义经济规律。鲁济典（1979）指出，生产资料优先增长规律建立在不切实际的前提下。⑥ 朱家桢（1979）指出，生产资料优先增长使第一部类的发展脱离第二部类，与社会主义有计划按比例发展的经济规律相矛盾，所以不适用于社会主义经济。⑦ 王绍顺（1982）指出，生产资料优先增长规律不适合社会主义经济建设。⑧

肯定说。持这类观点的学者认为，生产资料优先增长规律是社会主义经济规律。范关坤（1980）认为，生产资料优先增长不仅是社会主义经济规律，还是马克思主义再生产理论的一个重要原理。⑨ 吴树青（1981）认为，生产资料生产优先增长的规律是技术

---

① 于光远，苏星：《政治经济学（资本主义部分）》，人民出版社，1961年，第115页。
② 李定中：《制造生产资料的生产资料增长更快的原因》，《江汉学报》，1963年第3期，第14～22页。
③ 董辅礽：《制造生产资料的生产资料增长更快的原因何在》，《学术月刊》，1964年第7期，第24～30页。
④ 尹世杰：《再论生产资料优先增长与发展农业——兼与刘国光、蒋振云同志商榷》，《学术月刊》，1964年第6期，第10～18页。
⑤ 吴树青：《正确认识和运用生产资料优先增长的原理》，《经济理论与经济管理》，1981年第2期，第46～53页。
⑥ 鲁济典：《生产资料优先增长是一个客观规律吗？》，《经济研究》，1979年第11期，第16～21页。
⑦ 朱家桢：《生产资料生产优先增长是适用于社会主义经济的规律吗？》，《经济研究》，1979年第12期，第44～51页。
⑧ 王绍顺：《生产资料生产优先增长不是扩大再生产的普遍规律》，《经济科学》，1982年第2期，第16～22页。
⑨ 范关坤：《生产资料优先增长与社会主义基本经济规律——与薛志贤同志商榷》，《学术月刊》，1980年第10期，第26～30页。

进步条件下社会扩大再生产的规律。① 张守一（1981）认为，生产资料优先增长规律依然是社会主义经济规律，并适用于中国的经济建设。他进一步分析到，这是由中国机器生产代替手工劳动、生产过程的无形损耗、专业化和协作，以及巩固国防需要等因素决定的。②

第二，列宁的社会主义经济管理思想。十月革命胜利以后，列宁在社会主义经济发展的探索实践中，形成了丰富的社会主义经济管理思想。学界也对此进行了系列研究，主要研究观点如下：

四方面说。持这类观点的学者将列宁的社会主义经济管理思想总结为四个方面。李龙（1985）将列宁的社会主义经济管理思想概括为要挑选和培育经济管理人才、坚持民主集中制的原则、实行物质利益原则和经济核算制、学习和吸取资本主义先进的管理经验和方法等四个方面。③ 黎明（1991）认为，列宁的社会主义经济管理思想可以分为实行企业管理的一长制、坚持经济核算制、贯彻物质利益原则、培养和利用经济管理人才等四个方面。④ 商德文（1992）将列宁的社会主义经济管理思想总结为逐步建立中央集权的决策模式、管理的原则、管理的方法、向资本主义学习先进的管理方法等四个方面。⑤

五方面说。持这类观点的学者将列宁的社会主义经济管理思想总结为五个方面。沙献玉（1987）将列宁的社会主义经济管理思想分为计划管理思想、经济核算思想、民主管理思想、经济责任制思想、引进管理科学思想等五个方面。⑥ 李五星（2000）将列宁的社会主义经济管理思想总结为加强对国民经济的计划领导、建立和实行经济核算制度、搞活企业与扩大企业的自主权、贯彻物质利益原则和奖励制度、善于使用和造就大批经济管理人员等五个方面。⑦

三、对斯大林经济发展思想的阐释

斯大林在领导苏联进行社会主义经济建设实践中，也形成了社会主义经济发展思想。尽管斯大林领导的社会主义经济建设备受争议，尤其是"斯大林模式"遭受后来的批判。但他在经济建设实践中形成的经济发展思想，依然对社会主义经济发展具有理论镜鉴意义。基于此，学界也对他的经济发展思想进行了研究，以期为中国经济发展提供理论镜鉴。整体来看，学界对斯大林的经济发展思想研究相对较少。通过对已有研究文

---

① 吴树青：《正确认识和运用生产资料优先增长的原理》，《经济理论与经济管理》，1981年第2期，第46~53页。
② 张守一：《试论生产资料生产的优先增长——与鲁济典、朱家桢同志商榷》，《经济问题探索》，1981年第1期，第7~15页。
③ 李龙：《对于列宁有关社会主义经济管理理论的探讨》，《南方经济》，1985年第2期，第65~69页。
④ 黎明：《列宁的社会主义经济管理思想》，《苏联东欧问题》，1991年第3期，第42~50页。
⑤ 商德文：《列宁经济思想发展史》，经济科学出版社，1992年，第376~387页。
⑥ 沙献玉：《列宁的经济管理思想初探》，《河南大学学报》（哲学社会科学版），1987年第3期，第29~33页。
⑦ 李五星：《列宁关于社会主义经济管理的思想与实践》，《沧州师范专科学校学报》，2000年第1期，第1~5页。

献的回顾,可以发现,现有的学术研究主要集中在如下两个方面:

第一,对斯大林提出的社会主义基本经济规律的研究阐释。斯大林认为社会主义基本经济规律包括社会主义生产的目的和生产的手段两个方面。有学者赞同这一观点,如苏星(1955)基本认为斯大林提出的社会主义基本经济规律是符合当时的经济社会条件的。① 蒋学模(1959)认为,斯大林提出的社会主义基本经济规律是适用于当时的经济生产条件。② 田荣嘉(1980)认为,斯大林关于社会主义基本经济规律的表述是正确的,也是科学的。③ 管慧娟(1987)指出,社会主义基本经济规律的内容由社会主义生产的目的和生产的手段组成,在一定程度上也是正确的,但她否认斯大林对其内涵的界定。④ 另外,也有学者质疑这一观点,如石世印(1980)认为,斯大林关于社会主义基本经济规律的概述既不完整,也不准确,而且带有严重的形而上学和绝对化的特点。⑤ 张立纲(1989)指出,社会主义生产目的加社会主义生产手段,不等于社会主义基本经济规律。⑥

第二,对斯大林经济模式的研究阐释。学界大都认为斯大林经济模式是高度集中的经济模式。王绍顺(1998)研究了斯大林经济模式,并将其概括为五个方面。即所有制模式:社会主义公有制只有全民所有制和集体所有制两种形式;经济结构模式:优先发展重工业;经济形式模式:消费品是商品,生产资料不是商品;个人消费品分配模式:按劳分配;经济管理体制模式:中央集权型,自上而下的指令性计划,限制地方和企业的自主权限。⑦ 陈华山(1993)指出,斯大林经济模式是国家垄断社会主义最典型的一种经济模式,具有单一的国营经济、高度集中统一的指令性计划经济、国家高度集中统一的生产经营决策、排斥市场机制、对外经济贸易的绝对国家垄断制等特征。⑧

第二节 对中国共产党关于经济发展论述的阐释⑨

经济发展是实践中的重要问题,中国共产党历来都十分重视经济发展。中国共产党

---

① 苏星:《目前争论的主要分歧在那里》,《经济研究》,1955年第1期,第34~39页。
② 蒋学模:《关于价值规律对社会主义生产的"影响"作用和"调节"作用》,《经济研究》,1959年第1期,第37~41页。
③ 田荣嘉:《斯大林对社会主义基本经济规律的表述是正确的——学习斯大林〈苏联社会主义经济问题〉的体会》,《兰州学刊》,1980年第1期,第38~42页。
④ 管慧娟:《对斯大林关于社会主义基本经济规律理论的重新认识》,《经济与管理研究》,1987年第2期,第13~15页。
⑤ 石世印:《对斯大林关于社会主义基本经济规律理论的意见》,《学术月刊》,1980年第9期,第27~29页。
⑥ 张立纲:《对斯大林社会主义基本经济规律的质疑》,《党校学报》,1989年第3期,第35~39页。
⑦ 王绍顺:《从斯大林经济模式到邓小平有中国特色的社会主义》,《学习与探索》,1998年第6期,第12~16页。
⑧ 陈华山:《论斯大林经济模式和准斯大林经济模式——兼论国家垄断社会主义经济模式》,《今日前苏联东欧》,1993年第6期,第44~48页。
⑨ 本节部分内容已经公开发表,但收录时有所增减。具体参见蒋永穆,王瑞:《中国共产党百年经济发展思想研究:回眸与展望》,《社会科学辑刊》,2021年第6期,132~141页。

对经济发展的认识，也随着经济实践的推进不断深化，形成了以经济增长为核心、可持续发展、科学发展观与新发展理念等发展观。总的来看，中国共产党对经济发展认识的历程，回答了如何发展经济、如何更快发展经济、如何更好发展经济等问题。

一、对毛泽东思想中关于经济发展论述的阐释

毛泽东思想是马克思主义与中国革命和建设的具体实践相结合的理论成果，也是中华民族实现"站起来"的思想"武器"。毛泽东思想横跨了新民主主义革命时期与社会主义革命和建设时期两个时期，其中的经济发展思想也符合这两个时期的主要矛盾和主要任务的特点。毛泽东思想中的经济发展思想具有丰富的内容体系，学界对毛泽东思想中的经济发展思想进行了多角度的研究阐释，形成了颇为丰富的研究成果。从整体来看，国内学界关于毛泽东思想中的经济发展思想的研究阐释，主要是以毛泽东经济发展思想为主要线索。目前的主要研究成果见表11-2。

表11-2 学界关于毛泽东思想中的经济发展理论的研究阐释汇总表

研究视角	代表作者
目的说	杨聪（1995），李丰才（2004），寿思华（2012），等等
动力说	潘立文和文芳玲（2010），伍新林（2015），等等
阶段说	陶伯康（1988），朱鹏华和王天义（2020），等等
关系说	刘金文（1993），周惠玲（1994），王春刚（2015），等等
速度说	王彦（1993），梁柱（2002），何云峰（2017），等等

第一，目的说。持这类观点的学者主要从经济发展的目标视角来研究阐释毛泽东思想中的经济发展思想。尽管持这一研究视角的学者都是围绕经济发展目的而展开，但也存在一定的差异。具体来看，学界关于毛泽东思想中经济发展思想所指明的经济发展目的的研究呈现两个维度：国家维度和人民维度（邱琴芬和陈洪波，2003）。[①]

一是从国家的维度阐释了经济发展的目的。经济发展要为社会主义国家建设服务，即为建立一个以公有制为基础的社会主义现代化强国、一个"四个现代化"的社会主义强国、一个具有强大经济和政治实力的社会主义国家而服务（李丰才，2004）。[②] 潘立文和文芳玲（2010）认为，毛泽东同志关于经济发展的目标可以概括为，总目标是要建设一个伟大的社会主义国家，具体是要实现经济发展"工业化"与"现代化"。[③] 何云峰（2017）认为，毛泽东同志晚年提出了两个国家层面的经济发展目标：物质层面的目标，即实现"四个现代化"；社会层面的发展目标，建立一个以阶级斗争为纲的、限制和逐步消灭商品的、在分配上大体平均的社会，一个自给自足或半自给自足、小而全、

[①] 邱琴芬，陈洪波：《党的三代领导核心经济发展思想论析》，《宁夏党校学报》，2003年第2期，第12～15页。
[②] 李丰才：《试论毛泽东经济发展战略思想》，《上海金融学院学报》，2004年第1期，第52～57页。
[③] 潘立文，文芳玲：《毛泽东经济发展思想探析》，《学术论坛》，2010年第11期，第105～110页。

封闭式的社会。①

二是从人民的维度阐释了经济发展的目的。杨聪（1995）指出，毛泽东经济思想中始终装着人民，一切经济实践活动的最终指向都为了人民。②张秀荣（2006）认为，毛泽东同志阐释了经济发展"为了谁"的问题，即经济发展的最终归宿都是为了人民。③寿思华（2012）认为，毛泽东经济发展思想具有强烈的人民性，即经济发展不仅为了人民，而且经济发展的成果还应由人民共享。④朱鹏华和王天义（2020）认为，毛泽东同志认为经济发展的目的是满足人民群众的客观利益，实现共同富裕。⑤

第二，动力说。持这类观点的学者主要从经济发展的动力视角来研究阐释毛泽东思想中的经济发展思想。潘立文和文芳玲（2010）认为，毛泽东同志关于经济发展的动力可以概括为社会主义社会基本矛盾运动，即生产力与生产关系的矛盾运动。⑥伍新林（2015）认为，毛泽东同志将革命视为经济发展与生产力进步的重要动力。他进一步分析了毛泽东同志的经济革命动力论的具体内涵，即一方面毛泽东同志坚定地主张，只有通过社会革命，在政治与经济制度上实现彻底变革，最终建立起社会主义制度，才能使中国经济得以解放和发展；另一方面毛泽东同志主张强调精神因素对促进生产力发展的作用，注重通过思想与文化的全面改造推进经济发展。⑦寿思华（2017）指出，毛泽东同志十分重视科学技术对经济发展的推动作用，并探究了毛泽东同志的科学技术发展战略思想。⑧

第三，阶段说。持这类观点的学者主要从经济发展的阶段视角来研究阐释毛泽东思想中的经济发展思想。陶伯康（1988）认为，在毛泽东同志的经济发展战略构想中，经济发展基本上是分两步走，第一步建成社会主义社会，第二步实现社会主义现代化。⑨朱鹏华和王天义（2020）认为，毛泽东同志对社会主义经济发展阶段的设想大致可以概括为"两步走"战略，即要用三个五年计划打基础，十个五年计划将中国建成伟大的社会主义国家。⑩

第四，关系说。持这类观点的学者主要从处理经济发展中的关系来研究阐释毛泽东思想中的经济发展思想。刘金文（1993）从哲学的视角研究阐释了毛泽东经济发展思想中的关系，即农轻重之间的关系、沿海与内地工业之间的关系、经济建设与国防建设之间的关系、国家与单位及生产者之间的关系、自力更生与对外学习之间的关系、经济效

---

① 何云峰：《试论晚年毛泽东的发展理念》，《河南大学学报》（社会科学版），2017年第3期，第8~14页。
② 杨聪：《毛泽东经济思想的几个基本问题》，《中央民族大学学报》，1995年第6期，第19~22页。
③ 张秀荣：《毛泽东的发展观是科学发展观的源头》，《马克思主义与现实》，2006年第5期，第131~132页。
④ 寿思华：《毛泽东经济发展战略思想探究》，《改革与战略》，2012年第1期，第27~35页。
⑤ 朱鹏华，王天义：《毛泽东对中国特色社会主义政治经济学的理论探索》，《毛泽东邓小平理论研究》，2020年第4期，第68~78页。
⑥ 潘立文，文芳玲：《毛泽东经济发展思想探析》，《学术论坛》，2010年第11期，第105~110页。
⑦ 伍新林：《革命动力论：试论毛泽东的经济发展动力观》，《湖南科技学院学报》，2015年第3期，第72~75+79页。
⑧ 寿思华：《毛泽东经济发展战略思想研究》，线装书局，2017年，第139~142页。
⑨ 陶伯康：《简析毛泽东的经济发展战略构想》，《党政论坛》，1988年第3期，第44~46页。
⑩ 朱鹏华，王天义：《毛泽东对中国特色社会主义政治经济学的理论探索》，《毛泽东邓小平理论研究》，2020年第4期，第68~78页。

益与经济增长速度之间的关系、积累与消费之间的关系等。① 宴金发（1993）专门研究了毛泽东同志经济发展思想中的内外关系，指出要在坚持独立自主的基础上，积极发展对外关系。② 周惠玲（1994）以《论十大关系》为文本，研究阐释了经济发展中五大关系。具体包括：正确处理重工业和轻工业、农业的关系，沿海工业和内地工业的关系，经济建设和国防建设的关系，国家、生产单位和生产者个人的关系，中央和地方的关系。这五大经济关系涉及国民经济产业结构的调整，地区结构的调整，经济建设与国防建设投资比例的调整，社会主义经济利益关系的调整，中央和地方管理权限的调整。③ 郭根山（2001）认为，毛泽东同志从战略的高度论述了农轻重三者之间的关系，并提出了三者平衡发展的思想。④ 王春刚（2015）专门研究了毛泽东经济协调发展思想，具体如下：积极调整产业结构，促进产业的协调发展；大力发展内地工业，形成合理的工业布局；正确处理国防建设和经济建设关系，促进经济建设和国防建设协调发展；恰当处理分配问题，构建和谐分配关系；正确处理中央和地方关系，形成和谐的管理关系。⑤

第五，速度说。持这类观点的学者主要从经济发展的速度来研究阐释毛泽东思想中的经济发展思想。王彦（1993）认为，毛泽东同志十分重视经济发展速度，并提出了高速发展战略思想。他进一步指出，毛泽东同志从指导中国经济建设的第一天起，就把速度问题作为一个重要问题，把高速发展作为一个重要的战略。⑥ 乔宗寿和王琪（1993）指出，毛泽东同志在第二个五年计划时就强调要合理规定国民经济发展速度，以保证经济发展。⑦ 梁柱（2002）认为，经济建设的速度问题，是毛泽东同志一直都十分关注并认真思考的一个重大问题。他还进一步指出，毛泽东同志还提出赶超战略思想，领导制定的社会主义建设总路线，把速度问题作为一个中心问题。⑧ 潘立文和文芳玲（2010）认为，为了迅速摆脱贫穷与实现民族富强，毛泽东同志十分重视经济发展的速度，并提出了经济发展赶超战略思想。⑨ 何云峰（2017）认为，毛泽东同志晚年已经明确认识到社会主义现代化的实现不可能一蹴而就，因而尝试改变与优化快速发展的经济战略。⑩

二、对中国特色社会主义理论体系中关于经济发展论述的阐释

中国特色社会主义理论体系作为中国特色社会主义实践的经验总结与理论提炼，关于经济发展的理论是其中不可或缺的重要组成部分。通过梳理已有的研究文献，可以发

---

① 刘金文：《论毛泽东经济思想中的辩证法》，《理论学刊》，1993年第5期，第51~53页。
② 宴金发：《论毛泽东中国经济发展内外关系的思想》，《经济评论》，1993年第5期，第31~36页。
③ 周惠玲：《〈论十大关系〉中的经济思想与我国经济发展》，《首都师范大学学报》（社会科学版），1994年第1期，第14~19页。
④ 郭根山：《经济发展战略：毛泽东对发展经济学的贡献》，《河南师范大学学报》（哲学社会科学版），2001年第4期，第23~26页。
⑤ 王春刚：《论毛泽东经济协调发展思想》，《前沿》，2015年第4期，第66~68页。
⑥ 王彦：《毛泽东的经济发展观》，《高校理论战线》，1993年第6期，第16~21页。
⑦ 乔宗寿，王琪：《毛泽东经济思想发展史》，上海人民出版社，1993年，第485页。
⑧ 梁柱：《毛泽东社会主义经济建设思想若干问题研究》，《思想理论教育导刊》，2002年第3期，第15~21页。
⑨ 潘立文，文芳玲：《毛泽东经济发展思想探析》，《学术论坛》，2010年第11期，第105~110页。
⑩ 何云峰：《试论晚年毛泽东的发展理念》，《河南大学学报》（社会科学版），2017年第3期，第8~14页。

现，目前关于它的研究阐释主要表现在如下几个方面。

第一，对邓小平理论中关于经济发展论述的阐释。邓小平理论是在和平与发展的时代主题背景下，在总结我国社会主义建设经验教训的基础上，以及随着改革开放和社会主义现代化建设实践推进而不断形成和发展的。经济建设是这个时期的中心工作，因此，邓小平理论中具有十分丰富的经济发展思想。学界关于邓小平理论中的经济发展思想的研究阐释，主要是以邓小平经济发展思想为主要线索，并形成了颇为丰富的研究成果。其主要的研究视角见表11-3。

表11-3 学界关于邓小平经济发展思想的研究汇总表

研究视角	代表作者
目的说	乔洪武（1993），王纯德（1987），张天学（2004），等等
动力说	马燕（1993），顾海良和张雷声（1998），等等
速度说	申可善（1994），王文臣和柳仕刚（1995），等等
特色说	郭道夫（1983），张翼翔和李晓玉（1988），等等
意义说	柳新元（1998），廖和平和张英（2014），等等

一是目的说。持这类观点的学者主要研究阐释了邓小平经济发展思想中有关经济发展目的的论述。王纯德（1987）指出，邓小平同志指出经济发展目标包括实现社会生产翻两番与人民生活达到小康水平两个方面的目标。[1] 乔洪武（1993）指出，邓小平同志认为经济发展的目标是既要解放发展生产力，也要消灭剥削与贫困，实现共同富裕。[2] 顾海良和张雷声（1996）将邓小平经济发展思想中的经济发展的目的概括为国强民富，既要增强国家实力，也要实现人民共同富裕。[3] 王西秦（1997）指出，邓小平经济发展思想的总目标是基本实现社会主义现代化。[4] 邱琴芬和陈洪波（2003）认为，邓小平同志经济发展思想中的经济发展目标包括实现中国式现代化与实现共同富裕。[5] 张天学（2004）指出，经济发展为民和富民是邓小平经济发展思想的落脚点。[6]

二是动力说。持这类观点的学者主要研究阐释了邓小平经济发展思想中有关经济发展动力的论述。赵建春（1997）认为，邓小平同志关于经济发展的动力的论述，可以概括为在坚持社会主义方向的基础上，既要改革经济体制，也要实行对外开放。[7] 柳新元（1998）研究了邓小平的经济发展动力思想：制度创新是经济发展的制度动力源、技术

---

[1] 王纯德：《邓小平经济发展战略目标思想学习札记》，《华东石油学院学报》（社会科学版），1987年第3期，第37~40页。
[2] 乔洪武：《邓小平社会经济发展思想探讨》，《社会主义研究》，1993年第3期，第5~9页。
[3] 顾海良，张雷声：《邓小平的经济思想》，中国经济出版社，1996年，第169~172页。
[4] 王西秦：《论邓小平的经济发展战略思想》，《理论导刊》，1997年第4期，第7~9页。
[5] 邱琴芬，陈洪波：《党的三代领导核心经济发展思想论析》，《宁夏党校学报》，2003年第2期，第12~15页。
[6] 张天学：《论邓小平经济发展战略思想》，《中国矿业大学学报》（社会科学版），2004年第3期，第11~15页。
[7] 赵建春：《邓小平经济发展战略思想探析》，《学习论坛》，1997年第1期，第15~17页。

创新是经济发展的技术动力源、智力投资是经济发展的人才动力源、思想道德建设是经济发展的精神动力源。① 顾海良和张雷声（1998）指出，邓小平经济发展动力思想既包括深化经济体制改革，也包括对外开放、引进国外先进技术等。② 王维敏（1999）认为，邓小平对社会主义经济发展动力的认识依靠的是改革创新。同时，为了更好地推动科学的发展，邓小平还十分重视通过教育培养人才。③ 邓磊（2004）指出，邓小平经济发展动力思想包括体制创新、对外开放、科学技术和精神信念四个方面。④

三是速度说。持这类观点的学者主要研究阐释了邓小平经济发展思想中有关发展速度的论述。申可善（1994）研究了邓小平经济发展速度思想，即社会主义制度优于资本主义制度首先要表现在经济发展速度和经济效果方面，发展太慢不是社会主义；抓住时机，发展自己，保持经济发展有一个较高的速度；在现代化建设的长期过程中要争取出现若干个发展速度较快的阶段，隔几年上一个台阶；要扎扎实实，讲求效益，稳步协调地发展，避免不切实际的高速度。⑤ 王文臣和柳仕刚（1995）认为，速度问题历来是经济建设的重要问题。邓小平从战略高度重视经济发展速度问题，形成关于经济发展速度的思想，即经济发展速度问题，不仅是经济问题，也是政治问题；实现经济发展速度、经济发展效益与经济发展结构三者之间的统一；实现经济快速发展需要台阶式的上升。⑥

四是特色说。持这类观点的学者主要研究阐释了邓小平经济发展思想的鲜明特色。郭道夫（1983）认为，邓小平经济发展思想具有人民性、彻底性、创造性，以及指导性等方面的特色。⑦ 张翼翔和李晓玉（1988）指出，邓小平经济发展思想具有实践性、科学性、辩证性等鲜明特点。⑧ 陶琼（1991）指出，邓小平经济发展思想具有实践性、继承性、创造性、开放性等鲜明特色。⑨ 孟晓颖和刘凤霞（1992）指出，邓小平经济发展思想具有辩证性、实践性、开放性等显著特点。⑩

五是意义说。持这类观点的学者主要研究阐释了邓小平经济发展思想的意义。柳新元（1998）认为，邓小平的经济发展动力思想对当前的现实启示为：要树立全面的经济发展动力观，牢固树立创新是中国经济发展的灵魂的观点。⑪ 廖和平和张英（2014）认为，邓小平的经济和谐发展思想对于当今经济建设依然具有重要的意义，即坚持共同富裕的发展理念，关注全体人民的利益需求；发挥科技、教育的能动作用，提供经济发展

---

① 柳新元：《邓小平的经济发展动力思想及启示》，《江西社会科学》，1998年第3期，第1~4页。
② 顾海良，张雷声：《邓小平经济思想论纲》，《河北大学学报》（哲学社会科学版），1998年第3期，第1~10+87页。
③ 王维敏：《论邓小平经济发展思想的指导意义》，《西南民族学院学报》（哲学社会科学版），1999年第4期，第158~160页。
④ 邓磊：《邓小平社会主义经济发展动力思想研究》，《社会主义研究》，2004年第5期，第58~61页。
⑤ 申可善：《邓小平经济发展速度思想初探》，《社会科学》，1994年第2期，第7~10页。
⑥ 王文臣，柳仕刚：《论邓小平经济发展速度思想》，《河南社会科学》，1995年第4期，第30~33页。
⑦ 郭道夫：《试论邓小平经济思想》，《经济与管理研究》，1983年第5期，第1~9页。
⑧ 张翼翔，李晓玉：《试论邓小平经济思想的特色》，《江西社会科学》，1988年第1期，第25~31页。
⑨ 陶琼：《论邓小平的经济思想理论》，《宁夏大学学报》（社会科学版），1991年第1期，第8~14页。
⑩ 孟晓颖，刘凤霞：《邓小平经济思想探析》，《学术月刊》，1992年第7期，第1~5+10页。
⑪ 柳新元：《邓小平的经济发展动力思想及启示》，《江西社会科学》，1998年第3期，第1~4页。

的不竭动力;注重资源节约和环境保护,推进两型社会的快速发展;遵循统筹兼顾的工作思路,促进经济社会的和谐发展。①

第二,对"三个代表"重要思想中关于经济发展论述的阐释。20世纪80年代末90年代初,面对国内外的形势,以江泽民同志为主要代表的中国共产党人,科学研判形势,对社会主义经济发展等问题,进行了深邃的思考,形成了"三个代表"重要思想。"三个代表"重要思想依然以进一步解放和发展生产力为主线,不断推动经济发展,并在实践中形成了经济发展思想。学界对"三个代表"重要思想中的经济发展思想的研究阐释,主要以江泽民关于经济发展相关论述的研究阐释为主要线索,并形成了丰硕的研究成果,具体情况如下:

一是区域协调思想。研究这类思想的学者主要阐释了江泽民同志关于区域协调发展的相关论述。徐飞和刘忠权(1997)指出,东西部经济协调是江泽民同志的区域协调发展思想中的重要组成部分。实现东西部经济协调发展,既需要东部地区转变经济发展方式,提高经济发展质量,也需要东部地区加大对西部地区经济发展的扶持力度。②秦尊文(2003)将江泽民区域协调发展思想总结为四大观,即协调发展观、共同富裕观、加快发展观、特色经济观。③肖祥敏(2003)指出,江泽民同志区域经济协调发展思想包括:中央帮地方,发挥中央和地方两个积极性;沿海帮内地,实施西部大开发战略;先富帮后富,促进共同发展,实现共同富裕;国家帮助少数民族地区发展经济,逐步缩小少数民族地区与全国发展的差距。④董清民和董晶晶(2009)主要阐释了江泽民区域经济思想中的典型区域经济模式,即经济特区、长江三角洲和沿江地区、中部地区、西部地区、黄河流域、亚太经济组织、上海经济组织;发展区域经济的原则:协调发展原则,联系协作原则,互信、互利、互惠、共同发展原则。⑤

二是经济特区思想。研究这类思想的学者主要阐释了江泽民同志关于经济特区的相关论述。申勇(2000)将江泽民经济特区思想的基本观点概括为:要把发展经济特区贯穿于社会主义现代化建设的整个过程;经济特区要继续发挥优势,提升经济发展质量;经济特区要继续深化经济体制创新;经济特区要加快产业优化升级的步伐;经济特区要进一步扩大对外开放;经济特区要"致富思源、富而思进"。⑥刘建光和黄卫平(2001)将江泽民经济特区思想概括为三个方面:"三个基本不变"界定了特区下一步发展的原则;"增创新优势,更上一层楼"指明了特区的进一步发展方式和途径;"率先基本实现现代化"为特区进一步发展明确了目标。⑦

---

① 廖和平,张英:《邓小平经济和谐发展思想及其现实启示》,《湖南社会科学》,2014年第4期,第118~121页。
② 徐飞,刘忠权:《江泽民经济发展战略思想初探》,《贵州师范大学学报》(社会科学版),1997年第3期,第1~6页。
③ 秦尊文:《江泽民同志的区域经济思想初探》,《毛泽东思想研究》,2003年第3期,第44~46页。
④ 肖祥敏:《江泽民区域经济协调发展思想初探》,《湖南社会科学》,2003年第1期,第34~35页。
⑤ 董清民,董晶晶:《江泽民的区域经济思想探析》,《中共郑州市委党校学报》,2009年第5期,第34~36页。
⑥ 申勇:《江泽民经济特区发展思想研究》,《学术研究》,2000年第12期,第70~73页。
⑦ 刘建光,黄卫平:《江泽民经济特区思想研究》,《广东社会科学》,2001年第5期,第10~13页。

三是可持续发展思想。研究这类思想的学者主要阐释了江泽民同志关于可持续发展的相关论述。谭均云（2003）将江泽民同志关于可持续发展的思想总结为人口是经济可持续发展的关键、自然资源的永续利用是经济可持续发展的基础、环境是经济可持续发展的条件、科技创新是经济可持续发展的动力、人的全面发展是经济可持续发展的目标等方面。[①] 冯洁（2005）指出，江泽民同志十分重视经济可持续发展，并提出实现可持续发展的核心问题是实现经济社会和人口资源环境的协调发展。为此，要正确处理经济发展同人口资源环境的关系，促进人和自然的协调与和谐。[②]

第三，对科学发展观中关于经济发展论述的阐释。进入新世纪，以胡锦涛同志为主要代表的中国共产党人，紧紧抓住我国发展的重要战略机遇期，尤其是立足新世纪的国内外经济发展形势，形成了科学发展观。科学发展观的第一要义是发展，因此，推动经济持续健康发展是其主要任务。同时，在发展经济的实践中，形成了经济发展思想。学界对科学发展观中的经济发展思想的研究阐释，主要以胡锦涛关于经济发展的论述为主要线索，并形成了系列研究成果，具体情况可以概括如下：

一是目的说。持有这种研究视角的学者，主要研究阐释了胡锦涛关于经济发展目的的相关论述。汪青松（2006）指出，胡锦涛高度重视经济发展为了谁的问题，并提出经济发展要以实现人的全面发展为目标，从人民群众的根本利益出发谋发展与促发展，不断满足人民群众日益增长的物质文化需要。[③] 韩喜平（2009）指出，胡锦涛关于经济发展论述的核心是以人为本，发展的最终目的是走共同富裕的道路，实现人的全面发展。[④] 杨继瑞（2012）也研究阐释了胡锦涛关于经济发展目的的相关论述，并指出，发展经济是人为了自己更好地生存和发展的手段，经济发展坚持以人为本，就是要在经济发展的基础上，不断提高人民群众的物质文化生活水平。[⑤] 李高东（2013）指出，胡锦涛关于经济发展论述的目的是造福人民，即在经济发展的实践中，保障人的经济基本权利与不断保障和改善民生。[⑥] 黄明理和丁冉（2020）指出，胡锦涛关于经济发展论述是科学的发展，核心就是以人为本，为人民而发展是发展的目的。[⑦]

二是方式说。持有这种研究视角的学者，主要研究阐释了胡锦涛同志关于转变经济发展方式的相关论述。汪青松（2006）研究了胡锦涛同志关于转变经济发展方式的背景，即转变经济发展方式是缓解人口资源环境压力、实现经济社会全面协调可持续发展的根本途径。[⑧] 郑吉伟（2012）将胡锦涛转变经济发展方式思想概括为：转变经济发展

---

① 谭均云：《江泽民经济可持续发展思想探讨》，《前沿》，2003年第9期，第10～14页。
② 冯洁：《党的三代领导核心经济思想比较研究》，《南方经济》，2005年第10期，第38～41页。
③ 汪青松：《科学发展观与党的思想路线的新发展》，《马克思主义研究》，2006年第3期，第19～23页。
④ 韩喜平：《论科学发展观对经济发展理论的突破与创新》，《当代世界与社会主义》，2009年第5期，第103～105页。
⑤ 杨继瑞：《科学发展观的经济学解析——基于社会主义基本经济规律的视角》，《马克思主义与现实》，2012年第3期，第148～155页。
⑥ 李高东：《论胡锦涛经济发展思想》，《重庆工商大学学报》（社会科学版），2013年第3期，第82～86页。
⑦ 黄明理，丁冉：《新中国70年来发展观的科学标准与道德标准双重逻辑演进研究》，《经济问题研究》，2020年第4期，第1～9页。
⑧ 汪青松：《科学发展观与党的思想路线的新发展》，《马克思主义研究》，2006年第3期，第19～23页。

方式是从当前我国经济发展的实际出发提出的重要战略,关系改革开放和社会主义现代化建设全局;加快转变经济发展方式需要在经济体制上进一步深化改革和扩大开放,需要在经济发展战略上建设创新型国家。① 程恩富和程言君(2013)将胡锦涛经济发展思想中的经济发展方式概括为转变的形势、转变的方向调整和转变的内容及时间要求几个方面。具体来看,在转变的形势认识上,可以概括为"三个判断";在转变的方向调整上,可以概括为"三个转向";在转变的内容及时间要求上,可以概括为"八个加快"。② 李高东(2013)指出,胡锦涛同志十分重视转变经济发展方式。尤其是强调通过调整经济结构,实现经济发展方式的转变,具体包括优化需求结构、升级产业结构、改善要素投入结构等。③

三是路径说。持有这种研究视角的学者,主要研究阐释了胡锦涛同志关于经济发展路径的相关论述。崔向阳(2004)将胡锦涛关于实现经济全面协调可持续发展的路径论述,概括为五个"统筹",即统筹城乡发展、统筹区域发展、统筹经济社会发展、统筹人与自然和谐发展、统筹国内发展和对外开放。④ 汪青松(2006)指出,胡锦涛同志强调实现经济发展要坚定不移地贯彻落实科学发展观,具体在经济发展实践中需要发展循环经济、建设资源节约型与环境友好型社会。⑤ 李高东(2013)指出,胡锦涛同志针对经济发展的具体举措包括:深化财税、金融等体制改革,完善宏观调控体系;加快形成统一开放、竞争、有序的现代市场体系;进一步完善社会主义基本经济制度;坚持实施互利共赢的开放战略。⑥

三、对习近平新时代中国特色社会主义思想中关于经济发展论述的阐释

党的十八大以来,以习近平同志为核心的党中央根据时代要求,运用马克思主义基本立场、观点与方法,并结合中国的实践,形成了富有时代特色的马克思主义中国化最新成果,同时,也形成了习近平新时代中国特色社会主义经济思想。这是我党关于经济发展的最新理论成果,也是指导我国经济发展的行动指南。为此,学界对其进行多维度的研究阐释,形成丰富的研究成果,具体的研究成果主要体现在表11-4。

表11-4 学界关于习近平新时代中国特色社会主义思想中经济发展论述的研究汇总表

研究视角	主要内容	代表作者
形成背景	新时代说	刘伟(2018),邸乘光(2019),等等
	理论发展说	韩保汇(2018),李楠和李源峰(2018),等等

---

① 郑吉伟:《胡锦涛加快转变经济发展方式思想述论》,《理论导刊》,2012年第12期,第87~89+92页。
② 程恩富,程言君:《科学发展观关于经济发展的基本思想》,《江苏社会科学》,2013年第1期,第16~23页。
③ 李高东:《论胡锦涛经济发展思想》,《重庆工商大学学报》(社会科学版),2013年第3期,第82~86页。
④ 崔向阳:《科学发展观的经济学思考》,《社会科学辑刊》,2004年第4期,第70~75页。
⑤ 汪青松:《科学发展观与党的思想路线的新发展》,《马克思主义研究》,2006年第3期,第19~23页。
⑥ 李高东:《论胡锦涛经济发展思想》,《重庆工商大学学报》(社会科学版),2013年第3期,第82~86页。

续表11-4

研究视角	主要内容	代表作者
形成过程	三阶段说	邱乘光（2019），等等
	五阶段说	郭冠清（2018），等等
内容体系	1+7说	韩保江（2018），邱乘光（2019），等等
	七方面说	周文和方茜（2018），马建堂（2019），等等
显著特点	党领导说	方凤玲和白暴力（2018），杨承训（2018），等等
	辩证说	贾绘泽（2018），何长辉（2020），等等
重要意义	开辟新境界说	顾海良（2018），逄锦聚（2018），等等
	科学指南说	洪银兴（2018），韩保江和王佳宁（2018），等等

第一，习近平新时代中国特色社会主义经济思想的形成背景。习近平新时代中国特色社会主义经济思想是当代中国的马克思主义政治经济学，其形成有着独特的背景和丰富的理论资源。学界对其形成的时代背景与理论资源进行了探究，形成了丰富的研究成果，主要观点如下：

新时代说。持有这种观点的学者认为，新时代是习近平新时代中国特色社会主义经济思想的时代条件。刘伟（2018）认为，新时代经济发展面临的问题，是习近平新时代中国特色社会主义经济思想产生的重要前提。① 张占斌和钱路波（2018）认为，中国特色社会主义进入新时代，是习近平新时代中国特色社会主义经济思想形成的时代坐标。② 方凤玲和白暴力（2018）认为，习近平新时代中国特色社会主义经济思想的产生，是立足于新时代生产力和新时代社会主要矛盾的。③ 裴长洪和赵伟洪（2019）认为，新时代经济社会发展的变化是习近平新时代中国特色社会主义经济思想产生的时代背景。④ 邱乘光（2019）认为，新时代是习近平新时代中国特色社会主义经济思想形成的时代条件，尤其是社会主要矛盾的变化，对新时代经济工作提出了新的要求。⑤ 胡鞍钢和周绍杰（2019）认为，新时代是习近平新时代中国特色社会主义经济思想产生的时代背景。他们分析到，尽管中国进入了新时代，但经济建设仍是现阶段各项建设的中心任务和各项事业发展的基础，这对做好新时代经济工作、搞好经济发展提出了新的

---

① 刘伟：《习近平新时代中国特色社会主义经济思想的内在逻辑》，《经济研究》，2018年第5期，第4~13页。
② 张占斌，钱路波：《习近平新时代中国特色社会主义经济思想的学理逻辑》，《国家行政学院学报》，2018年第6期，第37~41页。
③ 方凤玲，白暴力：《习近平新时代中国特色社会主义经济思想体系探索（上）》，《上海经济研究》，2018年第6期，第16~24页。
④ 裴长洪，赵伟洪：《习近平中国特色社会主义经济思想的时代背景与理论创新》，《经济学动态》，2019年第4期，第3~17页。
⑤ 邱乘光：《论习近平新时代中国特色社会主义经济思想》，《新疆师范大学学报》（哲学社会科学版），2019年第1期，第7~25页。

要求。①

理论发展说。持有这种观点的学者，主要研究了习近平新时代中国特色社会主义经济思想形成的理论资源。韩保江（2018）认为，习近平新时代中国特色社会主义经济思想，是结合新时代中国特色社会主义经济建设的最新实践而创立起来的，但其与马克思主义政治经济学、毛泽东经济思想，尤其是改革开放以来创立和形成的中国特色社会主义经济建设思想"一脉相承"。②李楠和李源峰（2018）认为，习近平新时代中国特色社会主义经济思想是对马克思主义政治经济学根本立场、马克思主义发展观、马克思主义政治经济学科学方法论的继承与发展。③邸乘光（2019）认为，马克思主义政治经济学是习近平新时代中国特色社会主义经济思想形成的理论依据。④

第二，习近平新时代中国特色社会主义经济思想的形成过程。思想的形成并非一蹴而就，而是经历了一定的实践历程。关于习近平新时代中国特色社会主义经济思想的形成过程，学术界形成了系列研究成果，主要观点如下：

三阶段说。持这类观点的学者认为，习近平新时代中国特色社会主义经济思想的形成大致经过三个阶段。邸乘光（2019）认为习近平新时代中国特色社会主义经济思想的形成从党的十八大以来，大致经历三个阶段，即党的十八大到十八届三中全会是习近平新时代中国特色社会主义经济思想开始形成期，党的十八届三中全会到十八届五中全会是习近平新时代中国特色社会主义经济思想基本形成期，党的十八届五中全会以后是习近平新时代中国特色社会主义经济思想发展完善和确立期。⑤

五阶段说。持这类观点的学者认为，习近平新时代中国特色社会主义经济思想的形成与发展大致分为五个阶段。郭冠清（2018）以习近平同志的生活工作经历为主线，将其归纳为五个阶段，即习近平在知青岁月对经济问题的最初探索、习近平在正定对经济问题的探索与实践、习近平在福建对经济问题的探索与实践、习近平经济思想在浙江的形成与发展、习近平新时代中国特色社会主义经济思想的形成。⑥

第三，习近平新时代中国特色社会主义经济思想的内容体系。习近平新时代中国特色社会主义经济思想内容丰富，涉及经济发展的多个方面。学界从不同的维度对其内容体系进行了研究阐释，形成了丰富的研究成果，主要观点如下：

1+7说。持有这类观点的学者，主要是将习近平新时代中国特色社会主义经济思想的主要内容总结为"新发展理念"与"七个坚持"。这也是目前学界普遍认可的观点。韩保江（2018）将习近平新时代中国特色社会主义经济思想的基本理论框架总结为"1

---

① 胡鞍钢，周绍杰：《习近平新时代中国特色社会主义经济思想的发展背景、理论体系与重点领域》，《新疆师范大学学报》（哲学社会科学版），2019年第2期，第7～15页。
② 韩保江：《论习近平新时代中国特色社会主义经济思想》，《管理世界》，2018年第1期，第25～38页。
③ 李楠，李源峰：《论习近平新时代中国特色社会主义经济思想的理论基础和科学内涵》，《思想理论教育导刊》，2018年第9期，第20～25页。
④ 邸乘光：《论习近平新时代中国特色社会主义经济思想》，《新疆师范大学学报》（哲学社会科学版），2019年第1期，第7～25页。
⑤ 邸乘光：《论习近平新时代中国特色社会主义经济思想》，《新疆师范大学学报》（哲学社会科学版），2019年第1期，第7～25页。
⑥ 郭冠清：《论习近平新时代中国特色社会主义经济思想》，《上海经济研究》，2018年第10期，第5～18页。

+7",其中的"1"是指"新发展理念",即创新、协调、绿色、开放、共享的发展理念。"7"是指中央经济工作会议公报归纳总结的"7个坚持",即坚持加强党对经济工作的集中统一领导;坚持以人民为中心的发展思想;坚持适应把握引领经济发展新常态;坚持使市场在资源配置中起决定性作用,更好发挥政府作用;坚持适应我国经济发展主要矛盾变化完善宏观调控,把推进供给侧结构性改革作为经济工作的主线;坚持问题导向部署经济发展新战略;坚持正确工作策略和方法。① 邸乘光(2019)将习近平关于经济发展的思想总结为"新发展理念"和"7个坚持",即创新、协调、绿色、开放、共享;坚持加强党对经济工作的集中统一领导是新时代坚持和发展中国特色社会主义经济的根本保障,坚持以人民为中心的发展思想是新时代坚持和发展中国特色社会主义经济的根本目的,坚持适应把握引领经济发展新常态是新时代坚持和发展中国特色社会主义经济的现实方位,坚持使市场在资源配置中起决定性作用,更好发挥政府作用是新时代坚持和发展中国特色社会主义经济思想的体制机制,坚持适应我国经济发展主要矛盾变化完善宏观调控是新时代坚持和发展中国特色社会主义经济的基本思路,坚持问题导向部署经济发展新战略是新时代坚持和发展中国特色社会主义经济的战略选择,坚持正确工作策略和方法,稳中求进是新时代坚持和发展中国特色社会主义经济的策略方法。②

七方面说。持这类观点的学者将习近平新时代中国特色社会主义经济思想总结为七个方面,既有"七个坚持",也有其他内容。周文和方茜(2018)认为,习近平新时代中国特色社会主义经济思想的内涵集中体现在七个方面,即坚持加强党对经济工作的集中统一领导;坚持以人民为中心的发展思想;坚持适应把握引领经济发展新常态;坚持使市场在资源配置中起决定性作用,更好发挥政府作用;坚持适应我国经济发展主要矛盾变化完善宏观调控,推进供给侧结构性改革;坚持问题导向部署经济发展新战略;坚持正确工作策略和方法。③ 周跃辉(2018)也将习近平新时代中国特色社会主义经济思想的基本内容概括为"七个坚持",又提出还能将其内容分为四个层面:形成党对经济工作的集中统一领导的体制机制、形成以新发展理念为指导的经济政策体系、形成以供给侧结构性改革为主线的经济发展思路、形成稳中求进的经济工作方法论。④ 马建堂(2019)将习近平新时代中国特色社会主义经济思想总结为方向论、目标论、主体论、认识论、方略论、动力论、底线论等七个方面。方向论为坚持党对经济工作的集中统一领导、把握正确的改革方向,目标论为中华民族伟大复兴的中国梦,主体论为以人民为中心,认识论为经济发展新常态与社会主要矛盾变化,方略论为五大发展理念与推动高质量发展和建设现代化经济体系,动力论为深化供给侧结构性改革与实施创新驱动发展

---

① 韩保江:《论习近平新时代中国特色社会主义经济思想》,《管理世界》,2018年第1期,第25~38页。
② 邸乘光:《论习近平新时代中国特色社会主义经济思想》,《新疆师范大学学报》(哲学社会科学版),2019年第1期,第7~25页。
③ 周文,方茜:《习近平新时代中国特色社会主义经济思想的深刻内涵》,《中国高校社会科学》,2018年第4期,第22~31页。
④ 周跃辉:《习近平新时代中国特色社会主义经济思想的丰富内涵及指导意义》,《前线》,2018年第1期,第17~21页。

战略，底线论为防范金融风险、确保经济安全。①

第四，习近平新时代中国特色社会主义经济思想的显著特点。习近平新时代中国特色社会主义经济思想具有鲜明的特征，学者们也从不同的视角给予了研究阐释，形成了系列研究成果，主要观点如下：

党的领导说。持有这种观点的学者认为，党的领导是习近平新时代中国特色社会主义经济思想的显著特点。方凤玲和白暴力（2018）指出，党的领导是习近平新时代中国特色社会主义经济思想的重要特征。他们进一步分析到，要改进党领导经济工作的观念、体制以及方式方法，加强党领导经济工作制度化建设，增强党领导经济工作专业化能力。②杨承训（2018）认为，加强党对经济工作的集中统一领导，是习近平新时代中国特色社会主义经济思想的突出特征。③张开等（2019）认为，坚持党的领导是习近平新时代中国特色社会主义经济思想的本质特征，也是保证我国经济沿着正确方向发展的根本条件。④

辩证说。持有这种观点的学者认为，辩证法是习近平新时代中国特色社会主义经济思想的显著特点。贾绘泽（2018）认为，习近平新时代中国特色社会主义经济思想的辩证思维主要体现在逻辑思维和具体的思想表达两个层面。⑤杜黎明（2018）认为，习近平新时代中国特色社会主义经济思想的辩证思维体现在宏观层面的抓主要矛盾、全面发展地看问题等，微观层面的处理好政府和市场的关系、整体推进和重点突破的关系等方面。⑥张开等（2019）认为，习近平新时代中国特色社会主义经济思想具有强烈的辩证性。他们还具体分析其辩证法彰显的几个方面，即整体和局部的辩证法、物质文明和精神文明的辩证法、经济和政治的辩证法、生态保护和经济发展的辩证法等方面。⑦何长辉（2020）指出，习近平新时代中国特色社会主义经济思想中蕴含着丰富的辩证思维，即社会"基本矛盾"和"主要矛盾"的时代辩证法、超越"政府和市场"二元论的"为"与"不为"辩证法、供给侧结构改革的供求辩证法、全面推进和重点突破的实践辩证法、"金山银山"与"绿水青山"的生态辩证法。⑧

第五，习近平新时代中国特色社会主义经济思想的重要意义。习近平新时代中国特

---

① 马建堂：《伟大的实践 深邃的理论——学习习近平新时代中国特色社会主义经济思想的体会》，《管理世界》，2019年第1期，第1~12页。

② 方凤玲，白暴力：《习近平新时代中国特色社会主义经济思想体系探索（上）》，《上海经济研究》，2018年第6期，第16~24页。

③ 杨承训：《党领导经济：习近平新时代中国特色社会主义经济思想要谛》，《红旗文稿》，2018年第9期，第23~25页。

④ 张开，顾梦佳，王声啸：《理解习近平新时代中国特色社会主义经济思想的六个维度》，《政治经济学评论》，2019年第1期，第92~113页。

⑤ 贾绘泽：《习近平新时代中国特色社会主义经济思想的基本特征》，《中南财经政法大学学报》，2018年第5期，第38~43页。

⑥ 杜黎明：《习近平新时代中国特色社会主义经济思想对邓小平社会主义本质论的继承和创新》，《江西社会科学》，2018年第4期，第53~60页。

⑦ 张开，顾梦佳，王声啸：《理解习近平新时代中国特色社会主义经济思想的六个维度》，《政治经济学评论》，2019年第1期，第92~113页。

⑧ 何长辉：《论习近平新时代中国特色社会主义经济思想中的辩证法》，《学术界》，2020年第8期，第108~114页。

色社会主义经济思想是21世纪的政治经济学,是新时代中国经济发展的理论指南。学者们从不同的维度对其意义进行了研究阐释,形成了系列研究成果,主要观点可以总结如下:

开辟新境界说。持这类观点的学者主要研究阐释了习近平新时代中国特色社会主义经济思想的理论意义。顾海良(2018)指出,习近平新时代中国特色社会主义经济思想,以系统化的学说丰富与发展了马克思主义政治经济学。[①] 逄锦聚(2018)认为,习近平新时代中国特色社会主义经济思想在坚持马克思主义政治经济基本原理的基础上,传承毛泽东思想中的相关经济思想与中国特色社会主义理论体系中的经济思想的基础上,立足于新时代的经济实践不断丰富与发展。它不仅是中国特色社会主义政治经济学的最新成果,还开辟了马克思主义政治经济学的新境界。[②] 钱路波和张占斌(2018)认为,作为"系统化"的经济学说,习近平新时代中国特色社会主义经济思想对丰富和完善马克思主义政治经济学、坚持和发展中国特色社会主义作出了重大历史贡献。[③] 韩保江和王佳宁(2018)指出,习近平新时代中国特色社会主义经济思想是马克思主义政治经济学发展的一次"新飞跃",极大地开拓了马克思主义政治经济学的新境界。[④] 邸乘光(2019)认为,习近平新时代中国特色社会主义经济思想,创新性地回答了新时代中国特色社会主义经济建设的一系列重大理论与实践问题,进一步丰富和发展了马克思主义政治经济学,开拓了当代中国马克思主义政治经济学发展的新境界,为中国特色社会主义政治经济学的发展作出重要贡献。[⑤]

科学指南说。持这类观点的学者主要研究阐释了习近平新时代中国特色社会主义经济思想的实践意义。洪银兴(2018)认为,习近平新时代中国特色社会主义经济思想将引领我国建成经济强国,助力我国社会主义现代化强国建设。[⑥] 张占斌和钱路波(2018)认为,习近平新时代中国特色社会主义经济思想将有利于实现共同富裕。[⑦] 刘长庚和张磊(2018)认为,习近平新时代中国特色社会主义经济思想为推动实现中华民族经济复兴提供了行动指南,支持中华民族实现从"富起来"到"强起来"的新飞跃。[⑧] 逄锦聚(2018)认为,习近平新时代中国特色社会主义经济思想将引领中国经济

[①] 顾海良:《习近平新时代中国特色社会主义经济思想与"系统化的经济学说"的开拓》,《马克思主义与现实》,2018年第5期,第23~30页。

[②] 逄锦聚:《习近平新时代中国特色社会主义经济思想的时代价值和理论贡献》,《社会科学辑刊》,2018年第6期,第17~27页。

[③] 钱路波,张占斌:《习近平新时代中国特色社会主义经济思想的历史贡献》,《经济社会体制比较》,2018年第6期,第1~8页。

[④] 韩保江,王佳宁:《习近平新时代中国特色社会主义经济思想的源流和主线》,《改革》,2018年第3期,第5~23页。

[⑤] 邸乘光:《论习近平新时代中国特色社会主义经济思想》,《新疆师范大学学报》(哲学社会科学版),2019年第1期,第7~25页。

[⑥] 洪银兴:《习近平新时代中国特色社会主义经济思想引领经济强国建设》,《红旗文稿》,2018年第1期,第7~9页。

[⑦] 张占斌,钱路波:《习近平新时代中国特色社会主义经济思想的学理逻辑》,《国家行政学院学报》,2018年第6期,第37~41页。

[⑧] 刘长庚,张磊:《习近平新时代中国特色社会主义经济思想的理论贡献和实践价值》,《经济学家》,2018年第7期,第5~10页。

进一步发展,有利于决胜全面建成小康社会,助力全面建成社会主义现代化强国。① 韩保江和王佳宁(2018)指出,习近平新时代中国特色社会主义经济思想将有利于打好"三大攻坚战"。②

第三节 经济增长与经济发展

经济增长与经济发展既是重要的经济实践活动,也是重要的经济理论命题。学界长期关注经济增长与经济发展,并对其进行了研究,形成了丰富的研究成果。这些研究成果主要涉及了经济增长的实质与实现、经济增长方式及其转变、经济发展的含义,以及经济增长与经济发展的关系等方面。

一、经济增长的实质

经济增长既是经济实践中的重要问题,也是经济理论中的热点问题。理清经济增长的含义与经济增长的目的,是理解经济增长的前提,也是实现经济增长应当重视的重要问题。为此,学界对此进行了系列讨论,形成如下主要观点。

第一,经济增长的含义。何为经济增长,这是研究经济增长不可避免的基础问题。通过梳理学界的研究成果,关于经济增长的含义,主要的观点如下:张振斌(1984)认为,经济增长的含义分为一般和特殊两个方面。经济增长的一般含义是社会的经济实力的发展和社会经济关系的扩大;特殊含义是在特定的社会历史条件下的质的规定性。③ 王积业(1985)认为,经济增长的目标是国民收入的增加。④ 厉以宁(1986)认为,经济增长是指一国社会总产值、国民收入的增加。⑤ 海清(1987)认为,经济增长是指一个国家或地区商品和劳务总量的增加。⑥ 石景云(1997)认为,经济增长主要是指一国总产出的增长,即实际社会总产值、实际国民(内)生产总值、实际国民收入、实际人均产值和实际人均国民收入的增长。⑦ 卫兴华和侯为民(2007)认为,经济增长是社会物质财富不断增加的过程,通常表现为一国国内生产总值的增加,是对社会再生产动态过程和结果的整体反映。⑧ 裴小革(2008)认为,经济增长一般是对产出总量而言,强

---

① 逄锦聚:《习近平新时代中国特色社会主义经济思想的时代价值和理论贡献》,《社会科学辑刊》,2018年第6期,第17~27页。
② 韩保江,王佳宁:《习近平新时代中国特色社会主义经济思想的源流和主线》,《改革》,2018年第3期,第5~23页。
③ 张振斌:《社会主义经济增长的概念和宏观经济增长目标》,《学习与探索》,1984年第4期,第90~95页。
④ 王积业:《经济增长格局和经济体制模式》,《社会科学辑刊》,1985年第6期,第40~47页。
⑤ 厉以宁:《经济增长与社会发展中的二元机制》,《求索》,1986年第4期,第3~10+25页。
⑥ 海清:《论广义经济增长》,《广西师院学报》,1987年第1期,第29~35页。
⑦ 石景云:《经济增长与波动》,商务印书馆,1997年,第3页。
⑧ 卫兴华,侯为民:《中国经济增长方式的选择与转换途径》,《经济研究》,2007年第7期,第15~22页。

调的是量的增加。① 周叔莲和刘戒骄（2008）认为，经济增长总是表现为生产成果数量的增长。② 文建东和宋斌（2016）从动态的视角指出，经济增长是一个长期概念，其源泉是资本积累、人力资本提升、技术进步和劳动力增加的结果。③《马克思主义政治经济学概论》编写组（2021）认为，经济增长是一个国家或者地区在一定时期内经济规模在数量方面的扩大。④

第二，经济增长的目的。实现经济增长是社会主义与资本主义共有的特点，但两者在目的上截然不同。对于社会主义经济增长的目的，学界普遍认为是满足人民需要。杨坚白（1989）认为，社会主义的经济增长目的是通过供给来满足社会需要。他还进一步分析到，在满足社会需要的同时，要尽可能提高效率，从而进一步扩大再生产，更好地满足社会与人民的需要。⑤ 吴易风和朱勇（1998）认为，社会主义经济增长的目的是满足人民的生活需要。他们通过对新增长理论的评析，尽管新经济增长理论有所进步，但依然没有走出马克思笔下的资本家对工人的剥削。而社会主义经济增长的目的并非资本的增值，而是为了更好地满足人民需要。⑥ 任保平和文丰安（2018）认为，经济增长的最终目的是增进国民福利，提高居民生活质量。⑦

二、经济增长的实现

经济增长既是一个理论命题，也是一个实践问题。经济增长的实现需要一定的具体实践路径。为此，学界就如何实现经济增长进行了系列探讨，形成丰硕成果。整体上来看，主要观点见表11-5。

表11-5 学界关于经济增长实现路径的观点汇总表

观点	主要代表作者
技术驱动说	柳随年（1984），经林（1986），等等
开放驱动说	吴能全（1983），刘国光（1999），等等
消费驱动说	刁永作（1999），程恩富和汪桂进（2000），洪银兴（2010），等等
积累驱动说	吴树青（1963），周一沙（1983），刘伟等（2009），等等
教育驱动说	厉以宁（1980），致光（1984），等等

第一，技术驱动说。持有这种观点的学者认为，经济增长的实现需要技术支撑。厉以宁（1978）通过研究西欧和美国的经济问题，指出实现经济增长需要不断提高技术力

---

① 裴小革：《转变经济发展方式的路径探讨》，《红旗文稿》，2008年第2期，第25~26+15页。
② 周叔莲，刘戒骄：《如何认识和实现经济发展方式转变》，《理论前沿》，2008年第6期，第5~9页。
③ 文建东，宋斌：《供给侧结构性改革：经济发展的必然选择》，《新疆师范大学学报》（哲学社会科学版），2016年第2期，第20~27页。
④《马克思主义政治经济学概论》编写组：《马克思主义政治经济学概论》，人民出版社，2021年，第314页。
⑤ 杨坚白：《论投资增长与宏观经济增长》，《江汉论坛》，1989年第8期，第4~10页。
⑥ 吴易风，朱勇：《新增长理论述评》，《经济学动态》，1998年第6期，第59~64页。
⑦ 任保平，文丰安：《新时代中国高质量发展的判断标准、决定因素与实现途径》，《改革》，2018年第4期，第5~16页。

量，尤其是需要一定数量和质量的科学研究人员、工程技术人员和熟练工人。[1] 柳随年（1984）认为，科学技术进步对经济增长有着十分重要的影响，即科学技术有利于提高劳动力的素质、提高装备技术水平、改进和改革工艺、提高经营管理和决策水平，从而充分挖掘现有生产潜力。[2] 史清琪等（1984）认为，技术进步对经济增长起着十分重要的作用。他们进一步指出技术进步可以提高劳动效率与生产资料的利用率等，从而促进经济增长。[3] 马阳（1984）认为，技术进步对经济增长具有巨大的推动作用。他进一步分析到，技术进步必然会全面地、发展地对生产力要素的整体产生影响，对整个生产力系统产生影响，进而通过生产力的发展促进经济增长。[4] 经林（1986）认为，经济增长是多个因素共同作用的结果，技术进步对经济增长的作用不断增加。[5]

第二，开放驱动说。持有这种观点的学者认为，实现经济增长需要"走出去"与"引进来"并重。吴能全（1983）认为，随着对外政策的逐步实施，对外开放也在实现经济增长中扮演着不可或缺的角色，尤其是外资的利用对我国经济增长发挥着一定的作用。[6] 柳长生和马作舟（1984）认为，对外开放对于实现经济增长具有十分重要的作用。他们进一步分析到，对外开放有利于充分利用国际贸易、促进劳动力等生产要素流动、增加外汇储备等，从而推动经济增长。[7] 刘国光（1999）认为，实现经济增长需要继续扩大开放、利用外资、改善投资环境、进一步与世界经济接轨。[8]

第三，消费驱动说。持有这种观点的学者认为，消费对经济增长有推动作用。刁永作（1999）认为，需求拉动是经济增长的常规动力。他进一步分析到，在市场经济条件下，需求拉动的作用表现得更为突出。因此，他提出，要通过培育新的经济增长点和新的消费热点、调整消费政策、扩大消费需求、积极增加投资、扩大有效需求等举措来增加消费需求，从而拉动经济增长。[9] 丁俊发（1999）认为，扩大消费需求是拉动我国经济增长的关键。为此，他进一步提出通过增加居民收入、改善消费环境、改革消费体制等举措，培育消费热点，开创消费新局面。[10] 程恩富和汪桂进（2000）认为，消费需求也是实现经济增长的重要途径。他们进一步分析到，消费是生产的一般目的，又是生产的动力。在市场经济条件下，更应重视消费需求对经济的拉动作用，要把扩大内需拉

---

[1] 厉以宁：《技术教育和资本主义工业化——西欧和美国技术力量形成问题研究》，《社会科学战线》，1978年第4期，第93~102页。
[2] 柳随年：《对我国经济增长中技术进步作用的初步研究》，《计划经济研究》，1984年第5期，第2~45页。
[3] 史清琪、秦宝庭、陈警：《衡量经济增长中技术进步作用的主要指标初探》，《数量经济技术经济研究》，1984年第10期，第9~17页。
[4] 马阳：《技术进步对经济增长的巨大推动作用》，《数量经济技术经济研究》，1984年第2期，第3~7页。
[5] 经林：《技术进步促进经济增长的特点和要求》，《学术交流》，1986年第4期，第10~14页。
[6] 吴能全：《利用外资与经济增长》，《中山大学学报》（哲学社会科学版），1983年第3期，第17~23+16页。
[7] 柳长生，马作舟：《对外开放与经济增长》，《现代财经－天津财经学院学报》，1984年第1期，第28~29+27页。
[8] 刘国光：《21世纪初的中国经济增长》，《中国工业经济》，1999年第4期，第5~8页。
[9] 刁永作：《需求拉动与经济增长》，《财经研究》，1999年第5期，第43~59页。
[10] 丁俊发：《扩大消费需求是拉动我国经济增长的关键》，《求是》，1999年第4期，第18~19页。

动经济增长作为长期的经济政策贯彻执行。① 黄泰岩和崔万田（2006）认为，实现我国经济持续稳定快速的增长，必须将立足点转移到以扩大国内居民消费为主导的需求拉动型经济增长上来。他们进一步提出通过调整完善居民收入分配结构，增强居民的消费能力。② 洪银兴（2010）认为，在全球经济增长乏力的背景下，要重视消费对经济增长的拉动力。消费力直接决定消费需求，培育和提高居民消费力就能提高经济增长能力。③

第四，积累驱动说。持有这种观点的学者认为，积累是实现经济增长的动力之一。吴树青（1963）认为，积累是扩大再生产的重要方面，也就是说，实现经济增长需要正确处理积累与消费的关系。④ 周一沙（1983）认为，实现经济的增长离不开资金的积累。因此，他进一步指出，积累基金的使用必须保证国民经济的按比例发展。⑤ 王书瑶（1984）认为，在实际的经济发展中，经济的增长一定伴随着资金的增长。⑥ 刘伟等（2009）认为，经济增长更多是依赖于资本投入量的增加，即经济增长更多是依靠积累。⑦

第五，教育驱动说。持有这种观点的学者认为，实现经济增长也依赖于教育的发展。厉以宁（1980）认为，教育在保证经济稳定和持续增长中具有一定的作用。他进一步分析到，教育在经济增长中的作用，具体体现在教育对社会就业、国际收支、收入分配、财政平衡之间的作用中。⑧ 致光（1984）认为，科学技术在经济增长中起着关键作用，教育则起着基础作用。⑨

三、经济增长方式及其转变

经济增长方式是实现经济增长的方法、路径及策略。学界对经济增长方式的研究，主要聚焦在经济增长方式的内涵、影响转变经济增长方式的因素，以及转变经济增长方式的途径等方面。

第一，经济增长方式的内涵。厘清经济增长方式的内涵是实现经济增长方式转变的重要前提。学界对经济增长方式内涵的界定主要从经济增长方式的含义与类型两个方面入手。

含义说。持有这种观点的学者主要是从经济增长方式的含义来理解经济增长方式。辛坦（1990）认为，经济增长方式就是指经济增长的方法和形式。⑩ 曹元坤（2000）认

---

① 程恩富，汪桂进：《论消费需求与经济增长》，《消费经济》，2000年第1期，第8~11页。
② 黄泰岩，崔万田：《经济增长转型中的居民收入分配调节》，《求是》，2006年13期，第50~52页。
③ 洪银兴：《马克思的消费力理论和扩大消费需求》，《经济学动态》，2010年第3期，第10~13页。
④ 吴树青：《关于马克思主义再生产理论的两个问题》，《教学研究》，1963年第2期，第25~27页。
⑤ 周一沙：《资金积累和经济增长》，《财贸经济》，1983年第3期，第36~38+43页。
⑥ 王书瑶：《经济增长因素的初步定量分析——兼与厉无畏、周惠中等同志商榷》，《数量经济技术经济研究》，1984年第11期，第28~37页。
⑦ 刘伟等：《中国市场经济发展研究——市场化进程与经济增长和结构演进》，经济科学出版社，2009年，第53页。
⑧ 厉以宁：《论教育在经济增长中的作用》，《北京大学学报》（哲学社会科学版），1980年第6期，第38~52页。
⑨ 致光：《现代教育在经济增长中的战略地位》，《职业教育研究》，1984年第2期，第2~4页。
⑩ 辛坦：《关于经济增长方式的转换》，《计划经济研究》，1990年第5期，第4~10页。

为，经济增长方式即经济增长的手段。他还进一步分析到，理解经济增长方式可以分为静态和动态两个维度：从静态来看，经济增长方式是指生产要素组合方式；从动态来看，经济增长方式是指要素组合运作方式。① 赖小琼（2001）认为，经济增长方式是指推动经济增长的各种要素的组合方式和各种要素组合起来推动经济实现增长的方式，简单地说就是指经济增长来源的结构类型。② 慕刘伟和赵中华（2002）认为，经济增长方式是指决定经济增长的各种生产要素的组合方式以及各种生产要素结合推动经济增长的方式。③ 卫兴华和侯为民（2007）认为，经济增长方式指推动经济增长的各种生产要素投入及其组合和作用的方式。④ 林毅夫和苏剑（2007）认为，所谓经济增长方式，指的就是经济在实现增长时生产率提高和要素积累的贡献的相对大小。⑤

类型说。持有这种观点的学者主要是从经济增长方式的类型来理解经济增长方式。辛坦（1990）认为，按生产要素对经济增长的贡献来看，经济增长方式分为资本密集型和劳动密集型；从经济增长对生产要素数量和质量依赖程度来看，可以分为外延型和内涵型；从社会主义经济实践来看，可以分为粗放型和集约型、速度型和效益型。⑥ 陈征（1996）认为，经济增长方式分为粗放型和集约型。粗放型是指扩大投资、铺新摊子、上新项目，单纯追求数量，结果是高投入、高消耗、低质量、低效益；集约型是指以提高经济效益为中心，依靠科技进步和提高劳动者素质进行生产，结果是低消耗、高质量、高效益。⑦ 曹元坤（2000）认为，经济增长方式依据历史演进，可以分为自然型、粗放型、集约型及网络型；依据增长主体可以分为产品、企业、产业及国家（国民）经济增长方式。⑧ 卫兴华和侯为民（2007）指出，从要素配置状况出发，经济增长可以衍生出两种不同的方式：一是以增加投入和扩大规模为基础、强调增长速度的粗放型经济增长方式；二是以提高效率为基础、强调增长质量的集约型经济增长方式。⑨

第二，影响转变经济增长方式的因素。随着我国经济的不断发展，原有的经济增长方式在一定程度上出现了一些问题。为了更好地推动经济增长，需要由粗放型增长向集约型增长转变。但在转变经济增长方式的过程依然存在困难。为此，学界对制约转变经济增长方式的因素进行了系统总结，主要形成了如下观点。

单一因素说。持这类观点的学者，主要从一个方面分析了转变经济增长方式的制约因素。汪卫霞（1999）认为，我国劳动力资源相对过剩对经济增长方式的转变产生了一定的斥力。⑩ 胡乃武和张海峰（2001）认为，庞大的就业人口在一定程度上影响了我国

---

① 曹元坤：《从经济增长方式内涵看经济增长方式转换》，《当代财经》，2000年第11期，第11~15页。
② 赖小琼：《论经济增长与就业增长》，《厦门大学学报》（哲学社会科学版），2001年第3期，第42~46页。
③ 慕刘伟，赵中华：《转变经济增长方式必须加快产业结构调整》，《理论与改革》，2002年第4期，第72~73页。
④ 卫兴华，侯为民：《中国经济增长方式的选择与转换途径》，《经济研究》，2007年第7期，第15~22页。
⑤ 林毅夫，苏剑：《论我国经济增长方式的转换》，《管理世界》，2007年第11期，第5~13页。
⑥ 辛坦：《关于经济增长方式的转换》，《计划经济研究》，1990年第5期，第4~10页。
⑦ 陈征：《论转变经济增长方式》，《福建论坛》（经济社会版），1996年第2期，第1~3页。
⑧ 曹元坤：《从经济增长方式内涵看经济增长方式转换》，《当代财经》，2000年第11期，第11~15页。
⑨ 卫兴华，侯为民：《中国经济增长方式的选择与转换途径》，《经济研究》，2007年第7期，第15~22页。
⑩ 汪卫霞：《实现经济增长方式转变的斥力》，《江西社会科学》，1999年第1期，第23~25页。

经济增长方式的转变。①

二元因素说。持这类观点的学者，主要从两个方面分析了转变经济增长方式的制约因素。吴宣恭（1997）认为，转变经济增长方式的影响因素有生产关系和生产力两个方面。从生产关系来看，具体包括企业产权制度是否合理、社会是否存在足够强度的市场竞争、生产经营主体作出的决策是否符合社会需要等；从生产力来看，具体包括自然资源的禀赋和开发利用状况、劳动力的素质、企业的管理制度等。② 洪银兴等（2000）认为，转变经济增长方式存在两大结构性瓶颈：产业结构矛盾和企业结构矛盾。③

三元因素说。持这类观点的学者，主要从三个方面分析了转变经济增长方式的制约因素。阮正福（1992）认为，实现经济增长方式的转变，存在以下三个方面的障碍：企业财务约束不硬，企业行为变异；企业间的市场竞争不充分，企业与世界市场还处于隔离状态；固定资产折旧率偏低。④ 厉以宁（2005）认为，转变经济增长方式面临以下三个方面的问题：长期的国家计划划定资源价格，使得资源浪费严重；企业只注重产品生产，忽视经济增长质量；地方政府考核中始终是以产值为主要指标，忽视经济增长方式转换。⑤ 卫兴华和孙咏梅（2007）指出，我国经济增长方式存在如下问题：经济增长过度依赖投入的增加，仍具有较强的粗放型增长特征；我国生产技术水平偏低，劳动者素质结构改善缓慢，导致劳动生产率低下；我国经济比例关系没有理顺，产业结构不合理现象仍然突出。⑥ 张卓元（2010）认为，我国转变经济发展方式的难点主要有：一是它同追求经济的短期高速增长是有矛盾的；二是重要领域和关键环节改革难启动；三是政策调整阻力重重。⑦

四元因素说。持这类观点的学者，主要从四个方面分析了转变经济增长方式的制约因素。程选（2006）认为，我国经济增长方式转变存在资金短缺、劳动力过剩、地区经济结构不平衡、资源约束和环境压力等四个方面的难点。⑧ 张正平（2011）认为转变经济增长方式面临着市场经济与改革模式、个体理性与集体行动、经济职能与政府悖论、意识形态与观念阻滞等难点。⑨

第三，转变经济增长方式的途径。如何实现经济更好更快地发展，是经济研究领域一直都十分重视的话题。学界围绕实现经济增长方式的转变，从不同的角度作出了积极探索，主要观点见表 11-6。

---

① 胡乃武，张海峰：《转变经济增长方式与增加就业的关系》，《经济理论与经济管理》，2001年第3期，第5~10页。
② 吴宣恭：《努力实现转变经济增长方式的任务》，《经济评论》，1997年第4期，第28~34页。
③ 洪银兴，沈坤荣，何旭强：《经济增长方式转变研究》，《江苏社会科学》，2000年第2期，第71~79页。
④ 阮正福：《经济增长方式及其转换》，《兰州学刊》，1992年第1期，第33~38+6页。
⑤ 厉以宁：《经济增长方式转变为何缓慢？》，《价格理论与实践》，2005年第3期，第21页。
⑥ 卫兴华，孙咏梅：《对我国经济增长方式转变的新思考》，《经济纵横》，2007年第5期，第2~5页。
⑦ 张卓元：《我国转变经济发展方式的难点在哪里》，《经济纵横》，2010年第6期，第11~12+61页。
⑧ 程选：《中国经济增长方式转变的难点和路径》，《生产力研究》，2006年第2期，第36~37+62页。
⑨ 张正平：《论经济增长方式转变的难题》，《现代经济探讨》，2011年第7期，第15~18页。

表11-6 学界关于转变经济增长方式路径的研究汇总表

观点	主要代表作者
创新驱动型	李元旭（1999），卫兴华和侯为民（2007），等等
技术驱动型	胡钧（1995），陈征（1996），吴宣恭（1997），等等
产业驱动型	郭克莎（1995），吴敬琏（2006），等等
改革驱动型	姜作培（1996），沈坤荣（1996），张卓元（2005），等等
市场驱动型	董辅礽（1996），宋涛（1997），刘怀德（2000），等等

创新驱动型。持有这种观点的学者主要认为，转变经济增长方式需要通过创新增强其动力。李元旭（1999）认为，实现经济增长方式的转变要以制度创新为前提，即要从宏观和微观两个层面推进制度创新。[①] 匡国珍（2006）认为，转变经济增长方式关键在于创新。他指出需要通过观念创新、体制创新、技术创新、结构创新、组织创新、管理创新、人力资本积累机制创新等，加快我国经济增长方式的转变。[②] 胡学勤（2007）认为，实现经济增长方式的转变，需要推进制度创新与技术创新。[③] 卫兴华和侯为民（2007）认为，科技创新能够推动我国经济增长由低质与低效向高质与高效的转化。他们进一步分析到，需要通过科技体制机制改革、科研投入、教育投入等方式，推进科技创新。[④] 王玉玲（2013）认为，转变经济增长方式需要转变经济增长动力机制，即要依靠科技创新、制度创新和管理创新来实现。[⑤] 刘璟（2020）认为，转变经济增长方式需要发挥创新的作用，尤其是需要发挥原创性创新的作用。[⑥]

技术驱动型。持有这种观点的学者主要认为，实现经济增长方式转变需要技术的推动作用。胡钧（1995）认为，切实转变经济增长方式，要依靠科学技术水平的提高。[⑦] 陈征（1996）认为，转变经济增长方式离不开科学技术的支撑。为此，要增加对科技的投入，为转变经济增长方式创造条件。[⑧] 吴宣恭（1997）认为，实现经济增长方式的转变，需要发挥科技的作用。为此，他进一步分析提出，坚持"两条腿"走路的方针：一方面，国内要完善支撑科技发展的政策，大力发展科学技术；另一方面，要积极引进国外的先进技术。[⑨] 王保安（1997）指出，转变经济增长方式需要强化科技创新与科技进步。[⑩] 侯峰（1997）认为，实现经济增长方式由粗放型向集约型的转变，最关键的措施

[①] 李元旭：《论我国经济增长方式转变的途径与就业水平的关系》，《财经问题研究》，1999年第4期，第42~45页。
[②] 匡国珍：《经济增长方式转变重在创新》，《社会主义研究》，2006年第2期，第18~21页。
[③] 胡学勤：《论我国长期经济增长方式的战略导向》，《经济纵横》，2007年第11期，第40~42页。
[④] 卫兴华，侯为民：《中国经济增长方式的选择与转换途径》，《经济研究》，2007年第7期，第15~22页。
[⑤] 王玉玲：《论中国经济增长动力机制的转变》，《理论月刊》，2013年第6期，第131~135页。
[⑥] 刘璟：《经济增长方式转变研究》，光明日报出版社，2020年，第60页。
[⑦] 胡钧：《加强和改善宏观调控，切实转变经济增长方式》，《真理的追求》，1995年第12期，第2~5页。
[⑧] 陈征：《论转变经济增长方式》，《福建论坛》（经济社会版），1996年第2期，第1~3页。
[⑨] 吴宣恭：《论实现经济增长方式的转变》，《大连大学学报》，1997年第3期，第291~295页。
[⑩] 王保安：《中国经济增长与方式变革：迈向持续、高效的增长道路》，人民出版社，1997年，第296页。

是技术进步。①洪银兴（1999）认为，技术进步对实现经济增长方式的转变有着巨大的推动作用。他进一步指出，在现阶段推进技术进步的重点是促进科学技术向现实生产力转化，从而助力经济增长方式的转变。②姜作培（2000）认为，转变经济增长方式需要发挥科学技术的支撑保障作用。③杨宾和吴敬琏（2006）认为，技术进步是实现经济增长方式转变的重要动力。他进一步指出，技术进步将提升生产效率，推动经济增长方式的转变。④

产业驱动型。持有这种观点的学者主要认为，实现经济增长方式转变需要调整优化产业结构。郭克莎（1995）认为，优化产业结构是促进经济增长方式转变中需要重视的一项政策措施。他进一步分析到，需要加快产业结构优化升级，以促进产业结构关系的协调，推动经济增长质量和效益的提高。⑤郭金龙（2000）认为，转变经济增长方式需要不断推动产业结构升级，提高资源利用效率。⑥慕刘伟和赵中华（2002）认为，转变经济增长方式需要调整产业结构，即通过产业结构优化与升级实现经济增长方式的转变。⑦吴敬琏（2006）认为，实现经济增长方式由粗放型向集约型的转变，需要发展先进制造业，推进工业结构的优化等。⑧卫兴华和孙咏梅（2007）认为，调整和优化经济结构是转变经济增长方式的重要方法。他们进一步分析到，调整产业结构，应按照消除结构性短缺或结构性过剩、促进生产要素向效率更高的部门转移、提高资源配置效率和国际竞争力的原则进行。⑨杨春学等（2012）指出，转变经济增长方式，很大程度上是依靠调整和优化产业结构来实现的。⑩

改革驱动型。持有这种观点的学者主要认为，实现经济增长方式转变需要不断改革。郭克莎（1995）认为，体制机制改革是推动经济增长方式转变的重要条件。他进一步指出，需要通过市场机制改革，尤其是企业制度改革，提升企业的发展层次，助力经济增长方式的转变。⑪姜作培（1996）认为，转变经济增长方式需要不断深化改革，即通过深化企业改革、科技体制改革、宏观调控体制等，实现经济增长方式的转变。⑫沈坤荣（1996）认为，转变经济增长方式需要深化改革，尤其要深化计划体制、财政体制、金融体制和企业制度等。他还进一步分析到，需要加快国有企业改革，助力经济增

---

① 侯峰：《技术进步是转变经济增长方式的关键》，《生产力研究》，1997年第1期，第62~65页。
② 洪银兴：《论经济增长方式转变的基本内涵》，《管理世界》，1999年第4期，第15~22页。
③ 姜作培：《经济增长方式转变的政策选择》，中国经济出版社，2000年，第170~173页。
④ 杨宾，吴敬琏：《技术进步是推动经济增长方式转变的重要动力——著名经济学家吴敬琏谈增长模式与技术进步》，《前线》，2006年第3期，第19~21页。
⑤ 郭克莎：《加快我国经济增长方式的转变》，《管理世界》，1995年第5期，第31~40页。
⑥ 郭金龙：《经济增长方式转变的国际比较》，中国发展出版社，2000年，第265~267页。
⑦ 慕刘伟，赵中华：《转变经济增长方式必须加快产业结构调整》，《理论与改革》，2002年第4期，第72~73页。
⑧ 吴敬琏：《"十一五"规划与增长方式转变》，《天津财经》，2006年第5期，第9~15页。
⑨ 卫兴华，孙咏梅：《对我国经济增长方式转变的新思考》，《经济纵横》，2007年第3期，第2~5页。
⑩ 杨春学，姚宇，刘剑雄，等：《经济增长方式转变的理论基础和国际经验》，社会科学文献出版社，2012年，第190页
⑪ 郭克莎：《加快我国经济增长方式的转变》，《管理世界》，1995年第5期，第31~42页。
⑫ 姜作培：《转变经济增长方式必须进一步深化改革》，《理论学刊》，1996年第1期，第14~18页。

长方式的转变。① 张卓元（2005）认为，转变经济增长方式需要深化改革，尤其是深化生产要素价格改革。② 王一鸣（2007）认为，转变经济增长方式，需要深化资源价格形成机制、财税体制、投资体制、行政管理体制等的改革，从而形成利于经济增长方式转变的基础。③

市场驱动型。持有这种观点的学者主要认为，实现经济增长方式转变需要发挥市场的作用。胡钧（1995）认为，转变经济增长方式既要发挥市场机制的作用，也要发挥政府的宏观调控。④ 董辅礽（1996）认为，实现经济增长方式的转变，与市场体制机制的完善度密切相关。他还进一步指出，企业是转变经济增长方式的主体。因此，实现经济增长方式的转变，必须是企业按照市场机制作用运行。⑤ 宋涛（1997）认为，实现经济增长方式的转变，需要形成全国统一的市场。通过市场机制来调控生产，以及扩大再生产。⑥ 吴宣恭（1997）认为，转变经济增长方式需要健全社会主义市场经济体制。他还指出，要破除地方和部门的经济保护主义，建立统一开放的市场体系；还要理顺市场价格体制，形成有序的价格体系，充分利用市场机制，推动经济增长方式的转变。⑦ 刘怀德（2000）认为，转变经济增长方式，需要建立竞争性的市场经济体制，从而为其奠定制度基础。⑧

四、经济增长与经济发展的关系

经济增长与经济发展作为经济实践的两种状态，有着天然的联系。学界对于两者的关系进行了一定的研究阐释，形成了系列丰硕成果。

第一，经济发展的含义。厘清经济发展的含义是正确认识经济增长与经济发展关系的前提。何为经济发展，学界也进行了相关的研究。学界普遍认为，经济发展的含义比较丰富，具体观点如下：

动态说。持这种观点的学者，更多将经济发展看成一个不断发展的过程。周仲书（1991）认为，经济发展从本质而言只能被定义为经济生活的向上运动，主要是指物质产品生产能力的提高，来源于社会生产力的发展、生产技术的进步、劳动者素质的增进、物质生产手段的不断更新等。⑨ 周天勇（2001）认为，经济发展就是在经济增长的基础上，一个国家或地区经济结构和社会结构持续高级化的创新过程或变化过程。⑩ 李金龙和唐飞（2011）认为，经济发展就是在经济增长的基础上，一个国家或地区经济结

---

① 沈坤荣：《从深化改革入手转变经济增长方式》，《理论与改革》，1996年第2期，第13~14页。
② 张卓元：《深化改革，推进粗放型经济增长方式转变》，《经济研究》，2005年第11期，第4~9页。
③ 王一鸣：《转变经济增长方式与体制创新》，《经济与管理研究》，2007年第8期，第5~10页。
④ 胡钧：《加强和改善宏观调控，切实转变经济增长方式》，《真理的追求》，1995年第12期，第2~5页。
⑤ 董辅礽：《关于经济增长方式转变的几个问题》，《国有资产管理》，1996年第1期，第7~9页。
⑥ 宋涛：《转变经济增长方式的理论与实践的探索》，《学术月刊》，1997年第1期，第42~47页。
⑦ 吴宣恭：《努力实现转变经济增长方式的任务》，《经济评论》，1997年第4期，第28~34页。
⑧ 刘怀德：《经济增长方式及其转变的经济学分析》，《当代财经》，2000年第12期，第15~19页。
⑨ 周仲书：《论经济发展的含义与目标》，《湖北师范学院学报》（哲学社会科学版），1991年第3期，第44~52页。
⑩ 周天勇：《新发展经济学》，经济科技出版社，2001年，第25~26页。

构、社会结构持续高级化的进程和人口素质、生活质量不断提高的过程。[1]

综合说。持这种观点的学者,更多是从多个角度来理解经济发展。刘炯忠和叶险明(1990)认为,经济发展实质上指的是社会生产力的诸多要素在总体上的协调发展,以及在社会生产力的整体的全面的发展与人类社会的整体发展之间能保持一种良性关系。[2] 黄选高(2004)认为,经济发展通常指一个国家或地区经济量的增长与结构的优化,包括国民生产总值或国民收入的一定速度的增长和经济结构的升级换代在内的国民经济整体素质与综合国力的提高。[3] 于学东(2007)认为,经济发展包括三层含义:经济量的增长,即一个国家或地区生产的物质产品和服务的增加;经济结构的优化,即一个国家或地区的产业结构、收入分配结构、消费结构等经济结构的变化;经济质量的提高,即一个国家和地区经济效益的提高、经济稳定程度、自然环境和生态平衡以及政治、文化和人的现代化进程。[4] 袁春振(2008)认为,经济发展有着丰富的内涵,经济发展的真正含义就是人均福利的增长过程,它不仅意味着国民经济规模的扩大,更意味着经济和社会生活素质的提高,不仅包含国民财富量的增加和经济机体的扩张,而且还包含着满足基本需要、提高人类尊严、扩大选择自由的质的变化。[5]

第二,经济增长与经济发展的关系。关于经济增长与经济发展之间的关系,学界普遍认为两者既相互区别,又相互联系。具体的观点如下:

区别说。持有这类观点的学者主要研究了两者的区别。秦富(2000)认为,经济增长与经济发展的区别体现在如下五个方面:研究方法不同,经济增长偏重于实证分析、定量分析,经济发展偏重于规范分析、制度分析;内涵不同,经济增长侧重更多的产出,经济发展则既侧重更多的产出,而且包括产品生产和分配所依赖的技术、体制、产出结构安排上的变革;范围不同,经济发展是相互依赖条件下整个体制的向上运动,而经济增长仅仅是整体运动中若干因果关联条件之一;过程不同,经济增长仅仅是物质财富的单方面变化过程,经济发展则是涉及社会结构、人的态度和国家制度等多方面过程;表现形式不同,经济增长侧重于物质现实,经济发展则既是一个物质现实又是一种心理状况。[6] 黄选高(2004)认为,经济增长与经济发展的区别主要体现在追求的目标与衡量指标两个方面。从追求的目标来看,经济增长主要目的是数量的增长而非质的变化,而经济发展除了追求经济总量增长外,还追求经济结构优化、经济与社会协调发展、人与自然和谐发展。从衡量指标来看,经济增长更多侧重国内生产总值或者国民生产总值,衡量经济发展不仅包括了经济增长的衡量指标,还包括环境资源、可持续性

---

[1] 李金龙,唐飞:《经济增长与经济发展相结合的经济学思考》,《中共乐山市委党校学报》,2011年第1期,第67~69+73页。

[2] 刘炯忠,叶险明:《经济增长与经济发展关系刍议》,《经济管理与经济评论》,1990年第1期,第25~30页。

[3] 黄选高:《关于经济增长与经济发展的关系探讨》,《市场论坛》,2004年第6期,第13~14页。

[4] 于学东:《经济增长方式与经济发展方式的内涵比较与演进》,《经济纵横》,2007年第24期,第82~84页。

[5] 袁春振:《经济发展与经济增长方式比较研究》,《理论学刊》,2008年第3期,第43~46页。

[6] 秦富:《经济增长及其技术进步贡献探析》,《调研世界》,2000年第4期,第14~16页。

等。① 袁春振（2008）认为，经济增长与经济发展的区别体现在如下五个方面：一是经济内涵不同。经济增长是一个相对纯粹的经济学概念，以产出量的增加作为衡量尺度，主要侧重于国民生产总值的提高。经济发展除此之外，还涉及非经济方面的社会发展变化问题等。二是发展过程不同。经济增长是物质财富的单方面变化过程，是经济发展整体运动中若干因素中的一个。经济发展则是包括社会结构、人的自身发展和人与自然等多种因素整体向上的发展过程。三是表现形式不同。经济增长表现为具体的物质现实，经济发展则表现为物质现实和心理感受状况。四是研究方法不同。经济增长偏重于实证分析、定量分析，经济发展偏重于规范分析、制度分析。五是评价指标不同。经济增长主要用GDP等经济指标进行评价，经济发展要用GDP和幸福指数等综合指标进行评价。②

联系说。持这类观点的学者主要研究了两者的联系。谭崇台（1985）认为，经济增长是经济发展的前提，没有经济增长，经济发展是不可能的。经济发展是把经济增长包含在内的。③ 于学东（2007）认为，经济增长是手段，经济发展是目的。一方面，经济增长是经济发展的基础，经济发展是经济持续增长的结果，国民生活水平的提高、经济结构和社会形态等的进步也都很大程度上依赖于经济增长；另一方面，经济增长也只有实现经济发展的目标才具有真实的意义。④ 袁春振（2008）认为，经济增长是经济发展的基础，经济发展是经济增长基础上的经济、社会和人的全面发展，有发展必定有增长，但有增长不一定有发展。⑤ 刘伟等（2009）认为，经济发展离不开经济增长，经济增长是经济发展的前提。⑥ 卫兴华（2011）认为，经济增长是经济发展的基础和前提。⑦ 张宇等（2018）也认为，经济增长是经济发展的基础。⑧《马克思主义政治经济学概论》编写组（2021）认为，经济增长与经济发展是互为条件和相互促进的关系。⑨

---

① 黄选高：《关于经济增长与经济发展的关系探讨》，《市场论坛》，2004年第6期，第13～14页。
② 袁春振：《经济发展与经济增长方式比较研究》，《理论学刊》，2008年第3期，第43～46页。
③ 谭崇台：《经济学说史中应当研究经济增长和经济发展思想》，《经济研究》，1985年第8期，第55～58+27页。
④ 于学东：《经济增长方式与经济发展方式的内涵比较与演进》，《经济纵横》，2007年第12期，第82～84页。
⑤ 袁春振：《经济发展与经济增长方式比较研究》，《理论学刊》，2008年第3期，第43～46页。
⑥ 刘伟，等：《中国市场经济发展研究——市场化进程与经济增长和结构演进》，经济科学出版社，2009年，第56～57页。
⑦ 卫兴华：《关于经济发展与转变发展方式的几个理论是非问题》，《毛泽东邓小平理论研究》，2011年第3期，第5～9页。
⑧ 张宇，谢地，任保平，等：《中国特色社会主义政治经济学：制度·运行·发展·开放》（第二版），高等教育出版社，2018年，第216页。
⑨《马克思主义政治经济学概论》编写组：《马克思主义政治经济学概论》，人民出版社，2021年，第315页。

第四节 经济发展方式及其转变[①]

经济发展方式既关系到经济发展的速度,也关系到经济发展的质量,更关系到国民经济的持续健康安全发展。为了更好地转变经济发展方式,学界对此进行了探究,主要聚焦在转变经济发展方式的目标、转变经济发展方式的动因、转变经济发展方式的历程、转变经济发展方式的影响因素,以及转变经济发展方式的路径。这就深刻回答了我国经济发展方式为什么要转、为什么能转,以及怎么转等重要问题。

一、转变经济发展方式的内涵

厘清转变经济发展方式及其相关概念的内涵是加快经济发展方式转变的重要前提。

第一,经济发展方式的含义。学界普遍认为经济发展方式是如何实现经济更好发展的手段。唐林(2007)认为,经济发展方式既包括经济增长方式,又包括产业的结构、增长的质量、发展的效益和环保等方面的内容。[②] 吴树青(2008)认为,经济发展方式不仅包括单纯的经济增长,而且包括结构的优化,经济运行质量和效益的提高,也包括降低消耗、改善资源和生态环境的状况以及经济社会自然发展的协调与和谐等各方面。其实质在于全面地追求和实现经济社会更好的发展质量和整体的协调。[③] 杨淑华(2009)认为,经济发展方式既包括数量又包括质量,是指实现经济、社会和政治的整体演进和改善的途径。[④] 俞建国和曾铮(2017)认为,经济发展方式贯穿于生产全过程,涉及生产、流通、分配、消费等领域。[⑤] 张宇等(2018)认为,经济发展方式是实现经济发展的方法、手段与模式,是经济发展战略实现的具体路径。[⑥]

第二,经济发展方式的类型。学界普遍认同以下几种经济发展方式的类型。卫兴华(2011)认为,依据发展机制可将经济发展方式分为粗放型与集约型。[⑦] 张宇等(2018)认为,依据经济的发展持续性可以分为可持续型与不可持续型,依据要素投入可以分为劳动密集型、资本密集型、技术密集型和资源密集型,依据经济增长动力可以分为投资

[①] 本节部分内容已经公开发表,但收录时有所增减。具体参见蒋永穆,祝林林:《经济发展方式内涵与实践的研究及其特点:基于学术文献视角》,《上海商学院学报》,2021年第6期,第3~15页。

[②] 唐林:《新时期转变经济发展方式初探》,《理论前沿》,2007年第19期,第41~42页。

[③] 吴树青:《转变经济发展方式是实现国民经济又好又快发展的关键》,《前线》,2008年第1期,第17~19页。

[④] 杨淑华:《我国经济发展方式转变的路径分析——基于经济驱动力视角》,《经济学动态》,2009年第3期,第30~33页。

[⑤] 俞建国,曾铮:《转变经济发展方式与深化改革研究》,人民出版社,2017年,第50页。

[⑥] 张宇,谢地,任保平,等:《中国特色社会主义政治经济学:制度·运行·发展·开放》(第二版),高等教育出版社,2018年,第216页。

[⑦] 卫兴华:《关于经济发展与转变发展方式的几个理论是非问题》,《毛泽东邓小平理论研究》,2011年第3期,第5~9页。

驱动型、出口驱动型、消费驱动型。①

第三，转变经济发展方式的含义。厘清转变经济发展方式的含义是实现经济发展方式转变的前提。为此，学界进行了系列研究，形成如下两种观点：

三方面说。持有这种观点的学者主要是从三个方面界定转变经济发展方式的含义。郭军（2008）认为，转变经济发展方式至少包括三个方面的含义：经济发展必须从单纯追求 GDP 转向追求速度、结构、质量、效益的统一；经济发展必须从机械的物本主义转向生动的人本主义；经济发展必须从封闭、半封闭经济转向开放经济。②杨斌（2011）认为，经济发展方式转变包括"三个转变"：在需求结构上，促进经济增长由主要依靠投资、出口拉动向依靠消费、投资、出口协调拉动转变；在产业结构上，促进经济增长由主要依靠第二产业带动向依靠第一、第二、第三产业协同带动转变；在要素投入上，促进经济增长由主要依靠增加物质资源消耗向主要依靠科技进步、劳动者素质提高、管理创新转变。③贺立龙（2011）认为，经济发展方式转变的内容涵盖了经济增长方式、经济生态耦合方式、经济分享方式三个层次。④黄家顺和邬沈青（2014）认为，转变经济发展方式的新内涵包括转变经济发展方式的新模式、转变经济发展方式的新机制、转变经济发展方式的新道路三个方面。⑤

综合说。持有这种观点的学者主要是从两个方面界定转变经济发展方式的含义。黄泰岩（2007）认为，转变经济发展方式的内涵，不仅仅指从粗放增长向集约增长的转变或从外延增长向内涵增长的转变，还应该包括发展目标向多元的转变，经济发展向质量与效益并举的转变，经济发展的核心向以人为本的转变，经济结构向全面优化的转变，经济发展方式向知识经济条件下的工业化、现代化发展方式的转变，经济发展向建设资源节约型、环境友好型社会转变。⑥吴树青（2008）认为，转变经济发展方式不仅要求转变经济增长方式，还要求实现经济结构优化升级，实现经济社会协调发展，实现人与自然和谐发展及人的全面发展。⑦王一鸣（2008）认为，转变经济发展方式，在内涵上要求实现经济增长由粗放型向集约型、外延型向内涵型转变，提高要素投入产出效率和全要素生产率；实现需求结构、产业结构、要素结构的优化升级；实现国民收入分配结构有效改善；实现人与自然的和谐发展和人的全面发展。⑧李松龄和戴子礼（2010）认为，转变经济发展方式指的是把粗放型、劳动密集型和高碳型的经济发展方式转变为集约型、资本技术密集型和低碳型的经济发展方式。⑨齐建国（2010）认为，科学发展观

---

① 张宇，谢地，任保平等：《中国特色社会主义政治经济学：制度·运行·发展·开放》（第二版），高等教育出版社，2018 年，第 216～217 页。
② 郭军：《转变经济发展方式的本质新论》，《中州学刊》，2008 年第 3 期，第 35～37 页。
③ 杨斌：《论促进经济发展方式转变的社会经济政策选择》，《税务研究》，2011 年第 3 期，第 3～7 页。
④ 贺立龙：《转变经济发展方式的含义与动力探析》，《社会科学辑刊》，2011 年第 3 期，第 91～93 页。
⑤ 黄家顺，邬沈青：《转变经济发展方式的新内涵与新路径》，《江汉论坛》，2014 年第 12 期，第 12～16 页。
⑥ 黄泰岩：《转变经济发展方式的内涵与实现机制》，《求是》，2007 年第 18 期，第 6～8 页。
⑦ 吴树青：《转变经济发展方式是实现国民经济又好又快发展的关键》，《前线》，2008 年第 1 期，第 17～19 页。
⑧ 王一鸣：《转变经济发展方式的现实意义和实现途径》，《理论视野》，2008 年第 1 期，第 25～28 页。
⑨ 李松龄，戴子礼：《转变经济发展方式与需求和供给的创造》，《福建论坛》（人文社会科学版），2010 年第 7 期，第 18～23 页。

视域下转变经济发展方式的内涵在于处理好两对关系：处理好人与人之间的物质利益关系，实现和谐社会；处理好人与自然的关系，实现可持续发展。① 白雪飞（2011）认为，转变经济发展方式是指在经济发展的进程中，紧紧围绕以人为本这个核心，在保证经济增长总量和速度稳定提升、经济质量进一步提高、经济结构不断优化的基础上，实现包括经济发展和社会发展相协调、经济发展与资源环境相协调、经济发展与科技进步相协调在内的全面协调，真正实现又好又快的发展。② 伍开群（2016）认为，经济发展方式转变包括两个方面的要义：依靠经济结构调整，实现结构优化；依靠科技进步、管理创新，转变经济增长方式。③

二、转变经济发展方式的目标

整体来看，学术界普遍认为，转变经济发展方式的目标是处理好经济发展过程的关系，提高经济发展质量和效益。姜作培和陈峰燕（2008）认为，转变经济发展方式，就是要依靠科技进步和创新，在优化结构、提高效益和降低能耗、保护环境的基础上，实现速度质量效益相协调、投资消费出口相协调、人口资源环境相协调，从而真正做到又好又快发展。④ 国务院发展研究中心课题组（2010）分析了转变经济发展方式的目标。他们认为，我们所要努力形成的发展方式，应是与我国的工业化城镇化进程相一致，与我国现代化所处的国内外环境相适应，全面、协调、高效、普惠、可持续和应变能力强的经济发展方式。⑤ 白永秀和王颂吉（2011）认为，经济发展方式转变的目标是保持经济长期平稳较快发展，而经济长期平稳较快发展是经济发展的一种理想状态。⑥ 王宁西和张文婷（2012）也认为，转变经济发展方式的目标是实现统筹协调发展。他们还进一步指出，统筹协调发展除了强调经济运行中数量和质量的统一协调发展以外，还包括城乡的协调发展、东西部区域间的协调发展、制造业和服务业的协调发展、对内与对外协调发展、经济与社会协调发展等多项内容。⑦ 张玉杰（2015）认为，发展方式转变的目标是把经济发展的立足点转移到提高质量和效益上来。从宏观层面来看，中央政府力推经济结构转变、经济发展动力转变；从中观层面来看，地方政府力推地区产业结构转变（升级）、政府职能转变；从微观层面来看，企业力推产品升级、技术升级、管理升级、商业模式创新。⑧

---

① 齐建国：《用科学发展观统领经济发展方式转变》，《财贸经济》，2010年第4期，第5~12+136页。
② 白雪飞：《转变经济发展方式的内涵及博弈相容机制研究》，《社会科学辑刊》，2011年第2期，第115~117页。
③ 伍开群：《经济发展方式：政府、市场与制度》，《经济问题探索》，2016年第6期，第185~190页。
④ 姜作培，陈峰燕：《论经济发展方式转变的三大问题》，《中州学刊》，2008年第1期，第24~27页。
⑤ 国务院发展研究中心课题组：《加快转变经济发展方式的目标要求和战略举措》，《理论学刊》，2010年第5期，第41~44页。
⑥ 白永秀，王颂吉：《经济发展方式转变的目标及影响因素》，《经济学家》，2011年第6期，第102~104页。
⑦ 王宁西，张文婷：《加快转变经济发展方式的时代内涵》，《北京交通大学学报》（社会科学版），2012年第1期，第73~76+82页。
⑧ 张玉杰：《论经济发展方式转变目标、路径与行动》，《福建论坛》（人文社会科学版），2015年第1期，第5~14页。

三、转变经济发展方式的动因

经济的快速增长,并不意味着经济的快速发展。改革开放以来,我国经济发展实现了质的突破,但依然存在一些制约经济持续健康发展的因素。这亟须转变经济发展方式,实现经济又好又快地发展。学界对转变经济发展方式动因的探究,主要是基于国内经济发展形势的视角,具体见表11-7。

表11-7 学界关于转变经济发展方式动因的研究汇总表

观点	主要代表作者
基础说	刘向红(2011),李陈和李家祥(2015),等等
问题倒逼说	方福前(2007),马建堂(2010),周肇光(2011),等等
意义说	王一鸣(2008),叶卫平(2011),等等

第一,基础说。持有这种观点的学者,主要从转变经济发展方式的基础角度进行了研究阐释。刘向红(2011)认为,改革开放后,我国经济社会发生了重大变化,资金供给相对充裕、技术实力显著增强、人力资本大幅提升、社会需求结构转型升级世界,加之新兴经济体迅速崛起、全球"绿色经济革命"来临,为加快转变经济发展方式提供了良好的条件。① 李陈和李家祥(2015)认为,在新常态下,转变经济发展方式具有一定的基础。具体表现在:经济增长由速度型向速度、质量和效益并重型转换;推动经济发展由要素驱动、投资驱动向创新驱动转换;经济结构由低端向中高端升级;人们从经济发展旧思维向新思维转换。②

第二,问题倒逼说。持有这种观点的学者认为,经济发展存在问题是转变经济发展方式的重要原因。方福前(2007)认为,我国经济发展还面临经济增长方式不合理、经济结构不合理、产品结构不合理、投资与消费比例结构不合理、内需与外需不协调等问题。③ 何雄浪和杨继瑞(2008)认为,转变经济发展方式在当前我国经济生活中有着必要性和紧迫性,源于经济发展面临出口、投资、消费需求的不协调互动,三大产业不协调发展的问题十分突出,我国经济增长的质量和效益不高,经济高速增长并没有相应促进人的全面发展等问题。④ 马建堂(2010)认为,转变经济发展方式是破解经济发展矛盾的需要。具体如下:我国国内资源供给有限,资源供需矛盾非常突出;环境容量有限,国内外压力增大;劳动力供求形势发生深刻变化,用工成本增加;外部环境复杂严峻,大进大出式的生产方式不利于经济稳定增长;经济发展水平提高需要改变依赖投资拉动的生产方式。⑤ 周肇光(2011)认为,我国经济发展对外贸进出口依赖较大,经济

---

① 刘向红:《条件与契机:转变经济发展方式》,《求索》,2011年第6期,第99~100页。
② 李陈,李家祥:《新常态下需用新思维推进经济发展方式加快转变》,《宁夏社会科学》,2015年第2期,第4~9页。
③ 方福前:《关于转变经济发展方式的三个问题》,《经济理论与经济管理》,2007年第11期,第12~16页。
④ 何雄浪,杨继瑞:《从转变经济增长方式到转变经济发展方式》,《贵州财经学院学报》,2008年第5期,第35~41页。
⑤ 马建堂:《关于加快转变经济发展方式的几个问题》,《国家行政学院学报》,2010年第3期,第4~9页。

发展方式对外资依赖程度较高。① 孙永强和巫和懋（2012）认为，居民消费和投资结构失衡，传统的投资和出口驱动的粗放型经济增长方式所面临的资源稀缺和环境污染的约束条件越来越严苛，国际金融危机发生后发达国家经济的不景气使我国的对外出口贸易越来越受到限制，粗放型经济增长的代价成为转变经济发展方式的现实动力。②

第三，意义说。持有这种观点的学者，主要是从转变经济发展方式意义的角度来进行阐释。王一鸣（2008）认为，转变经济发展方式有利于扩大国内需求特别是消费需求，提高消费对经济增长的拉动作用，降低经济增长对出口和投资的过度依赖；推进产业结构优化升级特别是加快发展现代服务业，发展现代产业体系，提升经济整体素质和国际竞争力；以提高自主创新能力为中心环节，大幅度提高科技进步和创新对经济增长的贡献率，缓解经济增长对能源资源和生态环境的压力。③ 叶卫平（2011）认为，转变经济发展方式是保障产业安全、区域安全、城市化安全，进而保障国家经济安全的重要举措。④ 田玉才（2011）认为，加快转变经济发展方式，有利于进一步增强国家经济安全、科技安全、社会安全、生态安全和制度安全，进而夯实国家政治安全基础。⑤

四、转变经济发展方式的历程

经济发展方式的转变并非一蹴而就，而是一个历史进程。学界从历史的视角研究了经济发展方式转变过程。

第一，三阶段说。陈雪薇和沈传亮（2009）以改革开放为分界点，将改革开放前分为粗放型经济增长方式，并进一步将改革开放后，我国探索转变经济发展方式分为三个阶段。具体为：20世纪80年代首次提出要走一条经济发展的新路子；20世纪90年代中期明确提出经济增长方式从粗放型向集约型转变；21世纪初提出转变经济发展方式。⑥ 何树平（2010）以经济增长方式为切入点，将转变经济发展方式的过程，分为党的十六大以后转变经济增长方式思想的丰富和发展、党的十七大正式提出转变经济发展方式战略思想、国际金融危机后转变经济发展方式思想的新发展。⑦ 江彩霞等（2013）也将我国转变经济发展方式的历程分为三个阶段，即1978年至20世纪90年代初为第一阶段、1992年至20世纪末为第二阶段、21世纪以来为第三阶段。⑧

第二，四阶段说。冷兆松（2011）将转变经济发展方式的历程分为：转变经济增长

---

① 周肇光：《对我国转变经济发展方式的几点思考》，《中国流通经济》，2011年第11期，第71~76页。
② 孙永强，巫和懋：《当前转变经济发展方式的形势与对策》，《高校理论战线》，2012年第9期，第21~24页。
③ 王一鸣：《转变经济发展方式的现实意义和实现途径》，《理论视野》，2008年第1期，第25~28页。
④ 叶卫平：《论经济安全是转变经济发展方式的重要保障》，《马克思主义研究》，2011年第2期，第56~60页。
⑤ 田玉才：《经济发展方式转变与国家政治安全》，《经济问题探索》，2011年第5期，第146~149页。
⑥ 陈雪薇，沈传亮：《我国探索推动经济发展方式转变的历程及启示》，《毛泽东邓小平理论研究》，2009年第8期，第6~12页。
⑦ 何树平：《十六大以来党中央转变经济发展方式思想的形成与发展》，《党的文献》，2010年第4期，第78~84页。
⑧ 江彩霞，朱名宏，郭艳华：《探索与创新转变经济发展方式的实现路径》，中国经济出版社，2013年，第147~149页。

方式战略思想的提出和发展、加快转变经济发展方式战略的确立、转变经济发展方式是对转变经济增长方式的重大飞跃、党的十七大以来加快转变经济发展方式战略的重大发展。[①] 鄢一龙和李强（2013）详细探究了"九五"到"十二五"之间经济发展方式转变的过程，即"九五"时期经济发展方式初步转变；"十五"时期经济发展方式发生了一定程度的逆转；"十一五"时期经济发展方式加快转变，初步纳入科学发展轨道；"十二五"期间经济发展方式加快转变，开始基本纳入科学发展轨道。[②] 肖翔和武力（2015）以我国产业结构演变为视角，将新中国成立后转变经济发展方式的探索过程分为：1949—1978年优先发展重工业下的产业结构与经济发展方式的转变，1979—1997年产业均衡发展下的产业结构和经济发展方式的转变，1998—2012年重启重化工业下的产业结构与经济发展方式的转变。[③]

五、转变经济发展方式的影响因素

转变经济发展方式并非一帆风顺，学界对影响转变经济发展方式的因素进行了探究，主要包括思想观念、体制机制、政府考核等方面，具体情况见表11-8。

表11-8 学界关于影响经济发展方式转变因素的研究汇总表

观点	代表作者
认识制约说	申广斯（2009），孔祥敏（2010），邵慰（2014），等等
体制机制制约说	姚乐（2010），吴高飞（2011），姜国强，（2012）等等
制度制约说	王可达（2010），姚乐（2010），等等
创新制约说	袁忠（2011），杨圣明（2011），等等
其他制约说	张卓元（2010），鄢一龙和李强（2013），等等

第一，"认识制约说"。持有这种观点的学者认为，人们的思想认识在一定程度上阻碍了经济发展方式的转变。申广斯（2009）认为，人们的思想观念不能与时俱进，在一定程度上阻碍了经济发展方式的转变。[④] 孔祥敏（2010）认为，转变经济发展方式依然面临思想认识不到位所导致的发展观念上的动力缺失。[⑤] 袁忠（2011）认为，政府管理人员观念的滞后，在一定程度上也延缓了经济发展方式转变。[⑥] 吴高飞（2011）也认为，思想认识问题会影响经济发展方式的转变。[⑦] 徐永德（2014）认为，转变经济发展

---

① 冷兆松：《加快转变经济发展方式战略的形成历程与重大发展》，《毛泽东邓小平理论研究》，2011年第9期，第50~54页。
② 鄢一龙，李强：《"十二五"时期经济发展方式加快转变》，《经济研究参考》，2013年第55期，第30~42页。
③ 肖翔，武力：《大国视角下中国产业结构与经济发展方式演变研究》，《教学与研究》，2015年第1期，第5~15页。
④ 申广斯：《我国转变经济发展方式的制约因素与对策》，《统计与决策》，2009年第22期，第106~108页。
⑤ 孔祥敏：《中国经济发展方式转变中的动力缺失及对策》，《北京行政学院学报》，2010年第6期，第66~70页。
⑥ 袁忠：《创新政府管理 转变经济发展方式》，《广东行政学院学报》，2011年第1期，第17~20页。
⑦ 吴高飞：《刍议加快转变经济发展方式》，《理论视野》，2011年第6期，第67~68页。

方式存在人们文化观念的阻碍。①邵慰（2014）认为，地方政府对经济发展观念的曲解是中国经济发展方式转变困难的一大原因。②

第二，体制机制制约说。持有这种观点的学者认为，体制机制的不健全在一定程度上阻碍了经济发展方式的转变。申广斯（2009）认为，转变经济发展方式面临经济体制模式的影响、经济管理体制上的障碍等方面的制约因素。③孔祥敏（2010）认为，转变经济发展方式依然面临利益调节机制不健全导致政府推动上的动力缺失，市场经济体制和市场机制不完善导致企业参与上的动力缺失，过度依赖投资和出口导致国家发展战略上的动力缺失。④姚乐（2010）认为，转变经济发展方式存在财政税收体制的缺陷和资源价格机制的扭曲两大问题。⑤杨圣明（2011）认为，转变经济发展方式缺乏应有的经济体制基础，这也阻碍了其转变。⑥吴高飞（2011）认为，体制机制问题也会影响经济发展方式转变。⑦姜国强（2012）认为，转变经济发展方式面临政府与市场的关系失衡、国有产权冲突、非正式制度供给不足等体制机制瓶颈。⑧

第三，制度制约说。持有这种观点的学者认为，现行制度在一定程度上阻碍了经济发展方式的转变。王可达（2010）认为，现行制度对转变经济发展方式造成了一定制约。具体如下：行政性资源配置方式的制约、政绩考核制度扭曲、现代企业制度滞后、科技体制有待完善、财税制度尚不完善。⑨姚乐（2010）认为，转变经济发展方式存在干部政绩考核和选拔晋升制度偏离的矛盾和困难。⑩

第四，创新制约说。持有这种观点的学者认为，创新能力不强在一定程度上阻碍了经济发展方式的转变。袁忠（2011）认为，企业技术创新的艰难性，延缓了经济发展方式转变。⑪杨圣明（2011）认为，转变经济发展方式的科技基础薄弱，也阻碍了其转变。⑫孙永强和巫和懋（2012）认为，转变经济发展方式面临科技创新的推动作用不足的障碍。⑬

第五，其他制约说。持有这种观点的学者，研究了影响经济发展方式转变的其他因素。张卓元（2010）认为，转变经济发展方式面临三大难点：它同追求经济的短期高速

---

① 徐永德：《新常态下转变经济发展方式的制度因素和路径研究》，《探索》，2014年第5期，第108~113页。
② 邵慰：《经济发展方式的全面转型：基于政府行为的视角》，《经济与管理研究》，2014年第9期，第54~61页。
③ 申广斯：《我国转变经济发展方式的制约因素与对策》，《统计与决策》，2009年第22期，第106~108页。
④ 孔祥敏：《中国经济发展方式转变中的动力缺失及对策》，《北京行政学院学报》，2010年第6期，第66~70页。
⑤ 姚乐：《转变经济发展方式的矛盾、难点与出路》，《江汉论坛》，2010年第11期，第41~45页。
⑥ 杨圣明：《我国转变经济发展方式的难点与对策》，《河北经贸大学学报》，2011年第1期，第11~12页。
⑦ 吴高飞：《刍议加快转变经济发展方式》，《理论视野》，2011年第6期，第67~68页。
⑧ 姜国强：《我国经济发展方式转变的制度障碍及其跨越》，《社会科学家》，2012年第5期，第43~45+58页。
⑨ 王可达：《实现经济发展方式转变的制度安排》，《江西财经大学学报》，2010年第3期，第5~10页。
⑩ 姚乐：《转变经济发展方式的矛盾、难点与出路》，《江汉论坛》，2010年第11期，第41~45页。
⑪ 袁忠：《创新政府管理 转变经济发展方式》，《广东行政学院学报》，2011年第1期，第17~20页。
⑫ 杨圣明：《我国转变经济发展方式的难点与对策》，《河北经贸大学学报》，2011年第1期，第11~12页。
⑬ 孙永强，巫和懋：《当前转变经济发展方式的形势与对策》，《高校理论战线》，2012年第9期，第21~24页。

增长是有矛盾的，重要领域和关键环节改革难启动，政策调整阻力重重。① 汤吉军和陈俊龙（2011）认为，在经济发展方式转变的过程中，由于资源稀缺、制度不健全等因素的影响，产生了一系列的障碍难题。② 吴高飞（2011）认为，理论武装问题、工作能力问题、干部作风问题、法律制度问题等，也会影响经济发展方式转变。③ 孙永强和巫和懋（2012）认为，转变经济发展方式面临的障碍还有收入分配差距拉大、城乡二元经济结构两大方面。④ 鄢一龙和李强（2013）认为，"十二五"时期转变经济发展方式仍面临如下挑战：生态环境目标完成进展滞后、重化工业比重进一步上升、全要素生产率贡献率下降、地方科学发展的动力不足、国内外形势对于科学发展的不利因素增多。⑤ 刘泉红和刘方（2014）认为，过去政府通过行政管理、产业政策、财税政策等手段以及金融市场来直接或间接干预市场主体的经营行为，导致了需求结构、供给结构和要素投入结构的扭曲，严重阻碍了经济发展方式转变。⑥

六、转变经济发展方式的路径

转变经济发展方式不仅要厘清内涵、把准问题，更要在实践中找准路径。学界对推进经济发展方式转变的路径进行了探究，具体聚焦在转变发展理念、深化改革、健全体制机制、发展科学技术、消费引领等方面，具体见表11-9。

表11-9　学界关于实现经济发展方式转变路径的研究汇总表

观点	主要代表作者
理念引领说	方福前（2007），黄泰岩（2007），喻包庆（2013），等等
改革引领说	唐龙（2007），朱光华（2008），王可达（2010），等等
体制机制驱动说	王一鸣（2008），郭晗和任保平（2013），等等
科学技术引领说	黄泰岩（2007），赵增彦（2011），李翀（2014），等等
消费引领说	姜作培（2008），国务院发展研究中心课题组（2010），等等
创新引领说	卫兴华（2013），刘伟（2013），马克（2013），等等
其他引领说	肖文涛和王福明（2010），吴振磊和李想（2015），等等

第一，理念引领说。持有这种观点的学者认为，转变经济发展方式需要转变发展理念。金怡顺（2007）认为，转变经济发展方式，需要摒弃重物轻人的传统观念。⑦ 方福

---

① 张卓元：《我国转变经济发展方式的难点在哪里》，《经济纵横》，2010年第6期，第11～12+61页。
② 汤吉军，陈俊龙：《经济发展方式转变障碍与制度创新》，《学海》，2011年第2期，第97～101页。
③ 吴高飞：《刍议加快转变经济发展方式》，《理论视野》，2011年第6期，第67～68页。
④ 孙永强，巫和懋：《当前转变经济发展方式的形势与对策》，《高校理论战线》，2012年第9期，第21～24页。
⑤ 鄢一龙，李强：《"十二五"时期经济发展方式加快转变》，《经济研究参考》，2013年第55期，第30～42页。
⑥ 刘泉红，刘方：《转变经济发展方式与塑造新型市场主体研究》，《经济与管理研究》，2014年第6期，第18～26页。
⑦ 金怡顺：《对我国经济发展几个问题的思考》，《青海社会科学》，2007年第5期，第1～4页。

前（2007）认为，转变经济发展方式需要贯彻落实以人为本的科学发展观。① 黄泰岩（2007）认为，转变经济发展方式，需要坚持以人为本的科学发展观。② 申广斯（2009）认为，转变经济发展方式需要改变思想观念，倡导科学发展观。③ 王可达（2010）认为，转变经济发展方式需要树立以人为本观念、切实转变政府职能、完善政绩考核制度。④ 李光和乔亚兰（2010）认为，经济发展方式的转变要以发展观念的转变为前提，即在发展中要高度重视思想观念的变革，切实转变资源观念、创新观念、管理观念、科技观念、节约观念。⑤ 周肇光（2011）认为，加快转变经济发展方式，需要在经济发展理念上坚持以科学发展观为指导。⑥ 吴高飞（2011）认为，促进经济发展方式转变要以宣传教育为先导，着力转变发展观念。⑦ 喻包庆（2013）认为，转变经济发展方式需要牢固树立生态文明理念，走绿色发展道路。⑧ 邵慰（2014）认为，转变经济发展方式需要各级政府转变发展观念，即放弃追求单纯的经济增长指标，建立多种发展维度的发展观。⑨

第二，改革引领说。持有这种观点的学者认为，转变经济发展方式需要深化改革。方福前（2007）认为，转变经济发展方式需要深化干部考核制度改革。⑩ 唐龙（2007）认为，提高转变经济发展方式的实效，需要以体制改革与创新为保障，巩固和扩大转变经济发展方式的成果。⑪ 朱光华（2008）认为，转变经济发展方式，必须在需求结构、产业结构、要素投入结构、城乡结构、区域结构、分配结构等方面进行改革。⑫ 何雄浪和杨继瑞（2008）认为，转变经济发展方式，需要在经济发展过程中不断进行制度创新，完善社会主义市场经济制度；积极推进政府改革，切实转变经济发展方式。⑬ 张蕴萍（2009）认为，转变经济发展方式需要推进资源和要素价格体系改革，健全资源和要素高效利用的激励机制；改革政府绩效考核体系，完善监督体系。⑭ 国务院发展研究中心课题组（2010）认为，转变经济发展方式需要不失时机地推进资源和要素价格改革，

---

① 方福前：《关于转变经济发展方式的三个问题》，《经济理论与经济管理》，2007年第11期，第12~16页。
② 黄泰岩：《转变经济发展方式的内涵与实现机制》，《求是》，2007年第18期，第6~8页。
③ 申广斯：《我国转变经济发展方式的制约因素与对策》，《统计与决策》，2009年第22期，第106~108页。
④ 王可达：《实现经济发展方式转变的制度安排》，《江西财经大学学报》，2010年第3期，第5~10页。
⑤ 李光，乔亚兰：《转变经济发展方式与观念变革》，《学习与实践》，2010年第11期，第21~24页。
⑥ 周肇光：《对我国转变经济发展方式的几点思考》，《中国流通经济》，2011年第11期，第71~76页。
⑦ 吴高飞：《刍议加快转变经济发展方式》，《理论视野》，2011年第6期，第67~68页。
⑧ 喻包庆：《经济发展方式转变的路径选择：生态文明建设的视角》，《理论月刊》，2013年第11期，第120~127页。
⑨ 邵慰：《经济发展方式的全面转型：基于政府行为的视角》，《经济与管理研究》，2014年第9期，第54~60页。
⑩ 方福前：《关于转变经济发展方式的三个问题》，《经济理论与经济管理》，2007年第11期，第12~16页。
⑪ 唐龙：《从"转变经济增长方式"到"转变经济发展方式"的理论思考》，《当代财经》，2007年第12期，第5~10页。
⑫ 朱光华：《转变经济发展方式与调整经济结构》，《南开学报》（哲学社会科学版），2008年第1期，第77~79页。
⑬ 何雄浪，杨继瑞：《从转变经济增长方式到转变经济发展方式》，《贵州财经学院学报》，2008年第5期，第35~41页。
⑭ 张蕴萍：《转变经济发展方式的理论探索与现实对策》，《山东社会科学》，2009年第11期，第119~121页。

充分发挥价格机制在促进发展方式转变方面的基础性作用；深化国有企业和垄断行业改革，完善国有企业和垄断行业剩余分配机制。① 王可达（2010）认为，转变经济发展方式需要深化财税制度改革。② 马西恒（2010）认为，应当深化政府能力、公共服务和收入分配的改革，从而建立转变经济发展方式的社会政策支持体系。③ 姚乐（2010）认为，转变经济发展方式的根本出路在于切实转变政府职能，完善干部政绩考核和选拔晋升制度。④ 周叔莲（2016）认为，转变经济发展方式需要深化收入分配制度改革，理顺收入分配关系，逐步缩小收入分配差距。⑤ 吴大兵（2016）认为，转变经济发展方式需要深化政治体制改革。⑥

第三，体制机制驱动说。持有这种观点的学者认为，转变经济发展方式需要健全体制机制。方福前（2007）认为，转变经济发展方式需要发展和完善社会主义市场经济体制。⑦ 周叔莲和刘戒骄（2008）认为，转变经济发展方式需要完善有利于节约能源资源和保护生态环境的法律和政策，加快形成可持续发展体制机制。⑧ 王一鸣（2008）认为，转变经济发展方式最紧迫的任务是从体制机制上进行创新，即完善资源价格形成机制、深化财税体制改革、加快行政管理体制改革、构建有利于经济发展方式转变的微观基础。⑨ 王可达（2010）认为，转变经济发展方式需要推动科技体制创新、规范要素配置机制。⑩ 刘世佳和丁伟国（2010）认为，在推动经济发展方式转变的过程中，需要健全体制机制，从而形成经济增长的核心驱动力。⑪ 姜国强（2011）认为，转变经济发展方式需要建立经济发展方式转变的动力均衡机制，即建立投资结构优化的长效机制、深化收入分配体制改革、深化外贸体制改革。⑫ 辜胜阻等（2013）认为，转变经济发展方式需要通过深化经济体制改革形成新的"制度红利"，推动经济发展走上"创新驱动、内生增长"的轨道。⑬ 郭晗和任保平（2013）认为，转变经济发展方式需要健全要素定价机制、市场运行机制、政绩考核机制、财税激励机制。⑭ 徐永德（2014）认为，转变

---

① 国务院发展研究中心课题组：《加快转变经济发展方式的目标要求和战略举措》，《理论学刊》，2010年第5期，第41~44+127页。
② 王可达：《实现经济发展方式转变的制度安排》，《江西财经大学学报》，2010年第3期，第5~10页。
③ 马西恒：《转变经济发展方式的内生动力及社会政策支持》，《中共中央党校学报》，2010年第5期，第26~29页。
④ 姚乐：《转变经济发展方式的矛盾、难点与出路》，《江汉论坛》，2010年第11期，第41~45页。
⑤ 周叔莲：《转变经济发展方式再认识》，经济管理出版社，2016年，第199~203页。
⑥ 吴大兵：《转变经济发展方式与政治体制改革》，中国社会科学出版社，2016年，第24~26页。
⑦ 方福前：《关于转变经济发展方式的三个问题》，《经济理论与经济管理》，2007年第11期，第12~16页。
⑧ 周叔莲，刘戒骄：《如何认识和实现经济发展方式转变》，《理论前沿》，2008年第6期，第5~9页。
⑨ 王一鸣：《转变经济发展方式的现实意义和实现途径》，《理论视野》，2008年第1期，第25~28页。
⑩ 王可达：《实现经济发展方式转变的制度安排》，《江西财经大学学报》，2010年第3期，第5~10页。
⑪ 刘世佳，丁伟国：《转变经济发展方式要靠九大驱动力》，《学习与探索》，2010年第3期，第119~123页。
⑫ 姜国强：《动力结构失衡、制度扭曲与经济发展方式转变》，《管理现代化》，2011年第2期，第15~17页。
⑬ 辜胜阻，王敏，李洪斌：《转变经济发展方式的新方向与新动力》，《经济纵横》，2013年第2期，第1~8页。
⑭ 郭晗，任保平：《经济发展方式转变的路径依赖及其破解路径》，《江苏社会科学》，2013年第4期，第70~75页。

经济发展方式需要以社会组织培育促进市场机制完善。① 许捷和龚新署（2014）认为，转变经济发展方式需要进一步深化机制体制改革，推动经济发展方式转变。② 王有志（2013）指出，转变经济发展方式需要构建市场经济体制机制。③ 黄家顺和邬沈青（2014）认为，转变经济发展方式要求全面深化体制改革，构建经济发展新方式的制度基础。④ 李陈和李家祥（2015）认为，在新常态下，转变经济发展方式需要深化市场取向体制改革，为加快转变经济发展方式提供市场活力。⑤

第四，科学技术引领说。持有这种观点的学者认为，转变经济发展方式需要发展科学技术。黄泰岩（2007）认为，转变经济发展方式，需要加强自主创新；广泛采用节能减排技术，大力发展环保产业，形成经济发展与能源、环境保护的良性互动，实施可持续发展战略。⑥ 方福前（2007）认为，转变经济发展方式需要大力发展教育和科学技术。⑦ 连家明和王丹（2008）认为，切实转变经济发展方式，需要加快技术自主创新。⑧ 何雄浪和杨继瑞（2008）认为，转变经济发展方式，需要积极推进科教兴国战略。⑨ 张蕴萍（2009）认为，转变经济发展方式需要大力发展教育和科学技术。⑩ 陈元（2010）认为，转变经济发展方式需要发挥科技创新的支撑作用。⑪ 李翀（2014）认为，转变经济发展方式的核心突破点是实现核心技术自主创新的突破。为此，他指出需要推进人力资本的积累和产业结构的调整。⑫

第五，消费引领说。持有这种观点的学者认为，转变经济发展方式需要消费引领。金怡顺（2007）认为，转变经济发展方式，需要引导合理消费。⑬ 姜作培（2008）认为，科学合理的消费对转变经济发展方式至关重要，必须充分正视影响和制约我国消费的种种因素，调整消费政策，多管齐下，提高城乡居民消费率，改善城乡居民的消费质

---

① 徐永德：《新常态下转变经济发展方式的制度因素和路径研究》，《探索》，2014年第5期，第108~113页。
② 许捷，龚新署：《"三化"发展与经济发展方式转变的实证研究》，《软科学》，2014年第9期，第21~24页。
③ 王有志：《经济发展方式转变新论——基于双向运动理论的研究》，经济科学出版社，2013年，第90页。
④ 黄家顺，邬沈青：《转变经济发展方式的新内涵与新路径》，《江汉论坛》，2014年第12期，第12~16页。
⑤ 李陈，李家祥：《新常态下需用新思维推进经济发展方式加快转变》，《宁夏社会科学》，2015年第2期，第4~9页。
⑥ 黄泰岩：《转变经济发展方式的内涵与实现机制》，《求是》，2007年第18期，第6~8页。
⑦ 方福前：《关于转变经济发展方式的三个问题》，《经济理论与经济管理》，2007年第11期，第12~16页。
⑧ 连家明，王丹：《经济发展方式转变的宏观政策选择》，《社会科学辑刊》，2008年第2期，第107~110页。
⑨ 何雄浪，杨继瑞：《从转变经济增长方式到转变经济发展方式》，《贵州财经学院学报》，2008年第5期，第35~41页。
⑩ 张蕴萍：《转变经济发展方式的理论探索与现实对策》，《山东社会科学》，2009年第11期，第119~121页。
⑪ 陈元：《转变经济发展方式研究》，研究出版社，2010年，第78~19页。
⑫ 李翀：《论加快推进我国经济发展方式转变的核心发展战略》，《中山大学学报》（社会科学版），2014年第1期，第190~198页。
⑬ 金怡顺：《对我国经济发展几个问题的思考》，《青海社会科学》，2007年第5期，第1~4页。

量。① 张蕴萍（2009）认为，转变经济发展方式需要倡导健康文明的消费方式。② 齐建国（2010）认为，科学发展观视域下转变经济发展方式需要调整利益分配制度，提升居民消费能力。③ 国务院发展研究中心课题组（2010）认为，转变经济发展方式需要制定并实施合理的消费政策，促进形成资源节约型、环境友好型的消费模式。④ 黄家顺和曾知也（2013）认为，转变经济发展方式，需要扩大消费需求，改善需求结构，形成经济发展新动力。这要求提高居民收入、确立消费导向、改善消费环境、健全社会保障体系。⑤

第六，创新引领说。持有这种观点的学者认为，转变经济发展方式需要发挥创新的作用。袁忠（2011）认为，转变我国经济发展方式，要创新政府管理，包括创新政府经济管理职能、政府经济管理体制、政府经济管理方式、干部考评和选拔制度等。⑥ 卫兴华（2013）认为，创新驱动发展是转变发展方式的核心内容。为此，要提高原始创新、集成创新和引进消化吸收再创新能力，更加注重协同创新。⑦ 刘伟（2013）认为，推动经济发展方式的转变，根本在于依靠创新驱动，在制度和技术创新的基础上，推动经济结构的升级，实现发展方式的真正转变和经济发展的历史性跨越。⑧ 马克（2013）认为，创新驱动发展是形成新的经济发展方式的必然选择。这需要增强创新驱动发展内容的系统性、增强创新驱动发展政策的系统性、增强创新驱动发展主体的系统性、增强创新驱动发展价值实现的系统性。⑨ 任保平和郭晗（2013）认为，转变经济发展方式需要加强创新，即积极培育新兴产业，大力推动产业创新；构建现代产业体系，全面推动结构创新；加强建设产学研体系，积极推动体制创新；优化创新创业环境，重点提升文化创新。⑩ 黄家顺和邬沈青（2014）认为，转变经济发展方式需要实施创新驱动发展战略，构建经济发展新方式。⑪

第七，其他引领说。一些学者从另外一些视角研究了转变经济发展方式的路径。肖文涛和王福明（2010）认为，政府应当在转变经济发展方式中承担责任，改革政绩考评体系、充分发挥宏观调控职能、促进经济增长动力多元化、大力发展低碳化的生产与消

---

① 姜作培：《扩大消费：经济发展方式转变的理性选择》，《福建论坛》（人文社会科学版），2008年第6期，第22~26页。
② 张蕴萍：《转变经济发展方式的理论探索与现实对策》，《山东社会科学》，2009年第11期，第119~121页。
③ 齐建国：《用科学发展观统领经济发展方式转变》，《财贸经济》，2010年第4期，第5~12+136页。
④ 国务院发展研究中心课题组：《加快转变经济发展方式的目标要求和战略举措》，《理论学刊》，2010年第5期，第41~44+127页。
⑤ 黄家顺，曾知也：《论转变经济发展方式的主攻方向》，《江汉论坛》，2013年第8期，第20~24页。
⑥ 袁忠：《创新政府管理 转变经济发展方式》，《广东行政学院学报》，2011年第1期，第17~20页。
⑦ 卫兴华：《创新驱动与转变发展方式》，《经济纵横》，2013年第7期，第1~4页。
⑧ 刘伟：《促进经济增长均衡与转变发展方式》，《学术月刊》，2013年第2期，第70~81页。
⑨ 马克：《创新驱动发展：加快形成新的经济发展方式的必然选择》，《社会科学战线》，2013年第3期，第1~8页。
⑩ 任保平，郭晗：《经济发展方式转变的创新驱动机制》，《学术研究》，2013年第2期，第69~75页。
⑪ 黄家顺，邬沈青：《转变经济发展方式的新内涵与新路径》，《江汉论坛》，2014年第12期，第12~16页。

费模式、优化公共治理结构和公共服务方式等。① 吴振磊和李想（2015）认为，在新常态背景下，要依据大数据时代的特征做好经济发展方式的转型。具体需要以大数据挖掘为核心，强化大数据技术的应用；以大数据链建设为载体，建立安全的大数据网络；以平台战略为支撑，打造大数据时代的多方共赢的生态圈；以市场主体为依托，全面融入大数据时代发展趋势；以文化创新为载体，深化大数据时代经济发展方式的转型。② 李陈和李家祥（2015）认为，在新常态下，需要推进新型城镇化建设，为加快转变经济发展方式提供强劲引擎；优化经济发展空间格局，为加快转变经济发展方式释放长久动力；重视加快农业发展方式转变，为加快转变经济发展方式提供基础保障。③

第五节　新时代转变经济发展方式的新要求

转变经济发展方式是实现经济持续健康发展的重要途径。党的十八大以来，经济发展形势对转变经济发展方式提出了更加迫切的要求，如何进一步转变经济发展方式，成为学界探讨的理论热点。通过梳理现有的研究成果，可以发现，学界对新时代转变经济发展方式基本上围绕贯彻新发展理念、深化供给侧结构性改革、实现经济高质量发展与构建新发展格局等方面展开。

一、贯彻新发展理念

理念是行动的先导，一定的经济发展实践都是受一定的经济发展理念指导。新发展理念作为新时代转变经济发展方式的理论指南，学界对新发展理念的生成逻辑、基本内涵、显著特征、实践路径与价值意义等方面进行了探讨。

第一，新发展理念的生成逻辑。新发展理念并非"无水之源"，学界对它的形成背景进行研究的成果也较为丰富。但整体上来看，可以归结为理论、历史与实践三个层面。

一是理论逻辑。尽管持这种观点的学者都是从理论维度对新发展理念的形成背景进行了讨论，但内部也存在不同的观点。有学者认为新发展理念是对马克思主义经典作家发展观的继承与发展。崔治忠（2016）认为，新发展理念集中体现了马克思主义世界观、方法论和人本观，蕴含丰富的哲学意义。④ 王丽娟（2017）认为，新发展理念是马克思主义发展理论的新发展、新突破。具体包括：马克思主义的社会动力理论是创新与协调发展理念的思想之源，马克思主义的人与自然和谐发展理论是绿色发展理念的思

---

① 肖文涛，王福明：《论加快经济发展方式转变中的政府职责担当》，《福建论坛》（人文社会科学版），2010年第10期，第160～166页。
② 吴振磊，李想：《大数据时代我国新常态经济发展方式转型》，《人文杂志》，2015年第4期，第41～45页。
③ 李陈，李家祥：《新常态下需用新思维推进经济发展方式加快转变》，《宁夏社会科学》，2015年第2期，第4～9页。
④ 崔治忠：《五大发展理念的哲学意蕴》，《学习论坛》，2016年第3期，第57～59页。

想之源，马克思主义"世界历史"理论是开放发展理念的思想之源，马克思主义社会理想理论是共享发展理念的思想之源。① 张占斌（2019）认为，马克思主义发展观从诞生之日起，就开启了不断具体化、时代化的历程。新发展理念是对马克思主义发展观的中国化、时代化，是马克思主义发展观的最新成果。②

也有学者认为新发展理念是对中国共产党在社会主义改革与发展进程中形成的发展理论的创新发展。宋勇刚和旷爱梅（2016）认为，党在建设和改革实践中形成的发展理论，是新发展理念的理论基础。③ 双传学（2016）也从中国共产党的理论创新来理解新发展理念的理论逻辑。他指出，新发展理念是中国共产党关于发展理论的一次重大升华。④ 王丽娟（2017）认为，中国化马克思主义发展思想是新发展理念的直接思想来源。⑤

二是历史逻辑。新发展理念的提出并不是一蹴而就的，而是有着深厚的历史积淀，它是中国共产党带领与团结全国各族人民在国民经济建设实践中长期探索的结果。持这种观点的学者都认为新发展理念是中国经济发展实践的经验总结，即"经验总结说"。施芝鸿（2015）认为，新发展理念是中国改革开放以来实践经验的总结与升华。⑥ 胡鞍钢和鄢一龙（2016）也认为，新发展理念是改革开放实践经验的总结。⑦ 王立胜（2016）认为，新发展理念是在深刻总结中国经济发展历程的经验教训基础上形成的，有着深厚的历史底蕴。⑧ 张乾元和谢文娟（2017）也认为，新发展理念是对改革开放以来中国经济发展实践经验的提炼。⑨ 姜建成（2017）也认为，新发展理念是改革开放以来的实践经验总结，即从当代中国发展的实际出发深刻总结改革开放以来的经验。⑩

三是实践逻辑。目前学界对新发展理念实践逻辑的研究成果主要体现在现实诉求说和解决问题说两个方面。

持现实诉求说的学者认为，新发展理念的提出是为了适应经济发展的需要。辛鸣（2016）认为，新发展理念是在科学研判适应新常态、把握新常态、引领新常态，实现全面建成小康社会、奠基全面现代化目标的基础上形成的。⑪ 双传学（2016）认为，新发展理念的确立，正是中国顺应当今时代潮流、把握发展机遇、厚植发展优势的战略抉

---

① 王丽娟：《新发展理念的思想溯源》，《探索》，2017 年第 5 期，第 96～100 页。
② 张占斌：《深刻理解新发展理念的丰富内涵》，《前线》，2019 年第 10 期，第 4～7 页。
③ 宋勇刚，旷爱梅：《"五大发展理念"的哲学意蕴和实践要求》，《社会科学家》，2016 年第 8 期，第 44～47 页。
④ 双传学：《论新发展理念的理论升华与实践指向》，《南京社会科学》，2016 年第 4 期，第 1～4+23 页。
⑤ 王丽娟：《新发展理念的思想溯源》，《探索》，2017 年第 5 期，第 96～100 页。
⑥ 施芝鸿：《引领中国发展全局的五大发展理念》，《北京日报》，2015 年 11 月 16 日，第 21 版。
⑦ 胡鞍钢，鄢一龙：《中国新理念：五大发展》，浙江人民出版社，2016 年，第 4 页。
⑧ 王立胜：《新发展理念与当代中国经济发展》，《齐鲁学刊》，2016 年第 5 期，第 106～112 页。
⑨ 张乾元，谢文娟：《论新发展理念的内在逻辑》，《中州学刊》，2017 年第 1 期，第 1～8 页。
⑩ 姜建成：《五大发展理念四维解析》，《中国特色社会主义研究》，2017 年第 3 期，第 10～15 页。
⑪ 辛鸣：《论当代中国发展战略的构建》，《中国特色社会主义研究》，2016 年第 1 期，第 11～17 页。

择。① 宋勇刚和旷爱梅（2016）认为，适应经济发展新常态是新发展理念形成的现实基础。② 刘伟（2017）认为，由于中国特色社会主义进入新时代，中国经济总量达到新规模、人均GDP水平达到新阶段、经济增长的同时经济结构发生着深刻变化、约束经济发展的基本条件发生了深刻变化、宏观经济失衡的特点发生了根本性变化，继续推动经济发展需要新发展理念。③ 任铃（2018）认为，新发展理念是适应新时代改革的整体性、系统性和协同性的要求。④ 张占斌（2019）认为，新发展理念是适应新变化和新要求的时代所需，即社会主要矛盾和国际环境的变化与奋斗目标和历史任务的新要求。⑤

持解决问题说的学者认为，新发展理念的提出是为了解决经济发展实践中所遇到问题。成龙（2016）认为，新发展理念是对发展动力不足、发展结构失衡、发展代价过高、周边国际环境复杂、发展差距拉大、收入分配不公等问题的回应。⑥ 王立胜（2016）也认为，新发展理念是适应经济发展新常态的现实需要，经济发展新常态既给中国经济发展带来了挑战，也带了机遇。应对国际国内经济发展的挑战，破解经济发展中的难题，需要新发展理念来指导。⑦ 孙宁华和洪银兴（2017）也认为，经济发展进入新常态，产生了新的发展问题，具体包括：发展目标的转换、经济增长速度由高速转向中高速、跨越"中等收入陷阱"问题、实现平衡发展，传统的依靠资源投入的发展动力衰减的难题；资源环境供给达到极限的难题；收入差距严重扩大的难题；经济结构严重失衡的难题；处于全球价值链低端的开放质量不高的难题；人民对经济发展的获得感不足的难题。这些问题催生了新发展理念的形成。⑧ 姜建成（2017）认为，问题是时代的声音，解决问题是人民的愿望。新发展理念的形成来自国内外发展经验和教训的深刻启示，既是对当今世界各国发展经验教训的借鉴与超越，又是对当代中国发展中存在的突出矛盾与问题的回应。⑨ 张彦（2019）认为，新发展理念是形成于社会主要矛盾转化下的时代基础之上。经济发展与科技进步共同助力社会生产力显著提高，但创新不足、发展失衡等问题仍是我们最为突出的短板，破解这些问题需要新发展理念。⑩

第二，新发展理念的基本内涵。基本内涵是我们认识与把握一个理论的重要维度，学界主要从整体与部分两个视角对新发展理念基本内涵进行了阐释，具体情况见表11-10。

---

① 双传学：《论新发展理念的理论升华与实践指向》，《南京社会科学》，2016年第4期，第1~4+23页。
② 宋勇刚，旷爱梅：《"五大发展理念"的哲学意蕴和实践要求》，《社会科学家》，2016年第8期，第44~47页。
③ 刘伟：《中国特色社会主义新时代与新发展理念》，《前线》，2017年第11期，第127~133页。
④ 任铃：《新时代中国特色社会主义新发展理念的整体性探寻》，《学术论坛》，2018年第1期，第156~162页。
⑤ 张占斌：《深刻理解新发展理念的丰富内涵》，《前线》，2019年第10期，第4~7页。
⑥ 成龙：《"五大发展理念"精神实质探析》，《科学社会主义》，2016年第1期，第4~8页。
⑦ 王立胜：《新发展理念与当代中国经济发展》，《齐鲁学刊》，2016年第5期，第106~112页。
⑧ 孙宁华，洪银兴：《新发展理念与中国特色社会主义政治经济学》，《毛泽东邓小平理论研究》，2017年第8期，第17~23页。
⑨ 姜建成：《五大发展理念四维解析》，《中国特色社会主义研究》，2017年第3期，第10~15页。
⑩ 张彦：《新发展理念的三重基础》，《红旗文稿》，2019年第12期，第27~29页。

表 11-10 学界关于新发展理念内涵的研究汇总表

观点		代表性作者
整体说		王立胜（2016），孙宁华和洪银兴（2017），等等
部分说	创新发展	辛向阳（2016），简新华（2017），等等
	协调发展	陶子昭（2017），陆夏（2018），等等
	绿色发展	薛丁辉（2017），朱东波（2020），等等
	开放发展	刘万华（2016），陶文昭（2017），等等
	共享发展	赵满华（2016），庞庆明（2019），等等

整体说。持有这种观点的学者主要把新发展理念作为一个整体来进行阐释。王立胜（2016）认为，创新提出了发展的首要动力问题，要依靠创新推动发展，使创新成为发展的第一推动力；协调是持续健康发展的内在要求；绿色是永续发展的必要条件和人民对美好生活追求的重要体现；开放是国家繁荣发展的必由之路；共享则是中国特色社会主义的本质要求。[①] 陈金龙（2016）认为，创新发展着力解决发展动力问题、协调发展着力解决发展不平衡问题、绿色发展着力解决人与自然关系和谐问题、开放发展着力解决发展内外联动问题、共享发展着力解决社会公平正义问题。[②] 孙宁华和洪银兴（2017）认为，新发展理念是中国特色社会主义政治经济学的思想精髓，具体包括：新发展理念体现解放、发展和保护生产力思想，新发展理念坚持以人民为中心，新发展理念提倡社会主义与市场经济有机结合，新发展理念继承并发扬了统筹兼顾协调发展的思想方法。[③] 刘宇赤（2018）认为，新发展理念是由既相互联系、相互支撑，又各有所针对、有所侧重的五个方面构成的有机整体。[④] 孙梦莹和秦兴方（2019）认为，新发展理念在发展动力上，明确创新是引领发展的内驱动力；在发展布局上，着力构建社会全面发展的新格局；在发展目标上，强调人的全面发展是社会发展的终极价值；在发展主体上，始终坚持人民群众的主体地位；在发展规律上，认识和尊重社会发展的客观规律。[⑤]

部分说。持这种观点的学者则分别研究阐释了新发展理念中创新发展、协调发展、绿色发展、开放发展、共享发展的内涵。

关于创新发展，学界的探讨主要如下：胡鞍钢和张新（2016）通过与西方创新概念的比较，指出创新发展不同于资本主义的经济增长创新，是社会价值的全面创新；创新发展不限于科学技术的创新，是多种创新机制的集成；以人为本、以人民为本，是创新

---

① 王立胜：《新发展理念与当代中国经济发展》，《齐鲁学刊》，2016 年第 5 期，第 106～112 页。
② 陈金龙：《五大发展理念的多维审视》，《思想理论教育》，2016 年第 1 期，第 4～8 页。
③ 孙宁华，洪银兴：《新发展理念与中国特色社会主义政治经济学》，《毛泽东邓小平理论研究》，2017 年第 8 期，第 17～23 页。
④ 刘宇赤：《论新发展理念的历史演进、时代要求与战略举措》，《湖南社会科学》，2018 年第 4 期，第 20～25 页。
⑤ 孙梦莹，秦兴方：《深刻把握新发展理念的内在逻辑与重大战略意义》，《党建》，2019 年第 12 期，第 20～21 页。

发展的出发点、落脚点和核心点。① 简新华（2017）认为，所谓创新，从经济社会发展的角度来说，主要是科学技术创新、产业创新、制度创新和组织管理创新。② 辛向阳（2018）认为，理解创新发展，不能把创新简单等同于技术创新。创新发展是包含理论创新、制度创新、科技创新、文化创新等方面的综合创新。这四个方面的创新是一个整体，同时又各自发挥着独特的作用。在创新发展中，理论创新是先导，引领创新的方向；制度创新是基础，夯实创新的基石；科技创新是核心，塑造创新的动力；文化创新是保障，提供创新的氛围。③

关于协调发展，学界的探讨主要如下：简新华（2017）认为，协调是指国民经济中各个产业、部门、领域、地区、城乡、环节、资源环境、国内外等各个方面的互相适应、配合、均衡发展，包括经济、社会、政治、文化、生态在内的广义发展的各个方面的比例关系协调、相互配合、合理推进。④ 陶文昭（2017）认为，协调发展重点包括城乡区域协调、经济社会协调、硬实力与软实力协调，以及新型工业化、信息化、城镇化、农业现代化的协调等。⑤ 陆夏（2018）认为，"协调"发展的根本在于社会生产的按比例发展，基础是生产资料公有制；"协调"发展是一个系统工程，经济"协调"发展的实质是要从价格系统的平衡回归到价值系统的平衡。⑥

关于绿色发展，学界的探讨主要如下：胡鞍钢和鄢一龙（2016）认为，绿色发展的内涵包含三个层次：就经济活动层面而言，就是要形成新的绿色生产函数；就发展阶段层面而言，就是要实现绿色跨越式发展；就最终目标层面而言，就是要实现人与自然的"天人合一"和"天人互益"。⑦ 简新华（2017）认为，所谓绿色，是能够实现资源节约、环境友好、生态文明、人与自然和谐的可持续发展状态，要求保护、节约、高效利用资源，不断开发新资源，防止和治理环境污染，保护和美化环境。⑧ 陶文昭（2017）认为，绿色发展包括可持续发展，即走生产发展、生活富裕、生态良好之路，建设资源节约型、环境友好型社会等。⑨ 薛丁辉（2017）认为，绿色发展包括生产方式的绿色化、生活方式的绿色化、执政环境的绿色化、主流文化的绿色化等诸多方面。⑩ 刘德海（2017）认为，从经济发展角度，绿色发展是创新驱动的发展；从政治建设角度，绿色发展是高层次的发展；从生态环境角度，绿色发展是可持续性的发展；从社会发展角度，绿色发展是普惠民生的发展；从文化价值角度，绿色发展是和谐向上的发展。⑪ 朱

---

① 胡鞍钢，张新：《创新发展：国家发展全局的核心》，《中央党校学报》，2016年第2期，第107~112页。
② 简新华：《发展观的演进与新发展理念》，《当代经济研究》，2017年第9期，第22~31页。
③ 辛向阳：《新发展理念型变中国：五大发展理念的理论与实践创新》，浙江人民出版社，2018年，第34~44页。
④ 简新华：《发展观的演进与新发展理念》，《当代经济研究》，2017年第9期，第22~31页。
⑤ 陶文昭：《科学理解新发展理念》，《前线》，2017年第9期，第37~40页。
⑥ 陆夏：《"新发展理念"的马克思政治经济学解读》，《厦门大学学报》（哲学社会科学版），2018年第5期，第1~8页。
⑦ 胡鞍钢，鄢一龙：《中国新理念：五大发展》，浙江人民出版社，2016年，第26~106页。
⑧ 简新华：《发展观的演进与新发展理念》，《当代经济研究》，2017年第9期，第22~31页。
⑨ 陶文昭：《科学理解新发展理念》，《前线》，2017年第9期，第37~40页。
⑩ 薛丁辉：《习近平绿色发展思想及其当代价值研究》，《理论学刊》，2017年第1期，第34~39页。
⑪ 刘德海：《绿色发展理念的科学内涵与价值取向》，《江苏社会科学》，2017年第3期，第1~7页。

东波（2020）认为，绿色发展具有丰富的内涵体系，具体包括绿色发展的总体内涵是正确认识并处理经济与环境之间的关系，绿色发展的价值旨归是满足人民日益增长的"绿色"需求，绿色发展的目标是实现中华民族的永续发展，绿色发展的制度基础是社会主义公有制，绿色发展的践行路径是绿色生产方式与生活方式，绿色发展的保障措施是深化体制机制绿色改革创新，绿色发展的根本保证是坚持中国共产党的领导。①

关于开放发展，学界的探讨主要如下：王水平（2016）认为，开放发展，开放是手段、路径，发展是目标、归宿；开放发展理念是基于合作共赢的开放发展价值论；开放发展理念是基于统筹两个大局、解决发展内外联动问题的开放发展理重论。②刘万华（2016）认为，着力实现合作共赢是开放发展的新思维、发展更高层次的开放型经济是开放发展的新目标、推进"一带一路"建设是开放发展的新格局。③胡鞍钢和鄢一龙（2016）认为，开放发展的核心是"共赢发展"，内涵就是和平发展、开放发展、合作发展、互利发展。④简新华（2017）认为，所谓开放，是利用全球化的机遇，开放国内外市场，否定不合理的保护主义，推动国际人财物的合理流动，参与国际分工协作，引进来、走出去，发展国际贸易、投资、科技、文化、人才交流，充分合理利用国内外两个市场、两种资源，更好更快推动经济社会发展。⑤陶文昭（2017）认为，开放发展包括内外需协调、进出口平衡、引进来和走出去并重、引资和引技引智并举，发展更高层次的开放型经济，积极参与全球经济治理和公共产品供给，提高我国在全球经济治理中的制度性话语权，构建广泛的利益共同体等。⑥

关于共享发展，学界的探讨主要如下：赵满华（2016）认为，共享发展具有十分丰富的内涵，从共享发展的范围来看，主要包括经济领域、社会领域与民生领域的共享发展；从共享发展的层次来看，主要包括低层次和高层次的共享发展；从共享发展的目的来看，可以是保障生存，也可以是提高居民收入水平，还可以是改善生活质量等；从共享发展的受益者来看，可以是某一社会的全体成员或社会中的某一群体；从共享发展的目标来看，由解决温饱问题到实现小康生活，再到实现共同富裕。⑦孙肖远（2016）认为，共享发展集中体现了人民是推动发展的根本力量的唯物史观、党全心全意为人民服务的根本宗旨、人民共建共享的价值取向，彰显了以人民为中心的发展导向。⑧蒋茜（2016）认为，全体人民是共享发展的主体，创造更多更好的物质财富是共享发展的前提，坚持完善社会主义基本经济制度是共享发展的保障，社会主义共享发展的范围涉及发展的各个方面，实现共同富裕是共享发展的目标。⑨简新华（2017）认为，所谓共

---

① 朱东波：《习近平绿色发展理念：思想基础、内涵体系与时代价值》，《经济学家》，2020年第3期，第5～15页。
② 王水平：《以开放发展新理念引领开放发展新时代》，《理论视野》，2016年第6期，第70～73页。
③ 刘万华：《开放发展具有丰富深刻的内涵》，《红旗文稿》，2016年第1期，第21～22页。
④ 胡鞍钢、鄢一龙：《中国新理念：五大发展》，浙江人民出版社，2016年，第26～106页。
⑤ 简新华：《发展观的演进与新发展理念》，《当代经济研究》，2017年第9期，第22～31页。
⑥ 陶文昭：《科学理解新发展理念》，《前线》，2017年第9期，第37～40页。
⑦ 赵满华：《共享发展的科学内涵及实现机制研究》，《经济问题》，2016年第3期，第7～13+66页。
⑧ 孙肖远：《共享发展理念的理论内涵与实践价值》，《科学社会主义》，2016年第4期，第71～76页。
⑨ 蒋茜：《论共享发展的重大意义、科学内涵和实现途径》，《求实》，2016年第10期，第62～69页。

享，是发展成果由人民共享。① 陶文昭（2017）认为，共享发展包括作出更有效的制度安排，增加公共服务供给，实施脱贫攻坚工程，建立更加公平更可持续的社会保障制度，使全体人民在共建共享发展中有更多获得感等。② 庞庆明（2019）认为，共享发展包括物质生活领域、政治生活领域、文化生活领域、社会生活领域、生态领域五个领域的共建与成果共享。③

第三，新发展理念的显著特征。学术界不仅探讨了新发展理念的生成逻辑与基本内涵，还研究了新发展理念的特征。具体来讲，学术界认为新发展理念具有如下几个显著特征。

一是整体性。刘奇葆（2016）认为，新发展理念是相互贯通、高度耦合、协同支撑的发展理念集合体。④ 张乾元和谢文娟（2017）认为，新发展理念作为经济发展的系统性布局，具有鲜明的整体性和关联性特征。⑤ 李建群和魏靖宇（2020）认为，新发展观具有体系化、系统化的思想特征，具体体现在宏观、中观与微观三个层面。⑥

二是问题性。路云辉（2015）认为，新发展理念致力于破解难题，具有强烈的问题导向。⑦ 刘奇葆（2016）认为，树立问题意识，坚持问题导向，以解决经济社会发展关键领域存在的问题为突破口，是新发展理念的一大特色。⑧ 顾海良（2016）指出，坚持问题导向，回应人民诉求和期盼，是新发展理念提出和创新的主要方法和基本立场。⑨ 谷亚光和谷牧青（2016）认为，新发展理念是适应当前我国发展面临的各种问题而提出来的，具有鲜明的问题意识。⑩

三是人民性。刘奇葆（2016）认为，新发展理念是坚持以人民为中心的发展思想的集中体现。⑪ 杨建义（2016）认为，新发展理念贯穿着鲜明的民生导向，是人民主体思想的完整体现和落实。⑫ 杨冰（2016）认为，新发展理念彰显着鲜明的人民性特征，即新发展理念坚持发展为了人民、发展依靠人民、发展成果由人民共享。⑬

四是创新性。颜晓峰（2016）认为，新发展理念是 21 世纪中国化马克思主义的重

---

① 简新华：《发展观的演进与新发展理念》，《当代经济研究》，2017年第9期，第22～31页。
② 陶文昭：《科学理解新发展理念》，《前线》，2017年第9期，第37～40页。
③ 庞庆明：《共享发展的政治经济学分析：意义、内涵与基础性条件》，《马克思主义与现实》，2019年第4期，第166～171页。
④ 刘奇葆：《新发展理念蕴含的理论特质和品格》，《党建》，2016年第9期，第7～9页。
⑤ 张乾元，谢文娟：《五大发展理念的内在关系及其历史地位》，《理论月刊》，2017年第3期，第12～17页。
⑥ 李建群，魏靖宇：《发展观的历史进路与新发展观的理论超越》，《中共中央党校（国家行政学院）学报》，2020年第2期，第17～24页。
⑦ 路云辉：《"五大发展理念"的实践性》，《特区实践与理论》，2015年第6期，第59～62页。
⑧ 刘奇葆：《新发展理念蕴含的理论特质和品格》，《党建》，2016年第9期，第7～9页。
⑨ 顾海良：《新发展理念与当代中国马克思主义经济学的意蕴》，《中国高校社会科学》，2016年第1期，第4～7页。
⑩ 谷亚光，谷牧青：《论"五大发展理念"的思想创新、理论内涵与贯彻重点》，《经济问题》，2016年第3期，第1～6页。
⑪ 刘奇葆：《新发展理念蕴含的理论特质和品格》，《党建》，2016年第9期，第7～9页。
⑫ 杨建义："五大发展理念"彰显唯物史观》，《中国教育报》，2016年3月3日，第6版。
⑬ 杨冰：《新发展理念坚持以人民为中心》，《人民日报》，2016年7月8日，第7版。

要成果,既有发展理念的新突破,又有发展规律的新认识。① 袁祖社(2017)认为,新发展理念是基于制度先进性基础上人的自由全面发展目标的守正与创新。② 魏传光(2017)认为,新发展理念的创新性也体现在其批判性与超越性之上。他认为,新发展理念不仅是建构在对传统发展理念批判的基础上,而且还实现了批判的自觉、理性与综合;新发展理念的超越性精神体现在它实现了对自然主义发展观和传统理性主义发展观的超越。③

第四,新发展理念的实践路径。新发展理念作为指导新时代转变经济发展方式的重要指导思想,关键在于如何在经济发展实践中落实。为此,学界对如何贯彻新发展理念进行了讨论,形成了如下观点。双传学(2016)认为,贯彻落实新发展理念需要培养五种能力:战略思维能力、辩证思维能力、历史思维能力、底线思维能力、法治思维能力。④ 颜晓峰(2016)认为,贯彻落实新发展理念要坚持人民至上的价值理念,即以人民为中心;要坚持鲜明的问题导向,突出精准发力,突出创新求变;要大力破解制约发展的重点难点问题,紧紧抓住转方式调结构的新契机,在补齐短板上用力,把防范风险摆在突出位置。⑤ 李鸿阶(2017)认为,贯彻落实新发展理念需要做好四个"坚持":坚持目标导向与问题导向统一,坚持立足国内和放眼全球相统筹,坚持全面推进和重点突破相协调,坚持战略性和可操作性相结合。⑥ 牛先锋(2017)认为,贯彻新发展理念需要把思想统一到中央对新发展理念的认识上来,增强贯彻落实的紧迫感和自觉性;需要坚持全面深化改革,打破贯彻落实新发展理念的思想障碍和利益固化的藩篱;坚持问题意识和问题导向,把贯彻落实新发展理念的绊脚石理出个清单,排出个顺序,一块一块地敲;需要坚持人民群众的主体地位,在贯彻落实新发展理念过程中,必须充分发挥广泛的社会力量;需要尽快建立改革容错机制,保护领导干部干事创业的热情。⑦

第五,新发展理念的价值意义。新发展理念作为一种新的发展观,既有理论上的丰富发展,也有实践上的指导意义;既对国内经济发展具有十分重要的意义,也对世界经济发展具有十分重要的意义。学界对新发展理念的价值研究主要从理论和实践两个层面展开。

一是新发展理念的理论意义。持有这种观点的学者都认为新发展理念具有十分重要的理论意义,从不同的视角进行了阐释。部分学者认为,新发展理念是对马克思主义发展观的丰富和发展。张新(2016)认为,新发展理念是对科学发展规律的时代化。创新发展理念是社会主义发展动力规律性的时代化、协调发展理念反映了社会主义社会全面协调发展规律性的时代化、绿色发展理念是科学发展关于人与自然协调发展规律性的时代化、开放发展理念是科学发展内外联动规律性的时代化、共享发展理念是社会发展和

---

① 颜晓峰:《中国特色社会主义发展规律的新认识》,《中国特色社会主义研究》,2016年第1期,第5~10页。
② 袁祖社:《"五大发展理念"的理论品质与实践新境界》,《学术研究》,2017年第1期,第15~21页。
③ 魏传光:《新发展理念的整体性哲学思考:精神、立场与范式》,《求实》,2017年第3期,第16~25页。
④ 双传学:《论新发展理念的理论升华与实践指向》,《南京社会科学》,2016年第4期,第1~4+23页。
⑤ 颜晓峰:《五大发展理念干部读本》,人民日报出版社,2016年,第204~207页。
⑥ 李鸿阶:《坚定不移贯彻落实新发展理念》,《福建论坛》(人文社会科学版),2017年第9期,第8~9页。
⑦ 牛先锋:《五大发展理念的认识问题与落实建议》,《前线》,2017年第7期,第41~44页。

人的发展相互促进规律性的时代化。① 简新华（2017）认为，新发展理念的提出是中国特色社会主义政治经济学的重大创新，更是对马克思主义政治经济学的经济发展思想的突出理论贡献。② 杜黎明（2018）认为，新发展理念中的每一个理念都有着深厚的理论意蕴，都是对马克思主义基本原理的应用和发展。创新发展丰富了马克思主义创新思想、协调发展丰富了马克思主义均衡增长思想、绿色发展丰富了马克思主义人与自然和谐思想、开放发展丰富了马克思主义经济全球化思想、共享发展丰富和发展了社会主义本质论。③ 张占斌（2019）认为，新发展理念是对马克思主义发展观的中国化、时代化，是马克思主义发展观的最新成果。④

也有学者认为，新发展理念是对中国共产党发展观的丰富与发展，尤其是科学发展观的与时俱进。韩振峰（2016）认为，新发展理念丰富和发展了中国共产党的发展理论，具体体现在：丰富了发展内涵、充实了发展内容、指明了发展方向、强调了发展重点、明确了发展目的、强化了发展动力等。⑤ 余金成（2016）认为，新发展理念是对"以人为本，全面协调可持续发展"的科学发展观的全面深化，即表明了改革对科学发展的持续推动作用，使"以人为本"的科学发展原则得到具体体现，细化了"全面协调可持续发展"的科学发展原则的内容。⑥ 简新华（2017）认为，新发展理念不仅弥补了原有发展观的不足，丰富和发展了科学发展观，使发展观更加全面、系统、科学、合理，而且更符合当前的世界和中国的实际，具有更大的现实指导意义。⑦

还有学者从新发展理念发展了马克思主义政治经济学的视角进行了研究。顾海良（2016）认为，新发展理念在对"实现什么样的发展、怎样发展"问题新的回答中，凸显其马克思主义政治经济学的意蕴；新发展理念是对马克思主义政治经济学理论的当代运用和丰富，特别是对马克思恩格斯关于经济社会发展理论和人的全面发展理论的当代阐释与现实应用；新发展理念直面中国经济社会发展的现实问题，以强烈的问题意识，致力于破解发展难题、增强发展动力、厚植发展优势，是党的十八大以来习近平对当代中国马克思主义政治经济学的新的理论贡献。⑧ 易淼和任毅（2016）认为，新发展理念反映了新时代中国共产党对经济社会发展规律的新认识，是中国特色社会主义政治经济学的重要拓展。具体而言，新发展理念体现了中国特色社会主义政治经济学的重大原则，凸显了中国特色社会主义政治经济学的现实指导意义，遵循了中国特色社会主义政

---

① 张新：《五大发展理念是党对科学发展原则和规律的新认识》，《思想理论教育导刊》，2016年第1期，第62~66页。
② 简新华：《发展观的演进与新发展理念》，《当代经济研究》，2017年第9期，第22~31页。
③ 杜黎明：《论新发展理念对马克思主义生产力理论的创新》，《中南民族大学学报》（人文社会科学版），2018年第2期，第6~9页。
④ 张占斌：《深刻理解新发展理念的丰富内涵》，《前线》，2019年第10期，第4~7页。
⑤ 韩振峰：《五大发展理念是中国共产党发展理论的重大升华》，《思想理论教育导刊》，2016年第1期，第67~70页。
⑥ 余金成：《五大发展理念是科学发展观的升级版》，《学习论坛》，2016年第2期，第5~9页。
⑦ 简新华：《发展观的演进与新发展理念》，《当代经济研究》，2017年第9期，第22~31页。
⑧ 顾海良：《新发展理念的马克思主义政治经济学探讨》，《马克思主义与现实》，2016年第1期，第1~7页。

治经济学视阈下的改革逻辑。① 陶文昭（2017）认为，新发展理念是马克思主义政治经济学基本原理在当今时代的科学运用和生动发展，是当代马克思主义政治经济学的最新成果，书写了中国特色社会主义政治经济学的新篇章。②

二是新发展理念的实践意义。新发展理念不仅具有理论价值，还具有实践指导意义。有学者探讨新发展理念的国内实践价值。孙宁华和洪银兴（2017）认为，新发展理念揭示中国特色社会主义经济发展的新动能。他们进一步指出，创新发展理念提供了经济发展新动能、开放发展理念有利于攀升全球价值链中高端、绿色发展理念有益于实现永续发展并提升人民生活质量。③ 颜晓峰（2016）认为，新发展理念通过经济发展理念的变革，助力实现中华民族伟大复兴，即推动发展的目标指向变革、推动发展的价值观念变革、推动发展的动力机制变革、推动发展的结构布局变革、推动发展的总体方式变革、推动发展的评价体系变革、推动发展的社会环境变革。④ 张乾元和谢文娟（2017）认为，新发展理念有利于破解经济发展问题、厚植经济发展优势，进而夺取全面建成小康社会的胜利。⑤

还有学者专门研究了新发展理念的世界实践价值。顾海良（2017）认为，新发展理念的探索，包含着全球经济增长和发展得失成败经验教训的内容，特别包含着针对所谓的"中等收入陷阱"各种增长和发展困境问题的探究。新发展理念提出的关于发展战略、发展思路、发展方向、发展步骤、发展着力点和发展绩效等一系列理论观点和实践路向，对许多发展中国家跨越所谓的"中等收入陷阱"必然产生重要启示。新发展理念将进一步彰显新时代马克思主义理论创新的"中国方案"和"中国智慧"。⑥ 孙梦莹和秦兴方（2019）认为，新发展理念是根植于中国、面向世界的全面、系统、科学的发展理论，是中国为推动全球化发展、构建人类命运共同体而贡献的中国智慧和中国方案。⑦

二、深化供给侧结构性改革

面对社会主义经济发展过程存在的产能过剩、库存过多、杠杆较高、成本过高以及短板较多等问题，2015年中央经济工作会议提出推进供给侧结构性改革的战略部署。这是我国在经济发展新常态下，应对国内外经济发展新挑战的新方略，也是转变经济发展方式的重要载体。围绕供给侧结构性改革与推进供给侧结构性改革，学界展开了一系

---

① 易淼，任毅：《五大发展理念：中国特色社会主义政治经济学的重要拓展》，《财经科学》，2016年第4期，第50~57页。
② 陶文昭：《科学理解新发展理念》，《前线》，2017年第9期，第37~40页。
③ 孙宁华，洪银兴：《新发展理念与中国特色社会主义政治经济学》，《毛泽东邓小平理论研究》，2017年第8期，第17~23页。
④ 颜晓峰：《中国特色社会主义发展规律的新认识》，《中国特色社会主义研究》，2016年第1期，第5~10页。
⑤ 张乾元，谢文娟：《五大发展理念的内在关系及其历史地位》，《理论月刊》，2017年第3期，第12~17页。
⑥ 顾海良：《新发展理念的新时代政治经济学意义》，《经济研究》，2017年第11期，第15~17页。
⑦ 孙梦莹，秦兴方：《深刻把握新发展理念的内在逻辑与重大战略意义》，《党建》，2019年第12期，第20~21页。

列研究讨论，形成颇为丰硕的成果，具体情况见表 11-11。

表 11-11 学界关于供给侧结构性改革的研究汇总表

主要内容	研究视角	主要代表作者
现实背景	供给矛盾说	陶玉和胡钧（2017），卫兴华和黄丽云（2018），等等
	结构矛盾说	逄锦聚（2016），张占斌（2017），等等
	外在压力说	黄剑（2016），余斌（2016），等等
理论基础	马克思主义政治经济学说	邱海平（2016），王朝明和张海浪（2018），等等
	西方经济学说	尚航（2016），冯志峰（2016），等等
基本内涵	一元说	卫兴华（2016），任保平（2017），张俊山（2019），等等
	二元说	胡鞍钢等（2016），厉以宁（2017），等等
	三元说	洪银兴（2016），丁任重（2016），等等
	五元说	裴长洪和刘洪愧（2016），赵宇（2017），等等
实践路径	结构改革说	洪银兴（2016），任保平和李梦欣（2016），等等
	原则坚持说	刘凤义（2016），逄锦聚（2016），邱海平（2016），等等
	重点举措说	谢地和郁秋艳（2016），方福前（2016），等等
	系统关系说	任保平和付雅梅（2017），马晓河（2018），等等
	政策体制说	裴长洪和刘洪愧（2016），丁任重（2017），等等
价值意义	理论意义	卫兴华（2016），鲁品越（2020），等等
	实践意义	张占斌（2017），鲁品越（2020），等等

第一，供给侧结构性改革的现实背景。任何事物都是一定时代背景的产物，它的产生、发展，以及演变都是独特背景下的多种因素共同作用的结果。供给侧结构性改革也是一定时代背景的产物，是这个时代多种因素共同作用的结果。关于供给侧结构性改革产生的现实背景，学术界普遍认可经济新常态是其产生的重要现实因素，但也存在一定的分歧。具体来看，相关的研究可以归结为三个方面："供给矛盾说""结构矛盾说""外在压力说"。

供给矛盾说。持有这种观点的学者认为，供给侧生产不能适应消费者需求，导致生产过剩，这迫切需要供给侧结构性改革，以化解产能过剩的矛盾，提高供给的有效性。李稻葵（2015）认为，我国经济发展的主要问题在于供给侧，尤其是生产不能有效满足老百姓需求，从而形成的产能过剩问题。[①] 逄锦聚（2016）认为，经济发展进入新常态，部分行业产能过剩，供给矛盾突出是供给侧结构性改革的实践依据。[②] 胡荣涛

---

① 李稻葵：《关于供给侧结构性改革》，《理论视野》，2015年第12期，第16～19页。
② 逄锦聚：《经济发展新常态中的主要矛盾和供给侧结构性改革》，《政治经济学评论》，2016年第2期，第49～59页。

（2016）认为，当前我国经济发展的根本性问题不在需求侧，而在供给侧。尤其是供给侧的部分产业因缺乏规划而盲目发展，导致供给量超出了市场的实际需求量与产能过剩。① 刘志彪（2016）也认为，随着经济的发展，供给侧结构性改革的核心问题之一，已经由过去纾解劳动力过剩，转变为缓解产能过剩。② 姚洋（2016）认为，现阶段中国经济的问题在于，中低端产能过剩、高端产品供给不足导致的供需结构失衡以及由此带来的产业转型、体制转型等问题，从根本上制约着中国经济的持续发展。③ 杨振（2016）也指出，产能过剩是我国当前经济发展中的一大瓶颈，众多行业的产能过剩问题已相当严重，成为制约我国当前与未来经济发展的顽疾。因此，需要通过供给侧结构性改革来化解产能过剩问题。④ 沈坤荣和赵倩（2016）指出，当前，由于投资结构不优以及投资效率低下，我国面临传统行业产能过剩严重与高端产品和服务供给不足的困境。这亟须供给侧结构性改革，从而化解行业的产能过剩，提高供给的有效性。⑤ 赵娜和孔祥利（2017）也指出，产能过剩是我国当前经济发展面临的重要问题，并且我国的产能过剩问题是结构性的、局部性的与可控性的，供给侧结构性改革是化解产能过剩的政策选择。⑥ 陶玉和胡钧（2017）也认为，供给侧结构性改革是化解我国局部产业结构性产能过剩的重要政策选择。⑦ 卫兴华和黄丽云（2018）也认为，解决我国供给端的产能过剩问题，需要深化供给侧结构性改革。⑧

结构矛盾说。持这种观点的学者认为，目前，经济发展进入新常态，经济发展面临诸多矛盾，但结构型失衡是众多矛盾中的主要矛盾。因此，化解经济发展中的结构型矛盾是供给侧结构性改革的重要现实背景。谢地和郁秋艳（2016）认为，供给侧面临的结构性矛盾是供给侧结构性改革的现实背景。他们进一步从微观、中观、宏观、国际层面，以及政府治理方面具体分析了存在的结构性矛盾，具体表现在企业、产业、分配等方面。⑨ 胡鞍钢等（2016）认为，供给侧结构性改革既是为了解决当前中国经济的结构性矛盾，也是着眼于经济长远发展的考虑。⑩ 逄锦聚（2016）认为，经济发展进入新常态，产业结构不合理，并且不够合理的状况是长期存在的。他进一步指出，我国产业结构是以工业为支撑的"二三一"模式，第二产业比重较高，第三产业发展相对滞后。这

---

① 胡荣涛：《产能过剩形成原因与化解的供给侧因素分析》，《现代经济探讨》，2016年第2期，第5~9页。
② 刘志彪：《中国语境下如何推进供给侧结构改革》，《探索与争鸣》，2016年第6期，第70~74+2页。
③ 姚洋：《供给侧结构性改革中的几个重点问题》，《河南社会科学》，2016年第1期，第4~6页。
④ 杨振：《以供给侧结构性改革化解产能过剩》，《理论视野》，2016年第1期，第11~13页。
⑤ 沈坤荣，赵倩：《以供给侧结构性改革推进经济创新发展》，《经济纵横》，2016年第9期，第6~11页。
⑥ 赵娜，孔祥利：《产能过剩：理论解析和政策选择》，《上海经济研究》，2017年第5期，第11~18+27页。
⑦ 陶玉，胡钧：《深化供给侧结构性改革的关键何在》，《人民论坛》，2017年第36期，第64~65页。
⑧ 卫兴华，黄丽云：《正确认识供给侧结构性改革的几个理论问题》，《理论与评论》，2018年第1期，第42~47页。
⑨ 谢地，郁秋艳：《用马克思主义政治经济学指导供给侧结构性改革》，《马克思主义与现实》，2016年第1期，第20~25页。
⑩ 胡鞍钢，鲁钰锋，周绍杰，等：《供给侧结构性改革的三大逻辑》，《国家行政学院学报》，2016年第6期，第28~34页。

是供给侧结构性改革的实践依据。[①] 尚航（2016）认为，供给侧结构性改革是要解决当前所面临的企业供给的结构性扭曲等问题。[②] 方福前（2016）认为，现阶段中国经济发展的问题多在供给侧。他指出，影响中国经济的增长的因素除了产能过剩与大面积的超额库存，还有总供给与总需求的结构性失衡等。[③] 贾康和张斌（2016）认为，供给侧结构性改革是应对供需失衡的选择。[④] 张占斌（2017）认为，在经济新常态背景下，长期积累的一些结构性矛盾和问题表现得更加突出，这是供给侧结构性改革的基本背景。[⑤] 赵宇（2017）认为，国内结构性产能过剩问题突出，让供给侧结构性改革具备了必然性。[⑥] 余斌和吴振宇（2017）认为，近年来随着增长阶段转换，经济发展进入新常态，需求侧增速大幅回落、结构显著变化，这是供给侧结构性改革的现实背景。[⑦]

外在压力说。持这种观点的学者，则是从全球经济发展形势对我国经济发展的影响讨论了我国供给侧结构性改革的必要性。黄剑（2016）指出，自从2008年金融危机以来，世界各国的贸易保护倾向不断加深，给我国出口企业的发展带来了不可避免的影响。因此，需要通过供给侧结构性改革，优化结构、提升效率，从而增强抗击外部经济环境冲击的能力。[⑧] 余斌（2016）认为，由于中国经济早就融入经济全球化，外部经济的不景气对中国经济发展带来了不利影响，倒逼中国进行进一步的经济改革。[⑨] 赵宇（2017）认为，国际金融危机使得国际市场的有效需求持续低迷。同时，主要国家社会成本和生产成本上升较快，传统产业和增长动力不断衰减，新兴产业体量和增长动能尚未积聚。为此，各个经济体更加努力寻求新的增长动力，新一轮产业革命和科技革命蓄势待发，结构调整和改革创新越来越成为世界潮流。这体现了供给侧结构性改革的必然性。[⑩] 马晓河（2018）认为，进行供给侧结构性改革的主因在于当前中国面临的国际环境正在发生着深刻变化，这既给中国经济发展带来了机遇，也给中国经济发展带来了挑战：一方面，高端制造正在向发达国家回流；另一方面，低端制造正在出现供给替代。[⑪]

第二，供给侧结构性改革的理论基础。供给侧结构性改革提出之后，如何从学理层面进行研究阐释，也成为学界讨论的重点话题之一。纵观学界对供给侧结构性改革的理

[①] 逄锦聚：《经济发展新常态中的主要矛盾和供给侧结构性改革》，《政治经济学评论》，2016年第2期，第49~59页。
[②] 尚航：《新常态下的供给侧结构性改革与宏观政策》，《经济问题》，2016年第12期，第26~29页。
[③] 方福前：《供给侧结构性改革需回答的两个问题》，《理论探索》，2016年第3期，第5~9页。
[④] 贾康，张斌：《供给侧改革：现实挑战、国际经验借鉴与路径选择》，《价格理论与实践》，2016年第4期，第5~9页。
[⑤] 张占斌：《从经济新常态到供给侧结构性改革》，《中共党史研究》，2017年第7期，第5~8页。
[⑥] 赵宇：《供给侧结构性改革的科学内涵和实践要求》，《党的文献》，2017年第1期，第50~57页。
[⑦] 余斌，吴振宇：《供需失衡与供给侧结构性改革》，《管理世界》，2017年第8期，第1~7页。
[⑧] 黄剑：《论创新驱动理念下的供给侧结构性改革》，《河北经贸大学学报》，2016年第5期，第12~17页。
[⑨] 余斌：《供给侧结构性改革中的马克思主义政治经济学》，《河北经贸大学学报》，2016年第5期，第1~6页。
[⑩] 赵宇：《供给侧结构性改革的科学内涵和实践要求》，《党的文献》，2017年第1期，第50~57页。
[⑪] 马晓河：《推进供给侧结构性改革若干问题思考》，《中国特色社会主义研究》，2018年第1期，第5~13页。

论研究阐释，大多数学者认为供给侧结构性改革与供给学派等西方理论具有明显不同，马克思主义政治经济学才是其理论基础，但也有部分学者认为供给侧结构性改革与供给学派等西方理论具有相似之处。但持马克思主义政治经济学观点的国内学者对这种观点进行了批判。

马克思主义政治经济学说。尽管持有这类观点的部分学者认为西方的供给学派、萨伊定律等理论对推进供给侧结构性改革具有一定的理论镜鉴，但也都一致认为供给侧结构性改革与它们所分析的问题之间具有明显的界限，马克思主义政治经济学才是其理论根基。具体的相关讨论如下：邱海平（2016）认为，正确理解供给侧结构性改革，必须以马克思主义政治经济学为指导。[1] 谢地和郁秋艳（2016）认为，马克思主义政治经济学是供给侧结构性改革的理论基础。他们进一步指出具体包括：生产、分配、交换与消费的关系，资本主义企业剩余价值生产和资本运动规律，以及世界市场理论等。[2] 张俊山（2017）认为，马克思再生产理论是供给侧结构性改革的理论基础。[3] 丁任重和李标（2017）认为，供给侧结构性改革的理论基础是马克思主义的供给与需求理论，具体包括：供给与需求的同一性、需求决定供给、供给创造需求也等同于生产与消费有同一性、消费决定生产、生产创造消费。[4] 方福前（2017）在比较各种供给相关理论后指出，马克思主义政治经济学才是供给侧结构性改革的理论基础。[5] 蓝庆新和姜峰（2017）认为，马克思主义理论中的物质生产论为供给侧结构性改革奠定了理论基础，社会资本再生产理论为改革提供了理论依据。[6] 王朝明和张海浪（2018）认为，我国供给侧结构性改革不同于供给学派的理论，要以马克思的价值形成与创造理论为理论基础。[7]

西方经济学说。持有这类观点的学者基于西方的萨伊定律、供给学派等理论讨论供给侧结构性改革。尚航（2016）认为，供给侧结构性改革的理论逻辑包括萨伊定律、凯恩斯的需求理论、供给学派和里根经济学。[8] 黄剑（2016）认为，我国的供给侧结构性改革可以看作"现阶段萨伊定律在我国的新内涵"。[9] 冯志峰（2016）认为，作为供给学派典型实践的"里根经济学"对走出经济衰退的"泥淖"具有积极意义，我国"供给侧

---

[1] 邱海平：《马克思主义政治经济学对于供给侧结构性改革的现实指导意义》，《红旗文稿》，2016年第3期，第21~23页。
[2] 谢地，郁秋艳：《用马克思主义政治经济学指导供给侧结构性改革》，《马克思主义与现实》，2016年第1期，第20~25页。
[3] 张俊山：《用马克思再生产理论指导我国的"供给侧结构性改革"》，《当代经济研究》，2017年第7期，第29~35页。
[4] 丁任重，李标：《供给侧结构性改革的马克思主义政治经济学分析》，《中国经济问题》，2017年第1期，第3~10页。
[5] 方福前：《寻找供给侧结构性改革的理论源头》，《中国社会科学》，2017年第7期，第49~69页。
[6] 蓝庆新，姜峰：《新常态下供给侧结构性改革理论解析》，《上海经济研究》，2017年第2期，第17~23页。
[7] 王朝明，张海浪：《供给侧结构性改革的理论基础：马克思价值理论与西方供给学派理论比较分析》，《当代经济研究》，2018年第4期，第39~46页。
[8] 尚航：《新常态下的供给侧结构性改革与宏观政策》，《经济问题》，2016年第12期，第26~29页。
[9] 黄剑：《论创新驱动理念下的供给侧结构性改革》，《河北经贸大学学报》，2016年第5期，第12~17页。

结构性改革理论的背后就是供给学派"。① 朱海就（2016）试图在新自由主义那里寻求供给侧结构性改革的依据，将市场化视为供给侧结构性改革的关键，认为国有企业是导致"无效供给"的根源，供给侧结构性改革应"让市场成为真正的主体"。②

第三，供给侧结构性改革的基本内涵。推进供给侧结构性改革，需要厘清其内涵。学界也从多个方面对供给侧结构性改革的内涵进行了解读，形成了丰富的成果。综合现有的研究成果，可以将其总结为一元说、二元说、三元说，以及五元说。

一元说。持有这种观点的学者主要是从一个角度对供给侧结构性改革的内涵进行界定。卫兴华（2016）认为，供给侧结构性改革是与"三驾马车"一脉相承、相辅相成的。③ 沈坤荣（2016）认为，供给侧结构性改革，就是通过供给侧管理来提高全要素生产率、增强社会生产力，从而促进经济增长。④ 姚洋（2016）指出，所谓供给侧改革，就是从提高供给质量的角度出发，用改革的办法推进结构调整，矫正要素配置扭曲，扩大有效供给，提高全要素生产率，提高供给结构对需求变化的适应性和灵活性，以促进经济社会持续健康的发展。⑤ 丁为民（2016）从生产力与生产关系相统一的视角指出，供给侧结构性改革是要解决资本主导的供给侧结构性过剩问题。⑥ 任保平（2017）认为，供给侧结构性改革的本质是体制改革。⑦ 张俊山（2019）认为，供给侧结构性改革的内涵就是要在当代先进技术基础上建立结构合理、循环通畅的现代化经济体系。⑧ 方福前（2020）从现代化的视角指出，供给侧结构性改革是为了实现经济现代化。⑨

二元说。持这类观点的学者主要从两个角度对供给侧结构性改革的内涵进行界定。胡鞍钢等（2016）从短期和长期两个维度来理解供给侧结构性改革。他们指出，从短期来看，供给侧结构性改革要抓好以"去产能、去库存、去杠杆、降成本、补短板"为核心的五大战术任务；从长期来看，要以转变经济增长方式为目标，特别是要转变发展理念，落实"创新、协调、绿色、开放、共享"的五大发展理念。⑩ 厉以宁（2017）认为，供给侧结构性改革是一个过程，并以激发企业的活力和动力为首要目标；同时以技术创新、增加就业、维持物价基本稳定、促进 GDP 和居民可支配收入增长为协同目标。⑪

---

① 冯志峰：《供给侧结构性改革的理论逻辑与实践路径》，《经济问题》，2016 年第 5 期，第 12~17 页。
② 朱海就：《供给侧改革关键是市场化》，《深圳特区报》，2016 年 1 月 12 日，第 B11 版。
③ 卫兴华：《供给侧结构性改革引领新常态》，《金融论坛》，2016 年第 5 期，第 1~5 页。
④ 沈坤荣：《供给侧结构性改革是经济治理思路的重大调整》，《南京社会科学》，2016 年第 2 期，第 1~3 页。
⑤ 姚洋：《供给侧结构性改革中的几个重点问题》，《河南社会科学》，2016 年第 1 期，第 4~6 页。
⑥ 丁为民：《供给侧结构性改革的实质、路径与实现条件》，《政治经济学评论》，2016 年第 2 期，第 207~211 页。
⑦ 任保平：《我国供给侧结构性改革的本质：体制改革》，《社会科学辑刊》，2017 年第 2 期，第 21~28 页。
⑧ 张俊山：《深刻把握"供给侧结构性改革"的科学内涵——基于马克思主义政治经济学视角的解读》，《当代经济研究》，2019 年第 6 期，第 20~29 页。
⑨ 方福前：《供给侧结构性改革、供给学派和里根经济学》，《中国人民大学学报》，2020 年第 3 期，第 72~81 页。
⑩ 胡鞍钢，周绍杰，任皓：《供给侧结构性改革——适应和引领中国经济新常态》，《清华大学学报》（哲学社会科学版），2016 年第 2 期，第 17~22 页。
⑪ 厉以宁：《持续推进供给侧结构性改革》，《中国流通经济》，2017 年第 1 期，第 3~8 页。

三元说。尽管持这类观点的学者都是从三个方面来把握供给侧结构性改革的内涵，但其内部也存在一定的差异。洪银兴（2016）从目标的视角来把握供给侧结构性改革的内涵。他指出，概括起来，供给侧结构性改革目标有三个：一是解决有效供给，二是提高全要素生产率，三是释放企业活力。这意味着供给侧结构性改革还是要推动发展。①丁任重（2016）认为，理解供给侧结构性改革应当把握如下三个方面：需求侧和供给侧是平衡经济增长的两翼，缺一不可；需求调节和供给调节是功能互补的关系；宏观调控的核心问题是优化经济结构。②

五元说。裴长洪和刘洪愧（2016）认为，我国当前供给侧结构性改革的主要任务和要解决的主要问题包括去产能、去库存、去杠杆、降成本、补短板。③赵宇（2017）认为，供给侧结构性改革的内涵包括五个方面：主攻方向是着力提高供给体系质量和效率，增强供给结构对需求变化的适应性和灵活性；当前重点是抓好"三去一降一补"五大任务；重要手段是优化要素配置和提高全要素生产率；根本目的是使供给能力更好地满足人民日益增长的物质文化需要；本质属性和根本途径是改革，基础动力在创新。④

第四，供给侧结构性改革的实践路径。供给侧结构性改革不是停留在纸上的冰冷文字，也不是挂在嘴上的口号，而是要付诸实践的行动。因此，学界在讨论其现实背景、理论基础，以及基本内涵的基础上，还进一步研究了推进供给侧结构性改革的路径。概而言之，可将研究成果总结如下：

结构改革说。持这种观点的学者认为，推进供给侧结构性改革的关键在于进行结构性改革。洪银兴（2016）认为，推进供给侧结构性改革关键在于结构性改革，即在改革中寻求供给侧的经济发展动力、提高供给体系质量和效率。⑤任保平和李梦欣（2016）认为，推进供给侧结构性改革就是要通过优化经济结构，实现动力的转换。具体来讲，他们指出，需要发展新型产业，优化产业结构；清理无效低端供给，化解产能过剩；解除供给抑制，放松供给约束。⑥刘伟和蔡志洲（2017）认为，推进供给侧结构性改革需要完善国民收入分配结构。⑦叶连松（2017）指出，推进供给侧结构性改革需要把改善供给结构作为主要方向。⑧

原则坚持说。持这种观点的学者认为，推进供给侧结构性改革要坚持正确的原则。刘凤义（2016）认为，推进供给侧结构性改革需要坚持以下原则：以人为本的原则、满足需要的原则、共享发展的原则、公有主体的原则。⑨逄锦聚（2016）认为，推进供给

---

① 洪银兴：《准确认识供给侧结构性改革的目标和任务》，《中国工业经济》，2016年第6期，第14～21页。
② 丁任重：《关于供给侧结构性改革的政治经济学分析》，《经济学家》，2016年第3期，第13～15页。
③ 裴长洪，刘洪愧："十三五"经济发展与供给侧结构性改革》，《国际贸易》，2016年第8期，第4～11页。
④ 赵宇：《供给侧结构性改革的科学内涵和实践要求》，《党的文献》，2017年第1期，第50～57页。
⑤ 洪银兴：《准确认识供给侧结构性改革的目标和任务》，《中国工业经济》，2016年第6期，第14～21页。
⑥ 任保平，李梦欣：《中国经济新阶段质量型增长的动力转换难点与破解思路》，《经济纵横》，2016年第9期，第33～40页。
⑦ 刘伟，蔡志洲：《完善国民收入分配结构与深化供给侧结构性改革》，《经济研究》，2017年第8期，第4～16页。
⑧ 叶连松：《推进供给侧结构性改革 振兴实体经济》，中国经济出版社，2017年，第1页。
⑨ 刘凤义：《中国特色社会主义政治经济学原则与供给侧结构性改革指向》，《政治经济学评论》，2016年第2期，第211～214页。

侧结构性改革需要坚持八个原则：坚持以人民为中心的基本原则，坚持矛盾分析和抓住主要矛盾、解决主要矛盾的原则，坚持解放生产力发展生产力和创新、协调、绿色、开放、共享的发展理念的原则，坚持社会主义初级阶段基本经济制度不动摇的原则，坚持和完善社会主义基本分配制度的原则，坚持按比例分配社会劳动和协调发展的原则，坚持社会主义市场经济改革方向、妥善处理政府与市场的关系的原则，坚持对外开放基本国策不动摇的原则。① 邱海平（2016）认为，供给侧结构性改革应该遵循以下四个原则：坚持生产、流通、分配以及消费相统一的原则，坚持将供给侧结构性改革与投资、出口以及消费的改革和发展与经济增长相统一的原则，坚持社会生产与社会消费相统一的原则，坚持政府与市场相统一的原则。②

重点举措说。持有这种观点的学者认为，推进供给侧结构性改革的举措众多，但需要在具体实践中，把握好重点。目前持这类观点的研究文献较多，但具体又可以分为多个层面。谢地和郁秋艳（2016）认为，供给侧结构性改革的着力点也应集中在微观、中观、宏观、国际经济、政府治理等方面，具体来说应当营造一种有利于企业转变发展方式的氛围、调整产业结构、完善宏观政策、处理好进出口关系，以及提高政府治理能力。③ 沈坤荣和赵倩（2016）认为，供给侧结构性改革应当以化解过剩产能、优化产业结构、降低企业经营成本、化解房地产库存、防范金融风险等方面为主要方向。④ 方福前（2017）指出，搞好供给侧结构性改革的关键在于通过全面深化改革来完善激励机制和竞争机制，从而调动个人、企业和政府的创新与投资的积极性。⑤ 胡鞍钢等（2016）认为，推进供给侧结构性改革需要做好两个方面的工作，即要做好"加减乘除"四则运算，核心目标是做"加法"，首要目标是做"减法"，创新目标是做"乘法"，保底目标是做"除法"；实施"五大政策支柱"，包括稳定的宏观政策、精准的产业政策、灵活的微观政策、落实改革政策、社会托底政策。⑥ 蔡昉（2016）指出，推进供给侧结构性改革的着力点在于提高全要素生产率。⑦ 张占斌（2017）基于新时代社会主要矛盾的视角提出，深化供给侧结构性改革应当从发挥新动能的引领作用、持续推动"三去一降一补"、培育全社会的创新创业能力三个方面着手。⑧ 余斌和吴振宇（2017）认为，推进供给侧结构性改革应当把握如下几个方面的重点：适度扩大总需求，降低企业税费负

---

① 逄锦聚：《经济发展新常态中的主要矛盾和供给侧结构性改革》，《政治经济学评论》，2016年第2期，第49~59页。
② 邱海平：《坚持运用马克思主义政治经济学指导供给侧结构性改革》，《理论与改革》，2016年第4期，第4~7页。
③ 谢地，郁秋艳：《用马克思主义政治经济学指导供给侧结构性改革》，《马克思主义与现实》，2016年第1期，第20~25页。
④ 沈坤荣，赵倩：《以供给侧结构性改革推进经济创新发展》，《经济纵横》，2016年第9期，第6~11页。
⑤ 方福前：《寻找供给侧结构性改革的理论源头》，《中国社会科学》，2017年第7期，第49~69页。
⑥ 胡鞍钢，周绍杰，任皓：《供给侧结构性改革——适应和引领中国经济新常态》，《清华大学学报》（哲学社会科学版），2016年第2期，第17~22页。
⑦ 蔡昉：《新常态·供给侧·结构性改革：一个经济学家的思考和建议》，中国社会科学出版社，2016年，第134页。
⑧ 张占斌：《新时代中国社会的主要矛盾与深化供给侧结构性改革》，《行政管理改革》，2017年第11期，第31~33页。

担,改革土地经营制度,切实转变政府职能,扩大服务业对内、对外开放等。①

系统关系说。持这类观点的学者认为推进供给侧结构性改革是一项系统工程,需要从系统的视角来探讨路径,并把握好重点关系。任保平和付雅梅(2017)认为,深化供给侧结构性改革的系统性路径在于:微观层面应当以提高产品质量为核心,以技术进步为驱动,以企业为主体,激发微观主体活力;中观层面应当把产业转型升级作为关键,由创新型经济为先导,打破产业结构的锁定,发展新型产业,促进传统产业的转型升级;宏观层面应当以提高经济增长质量为立足点,依靠科技创新、战略创新和制度创新来提升实体经济的核心竞争力;对外开放层面应当把提升比较质量作为重点,推进对外贸易质量的提升。②马晓河(2018)认为,推进供给侧结构性改革需要处理好长期与短期的关系、供给和需求的关系、政府和市场的关系、加法和减法的关系。③

政策体制说。持这类观点的学者主要从政策与体制方面提出了推进供给侧结构性改革的举措。裴长洪和刘洪愧(2016)认为,推进供给侧结构性改革是一个系统工程,要发挥产业政策的精准调控作用,发挥宏观政策稳定增长的作用,发挥社会政策弥补短板的作用,发挥微观政策的灵活调节作用,发挥贸易政策增加国外新生产要素的国内供给。④贾康和张斌(2016)提出,推进供给侧结构性改革需要做好以下几个方面的工作:简政放权,努力推进混合所有制改革;从控制人口数量转向优化实施全球化人力资本战略;积极推动土地制度改革,逐步建立城乡统一的土地流转制度;大力破除金融供给约束,支持实体经济升级换代等。⑤任保平(2017)认为,推进供给侧结构性改革应当完善与供给侧结构性改革相适应的市场经济体制,建立与供给侧结构性改革相适应的宏观调控新体制,建立促进供给侧结构性改革的投融资体制、金融体制、财税体制、科技体制。⑥丁任重和李标(2017)认为,推进供给侧结构性改革应从以下几方面着手:树立正确的宏观调控思路,需求与供给两侧需同时发力;做好加减乘除法,优化经济结构;正视投资与转型的关系,增投资与调结构并举;多角度推进科技创新,全力培育供给新优势;以多元化改革为抓手,优化供给端的制度环境。⑦杨振(2020)认为,推进供给侧结构性改革需要以市场化和法治化的办法打通制度梗阻,为增强微观主体活力提供准确制度激励,以完善和保护产权来降低制度性交易成本。⑧

第五,供给侧结构性改革的价值意义。供给侧结构性改革作为新时代转变经济发展

---

① 余斌,吴振宇:《供需失衡与供给侧结构性改革》,《管理世界》,2017年第8期,第1~7页。
② 任保平,付雅梅:《系统性深化供给侧结构性改革的路径探讨》,《贵州社会科学》,2017年第11期,第105~112页。
③ 马晓河:《推进供给侧结构性改革若干问题思考》,《中国特色社会主义研究》,2018年第1期,第5~13页。
④ 裴长洪,刘洪愧:《"十三五"经济发展与供给侧结构性改革》,《国际贸易》,2016年第8期,第4~11页。
⑤ 贾康,张斌:《供给侧改革:现实挑战、国际经验借鉴与路径选择》,《价格理论与实践》,2016年第4期,第5~9页。
⑥ 任保平:《我国供给侧结构性改革的本质:体制改革》,《社会科学辑刊》,2017年第2期,第21~28页。
⑦ 丁任重,李标:《供给侧结构性改革的马克思主义政治经济学分析》,《中国经济问题》,2017年第1期,第3~10页。
⑧ 杨振:《供给侧结构性改革的历史逻辑、学理逻辑与实践逻辑》,《理论学刊》,2020年第2期,第83~92页。

方式的重要举措，具有十分重要的价值意义。学术界关于供给侧结构性改革价值意义的研究，主要从理论和实践两个维度。

供给侧结构性改革的理论意义。持有这种观点的学者认为，供给侧结构性改革的理论价值在于丰富和发展了马克思主义政治经济学理论。卫兴华（2016）认为，中国特色社会主义经济理论作为马克思主义中国化的最新成果，是以马克思主义基本理论为核心，并结合中国特色社会主义经济建设实践得出的科学结论。有关供给侧结构性改革"新经济术语"的提出，就充分彰显了党中央坚持"以马克思主义为核心的重大理论创新"；供给侧结构性改革旨在提高供给体系的效率和质量，这是中央落实新发展理念的重大创新，也是"对社会主义市场经济理论的新发展"。① 鲁品越（2020）认为，供给侧结构性改革在思想上对马克思主义政治经济学作出了新贡献。这主要表现在确立以人民为中心的根本价值导向，以新发展理念为经济建设的遵循原则，以从速度型增长到高质量发展的转变为经济政策目标，以社会主义初级阶段基本经济制度为社会条件。②

供给侧结构性改革的实践意义。持这种观点的学者认为，供给侧结构性改革对于化解供给矛盾、完善供需结构、推动我国经济发展等方面具有十分重要的意义。胡鞍钢等（2016）认为供给侧结构性改革的意义在于：供给侧结构性改革是适应和引领经济新常态的必然要求，供给侧结构性改革是助力需求端结构调整的必然要求，供给侧结构性改革顺应了我国推进城镇化发展的客观要求，大力推行供给侧结构性改革是转变经济增长方式的必然要求。③ 张占斌（2017）认为，经济新常态下推进供给侧结构性改革具有重要的意义：经济新常态下推进供给侧结构性改革，是实现经济社会持续健康发展的关键举措；经济新常态下推进供给侧结构性改革，是实现国家治理现代化的关键一招。④ 鲁品越（2020）认为，供给侧结构性改革中"三去一降一补"对于脱贫攻坚、发展科学技术供给、提高劳动者素质等方面也有一定的实践价值。⑤

三、实现经济高质量发展

我国的经济发展已经进入高质量发展阶段。高质量发展也是我国新时代转变经济发展方式的要求和目标。自从党中央作出经济由高速增长阶段转向高质量发展阶段的科学论断，学界就围绕经济高质量发展进行了研究阐释，形成了系列高质量学术研究成果。整体来说，现有的研究成果主要聚焦在经济高质量发展的现实背景、基本内涵、评价指标体系、影响因素，以及实践路径等方面，具体情况见表11—12。

---

① 卫兴华：《供给侧结构性改革引领新常态》，《金融论坛》，2016年第5期，第1~5页。
② 鲁品越：《"供给侧结构性改革"在思想和实践上的新贡献》，《马克思主义研究》，2020年第2期，第82~90页。
③ 胡鞍钢，周绍杰，任皓：《供给侧结构性改革——适应和引领中国经济新常态》，《清华大学学报》（哲学社会科学版），2016年第2期，第17~22页。
④ 张占斌：《从经济新常态到供给侧结构性改革》，《中共党史研究》，2017年第7期，第5~8页。
⑤ 鲁品越：《"供给侧结构性改革"在思想和实践上的新贡献》，《马克思主义研究》，2020年第2期，第82~90页。

表 11-12 学界关于经济高质量发展的研究汇总表

主要内容	研究视角	主要代表作者
现实背景	新常态说	高建昆和程恩富（2018），任保平（2018），等等
	新理念说	李彩华（2019），张雷声（2020），等等
	主要矛盾说	王一新（2018），高培勇（2019），等等
	国际压力说	洪功翔和洪阳（2018），逄锦聚等（2019），等等
基本内涵	新发展理念视角	任保平和文丰安（2018），高培勇（2019），等等
	供给体系视角	周振华（2018），马茹等（2019），等等
	经济增长视角	周文和李思思（2019），田国强（2019），等等
评价指标体系	五指标说	史丹和李鹏（2019），简新华和聂长飞（2020），等等
	六指标说	任保平和李禹墨（2018），王伟（2020），等等
	其他指标说	杨瑞龙（2019），魏敏和李书昊（2018），等等
影响因素	三因素说	钞小静和薛志欣（2018），任保平（2020），等等
	五因素说	王一鸣（2018），任保平（2020），等等
	六因素说	国家发展改革委经济研究所课题组（2019），等等
实践路径	制度体系驱动说	张占斌（2018），谢地（2020），等等
	现代化经济体系驱动说	任保平和李禹墨（2018），高建昆和程恩富（2018），等等
	机制改革驱动说	田秋生（2018），王一鸣（2018），等等
	创新驱动说	陈昌兵（2018），黄泰岩（2019），等等
	实体经济驱动说	刘志彪（2018），侯为民（2018），等等
	多元驱动说	田国强（2019），张俊山（2019），等等
	供需驱动说	蒲晓华等（2018），任保平（2018），等等

第一，经济高质量发展的现实背景。理论是现实的反映，现实是理论的基础。学界普遍认为，经济高质量发展是适应新时代我国经济发展的重要决策。总体来看，学界主要从国内与国外两个维度对经济高质量发展的现实背景进行分析，但国内研究居多，具体如下。

新常态说。持这种观点的学者主要认为，经济高质量发展是我国经济发展进入新常态，转变经济发展方式的时代决策。高建昆和程恩富（2018）认为，改革开放以来，我国经济的高速度增长在取得巨大成就的同时，也遇到了新情况和新问题。在规模速度型粗放增长的经济发展方式中，能源、资源和生态的满载或超载状态是不可持续的。同时，在产业结构方面，规模速度型粗放增长形成的不合理产业结构亟待优化；在需求结构方面，经济增长严重依赖外需的状态亟待改变；在收入分配结构方面，收入差距较大的状态亟待改善。① 任保平（2018）认为，由低收入阶段转向中等收入发展阶段，经济增长受资源和环境条件的约束，数量型增长转向质量效益型增长，摆脱贫困转向基本实现现代化。② 钞小静和薛志欣（2018）认为，新时代中国经济发展需要由数量扩张的传统发展向质量提升的新发展转变，这就要求实现经济高质量发展。③ 逄锦聚等（2019）认为，经济高速增长的同时也带来了一些急需解决的问题：要素投入大但发展质量和效益不高；生产方式粗放而创新能力不够强；生态破坏、环境污染问题比较严重；与经济增长速度相比人民生活改善相对滞后，民生领域还有不少短板；城乡区域发展和收入分配差距较大；等等。④

新理念说。持有这种观点的学者认为，经济高质量发展是贯彻落实新发展理念的重要体现。李彩华（2019）认为，中国经济转向高质量发展是贯彻落实党的新发展理念的必然要求。她进一步分析到，新发展理念是以习近平同志为核心的党中央在深刻总结国内外经济发展的经验教训、深入分析国内外发展大势的基础上形成的，既是针对中国经济发展进入新常态而提出的治本之策，也是针对中国经济发展中的突出矛盾和问题而提出的战略指引。⑤ 张雷声（2020）认为，新发展理念是基于我国经济由高速增长转向中高速增长的客观实际提出来的，是引领和推动经济发展的价值体系和指导思想，经济高质量发展紧扣了新发展理念的要求。⑥

主要矛盾说。持这种观点的学者认为，中国特色社会主义进入新时代，社会主义矛盾发生变化，经济高质量发展是解决发展不平衡和不充分问题与满足人民美好生活需要的重要举措。洪功翔和洪阳（2018）认为，推动高质量发展是我国经济发展由量的积累到质的提升的必然，是新时代化解社会主要矛盾的金钥匙，是保持经济持续健康发展的必然要求。⑦ 王一新（2018）指出，随着我国社会主要矛盾发生历史性变化，发展的不平衡不充分问题也日益凸显，已成为影响和制约我国经济发展的突出问题。这主要表现为：区域发展不平衡、城乡发展不均衡、经济结构有待优化、有效供给不足。⑧ 田秋生（2018）认为，随着经济社会的不断发展和人民收入水平的不断提高，我国居民消费结构发生深刻变化，基本消费大致饱和，开始进入发展享受型消费阶段，满足人民美好生活需要要求经济转向高质量发展。⑨ 高培勇（2019）指出，社会主要矛盾的变化，即由

---

① 高建昆，程恩富：《建设现代化经济体系 实现高质量发展》，《学术研究》，2018年第12期，第73~82页。
② 任保平：《新时代中国经济从高速增长转向高质量发展：理论阐释与实践取向》，《学术月刊》，2018年第3期，第66~74+86页。
③ 钞小静，薛志欣：《新时代中国经济高质量发展的理论逻辑与实践机制》，《西北大学学报》（哲学社会科学版），2018年第6期，第12~22页。
④ 逄锦聚，林岗，杨瑞龙，等：《促进经济高质量发展笔谈》，《经济学动态》，2019年第7期，第3~19页。
⑤ 李彩华：《中国经济转向高质量发展阶段的历史必然性》，《中南财经政法大学学报》，2019年第1期，第9~17页。
⑥ 张雷声：《新时代中国经济发展的理论创新——学习习近平关于经济高质量发展的重要论述》，《理论与改革》，2020年第5期，第1~11页。
⑦ 洪功翔，洪阳：《新时代推动高质量发展的理论思考》，《上海经济研究》，2018年第11期，第34~41页。
⑧ 王一新：《实现我国经济高质量发展的战略擘画》，《前线》，2018年第9期，第39~42页。
⑨ 田秋生：《高质量发展的理论内涵和实践要求》，《山东大学学报》（哲学社会科学版），2018年第6期，第1~8页。

物质文化需要转向美好生活需要、由落后的社会生产转向不平衡不充分的发展,这揭示了我国经济发展的阶段性特征,也构成了中国实行经济高质量发展的逻辑起点。①

国际压力说。持这种观点的学者认为,经济高质量发展也是应对国际经济发展形势、推动经济持续健康发展的决策。段文斌等(2018)认为,2008年的国际金融危机是全球经济失衡、经济虚拟化和国际金融体系重大缺陷共同作用的结果,充分暴露了世界经济发展方式不可持续的突出问题。在新的发展阶段,我国面临的机遇不再是简单纳入全球分工体系、扩大出口和加快投资,而是要尽快实现经济高质量发展。② 洪功翔和洪阳(2018)认为,推动高质量发展是我国应对复杂多变的国际经济形势、提升国际竞争力的现实选择。③ 逄锦聚等(2019)认为,当前的世界正处于大发展大变革大调整时期,世界多极化、经济全球化、文化多样化、社会信息化深入发展,人类社会充满希望。同时,国际形势的不稳定性不确定性更加突出,人类面临的全球性挑战更加严峻,需要世界各国齐心协力、共同应对。迎接这样的挑战,深度融入世界经济,为世界经济的健康发展贡献中国力量和中国智慧,也迫切要求我国经济由高速增长转向高质量发展。④

第二,经济高质量发展的基本内涵。经济高质量发展是一个内涵丰富的经济学命题,学界对其内涵的研究阐释维度也比较多样。整体上可以概括为动态和静态两个维度,具体又可以归纳总结为新发展理念、供给体系,以及经济增长等方面。

新发展理念视角下的经济高质量发展。持这类观点的学者,主要是从新发展理念中的一个或者几个方面来界定经济高质量发展的内涵。师博和张冰瑶(2018)认为,高质量发展体现为三个层面:首先,在发展的基本面,从协调发展理念出发保持经济增长的强度、稳定性和经济结构的合理化,从开放发展理念出发建立全方位对外开放新格局;其次,在发展的社会成果层面,从共享发展和创新发展理念出发强化人力资本积累,使社会成员充分分享经济发展的成果,进而以人力资本为创新载体推动创新型国家建设;最后,在发展的生态成果层面,从绿色发展理念出发加大对生态环境保护的投入力度。⑤ 任保平和文丰安(2018)认为,高质量发展是经济发展质量的高级状态和最优状态。在理论上,高质量发展是以新发展理念为指导的经济发展质量状态:创新是高质量发展的第一动力,协调是高质量发展的内生特点,绿色是高质量发展的普遍形态,开放是高质量发展的必由之路,共享是高质量发展的根本目标。⑥ 逄锦聚等(2019)认为,高质量发展是满足人民美好生活需要的、共享的发展,高质量发展是创新和效率提高的发展,高质量发展是国民经济比例结构协调、经济发展方式优化的发展,高质量发展是

---

① 高培勇:《理解、把握和推动经济高质量发展》,《经济学动态》,2019年第8期,第3~9页。
② 段文斌,张文,刘大勇:《从高速增长到高质量发展——中国改革开放40年回顾与前瞻》,《学术界》,2018年第4期,第35~51页。
③ 洪功翔,洪阳:《新时代推动高质量发展的理论思考》,《上海经济研究》,2018年第11期,第34~41页。
④ 逄锦聚,林岗,杨瑞龙,等:《促进经济高质量发展笔谈》,《经济学动态》,2019年第7期,第3~19页。
⑤ 师博,张冰瑶:《新时代、新动能、新经济——当前中国经济高质量发展解析》,《上海经济研究》,2018年第5期,第25~33页。
⑥ 任保平,文丰安:《新时代中国高质量发展的判断标准、决定因素与实现途径》,《改革》,2018年第4期,第5~16页。

绿色的发展、人和自然和谐相处的发展，高质量发展是开放的发展。① 高培勇（2019）认为，高质量发展阶段所追求的发展目标，是更好地满足人民日益增长的美好生活需要；高质量发展阶段所秉持的发展理念，是创新、协调、绿色、开放、共享。② 张治河等（2019）从创新视角解读高质量发展，认为经济高质量发展是以创新为动力，以市场为导向，以政府为保障的发展体系。③

供给体系视角下的经济高质量发展。持这类观点的学者，主要是从供给的角度来理解经济高质量发展。周振华（2018）从生产函数质变的角度指出，经济高质量发展具有三重含义：高质量的要素投入、高质量的要素配置、高质量的产出供给。④ 国家发展改革委经济研究所课题组（2019）认为，经济高质量发展就是以高效率高效益生产方式为全社会持续而公平地提供高质量产出的经济发展。具体包括：供给体系的质量高、供给体系的效率高、供给体系的稳定性高。⑤ 马茹等（2019）认为，高质量发展是具有优质高效供给体系的发展。他们进一步分析到，随着中国特色社会主义进入新时代，人民日益增长的美好生活需要与不平衡不充分的发展之间的矛盾突出表现在有效供给不足、无效产能过剩等供给侧问题。因此，高质量发展就是提高供给的有效性，实现供给与需求在新水平上的动态平衡。⑥

经济增长视角下的经济高质量发展。持这类观点的学者认为，经济高质量发展在实质上还是推动经济增长。逢锦聚等（2019）认为，高质量发展的核心内涵就是通过提升经济的活力与创新力来实现有效率的增长。⑦ 周文和李思思（2019）从马克思主义政治经济学的视角解析高质量发展的内涵，即高质量的发展是物质资料生产方式顺应时代潮流的伟大转变，是生产力的发展与生产关系的变革的统一。⑧ 陈再齐等（2019）认为，高质量发展应该是保持经济中高速增长的发展。⑨ 田国强（2019）认为，经济高质量发展至少包括以下几方面内容：高质量发展意味着要从要素驱动向效率驱动、创新驱动转型，促进全要素生产率提升；高质量发展意味着要从为增长而竞争，转变到为民生而竞争，满足人民美好生活需要；高质量发展意味着要加快构建现代化经济体系，使微观主体有活力，提质增效促发展。⑩

第三，经济高质量发展的评价指标体系。经济高质量发展既是一个理论命题，也是

---

① 逢锦聚，林岗，杨瑞龙，等：《促进经济高质量发展笔谈》，《经济学动态》，2019 年第 7 期，第 3~19 页。
② 高培勇：《理解、把握和推动经济高质量发展》，《经济学动态》，2019 年第 8 期，第 3~9 页。
③ 张治河，郭星，易兰：《经济高质量发展的创新驱动机制》，《西安交通大学学报》（社会科学版），2019 年第 6 期，第 39~46 页。
④ 周振华：《经济高质量发展的新型结构》，《上海经济研究》，2018 年第 9 期，第 31~34 页。
⑤ 国家发展改革委经济研究所课题组：《推动经济高质量发展研究》，《宏观经济管理》，2019 年第 2 期，第 5~17+91 页。
⑥ 马茹，罗晖，王宏伟，等：《中国区域经济高质量发展评价指标体系及测度研究》，《中国软科学》，2019 年第 7 期，第 60~67 页。
⑦ 逢锦聚，林岗，杨瑞龙，等：《促进经济高质量发展笔谈》，《经济学动态》，2019 年第 7 期，第 3~19 页。
⑧ 周文，李思思：《高质量发展的政治经济学阐释》，《政治经济学评论》，2019 年第 4 期，第 43~60 页。
⑨ 陈再齐，李震，杨志云：《国际视角下经济高质量发展的实现路径及制度选择》，《学术研究》，2019 年第 2 期，第 79~86 页。
⑩ 田国强：《中国经济高质量发展的政策协调与改革应对》，《学术月刊》，2019 年第 5 期，第 32~38 页。

一个实践命题。从实践层面来看，需要对其实践效果进行考核，如何检验经济高质量发展的效果是一个十分重要的问题。为此，学者对怎样来评价经济高质量发展的成效进行了一系列探索，也形成了丰富的研究成果。整体来看，可以总结为"五指标说""六指标说""其他指标说"。需要特别说明的是，本文仅仅从一级指标来总结。

五指标说。持有这种观点的学者，主要是从新发展理念的视角来构建经济高质量发展评价指标体系，这也是目前学界较普遍的一种观点。任保平和文丰安（2018）认为，高质量发展的标准应包含经济发展的有效性、协调性、创新性、持续性和分享性等方面。[①] 马茹等（2019）构建了高质量供给、高质量需求、发展效率、经济运行、对外开放五个维度的经济高质量发展评价指标体系。[②] 史丹和李鹏（2019）以新发展理念为指引，构建以创新驱动、协调发展、绿色生态、开放稳定、共享和谐为一级评价指标体系。[③] 朱彬（2020）在借鉴国内外相关学者的研究基础上，结合我国的具体国情，尝试建立了经济增长质量、社会保障与居民生活质量、人口质量、资源利用效率、生态环境质量五个维度的评价指标体系。[④] 肖仁桥等（2020）构建了以经济创新发展、经济协调发展、经济绿色发展、经济开放发展、经济共享发展五个方面组成的中国经济高质量发展评价指标体系。[⑤] 王伟（2020）构建了以创新指数、协调指数、绿色指数、开放指数、共享指数五个方面组成的中国经济高质量发展评价指标体系。[⑥] 张侠和高文武（2020）构建了经济动力、效率创新、绿色发展、美好生活与和谐社会等五个方面的经济高质量发展测评指标体系。[⑦] 简新华和聂长飞（2020）从产品和服务质量、经济效益、社会效益、生态效益和经济运行状态五个方面构建高质量发展评价指标体系。[⑧]

六指标说。持这类观点的学者，大多数是从经济社会和新发展理念来构建经济高质量发展的评价指标体系。任保平和李禹墨（2018）认为，经济高质量发展的评判体系包括高质量发展的指标体系、政策体系、标准体系、统计体系、绩效评价体系、政绩考核体系。[⑨] 苏永伟和陈池波（2019）认为，评价经济高质量发展应当包括：质量效益提升、结构优化、动能转换、绿色低碳、风险防控、民生改善六个指标体系。[⑩] 王伟（2020）基于经济高质量发展的内涵、目标和原则，从经济发展的基本面和新发展理念

[①] 任保平，文丰安：《新时代中国高质量发展的判断标准、决定因素与实现途径》，《改革》，2018年第4期，第5~16页。
[②] 马茹，罗晖，王宏伟，等：《中国区域经济高质量发展评价指标体系及测度研究》，《中国软科学》，2019年第7期，第60~67页。
[③] 史丹，李鹏：《我国经济高质量发展测度与国际比较》，《东南学术》，2019年第5期，第169~180页。
[④] 朱彬：《中国经济高质量发展水平的综合测度》，《统计与决策》，2020年第15期，第9~13页。
[⑤] 肖仁桥，沈路，钱丽：《新时代科技创新对中国经济高质量发展的影响》，《科技进步与对策》，2020年第4期，第1~10页。
[⑥] 王伟：《中国经济高质量发展的测度与评估》，《华东经济管理》，2020年第6期，第1~9页。
[⑦] 张侠，高文武：《经济高质量发展的测评与差异性分析》，《经济问题探索》，2020年第4期，第1~12页。
[⑧] 简新华，聂长飞：《中国高质量发展的测度：1978—2018》，《经济学家》，2020年第6期，第49~58页。
[⑨] 任保平，李禹墨：《新时代我国高质量发展评判体系的构建及其转型路径》，《陕西师范大学学报》（哲学社会科学版），2018年第3期，第103~113页。
[⑩] 苏永伟，陈池波：《经济高质量发展评价指标体系构建与实证》，《统计与决策》，2019年第24期，第38~41页。

两个视角，构建了由经济发展的基本面、创新发展、协调发展、绿色发展、开放发展、共享发展组成六维评价体系。① 吴志军和梁晴（2020）从综合质效、创新、协调、绿色、开放、共享六个维度构建了经济高质量发展评价指标体系。②

其他指标说。还有学者从其他方面研究了评价经济高质量发展的指标体系。如"两指标说"，逄锦聚等（2019）认为，度量经济发展质量水平的指标主要有两个：一个是经济增长水平；另一个就是经济增长效率，它反映了资源配置的效率。③ "四指标说"，鲁邦克等（2019）结合新时代下我国社会主义的基本矛盾，以"创新、协调、绿色、开放、共享"五大发展理念为指引，构建以经济增长高质量、创新驱动高质量、生态文明高质量和人民生活高质量四个方面为标准的经济高质量发展评价指标体系。④ "十指标说"，魏敏和李书昊（2018）构建了经济结构优化、创新驱动发展、资源配置高效、市场机制完善、经济增长稳定、区域协调共享、产品服务优质、基础设施完善、生态文明建设和经济成果惠民十个方面的评价指标体系。⑤

第四，经济高质量发展的影响因素。自从党中央提出经济高质量发展以来，学界就对其展开了多角度的研究。其中也有部分学者对经济高质量发展的影响因素进行了探讨，形成"三因素说""五因素说"与"六因素说"。

三因素说。持这种观点的学者将影响经济高质量发展的因素总结为三个方面。钞小静和薛志欣（2018）认为，目前实现经济高质量发展主要受以下三个方面的制约：发展动力约束，主要体现在创新条件、创新过程和创新结果三个维度上都面临着相应的制约因素；发展结构约束，主要体现在宏观层面的供需结构、中观层面的产业结构和区域结构、微观层面的市场结构等方面对中国经济实现经济高质量发展起到制约作用；发展效率约束，体现在技术效率、劳动效率和资本效率对中国经济高质量发展起到制约作用。⑥ 任保平（2020）分析了新冠肺炎疫情对中国经济高质量发展的影响，即对总需求的影响，主要表现在对消费需求和投资需求的抑制；对总供给的影响，主要表现为对生产活动的干扰和破坏，从而加剧了生产活动中的供需矛盾；对供应链的影响，即上中下游供应链失衡，下游消费减少，中游停工减产，上游供给过剩。⑦

五因素说。持这种观点的学者将影响经济高质量发展的因素总结为五个方面。王一鸣（2018）认为，实现经济高质量发展面临如下挑战：传统发展方式惯性大、重大结构性矛盾依然突出、研发和创新能力不足、金融风险不断积累和释放、深层次体制机制矛

---

① 王伟：《我国经济高质量发展评价体系构建与测度研究》，《宁夏社会科学》，2020 年第 6 期，第 82~92 页。
② 吴志军，梁晴：《中国经济高质量发展的测度、比较与战略路径》，《当代财经》，2020 年第 4 期，第 17~26 页。
③ 逄锦聚，林岗，杨瑞龙，等：《促进经济高质量发展笔谈》，《经济学动态》，2019 年第 7 期，第 3~19 页。
④ 鲁邦克，邢茂源，杨青龙：《中国经济高质量发展水平的测度与时空差异分析》，《统计与决策》，2019 年第 21 期，第 113~117 页。
⑤ 魏敏，李书昊：《新时代中国经济高质量发展水平的测度研究》，《数量经济技术经济研究》，2018 年第 11 期，第 3~20 页。
⑥ 钞小静，薛志欣：《新时代中国经济高质量发展的理论逻辑与实践机制》，《西北大学学报》（哲学社会科学版），2018 年第 6 期，第 12~22 页。
⑦ 任保平：《后疫情时代中国经济高质量恢复性发展的战略重点与路径》，《学习与探索》，2020 年第 9 期，第 100~104 页。

盾仍然突出。① 任保平（2020）从新发展理念维度分析了经济高质量发展的制约因素。创新发展维度的制约因素为市场及民营企业在科技创新方面的贡献相对较小、自主创新能力不足、知识产权保护工作尚不完善、基础研究较为薄弱、科技创新的深度和广度不够等；协调发展维度的制约因素为区域之间的产业发展不协调、城乡经济发展的不协调；绿色发展维度的制约因素为工业污染日益严重、生活垃圾等污染不断加重、国外高能耗与高污染产业转移带来的压力；开放发展维度的制约因素为逆全球化与贸易保护主义的抬头、我国对外贸易的法律体系的不健全；共享发展维度的制约因素为收入分配、公共服务供给不平衡等问题。②

六因素说。持这种观点的学者将影响经济高质量发展的因素总结为六个方面。国家发展改革委经济研究所课题组（2019）认为，推动经济高质量发展面临的难题与挑战有：适应高质量发展的观念转变不到位、处理好诸多两难多难问题的挑战巨大、科技创新的瓶颈突破面临很大困难和挑战、国际环境更趋复杂多变可能影响高质量发展进程、治理体系和治理能力不适应高质量发展的要求。③

第五，经济高质量发展的实践路径。经济高质量发展的关键在于如何实现。为此，学界立足于新时代，从多个方面对实现经济高质量发展的路径进行了探讨，主要有"制度体系驱动说""现代化经济体系驱动说""机制改革驱动说""创新驱动说""实体经济驱动说"等。

制度体系驱动说。持这类观点的学者主要认为，通过制度来保障经济高质量发展。张占斌（2018）认为，实现经济高质量发展，需要完善经济高质量发展的制度环境体系，即建立多元化的高质量发展指标体系、系统化的高质量发展政策体系，建立国际化的高质量发展标准体系、科学化的高质量发展统计体系，建立合理化的高质量发展绩效评价体系、全局化的高质量发展政绩考核体系。④ 逄锦聚等（2019）认为，高质量发展依赖于高质量的制度。构建高质量制度的核心就是要加快完善社会主义市场经济体制，以完善产权制度和要素市场化配置为重点，实现产权有效激励、要素自由流动、价格反应灵活、竞争公平有序、企业优胜劣汰。⑤ 谢地（2020）认为，推动经济高质量发展应进一步完善社会主义基本经济制度，从而激活各类市场主体的活力，完善公平与效率有机统一的分配制度，建立高标准的市场体系，建立健全有利于经济高质量发展的现代化的国家治理体系、提高治理能力。⑥

现代化经济体系驱动说。持有这种观点的学者主要认为，要通过建设现代化经济体系来推动经济高质量发展。任保平和李禹墨（2018）认为，实现经济高质量发展，需要

---

① 王一鸣：《深化改革 推动经济高质量发展》，《理论视野》，2018年第11期，第9~13页。
② 任保平：《以新发展理念引领中国经济高质量发展的难点及实现路径》，《经济纵横》，2020年第6期，第45~54页。
③ 国家发展改革委经济研究所课题组：《推动经济高质量发展研究》，《宏观经济管理》，2019年第2期，第5~17+91页。
④ 张占斌：《完善制度体系，为经济高质量发展保驾护航》，《人民论坛》，2018年第9期，第34~35页。
⑤ 逄锦聚，林岗，杨瑞龙，等：《促进经济高质量发展笔谈》，《经济学动态》，2019年第7期，第3~19页。
⑥ 谢地：《坚持和完善社会主义基本经济制度推动我国经济高质量发展》，《政治经济学评论》，2020年第1期，第81~88页。

构建现代化的经济体系，提高经济体系的质量；实现三大变革，提高发展动力的质量；实现活力、效益与质量的有机结合，提高供给体系的质量；提升企业效率，提高微观主体的质量；发挥质量型政策的作用，提高高质量发展的宏观调控体系的质量。[1] 高建昆和程恩富（2018）认为，实现经济高质量发展需要构建现代化经济体系，即在产业体系上，要处理好自主创新与引进发展、实体经济与金融发展的关系；在市场体系上，要处理好有效竞争与适度垄断的关系；在城乡区域体系上，要处理好协同发展与自身发展的关系；在绿色发展体系上，要处理好经济发展中的人与自然的关系；在开放体系上，要处理好对等高效开放与经济安全、人民福利之间的关系；在经济调节体系上，要处理好市场决定作用与政府主导作用的关系；在产权体系上，要处理好公有经济主体与非公经济辅体的关系；在分配体系上，要处理好按劳分配主体与按资分配辅体的关系。[2] 周文和李思思（2019）认为，实现高质量发展需依托现代化经济体系。他们进一步分析到，建设现代化经济体系需要以供给侧结构性改革为主线、要建设现代化产业体系、要完善经济体制改革、要更高层次对外开放，进而实现经济高质量发展。[3]

机制改革驱动说。持有这类观点的学者主张通过健全机制与深化改革来推动经济高质量发展。田秋生（2018）认为，实现经济高质量发展，需要形成有利于高质量发展的体制机制，即设计高质量发展的指标体系和统计体系、建立质量效益导向的考核评估机制、完善市场化资源配置机制、建立更加有效的宏观调控机制。[4] 王一鸣（2018）认为，推动经济高质量发展，需要深化改革，即确立竞争政策基础性地位、进一步完善产权制度、探索赋予科研人员科技成果所有权、深化土地制度改革、推进环境监管机制常态化长效化、健全风险管控体制、进一步扩大开放特别是服务业开放、完善干部激励机制。[5]

创新驱动说。持有这种观点的学者主张通过创新来增强经济高质量发展的动力。任保平和文丰安（2018）认为，实现高质量发展，要在创新上下功夫，即应从科技创新、产业创新、制度创新、战略创新等方面着手。[6] 陈昌兵（2018）认为，经济高质量发展的动力在于创新。因此，他提出，实现经济高质量发展动力的转换，需要坚持企业在创新中的主体地位实现动力转换，推动以科技创新为核心的全面创新实现创新驱动，提高全要素生产率的高质量发展实现我国转型升级。[7] 钞小静和薛志欣（2018）认为，创新是经济高质量发展的不竭动力。为此，他们指出，应当从改善创新条件、完善创新过

---

[1] 任保平、李禹墨：《新时代我国高质量发展评判体系的构建及其转型路径》，《陕西师范大学学报》（哲学社会科学版），2018年第3期，第103～113页。
[2] 高建昆，程恩富：《建设现代化经济体系 实现高质量发展》，《学术研究》，2018年第12期，第73～82页。
[3] 周文，李思思：《高质量发展的政治经济学阐释》，《政治经济学评论》，2019年第4期，第43～60页。
[4] 田秋生：《高质量发展的理论内涵和实践要求》，《山东大学学报》（哲学社会科学版），2018年第6期，第1～8页。
[5] 王一鸣：《深化改革 推动经济高质量发展》，《理论视野》，2018年第11期，第9～13页。
[6] 任保平，文丰安：《新时代中国高质量发展的判断标准、决定因素与实现途径》，《改革》，2018年第4期，第5～16页。
[7] 陈昌兵：《新时代我国经济高质量发展动力转换研究》，《上海经济研究》，2018年第5期，第16～24+41页。

程、提升创新结果三个维度下功夫。① 逄锦聚等（2019）认为，应当通过理论创新来驱动经济高质量发展，即通过理论创新引领技术创新、制度创新、文化创新、实践创新。② 韩江波（2019）也指出，经济高质量发展需要创新驱动。他还进一步分析了创新驱动经济高质量发展的路径：积极孵化与发展高级要素，依靠高级要素边际收益递增的属性增强产业转型升级的能力；尽快塑造以高级要素的边际收益递增为基础的创新系统；积极培育与发展在知识、技术、信息等高级要素上具有控制力的跨国公司，增强中国企业对全球价值链的治理能力；积极促进高级要素密集型产业与初级要素密集型产业融合；优化不同要素密集型产业间创新生态环境，培育产业间协同创新系统。③ 张治河等（2019）也主张通过创新驱动经济。他们进一步分析了具体路径，即加快核心技术创新，合理配置科技资源；加大创新人才培养与激励，激发创新活力；提高创新资金支持力度与投资效率，为经济高质量发展以及创新活动提供保障。④

实体经济驱动说。持有这种观点的学者主张通过发展实体经济来推动经济高质量发展。刘志彪（2018）认为，推动经济高质量发展的着力点应当是实体经济。为此，他提出需要采取举措，引导经济发展由虚向实的同时，推动以虚促实和新旧产业融合，从而实现经济高质量发展。即以市场手段为主、行政手段为辅，优化存量资源配置，挤出实体经济中的水分；构建以企业为主体、市场为导向、产学研深度融合的技术创新体系；在全面开放的格局下，充分利用"一带一路"，构建以我为主的全球价值链和创新链；加快培育多层次资本市场，实现虚拟经济与实体经济的良性互动；以信息化和智能化改造为抓手，推动新兴产业与传统产业协同发展。⑤ 侯为民（2018）认为，实现经济高质量发展，不仅要强化创新发展理念、构筑公平竞争的市场环境，也要加强实体经济的发展。⑥ 何玉长和潘超（2019）也提出，经济发展高质量取决于实体经济的高质量。他们进一步分析了具体路径：加快传统产业结构调整，促进实体经济产业升级；加快战略性新兴产业发展，开发实体经济增长点；创新经济新业态和新模式，拓展实体经济新领域；以集约化和技术升级为手段，提高实体经济效益。⑦ 冯金华（2019）也认为，推动经济高质量发展，需要处理好虚实关系，即政府必须对虚拟经济进行有效的监管和调控，以维持虚拟经济和实体经济之间的动态平衡，保证实体经济的高质量发展。⑧ 朱方

---

① 钞小静，薛志欣：《新时代中国经济高质量发展的理论逻辑与实践机制》，《西北大学学报》（哲学社会科学版），2018年第6期，第12~22页。
② 逄锦聚，林岗，杨瑞龙，等：《促进经济高质量发展笔谈》，《经济学动态》，2019年第7期，第3~19页。
③ 韩江波：《创新驱动经济高质量发展：要素配置机理与战略选择》，《当代经济管理》，2019第8期，第6~14页。
④ 张治河，郭星，易兰：《经济高质量发展的创新驱动机制》，《西安交通大学学报》（社会科学版），2019年第6期，第39~46页。
⑤ 刘志彪：《强化实体经济 推动高质量发展》，《产业经济评论》，2018年第2期，第5~9页。
⑥ 侯为民：《正确认识中国经济高质量发展阶段的微观基础》，《当代经济研究》，2018年第12期，第19~25页。
⑦ 何玉长，潘超：《经济发展高质量重在实体经济高质量》，《学术月刊》，2019年第9期，第57~69页。
⑧ 冯金华：《正确处理虚实关系 推动经济高质量发展》，《学术研究》，2019年第12期，第81~88页。

明和刘丸源（2019）认为，推动中国经济高质量发展需要坚持以实体经济发展为基础。①

多元驱动说。持这类观点的学者认为，实现经济高质量发展需要多个方面协同发力。田国强（2019）认为，要加强促进财政政策与货币政策有效配合的政策协调，解决民营企业税费负担重和融资贵的问题；深化促进金融部门和实体经济良性循环的金融体制改革，破解民营企业融资困境和规避地方债务陷阱；深化促进中央政府与地方政府激励相容的财政体制改革，形成为促进民营经济发展而竞争的政绩考核晋升体系。② 国家发展改革委经济研究所课题组（2019）认为，推动经济高质量发展的思路是引导各级政府和企业摆脱对传统发展方式的路径依赖，加快提高科技创新能力和水平，持续加强产业质量支撑体系建设，主动塑造推进经济高质量发展的国际环境，加快完善治理体系、提高治理能力，密切防范和化解经济金融风险，促进经济与社会环境协调发展，紧紧围绕高质量发展全力推动改革攻坚。③ 张俊山（2019）认为，推进经济高质量发展的策略是使新的科学技术逐步成为社会生产的科技基础；准确认识各行业在经济社会中的地位和作用，正确发挥生产与流通及其他社会服务功能；加强国家监管，更好地发挥国家和政府的作用；强化农业的内生发展动力，实现农民在农业经济发展中的主体地位；以健康、绿色的消费方式推进经济高质量发展。④ 任保平（2020）分析了在后疫情时代，中国经济高质量发展的路径：完善产业链，提高自主产业链的供应；促进基础设施建设转型，加强服务基础设施和新型基础设施建设；依据不同行业受疫情影响的差别，针对行业恢复的不同需求采取精准支持；采取科学、灵活的宏观经济政策，支持经济的恢复发展。⑤

供需驱动说。持有这种观点的学者主要认为，实现经济高质量发展需要从供给和需求着手。任保平（2018）提出，中国经济增长要通过供给的改善来追求更加有质量的经济增长。即加快产业和产品结构调整，改善产品供给；推进科技和产业创新，改善技术供给；发挥民间投资的作用，改善供给主体结构。⑥ 蒲晓华和Jarko Fidrmuc（2018）指出，推动经济高质量发展需要重塑需求动力，即构建消费成长的长效机制、积极引导民间投资、优化贸易结构。同时她还提出需要提升供给动力，即优化制度供给、改善要素供给、激发科技创新活力。⑦

---

① 朱方明，刘丸源：《马克思的经济发展理论与西方经济发展理论比较——兼论中国经济高质量发展的路径》，《政治经济学评论》，2019 年第 1 期，第 54~72 页。
② 田国强：《中国经济高质量发展的政策协调与改革应对》，《学术月刊》，2019 年第 5 期，第 32~38 页。
③ 国家发展改革委经济研究所课题组：《推动经济高质量发展研究》，《宏观经济管理》，2019 年第 2 期，第 5~17+91 页。
④ 张俊山：《对经济高质量发展的马克思主义政治经济学解析》，《经济纵横》，2019 年第 1 期，第 36~44 页。
⑤ 任保平：《后疫情时代中国经济高质量恢复性发展的战略重点与路径》，《学习与探索》，2020 年第 9 期，第 100~104 页。
⑥ 任保平：《新时代中国经济从高速增长转向高质量发展：理论阐释与实践取向》，《学术月刊》，2018 年第 3 期，第 66~74+86 页。
⑦ 蒲晓昁，［奥］Jarko Fidrmuc：《中国经济高质量发展的动力结构优化机理研究》，《西北大学学报》（哲学社会科学版），2018 年第 1 期，第 113~118 页。

四、构建新发展格局

面对世界"百年未有之大变局",尤其是世界经济发展形势的更加不确定性和不稳定性,中国面临未来经济发展动力在何方的时代课题。在 2020 年 4 月 10 日召开的中央财经委员会第七次会议上,习近平总书记提出了"构建以国内大循环为主体、国内国际双循环相互促进的新发展格局"。此后,学界就新发展格局展开多维度的研究阐释,形成了颇为丰富的研究成果,具体情况见表 11-13。

表 11-13　学界关于新发展格局的研究汇总表

主要内容	研究视角	代表作者
生成逻辑	理论资源说	何自力(2020),蒋永穆和祝林林(2021),等等
	历史演进说	董志勇和李成明(2020),郭晴(2020),等等
	现实需要说	鲁保林和王朝科(2021),洪银兴(2021),等等
	优势支撑说	王一鸣(2020),程恩富和张峰(2021),等等
	外在压力说	陈文玲(2020),黄群慧(2021),等等
科学内涵	内容说	蒲清平和杨聪林(2020),张永亮(2020),等等
	关系说	逄锦聚(2020),钱学锋和裴婷(2020),等等
	其他说	马建堂和赵昌文(2020),高培勇(2020),等等
实践路径	扩大内需说	任保平和豆渊博(2021),黄群慧(2021),等等
	科技创新说	王一鸣(2020),马建堂和赵昌文(2020),等等
	改革驱动说	沈坤荣和赵倩(2020),董志勇和方敏(2020),等等
	对外开放说	郭晴(2020),程恩富和张峰(2021),等等
价值意义	国内实践价值	薛安伟(2020),吴宣恭(2021),等等
	国际实践价值	蒲清平和杨聪林(2020),詹付成(2020),等等

第一,新发展格局的生成逻辑。构建新发展格局首先需要理解其来龙去脉。学界也从多个维度对新发展格局的生成逻辑进行了分析,具体可以总结为五种观点:理论资源说、历史演进说、现实需要说、优势支撑说、外在压力说。

理论资源说。持有这种观点的学者主要从理论维度研究阐释为什么要提出新发展格局。他们认为新发展格局是对已有理论的借鉴或者镜鉴,抑或传承。钱学锋和裴婷(2021)认为,新发展格局的产生主要基于大国经济发展理论、经济增长理论、国际贸易理论,但同时也是对这些理论的发展。[①] 何自力(2020)认为,新发展格局同时关照生产力与生产关系两方面,生产、交换、分配与消费各环节,既立足内需又扩大开放,

---

① 钱学锋,裴婷:《国内国际双循环新发展格局:理论逻辑与内生动力》,《重庆大学学报》(社会科学版),2021 年第 1 期,第 14~26 页。

具有鲜明的马克思主义政治经济学特色。①张永亮（2020）认为，新发展格局的理论逻辑具体体现为社会再生产理论、市场经济理论、发挥大国经济的优势和资源禀赋的理论、以人民为中心的理论，以及自主创新的理论；同时，在理论上以新的内容丰富和拓展了中国特色社会主义政治经济学。②蒋永穆和祝林林（2021）认为，新发展格局有着丰富的理论资源，即马克思恩格斯等经典作家的产业循环、市场循环和整个经济社会循环等，中国古代的经济循环思想，西方经济学中的供需之间的畅通与国际贸易。③

历史演进说。持有这种观点的学者主要从我国经济发展过程、内外关系演进的历史进程来阐明为什么要提出新发展格局。董志勇和李成明（2020）认为，新发展格局的形成并不是一蹴而就的，而是在新中国经济实践中形成的。新中国成立以来，我国经济发展格局经历了多次调整。新中国成立初期，我国独立自主完成了早期工业化原始资本积累，这一阶段主要以国内大循环为主。改革开放后，在国民经济从计划经济转向市场经济后，我国逐渐形成外向型经济发展格局，国际大循环逐渐占主导地位。但进入新时代，因社会主要矛盾变化以及国际环境变化，我国适时提出了构建双循环新发展格局。④徐奇渊（2020）认为，中国的经济发展战略进行了与时俱进的调整，经历了"构建扩大内需长效机制""供给侧结构性改革""强大国内市场""畅通国民经济循环"等探索，最终在新形势下形成了双循环的新发展思路。⑤郭晴（2020）依据我国经济发展的阶段特征，将新中国成立以来的经济发展分为新中国成立之初的内循环工业化模式、中美建交后的内循环为主与极其有限的外循环、改革开放初期的城乡内循环良性互动、加入WTO后的经济外循环为主与内循环为辅四个阶段。但随着经济的发展，以外向型经济为主导的外循环发展模式的弊端逐步显现，亟须转变经济发展的方式。⑥张礼卿（2021）指出，改革开放以来，我国的经济发展格局经历了一个变化过程，即由"两头在外、大进大出"的国际大循环发展思路逐步向新发展格局的转变。⑦张倩肖和李佳霖（2021）指出，从中国自身发展与演化历程看，自新中国成立经改革开放至今，中国发展战略伴随经济发展需要与社会矛盾变化而不断调整，历经计划经济时期政府主导的"内循环"、计划经济向市场经济体制转轨时期的"国际大循环"、新时代的新发展格局。⑧蒋永穆和祝林林（2021）认为，新发展格局的形成经历了社会主义建设探索时期

---

① 何自力：《双循环新发展格局理论的历史逻辑、理论逻辑和实践逻辑》，《河北经贸大学学报》，2020年第6期，第10~14页。
② 张永亮：《"双循环"新发展格局：事关全局的系统性深层次变革》，《价格理论与实践》，2020年第7期，第4~7页。
③ 蒋永穆，祝林林：《构建新发展格局：生成逻辑与主要路径》，《兰州大学学报》（社会科学版），2021年第1期，第29~38页。
④ 董志勇，李成明：《国内国际双循环新发展格局：历史溯源、逻辑阐释与政策导向》，《中共中央党校（国家行政学院）学报》，2020年第5期，第47~55页。
⑤ 徐奇渊：《双循环新发展格局：如何理解和构建》，《金融论坛》，2020年第9期，第3~9页。
⑥ 郭晴：《"双循环"新发展格局的现实逻辑与实现路径》，《求索》，2020年第6期，第100~107页。
⑦ 张礼卿：《对"双循环"新发展格局的几点认识》，《南开学报》（哲学社会科学版），2021年第1期，第17~20页。
⑧ 张倩肖，李佳霖：《构建"双循环"区域发展新格局》，《兰州大学学报》（社会科学版），2021年第1期，第39~47页。

的初步萌芽、改革开放实践中的不断发展与新时代全面深化改革实践中的逐渐确立三个阶段。①

现实需要说。持有这种观点的学者主要从我国经济发展过程、面临的现实情况来阐明为什么要提出新发展格局。姚树洁和房景（2020）认为，我国在向高收入经济体行列迈进之后，经济的长期可持续发展需要依靠内生动力的支撑，即要形成经济内循环。② 郭晴（2020）认为，构建新发展格局有着过度依赖国际大循环导致经济发展风险较大，消费、投资和出口发展不均衡导致经济发展动力不足，区域经济发展不平衡导致内循环效率较低，产业链处于价值链的中下游水平导致经济发展易受制于人等现实诉求。③ 蒲清平和杨聪林（2020）认为，新发展格局是应对逆全球化趋势、新冠肺炎疫情与经济发展转型的现实需要。④ 程恩富和张峰（2021）认为，构建新发展格局是提升经济、科技自主权，促进高质量发展与维护国家经济安全，防范化解重大经济风险等的现实需要。⑤ 鲁保林和王朝科（2021）认为，构建新发展格局具有筑牢中国经济安全防线、加快中国经济发展动能转换与推动中国经济高质量发展等方面的现实需要。⑥ 洪银兴（2021）认为，构建新发展格局是与时俱进提升我国经济发展水平与塑造我国国际经济合作和竞争新优势的战略抉择。⑦ 谢伏瞻（2021）也从国际的角度讨论了构建新发展格局的现实背景，即世界经济发展的不确定性和不稳定增强了对我国经济安全发展的影响。⑧

优势支撑说。持有这种观点的学者认为，我国已经具备构建新发展格局的基础和条件。王一鸣（2020）指出，我国已经基本具备了国内大循环的条件。具体表现在：居民收入不断增加，中等收入群体扩大，国内市场规模不断扩大，我国拥有全球最完整、规模最大的产业体系和不断增强的科技创新能力。⑨ 姚树洁和房景（2020）认为，我国构建以内循环为主体的新发展格局，在于我国已经具备了一定的基础，即拥有比较强大的工业技术基础、人才基础和科技创新基础，国内市场规模超大、前景广阔。⑩ 程恩富和张峰（2021）认为，中国作为经济大国有能力与条件构建新发展格局，即中国拥有超大规模的市场、完备的工业体系等。⑪ 黄群慧（2021）指出，我国已经步入工业化后期，

---

① 蒋永穆，祝林林：《构建新发展格局：生成逻辑与主要路径》，《兰州大学学报》（社会科学版），2021年第1期，第29~38页。
② 姚树洁，房景：《"双循环"发展战略的内在逻辑和理论机制研究》，《重庆大学学报》（社会科学版），2020年第6期，第10~23页。
③ 郭晴：《"双循环"新发展格局的现实逻辑与实现路径》，《求索》，2020年第6期，第100~107页。
④ 蒲清平，杨聪林：《构建"双循环"新发展格局的现实逻辑、实施路径与时代价值》，《重庆大学学报》（社会科学版），2020年第6期，第24~34页。
⑤ 程恩富，张峰：《"双循环"新发展格局的政治经济学分析》，《求索》，2021年第1期，第108~115页。
⑥ 鲁保林，王朝科：《畅通国民经济循环：基于政治经济学的分析》，《经济学家》，2021年第1期，第15~23页。
⑦ 洪银兴：《政治经济学视角的新发展格局》，《马克思主义与现实》，2021年第1期，第7~11页。
⑧ 谢伏瞻：《准确把握构建新发展格局的核心要义与丰富内涵》，《经济日报》，2021年3月28日，第1版。
⑨ 王一鸣：《百年大变局、高质量发展与构建新发展格局》，《管理世界》，2020年第12期，第1~13页。
⑩ 姚树洁，房景：《"双循环"发展战略的内在逻辑和理论机制研究》，《重庆大学学报》（社会科学版），2020年第6期，第10~23页。
⑪ 程恩富，张峰：《"双循环"新发展格局的政治经济学分析》，《求索》，2021年第1期，第108~115页。

产业链、供应链和消费市场具有满足规模经济、集聚经济要求的条件，具备依靠以国内经济循环为主的经济效率基础。① 刘凯鹏（2021）从产业和市场讨论我国的经济优势，认为我国的产业体系完备、制造业实力雄厚，市场规模巨大、消费市场广阔等。②

外在压力说。持有这种观点的学者主要从我国经济发展过程、面临的国外经济形势来阐明为什么要提出新发展格局。陈文玲（2020）指出，当前国际面临疫情失控、经济失速、政策失灵、民主失范和治理失效等问题，中国经济安全发展需要构建新发展格局。③ 王一鸣（2020）指出，近年来逆全球化趋势加剧，单边主义、保护主义上升，国际经济循环明显弱化，必须更多地依靠国内市场拉动经济增长。④ 伍山林（2020）认为，现在我国经济发展不仅面临来自国际贸易保护主义、单边主义的挑战，还有新冠肺炎疫情全球暴发和蔓延导致的经济全球化模式和进程深刻变化，并且美国出于日益加深的霸权焦虑而对我国重要供应链和产业链进行战略性打压。为了经济安全发展，需要调整经济发展方式。⑤ 黄群慧（2021）认为，世界百年未有之大变局的持续深化，新一轮科技与产业革命的加速拓展，再加之全球新冠肺炎疫情大流行的影响，中国产业链供应链的安全和地位都受到了极大挑战，构建新发展格局，正是应对这种挑战的要求。⑥ 程恩富和张峰（2021）认为，新冠肺炎疫情在全球大暴发，国际大循环在一定程度上受到了冲击；不仅如此，以美国为代表的国家还采取反倾销、加收高额关税等手段，遏制中国高科技企业的发展。⑦

第二，新发展格局的科学内涵。构建新发展格局的前提是厘清其内涵。对于怎么理解新发展格局，学界也进行了多维度的分析。整体来看，现有的研究成果可以总结如下：

内容说。持有这种观点的学者从国内与国际大循环本身的内容来理解新发展格局。蒲清平和杨聪林（2020）认为，新发展格局的内容主要是"双循环"，是量与质并重的循环；产业链和供应链为"双循环"核心；科技创新是"双循环"的动力源；"双循环"要兼顾效率和安全。⑧ 张永亮（2020）认为，"双循环"新发展格局，包含"国内大循环"和"国际大循环"两个层面。⑨ 程恩富和张峰（2021）认为，国内大循环包括国内

---

① 黄群慧：《"双循环"新发展格局：深刻内涵、时代背景与形成建议》，《北京工业大学学报》（社会科学版），2021年第1期，第9~16页。
② 刘凯鹏：《构建新发展格局的理论意涵和政策取向》，《马克思主义与现实》，2021年第4期，第171~178页。
③ 陈文玲：《当前国内外经济形势与双循环新格局的构建》，《河海大学学报》（哲学社会科学版），2020年第4期，第1~8页。
④ 王一鸣：《百年大变局、高质量发展与构建新发展格局》，《管理世界》，2020年第12期，第1~13页。
⑤ 伍山林：《"双循环"新发展格局的战略涵义》，《求索》，2020年第6期，第90~99页。
⑥ 黄群慧：《"双循环"新发展格局：深刻内涵、时代背景与形成建议》，《北京工业大学学报》（社会科学版），2021年第1期，第9~16页。
⑦ 程恩富，张峰：《"双循环"新发展格局的政治经济学分析》，《求索》，2021年第1期，第108~115页。
⑧ 蒲清平，杨聪林：《构建"双循环"新发展格局的现实逻辑、实施路径与时代价值》，《重庆大学学报》（社会科学版），2020年第6期，第24~34页。
⑨ 张永亮：《"双循环"新发展格局：事关全局的系统性深层次变革》，《价格理论与实践》，2020年第7期，第4~7页。

生产过程、流通过程、分配过程与消费过程,国际大循环包括国际生产过程、流通过程、分配过程与消费过程。①

关系说。持有这种观点的学者从国内大循环与国内国际大循环两者的关系来理解新发展格局。逄锦聚(2020)认为,以国内大循环为主体,不是封闭的国内循环,而是开放的国内国际双循环,要妥善处理国内国际双循环的关系,使二者紧密结合,相互促进,相得益彰。②张永亮(2020)认为,把握国内循环和国际循环的相互关系,是理解"双循环"新发展格局内涵的关键。具体需要注意以下三个方面:其一,国内大循环是主体,是国际大循环的基础和保证;其二,国际大循环是国内循环的外延和补充,具有促进和带动作用;其三,统筹"双循环",形成一个整体循环。③蒲清平和杨聪林(2020)认为,理解新发展格局需要把握国内循环和国际循环之间的关系:"双循环"不是"单循环";"双循环"以"内循环"为主。④伍山林(2020)认为,国内大循环与国际大循环不可或缺,并且两者必须是相互促进的;在双循环中,国内大循环将成为主体。⑤钱学锋和裴婷(2021)认为,在双循环新发展格局中,要以国内大循环为主体,并强调国内国际双循环之间的联系与互动、主动双循环、动态双循环。⑥程恩富和张峰(2021)认为,国内大循环与国际大循环是辩证统一的关系,国内大循环是国际大循环的重要组成部分、国际大循环离不开国内大循环;国内大循环在整个循环过程中处于主导地位,构建新发展格局要以国内大循环为主体,并推动国内国际双循环协调发展。⑦

其他说。还有学者从其他视角来理解新发展格局。如马建堂和赵昌文(2020)认为,新发展格局理论是对新发展理念的坚持、深化和拓展;新发展格局是对总体国家安全观的坚持、深化和拓展;新发展格局理论,把新发展理念和总体国家安全观有机结合起来,更加强调国家安全必须以经济安全为基础;新发展格局理论强调立足于发挥国内超大规模市场优势和内需潜力;新发展格局理论强调依靠更深层次改革;新发展格局理论强调要全面深化改革,构建高水平社会主义市场经济体制;新发展格局理论强调依靠更高水平开放。⑧高培勇(2020)认为,新发展格局集中凸显和强调的是"安全"。这至少包括两层含义:其一,作为基本要求,要将安全作为一个重要维度引入经济发展和经济工作视野,以高度的敬畏之心维系好经济安全,时刻绷紧经济安全这根弦;其二,作为更高要求,要将经济安全和经济发展放在同一平台加以考量,以高度的智慧统筹发

---

① 程恩富,张峰:《"双循环"新发展格局的政治经济学分析》,《求索》,2021年第1期,第108~115页。
② 逄锦聚:《深化理解加快构建新发展格局》,《经济学动态》,2020年第10期,第3~11页。
③ 张永亮.《"双循环"新发展格局:事关全局的系统性深层次变革》,《价格理论与实践》,2020年第7期,第4~7页。
④ 蒲清平,杨聪林:《构建"双循环"新发展格局的现实逻辑、实施路径与时代价值》,《重庆大学学报》(社会科学版),2020年第6期,第24~34页。
⑤ 伍山林:《"双循环"新发展格局的战略涵义》,《求索》,2020年第6期,第90~99页。
⑥ 钱学锋,裴婷:《国内国际双循环新发展格局:理论逻辑与内生动力》,《重庆大学学报》(社会科学版),2021年第1期,第14~26页。
⑦ 程恩富,张峰:《"双循环"新发展格局的政治经济学分析》,《求索》,2021年第1期,第108~115页。
⑧ 马建堂,赵昌文:《更加自觉地用新发展格局理论指导新发展阶段经济工作》,《管理世界》,2020年第11期,第1~6页。

展和安全,办好发展和安全两件大事。① 黄群慧(2021)认为,新发展格局的战略含义在于把发展的立足点更多地放到国内,通过畅通国内大循环为中国经济发展培育新动能、进一步提高中国经济发展质量,从而主动加速国际大循环、带动世界经济复苏,最终形成以国内大循环为主体、国内国际双循环相互促进的新发展格局。②

第三,新发展格局的实践路径。新发展格局作为"十四五"时期转变经济发展方式、推动经济持续健康安全发展的重要举措,如何构建新发展格局是关键一环。为此,学界对构建新发展格局的实践路径进行研究。通过梳理现有的研究成果,可以将其总结如下:

扩大内需说。持有这种观点的学者认为,构建新发展格局要立足扩大内需这个战略基点。王一鸣(2020)指出,扩大内需是构建新发展格局的战略举措。为此,他进一步指出,可以通过增强消费对经济发展的基础性作用、扩大中等收入群体、增强大都市圈和城市群的支撑功能、鼓励扩大有效投资等方式来增强内需对经济的拉动作用。③ 郭晴(2020)认为,构建新发展格局要以扩大内需为主要抓手,通过完善社会保障体系、提高农民收入、扩大乡村消费等举措,进一步挖掘国内居民的消费潜力。④ 任保平和豆渊博(2021)认为,扩大内需需要构建新型消费体系,即创造消费新增长点、推动基于网络平台的新型消费成长、坚持消费引领、建设现代流通体系、优化收入分配体系。⑤ 黄群慧(2021)认为,构建完整的内需体系,以形成新发展格局。即加快构建统一开放、竞争有序的现代化市场体系;加快建设创新引领、协同发展的现代化产业体系;加快建立和完善体现效率、促进公平的收入分配体系;加快消费转型升级、重塑新型消费体系。⑥ 程恩富和张峰(2021)认为,构建新发展格局要坚持民生导向原则,提升扩大内需战略功效。具体来看,要推动新型基础设施建设,坚持民生导向的生产,更好满足群众生活需要,推动城市化发展,加大农村基础设施投入。⑦ 张礼卿(2021)指出,扩大内需是构建新发展格局的出发点。他提出,可以通过缩小贫富差距、健全和完善社会保障体系、防止房价过快上涨,尤其是扩大有效投资来促进新发展格局。⑧

科技创新说。持有这种观点的学者认为,需要不断推动科技创新,为构建新发展格局提供源源不断的动力。王一鸣(2020)指出,强大的科技创新能力是构建新发展格局的关键变量。为此,他提出通过加强关键核心技术攻关、加强基础前沿研究、提升企业

---

① 高培勇:《构建新发展格局背景下的财政安全考量》,《经济纵横》,2020年第10期,第12~17页。
② 黄群慧:《"双循环"新发展格局:深刻内涵、时代背景与形成建议》,《北京工业大学学报》(社会科学版),2021年第1期,第9~16页。
③ 王一鸣:《百年大变局、高质量发展与构建新发展格局》,《管理世界》,2020年第12期,第1~13页。
④ 郭晴:《"双循环"新发展格局的现实逻辑与实现路径》,《求索》,2020年第6期,第100~107页。
⑤ 任保平,豆渊博:《"十四五"时期构建新发展格局推动经济高质量发展的路径与政策》,《人文杂志》,2021年第1期,第1~8页。
⑥ 黄群慧:《"双循环"新发展格局:深刻内涵、时代背景与形成建议》,《北京工业大学学报》(社会科学版),2021年第1期,第9~16页。
⑦ 程恩富,张峰:《"双循环"新发展格局的政治经济学分析》,《求索》,2021年第1期,第108~115页。
⑧ 张礼卿:《对"双循环"新发展格局的几点认识》,《南开学报》(哲学社会科学版),2021年第1期,第17~20页。

技术创新能力、营造良好的创新生态等措施来增强我国的科技创新能力。① 马建堂和赵昌文（2020）认为，构建新发展格局要坚持以增强科技创新能力为核心，通过科技创新来进一步破解产业发展的关键核心技术问题，从而提高产业链供应链稳定性、安全性和竞争力。② 任保平和豆渊博（2021）认为，提高自主创新能力、突破核心技术是构建新发展格局的关键。他们进一步分析到，这要求加强基础研究与应用研究。③

改革驱动说。持有这种观点的学者认为，构建新发展格局需要进一步深化改革。张永亮（2020）认为，构建国内大循环格局，要深化供给侧结构性改革、大力推进国企改革，以改革来补短板、强优势。④ 沈坤荣和赵倩（2020）认为，发展环境越是复杂，越要深化改革，依靠改革应对变局开拓新局，即要深化要素市场化配置改革、深化户籍制度改革、深化农村宅基地制度改革、深化科技成果产权制度改革。⑤ 张任远（2020）认为，构建新发展格局需要全面深化改革，即通过营造便捷法治的政务环境、营造公平竞争的市场环境与构建新型政商关系等，激活各类市场主体活力与创造力。⑥ 董志勇和方敏（2020）认为，构建新发展格局要坚持社会主义市场经济改革方向，深化市场化改革，通过建设统一开放、竞争有序的市场体系，进而充分发挥市场的有效作用。⑦

对外开放说。持有这种观点的学者认为，构建新发展格局需要在立足国内的基础上，进一步提升对外开放水平。王一鸣（2020）指出，构建新发展格局也需要通过推进更高水平对外开放与"一带一路"建设高质量发展，来促进国内国际双循环相互联动。⑧ 郭晴（2020）认为，构建新发展格局既要立足畅通国内大循环，也要促进更高水平的对外开放，尤其是通过落实"一带一路"倡议，积极参与全球经济治理，坚持全方位、多层次、高质量的开放新格局，为推动国内外循环的协调发展注入新的动力。⑨ 程恩富和张峰（2021）认为，构建新发展格局要坚持自力主导开放原则，不断提升对外开放水平。这要求在经济活动实践中，推动更高水平、更深层次、更大力度的对外开放，推动构建更加公正合理的国际秩序，推动"一带一路"建设等。⑩ 张瑞和郭冠清（2021）从中国共产党百年对外开放启示的角度提出，应坚持对外开放基本国策，通过

---

① 王一鸣：《百年大变局、高质量发展与构建新发展格局》，《管理世界》，2020年第12期，第1~13页。
② 马建堂，赵昌文：《更加自觉地用新发展格局理论指导新发展阶段经济工作》，《管理世界》，2020年第11期，第1~6页。
③ 任保平，豆渊博：《"十四五"时期构建新发展格局推动经济高质量发展的路径与政策》，《人文杂志》，2021年第1期，第1~8页。
④ 张永亮：《"双循环"新发展格局：事关全局的系统性深层次变革》，《价格理论与实践》，2020年第7期，第4~7页。
⑤ 沈坤荣，赵倩：《以双循环新发展格局推动"十四五"时期经济高质量发展》，《经济纵横》，2020年第10期，第18~25页。
⑥ 张任远：《构建双循环新发展格局的思考与路径》，《区域经济评论》，2020年第6期，第56~62页。
⑦ 董志勇，方敏：《新发展格局的理论、历史与实践——以政治经济学为例》，《教学与研究》，2020年第12期，第15~25页。
⑧ 王一鸣：《百年大变局、高质量发展与构建新发展格局》，《管理世界》，2020年第12期，第1~13页。
⑨ 郭晴：《"双循环"新发展格局的现实逻辑与实现路径》，《求索》，2020年第6期，第100~107页。
⑩ 程恩富，张峰：《"双循环"新发展格局的政治经济学分析》，《求索》，2021年第1期，第108~115页。

建设更高水平开放型经济新体制,不断提升我国的全球经济治理能力。①

第四,构建新发展格局的价值意义。新发展格局作为推动新时代经济发展的重要战略部署,具有十分重要的战略意义。学界主要从国内与国外实践两个维度对其价值意义进行研究阐释,具体情况如下:

第一,新发展格局的国内实践价值。新发展格局是立足国内经济发展形势和发展需要而产生的重大经济理论命题,对中国经济社会发展具有十分重要的现实价值。蒲清平和杨聪林(2020)认为,新发展格局为中国经济突围提供了新思路,主要包括正确分析国内国际经济发展形势、坚持问题导向和战略定力、坚持科技创新等。② 薛安伟(2020)认为,新发展格局就是要从根本上转变市场和资源"两头在外"的以国际循环主导国内循环的发展模式,走向内需驱动的、内外经济相互促进的新发展模式。这一战略的持续推进,将为中国经济打开崭新的发展空间,即市场空间、技术创新空间、产业发展空间、市场准入空间。③ 钱学锋和裴婷(2021)认为,构建新发展格局能真正实现中国人集中力量办好自己的事情,推动中国经济可持续发展。④ 张永亮(2020)认为,构建新发展格局有利于优化国内外市场,有利于提升国民福利,有利于协同推进强大国内市场和贸易强国建设。⑤ 吴宣恭(2021)认为,新发展格局将进一步打通制约生产、分配、流通、消费环节的梗阻,实现供需畅通,进而实现经济高质量发展。⑥

第二,新发展格局的国际实践价值。新发展格局不仅对中国经济社会发展产生了重大影响,而且还为世界经济复苏贡献了中国智慧、中国方案和中国力量。蒲清平和杨聪林(2020)认为,中国作为一个负责任大国,长期以积极的姿态在全球国际事务中发挥重要作用,中国经济增长已然成为全球经济增长的动力之源、稳定之锚,为世界经济发展提供了有力支撑。新发展格局推动中国经济的稳健发展,必然会为推动世界经济新一轮复苏注入新动力。⑦ 钱学锋和裴婷(2021)认为,稳定和发展好国内大循环将会推动国际循环,通过"国内生产力提高—国内供给规模和质量增强—对外贸易和投资—全球产业链延长—国外就业和收入提高—优化国际大循环"的路径,在实现扩大内需,稳定和延长国内产业链和供应链的同时,刺激和推动国际生产,进而繁荣和稳定国际经济形

---

① 张瑞,郭冠清:《中国共产党对外开放的百年探索及其对构建新发展格局的启示》,《上海经济研究》,2021年第9期,第5~17页。
② 蒲清平,杨聪林:《构建"双循环"新发展格局的现实逻辑、实施路径与时代价值》,《重庆大学学报》(社会科学版),2020年第6期,第24~34页。
③ 薛安伟:《中国构建"双循环"新发展格局的重大意义——学习习近平总书记关于新发展格局的重要论述》,《毛泽东邓小平理论研究》,2020年第9期,第20~27页。
④ 钱学锋,裴婷:《国内国际双循环新发展格局:理论逻辑与内生动力》,《重庆大学学报》(社会科学版),2021年第1期,第14~26页。
⑤ 张永亮:《"双循环"新发展格局:事关全局的系统性深层次变革》,《价格理论与实践》,2020年第7期,第4~7页。
⑥ 吴宣恭:《新发展格局及对构建中国特色社会主义政治经济学体系的启示》,《经济纵横》,2021年第2期,第1~7页。
⑦ 蒲清平,杨聪林:《构建"双循环"新发展格局的现实逻辑、实施路径与时代价值》,《重庆大学学报》(社会科学版),2020年第6期,第24~34页。

势,使国内国际双循环相互促进、相得益彰。① 詹付成(2020)认为,新发展格局有利于全球共同开放,激活全球大市场活力,推动世界经济稳定增长。② 薛安伟(2020)认为,加快形成以国内大循环为主体、国内国际双循环相互促进的新发展格局对世界经济稳定发展意义重大,即新发展格局有助于稳定全球总需求、促进全球要素流动与产业链稳定、维护和平发展的国际环境。③

第六节 总体考察

经济发展是实现国家现代化的重要保障。如何实现经济可持续健康安全发展既是党和国家高度重视的问题,也是学界一直积极探索的理论命题。通过回顾梳理已有研究文献,我们可以发现,学界关于社会主义经济发展的探索取得了丰硕成果,现有研究整体呈现出如下特点:强调党的领导、注重与时俱进、重视满足人民需要。在全面推进社会主义现代化国家建设的新征程中,应当加强新发展阶段、新发展理念、新发展格局的研究。

一、研究特点

社会主义经济发展既有经济发展的一般性,也有社会主义经济发展的特殊性。目前,关于社会主义经济发展的研究呈现如下特点:始终贯穿一条主线,即强调党的领导;始终把握一个原则,即注重与时俱进;始终彰显一个宗旨,即重视满足人民需要。

第一,强调党的领导。"党政军民学,东西南北中,党是领导一切的。"④ 坚持党对经济发展的领导是我们的一贯方针,也只有坚持党的领导才能不断推进经济健康发展。纵观学界的研究成果,对于如何实现经济发展,尽管有不同的观点,但学者们都一致认为,坚持党的领导是我国经济发展取得显著成就的重要保障。在革命年代,中国共产党领导广大人民开展一系列经济活动,推动了经济的发展;在新中国成立初期,党的领导在推动国民经济恢复与发展的过程依然发挥着十分重要的作用;随着改革开放的深入推进,尤其是社会主义市场经济的深入发展,社会上一度出现了忽视党的领导在经济发展实践中的作用的错误认识。持有那些错误认识的人认为,市场才是经济发展的动力,过多的干预不利于经济的健康发展。但随着经济发展实践的推进,实现经济持续健康发展,既有机遇,也有挑战。坚持党对经济发展的领导,是社会主义经济发展的制度优势,也是应对经济发展挑战

---

① 钱学锋,裴婷:《国内国际双循环新发展格局:理论逻辑与内生动力》,《重庆大学学报》(社会科学版),2021年第1期,第14~26页。
② 詹付成:《深刻把握新发展格局的基本内涵和重大意义》,《红旗文稿》,2020年第21期,第4~7页。
③ 薛安伟:《中国构建"双循环"新发展格局的重大意义——学习习近平总书记关于新发展格局的重要论述》,《毛泽东邓小平理论研究》,2020年第9期,第20~27页。
④ 习近平:《决胜全面建成小康社会夺取新时代中国特色社会主义伟大胜利——在中国共产党第十九次全国代表大会上的报告》,人民出版社,2017年,第20页。

的重要法宝。这不仅是学界的共识，也是错误认识不攻自破的利器。

第二，注重与时俱进。实践是认识的来源与发展的动力。经济发展理论随着经济发展实践而不断丰富发展。纵观学术界的研究成果，可以发现，学术研究总是与经济发展理论保持同频共振。这不仅是学术研究的使命，也是学术研究生命力的彰显。学界对新中国成立之前的经济发展研究，主要阐释革命根据地经济的发展；新中国成立之后，中国共产党开始探索如何快速发展经济，学术界围绕这一中心，不断探索实现经济快速发展的途径；改革开放之后，经济增长方式开始转向经济发展方式，理论界也随之探索了经济增长与经济发展的内涵与关系，以及实现经济发展方式转变的途径等内容；中国特色社会主义进入新时代以来，为了实现经济更好地发展，以习近平同志为核心的党中央提出新发展理念。为了使新发展理念更好地落地，学术界从多个维度研究阐释新发展理念。总之，学界关于经济发展的研究，既有从历史的视角研究已有理论的时代价值，也有从现实的视角研究阐释当前理论的价值意蕴。

第三，重视满足人民需要。人民群众是历史的创造者，在社会主义经济发展的实践中发挥着十分重要的作用。经济发展为了谁，一直都是经济发展不可回避的问题。西方资本主义也十分重视经济的发展，但他们经济发展的目的并非为了广大人民。中国共产党自成立之日起，就在为广大人民谋幸福。回顾学术界关于经济发展目的的研究可以发现，如何使广大人民共享经济发展成果，一直是探索的重点话题。从不同发展阶段来看，无论是改革开放之前，还是在改革开放之后，抑或是中国特色社会主义进入新时代，坚持满足人民需要一直是研究经济发展领域的重点命题。从不同研究视角来看，尽管学术界关于经济发展研究的视角日益丰富，但更好地满足人民需要始终都是他们关注的重点。总之，学界关于经济发展的研究既要服务于推动经济发展，也要使经济发展惠及广大人民。尤其是新时代以来，学界针对如何使广大人民共享经济发展成果展开了多角度的研究。

二、研究展望

"十四五"时期我国经济发展形势发生了深刻变化，但和平与发展的时代主题没有变，社会主义初级阶段的基本国情没有变，社会主要矛盾没有变，发展的重要战略机遇期没有变。为了更好地实现第二个百年奋斗目标，我们需要科学认识新发展阶段、深入贯彻新发展理念、加快构建新发展格局，从而进一步推动我国经济持续健康安全发展。新发展阶段、新发展理念、新发展格局之间的关系如图11-1所示。

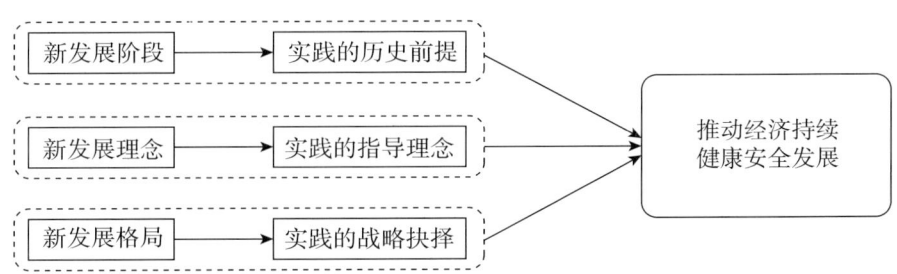

图11-1 新发展阶段、新发展理念、新发展格局在经济实践中的地位

第一，科学认识新发展阶段。世界是不断运动变化的，发展阶段也是一个不断变化的进程。只有科学认识发展所处的阶段，才能实现发展的科学性与有效性。科学认识新发展阶段，至少需要把握以下三个方面：一是新发展阶段是全面实现第二个百年奋斗目标的阶段。随着全面建成小康社会目标的实现，我国开启了全面建设社会主义现代化国家新征程。在这个阶段，我们最主要的目标是建成社会主义现代化强国，其中包括到2035年基本建成社会主义现代化国家，到21世纪中叶建成富强民主文明和谐美丽的社会主义现代化强国。同时，我们所要实现的社会主义现代化，是具有中国特色的现代化，最终是要实现全体人民共同富裕的现代化。二是新发展阶段不是全新的阶段。尽管随着生产力与生产关系基本矛盾的变化运动，发展目标发生了重大变化，国内国际环境发生了深刻变化，使我国毫无疑问地进入了新的发展阶段，但我国的基本国情、社会主要矛盾与发展机遇依然没有发生改变，这就表明新发展阶段并非全新的阶段，而是带着历史痕迹的新阶段。[1] 三是充分认识新发展阶段的国内外环境。在新发展阶段，我国的发展环境面临深刻复杂的变化。从国际来看，新一轮科技与产业革命深入发展、国际力量深刻调整、国际环境日益复杂、发展的不确定性与不稳定性更加明显，但随着人类命运共同体理念深入人心，时代主题依然没变；从国内来看，我国的发展不平衡不充分问题依然突出，但我国已转向高质量发展阶段、制度优势显著、治理效能不断提升，继续发展优势和条件依然颇多。[2] 总之，在新发展阶段，我国发展的机遇与挑战并存，但总体依然处于重要战略机遇期。

第二，深入贯彻新发展理念。"发展是解决我国一切问题的基础和关键"[3]，但发展必须是高质量的发展。实现经济高质量发展必须以新发展理念为指导。正如习近平总书记所说："理念是行动的先导，一定的发展实践都是由一定的发展理念来引领的。发展理念是否对头，从根本上决定着发展成效乃至成败。"[4] 因此，在新发展阶段，推动我国经济发展，助力世界经济增长，必须深入贯彻新发展理念。深入贯彻新发展理念，可以从以下三个方面着手：一是在全过程与全领域中贯穿新发展理念。经济发展是一个多元复合系统，内含多个元素，并且各个元素之间是相互联系的。因此，不仅要在经济发展领域贯彻新发展理念，而且还应在政治、社会、文化与生态文明等各个建设领域贯彻新发展理念，从而推动经济高质量发展。同时，经济发展也是一个循环往复的过程，任何一个阶段的发展质量都会影响整个过程的质量。因此，必须将新发展理念贯穿于整个过程，从而保障经济高质量发展。二是在编制"十四五"规划中彰显新发展理念。"用中长期规划指导经济社会发展，是我们党治国理政的一种重要方式。"[5] "十四五"规划是"十四五"经济发展的行动向导，用新发展理念指导经济发展，应该使其在"十四五"规划编制过程中得到彰显。三是在具体经济实践中落实新发展理念。习近平总书记

---

[1] 蒋永穆，孟林：《把握好"十四五"规划和二〇三五年远景目标建议的"变"与"不变"》，《思想理论教育导刊》，2020年第12期，第4～9页。
[2] 《中国共产党第十九届中央委员会第五次全体会议文件汇编》，人民出版社，2020年，第5～6页。
[3] 《中国共产党第十九届中央委员会第五次全体会议文件汇编》，人民出版社，2020年，第26页。
[4] 习近平：《习近平谈治国理政》（第二卷），外文出版社，2017年，第197页。
[5] 习近平：《在经济社会领域专家座谈会上的讲话》，《人民日报》，2020年8月25日，第2版。

指出:"新发展理念要落地生根、变成普遍实践,关键在各级领导干部的认识和行动。"① 因此,各级领导干部应该在具体经济实践中深学笃用,通过比较学习、联系实际学习等多种方式,真正把新发展理念学懂弄通做实。

第三,加快构建新发展格局。理论源于实践,又用来指导实践。关于新发展格局的相关论述是中国共产党在长期的经济发展实践中形成的科学经济理论,要使其变成解放与发展生产力的重要"武器",必须将其用于指导经济建设实践。正如马克思所说:"理论一经掌握群众,也会变成物质力量。"② 因此,在新发展阶段,必须以新发展理念为指导,加快构建新发展格局。一是畅通国内大循环。在新发展格局中,国内大循环处于矛盾的主要方面。加快构建新发展格局应该以国内大循环为主体,通过畅通国内大循环来带动整个发展格局。因此,构建新发展格局应该建设国内市场,打通生产、分配、流通与消费等方面的堵点,从而形成国民经济良性循环,保障国内大循环的畅通。③ 二是促进国内国际双循环。重视矛盾的主要方面,并不意味着忽视矛盾的次要方面。构建新发展格局需要发挥国内大循环的主体作用和带动作用,但决不意味着忽视国内国际双循环相互促进的作用。正如习近平总书记所强调的:"新发展格局决不是封闭的国内循环,而是开放的国内国际双循环。"④ 因此,加快构建新发展格局,需要以国内大循环带动全球生产要素自由流通,积极促进内需与外需、吸引外资与对外投资等方面的协调发展,更加有效地利用两个市场与两种资源,促进国内国际双循环畅通。三是全面促进消费。加快构建新发展格局需要以扩大内需为战略基点,不断增强消费对经济发展的基础性作用。促进消费不仅要进一步深挖城市的消费潜力,而且更应提升广大农村居民的消费能力,着力发掘农村市场的巨大潜力。四是发挥投资的关键性作用。加快构建新发展格局需要以深化供给侧结构性改革为主线,不断优化供给结构,增加有效供给。深化供给侧结构性改革不仅需要在"巩固、增强、提升、畅通"等方面下功夫,而且还需要重视投资在优化结构中的关键性作用。这主要通过投资的倾斜度,引导产业布局和产业发展,进而达到供需动态平衡的目标。

---

① 习近平:《习近平谈治国理政》(第二卷),外文出版社,2017年,第219页。
② 《马克思恩格斯选集》(第一卷),人民出版社,2012年,第9页。
③ 蒋永穆,祝林林:《构建新发展格局:生成逻辑与主要路径》,《兰州大学学报》(社会科学版),2021年第1期,第29~38页。
④ 《中国共产党第十九届中央委员会第五次全体会议文件汇编》,人民出版社,2020年,第82页。

第十二章 社会主义发展战略

战略问题是一个政党、一个国家的根本性问题,关系着党和国家的兴衰成败。习近平总书记指出:"战略上判断得准确,战略上谋划得科学,战略上赢得主动,党和人民事业就大有希望。"① 建党百年以来,中国在各个时期都制定了不同的发展战略,学界也对社会主义发展战略进行了深入研究,形成了较为丰富的研究成果。本章首先从中国共产党对社会主义发展战略认识的变迁出发,梳理学界对"两步走"发展战略、"三步走"发展战略、建设小康社会战略和新时代现代化强国发展战略的观点,概括和提炼其中的基本结论和演进特征,并对社会主义发展战略的未来研究方向做进一步的展望。

第一节 对中国共产党关于社会主义发展战略认识的阐释

"所谓发展战略,即由战略主体根据战略环境,在战略思想指导下制定的指导经济、政治、文化、社会、军事、外交等各方面发展的重大的、宏观的,亦即涉及全局的决策和谋划"。② 在中国现代化建设的伟大探索和实践中,中国共产党的历代中央领导集体将中国的实际与马克思主义相结合,先后针对不同时期的国情提出了各具特色的社会主义发展战略,创立、丰富和发展了中国特色社会主义发展战略,指引着中国的现代化建设不断前进。

一、社会主义发展战略的演进

新中国成立后,逐步形成了以"现代化"为核心的中国特色社会主义发展战略。为实现社会主义现代化,中国共产党在实践探索中先后制定了一脉相承、与时俱进的社会主义发展战略,使中华民族实现了从站起来、富起来到强起来的历史转变。关于中国特色社会主义发展战略的阶段划分,学界有不同的观点,一是从中国社会主要矛盾变化的角度、国际环境变化的角度或社会发展战略实践的角度,将社会主义发展战略的演进划分为三个阶段;二是从不同领导集体的角度或经济建设实践的角度将社会主义发展战略的演进划分为

---

① 习近平:《习近平谈治国理政》(第二卷),外文出版社,2017年,第10页。
② 于成文:《论中国特色社会主义发展战略的发展与创新》,《思想理论教育》,2008年第11期,第15~20页。

四个阶段（见表12－1）。

表 12－1　学界对社会主义发展战略的阶段划分研究汇总表

阶段划分	研究角度	主要代表学者
三阶段论	社会主要矛盾变化的角度	李成勋（1985），刘晓鹏（2020），等等
	国际环境变化的角度	石康（2009）等等
	社会发展战略实践的角度	赵连文（2004），倪翠兰（2011），肖贵清（2019），胡鞍钢（2017），方松华和马丽雅（2019），王洪川和胡鞍钢（2020），等等
四阶段论	不同领导集体的角度	廖梦园（2009），丁兆梅（2009），苏伟（2012），李腊生（2013），陈扬勇（2017），等等
	经济建设实践的角度	李香兰（2003），厉有国（2005），孔祥利（2019），李海涛（2019），等等

（一）三阶段论

一是社会主要矛盾变化的角度。有些学者从我国社会主要矛盾变化的角度，将中国特色社会主义发展战略的演进划分为三个阶段。李成勋（1985）提出，社会基本矛盾决定着应该确定怎样的发展战略目标、实行怎样的发展战略方针。[①] 刘晓鹏（2020）认为，社会主要矛盾事关社会主义建设的全局。他通过纵观新中国成立以来社会主要矛盾的转化历程，将中国特色社会主义发展战略的演进划分为三个阶段。第一阶段：以毛泽东为代表的中国共产党人创立了"两步走"发展战略，这一发展战略虽存在一些不足，但为党的分步走发展战略奠定了基础；第二个阶段：以邓小平为代表的中国共产党人提出了"三步走"发展战略，推动了中国特色社会主义分步走发展战略的进一步发展；第三个阶段：以习近平为代表的中国共产党人提出了新的"两步走"发展战略，开启了新时代分步走发展战略的新征程。[②]

二是国际环境变化的角度。有学者从国际环境变化的角度，将中国特色社会主义发展战略的演进划分为三个阶段。石康（2009）认为，我国发展的国际环境大体经历了帝国主义封锁禁运、缓和、经济全球化加速这三个阶段。他从国际环境的变化角度，将新中国成立以来国际环境变化对我国经济发展战略的影响分为三个阶段。第一阶段：新中国成立到20世纪60年代末70年代初，我国与美国和西方国家的关系从对立到开始缓和；第二个阶段：20世纪70年代初到80年代末；第三个阶段：20世纪90年代初到现在。[③]

[①] 李成勋：《社会主义发展战略理论及其在马克思主义体系中的地位》，《马克思主义研究》，1985年第4期，第193～205页。

[②] 刘晓鹏：《新中国成立以来社会主要矛盾与分步走发展战略动态演进的内在逻辑》，《理论导刊》，2020年第1期，第80～87页。

[③] 石康：《新中国成立以来国际环境变化对经济发展战略的影响》，《贵州财经学院学报》，2009年第5期，第18～25页。

三是社会发展战略实践的角度。有学者从社会发展战略实践的角度，将中国特色社会主义发展战略的演进划分为三个阶段。赵连文（2004）将新中国成立至21世纪之初的中国社会发展战略划分为，以毛泽东同志为核心的党的第一代中央领导集体的"经济立国式的赶超型战略"；以邓小平同志为核心的党的第二代中央领导集体的"经济富国式的梯度型现代化发展战略"；以江泽民同志为核心的党的第三代中央领导集体的"经济强国式的科教带动型发展战略"。① 刘明定（2006）提出，新中国成立至20世纪初，围绕如何在我国实现社会主义现代化，党中央先后提出了三个经济社会发展战略，即以毛泽东同志为核心的党的第一代中央领导集体的"两步走"社会发展战略、以邓小平同志为核心的党的第二代中央领导集体的"三步走"社会发展战略、以江泽民同志为核心的党的第三代中央领导集体的"新三步走"社会发展战略。② 倪翠兰（2011）从现代化的发展战略及实践出发将党的十八大之前的社会主义现代化历程分为三个时代：毛泽东时代、邓小平时代、后邓小平时代。③ 包心鉴（2019）指出，以毛泽东为代表的中国共产党人，提出了"四个现代化"的伟大纲领；以邓小平为代表的中国共产党人，开辟了通过改革开放之路和"三步走"战略实现中国现代化的新时期；以习近平为代表的当代中国共产党人，明确提出"全面建成社会主义现代化强国"的伟大战略目标。④ 肖贵清（2019）将中国现代化发展战略的制定和演进划分为从"工业化"到"四个现代化"阶段、分"三步走"实现现代化阶段、以实现"民族复兴"为引领的建设现代化强国战略阶段。⑤ 胡鞍钢（2017）认为，自新中国成立以来，中国先后经历了毛泽东时期的"四个现代化"战略（1964—2000）、邓小平时期的"三步走"战略（1980—2050）、新时期的"三步走"战略（2000—2050）。⑥ 方松华和马丽雅（2019）认为，中国现代化的战略历程先后经历了"四个现代化"战略（1964—2000年）、邓小平时期的"三步走"战略（1980—2050年）、新时期的"两个一百年"战略（2000—2050年），显示出开创性、继承性、连续性以及在全球现代化进程中的创新性与独特性。⑦ 全国干部培训教材编审指导委员会编写组（2019）将社会主义发展战略的演进划分为三个阶段：全面建设社会主义时期，作出"两步走"战略部署；改革开放时期，提出"三步走"发展战略；新时代，提出新的"两步走"战略安排。⑧ 王洪川和胡鞍钢（2020）将中国共产党人的国家战略构想的演进分为三个阶段。第一阶段，建国方略，"四个现代化"与社会主义强国梦想；第二阶段，兴国方略，"分步走"战略与社会主义（现代化）国家目标；第三阶

---

① 赵连文：《论党的三代领导人经济发展战略思想的历史发展》，《河南大学学报》（社会科学版），2004年第2期，第101~105页。
② 刘明定：《建国以来经济社会发展战略比较研究》，《喀什师范学院学报》，2006年第1期，第1~7页。
③ 倪翠兰：《当代中国社会主义现代化发展战略的创新》，《理论学刊》，2011年第7期，第80~83页。
④ 包心鉴：《现代化：新中国70年的不懈探索和辉煌历程》，《学习与探索》，2019年第6期，第1~9+192页。
⑤ 肖贵清：《新中国70年现代化发展战略的历史逻辑》，《湖南科技大学学报》（社会科学版），2019年第5期，第84~90页。
⑥ 胡鞍钢：《社会主义现代化"新三步走"战略设想》，《求是学刊》，2017年第3期，第36~44+173页。
⑦ 方松华，马丽雅：《社会主义现代化强国目标及其建方方略研究》，人民出版社，2019年，第58页。
⑧ 全国干部培训教材编审指导委员会编写组：《新时代 新思想 新征程》，党建读物出版社，2019年，第162~163页。

段,强国方略,"两阶段"战略安排与全面建设社会主义现代化强国。①

(二) 四阶段论

一是不同领导集体的角度。有学者从不同领导集体的角度,将中国特色社会主义发展战略的演进划分为四个阶段。过去一些学者对党的十八大之前的经济发展战略进行了划分。廖梦园(2009)将中国社会主义发展战略分为:毛泽东的平衡发展与赶超战略,邓小平的非均衡发展和台阶式发展战略,江泽民的跨越式发展和协调发展战略,胡锦涛的以人为本、全面、协调、可持续发展的战略。②丁兆梅(2009)认为,以毛泽东同志为核心的党的第一代中央领导集体提出了"两步走"发展战略步骤思想,开启了中国式发展战略步骤理论的探索之门;以邓小平同志为核心的党的第二代中央领导集体确立了"三步走"发展战略步骤理论,奠定了中国式发展战略步骤理论的根基;以江泽民同志为核心的党的第三代中央领导集体提出了更为具体的"三步走"发展战略步骤理论,使中国式发展战略步骤理论进一步深化;以胡锦涛同志为总书记的党中央提出了"以人为本"的科学发展战略思想,使中国式发展战略步骤理论进一步完善。③苏伟(2012)认为,以毛泽东同志为核心的党的第一代中央领导集体开创了中国的社会主义发展战略("两条腿走路,奔社会主义"),以邓小平同志为核心的党的第二代中央领导集体开创了中国特色社会主义发展战略("改革开放,分三步走"),以江泽民同志为核心的党的第三代中央领导集体推进了中国特色社会主义发展战略("代表先进,全面小康"),以胡锦涛同志为总书记的党中央升华了中国特色社会主义发展战略("以人为本,科学发展")。④李腊生(2013)将中国的发展战略划分为,以毛泽东同志为核心的党的第一代中央领导集体优先发展重工业的赶超战略,以邓小平同志为核心的党的第二代中央领导集体跨世纪发展的大战略,以江泽民同志为核心的党的第三代中央领导集体面向新世纪富国兴邦的战略和以胡锦涛同志为总书记的党中央科学发展的战略。⑤陈扬勇(2017)将中国特色社会主义发展战略分为:以毛泽东同志为核心的党的第一代中央领导集体提出了"四个现代化"的战略目标;以邓小平同志为核心的党的第二代中央领导集体提出了分三步走基本实现现代化的发展战略;党的十五大提出了"新三步走"战略;党的十六大提出在21世纪头20年,全面建设惠及十几亿人口的更高水平的小康社会的战略目标。⑥党的十八大以来以习近平同志为核心的党中央提出一系列的发展战略。

二是经济建设实践的角度。有学者从我国经济建设实践的角度,将社会主义发展战略的演进划分为四个阶段。李香兰(2003)认为,随着我国经济发展水平的不断提高和

---

① 王洪川,胡鞍钢:《国家战略治理演变特征、运动方向及逻辑》,《学术界》,2020年第8期,第17~24页。
② 廖梦园:《中国发展战略的演变与科学发展观的理论创新》,《南昌大学学报》(人文社会科学版),2009年第3期,第6~10+22页。
③ 丁兆梅:《中国共产党人发展战略步骤理论的历史演进》,《江南社会学院学报》,2009年第1期,第6~9页。
④ 苏伟:《论党的历届中央领导集体的发展战略》,《探索》,2012年第6期,第42~48页。
⑤ 李腊生:《中国共产党时国家发展战略研究》,人民出版社,2013年。
⑥ 陈扬勇:《深刻领会新时代中国特色社会主义发展的战略安排》,《党的文献》,2017年第6期,第12~14页。

国际环境的不断变化,我国经济发展战略的演进依次经历了工业化战略、赶超战略、"两步迈进"的"四个现代化"战略和"三步走"基本实现现代化战略。① 厉有国(2005)根据中国经济建设的实践,把中国共产党从新中国建立到新时期实施的经济发展战略分为四个发展阶段。第一个阶段,"一五计划"时期的经济发展战略——基本实现工业化;第二个阶段,"大跃进"时期的经济发展战略——"超英赶美";第三个阶段,60至70年代的经济发展战略——"两步走"实现"四个现代化";第四个阶段,新时期的经济发展战略——"三步走"基本实现现代化。② 党的十八大以来,社会主义经济建设进入了新时期,张幼文和黄仁伟(2018)将中国社会主义发展战略划分为四个阶段:从"工业化"到"四个现代化";从"高度文明、高度民主"到"富强民主文明和谐";从"富强民主文明和谐"到"富强民主文明和谐美丽";从"社会主义现代化国家"到"社会主义现代化强国"。③ 党的十八大以来,社会主义经济建设进入了新时期,孔祥利(2019)根据站起来、富起来、强起来的时代特征,将中国特色社会主义经济发展战略的演进划分为四个时期:1949—1958年优先发展重工业的新中国成立初期,1958—1978年"四个现代化"的建设探索时期,1978—2012年全面建成小康社会的改革开放时期,2012年至今习近平新时代全面深化改革开放时期。④ 这些战略体现出中国社会主义发展战略的一脉相承和与时俱进。李海涛(2019)认为,新中国成立以来,中国共产党团结带领全国各族人民,先后制定并实施了"建设社会主义工业化强国""三步走""全面建设小康社会""全面建成小康社会"等重大发展战略,成功走完了现代化的"前半程"。⑤ 孙景宇(2021)指出,中国共产党成立100年来,始终坚持以马克思主义普遍原理为指导,从中国基本国情出发,根据中国革命、建设和改革不同时期的不同具体实际,先后确立并实施了从新民主主义向社会主义过渡时期总路线、"四个现代化"发展目标、"三步走"战略、新时代"两步走"战略等社会主义现代化发展战略,团结带领中国人民走进新时代,开启了全面建设社会主义现代化国家的新征程。⑥

二、社会主义发展战略的内涵与演进特点

(一)社会主义发展战略的内涵

一是社会主义发展战略的内涵丰富。学者们从不同维度研究了社会主义发展战略的内涵。社会主义发展战略的本质是追赶战略。胡鞍钢(2017)认为,不同时期的领导人对社会主义现代化有不同的认识、不同的主题、不同的目标、不同的路线图,但本质都

---

① 李香兰:《中国经济发展战略:历史嬗变及逻辑启示》,《齐鲁学刊》,2003年第6期,第71~74页。
② 厉有国:《论中国共产党对我国经济发展战略的认识与转换》,《黔南民族师范学院学报》,2005年第2期,第22~25页。
③ 张幼文、黄仁伟:《中国国际地位报告(2018)》,人民出版社,2018年,第179~181页。
④ 孔祥利:《新中国成立70年来中国特色社会主义经济发展战略的演进与探索》,《西部论坛》,2019年第5期,第7~13页。
⑤ 李海涛:《新时代中国特色社会主义发展战略》,人民出版社,2019年,第19页。
⑥ 孙景宇:《中国共产党对社会主义现代化发展战略的探索与经验启示》,《理论与现代化》,2021年第2期,第14~24页。

是追赶战略,即快速追赶发达国家,特别是快速追赶最发达的也是最强大的资本主义国家——美国,建成社会主义现代化强国。①

二是社会主义发展战略制定的基本方法为唯物辩证法。李成勋(1985)认为,唯物辩证法是制订一个正确发展战略所必须依据的基本方法。依据唯物辩证法的要求,在确定发展战略时必须从本国的实际国情出发,从经济、技术、教育、环境和其他社会问题的相互联系和发展变化出发,找出影响经济、社会发展的最本质的因素,加以分析研究。②

社会主义发展战略与社会主要矛盾是有机统一的关系。刘晓鹏(2020)通过研究和分析新中国成立以来我国社会主要矛盾、分步走发展战略的转变历程,发现二者在历史演进的时间节点上有着高度的吻合性,并呈现出相辅相成、有机统一的逻辑关系:第一,社会主要矛盾是制定分步走发展战略的决定性因素,也是规划分步走发展战略的客观依据;第二,分步走发展战略是化解社会主要矛盾的关键路径;第三,二者历史演进的目的是实现社会主义现代化,都体现了对马克思主义理论的继承和发展。③

(二)社会主义发展战略的演进特点

社会主义发展战略是一个与时俱进的战略,学者们从不同角度对社会主义发展战略的特点作了阐述。

一是社会主义发展战略的继承角度。赵连文(2004)指出,党领导的经济发展战略思想具有历史传承性和时代创新性。第一,都坚持实事求是、一切从实际出发、一切从当时的国情出发的思想路线;第二,都强调和坚持在社会主义基础上发展社会生产力,不断增强我国的综合国力;第三,都强调以生产关系的变革和改革来促进生产力的发展;第四,都十分注重抓重点,以此来带动经济社会的整体发展。④ 苏伟(2012)指出,尽管时代特点不同,但总的来说,中国共产党的发展战略有以下共性:第一,都强调坚定不移地在社会主义的道路上发展中国的社会生产力;第二,都强调将科学社会主义理论与中国国情结合起来,走出自己独特的经济、社会发展道路;第三,都强调以生产关系的变革和改革来促进生产力的发展;第四,都强调抓住重点带动国民经济全局;第五,都将满足社会主义国家和人民群众的物质文化需要作为发展生产力的目的。⑤ 孙蚌珠(2017)指出,中国共产党带领人民进行社会主义现代化建设具有"方向一致性、战略连续性、步骤阶段性"的规律性特点。⑥ 于安龙(2021)认为,改革开放以来,我国现代化战略安排在实践中不断丰富和发展,呈现出了战略目标具有相对稳定性、战略

---

① 胡鞍钢:《社会主义现代化"新三步走"战略设想》,《求是学刊》,2017年第3期,第36~44+173页。
② 李成勋:《社会主义发展战略理论及其在马克思主义体系中的地位》,《马克思主义研究》,1985年第4期,第193~205页。
③ 刘晓鹏:《新中国成立以来社会主要矛盾与分步走发展战略动态演进的内在逻辑》,《理论导刊》,2020年第1期,第80~87页。
④ 赵连文:《论党的三代领导人经济发展战略思想的历史发展》,《河南大学学报》(社会科学版),2004年第2期,第101~105页。
⑤ 苏伟:《论党的历届中央领导集体的发展战略》,《探索》,2012年第6期,第42~48页。
⑥ 孙蚌珠:《新时代的战略安排彰显的规律性特点和历史性意义》,《思想理论教育导刊》,2017年第12期,第7~11页。

规划具有前后相继性、战略布局具有持续拓展性、价值导向具有一脉相承性等鲜明特点。①

二是社会主义发展战略的演进角度。宋士昌（2004）认为，社会主义发展战略思想的根本出发点和基本原则是立足于中国国情，面向现代化、面向世界、面向未来。② 王洪川和胡鞍钢（2020）将社会主义发展战略的演变特征总结为三个方面：一是从经济战略向全面现代化战略演变；二是从补短板向破瓶颈、育优势转变；三是从战略吸纳向战略创新演变。③ 孙照红（2021）指出中国社会主义发展战略呈现出五个方面的特色：外生—学习性；后发—追赶性；务实—渐进性；阶段—接续性；时代—全面性。④ 蒋玲（2019）认为，新中国成立以来社会主义发展战略演进呈现一些普遍性规律："中国特色"与"社会主义"辩证统一的制度属性；延续性与创新性辩证统一的战略目标；长期性与阶段性辩证统一的时间特征。⑤ 于成文（2008）指出，中国共产党人在实践中不断探索，从战略主体、战略指导思想、战略对象、战略目标、战略重点、战略步骤、战略措施等七个方面对中国特色社会主义发展战略理论进行了完善和创新。⑥

三是社会主义发展战略的内在逻辑角度。高正礼和郭宇（2018）指出，我国实现社会主义现代化战略步骤的历史演进蕴涵着发展阶段相衔接、现实任务和目标接续推进、瞄准国际先进水准、紧抓重大时间节点等逻辑。⑦ 肖贵清（2019）认为，中国共产党制定的现代化发展战略是一个有着内在逻辑统一性的战略安排，体现在：第一，战略目标的一致性，始终将实现社会主义现代化作为战略发展目标；第二，战略安排的阶段性和连续性，既有远景规划也有具体短期目标，实现了短期、中期和长期目标的统一；第三，战略布局的整体性和协调性，战略布局随着实践的发展不断发展延伸；第四，指导思想的一脉相承性，始终以马克思主义为指导，不断推进马克思主义中国化。⑧ 刘晓鹏（2020）认为，新中国成立以来不同时期制定的分步走发展战略虽有所不同，但又有着十分紧密的逻辑联系，在战略目标和时间节点上能够前后衔接；在制定分步走发展战略时，中国共产党有着横向的国际视域和纵向的战略规划视域。⑨ 刘勇和韩叶（2020）总结出中国特色社会主义发展战略演进的五个维度：第一，以人民利益为战略演进的价值

---

① 于安龙：《改革开放以来我国现代化战略安排的演进历程、特点与启示》，《科学社会主义》，2021 年第 1 期，第 122~128 页。
② 宋士昌：《中国特色社会主义的成功探索与社会主义模式多样化时期的世界社会主义运动》，人民出版社，2004 年，第 131 页。
③ 王洪川，胡鞍钢：《国家战略治理演变特征、运动方向及逻辑》，《学术界》，2020 年第 8 期，第 17~24 页。
④ 孙照红：《"中国式"现代化：历程、特色和经验》，《中州学刊》，2021 年第 2 期，第 13~19 页。
⑤ 蒋玲：《新中国成立 70 年中国特色社会主义现代化建设的历史进程》，《新疆社会科学》，2019 年第 4 期，第 1~11+148 页。
⑥ 于成文：《论中国特色社会主义发展战略的发展与创新》，《思想理论教育》，2008 年第 11 期，第 15~20 页。
⑦ 高正礼，郭宇：《论建成社会主义现代化强国的战略步骤》，《思想理论教育导刊》，2018 年第 4 期，第 4~7 页。
⑧ 肖贵清：《新中国 70 年现代化发展战略的历史逻辑》，《湖南科技大学学报》（社会科学版），2019 年第 5 期，第 84~90 页。
⑨ 刘晓鹏：《新中国成立以来社会主要矛盾与分步走发展战略动态演进的内在逻辑》，《理论导刊》，2020 年第 1 期，第 80~87 页。

指向;第二,以中国共产党为战略演进的领导力量;第三,以中国国情为战略演进的立足基础;第四,以改革开放为战略演进的核心动力;第五,以民族复兴为战略演进的宏伟目标。① 孙景宇(2021)指出,中国共产党对社会主义现代化发展战略的探索,贯穿其中的一条逻辑主线就是始终以如何解放和发展社会生产力、实现社会主义现代化、增强社会主义国家的综合国力为出发点和落脚点。②

三、社会主义发展战略的创新发展

中国共产党的百年历史,实际上就是努力探索社会主义现代化,实现中华民族伟大复兴的奋斗史。不同时代对社会主义发展战略的定位标准、实现目标略有差异,强调重点有所不同,但都以国家富强、民族振兴、人民幸福和实现社会主义现代化为共同的目标。

(一)第一代中央领导集体和第二代中央领导集体社会主义发展战略的异同

毛泽东、邓小平作为中国共产党第一代和第二代领导集体的核心,为了使中国早日摆脱贫穷落后的面貌,实现社会主义现代化,先后提出了"两步走"发展战略和"三步走"发展战略。毛泽东的"两步走"发展战略思想与邓小平的"三步走"发展战略思想相比较有许多相同点和不同点,而这些相同点与不同点也体现了邓小平"三步走"发展战略对毛泽东"两步走"发展战略的继承和发展(见表12-2)。

表12-2 学界关于邓小平同志和毛泽东同志社会主义发展战略的比较研究汇总表

相同点	战略目标:实现社会主义现代化	李笃武(2000),马宏(2002),郭德宏(2003),郑大华(2014,2018),等等
不同点	战略目标	郭小东和洪哲雄(1998),李笃武(2000),马宏(2002),郭德宏(2003),丁兆梅(2009),郑大华(2014,2018),等等
	战略重点	郭小东和洪哲雄(1998),李笃武(2000),马宏(2002),郭德宏(2003),郑大华(2018),等等
	战略跨度	郭小东和洪哲雄(1998),郭德宏(2003),丁兆梅(2009),郑大华(2014),等等
	战略依靠力量	李笃武(2000),马宏(2002),等等
	战略提出的历史条件和时代背景	郭小东和洪哲雄(1998),李笃武(2000),等等
	战略措施	刘杰和张志忠(1999),郭小东和洪哲雄(1998),郭德宏(2003),郑大华(2014),等等
关系	发展与创新	刘杰和张志忠(1999),李笃武(2000),马宏(2002),郭德宏(2003),等等

---

① 刘勇,韩叶:《中国特色社会主义发展战略演进的五个维度》,《学术探索》,2020年第6期,第23~32页。
② 孙景宇:《中国共产党对社会主义现代化发展战略的探索与经验启示》,《理论与现代化》,2021年第2期,第14~24页。

1. 毛泽东发展战略和邓小平发展战略的相同点

战略目标：实现社会主义现代化。李笃武（2000）认为，这两个发展战略的目的都是迅速增强国家实力，尽快缩短与发达国家的差距，早日实现现代化，以不断地提高中国在国际社会中的地位作为落脚点。① 马宏（2002）认为，这两个发展战略的目的就是在我国经济文化比较落后的基础上，追赶西方发达的资本主义国家，把我国建设成为一个社会主义现代化强国。② 郭德宏（2003）认为，毛泽东"两步走"发展战略与邓小平"三步走"发展战略之间，有很多相同之处：第一，都反映了中国人民改变落后面貌，将中国建设成为强大的现代化的社会主义国家的愿望和要求，表达了中国人民的雄心壮志；第二，都是实现现代化的发展战略，这些战略步骤完成以后，都会使中国的综合国力大大增强，摆脱贫困，走向富裕，实现现代化，显示出社会主义的优越性；第三，都是长期的跨世纪的发展战略，毛泽东"两步走"发展战略长达50到100年，邓小平"三步走"发展战略也是到21个世纪的中叶；第四，思路基本上是一样的，都是先改变落后面貌，然后再继续前进，争取达到比较先进的水平。③ 刘明定（2006）指出，在我国经济社会发展战略重点问题上，毛泽东提出了"以农业为基础，以工业为主导"的经济社会发展的战略重点。邓小平继承了毛泽东"以农业为基础，以工业为主导"和以农、轻、重为序来安排国民经济的思想，但邓小平又根据我们既要完成传统的工业化，又要实现现代化的双重任务，提出了以重点带动全局的思想，即"三个战略重点"。④ 郑大华（2014，2018）认为，两个发展战略的目的都是加快中国的现代化进程、发展国民经济、早日把中国建设成为社会主义现代化强国，实现中华民族的伟大复兴⑤；毛泽东发展战略和邓小平发展战略都把发达资本主义国家作为中国要"赶超"的目标⑥。

2. 毛泽东发展战略和邓小平发展战略的不同点

第一，战略目标。郭小东和洪哲雄（1998）认为，改革开放前的发展战略目标是使我国国民经济走在世界前列，目标较为笼统，未采用国际上普遍使用的定量规定；邓小平的"三步走"方案，把实现现代化的时间推后到21世纪中叶，所要实现的目标符合中国所处阶段的国情，并采用国民生产总值这一指标，以及有高度可比性的人均国民生产总值这一指标，在计算单位上，可以换算为国际上通行的美元单位。⑦ 李笃武（2000）认为，在发展战略的目标上，毛泽东是以几种重工业产品（主要是钢）的产量

---

① 李笃武：《毛泽东与邓小平发展战略思想的比较研究》，《中共福建省委党校学报》，2000年第3期，第34~36页。
② 马宏：《从超赶英美到三步走：毛泽东与邓小平发展战略的启示》，《毛泽东思想研究》，2002年第1期，第69~71页。
③ 郭德宏：《毛泽东思想邓小平理论论稿》，中央文献出版社，2003年，第488页。
④ 刘明定：《建国以来经济社会发展战略比较研究》，《喀什师范学院学报》，2006年第1期，第1~7页。
⑤ 郑大华：《邓小平对毛泽东中华民族复兴思想的继承和发展》，《当代中国史研究》，2014年第3期，第4~13+125页。
⑥ 郑大华：《继承、发展与超越——毛泽东、邓小平、习近平民族复兴思想之比较》，《湖南师范大学社会科学学报》，2018年第3期，第9~19页。
⑦ 郭小东，洪哲雄：《论邓小平"三步走"战略对"四化"构想的发展》，《辽宁大学学报》（哲学社会科学版），1998年第6期，第49~52页。

作为标准，以赶超英美作为近期目标；而邓小平则以人均国民生产总值作为标准，循序渐进，在20世纪末，以实现小康社会为奋斗目标，到21世纪中叶，则以达到中等发达国家水平为奋斗目标，邓小平"三步走"战略目标贯彻实事求是，主要紧跟国情。① 马宏（2002）认为，邓小平循序渐进，在20世纪末，以实现小康社会为奋斗目标，到21世纪中叶，则以达到中等发达国家水平为奋斗目标。毛泽东当年的理想是以几种重工业产品（主要是钢）的产量为标准，邓小平的战略目标注重经济、社会全面协调发展。② 郭德宏（2003）认为，两个发展战略的总的战略目标与每一步要达到的战略目标都不同。毛泽东"两步走"战略的总目标与每一步目标定位较高，邓小平"三步走"战略的总目标与每一步目标相对符合中国的实际。③ 丁兆梅（2009）认为，毛泽东发展战略的目标是"走在世界前列"，邓小平发展战略的目标是"达到中等发达国家水平"，并提出了具体的量化指标。④ 郑大华（2014，2018）认为，邓小平"三步走"发展战略的目标十分明确，不仅提出了每一步要达到的国民生产总值的具体要求（翻一番，人均500美元；再翻一番，人均1000美元；再翻两番，人均4000美元），还提出了每一步人民群众要达到的生活水平（温饱、小康、富裕）。⑤ 毛泽东发展战略的目标是"超英赶美"；邓小平发展战略的目标则是赶超"世界先进国家"或"世界发达国家"。⑥

第二，战略重点。郭小东和洪哲雄（1998）认为，党的十一届三中全会前，我国在经济建设中，长期片面追求产值、产量的高速度增长，忽视了经济效益的提高；而邓小平明确强调，经济建设必须注重提高经济效益。⑦ 李笃武（2000）认为，毛泽东的赶超战略是以重工业，特别是钢铁工业作为战略重点的；而邓小平"三步走"战略则确定了农业、能源和交通、教育和科学三个战略重点。⑧ 马宏（2002）指出，毛泽东在探索中国式的社会主义建设道路时得出要走"中国工业化的道路"，是在"以重工业为重心"的前提之下，"注重发展农业和轻工业"；而邓小平则认为农业是根本。⑨ 郭德宏（2003）认为，毛泽东的"两步走"战略主要是以主要工农业产品的产量来衡量的，邓小平的"三步走"战略则是以国民生产总值这一综合性指标，特别是以人均国民生产

---

① 李笃武：《毛泽东与邓小平发展战略思想的比较研究》，《中共福建省委党校学报》，2000年第3期，第34~36页。
② 马宏：《从超赶英美到三步走：毛泽东与邓小平发展战略的启示》，《毛泽东思想研究》，2002年第1期，第69~71页。
③ 郭德宏：《毛泽东思想邓小平理论论稿》，中央文献出版社，2003年，第489页。
④ 丁兆梅：《中国共产党人发展战略步骤理论的历史演进》，《江南社会学院学报》，2009年第1期，第6~9页。
⑤ 郑大华：《邓小平对毛泽东中华民族复兴思想的继承和发展》，《当代中国史研究》，2014年第3期，第4~13+125页。
⑥ 郑大华：《继承、发展与超越——毛泽东、邓小平、习近平民族复兴思想之比较》，《湖南师范大学社会科学学报》，2018年第3期，第9~19页。
⑦ 郭小东，洪哲雄：《论邓小平"三步走"战略对"四化"构想的发展》，《辽宁大学学报》（哲学社会科学版），1998年第6期，第49~52页。
⑧ 李笃武：《毛泽东与邓小平发展战略思想的比较研究》，《中共福建省委党校学报》，2000年第3期，第34~36页。
⑨ 马宏：《从超赶英美到三步走：毛泽东与邓小平发展战略的启示》，《毛泽东思想研究》，2002年第1期，第69~71页。

总值来衡量的,这既符合国际上的通用标准,也比较准确地反映出我国的现代化水平。① 郑大华(2018)认为,毛泽东主要是把钢铁等主要工业品的产量作为中国"赶超"西方的内容;邓小平在确立"赶超"的内容时用的则是当时国际上衡量一个国家国力水平和富裕程度的通用标准,即国民生产总值和人均国民生产总值。②

第三,战略跨度。郭小东和洪哲雄(1998)认为,改革开放前的发展战略所涉及的时间跨度均较短促;而邓小平的"三步走"发展战略涉及的时间为70年。③ 郭德宏(2003)认为,毛泽东同志订立的实现现代化的步骤是分两步走,中间变化起伏较大;邓小平同志订立的实现现代化的步骤是分三步走,并且充分估计到达到目标的困难和完成任务的艰巨。④ 刘明定(2006)提出,毛泽东预计用100年建成伟大的社会主义国家,邓小平设想到21世纪中叶赶上中等发达国家水平,两者在通过发展战略实现现代化的长期性上的认识是基本一致的,但邓小平的"三步走"经济社会发展战略比毛泽东的"两步走"经济社会发展战略更系统、更现实,体现了经济增长与改善人民生活的统一。⑤ 丁兆梅(2009)认为,毛泽东发展战略将实现现代化目标的时间定在"20世纪末",发展速度是"赶超";邓小平发展战略将实现现代化目标的时间定在"21世纪中叶",发展速度是"三步渐进"。⑥ 郑大华(2014)指出,毛泽东的"两步走"发展战略是用30年或更多一点的时间,实现"四个现代化",使中国经济走在世界的前列;而邓小平的"三步走"发展战略是到21世纪中叶,使人均国民生产总值达到中等发达国家的水平,从20世纪80年代初算起,共有70年的时间,比较符合中国经济发展的实际状况。⑦

第四,战略依靠力量。李笃武(2000)认为,邓小平和毛泽东虽然都是主张在现代化建设中主要依靠工人、农民和知识分子,但邓小平更加强调了知识分子在社会主义现代化建设中的重要地位和作用。⑧ 马宏(2002)指出,人民群众是中国共产党的力量源泉和胜利之本。邓小平和毛泽东虽然都是主张在我国社会主义现代化建设事业中依靠工人、农民和知识分子,但毛泽东更侧重于依靠工人、农民,而忽视了依靠知识分子的关键作用;邓小平更加强调了知识分子在社会主义现代化建设中的重要地位和作用。⑨ 刘

---

① 郭德宏:《毛泽东思想邓小平理论论稿》,中央文献出版社,2003年,第489页。
② 郑大华:《继承、发展与超越——毛泽东、邓小平、习近平民族复兴思想之比较》,《湖南师范大学社会科学学报》,2018年第3期,第9~19页。
③ 郭小东,洪哲雄:《论邓小平"三步走"战略对"四化"构想的发展》,《辽宁大学学报》(哲学社会科学版),1998年第6期,第49~52页。
④ 郭德宏:《毛泽东思想邓小平理论论稿》,中央文献出版社,2003年,第489页。
⑤ 刘明定:《建国以来经济社会发展战略比较研究》,《喀什师范学院学报》,2006年第1期,第1~7页。
⑥ 丁兆梅:《中国共产党人发展战略步骤理论的历史演进》,《江南社会学院学报》,2009年第1期,第6~9页。
⑦ 郑大华:《邓小平对毛泽东中华民族复兴思想的继承和发展》,《当代中国史研究》,2014年第3期,第4~13+125页。
⑧ 李笃武:《毛泽东与邓小平发展战略思想的比较研究》,《中共福建省委党校学报》,2000年第3期,第34~36页。
⑨ 马宏:《从超赶英美到三步走:毛泽东与邓小平发展战略的启示》,《毛泽东思想研究》,2002年第1期,第69~71页。

明定（2006）提出，在通过"两步走"经济社会发展战略实现现代化的依靠力量上，毛泽东认为工人和农民是基本力量。邓小平也主张依靠工人、农民，但更强调了知识分子在实现"三步走"经济社会发展战略中的重要地位和作用。①

第五，战略提出的历史条件和时代背景。郭小东和洪哲雄（1998）认为，毛泽东的"四个现代化"构想是建立在社会主义必然比资本主义进步、生产力水平必然比资本主义高这一传统理念之上的；邓小平制订我国经济发展规划的出发点是中国尚处于社会主义初级阶段的论述。②李笃武（2000）认为，毛泽东的赶超战略思想是在新中国刚成立的历史条件和国际共运中赶超热潮的时代背景下酝酿和形成的；邓小平"三步走"发展战略思想是在我国结束"文化大革命"的历史条件和"和平与发展"成为时代主题的国际背景下逐步提出来的。③刘明定（2006）指出，毛泽东时代世界的主题是战争与革命，因此毛泽东"两步走"经济社会发展战略的指导方针是强调高速度，"为生产而生产""为经济增长而增长"。邓小平时代世界的主题是和平与发展，因此邓小平提出了"台阶式"发展的方针，"以重点带动全局"的方针，"一部分地区，一部分人先富起来，逐步达到共同富裕的方针"。④

第六，战略措施。刘杰和张志忠（1999）认为，毛泽东的社会主义发展战略是"生产关系战略"，邓小平的社会主义发展战略是"生产力战略"。⑤郭小东和洪哲雄（1998）认为，毛泽东的"四个现代化"发展战略较少关注经济发展与人民生活改善相结合的内容；而邓小平的"三步走"发展战略则在关于解决温饱、建设小康社会、达到中等发达国家水平三个目标的说明中，都包括了对改善人民生活的直接描述。⑥郭德宏（2003）认为，毛泽东的"两步走"发展战略相对宏观，对于如何实现第一步目标有些具体设想和措施，对于第二步则只提出了一个目标；邓小平的"三步走"发展战略则比较具体，特别是在十四大、十四届五中全会、十五大之后，不仅对实现第二步目标的措施规划科学，而且对实现第三步目标的设想也更加明确和具体化了。⑦郑大华（2014）认为，毛泽东提出了"两步走"的发展战略，邓小平不仅提出了"三步走"的发展战略，并且找到了实现"三步走"发展战略的道路和方法。⑧刘明定（2006）提出，在探索社会主义现代化建设的过程中，毛泽东主张以"自力更生为主，争取外援为辅"来实现"两步走"经济社会发展战略。而邓小平则认为根本途径是发展经济，发展经济的出

---

① 刘明定：《建国以来经济社会发展战略比较研究》，《喀什师范学院学报》，2006年第1期，第1~7页。
② 郭小东，洪哲雄：《论邓小平"三步走"战略对"四化"构想的发展》，《辽宁大学学报》（哲学社会科学版），1998年第6期，第49~52页。
③ 李笃武：《毛泽东与邓小平发展战略思想的比较研究》，《中共福建省委党校学报》，2000年第3期，第34~36页。
④ 刘明定：《建国以来经济社会发展战略比较研究》，《喀什师范学院学报》，2006年第1期，第1~7页。
⑤ 刘杰，张志忠：《毛泽东与邓小平社会主义发展战略之比较》，《社会科学辑刊》，1999年第6期，第4~6页。
⑥ 郭小东，洪哲雄：《论邓小平"三步走"战略对"四化"构想的发展》，《辽宁大学学报》（哲学社会科学版），1998年第6期，第49~52页。
⑦ 郭德宏：《毛泽东思想邓小平理论论稿》，中央文献出版社，2003年，第489页。
⑧ 郑大华：《邓小平对毛泽东中华民族复兴思想的继承和发展》，《当代中国史研究》，2014年第3期，第4~13+125页。

路在于改革开放，所以改革开放是实现社会主义现代化的必由之路。①

3. 毛泽东发展战略和邓小平发展战略的关系

学界普遍认为邓小平发展战略是对毛泽东发展战略的发展与创新。刘杰和张志忠（1999）认为，邓小平的"生产力战略"是对毛泽东的"生产关系战略"的发展与创新：首先，对社会主义本质作了新的阐述，界定了社会主义本质和特征的关系，回答了什么是社会主义的问题；其次，把发展生产力看成社会主义的根本任务，确立了生产力标准，划清了科学社会主义与空想社会主义的界限；最后，初步解决了如何建设社会主义的道路和方法问题，正确解决了社会主义发展目标与途径的关系问题。② 李笃武（2000）和马宏（2002）指出，两种发展战略的转换反映了两者之间的必然联系：毛泽东的战略思想和实践探索，为邓小平战略思想的提出准备了必要的条件，而邓小平战略思想的形成是毛泽东战略思想和实践探索发展的必然结果。③ 郭德宏（2003）指出，毛泽东的"两步走"与邓小平的"三步走"之间，是有密切的联系的。毛泽东提出的"两步走"，实际上为邓小平的"三步走"奠定了基础。而邓小平提出的"三步走"，则是对毛泽东"两步走"的发展。当然，邓小平的"三步走"，也纠正了毛泽东"两步走"的不切合实际的部分。因此，邓小平的"三步走"与毛泽东的"两步走"之间，是一种继承、纠正和发展的关系。④

（二）以江泽民同志为核心的党的第三代中央领导集体对社会主义发展战略的继承与发展

梅宪宾（2003）指出，以江泽民同志为核心的党的第三代中央领导集体的新"三步走"发展战略理论，是对以邓小平同志为核心的党的第二代中央领导集体的"三步走"发展战略的创新、发展和完善，是对"三步走"发展战略的第三步发展战略目标"远景规划"的细化、量化和具体化。⑤ 丁兆梅（2009）认为，以江泽民同志为核心的党的第三代中央领导集体对党的发展战略的贡献有四点：第一，增加了建立社会主义市场经济体制的内容，提出第二步要"初步建立起新的经济体制"，第三步的第一个10年要形成比较完善的社会主义市场经济体制；第二，对第三步发展目标的细化和丰富，将"三步走"发展战略中的第三步进一步具体化为三个阶段，提出具体的奋斗目标，形成了中国共产党新"三步走"发展战略步骤理论；第三，提出了全面建设小康社会的发展目标，实现了在社会发展目标上从侧重于经济增长到侧重于社会全面进步的转变；第四，系统

---

① 刘明定：《建国以来经济社会发展战略比较研究》，《喀什师范学院学报》，2006年第1期，第1~7页。
② 刘杰，张志忠：《毛泽东与邓小平社会主义发展战略之比较》，《社会科学辑刊》，1999年第6期，第4~6页。
③ 李笃武：《毛泽东与邓小平发展战略思想的比较研究》，《中共福建省委党校学报》，2000年第3期，第34~36页。马宏：《从超赶英美到三步走：毛泽东与邓小平发展战略的启示》，《毛泽东思想研究》，2002年第1期，第69~71页。
④ 郭德宏：《毛泽东思想邓小平理论论稿》，中央文献出版社，2003年，第488页。
⑤ 梅宪宾：《关于江泽民发展战略理论的思考》，《理论前沿》，2003年第17期，第34~35页。

地提出了"三个代表"重要思想,来促进和保证新"三步走"战略目标的实现。① 曾丽雅(2010)认为,以江泽民同志为核心的党的第三代中央领导集体制定和实施的社会主义现代化战略,把第三步现代化战略目标和步骤具体化为切实可行的"新三步",提出"全面建设小康社会"的目标任务,使中国现代化发展有了更清晰更明确的计划和步骤。②

(三)以胡锦涛同志为总书记的党中央对社会主义发展战略的继承与发展

丁兆梅(2009)认为,以胡锦涛为代表的中国共产党人对党的发展战略的贡献有四点:第一,对新"三步走"目标的表述更为准确和科学;第二,提出了"以人为本"的发展理念,更加关注民生,由此也更容易得到广大人民的拥护与支持;第三,强调以统筹兼顾作为实现党的发展战略步骤的根本方法;第四,丰富了落实党的发展战略步骤的途径。③

(四)以习近平同志为核心的党中央对社会主义发展战略的继承与发展

苏伟(2016)从七个方面阐述了习近平对毛泽东社会主义现代化发展战略的继承与发展:第一,继承、发展毛泽东"中国应当对于人类有较大的贡献"的战略思想,确立了实现中华民族伟大复兴的中国梦的战略目标。第二,继承、发展毛泽东社会主义革命与现代化建设并举的战略与思想,确立了"四个全面"的战略布局。第三,继承、发展毛泽东"打破常规"加速实现现代化的战略与思想,确立了以新发展理念引领经济新常态的发展战略。第四,继承、发展毛泽东"要把国内外一切积极因素调动起来"的战略思想,超越其"发展经济主要依靠国内市场"的思路,确立了"一带一路"发展战略。第五,继承、发展毛泽东"社会主义是中国的惟一的出路"战略思想,确立了"穿合脚鞋子"的中国政治发展战略。第六,继承、发展毛泽东建设一个"文明先进的中国"的战略思想,确立了"用社会主义核心价值观凝魂聚力"为核心的文化发展战略。第七,继承、发展毛泽东"两个务必"的战略思想,确立了以"加强纪律建设为全面从严治党的治本之策"的执政党党建战略。④ 郑大华(2018)指出,"两个一百年"的发展战略和奋斗目标的提出,是对毛泽东的"两步走"发展战略和邓小平的"三步走"发展战略的继承、发展和超越。⑤

---

① 丁兆梅:《中国共产党人发展战略步骤理论的历史演进》,《江南社会学院学报》,2009年第1期,第6~9页。
② 曾丽雅:《第三代中央领导集体实施社会主义现代化战略的特点》,《江西社会科学》,2010年第12期,第209~214页。
③ 丁兆梅:《中国共产党人发展战略步骤理论的历史演进》,《江南社会学院学报》,2009年第1期,第6~9页。
④ 苏伟:《论毛泽东社会主义现代化发展战略与习近平的继承和发展——纪念毛泽东诞辰123周年》,《探索》,2016年第6期,第5~11页。
⑤ 郑大华:《继承、发展与超越——毛泽东、邓小平、习近平民族复兴思想之比较》,《湖南师范大学社会科学学报》,2018年第3期,第9~19页。

四、社会主义发展战略的启示

（一）社会主义发展战略的制定必须同具体国情相结合

郭德宏（1999）通过对中国现代化目标发展变化的考察得出，现代化目标的确定应该真正从国情出发，应该顺应时代的潮流和世界发展的趋势，必须及时总结我国历史的经验教训，并借鉴其他国家的经验教训。[①] 李大勇和李安增（2000）认为，制定、执行发展战略，一定要坚持实事求是的指导思想，把经济发展战略同中国具体国情结合起来。[②] 李香兰（2003）认为，制定、实施经济发展战略，一定要坚持实事求是的指导思想，真正从中国国情出发，把经济发展战略同中国具体国情结合起来。[③] 刘明定（2006）提出，制定经济社会发展战略一定要立足国情，从实际出发，坚持理论与实践的统一，用发展着的马克思主义指导发展中的实践。[④] 汪小宁（2012）通过回顾中国现代化战略目标的演进路径发现：社会主义现代化建设必须从国情出发。[⑤] 孔祥利（2019）认为，经济发展战略的制定与实施，必须坚持立足中国国情，实事求是，把经济发展战略同中国具体国情结合起来。[⑥] 陈志刚（2019）认为，社会主义现代化的探索，必须坚持中国特色社会主义道路；正确处理坚持马克思主义和发展创新马克思主义的关系，以马克思主义中国化的理论创新不断推动社会主义现代化的实践创新。[⑦] 王洪川和胡鞍钢（2020）提出国家战略治理实践运行应当遵循全局规律，即着眼国内全局和国际全局。[⑧] 孙照红（2021）认为，"中国式"现代化的成功经验在于，坚持立足于中国国情，坚持社会主义的前进方向。[⑨] 于安龙（2021）提出，坚持立足中国国情是制定现代化发展战略的总依据。不断推进和实现社会主义现代化战略规划，需要我们始终坚持科学的国情观，以实事求是的态度和求真务实的品格继续推进社会主义现代化事业。[⑩] 李占才（2021）指出，中国共产党制定发展战略立足于中国基本国情，用矛盾与矛盾运动规律观点分析基本国情中的矛盾尤其是主要矛盾，抓主要矛盾，抓主要矛盾的主导方面；用发展的眼光看中国发展趋向，牢牢把握以人民为中心的发展观，发展为了人民，发展依靠人民，发展成果由人民共享；对中国国情认识得越准确，越是符合实事

[①] 郭德宏：《从四个现代化到全面现代化——对中国现代化目标发展变化的历史考察》，《中共党史研究》，1999年第5期，第37~41页。
[②] 李大勇，李安增：《论我国经济发展战略的演进及启示》，《经济评论》，2000年第4期，第48~53页。
[③] 李香兰：《中国经济发展战略：历史嬗变及逻辑启示》，《齐鲁学刊》，2003年第6期，第71~74页。
[④] 刘明定：《建国以来经济社会发展战略比较研究》，《喀什师范学院学报》，2006年第1期，第1~7页。
[⑤] 汪小宁：《论中国现代化战略目标的演进路径》，《求索》，2012年第3期，第62~64页。
[⑥] 孔祥利：《新中国成立70年来中国特色社会主义经济发展战略的演进与探索》，《西部论坛》，2019年第5期，第7~13页。
[⑦] 陈志刚：《新中国70年现代化发展新路的探索和总结》，《马克思主义研究》，2019年第10期，第122~132+168页。
[⑧] 王洪川，胡鞍钢：《国家战略治理演变特征、运动方向及逻辑》，《学术界》，2020年第8期，第17~24页。
[⑨] 孙照红：《"中国式"现代化：历程、特色和经验》，《中州学刊》，2021年第2期，第13~19页。
[⑩] 于安龙：《改革开放以来我国现代化战略安排的演进历程、特点与启示》，《科学社会主义》，2021年第1期，第122~128页。

求是思想路线,越是符合人民意愿,发展战略就越能够实现得更好。① 孙景宇(2021)指出,发展战略应当从中国具体实际出发,从中国实际出发就是实事求是,就是要把马克思列宁主义普遍真理同中国具体实际相结合。②

(二)社会主义发展战略的制定必须适应当时的国际环境

刘明定(2006)提出,在我国经济社会发展战略的目标选择上,要坚持先进性与现实性的统一,并将世界发展趋势与中国传统趋势结合起来,提出有民族凝聚力的奋斗目标,整合更多的社会资源。③ 石康(2009)通过回顾国际环境对我国经济发展目标和战略的影响,得出五点启示:第一,国际环境是影响我国经济发展战略的重要因素之一;第二,国际环境越来越有利于我国发展,但不利因素始终存在;第三,我国各个时期的发展战略比较好地适应了当时的国际环境,但也留下了值得吸取的教训;第四,在相当长的时期内对新一轮科技改革和产业结构调整带来的影响重视不够,甚至应对不当;第五,处理国际环境与经济发展关系的关键是保持头脑冷静,做好自己的事情。④ 李大勇和李安增(2000)认为,经济发展战略的确定应追随时代潮流与世界发展大趋势。⑤ 肖贵清(2019)认为,新时代继续推进我国现代化强国的发展战略必须营造和平稳定的国际环境。⑥ 李占才(2021)指出,中国共产党制定发展战略,必然受到世界格局和世界形势的影响,总是站在世界的高度,用世界眼光看中国,用联系与交往的世界观看待中国发展问题。⑦

(三)社会主义发展战略的制定必须尊重客观规律

李大勇和李安增(2000)与李香兰(2003)认为,经济发展战略的制定和实施,要尊重客观经济规律,特别是生产力发展规律,一定要把发展生产力作为首要任务,并选择正确的发展途径。⑧ 刘明定(2006)提出,选择经济社会发展战略,要坚持科学性和可行性的统一,决策的科学化和民主化的统一。⑨ 汪小宁(2012)通过回顾中国现代化战略目标的演进路径,得出结论:社会主义现代化建设必须以发展生产力为首要目

---

① 李占才:《中国共产党执政以来确定国家发展战略的时代因素》,《山东师范大学学报》(社会科学版),2021年第2期,第15~25页。
② 孙景宇:《中国共产党对社会主义现代化发展战略的探索与经验启示》,《理论与现代化》,2021年第2期,第14~24页。
③ 刘明定:《建国以来经济社会发展战略比较研究》,《喀什师范学院学报》,2006年第1期,第1~7页。
④ 石康:《新中国成立以来国际环境变化对经济发展战略的影响》,《贵州财经学院学报》,2009年第5期,第18~25页。
⑤ 李大勇,李安增:《论我国经济发展战略的演进及启示》,《经济评论》,2000年第4期,第48~53页。
⑥ 肖贵清:《新中国70年现代化发展战略的历史逻辑》,《湖南科技大学学报》(社会科学版),2019年第5期,第84~90页。
⑦ 李占才:《中国共产党执政以来确定国家发展战略的时代因素》,《山东师范大学学报》(社会科学版),2021年第2期,第15~25页。
⑧ 李大勇,李安增:《论我国经济发展战略的演进及启示》,《经济评论》,2000年第4期,第48~53页。李香兰:《中国经济发展战略:历史嬗变及逻辑启示》,《齐鲁学刊》,2003年第6期,第71~74页。
⑨ 刘明定:《建国以来经济社会发展战略比较研究》,《喀什师范学院学报》,2006年第1期,第1~7页。

标。① 邹祥勇（2015）认为，制定战略必须一切从实际出发，实施战略必须立足于工作重点，善于抓主要矛盾。② 冯俊（2019）认为，中国实现现代化必须坚持以经济建设为中心和发展社会生产力。③ 孔祥利（2019）认为，经济发展战略的制定与实施，必须尊重客观经济规律，统筹推进经济与社会、人与自然、现实与未来的协调发展，必须坚持把发展生产力和科技创新放在首位，增强经济发展的韧性和自主创新的能力。④ 陈志刚（2019）认为，社会主义现代化的探索，必须正确处理社会主义和市场经济的关系，既确保现代化的正确方向，又为现代化提供强大的动力。⑤ 王洪川和胡鞍钢（2020）提出国家战略治理实践运行应当遵循合力规律，即实现政府、市场、社会共同参与、共建共享。⑥

（四）社会主义发展战略的制定必须坚持以人民为中心

冯俊（2019）认为，中国实现现代化必须坚持以人民为中心。⑦ 肖贵清（2019）认为，新时代继续推进我国现代化强国的发展战略必须坚持以人民为中心的发展思想。⑧ 孔祥利（2019）认为，经济发展战略的制定与实施，必须坚持以人民为中心的思想，把经济发展战略的出发点和落脚点放在为了人民、依靠人民、造福人民上。⑨ 孙照红（2021）认为，"中国式"现代化的成功经验之一在于，坚持以人民为中心。⑩ 孙景宇（2021）指出，发展战略应当坚持以人民为中心的根本立场，以人民为中心的发展思想，就是要做到发展为了人民、发展依靠人民、发展成果由人民共享。⑪

（五）社会主义发展战略的制定必须坚持党的领导

肖贵清（2019）认为，新时代继续推进我国现代化强国的发展战略必须坚持中国共产党的领导。⑫ 孔祥利（2019）认为，经济发展战略的制定与实施，必须坚持党的全面

---

① 汪小宁：《论中国现代化战略目标的演进路径》，《求索》，2012年第3期，第62～64页。
② 邹祥勇：《中国共产党分步走战略的历史演进与启示》，《中共郑州市委党校学报》，2015年第4期，第40～43页。
③ 冯俊：《新中国现代化的历史启示》，《前线》，2019年第9期，第11～16页。
④ 孔祥利：《新中国成立70年来中国特色社会主义经济发展战略的演进与探索》，《西部论坛》，2019年第5期，第7～13页。
⑤ 陈志刚：《新中国70年现代化发展新路的探索和总结》，《马克思主义研究》，2019年第10期，第122～132+168页。
⑥ 王洪川，胡鞍钢：《国家战略治理演变特征、运动方向及逻辑》，《学术界》，2020年第8期，第17～24页。
⑦ 冯俊：《新中国现代化的历史启示》，《前线》，2019年第9期，第11～16页。
⑧ 肖贵清：《新中国70年现代化发展战略的历史逻辑》，《湖南科技大学学报》（社会科学版），2019年第5期，第84～90页。
⑨ 孔祥利：《新中国成立70年来中国特色社会主义经济发展战略的演进与探索》，《西部论坛》，2019年第5期，第7～13页。
⑩ 孙照红：《"中国式"现代化：历程、特色和经验》，《中州学刊》，2021年第2期，第13～19页。
⑪ 孙景宇：《中国共产党对社会主义现代化发展战略的探索与经验启示》，《理论与现代化》，2021年第2期，第14～24页。
⑫ 肖贵清：《新中国70年现代化发展战略的历史逻辑》，《湖南科技大学学报》（社会科学版），2019年第5期，第84～90页。

正确坚强领导和中国特色社会主义道路。① 陈志刚（2019）认为，社会主义现代化的探索，必须强化党的领导，激发广大人民的积极性和创造性。② 王洪川和胡鞍钢（2020）提出国家战略治理实践运行应当遵循轴心规律，即坚持中国共产党的领导。③ 孙照红（2021）认为，"中国式"现代化的成功经验之一在于，坚持中国共产党的领导。④ 于安龙（2021）提出，始终坚持党的领导是制定现代化发展战略的关键点。⑤

（六）社会主义发展战略的制定必须与时俱进

汪小宁（2012）认为，社会主义发展战略的制定必须深入探讨中国现代化目标整体性、深层性，防止把现代化目标简单化、单一化；正确认识中国现代化目标的整体性和阶段性的关系。⑥ 邹祥勇（2015）认为，社会发展战略的制定必须一切从实际出发，做到长远目标与短期目标的有效结合；战略的实施必须立足于工作重点，抓主要矛盾，并且敢于根据变化了的实际创新发展战略，使之更具科学性和实践性。⑦ 冯俊（2019）认为，中国实现现代化必须坚持新发展理念，坚持独立自主和开放包容。⑧ 陈志刚（2019）认为，社会主义现代化的探索，必须正确处理独立自主和开放发展的关系；必须坚持短期目标和长远目标的统一，逐步推进现代化的进程。⑨ 肖贵清（2019）认为，新时代继续推进我国现代化强国的发展战略必须提高战略思维能力，保持战略定力。⑩ 王洪川和胡鞍钢（2020）提出国家战略治理实践运行应当遵循渐近规律，即按照发展优先序列分类推进。⑪ 孙景宇（2021）指出，发展战略的制定和实施必须与改革有机结合起来，以改革精神制定发展战略，以改革推动发展战略的实施和落实。⑫

---

① 孔祥利：《新中国成立 70 年来中国特色社会主义经济发展战略的演进与探索》，《西部论坛》，2019 年第 5 期，第 7~13 页。
② 陈志刚：《新中国 70 年现代化发展新路的探索和总结》，《马克思主义研究》，2019 年第 10 期，第 122~132+168 页。
③ 王洪川，胡鞍钢：《国家战略治理演变特征、运动方向及逻辑》，《学术界》，2020 年第 8 期，第 17~24 页。
④ 孙照红：《"中国式"现代化：历程、特色和经验》，《中州学刊》，2021 年第 2 期，第 13~19 页。
⑤ 于安龙：《改革开放以来我国现代化战略安排的演进历程、特点与启示》，《科学社会主义》，2021 年第 1 期，第 122~128 页。
⑥ 汪小宁：《论中国现代化战略目标的演进路径》，《求索》，2012 年第 3 期，第 62~64 页。
⑦ 邹祥勇：《中国共产党分步走战略的历史演进与启示》，《中共郑州市委党校学报》，2015 年第 4 期，第 40~43 页。
⑧ 冯俊：《新中国现代化的历史启示》，《前线》，2019 年第 9 期，第 11~16 页。
⑨ 陈志刚：《新中国 70 年现代化发展新路的探索和总结》，《马克思主义研究》，2019 年第 10 期，第 122~132+168 页。
⑩ 肖贵清：《新中国 70 年现代化发展战略的历史逻辑》，《湖南科技大学学报》（社会科学版），2019 年第 5 期，第 84~90 页。
⑪ 王洪川，胡鞍钢：《国家战略治理演变特征、运动方向及逻辑》，《学术界》，2020 年第 8 期，第 17~24 页。
⑫ 孙景宇：《中国共产党对社会主义现代化发展战略的探索与经验启示》，《理论与现代化》，2021 年第 2 期，第 14~24 页。

第二节 "两步走"发展战略

新中国成立初期,经济基础十分薄弱,现代经济严重落后于发达国家。为了迅速改变新中国成立之初"一穷二白"的状况,把中国建设成为社会主义现代化强国,实现中华民族的伟大复兴,以毛泽东同志为主要代表的中国共产党人设想用一个世纪的时间赶上和超过世界上最先进的资本主义国家,于20世纪50年代中期到60年代初创造性地提出经济发展分"两步走"在中国实现"四个现代化"的战略构想。

一、"四个现代化"发展战略

新中国成立初期,毛泽东首先提出了建设工业化的战略目标,后来又提出了建设社会主义四个现代化的战略目标。韩振峰(2007)认为,毛泽东之所以提出实现四个现代化的战略目标是有其必然性的,包括:第一,历史发展的必然;第二,社会发展的必然;第三,文化发展的必然;第四,政治发展的必然。[①]

(一)"四个现代化"发展战略的形成过程

学界普遍认为,毛泽东以及周恩来提出的"四个现代化"发展战略,从它最早被提出到对它内容的丰富,再到对它完整而科学的表述,大致可分为三个阶段。李杰(1998)认为,第一阶段,提出工业化,孕育"四个现代化"思想阶段(新中国成立前后到1954年一届全国人大一次会议前);第二阶段,"四个现代化"思想初步形成阶段(1954年一届全国人大一次会议到1961年);第三阶段,"四个现代化"思想成熟阶段(1961年以后)。[②] 韩亚光(2006)指出,第一阶段(1949—1954年)是"四个现代化"目标的初步提出阶段,一届全国人大一次会议强调要建设起现代化的工业、现代化的农业、现代化的交通运输业和现代化的国防;第二阶段(1955—1965年)是"四个现代化"目标的正式提出阶段,三届全国人大一次会议强调要把我国建设成为一个具有现代农业、现代工业、现代国防和现代科学技术的社会主义强国;第三阶段("文化大革命"时期)是"四个现代化"目标的重新提出阶段,四届全国人大一次会议重申要实现农业、工业、国防和科学技术的现代化。[③] 陈答才(2011)指出:第一阶段,20世纪50年代中期最早提出了"四个现代化"的概念;第二阶段,20世纪50年代后期到20世纪60年代初,"四个现代化"的内容几经变化;第三阶段,20世纪60年代中前期完成

[①] 韩振峰:《马克思主义中国化的思想历程研究》,河北大学出版社,2007年,第407页。
[②] 李杰:《周恩来四个现代化思想浅析》,《四川大学学报》(哲学社会科学版),1998年第2期,第61~67页。
[③] 韩亚光:《周恩来与四个现代化目标的提出》,《当代中国史研究》,2006年第1期,第65~70+126页。

了对"四个现代化"完整而科学的表述。①

(二)"四个现代化"发展战略的特点

李杰(1998)通过考察"四个现代化"思想的历史演进过程,发现三个特点:"四个现代化"思想与工业化思想密切相关;重视全面统筹安排,科学处理"四个现代化"的关系;重实际,反冒进,稳步向"四个现代化"目标迈进。② 黄健江(1999)认为,"四个现代化"发展战略设想要在20世纪内实现现代化,赶上和超过世界先进水平;过分强调自力更生,忽视加强对外经济技术合作与交流的重要作用;强调通过"政治挂帅"来推进"四个现代化"建设;对现代化的理解过于狭窄,只涉及物的层面,或者说经济的层面,未涉及制度、思想层面和政治、社会局面。③ 金民卿(2021)认为,毛泽东提出的"四个现代化",是一个全面发展与重点突破相结合的现代化目标。"四个现代化"既从工业、农业这些生产力发展、经济建设的最重要领域入手,又强调了国防实力的基础保障,同时高度重视科学技术和文化发展的内容,是硬实力和软实力、物质文明和精神文明相统一的战略。④

(三)"四个现代化"发展战略的启示与意义

1. "四个现代化"发展战略的启示

"四个现代化"对我国现代化建设的重大问题进行的开创性的实践,为探索建设中国特色社会主义道路留下了许多启示。李忠业和杨宪福(2018)通过回顾"四个现代化"的探索过程得出,建设中国特色社会主义,必须不断进行理论创新;必须贯彻落实科学发展观;必须重视解决"三农"问题;必须走创新型国家之路。⑤ 包心鉴(2019)认为,"四个现代化"发展战略成功开辟了适合中国国情的社会主义工业化道路,科学制定了社会主义现代化建设的基本方针,深刻揭示了社会主义现代化建设的长期性和艰巨性。⑥

2. "四个现代化"发展战略的意义

陈答才(2011)认为,实现"四个现代化",是我国伟大的人民革命的根本目的所在;是符合社会主义经济建设的唯一目的;是时代赋予中国人民的历史使命;只有实现

---

① 陈答才:《论周恩来对中国现代化理论与实践的贡献》,《陕西师范大学学报》(哲学社会科学版),2011年第4期,第154~162页。
② 李杰:《周恩来四个现代化思想浅析》,《四川大学学报》(哲学社会科学版),1998年第2期,第61~67页。
③ 黄健江:《从四个现代化到三步走战略》,《甘肃理论学刊》,1999年第4期,第4~8页。
④ 金民卿:《毛泽东现代化思想中的四个重要关系》,《马克思主义理论学科研究》,2021年第2期,第50~60页。
⑤ 李忠业,杨宪福:《"四个现代化"对探索建设中国特色社会主义道路的启示》,《毛泽东思想研究》,2008年第1期,第14~18页。
⑥ 包心鉴:《现代化:新中国70年的不懈探索和辉煌历程》,《学习与探索》,2019年第6期,第1~9+192页。

四个现代化,中国才能立足于世界强国之列。① 包心鉴(2019)指出,"四个现代化"为中华民族和中国人民真正"站起来"打下坚实基础;"中国式的现代化"为中华民族和中国人民实现"富起来"开辟光明道路;"全面建成社会主义现代化强国"为中华民族和中国人民走向"强起来"注入强大动力。②

二、"两步走"发展战略

我国的社会主义发展战略是以毛泽东同志为核心的党的第一代中央领导集体首先提出并初步规划的。以毛泽东同志为核心的党的第一代中央领导集体提出的"两步走"发展战略处于我国总体发展战略中的探索和起步阶段,为改革开放以后现代化发展战略的制定和实施打下了坚实的基础。

(一)"两步走"发展战略的特点

李雅儒(2000)认为,为实现国家工业化任务,参照苏联的经验而选择的经济发展战略具有以下几个特点:一是以追求高速度发展为主要目标;二是把重工业作为重点,强调重工业优先发展;三是未能充分重视提高人民生活水平和提高经济效益;四是以粗放发展为主;五是以实现经济的自给自足为目标但带有一些闭关自由特点。③ "两步走"战略构想也存在一些问题。张翼(2014)认为,"两步走"战略构想中的现代化很难明确定义,也很难用指标体系所监测;要在1980年以前就建成独立的比较完整的工业体系和国民经济体系,任务太重;要在"本世纪内"即2000年之前就实现"四个现代化",并使中国的经济走在世界前列,几乎是一个不可能完成的任务。④

(二)"两步走"发展战略的启示

"四个现代化"战略目标和"两步走"战略考虑,是新中国成立后中国共产党对社会主义现代化建设道路的最初探索,也标志着中国共产党对现代化的认识实现了从"工业化"向"现代化"的转变。⑤ 张荣华和朱民强(2013)在回顾了毛泽东的经济发展战略思想后,提出了三点启示:第一,战略重点的转移是中国经济建设的必要条件;第二,实现现代化是中国经济建设的根本目标;第三,正确选择建设方针是实现中国经济建设的重要保证。⑥

---

① 陈答才:《论周恩来对中国现代化理论与实践的贡献》,《陕西师范大学学报》(哲学社会科学版),2011年第4期,第154~162页。
② 包心鉴:《现代化:新中国70年的不懈探索和辉煌历程》,《学习与探索》,2019年第6期,第1~9+192页。
③ 李雅儒:《邓小平的经济发展战略观及其特色》,《教学与研究》,2000年第3期,第67~70页。
④ 张翼:《从"小康社会"到"中国梦"——邓小平"小康社会"理论对中国社会发展的影响》,《湖北社会科学》,2014年第11期,第5~11页。
⑤ 中共中央党校(国家行政学院):《习近平新时代中国特色社会主义思想基本问题》,人民出版社,2020年,第150页。
⑥ 张荣华、朱民强:《"总体布局"视域下毛泽东经济发展战略思想研究》,《开发研究》,2013年第2期,第153~156页。

第三节 "三步走"发展战略

党的十一届三中全会后,以邓小平同志为核心的党的第二代中央领导集体立足于我国的具体国情,把马克思主义基本原理同中国具体实际相结合,同中华优秀传统文化相结合,在总结前30年的社会主义建设的经验教训和继承"两步走"发展战略的基础上,提出了分"三步走"基本实现社会主义现代化的发展战略,开创了建设有中国特色的社会主义现代化的新局面。党的十三大把"三步走"发展战略确定下来,成为党领导国家发展的行动纲领。依循"三步走"发展战略,党的十四大提出要实现第二步战略目标,对实现第三步战略目标提出初步设想,十五大、十六大、十七大相应对第三步战略目标不断作出具体化部署。

一、"三步走"发展战略的形成

张启华和张树军(2011)及李腊生(2013)指出,"三步走"发展战略的主要内容可以概括为四点:第一,三级目标。第一个目标是解决温饱问题;第二个目标是达到小康水平,基本摆脱贫穷;第三个目标是达到中等发达国家水平,基本实现现代化。第二,三个阶段。第一个阶段是20世纪80年代(10年),第二个阶段是90年代(10年),第三个阶段是21世纪前半期。第三,四个翻番。以1980年人均国民生产总值为基数,20世纪末以前翻两番,21世纪中叶前再翻两番。第四,一个关键。我国基本实现现代化的关键是20世纪最后十年要实现第二个翻两番。① 对邓小平"三步走"发展战略形成的研究,有历史的考察,有逻辑的分析。

(一)"三步走"发展战略的形成阶段

有学者通过对历史的考察,认为邓小平"三步走"发展战略,经历了一个逐步完善的形成过程,形成了两种观点,主要经历了两个阶段或三个阶段。

"两阶段论"。赵可铭(2004)指出,邓小平对我国社会主义现代化建设战略目标和战略步骤的探索,是随着我国改革开放事业的不断发展而逐步深化的。这个探索大体上可以划分为两个阶段。第一个阶段,从1979年到1982年党的十二大召开。在这个阶段上,邓小平确立了分前、后两个十年,到20世纪末实现人均国民生产总值翻两番,人民生活达到小康水平的战略目标。第二个阶段,从1982年到1987年党的十三大召开。在这个阶段上,邓小平确立了我国现代化建设的长期战略目标和战略部署,即确立从20世纪80年代到21世纪中叶,我国的经济建设分三步走,达到中等发达国家发展水

---

① 张启华,张树军:《中国共产党思想理论发展史》(下卷),人民出版社,2011年,第1301~1304页。李腊生:《中国共产党的国家发展战略研究》,人民出版社,2013年,第181~183页。

平的战略目标。①

"三阶段论"。王立胜（2004）指出，"三步走"战略的形成经历了一个逐步发展的过程。首先，对"四个现代化"目标进行量化思考，提出"小康"概念。其次，在提出小康目标的基础上，形成了"两步走"战略。最后，在"两步走"战略的基础上形成"三步走"战略。② 张启华和张树军（2011）及李腊生（2013）认为，"三步走"发展战略的形成经历了三个发展阶段。第一阶段："三步走"战略重点步骤，最早是从1979年12月提出"小康之家""小康的状态"开始，形成和确立到20世纪末实现"小康社会"的目标和步骤。第二阶段：从1982年8月开始，形成并初步确立到21世纪中叶"接近发达国家的水平"的目标和步骤。第三阶段：从1987年4月开始，完整地提出"三步走"战略目标和步骤。③

（二）"三步走"发展战略形成的依据

有的学者从邓小平"三步走"发展战略的形成的现实基础方面考察，认为邓小平"三步走"发展战略不是主观臆想出来的，而是对多种因素进行综合分析以后提出的科学设想。

1. 理论依据

罗昭义（1995）认为，邓小平关于现代化建设"三步走"战略目标的理论依据，可以分为理论基础和直接理论依据两个方面。理论基础是马克思主义的辩证唯物主义与历史唯物主义及马克思主义政治经济学；直接理论依据是邓小平同志建设有中国特色社会主义理论，特别是其中的社会主义的本质论、根本任务论等理论观点。④ 华道增（1997）认为，"三步走"发展战略遵循了生产力自身发展的客观规律。⑤ 刘杰和张志忠（1999）认为，"实践是检验真理的唯一标准"的讨论及解放思想、实事求是思想路线的重新确立，使中国共产党能够自觉地探索有中国特色社会主义的发展道路。⑥

2. 历史依据

罗昭义（1995）认为，邓小平同志"三步走"战略目标的历史经验依据是建立在对国内外历史经验的科学总结基础之上的。⑦ 朱玉华（1996）认为，邓小平构想并提出我国经济发展战略的主要依据之一是对我国原有经济发展战略的历史总结。⑧ 华道增（1997）认为，"三步走"发展战略是在认真总结了国内外经济发展经验教训的基础上确

---

① 赵可铭：《邓小平理论发展史论纲》，人民出版社，2004年，第264页。
② 王立胜：《中国发展大战略：从毛泽东到邓小平》，陕西人民出版社，2004年，第29~31页。
③ 张启华，张树军：《中国共产党思想理论发展史》（下卷），人民出版社，2011年，第1301~1304页。李腊生：《中国共产党的国家发展战略研究》，人民出版社，2013年，第181~183页。
④ 罗昭义：《论邓小平现代化建设"三步走"战略目标的依据与特点》，《科学社会主义》，1995年第6期，第58~61页。
⑤ 华道增：《论邓小平经济发展战略观》，《南开经济研究》，1997年第2期，第3~11+16页。
⑥ 刘杰，张志忠：《毛泽东与邓小平社会主义发展战略之比较》，《社会科学辑刊》，1999年第6期，第4~6页。
⑦ 罗昭义：《论邓小平现代化建设"三步走"战略目标的依据与特点》，《科学社会主义》，1995年第6期，第58~61页。
⑧ 朱玉华：《论邓小平的经济发展战略思想》，《毛泽东思想研究》，1996年第1期，第14~17页。

定的。① 蔡永生，等（2019）指出，正是在总结新中国成立以来经济发展战略经验教训的基础上，结合我国具体国情特点，逐步形成了社会主义现代化建设分"三步走"的发展战略。②

3. 现实依据

第一，中国国情。国情是制定社会发展战略的重要客观根据。罗昭义（1995）指出，邓小平同志"三步走"战略目标的国情依据是我国社会正处在社会主义初级阶段。③ 朱玉华（1996）指出，邓小平构想并提出我国经济发展战略的主要依据之一是当时中国的国情和社会主要矛盾。④ 华道增（1997）认为，"三步走"发展战略，符合我国社会主义初级阶段的实际情况，是建立在对我国国情正确认识基础之上的。⑤ 刘杰和张志忠（1999）认为，十年"文化大革命"的教训及传统的计划经济体制弊端不断暴露出来，使党和国家的主要领导人深切地意识到，原有的发展战略已不适应中国的发展，只有另辟新路；"实践是检验真理的唯一标准"的讨论及解放思想、实事求是思想路线的重新确立，使中国共产党能够自觉地探索有中国特色社会主义的发展道路。⑥ 蔡永生等（2019）指出，正是基于对处于社会主义初级阶段的中国国情的正确认识，邓小平同志制定了积极、稳健的社会主义现代化建设分三步走的战略。⑦ 汪青松和佘超（2020）认为，新中国"四个现代化"战略目标的确立与实施为邓小平提出"中国式的现代化"提供了实践依据。⑧ 李君如（2020）认为，中国实现现代化的"三步走"发展战略是以邓小平同志为核心的第二代中央领导集体，根据"现在搞建设，也要适合中国情况"的实事求是原则制定的。⑨

第二，时代主题。罗昭义（1995）认为，邓小平同志"三步走"战略目标的时代依据是和平与发展为主题的时代特征。⑩ 朱玉华（1996）认为，邓小平构想并提出我国经济发展战略的主要依据之一是当时世界发展的主题"和平与发展"。⑪ 刘杰和张志忠（1999）认为，一方面东欧剧变，苏联解体，社会主义运动处于低潮，中国的前途和命运更成为举世关注的焦点；另一方面，和平与发展成为时代的主题。以经济和科技为基础的综合国力的竞争日益突出，严峻的挑战和良好的机遇，要求我们选择一条力争不断

---

① 华道增：《论邓小平经济发展战略观》，《南开经济研究》，1997年第2期，第3～11+16页。
② 蔡永生，等：《中国特色社会主义理论体系的创新与发展思想研究》，人民出版社，2019年，第292页。
③ 罗昭义：《论邓小平现代化建设"三步走"战略目标的依据与特点》，《科学社会主义》，1995年第6期，第58～61页。
④ 朱玉华：《论邓小平的经济发展战略思想》，《毛泽东思想研究》，1996年第1期，第14～17页。
⑤ 华道增：《论邓小平经济发展战略观》，《南开经济研究》，1997年第2期，第3～11+16页。
⑥ 刘杰，张志忠：《毛泽东与邓小平社会主义发展战略之比较》，《社会科学辑刊》，1999年第6期，第4～6页。
⑦ 蔡永生，等：《中国特色社会主义理论体系的创新与发展思想研究》，人民出版社，2019年，第293页。
⑧ 汪青松，佘超：《从"小康社会"到"全面建成现代化强国"的发展逻辑》，《思想理论教育导刊》，2020年第8期，第48～52页。
⑨ 李君如：《"全面小康"思想史笔记》，《毛泽东邓小平理论研究》，2020年第3期，第1～12+107页。
⑩ 罗昭义：《论邓小平现代化建设"三步走"战略目标的依据与特点》，《科学社会主义》，1995年第6期，第58～61页。
⑪ 朱玉华：《论邓小平的经济发展战略思想》，《毛泽东思想研究》，1996年第1期，第14～17页。

上台阶、上速度、上档次的发展道路。① 这就要求中国的社会主义现代化建设和改革开放必须创造出具有当今时代特征和符合中国国情的发展之路。蔡永生等（2019）指出，20世纪70年代以来世界主题由革命与战争转换为和平与发展，为社会主义现代化建设分三步走战略提供了机遇。②

二、"三步走"发展战略的特点

（一）实事求是

杨企玉（1993）认为，"三步走"发展战略最大的特点是实事求是。③ 鲍岚（1999）认为，邓小平发展战略，把我国社会主义现代化建设在经济方面具体化为切实可行的步骤，并从指导思想的高度克服了我国在经济建设方面急于求成的思想和情绪。④ 李雅儒（2000）认为"三步走"发展战略是具有中国特色的经济发展战略，既有"雄心壮志"，又不急于求成。⑤ 孟继群（2008）认为，"三步走"发展战略坚持实事求是，真正从我国生产力现实水平出发。⑥ 闫志民（2012）指出，同以往中国的发展战略相比，"三步走"发展战略切合实际，充分考虑了中国现代化发展的艰巨性和可能性。⑦ 刘欣然（2014）认为，"三步走"发展战略的制定充分考虑到我国的实际国情。⑧ 肖贵清和李永进（2014）指出，"三步走"发展战略所体现的渐进式、阶梯式的发展模式，符合中国国情和具体实际。⑨

（二）实践性

高化民（1995）认为，经济发展分三步走的战略目标，是伴随改革开放的实践逐步形成的，并根据实践的发展，不断修正和完善对一些重大问题的提法；制定"三步走"的战略目标，吸取了历史的经验教训，是符合我国实际，经过努力可以实现的宏伟战略目标；它以体现人民生活逐步走向富裕的一系列阶段性目标来描述我国现代化的进程。⑩ 贺耀敏（2004）认为，"三步走"战略是我国社会主义初级阶段的经济发展战略；是突出坚持与实施以经济建设为中心的经济发展战略；是把解放和发展生产力作为主要任务的经济发展战略；是把建设和完善社会主义市场经济体制作为经济体制建设目标的

---

① 刘杰，张志忠：《毛泽东与邓小平社会主义发展战略之比较》，《社会科学辑刊》，1999年第6期，第4~6页。
② 蔡永生，等：《中国特色社会主义理论体系的创新与发展思想研究》，人民出版社，2019年，第291页。
③ 杨企玉：《中华民族实现腾飞的宏伟蓝图——学习邓小平关于我国现代化建设分三步走的发展战略思想》，《理论探索》，1993年第2期，第50~52页。
④ 鲍岚：《浅谈社会主义建设的发展战略》，《理论探索》，1999年第5期，第55~57页。
⑤ 李雅儒：《邓小平的经济发展战略观及其特色》，《教学与研究》，2000年第3期，第67~70页。
⑥ 孟继群：《邓小平领导理论研究》，人民出版社，2008年，第217~218页。
⑦ 闫志民：《中国特色社会主义理论发展史》，人民出版社，2012年，第275~276页。
⑧ 刘欣然：《社会主义初级阶段发展战略的显著特征》，《学术交流》，2014年第2期，第40~43页。
⑨ 肖贵清，李永进：《邓小平小康思想与当代中国现代化发展战略》，《山东社会科学》，2014年第9期，第38~42+135页。
⑩ 高化民：《对三步走战略目标的认识》，《教学与研究》，1995年第2期，第18~22页。

战略;是坚持走中国自己的建设道路,不照搬外国经验的经济发展战略。① 毕秀梅(2005)认为,邓小平制定的"三步走"发展战略,把我国社会发展的目标具体化为切实可行的步骤。其一,把小康水平和达到中等发达国家水平作为我国社会主义发展的两个阶段性标志,使社会发展的目标有了明确的内容。其二,把实现经济发展战略目标同社会全面发展统一起来。② 邓磊(2011)认为,在中国特色社会主义实践中,邓小平站在社会主义发展战略的高度,从社会主义发展的现实视角、时间视域和空间视野阐明了社会主义发展必须面向现代化、面向世界、面向未来的思想。③

(三)人民性

鲍岚(1999)认为,邓小平发展战略与人民生活水平的提高和国力的增强紧密联系在一起,体现了社会主义的本质和生产目的,因而得到了广大人民群众的拥护。④ 李雅儒(2000)认为"三步走"发展战略重视人民生活水平的提高。⑤ 高红贵(2000)认为,党的十三大确定的这个经济发展战略与过去制定的经济发展战略相比,重视人民生产水平的提高。⑥ 赵可铭(2004)认为,"三步走"战略高度重视人民生活水平的提高。⑦ 孟继群(2008)指出,"三步走"发展战略是以改善人民生活为出发点和落脚点。⑧ 刘欣然(2014)认为,"三步走"的发展战略充分体现了人民日益增长的物质文化需要,为中国现代化建设设计了一条具体的路径。⑨ 张瑞敏(2019)指出"三步走"战略目标,是中国共产党对现代化战略目标的再设计,比之过去,有三点重要变化:一是根据中国的实际情况适当降低了目标要求;二是目标的设计具体而量化;第三点也是最重要的变化,就是以人民的生活状态为标尺,以实际反映人民生活水平的概念"温饱—小康—富裕"来设计和表述中国现代化发展的战略步骤,这与之前以农业、工业、国防和科学技术现代化为发展目标的表述有了重要的区别。⑩

(四)可行性

鲍岚(1999)指出,邓小平发展战略,建立在严格的科学论证和我国经济发展实践经验基础上,使我国的经济发展更为量化,具有很强的操作性。⑪ 陈雪薇(1999)认为,"三步走"发展战略符合我国国情,解决了我国建设和发展中一系列重大问题:一是把旧中国没有完成的传统产业革命与当代新的科技革命结合起来;二是把工业化和现

---

① 贺耀敏:《"三步走"战略是中国实现现代化的必然选择》,《高校理论战线》,2004年第10期,第13~17页。
② 毕秀梅:《中国共产党对发展问题认识的历史考察》,《长白学刊》,2005年第3期,第94~96页。
③ 邓磊:《邓小平发展社会主义战略思维探析》,《社会主义研究》,2011年第1期,第42~45页。
④ 鲍岚:《浅谈社会主义建设的发展战略》,《理论探索》,1999年第5期,第55~57页。
⑤ 李雅儒:《邓小平的经济发展战略观及其特色》,《教学与研究》,2000年第3期,第67~70页。
⑥ 高红贵:《"三步走"经济发展战略简析》,《中南财经大学学报》,2000年第3期,第27~29页。
⑦ 赵可铭:《邓小平理论发展史论纲》,人民出版社,2004年,第266页。
⑧ 孟继群:《邓小平领导理论研究》,人民出版社,2008年,第217~218页。
⑨ 刘欣然:《社会主义初级阶段发展战略的显著特征》,《学术交流》,2014年第2期,第40~43页。
⑩ 张瑞敏:《中国共产党反贫困实践研究1978—2018》,人民出版社,2019年,第90~91页。
⑪ 鲍岚:《浅谈社会主义建设的发展战略》,《理论探索》,1999年第5期,第55~57页。

代化结合起来；三是把工业化、现代化和生产的商品化、社会化结合起来；四是把现代化与人民生活的改善结合起来。① 高红贵（2000）认为，党的十三大确定的这个经济发展战略与过去制定的经济发展战略相比，把实现现代化和实现工业化、生产商品化、社会化联系在一起，战略部署既积极又稳妥。② 李香兰（2003）认为，"三步走"的战略，是一个符合我国国情的、全新的经济发展战略。第一，这是一个积极可行的目标；第二，这一战略目标强调要有步骤，分阶段进行；第三，这一战略目标具有可比性，它用国民生产总值、人均国民生产总值把目标加以量化，便于进行国际比较；第四，把战略目标与人民生活水平联系起来。③ 赵可铭（2004）认为，"三步走"战略不仅进行定性分析，而且进行定量分析；"三步走"战略注重经济的总量平衡和结构优化。④ 孟继群（2008）认为，"三步走"发展战略目标全面、科学、具体、量化，便于国际比较。⑤ 闫志民（2012）指出，同以往中国的发展战略相比，"三步走"发展战略具有明确、具体和定量化的特征。⑥ 张启华和张树军（2011）及李腊生（2013）认为：首先，"三步走"发展战略是实事求是思想路线的产物；其次，兼顾生产与生活，把发展国民经济同改善人民生活统一起来，能够把广大人民群众的积极性、主动性和创造性充分调动起来，为实现这个战略目标和步骤而努力奋斗；最后，用国民生产总值代替工农业生产总值作为衡量经济发展水平的综合指标，尤其重视人均国民生产总值的逐步提高，因而更科学，更具体，也更可行。⑦⑧ 刘欣然（2014）认为，"三步走"的发展战略，以国民生产总值作为衡量现代化水平的标准，准确地制定了中国未来发展战略的核心任务（发展生产力）。⑨

（五）突破性

高成林和路红（1997）指出，邓小平经济发展战略有"三个强调"：一是强调发展，把经济的发展放在现代化建设各项工作的首要地位；二是强调速度；三是强调突出战略重点，注意总量平衡和产业结构合理化，使经济持续、稳定、协调地发展。⑩ 孟继群（2008）认为，"三步走"发展战略克服了对于社会主义优越性的盲目性。⑪ 闫志民（2012）指出，"三步走"发展战略主要是一个经济发展战略，同时又是一个重要的政治目标。⑫ 张亚飞（2018）认为，"三步走"发展战略主要实现了三个方面的突破：一是

---

① 陈雪薇：《对我党社会主义初级阶段经济发展战略部署的历史回顾》，《理论探讨》，1999年第5期，第97~101页。
② 高红贵：《"三步走"经济发展战略简析》，《中南财经大学学报》，2000年第3期，第27~29页。
③ 李香兰：《中国经济发展战略：历史嬗变及逻辑启示》，《齐鲁学刊》，2003年第6期，第71~74页。
④ 赵可铭：《邓小平理论发展史论纲》，人民出版社，2004年，第266页。
⑤ 孟继群：《邓小平领导理论研究》，人民出版社，2008年，第217~218页。
⑥ 闫志民：《中国特色社会主义理论发展史》，人民出版社，2012年，第275~276页。
⑦ 张启华，张树军：《中国共产党思想理论发展史》（下卷），人民出版社，2011年，第1307~1308页。
⑧ 李腊生：《中国共产党的国家发展战略研究》，人民出版社，2013年，第185~186页。
⑨ 刘欣然：《社会主义初级阶段发展战略的显著特征》，《学术交流》，2014年第2期，第40~43页。
⑩ 高成林，路红：《认真领会邓小平同志经济发展战略思想》，《改革与战略》，1997年第4期，第1~4页。
⑪ 孟继群：《邓小平领导理论研究》，人民出版社，2008年，第217~218页。
⑫ 闫志民：《中国特色社会主义理论发展史》，人民出版社，2012年，第275~276页。

在目标设定上从单纯追求生产力发展变为提高人民的生活水平和提高生产力发展并重，使它与一般的社会发展阶段性目标区分开来，具有典型的社会主义制度属性；二是在时间跨度上与社会主义初级阶段理论的确立同步，规划时间的跨度拓展到了整个社会主义初级阶段，奠定了整个中国特色社会主义初级阶段现代化"分步走"体系的基本框架；三是坚持实事求是、与时俱进的理论特性，通过"小康社会""中国式现代化"等概念创新使阶段理论体系在更深的层次上和中国的国情密切结合，并且在第三步战略目标的设定上留下了大量的创新空间，坚持开放性与科学性的统一。[1]

（六）统一性

罗昭义（1995）认为，"三步走"战略目标有"四个统一"：第一，"三步走"战略目标坚持经济与社会协调发展，体现了整体性与重点性的统一；第二，"三步走"战略目标充分考虑到现代化的艰巨和现实可能，体现了长期性与阶段性的统一；第三，"三步走"战略目标以国民生产总值这一综合性指标作为衡量尺度，体现了速度与效益的统一；第四，"三步走"战略目标明确提出以提高人民的物质文化生活水平为目的，体现了经济增长与改善人民生活的统一。[2] 杨企玉（1993）认为，"三步走"发展战略体现了"三个统一"，即长期性和阶段性的统一、速度和效益的统一、民族性和世界性的统一。[3] 张爱芹和沈秀敏（2001）将"三步走"发展战略的特点总结为"四个统一"：一是阶段性与整体性的统一；二是重点性与全面性的统一；三是跨越性与可持续性的统一；四是求实性与创新性的统一。[4] 吴松（2002）指出，"三步走"发展战略与原来赶超发达国家的发展战略相比，表现为"五个统一"：一是坚持了理论和实践的统一，它是在运用马克思主义基本原理和总结中国社会主义现代化建设的实践经验基础上提出来的；二是坚持了速度与效益的统一；三是坚持了国力与战略的统一，即坚持注重综合国力与发展战略目标的统一；四是坚持了奋斗精神与求实态度的统一；五是坚持了生产发展水平与人民生活水平的统一。[5] 赵可铭（2004）认为，"三步走"战略坚持了速度和效益的统一。[6] 闫志民（2012）指出，同以往中国的发展战略相比，"三步走"发展战略立足于社会主义初级阶段的主要矛盾，以提高人民物质文化生活水平为主要考量，体现了经济增长与改善人民生活的统一。[7]

三、实施"三步走"发展战略的途径

对实施"三步走"发展战略的途径，学者们从不同角度进行了阐述。

---

[1] 张亚飞：《对社会主义现代化"分步走"发展战略的探索》，《学习论坛》，2018年第8期，第46~51页。
[2] 罗昭义：《论邓小平现代化建设"三步走"战略目标的依据与特点》，《科学社会主义》，1995年第6期，第58~61页。
[3] 杨企玉：《中华民族实现腾飞的宏伟蓝图——学习邓小平关于我国现代化建设分三步走的发展战略思想》，《理论探索》，1993年第2期，第50~52页。
[4] 张爱芹，沈秀敏：《试论"三步走"发展战略的特点及意义》，《理论探索》，2001年第3期，第20~21页。
[5] 吴松：《论全面建设小康社会》，人民出版社，2002年，第40页。
[6] 赵可铭：《邓小平理论发展史论纲》，人民出版社，2004年，第266页。
[7] 闫志民：《中国特色社会主义理论发展史》，人民出版社，2012年，第275~276页。

一是实施发展战略的条件角度。高化民（1995）认为，要实现"三步走"的战略目标，需要以下三个条件：第一，政局稳定；第二，党的十一届三中全会以来的路线、方针、政策不变；第三，争取较快的经济发展速度，力争隔几年上一个台阶。① 李治国（2004）指出，坚持改革是实现"三步走"发展战略的重要条件；坚持稳定是实现"三步走"发展战略的重要基础。②

二是实施"三步走"发展战略的重点角度。朱玉华（1996）认为，为确保"三步走"战略目标的实现，我国经济建设必须在统筹全局的前提下，狠抓战略重点：第一，切实加强农业，全面发展和繁荣农村经济；第二，继续加强基础设施和基础工业，大力振兴支柱产业；第三，加速科技进步，优先发展教育；第四，积极发展第三产业。③ 李治国（2004）指出，邓小平提出实现"三步走"发展战略的三项重点：一是抓农业，二是抓能源和交通，三是抓教育和科学。其中教育和科学是我国国民经济发展的关键。④

三是实施"三步走"发展战略的方针角度。鲍岚（1999）指出，为了更好地实现"三步走"发展战略，邓小平同志还提出了一系列与之相配套的基本方针：第一，以重点带动全局。我国经济发展的战略重点是农业、能源和交通、教育和科学。第二，从大局出发，促进地区协调发展。沿海带动内地共同发展。第三，抓住机遇，加快经济发展，隔几年上一个台阶。第四，必须注重质量、追求效益、实现速度与效率相统一。第五，在发展经济的基础上不断改善人民生活。⑤

四是生产力角度。吕志刚（1998）认为，邓小平为实现战略目标提出了重要的措施：必须实行责任制；必须抓三项重点工作（农业、能源和交通、教育和科学）；必须增强国营大中型企业的活力；必须发挥市场机制的作用；必须实行"台阶式"发展的方法和措施。⑥ 贺耀敏（2004）认为，在实施"三步走"战略第三步战略的时候，要始终坚持科学技术是第一生产力，树立科学发展观，实施科教兴国战略，走可持续发展的道路。⑦

五是改革角度。高成林和路红（1997）提出邓小平经济发展战略的实现途径是实行对外开放、坚持社会主义方向。⑧ 高红贵（2000）认为，中国共产党为实现我国现代化建设分三步走的战略决策确定了必要的政策和途径：深化经济体制改革；调整产业结构、优化资源配置；坚持实行对外开放；把发展科学技术和教育事业放在首位。⑨ 贺新元（2011）认为，邓小平发展战略为实现"中国式现代化"和中华民族伟大复兴制定了

---

① 高化民：《对三步走战略目标的认识》，《教学与研究》，1995年第2期，第18~22页。
② 李治国：《邓小平经济思想》，人民出版社，2004年，第130~131页。
③ 朱玉华：《论邓小平的经济发展战略思想》，《毛泽东思想研究》，1996年第1期，第14~17页。
④ 李治国：《邓小平经济思想》，人民出版社，2004年，第130~131页。
⑤ 鲍岚：《浅谈社会主义建设的发展战略》，《理论探索》，1999年第5期，第55~57页。
⑥ 吕志刚：《邓小平关于中国社会主义发展战略的理论》，《当代世界与社会主义》，1998年第1期，第46~48页。
⑦ 贺耀敏：《邓小平对中国经济发展战略的积极探索——兼论邓小平"三步走"战略的时代意义》，《教学与研究》，2004年第9期，第5~12页。
⑧ 高成林，路红：《认真领会邓小平同志经济发展战略思想》，《改革与战略》，1997年第4期，第1~4页。
⑨ 高红贵：《"三步走"经济发展战略简析》，《中南财经大学学报》，2000年第3期，第27~29页。

一个发展策略体系：以改革开放为发展动力；以经济建设为发展中心；以全面协调为发展要求；以可持续为发展前提；以速度促发展效益；以农业、能源交通与教育科学等为发展重点；以"三个有利于"为发展标准；以改革、发展、稳定相统一为发展方针。①贺耀敏（2004）认为，在实施"三步走"战略第三步战略的时候，要始终把全面建设小康社会作为奋斗目标，提高人民群众的物质文化生活，让最广大人民群众享受到现代化建设和经济发展的实惠；要始终把和平发展与和平崛起作为我国经济发展的基本要求。②

四、"三步走"发展战略的意义

邓小平提出的"三步走"发展战略从对20世纪最后20年的规划和展望，到对中国发展至21世纪中叶的长远规划与展望，勾画了我国现代化建设的宏伟蓝图。

（一）理论意义

1. 丰富和发展了马克思主义理论

张爱芹和沈秀敏（2001）认为，"三步走"发展战略发展了马克思主义的科学社会主义学说。③梅宪宾（2005）认为，在马克思主义、社会主义发展史上，邓小平发展战略理论是对马克思列宁主义、毛泽东思想的继承和发展，它向世界各国提供了我们的基本经验：像中国这样经济比较落后的国家，如何实现现代化的社会主义新发展观的丰富内容。④全国邓小平生平和思想研讨会组织委员会（2005）提出，"三步走"发展战略是对科学社会主义学说的理论创新。⑤韩振峰（2007）认为，邓小平的"三步走"战略，是对社会主义发展战略理论的进一步明确和重大发展。⑥人民日报社理论部（2015）提出，"三步走"发展战略丰富和发展了我国现代化建设思想；"三步走"发展战略符合现代经济发展理论；"三步走"发展战略内含社会成员共同富裕的设计。⑦

2. 为中国和世界上社会主义国家的现代化建设提供了理论指导

杨企玉（1993）认为，"三步走"发展战略是中国共产党领导全国各族人民迈向21世纪的伟大旗帜；"三步走"发展战略为制订国家中短期经济发展计划提供了基本依据；"三步走"发展战略是建设有中国特色社会主义的重要组成部分。⑧苟兴富和刘文科（1997）认为，"三步走"发展战略思想是对中国社会主义建设正反两方面经验教训的总

---

① 贺新元：《邓小平发展思想论纲》，《中国人口·资源与环境》，2011年第10期，第12~20页。
② 贺耀敏：《邓小平对中国经济发展战略的积极探索——兼论邓小平"三步走"战略的时代意义》，《教学与研究》，2004年第9期，第5~12页。
③ 张爱芹，沈秀敏：《试论"三步走"发展战略的特点及意义》，《理论探索》，2001年第3期，第20~21页。
④ 梅宪宾：《论邓小平发展战略思想的特征、特性及意义》，《理论前沿》，2005年第14期，第23~24页。
⑤ 全国邓小平生平和思想研讨会组织委员会：《邓小平百周年纪念：全国邓小平生平和思想研讨会论文集》（上），中央文献出版社，2005年，第418页。
⑥ 韩振峰：《马克思主义中国化的思想历程研究》，河北大学出版社，2007年，第487页。
⑦ 人民日报社理论部：《中国经济为什么行》，人民出版社，2015年，第139~140页。
⑧ 杨企玉：《中华民族实现腾飞的宏伟蓝图——学习邓小平关于我国现代化建设分三步走的发展战略思想》，《理论探索》，1993年第2期，第50~52页。

结，是对世界上社会主义国家执政党建设有益探索的总结。① 吕志刚（1998）认为，邓小平关于"三步走"发展战略的理论是中国共产党制定路线、方针和政策的理论依据。② 梅宪宾（2005）认为，由邓小平发展战略所领导的中国现代化，是世界现代化进程中非常重要的一个组成部分。③ 张亚飞（2018）认为，"三步走"战略安排是中国特色社会主义现代化"分步走"体系的奠基性和里程碑式成果，标志着中国特色社会主义现代化"分步走"体系的形成。④

（二）实践意义

1. 指导我国进行社会主义现代化建设

吕志刚（1998）认为，邓小平的发展战略理论，克服了长期以来我国经济社会发展上急于求成的思想偏向；符合我国生产力水平的实际，有利于推动中国共产党实践的进展。⑤ 高红贵（2000）认为，分三步走的战略步骤同我国社会主义初级阶段的进程是相吻合的；把我国经济目标真正建立在切实可靠的基础上，为从战略上把握和指导经济建设提供了基本依据；分三步走的战略步骤，是动员和鼓舞全国各族人民共同努力奋斗的强大推动力，集中反映了我国各族人民的利益和愿望，具有巨大的凝聚力和向心力。⑥ 张爱芹和沈秀敏（2001）认为，"三步走"发展战略从实践上指明了我国现代化的发展方向和具体步骤，是指导我国进行现代化建设的行动纲领。⑦ 梅宪宾（2005）认为，邓小平发展战略在实践指导上，对我国社会主义现代化建设具有重要的指导意义。⑧ 韩振峰（2007）指出，实现了"三步走"战略目标，就可以达到中国共产党长期为之奋斗的消灭贫困的目的，使中国人民的物质生活和精神面貌有一个大的改观，使我们国家在世界上发挥更加重要的作用，对世界作出更大的贡献，并且证明社会主义道路是正确的。⑨ 汪青松和佘超（2020）认为，邓小平提出的"三步走"战略，是对我国现代化事业发展的总规划与总布局，是"小康社会"向"全面建设小康社会"飞跃的现实依据与逻辑起点。⑩

2. 体现出社会主义制度的优越性

杨胜群和黄长发（1998）提出，"三步走"发展战略使中国逐步摆脱贫困，走向富

---

① 苟兴富，刘文科：《论"三步走"发展战略思想的实践意义》，《理论与改革》，1997年第9期，第23～24页。
② 吕志刚：《邓小平关于中国社会主义发展战略的理论》，《当代世界与社会主义》，1998年第1期，第46～48页。
③ 梅宪宾：《论邓小平发展战略思想的特征、特性及意义》，《理论前沿》，2005年第14期，第23～24页。
④ 张亚飞：《对社会主义现代化"分步走"发展战略的探索》，《学习论坛》，2018年第8期，第46～51页。
⑤ 吕志刚：《邓小平关于中国社会主义发展战略的理论》，《当代世界与社会主义》，1998年第1期，第46～48页。
⑥ 高红贵：《"三步走"经济发展战略简析》，《中南财经大学学报》，2000年第3期，第27～29页。
⑦ 张爱芹，沈秀敏：《试论"三步走"发展战略的特点及意义》，《理论探索》，2001年第3期，第20～21页。
⑧ 梅宪宾：《论邓小平发展战略思想的特征、特性及意义》，《理论前沿》，2005年第14期，第23～24页。
⑨ 韩振峰：《马克思主义中国化的思想历程研究》，河北大学出版社，2007年，第478～487页。
⑩ 汪青松，佘超：《从"小康社会"到"全面建成现代化强国"的发展逻辑》，《思想理论教育导刊》，2020年第8期，第48～52页。

裕；使中国的综合国力大大增强；最终显示出社会主义制度的优越性。① 伍国友（2010）认为，实现"三步走"发展战略的目标，不但可以使中国综合国力大大增强，人民生活水平明显提高，中国的国际影响大大增强，对人类作出较大贡献，而且能够更加体现出社会主义制度的优越性。② 冯国权和任立亚（2013）认为，实现"三步走"战略的一个最为重大的意义就是证明社会主义的成功。③ 李腊生（2013）指出，"三步走"发展战略的实现，首先为在 21 世纪实现中华民族的全面振兴打下了坚实的基础；其次，使十几亿人口过上了富裕的生活，这本身就是对人类作出的重大贡献；最后，中国的形象和影响将会有更大的提高。④

第四节 建设小康社会战略

党的十一届三中全会以后，邓小平创造性地提出了社会主义初级阶段理论，据此制定了分步实施中国社会主义现代化的发展战略，并把"实现小康"确立为 20 世纪末中国现代化的阶段性目标。20 世纪 90 年代中期我国总体上实现小康之后，2002 年党的十六大明确提出在 21 世纪前 20 年实施"全面建设小康社会"的发展战略；2007 年党的十七大对"全面建设小康社会"提出了更高的要求；2012 年党的十八大基于我国经济社会发展的新形势特别是小康社会建设的实际进程，将"全面建设小康社会"提升为"全面建成小康社会"。

一、小康社会

小康社会的奋斗目标，承续于党的第一代中央领导集体"在 20 世纪末实现四个现代化"这一雄心壮志的战略规划，形塑于新时期、新时代改革开放和社会主义现代化建设的伟大实践。⑤ 1979 年 12 月，邓小平会见来访的日本首相大平正芳时第一次提出"小康"的概念，也首次用"小康之家"准确表述了什么是"中国式的现代化"，这不同于新中国成立初期制定的"四个现代化"战略目标。中共十二大首次使用了"小康"概念，并将人民物质生活达到小康水平作为主要奋斗目标和经济社会发展的阶段性标志。

陈映（2003）将邓小平小康社会思想的形成过程分为三个阶段：第一个阶段，1979 年 12 月到 1982 年 9 月党的十二大，是小康社会思想初步形成时期；第二个阶段，从 1982 年 9 月党的十二大后到 1987 年 10 月党的十三大，是邓小平小康社会思想的成熟时期；第三个阶段，1987 年党的十三大以后，邓小平小康社会思想进一步完善和全面

---

① 杨胜群，黄长发：《三中全会以来重大决策的形成和发展》，中央文献出版社，1998 年，第 280~281 页。
② 伍国友：《中华人民共和国史 1977—1991》，人民出版社，2010 年，第 373 页。
③ 冯国权，任立亚：《美丽中国梦》，人民出版社，2013 年，第 121 页。
④ 李腊生：《中国共产党的国家发展战略研究》，人民出版社，2013 年，第 187 页。
⑤ 田克勤，张林：《小康社会时代蕴涵的持续提升及其战略引领意义》，《马克思主义理论学科研究》，2020 年第 4 期，第 79~88 页。

进入实践时期。①

（一）小康社会的内涵

邓小平把小康社会纳入中国的现代化发展战略，同时将其作为"三步走"发展战略的第二步，赋予了新的内涵。王怀超（1999）认为，第一，小康社会是相对于贫困和富裕而言的，是指摆脱贫困解决温饱之后走向富裕的过渡阶段，也是从落后状态到基本实现现代化的一个过渡时期。第二，从经济上讲，按照原来的预计，进入小康社会的起点是人均国民生产总值达到800~1000美元。就国内比较，一般指收入达到当前的中等偏上水平；与国际比较，是指经济社会发展水平达到世界中等偏下水平。第三，小康社会不只是个经济概念，而且是一个社会范畴。它不仅包括人均国民生产总值和人民物质生活达到某种程度，而且还包括人们生活质量的提高和生活方式的改变。总之，它是指整个社会的发展水平和国家的整体发展状况。因此，衡量小康社会的指标体系应能较全面地反映经济社会总体发展状况，应包括经济、社会、科技、教育、政治、人民生活质量、环境质量、人民的精神面貌以及社会风气等诸方面。② 方松华和马丽雅（2019）认为，"小康社会"首先是一个经济概念，也指在生活比较富足的同时，法令严明、安定和谐的一种社会状态。③ 刘国新（2020）认为，小康社会理论是从经济发展角度提出的，其底蕴首先是共同富裕；同时，小康社会又是和对外开放紧密联系的；另外，小康社会的建设过程也是一个国内外市场不断扩大的过程；最后，小康社会建设还可以使国家宏观调控不断完善，促进政府职能转变。④

（二）小康社会的特点和标准

汪青松和佘超（2020）认为，邓小平提出的小康社会，先是以解决温饱问题为目标，后调整为以实现基本现代化为目标，这属于从解决温饱到基本实现现代化的过渡阶段。并且邓小平始终以国际眼光，参照国际指标衡量小康社会标准：一，用国际货币美元来衡量"中国式的现代化"标准；二，将中国式的现代化目标中的人均收入修改为国际上通用的人均国民生产总值的衡量标准；三，将小康水平的标准放置于国际范围内进行比较。⑤ 包心鉴（2019）认为，"中国式的现代化"，集中体现了走适合中国国情的社会主义道路的思想精髓；生动彰显了实现全体人民共同富裕的价值追求；鲜明坚持了通过改革开放之路走向现代化的根本抉择。⑥ 孙立冰和王朝科（2021）认为，"小康之家"或"小康水平"主要以经济发展水平（GDP或人均GDP）为标准，抓住了当时中国经

---

① 陈映：《论"全面建设小康社会"思想的形成》，《毛泽东思想研究》，2003年第4期，第8~12页。
② 王怀超：《中国现代化建设的战略部署》，《理论探讨》，1999年第3期，第5~10页。
③ 方松华，马丽雅：《社会主义现代化强国目标及其建设方略研究》，人民出版社，2019年，第142页。
④ 刘国新：《新里程碑：从小康社会理论的形成到总体小康的实现》，《当代中国史研究》，2020年第6期，第17~27+157页。
⑤ 汪青松，佘超：《从"小康社会"到"全面建成现代化强国"的发展逻辑》，《思想理论教育导刊》，2020年第8期，第48~52页。
⑥ 包心鉴：《现代化：新中国70年的不懈探索和辉煌历程》，《学习与探索》，2019年第6期，第1~9+192页。

济社会发展的主要矛盾，符合中国经济社会特定历史发展阶段和发展条件的客观实际。①

二、全面建设小康社会

随着改革开放和中国特色社会主义建设事业的深入，"小康"的意义和内涵不断地得到丰富和发展。在20世纪末实现总体"小康"的情况下，党的十六大报告第一次明确提出了面向2020年"全面建设小康社会"的新目标。党的十七大把全面建设小康社会由原来强调的"三位一体"建设，提高到进行"五位一体"建设。从党的十六大到党的十八大，是全党全国各族人民"全面建设小康社会"奋斗的10年。

（一）全面建设小康社会的特点

全面建设小康社会，是党的十六大在我国已经实现邓小平提出的"三步走"战略的第一步、第二步目标，人民生活总体上已经达到小康水平的基础上提出来的。高伯文（2004）指出，以江泽民同志为核心的党的第三代中央领导集体提出的社会主义发展战略，一是从社会发展规律的高度，明确提出社会主义初级阶段是整个建设中国特色社会主义的很长历史过程中的初始阶段；二是从长期性和阶段性相统一的视角，明确指出社会主义初级阶段要经历若干具体发展阶段；三是具体规划了现代化第三步发展战略，明确把现代化发展阶段与社会发展阶段有机统一起来，纳入中国特色社会主义发展阶段的范畴。②

张彬（2005）提出，全面建设小康社会在继续坚持以经济发展为中心的同时，根据新的历史条件进一步提出了社会发展的新要求，形成了一个比较系统的指标体系。第一，经济发展和物质生活水平的内涵明显拓宽了。第二，民主、法制、人权、秩序等被纳入全面建设小康社会的目标体系。第三，促进人的全面发展被提到重要位置。第四，生态文明被纳入全面建设小康社会的目标体系。总体而言，"全面小康"的目标内涵非常丰富，既包括实现经济总量的增长，也包括经济体制的完善；既着眼于提高人民的生活水平和生活质量，也着眼于促进人的素质的提高和人的全面发展；既涉及物质文明的发展，也涉及政治文明、精神文明的发展；既强调社会的和谐与全面进步，也强调人与自然的和谐和可持续发展能力的不断增强。③

方松华和马丽雅（2019）提出，按照"十三五"规划纲要，全面建设小康社会的目标内涵主要包括七个方面：第一，经济保持中高速增长；第二，创新驱动发展成效显著；第三，发展协调性明显增强；第四，人民生活水平和质量普遍提高；第五，国民素质和社会文明程度显著提高；第六，生态环境质量总体改善；第七，各方面制度、体

---

① 孙立冰，王朝科：《全面建成小康社会的历史进程、价值准则和方法论》，《管理学刊》，2021第1期，第13～26页。
② 高伯文：《邓小平的发展阶段思想及其丰富与发展》，《中国特色社会主义研究》，2004年第4期，第23～26页。
③ 张彬：《当代中国科学社会主义思想研究》，人民出版社，2005年，第230～231页。

制、机制更加成熟更加定型。①

(二) 全面建设小康社会的意义

1. 全面建设小康社会战略是对"三步走"战略的发展

赖琼琚（2003）认为，全面建设小康社会是实现现代化建设第三步战略目标必经的承上启下的发展阶段，它承接总体小康水平，开启基本实现现代化之路，是现代化建设的关键阶段。②肖浩辉（2003）提出，全面建设小康社会是中国特色社会主义发展阶段和发展战略的创新。③凌湄和王卫国（2009）认为，党的十六大对全面建设小康社会的规划，继承了邓小平小康社会的思想，同时又是对邓小平"三步走"战略思想的拓展。这种拓展主要体现在三个方面：第一，国家战略从重点发展经济开始向全面协调发展转变；第二，开始重视生态环境的改善；第三，把民主法制建设提升到建设社会主义政治文明的高度来认识。④李君如（2020）认为，党的十六大提出的从2000年到2020年"全面建设小康社会"的目标，是对邓小平提出的我国现代化建设"三步走"战略思想的发展。⑤

还有学者认为全面建设小康社会是对邓小平小康社会思想的进一步发展。汪青松和佘超（2020）认为，从"小康社会"到"全面建设小康社会"的飞跃，是小康社会由低级版小康向高级版小康持续发展的过程：一，把实现全面建设小康社会的时间表向后延伸至2020年，进一步精确了建设小康社会的时间表与路线图。二，从经济、政治、科技、文化等层面论述了全面建设小康社会的总体性内容，进一步提高和丰富了小康社会的目标与要求。⑥张彬（2005）提出，全面建设小康社会是实现现代化第三步战略目标必经的承上启下的关键发展阶段。⑦

2. 全面建设小康社会战略深化了社会主义发展战略的认识

肖浩辉（2003）提出，全面建设小康社会，是经济、政治、文化全面发展的目标，是"三个代表"重要思想的生动体现。⑧高伯文（2004）认为，全面建设小康社会发展战略深化了对中国特色社会主义发展阶段性的认识；深化了对中国特色社会主义和现代

---

① 方松华，马丽雅：《社会主义现代化强国目标及其建设方略研究》，人民出版社，2019年，第143~144页。
② 赖琼琚：《江泽民对邓小平社会主义现代化理论的坚持和发展》，《华南师范大学学报》（社会科学版），2003年第3期，第132~134页。
③ 肖浩辉：《全面建设小康社会是中国特色社会主义发展阶段和发展战略的创新》，《毛泽东邓小平理论研究》，2003年第4期，第56~59页。
④ 凌湄，王卫国：《"三步走"战略与中国特色现代化建设——纪念改革开放三十周年》，《特区经济》，2009年第3期，第231~232页。
⑤ 李君如：《"全面小康"思想史笔记》，《毛泽东邓小平理论研究》，2020年第3期，第1~12+107页。
⑥ 汪青松，佘超：《从"小康社会"到"全面建成现代化强国"的发展逻辑》，《思想理论教育导刊》，2020年第8期，第48~52页。
⑦ 张彬：《当代中国科学社会主义思想研究》，人民出版社，2005年，第231页。
⑧ 肖浩辉：《全面建设小康社会是中国特色社会主义发展阶段和发展战略的创新》，《毛泽东邓小平理论研究》，2003年第4期，第56~59页。

化具体发展阶段之间相互衔接与连续性的认识;深化了社会主义初级阶段基本特征的认识。①

三、全面建成小康社会

习近平总书记指出:"全面建成小康社会,强调的不仅是'小康',更重要且更难做到的是'全面'"。② 党的十八大报告首次正式提出全面"建成"小康社会,迎来了从"全面建设小康社会"向"全面建成小康社会"的伟大飞跃。全面建成小康社会是第一个百年目标的终点和第二个百年目标的起点。

(一) 全面建成小康社会的内涵

全面建成小康社会是一个内涵丰富、包容全面的目标,学者们从不同角度对全面建成小康社会的内涵作了阐述。

1. 战略目标的视角

人民日报社理论部(2015)总结出了全面建成小康社会的五大特点:第一,以党的十六大、十七大确立的目标为基础,保持目标的连续性。第二,集中精力解决全面建成小康社会进程中的突出矛盾和问题,使目标更具有针对性。第三,明确深化改革开放的目标和要求,突出改革开放在全面建成小康社会中的重要战略地位。第四,提出生态文明目标,体现"五位一体"总体布局的要求。第五,提出两个翻番的新要求,目标切实可行。③ 邱乘光(2016)认为,"全面建成小康"既应包括作为战略目标的基本内涵,也应包括实现战略目标的基本要求。作为战略目标的"全面建成小康社会"可以概括为"三个全面",即覆盖的领域、人口和区域要全面。为了实现以上战略目标,需要遵循以下重要原则:坚持人民主体地位、科学发展、深化改革、依法治国、统筹国内国际两个大局和坚持党的领导。此外,还必须牢固树立创新、协调、绿色、开放、共享的发展理念。④

2. 结构要素的视角

梅燕京和张广昭(2015)将全面建成小康社会视为一个目标体系,内含经济、政治、文化、社会、生态文明领域的"五位一体"总目标。⑤ 李春根(2018)提出,全面建成小康社会的战略目标应为经济更加发展、民主更加健全、科教更加进步、文化更加繁荣、社会更加和谐、人民生活更加殷实六个方面。⑥ 虎旭昕(2020)提出,新时代全

---

① 高伯文:《邓小平的发展阶段思想及其丰富与发展》,《中国特色社会主义研究》,2004 年第 4 期,第 23~26 页。
② 中共中央文献研究室:《习近平关于全面建成小康社会论述摘编》,中央文献出版社,2016 年,第 12 页。
③ 人民日报社理论部:《中国经济为什么行》,人民出版社,2015 年,第 144~145 页。
④ 邱乘光:《"全面建成小康社会":演进、内涵与功用》,《中共南京市委党校学报》,2016 年第 4 期,第 85~91 页。
⑤ 梅燕京,张广昭:《对全面建成小康社会内涵、路径和挑战的思考》,《人民论坛》,2015 年第 14 期,第 30~32 页。
⑥ 李春根:《全面建成小康社会:理论分析、进度监测与政策优化》,《湖南师范大学社会科学学报》,2018 年第 4 期,第 1~9 页。

面建成小康社会，以"抓重点、补短板、强弱项"为指引，以"打好三大攻坚战"为着眼点，从"农村小康""农民小康""绿色小康""健康小康""安全小康"等五个主要方面，实现了理念的更新与充实。一是乡村为重：以农业农村现代化理念的更新，重构"农村小康"的内涵；二是脱贫为底：以脱贫任务为底线，重释"农民小康"的内涵；三是绿色为要：回应生态文明新要求，重解"绿色小康"的内涵；四是健康为基：适应卫健工作新变化，重阐"健康小康"的内涵；五是安全为保：以总体国家安全观为指引，重塑"安全小康"的内涵。① 黄晓霓和张星星（2020）指出，"建成"是一个有着明确时限、目标、要求的完成性动词。全面建成小康社会，覆盖的领域要全面，要在坚持以经济建设为中心的同时，统筹推进"五位一体"总体布局，实现"五位一体"全面进步。②

3. 方向定位的视角

李春根和夏珺（2019）认为，全面建成小康从时间维度看，上承总体小康，下启基本实现现代化；从空间上看，包括经济、政治、文化、军事、环境等全面发展；从质量上看，是一个由低水平向更高水平发展的过程。③ 张占斌和高立菲（2016）认为，建成小康社会，全面发展是核心，经济建设是基础，以人民为中心是根本，脱贫攻坚是重点，建成是关键。④ 肖贵清（2015）认为，"全面建成小康社会"的核心是"小康社会"，重点在于"全面"，关键在于"建成"，落脚点是"保障和实现最广大人民的根本利益"。⑤ 蒋永穆等（2021）聚焦于"全面"与"建成"两个维度，提出全面建成小康社会的第一要义是高质量的全面小康、核心立场是以人民为中心的全面小康、根本目标是实现共同富裕的全面小康、基本要求是"五位一体"总体布局和"四个全面"战略布局。⑥ 尽管学者们在全面建成小康社会的"核心"与"重点"两方面定位上存在分歧，但都认为"全面建成小康社会"的关键在于"建成"。

（二）全面建成小康社会的路径探索

习近平总书记指出："全面建成小康社会是我们的战略目标，全面深化改革、全面依法治国、全面从严治党是三大战略举措。"⑦ 学者们在"三大战略举措"的基础上，针对重点和难点问题，提出了一系列具体建议。

---

① 虎旭昕：《理解"全面建成小康社会"的三个维度：历史样态、内涵新解、时代意义》，《理论月刊》，2020年第10期，第22~32页。

② 黄晓霓，张星星：《决胜全面建成小康社会的决定性成就》，《当代中国史研究》，2020年第6期，第42~55+158页。

③ 李春根，夏珺：《全面建成小康社会研究述评：理论、监测与路径》，《山东财经大学学报》，2019年第2期，第114~120页。

④ 张占斌，高立菲：《全面建成小康社会：衡量标准与科学内涵》，《人民论坛·学术前沿》，2016年第18期，第6~16页。

⑤ 肖贵清：《全面建成小康社会的内涵、战略地位和制度保障》，《思想理论教育导刊》，2015年第9期，第62~67页。

⑥ 蒋永穆，等：《全面建成小康社会的中国经验》，光明日报出版社，2021年，第23~45页。

⑦ 习近平：《领导干部要做尊法学法守法用法的模范带动全党全国共同全面推进依法治国》，《人民日报》，2015年2月3日，第1版。

1. 脱贫攻坚是底线

脱贫攻坚不仅是全面建成小康社会关键之举，更是重要动力。[1] 程世勇（2018）认为，应该开展激发贫困个体脱贫内生动力的精准扶贫，以推进我国经济结构"利贫式"增长及全面建成小康社会目标的实现。[2] 张建军（2017）从供给与需求的视角分析了西部 12 省农村扶贫发展现状，在此基础上提出了加强以西部扶贫监管网络建设和生态环境建设为支撑的创新型扶贫长效机制及其新模式。[3] 王怡和周晓唯（2018）基于 Holt-Winter 非季节模型对未来 3 年减贫趋势的预测，提出了未来精准扶贫工作的短长期策略，在短期内要通过精准测量跟踪贫困状态来巩固扶贫成果，从长期看要通过绩效评估与措施预防来指引最优政策等各项措施保障精准脱贫。[4] 白永秀和刘盼（2019）提出了反贫困的四项战略，即新贫困标准的制定、反贫困产业的可持续发展、城乡一体化反贫困体系的建立、农民工市民化配套设施的完善。[5] 汪青松、佘超（2020）提出"扶贫开发"工作是全面建成小康社会的"兜底性"工作。[6] 蒋永穆等（2021）指出，打赢脱贫攻坚战是全面建成小康社会的底线任务。[7]

2. 制度建设是保障

肖贵清（2015）从制度保障层面提出构建系统完备、科学规范的运行制度是全面建成小康社会的题中应有之义，也是全面建成小康社会的根本保障。[8] 顾钰民（2015）认为，制度建设是让人民群众能够从具体制度中看到全面建成小康社会的目标，把目标的实现转化为可期盼的愿景和看得见、摸得着的目标。[9] 秦宣（2015）阐释了制度建设的宏观思路，即在全面深化改革中加强制度建设，在国家治理现代化的总体框架中分层推进。[10] 杨宜勇（2015）提出，全面建成小康社会一要靠全面改革，二要靠科学发展，三要各地真抓实干。[11] 张恩（2017）提出了民族地区全面建成小康社会的制度路径，即通

---

[1] 谢晓娟，辛显华：《全面建成小康社会进程中的脱贫攻坚》，《沈阳师范大学学报》（社会科学版），2019 年第 3 期，第 22~27 页。

[2] 程世勇：《全面建成小康社会与大格局内生化扶贫模式建构》，《湖北社会科学》，2018 年第 11 期，第 26~31 页。

[3] 张建军：《全面建成小康社会背景下西部农村扶贫思路与模式的再创新》，《农业经济问题》，2017 年第 4 期，第 67~74+111 页。

[4] 王怡，周晓唯：《精准脱贫与 2020 年我国全面建成小康社会——基于 2010—2017 年扶贫经验的理论和实证分析》，《陕西师范大学学报》（哲学社会科学版），2018 年第 6 期，第 47~56 页。

[5] 白永秀，刘盼：《全面建成小康社会后我国城乡反贫困的特点、难点与重点》，《改革》，2019 年第 5 期，第 29~37 页。

[6] 汪青松、佘超：《从"小康社会"到"全面建成现代化强国"的发展逻辑》，《思想理论教育导刊》，2020 年第 8 期，第 48~52 页。

[7] 蒋永穆，等：《全面建成小康社会的中国经验》，光明日报出版社，2021 年，第 211 页。

[8] 肖贵清：《全面建成小康社会的内涵、战略地位和制度保障》，《思想理论教育导刊》，2015 年第 9 期，第 62~67 页。

[9] 顾钰民：《全面建成小康社会：理念领航、问题导向、制度保障——学习十八届五中全会〈建议〉》，《毛泽东邓小平理论研究》，2015 年第 11 期，第 11~15+91 页。

[10] 秦宣：《全面建成小康社会的制度保障——学习十八届五中全会关于制度建设的建议》，《思想理论教育导刊》，2015 年第 12 期，第 19~22 页。

[11] 杨宜勇：《对全面建成小康社会目标的战略分析》，《人民论坛·学术前沿》，2015 年第 13 期，第 17~29 页。

过健全生态补偿机制、构建多元投资机制、创新民族地区城乡一体化发展机制、构建民生型发展机制、建立现代公共治理体系,来推进全面建成小康社会的实现。①

3. 理念转换是关键

实现全面建成小康社会的历史任务,关键在于发展理念的转变。孙蚌珠(2015)认为,全面建成小康社会必须树立创新、协调、绿色、开放、共享的发展理念。② 段光鹏(2018)认为,共享发展理念是实现共同富裕终极性目标的集中体现,是决胜全面建成小康社会的行动指南。③ 刘成军和王宇飞(2018)认为,五大发展理念与全面建成小康社会是一个耦合性的体系,五大发展理念促进全面建成小康社会,全面建成小康社会决胜阶段是对五大发展理念的检验、丰富和完善。④

4. 全面推进是原则

全面推进主要体现在三方面:第一,从严治党。冯锋(2016)认为,全面从严治党是全面建成小康社会的政治保证,从严治党需要正确认识和妥善处理各种关系,把思想建党与制度治党紧密结合,正确把握管党治党的客观规律,坚持以德治党与以规治党相融合。⑤ 第二,文化小康建设。于平(2017)认为,"全面建成小康社会"蕴含着文化小康的基本内涵和建设目标,文化小康建设应立足于"精神家园"的营造,着眼于"集体人格"的构建,更要积极发挥文化的作用。⑥ 第三,依法治国。谭贤楚和朱力(2017)认为,依法治国是全面建成小康社会的基本内容与条件,全面建成小康社会需要依法全面推进两个体制(即行政和经济体制)的改革,积极主动运用法治方式凝聚改革共识。⑦

(三)全面建成小康社会的评价

全面建成小康社会的评估监测需要一套科学完善的机制。党的十八大以来,学者们围绕"全面建成小康社会"评价进行了深入研讨。

1. 全面建成小康社会的评价原则

杨宜勇(2015)提出,全面建成小康社会的衡量标准必须遵循"三可原则",即可报告、可检测、可核实。⑧ 肖宏伟(2014)认为,全面建成小康社会需要坚持全面性、

---

① 张恩:《民族地区全面建成小康社会的方法论与制度路径》,《四川省社会主义学院学报》,2017年第2期,第19~22页。
② 孙蚌珠:《全面建成小康社会的历史定位、现实条件和发展理念》,《思想理论教育导刊》,2015年第12期,第23~26页。
③ 段光鹏:《共享发展理念是决胜全面建成小康社会的行动指南》,《新疆社科论坛》,2018年第6期,第26~31页。
④ 刘成军,王宇飞:《全面建成小康社会与"五大发展理念"的耦合性探析》,《大连理工大学学报》(社会科学版),2018年第5期,第1~7页。
⑤ 冯锋:《全面从严治党:全面建成小康社会的坚强政治保证》,《学习论坛》,2016年第6期,第14~17页。
⑥ 于平:《论全面建成小康社会中的"文化小康"建设》,《文化软实力研究》,2017年第3期,第9~14页。
⑦ 谭贤楚,朱力:《依法治国与全面建成小康社会》,《南通大学学报》(社会科学版),2017年第6期,第111~117页。
⑧ 杨宜勇:《对全面建成小康社会目标的战略分析》,《人民论坛·学术前沿》,2015年第13期,第17~29页。

可操作性、时效性和衔接性原则;① 王健和王立鹏(2017)认为,评估全面建成小康社会需要坚持正确的指导思想、科学合理、兼顾全面、突出重点四项原则;② 李春根(2018)提出了以人民为中心、全面科学、突出重点难点、突出时空方位等基本原则。③ 由此可见,学者们都认为评估"全面建成小康社会"需要坚持全面、科学的原则。

2. 全面建成小康社会的评价方法

王健和王立鹏(2017)认为,评价全面建成小康社会需要实现定性分析与定量分析、比较静态分析和动态分析、总量分析与结构分析、宏观分析与微观分析、大数据挖掘技术与梳理统计方法的结合。④ 除了方法使用上的宏观指导外,更多学者采用某项具体的评价方法开展实证评测,如夏玉森和袁爱荣(2013)运用因子分析综合评价法,对2011年河北省11个设区市小康社会统计数据进行综合评价⑤;肖宏伟(2014)采用单指标评价法对2010—2012年全面建成小康社会实现程度进行测算⑥;魏后凯和张瑞娟(2016)使用正指标和逆指标计算,在权重上采用简单算术平均法来测算我国农村全面小康社会的实现程度。⑦ 李春根(2018)提出,在围绕"五位一体"总体的布局上,把二级评价指标归为正指标(33个)、逆指标(5个)和区间指标(2个)三类,并分别计算出各自的现值,在此基础上利用小康总指数计算公式和子目标指数计算公式得出小康指数现值,从而比较分析监测全面建成小康社会的进度。⑧

3. 全面建成小康社会的评价指标体系

一是国家层面。2013年,国家统计局制定了"全面建成小康社会监测指标体系",由经济发展、民主法治、文化建设、人民生活、资源环境5个一级指标以及下设的39个二级指标构成,得到实践部门的广泛采用。除了政府部门组织制定的指标体系,学者们也开启了指标体系的探索。如朱启贵(2017)依据"五位一体"总体布局和"四个全面"战略布局,设置了经济、民主法治、人民生活文化、生态文明建设等评价指标。⑨ 张占斌和高立菲(2016)提出全面建成小康社会的指标:一是经济建设方面,保持中高速增长并持续健康发展。二是社会建设方面,重点保障和改善民生,提高人民生活水平和质量。三是政治建设方面,坚持走中国特色社会主义政治发展道路,坚持党的领导、人民当家做主、依法治国有机统一,积极稳妥推进政治体制改革,加快建设社会主义法

---

① 肖宏伟:《我国全面建成小康社会评价指标体系研究》,《发展研究》,2014年第9期,第27~34页。
② 王健,王立鹏:《全面建成小康社会的评价方法及指标体系》,《人民论坛·学术前沿》,2017年第6期,第77~85页。
③ 李春根:《全面建成小康社会:理论分析、进度监测与政策优化》,《湖南师范大学社会科学学报》,2018年第4期,第1~9页。
④ 王健,王立鹏:《全面建成小康社会的评价方法及指标体系》,《人民论坛·学术前沿》,2017年第6期,第77~85页。
⑤ 夏玉森,袁爱荣:《全面建成小康社会综合评价方法研究》,《统计与管理》,2013年第5期,第33~34页。
⑥ 肖宏伟:《我国全面建成小康社会评价指标体系研究》,《发展研究》,2014年第9期,第27~34页。
⑦ 魏后凯,张瑞娟:《中国农村全面建成小康社会进程评估》,《人民论坛·学术前沿》,2016年第18期,第27~40页。
⑧ 李春根:《全面建成小康社会:理论分析、进度监测与政策优化》,《湖南师范大学社会科学学报》,2018年第4期,第1~9页。
⑨ 朱启贵:《全面建成小康社会评价指标体系研究》,《人民论坛·学术前沿》,2017年第4期,第52~60页。

治国家,建立健全权力运行约束和监督体系,让权力在阳光下运行。四是文化建设方面,弘扬爱国主义、集体主义和社会主义思想,使得中国梦和社会主义核心价值观更加深入人心。五是生态文明建设方面,建设绿色、低碳的生产方式和生活方式,树立生态文明理念,加强生态文明制度建设,建设美丽中国。①

二是地区层面。除了国家层面的评价指标体系,学者们也探索了地区层面的评价指标体系。如邵磊和周加来(2013)结合安徽省社会经济发展特点,构建了符合安徽自身状况的全面建成小康社会评价指标体系。② 黄瑞玲等(2018)基于"创新、协调、绿色、开放、共享"的五大发展理念,在保证系统性、全面性、可比性、有效性的基础上,在六大子系统中共计选取了36项指标,构建了一套精简版的江苏省全面小康社会监测指标体系。③ 由此可见,全面建成小康社会的评价指标体系已不再是单一经济发展指标,而是涵盖社会、政治、文化、生态等多方面内容,指标的可操作性也不断提升。

(四)全面建成小康社会的战略意义

全面建成小康社会是中国共产党在关键历史节点作出的战略抉择,具有重要的战略意义。学者们分别从中国、世界、人类社会三个方面对全面建成小康社会的战略意义进行了研究。

1. 全面建成小康社会对中国的意义

第一,全面建成小康社会为实现中国社会主义现代化提供了战略基础。韩庆祥(2015)指出,全面建成小康社会是"新三步走"战略的关键。④ 杨胜群(2017)认为,全面建成小康社会是一个有着具体而丰富的内涵和任务要求并且不断发展的目标,它既是进行时又是完成时,在我国社会主义现代化建设进程中起着承上启下的重要作用。⑤ 顾海良(2017)提出,全面建成小康社会是从历史、现实、未来的结合上,把全面建设小康社会思想同中国现代化发展战略步骤的思想紧密衔接、连为一体,使全面建成小康社会的奋斗目标同"两个一百年"战略构思和实施步骤更为紧密地衔接在一起,有机地融于中国社会主义现代化建设奋斗目标之中。⑥ 田克勤和张林(2020)指出,从中华民族发展史上看,如期全面建成小康社会,历史性地解决我国绝对贫困问题,既是我国自古以来宏伟政治理想的成功实现,也是开启全面建设社会主义现代化国家新征程,推动我国社会全面发展,从而实现中华民族伟大复兴中国梦的坚实基础。⑦ 虎旭昕(2020)

---

① 张占斌,高立菲:《全面建成小康社会:衡量标准与科学内涵》,《人民论坛·学术前沿》,2016年第18期,第6~16页。
② 邵磊,周加来:《安徽省全面建成小康社会进程研究》,《平顶山学院学报》,2013年第5期,第96~101+113页。
③ 黄瑞玲,余飞,梅琼:《苏、浙、粤全面小康社会实现程度的比较与评价——基于江苏高水平全面建成小康社会指标体系的测算》,《江苏社会科学》,2018年第5期,第255~264+276页。
④ 韩庆祥:《"新三步走战略"与"四个全面"战略布局》,《唯实·现代管理》,2015年第6期,第4~6+10页。
⑤ 杨胜群:《从小康目标的提出到全面建成小康社会》,《邓小平研究》,2017年第1期,第7~12页。
⑥ 顾海良:《新时代与新发展理念的政治经济学新课题》,《经济学家》,2017年第12期,第5~6页。
⑦ 田克勤,张林:《小康社会时代蕴涵的持续提升及其战略引领意义》,《马克思主义理论学科研究》,2020年第4期,第79~88页。

提出，增进社会公平正义，是全面建成小康社会的必然要义和基础效应。这种促进作用主要表现在：其一，扩大中等收入群体规模，培植维护社会公平正义的中坚力量；其二，推进社会资源均等化再分配，尽可能保障实质正义的实现；其三，彰显共同富裕的社会主义特质，传达社会公平正义的时代意涵。①

第二，全面建成小康社会是实现中华民族伟大复兴的关键。肖贵清（2015）认为，全面建成小康社会战略是实现中华民族伟大复兴的关键一步。②辛鸣（2015）提出，全面建成小康社会能否如期完成关系着第一个百年目标是否如期实现，也影响着第二个百年目标，是关乎党对人民的承诺，人民对党、对中国特色社会主义理论、制度和道路信心的重大问题。③王钰鑫（2016）认为，全面建成小康社会是实现中华民族伟大复兴的历史承接和当代中国共产党人的庄严政治承诺，反映着中国社会发展历史演进的内在逻辑和社会主义在中国的发展逻辑。④秦宣和林啸（2020）提出，全面建成小康社会是中国历史上亘古未有的伟大跨越，意味着自古以来中华民族孜孜以求的"小康"社会理想在当代中国变为现实。同时全面建成小康社会为中华民族伟大复兴提供了更为坚实的基础：一是综合国力的显著增强为民族复兴奠定了坚实的物质基础；二是全面建成小康社会的成功实践为民族复兴积累了宝贵的经验；三是第一个百年目标的如期实现极大地增强了人民的道路自信、理论自信、制度自信和文化自信；四是中国国际地位的显著提升为民族复兴创设了良好的外部环境。⑤虎旭昕（2020）提出，全面建成小康社会，准确反映了发展规律同客观国情的辩证统一关系，是社会主义现代化战略承上启下的关键一环，也是中华民族走向伟大复兴的重要里程碑。其一，全面建成小康社会，遵从的是中华民族伟大复兴的历史逻辑；其二，全面建成小康社会，是社会主义现代化路线图中的关键一环；其三，全面建成小康社会，是中华民族伟大复兴的重要基石。⑥

2. 全面建成小康社会对世界的意义

第一，全面建成小康社会用事实证明了社会主义制度的优越性。肖贵清（2015）认为，全面建成小康社会彰显了中国特色社会主义制度优势。⑦秦宣和林啸（2020）提出，全面建成小康社会充分彰显了社会主义制度的优越性。⑧田克勤和张林（2020）指

---

① 虎旭昕：《理解"全面建成小康社会"的三个维度：历史样态、内涵新解、时代意义》，《理论月刊》，2020年第10期，第22~32页。

② 肖贵清：《全面建成小康社会的内涵、战略地位和制度保障》，《思想理论教育导刊》，2015年第9期，第62~67页。

③ 辛鸣：《全面建成小康社会》，《吉林党校报》，2015年5月15日。

④ 王钰鑫：《全面建成小康社会：治国理政目标的历史承接》，《广西社会科学》，2016年第12期，第1~5页。

⑤ 秦宣，林啸：《全面建成小康社会：历程、经验、意义》，《当代世界与社会主义》，2020年第4期，第50~58页。

⑥ 虎旭昕：《理解"全面建成小康社会"的三个维度：历史样态、内涵新解、时代意义》，《理论月刊》，2020年第10期，第22~32页。

⑦ 肖贵清：《全面建成小康社会的内涵、战略地位和制度保障》，《思想理论教育导刊》，2015年第9期，第62~67页。

⑧ 秦宣，林啸：《全面建成小康社会：历程、经验、意义》，《当代世界与社会主义》，2020年第4期，第50~58页。

出，从世界社会主义发展史上看，如期全面建成小康社会，将充分彰显社会主义制度优越性，充分展现中国特色社会主义的活力与生机，进而为世界社会主义的繁荣复兴带来新的希望。①

第二，全面建成小康社会为世界贡献了中国减贫方案。秦宣和林啸（2020）提出，全面建成小康社会为发展中国家甚至整个世界提供了可资借鉴的经验：一是广大贫穷落后的发展中国家，要彻底消除绝对贫困，不仅是完全有可能的，而且也是非常现实的；二是要消除贫困，必须真正找到适合本国国情的发展道路，这条发展道路既要借鉴别国经验，更要立足本国实际，依据自己的历史传承、文化传统、经济社会发展水平，由这个国家的人民来决定；三是各国可以相互学习借鉴发展经验，但不能生搬硬套。② 虎旭昕（2020）认为，全面建成小康社会为世界贡献了中国减贫方案。其一，全面建成小康社会的减贫事业，为联合国千年目标和可持续发展议程的实现作出巨大贡献；其二，全面建成小康社会所交付的历史使命，是在努力实现自身发展、消除贫困的同时，也要致力于支持和援助面临同样困境的不发达国家，共促全球减贫事业的前进；其三，我国在减贫实践中创造总结的经验智慧，为全球的贫困治理贡献了中国方案。③

3. 全面建成小康社会对人类社会的意义

全面建成小康社会促进了人的全面发展。田克勤和张林（2020）指出，从人类社会发展史上看，如期全面建成小康社会，是中国人民对人类文明的独特贡献，将充分彰显中国价值、贡献中国智慧，并推动"中国故事"走向世界，为积极构建人类命运共同体作出更大贡献。④ 秦宣和林啸（2020）提出，全面建成小康社会对人类社会发展作出了重大贡献：一是为人类反贫困作出了贡献；二是为人类社会进步作出了贡献；三是中国全面建成小康社会的理论探索丰富了马克思主义的社会发展理论。⑤ 虎旭昕（2020）提出，全面建成小康社会促进了人的全面发展。新时代全面建成小康社会，确立起以人民为中心的发展理念，努力提升人民的参与感、获得感、幸福感，积极促进人的全面发展。这种促进作用主要表现在：其一，全面建成小康社会，以促进人的全面发展为价值依托和旨归；其二，人的全面发展，不是抽象的，体现在个体的自主需要得到不断满足上；其三，全面建成小康社会的成效，直接关系到人的全面发展程度。⑥

---

① 田克勤，张林：《小康社会时代蕴涵的持续提升及其战略引领意义》，《马克思主义理论学科研究》，2020年第4期，第79~88页。
② 秦宣，林啸：《全面建成小康社会：历程、经验、意义》，《当代世界与社会主义》，2020年第4期，第50~58页。
③ 虎旭昕：《理解"全面建成小康社会"的三个维度：历史样态、内涵新解、时代意义》，《理论月刊》，2020年第10期，第22~32页。
④ 田克勤，张林：《小康社会时代蕴涵的持续提升及其战略引领意义》，《马克思主义理论学科研究》，2020年第4期，第79~88页。
⑤ 秦宣，林啸：《全面建成小康社会：历程、经验、意义》，《当代世界与社会主义》，2020年第4期，第50~58页。
⑥ 虎旭昕：《理解"全面建成小康社会"的三个维度：历史样态、内涵新解、时代意义》，《理论月刊》，2020年第10期，第22~32页。

（五）全面建成小康社会的经验启示

秦宣和林啸（2020）总结出全面建成小康社会的经验——"六个始终坚持"：第一，始终坚持中国共产党的集中统一领导，强化组织保证；第二，始终坚持以人民为中心的根本立场；第三，始终坚持实事求是这条根本思想路线；第四，始终坚持社会的全面发展和实现全体人民的共同利益；第五，始终坚持独立自主、自力更生的原则；第六，始终坚持以改革为动力，用发展的办法解决发展中的问题。[①]

李君如（2020）认为，"全面建成小康社会"的成功经验有：第一，坚持以经济建设为中心和以人民为中心的发展思想相统一；第二，坚持发展社会主义市场经济和全面参与经济全球化相结合；第三，坚持工业化、城镇化和振兴乡村战略相结合；第四，坚持大力推进信息化和探索网络治理相结合；第五，坚持劳动致富、创业致富政策和扶贫脱贫举措相结合；第六，坚持"五位一体"总体布局和"四个全面"战略布局相统一；第七，坚持制度建设和制度自信相统一；第八，坚持党的全面领导和全面从严治党相统一。[②] 邢亮（2021）提出，我国现代化建设经历了前三十年艰辛探索和改革开放后提出小康、解决温饱、总体小康、全面建设小康社会和全面建成小康社会的光辉历程，形成了七条宝贵经验：第一，始终坚持党的领导这一根本领导制度；第二，始终坚持以人民为中心的根本政治立场；第三，始终坚持实事求是的思想路线；第四，始终坚持中国特色社会主义理论体系的科学指导；第五，始终坚持正确把握社会主义初级阶段的基本国情；第六，始终坚持社会主义初级阶段的基本路线不动摇；第七，始终坚持和完善中国特色社会主义基本经济制度，为今后建设社会主义现代化国家提供了有益借鉴与启示。[③] 蒋永穆等（2021）指出，中国共产党在决胜全面建成小康社会的伟大实践中积累了一系列重要经验：第一，不断加强和改善党的集中统一领导；第二，不断发挥和强化社会主义制度优势；第三，始终坚持全面深化改革的发展思路；第四，始终坚持扩大对外开放的基本国策；第五，不断探索循序渐进式的发展道路；第六，始终贯彻马克思主义的科学方法论。[④]

第五节　新时代现代化强国发展战略

在全面建成小康社会、第一个百年奋斗目标实现之际，党的十九大对第二个百年奋斗目标进行了战略谋划，提出了从2020年全面建成小康社会，到2035年基本实现现代

[①] 秦宣，林啸：《全面建成小康社会：历程、经验、意义》，《当代世界与社会主义》，2020年第4期，第50~58页。
[②] 李君如：《"全面小康"思想史笔记》，《毛泽东邓小平理论研究》，2020年第3期，第1~12+107页。
[③] 邢亮：《我国全面建成小康社会的探索历程和基本经验》，《中共济南市委党校学报》，2021年第3期，第1~7页。
[④] 蒋永穆，等：《全面建成小康社会的中国经验》，光明日报出版社，2021年，第153~176页。

化，再到 2050 年左右全面建成社会主义现代化强国。这是新时代中国特色社会主义发展的总体战略安排。新时代现代化强国发展战略，为全党全国各族人民指明了中国特色社会主义进入新时代继续前进的方向。

一、新时代现代化强国发展战略的形成与发展

党的十九大在综合分析国际国内形势和我国发展条件后，提出在全面建成小康社会的基础上，从 2020 到 2050 年，分两个阶段全面建设社会主义现代化国家的"两步走"战略安排。第一步，从 2020 年到 2035 年，在全面建成小康社会的基础上，再奋斗 15 年，基本实现社会主义现代化；第二步，从 2035 年到 2050 年，在基本实现社会主义现代化的基础上，再奋斗 15 年，把我国建成富强民主文明和谐美丽的社会主义现代化强国。方松华和马丽雅（2019）认为，社会主义现代化强国的实现离不开从全面建成小康社会到基本实现社会主义现代化，从决胜全面小康到社会主义现代化强国的实现几个阶段的努力。社会主义现代化强国的实现包含三个阶段：2017—2020 年，全面建成小康社会决胜期；2020—2035 年，基本实现社会主义现代化；2035—2050 年，建成社会主义现代化强国。①

（一）新时代现代化强国发展战略的形成条件

1. 外部条件

李海涛（2019）认为，新时代现代化强国发展战略形成的外部环境包括：第一，世界正处于大发展大变革大调整时期，经济全球化加速发展，世界政治格局走向多极化，新科技革命迅猛发展。第二，和平与发展仍然是时代主题。从历史上看，和平与发展是不可阻挡的历史潮流，是人类历史发展的迫切需要；从社会发展来看，发展进步带来的各种积极因素在增加，世界政治格局朝着多极化方向发展，经济全球化的进程势不可挡，各种思想文化交流互鉴空前深入，人类文明发展到历史最高水平；从世界格局来看，国际力量对比更趋平衡。第三，世界面临的不稳定性不确定性突出。一是中国面临的安全压力有所增大；二是多极化格局下，中国的安全环境受到挤压；三是国家经济安全受到威胁。②

2. 内部条件

陈扬勇（2017）认为，首先，新时代现代化强国发展战略是根据综合分析国际国内形势和我国发展条件，"两个一百年"奋斗目标进入交汇期、中国特色社会主义进入新时代的实际情况作出的，有丰厚的实践基础和现实依据。进入了新时代，出现了两大新变化。新变化之一是"两个一百年"奋斗目标进入了历史交汇期，新变化之二是中国特色社会主义进入了新时代。从国际形势和发展条件看，我国发展仍处于重要战略机遇期。其次，这一战略安排，提升了第二个百年奋斗目标的内涵，是习近平新时代中国特

---

① 方松华，马丽雅：《社会主义现代化强国目标及其建设方略研究》，人民出版社，2019 年，第 141 页。
② 李海涛：《新时代中国特色社会主义发展战略》，人民出版社，2019 年，第 49~59 页。

色社会主义思想的重要内容，是中国特色社会主义理论与实践的丰富和发展。① 李海涛（2019）认为，新时代现代化强国发展战略形成的内部环境包括：第一，中国特色社会主义进入了新时代；第二，社会主要矛盾发生了历史性变化；第三，当前中国发展的阶段性特征。特征包括：第一，经济快速发展，但仍处于发展中国家水平；第二，社会结构整体转型，阶级阶层结构日趋多元化；第三，社会运行状态越来越成熟，"发展起来后"的社会问题日益突出；第四，原有观念结构被打破，人们思想观念发生整体转变。② 方松华和马丽雅（2019）提出，社会主义现代化强国目标的提出，根本依据在于改革开放以来尤其是党的十八大以来实现的深层次、根本性变革和取得的全方位、开创性成就。③

（二）新时代现代化强国发展战略的创新发展

新时代现代化强国战略是中国特色社会主义理论的重大创新成果。宋林飞（2017）认为，习近平总书记在全面建成小康社会与基本实现现代化这两大战略目标的基础上，又提出了一个新的、更高的战略目标，即把我国建成富强民主文明和谐美丽的社会主义现代化强国。这是中国共产党执政为民的第三个重大战略目标，是中国社会主义现代化的最高阶段，是中国共产党与中国人民道路自信、理论自信、制度自信、文化自信的突出表现，是中国特色社会主义理论的重大创新成果。④

新时代现代化强国发展战略是对"三步走"战略中的"第三步走"的继承与发展。李程骅（2018）认为，新时代确立的我国现代化强国新战略，是基于全面建成小康社会这个坚实的基础。⑤ 何雨（2018）把新时代"两个阶段"论与邓小平理论"三步走"思想中的"第三步走"战略构想交汇与耦合起来提出，实现第一个"十五年"目标，在人均GDP指标维度上，对应的是"第三步走"战略构想中的基本目标，即"接近"发达国家；实现第二个"十五年"目标，对应的是"第三步走"战略构想中的高级目标，即"达到"中等发达国家水平。⑥ 任保平（2018）指出，新时代现代化强国发展战略没有再提GDP翻番目标。在这一阶段不是不要增长速度，而是通过质量、效率、动力"三个变革"来实现增长速度，着力解决不平衡不充分的发展问题。不提GDP翻番目标，是为了更好贯彻落实新发展理念，推动党和国家事业全面发展。⑦ 李海涛（2019）提出，新时代现代化强国发展战略，把基本实现我国社会主义现代化的时间提前了，把实现我国社会主义现代化的目标提升了，把实现我国社会主义现代化的要求提高了。⑧ 新

---

① 陈扬勇：《深刻领会新时代中国特色社会主义发展的战略安排》，《党的文献》，2017年第6期，第12~14页。
② 李海涛：《新时代中国特色社会主义发展战略》，人民出版社，2019年，第49~59页。
③ 方松华，马丽雅：《社会主义现代化强国目标及其建设方略研究》，人民出版社，2019年，107页。
④ 宋林飞：《中国社会主义现代化理论的最新发展》，《南京社会科学》，2017年第11期，第1~8页。
⑤ 李程骅：《我国现代化建设"两步走"新战略的要义认知》，《学海》，2018年第3期，第12~17页。
⑥ 何雨：《改革开放以来我国现代化战略安排的演进及其逻辑》，《现代经济探讨》，2018年第9期，第41~45页。
⑦ 任保平：《新时代中国特色社会主义政治经济学的创新》，人民出版社，2018年，第25页。
⑧ 李海涛：《新时代中国特色社会主义发展战略》，人民出版社，2019年，第37页。

时代现代化强国发展战略，一是提前了基本实现社会主义现代化的时间，从原来的 21 世纪中叶调整到 2035 年，提前了 15 年；二是提升了实现社会主义现代化的目标；三是提高了实现社会主义现代化的要求。① 曲青山（2021）认为，新时代现代化强国发展战略，把基本实现现代化的时间提前了 15 年；同时提出了全面建成社会主义现代化强国这一更高目标，丰富了"两个一百年"奋斗目标的内涵。②

二、现代化强国的内涵

关于什么是现代化强国，学者们从不同的角度进行了不同的解读。

内容论。部分学者从新时代强国理论的核心内容和鲜明特色方面进行解读。李敬德（2019）认为，新时代强国理论的核心内容有 10 个方面：新时代主题论、中国特色社会主义"最本质特征论"、新时代总任务论、人民中心论、新时代社会主要矛盾论、"五位一体"总体布局论、"四个全面"战略布局论、新时代改革创新论、构建人类命运共同体论和新时代基本方略论。新时代强国理论的鲜明特色表现为：理论创新性、实践引领性、人民至上性、宏观战略性与世界历史性。③ 冯海波和张梧（2021）从"五位一体"总体布局角度将社会主义现代化强国的理论内涵和实践路径简要概述为经济现代化、治理现代化、文化现代化、社会现代化、绿色现代化。④

目标论。部分学者从社会主义现代化强国的具体目标方面进行解读。丁威和解安（2017）指出，习近平社会主义现代化强国思想根本目标即把我国建成富强民主文明和谐美丽的社会主义现代化强国，是一个五位一体的整体性目标。这一根本目标包括了富强、民主、文明、和谐、美丽五个基本维度，也就是要把我国建设成为经济富强、政治民主、文化文明、社会和谐、生态美丽的社会主义现代化强国。⑤ 方福前（2018）提出，社会主义现代化强国的标志是物质文明、政治文明、精神文明、社会文明和生态文明得到全面发展和全面提升。⑥ 方松华和马丽雅（2019）提出，社会主义现代化强国目标有着丰富的内涵：第一，从历史定位来看，它是社会主义初级阶段进入新时代的总体目标，是习近平新时代中国特色社会主义思想对社会主义现代化目标合乎历史与逻辑的新表述；第二，从价值内涵来看，它涵盖国家富强、民族复兴和人民的美好生活等主题，是以人民为中心的发展思想在战略安排上的体现；第三，从具体目标和衡量标准来看，它包括经济富强、政治民主、精神文明、社会和谐、生态美丽；第四，从实现路径来看，它既有分"两个阶段"走的战略步骤，也有"五位一体"的全方位顶层设计。⑦

---

① 全国干部培训教材编审指导委员会：《新时代 新思想 新征程》，党建读物出版社，2019 年，第 168~169 页。
② 曲青山：《中国共产党百年辉煌》，人民出版社，2021 年，第 124 页。
③ 李敬德：《新时代强国理论三议》，《新视野》，2019 年第 2 期，第 33~37 页。
④ 冯海波，张梧：《砥柱中流：中国共产党与中华民族伟大复兴》，人民出版社，2021 年，第 199~202 页。
⑤ 丁威，解安：《习近平社会主义现代化强国目标体系研究》，《学术界》，2017 年第 12 期，第 178~190 页。
⑥ 方福前：《实现新时代两步走战略目标的可能性分析》，《中国人民大学学报》，2018 年第 4 期，第 75~85 页。
⑦ 方松华，马丽雅：《社会主义现代化强国目标及其建设方略研究》，人民出版社，2019 年，第 107 页。

三、现代化强国的特征

关于现代化强国的特征，学者们从不同的角度进行了解读。

一是从现代化强国的建设实践方面进行解读。孙贤雷（2019）指出新时代强国战略具有鲜明的全面性、现实性、人民性和创新性等基本特征。① 欧阳军喜和王赟鹏（2018）提出，社会主义现代化强国思想既是伟大战略目标，也是科学理论体系，在表现形式、历史任务和具体内容三个维度体现出阶段性、复合性、结构性的思想特征。② 方松华和马丽雅（2019）认为，建设社会主义现代化强国的战略目标一是经济支撑，建立高度现代化的经济体系；二是城市支撑，高度融合工业化、信息化和国际化；三是制度支撑，实现国家治理体系和治理能力现代化；四是社会支撑，实现基本公共服务全覆盖；五是生态支撑，绿色发展推动"美丽中国"建设。③

二是从现代化强国的基本内涵方面进行解读。汪青松和陈莉（2020）总结出社会主义现代化强国基本内涵的六个核心特征：经济现代化、政治现代化、文化现代化、社会现代化、生态现代化、治理现代化。④ 程萍和康世功（2020）认为，全面建成社会主义现代化强国，强调的是由"五位一体"总体布局形成的全面和完整的全系统；强调的是中国特色社会主义国家的本质性特征；强调的是现代化的制度体系、治理模式、文化影响力和科技支撑水平的动态发展过程及结果；强调的是实现祖国统一、民族团结、人民幸福、发展自由；本质是以人为本、人民至上。⑤ 中共中央党校（2020）提出，"全面建成社会主义现代化强国"具有鲜明的全面性、人民性、实践性、时代性特征，具体表现在：第一，中国的现代化是富强民主文明和谐美丽的全面现代化；第二，中国的现代化是坚持以人民为中心、走共同富裕道路的现代化；第三，中国的现代化是立足中国国情、独立自主发展的现代化；第四，中国的现代化是坚持合作共赢、走和平发展道路的现代化。⑥

三是从现代化强国战略的创新方面进行解读。高正礼和郭宇（2018）认为，社会主义现代化强国的战略步骤的理论和政策创新主要有：第一，对决胜全面建成小康社会后的战略步骤首次作出部署安排；第二，提前十五年完成原定的"基本实现现代化"奋斗目标；第三，目标内涵更加全面和丰富；第四，战略任务和目标要求大大提高。⑦ 曹普

---

① 孙贤雷：《新时代强国战略：主要内容、基本特征和实现路径——以党的十九大报告中的"强国"论述为中心》，《南昌大学学报》（人文社会科学版），2019年第4期，第13~21页。
② 欧阳军喜，王赟鹏：《社会主义现代化强国思想：演进、特征及其意义》，《学术界》，2018年第4期，第17~25页。
③ 方松华，马丽雅：《社会主义现代化强国目标及其建设方略研究》，人民出版社，2019年，第169~173页。
④ 汪青松，陈莉：《社会主义现代化强国内涵、特征与评价指标体系》，《毛泽东邓小平理论研究》，2020年第3期，第13~20+107页。
⑤ 程萍，康世功：《全面建成社会主义现代化强国的本质与途径》，《人民论坛·学术前沿》，2020年第14期，第45~51页。
⑥ 中共中央党校（国家行政学院）：《习近平新时代中国特色社会主义思想基本问题》，人民出版社，2020年，第153~160页。
⑦ 高正礼，郭宇：《论建成社会主义现代化强国的战略步骤》，《思想理论教育导刊》，2018年第4期，第4~7页。

(2018)认为，全面建成社会主义现代化强国战略安排的"亮点"，主要表现在两个方面：一是奋斗目标提前，二是目标内涵提升。① 李海涛（2018）提出，新时代现代化强国发展战略的创新点，一是完整勾画了我国社会主义现代化建设的时间表、路线图；二是把基本实现社会主义现代化目标的时间节点从21世纪中叶提前到2035年；三是不再提GDP翻番类目标，因为我国社会主要矛盾已经发生变化，经济发展已转向高质量发展阶段，主要着力点是通过质量、效率、动力"三个变革"解决不平衡不充分的发展问题，推动党和国家事业全面发展。② 石云霞（2019）认为，社会主义现代化强国思想深化了对社会主义发展阶段、社会主义本质特征、社会主义现代化科学内涵、马克思主义国家学说的认识。③

四、建设现代化强国的路径

（一）选择现代化强国建设的路径和模式

李海涛（2018）提出，新时代现代化强国发展战略的战略布局及举措是"五位一体"总体布局和"四个全面"战略布局。④ 何传启（2018）提出在路径选择上，采用综合现代化的运河路径；在模式选择上，以人民为中心，全面落实新发展理念；在重点选择上，向生活质量进军，满足美好生活需要。⑤ 孙贤雷（2019）提出建设社会主义现代化强国，从方法上来看，改革开放是强国之路；从外部条件上来看，要大力营造有利于强国建设的国际环境。⑥ 中共中央党校（2020）提出建设现代化强国的路径：第一，着力实现经济现代化，不断提升物质文明水平；第二，着力实现国家治理体系和治理能力现代化，不断提升政治文明水平；第三，着力推进文化强国建设，不断提升精神文明水平；第四，着力实现共同富裕和社会公平正义，不断提升社会文明水平；第五，着力建设美丽中国，不断提升生态文明水平。⑦

（二）现代化强国战略的评价指标体系构建必须遵循的原则

高正礼和郭宇（2018）认为，贯彻落实建成社会主义现代化强国战略需要遵循三大原则：学懂弄通精神实质的原则，群策群力共同推进的原则，尊重规律稳步前进的原则。⑧ 汪青松和陈莉（2020）根据社会主义现代化强国的基本内涵，提出社会主义现代

---

① 曹普：《建成社会主义现代化强国的顶层设计》，《前线》，2018年第2期，第29～31页。
② 李海涛：《新时代国家发展战略运筹与实现路径》，《前线》，2018年第6期，第36～39页。
③ 石云霞：《论社会主义现代化强国思想的创新和发展》，《思想理论教育导刊》，2019年第5期，第51～56页。
④ 李海涛：《新时代国家发展战略运筹与实现路径》，《前线》，2018年第6期，第36～39页。
⑤ 何传启：《现代化强国建设的路径和模式分析》，《中国科学院院刊》，2018年第3期，第274～283页。
⑥ 孙贤雷：《新时代强国战略：主要内容、基本特征和实现路径——以党的十九大报告中的"强国"论述为中心》，《南昌大学学报》（人文社会科学版），2019年第4期，第13～21页。
⑦ 中共中央党校（国家行政学院）：《习近平新时代中国特色社会主义思想基本问题》，人民出版社，2020年，第153～160页。
⑧ 高正礼，郭宇：《论建成社会主义现代化强国的战略步骤》，《思想理论教育导刊》，2018年第4期，第4～7页。

化强国战略的评价指标体系必须遵循六大构建原则：科学性原则，系统性原则，可操作性原则，代表性原则，现实性原则，可比性原则。①

（三）坚持以人民为中心

胡鞍钢等（2018）提出，到2050年把我国建成社会主义现代化强国，"实现的基本途径，从根本上说，就是要实现以人民全面发展为中心的'六位一体'的现代化，即经济建设现代化、社会建设现代化、生态文明建设现代化、政治建设现代化、文化建设现代化及国防和军队建设现代化"②。刘佳（2018）认为，"青年是中国共产党长期执政的基础性、战略性资源，坚持和发展新时代中国特色社会主义，建设社会主义现代化强国，归根到底要靠一代又一代中国青年的接力奋斗来实现。"③ 孙贤雷（2019）提出建设社会主义现代化强国，从资源上来看，人才是强国建设的第一资源。④ 程萍和康世功（2020）认为，人民当家做主是全面建成社会主义现代化强国的根本途径。⑤ 郝宪印（2021）提出，全面建设社会主义现代化国家必须坚持以人民为中心，始终不渝地做到发展为了人民、发展依靠人民、发展成果由人民共享。⑥

（四）坚持党的全面领导

强国需要党的坚强领导。胡鞍钢和王洪川（2018）认为，"强国需要强大的共产党，需要强有力的领导核心。只有在中国共产党的带领下，才能实现强国目标。"⑦ 曹普（2018）提出，全面建成社会主义现代化强国：一是加强理论武装，用习近平新时代中国特色社会主义思想武装全党，统一行动、推进工作、善作善成；二是抓好发展这个党执政兴国的第一要务，紧紧扭住经济建设这个中心，深入贯彻新发展理念；三是毫不动摇坚持党的全面领导，坚定不移全面从严治党。⑧ 孙贤雷（2019）提出建设社会主义现代化强国，从领导力量上来看，中国共产党的坚强领导是强国建设成功的关键。⑨ 郝宪印（2021）提出，全面建设社会主义现代化国家必须坚持党的全面领导，坚持和完善党领导经济社会发展的体制机制。⑩ 房广顺（2021）提出，建设社会主义现代化强国离不开马克思主义强党的领导，中国共产党是当代中国唯一能够领导社会主义现代化强国建

---

① 汪青松，陈莉：《社会主义现代化强国内涵、特征与评价指标体系》，《毛泽东邓小平理论研究》，2020年第3期，第13~20+107页。
② 胡鞍钢，等：《2050中国：全面建设社会主义现代化强国》，浙江人民出版社，2018年，第91页。
③ 刘佳：《现代化强国建设的青年逻辑与实践意义》，《湖北社会科学》，2018年第4期，第193~198页。
④ 孙贤雷：《新时代强国战略：主要内容、基本特征和实现路径——以党的十九大报告中的"强国"论述为中心》，《南昌大学学报》（人文社会科学版），2019年第4期，第13~21页。
⑤ 程萍，康世功：《全面建成社会主义现代化强国的本质与途径》，《人民论坛·学术前沿》，2020年第14期，第45~51页。
⑥ 郝宪印：《全面建设社会主义现代化国家的战略引领》，《东岳论丛》，2021年第1期，第5~19+191页。
⑦ 胡鞍钢，王洪川：《中国开启强国时代》，《求是学刊》，2018年第2期，第1~8页。
⑧ 曹普：《建成社会主义现代化强国的顶层设计》，《前线》，2018年第2期，第29~31页。
⑨ 孙贤雷：《新时代强国战略：主要内容、基本特征和实现路径——以党的十九大报告中的"强国"论述为中心》，《南昌大学学报》（人文社会科学版），2019年第4期，第13~21页。
⑩ 郝宪印：《全面建设社会主义现代化国家的战略引领》，《东岳论丛》，2021年第1期，第5~19+191页。

设的政治力量。①

（五）坚持深化改革创新

方福前（2018）认为，实现新时代"两步走"战略目标需要：政治和社会稳定；不断扩大对外开放；不断推进改革和制度创新；深化供给侧结构性改革，建立现代化经济体系；转换经济发展动能，寻找长期增长的新动力。② 李程骅（2018）认为，"两步走"新战略确保社会主义现代化之路走稳走好：首先是要树立强烈的创新自信，把创新驱动作为重大战略实施好，加快建成新时代的创新强国；其次是要深入推进以人为本的高质量的新型城镇化，促进城乡协调发展，让城镇化成为现代化的重要推手与动力；再者是把握世界大势、统筹国内国际两个大局，推动形成全面开放新格局；第四是要发挥好先发区域的"探路"及样板作用。③ 郝宪印（2021）提出，全面建设社会主义现代化国家必须坚持深化改革开放，破除制约高质量发展、高品质生活的体制机制障碍；必须坚持系统观念，加强前瞻性思考、全局性谋划、战略性布局、整体性推进；必须坚持新发展理念，推动实现更高质量、更有效率、更加公平、更可持续、更为安全的发展。④

五、新时代现代化强国发展战略的意义

新时代现代化强国战略安排不仅是实现中华民族从站起来到富起来再到强起来的战略部署和行动纲领，具有重要的实践意义；而且还是符合历史逻辑和具有实践理性的战略思想和理论体系，具有重要的理论意义。

（一）理论意义

1. 丰富了社会主义现代化的内涵

王正绪（2017）认为，新时代现代化强国发展战略部署提出了新判断（将"基本实现现代化"奋斗目标的实现时间提前了一步）、新目标（首次提出了"全面建成社会主义现代化强国"的奋斗目标）、新内涵（指出了社会主义现代化的具体内涵）。⑤ 陈扬勇（2017）认为，"两步走"战略把基本实现社会主义现代化的目标提前了十五年；明确了第二个百年奋斗目标实现的步骤；丰富了第二个百年奋斗目标的重要内涵。⑥ 曹春（2018）指出，新时代现代化强国发展战略，深化了中国共产党对共产党执政规律、社会主义建设规律、人类社会发展规律的认识，丰富了党的第二个百年奋斗目标的内涵，

---

① 房广顺：《党的领导是建设社会主义现代化强国的根本保证》，《人民论坛·学术前沿》，2021年第4期，第76~82页。
② 方福前：《实现新时代两步走战略目标的可能性分析》，《中国人民大学学报》，2018年第4期，第75~85页。
③ 李程骅：《我国现代化建设"两步走"新战略的要义认知》，《学海》，2018年第3期，第12~17页。
④ 郝宪印：《全面建设社会主义现代化国家的战略引领》，《东岳论丛》，2021年第1期，第5~19+191页。
⑤ 王正绪：《两个"十五年"战略安排的重大意义》，《人民论坛》，2017年第32期，第40~41页。
⑥ 陈扬勇：《深刻领会新时代中国特色社会主义发展的战略安排》，《党的文献》，2017年第6期，第12~14页。

体现了我国发展量的提升和质的飞跃的统一。① 李海涛（2019）提出，新时代现代化强国发展战略，深化了中国共产党对共产党执政规律、社会主义建设规律、人类社会发展规律的认识，丰富了党的第二个百年奋斗目标的内涵，体现了我国发展量的提升和质的飞跃的统一。② 方松华和马丽雅（2019）认为，新时代现代化强国发展战略发展了现代化理论：第一，发展了现代化的内涵；第二，超越了现代化的实现方式，一方面，中国现代化道路打破了西方现代化模式的垄断地位，另一方面，在现代化的实现过程中，中国的现代化道路注重本国实际情况的运用和创新，妥善处理了改革、发展与稳定这一现代化进程中的两难问题，为其他国家的现代化道路探索提供了启示；第三，社会主义现代化强国的价值指向，促进人的全面发展，实现共同富裕。③

2. 深化了中国共产党对"三大规律"的认识

孙蚌珠（2017）提出，实现新时代现代化强国发展战略更能彰显社会主义的强大生机活力和光明图景。④

（二）实践意义

1. 加快了实现中华民族伟大复兴的进程

孙蚌珠（2017）提出，实现新时代现代化强国发展战略更能彰显近代以来久经磨难的中华民族迎来了从站起来、富起来到强起来的伟大飞跃和实现中华民族伟大复兴的光明前景。⑤ 包心鉴（2019）认为，新时代现代化强国发展战略，是中国共产党人初心和使命的时代彰显，是实现中华民族伟大复兴中国梦的实践进程，是对人类社会现代化基本规律的能动运用。⑥ 曹春（2018）指出，新时代现代化强国发展战略，完整勾画了我国社会主义现代化建设的时间表、路线图；进一步增强了全党的使命意识、担当精神；最广泛动员全国各族人民万众一心实现中华民族伟大复兴的中国梦。⑦ 方松华和马丽雅（2019）认为，新时代现代化强国发展战略进一步提升了中国的国际影响力，彰显了人类文明的多样性，将迎来中华民族伟大复兴。⑧ 王洪川和胡鞍钢（2020）指出，新时代现代化强国发展战略搭建了中华民族伟大复兴的"路"和"桥"。⑨

2. 贡献了实现现代化的中国智慧和中国方案

孙蚌珠（2017）提出，实现新时代现代化强国发展战略更能彰显中国道路的世界意义，拓展发展中国家走向现代化的途径，给世界上那些既希望加快发展又希望保持自身

---

① 曹春：《新时代 新理论 新征程》，人民出版社，2018年，第58页。
② 李海涛：《新时代中国特色社会主义发展战略》，人民出版社，2019年，第37页。
③ 方松华，马丽雅：《社会主义现代化强国目标及其建设方略研究》，人民出版社，2019年，第101~140页。
④ 孙蚌珠：《新时代的战略安排彰显的规律性特点和历史意义》，《思想理论教育导刊》，2017年第12期，第7~11页。
⑤ 孙蚌珠：《新时代的战略安排彰显的规律性特点和历史意义》，《思想理论教育导刊》，2017年第12期，第7~11页。
⑥ 包心鉴：《现代化：新中国70年的不懈探索和辉煌历程》，《学习与探索》，2019年第6期，第1~9+192页。
⑦ 曹春：《新时代 新理论 新征程》，人民出版社，2018年，第62~64页。
⑧ 方松华，马丽雅：《社会主义现代化强国目标及其建设方略研究》，人民出版社，2019年，第101~140页。
⑨ 王洪川，胡鞍钢：《国家战略治理演变特征、运动方向及逻辑》，《学术界》，2020年第8期，第17~24页。

独立性的国家和民族提供了全新选择，为解决人类问题贡献了中国智慧和中国方案。① 欧阳军喜和王赟鹏（2018）认为，中国现代化强国之路的重要意义有三点：一是作为社会主义国家走向现代化强国，中国向世界证明了社会主义制度的生机与活力；二是作为发展中国家，中国从一个落后的农业大国转变为现代化强国，为世界发展中国家提供了全新的现代化方案；三是作为有着悠久历史的大国，中国因其古老独特文明向现代文明的成功转型，再次昭示了文明交融互鉴的可能性。② 张幼文（2018）总结出全面建成社会主义现代化强国的世界意义：中国的强国之路，给世界经济发展注入新活力，不断拓宽发展中国家走向现代化的途径，不断开辟 21 世纪社会主义发展新境界，不断为解决人类问题贡献中国智慧和中国方案。③ 方松华和马丽雅（2019）认为，新时代现代化强国发展战略推进了科学社会主义与世界社会主义运动。社会主义现代化有力地充实和丰富了人类社会发展的规律，也极大地发展和丰富了社会主义自身发展的规律。中国建成社会主义现代化强国意味着，不仅进一步证明科学社会主义的强大生机和活力，使科学社会主义走向当代高峰，还使社会主义道路在世界范围内彰显出巨大吸引力，将引领世界社会主义的前途命运，推进世界社会主义运动向前发展。④ 林建华（2020）认为，从世界社会主义的维度来看，具有现代化品格的中国特色社会主义道路、理论、制度、文化不断发展，意味着科学社会主义在 21 世纪的中国焕发出强大生机活力。从当代世界发展的维度来看，中国特色社会主义道路、理论、制度、文化不断发展，拓展了发展中国家走向现代化的途径，给世界上那些既希望加快发展又希望保持自身独立性的国家和民族提供了全新选择，为解决人类问题贡献了中国智慧和中国方案。⑤ 王洪川和胡鞍钢（2020）提出，新时代国家战略治理主线是文明国家的强国战略，为发展中国家走向现代化提供新的方向、新的途径、新的经验；这对追求崛起与振兴的"南方国家"具有示范效应，对维护和保障全人类共同发展具有世界意义，为建设共赢世界提供中国方案。⑥

第六节　总体考察

新中国成立以来，中国共产党为实现中国现代化进行了艰辛探索，逐步制定并完善了中国现代化的战略目标。从"两步走""三步走"到建设小康社会，再到建设新时代

---

① 孙蚌珠：《新时代的战略安排彰显的规律性特点和历史性意义》，《思想理论教育导刊》，2017 年第 12 期，第 7~11 页。
② 欧阳军喜，王赟鹏：《社会主义现代化强国思想：演进、特征及其意义》，《学术界》，2018 年第 4 期，第 17~25 页。
③ 张幼文：《中国国际地位报告（2018）》，人民出版社，2018 年，第 188~191 页。
④ 方松华，马丽雅：《社会主义现代化强国目标及其建设方略研究》，人民出版社，2019 年，第 101~140 页。
⑤ 林建华：《全面建设社会主义现代化国家的中国意义和世界意义》，《思想教育研究》，2020 年第 12 期，第 9~13 页。
⑥ 王洪川，胡鞍钢：《国家战略治理演变特征、运动方向及逻辑》，《学术界》，2020 年第 8 期，第 17~24 页。

现代化强国，构成中国共产党为建设社会主义现代化国家、实现中华民族伟大复兴接续奋斗的时间表和路线图。总体来看，学界对社会主义发展战略进行了丰富的研究。本节拟在综合考察前面各小结的基础上，提炼出社会主义发展战略研究特点，并对其未来研究重点进行展望。

一、研究特点

（一）紧扣"现代化"

新中国成立后，逐步形成了以"现代化"为核心的发展战略。中国共产党人都企盼实现社会主义现代化的目标。尽管各个阶段具体情况不尽相同，但是在战略目标、战略安排、战略布局和指导思想等方面具有内在逻辑统一性。使国家富强、民族振兴、人民幸福，建设社会主义现代化强国，实现中华民族的伟大复兴，是中国共产党人基本的、共同的目标。因此，学界对社会主义发展战略的研究紧扣"现代化"来开展。

（二）突出"人民性"

人民是实现社会主义现代化发展战略的主体，也是社会主义现代化建设的力量之源。新中国 70 年社会主义现代化建设之所以能够取得辉煌的成就，关键在于不同发展阶段广大人民群众的积极参与和努力奋斗。中国共产党始终与广大人民群众站在一起、同呼吸、共命运，尊重广大人民的主体性和创造性，获得了广大人民群众对社会主义现代化发展战略的拥护和支持，使社会主义现代化发展战略由蓝图变为现实。因此，学界对社会主义发展战略的研究重点从党在制定社会主义发展战略时以人民为中心的角度进行。

（三）体现"阶段性"

新中国成立以来，为把中国建设成为一个社会主义现代化国家，中国共产党人针对不同时期的国情提出了各具特色的发展战略步骤思想，形成了适合中国国情，具有中国特色的发展战略步骤理论，从"两步走"到"三步走"，再到新时代"两步走"，分阶段推进中国社会主义的现代化建设。因此，学界对社会主义发展战略的研究也具有阶段性，多研究每一阶段的发展战略。

（四）与社会主要矛盾的转化关系密切

社会主要矛盾关系社会主义建设的全局。社会主要矛盾的每一次转化都会引起中国共产党工作中心的转移，也会影响社会发展战略的制定和实施。历史经验表明，每当中国共产党对社会主要矛盾有正确认识，并与主要任务紧密联系时，社会主义建设就会顺利推进，发展战略的制定和实施就会顺利进行。反之，主要任务和主要矛盾越偏离，社会主义建设事业就越会遭到损失。因此，学界大都关注到社会主义发展战略与社会主要矛盾转化的关系。

二、未来展望

(一) 加强对新时代现代化强国发展战略的研究

新时代现代化强国发展战略内容丰富、逻辑清晰，是系统的战略部署和科学的理论体系。它不仅指明了新时代中国特色社会主义发展的前进方向，提出了到21世纪中叶全面建成社会主义现代化强国的宏伟目标，定位了中国共产党今后三十年社会主义建设的历史新方位，进一步推进和深化了中国改革开放的实践，是实现中华民族从富起来到强起来的战略指引和行动指南，具有重要的实践意义和历史意义。而且，它还是一个包含历史逻辑和充满实践理性的内涵丰富的现代化战略思想和理论体系，极大地丰富了马克思主义理论和世界现代化思想，具有重要的理论意义和世界意义。囿于新时代"两步走"发展战略刚开始实施，学界对此发展战略的研究还不是很多。今后随着新时代"两步走"发展战略的不断推进，在实践中将会产生出更多重要的理论和启示，需要我们加强研究，总结规律和经验。

(二) 加强对社会主义发展战略的内在规律研究

战略思维是中国共产党革命建国与治国理政的重要法宝。在现代化建设的伟大探索和实践中，中国共产党基于不同时期国内外形势的差异和社会需要，适时制定并实施了相应的国家发展战略，为中国的发展与进步作出了历史性贡献。研究和分析中国社会主义发展战略的内在规律，对于制定和实施经济发展战略具有有益的启示。中国共产党的社会发展战略的发展过程是一个不断创新的过程，在以后的实践过程中，还应不断及时总结经验，不断提高党的发展战略步骤理论的科学性、实践性，并运用这些发展战略思想，推进中国特色社会主义现代化伟大事业。

(三) 加强对社会主义发展战略的创新研究

发展是永恒的主题，社会主义发展战略也必然不断发展，因时而异，因势而变。在实施新时代"两步走"发展战略之际，如何顺应世界经济发展新趋势和应对充满不确定性的挑战，攻克国内经济下行的难关，确保顺利实现近期目标并建设现代化强国，还需要作出许多和长期的努力，不断完善经济发展战略是其中的重要一环。为此还需要在新的发展阶段继续推进社会主义发展战略的创新研究。

(四) 加强对国际环境与社会主义发展战略的关系研究

国际环境是影响中国经济发展战略的重要因素之一。与历史各时期相比，当今世界正面临百年未有之大变局，国际形势波谲云诡、风云变幻，中国发展所处的国际环境发生了深刻的变化，中国的综合国力和国际地位发生了深刻变化，中国承担的国际义务和责任也发生了深刻变化。中国面临更多的机遇和挑战，如美国挑起的中美贸易战就是美国对当代中国快速发展，尤其是科学技术发展的遏制，今后美国还会对中国的现代化强国战略设置更多障碍。要处理好国际环境变化与社会主义发展战略的关系，就需要加强对国际环境与社会主义发展战略的关系研究,总结历史经验,解决新的矛盾和问题,用更加长远的眼光、更加开阔的视野,发现规律,把握机遇,迎接挑战,根据国际环境的变化适时调整社会主义发展战略。

第十三章　社会主义经济发展道路

中国特色社会主义经济发展道路是党和国家立足于中国经济发展实际，探索出的一条适合中国国情、独具中国特色的经济发展道路。这条道路是中国经济发展取得巨大成就的主要原因，也是未来中国经济平稳健康发展的重要保障。建党百年来，国内学界围绕中国特色社会主义经济发展道路展开了富有成效的研究，取得了大量研究成果。本章首先从整体上回顾学界对苏联社会主义经济发展道路论述以及中国共产党关于社会主义经济发展道路认识的阐释；然后分别从中国特色社会主义工业化道路、中国特色社会主义信息化道路、中国特色社会主义城镇化道路、中国特色社会主义自主创新道路四个方面梳理国内学界的相关研究；最后总结和提炼社会主义经济发展道路研究的特点，并对中国特色社会主义经济发展道路的研究方向进行未来展望。

第一节　对苏联社会主义经济发展道路论述的阐释

苏联作为世界上第一个社会主义国家，对于社会主义经济发展道路进行过深入探索。学界关于苏联社会主义经济发展道路的研究也不断深入，并形成了大量的研究成果。本节将对学界关于苏联社会主义经济发展道路论述进行学术梳理。

一、对苏联社会主义经济发展道路选择的阐释

苏联对于社会主义经济发展道路的探索经历过不同时期也形成了不同的发展模式，其中最有代表性的是"战时共产主义"政策、新经济政策以及斯大林模式。学界对于苏联社会主义经济发展道路的研究也主要是集中于这三方面。

（一）关于"战时共产主义"政策的论述

"战时共产主义"政策是十月革命后，在列宁提议下所实行的临时措施以实现一定的经济社会发展目标。关于"战时共产主义"政策的研究，主要集中于政策的形成原因及主要内容两方面，在这两方面也形成了不同的观点（见表13-1）。

表 13-1 关于"战时共产主义"政策的主要观点汇总表

主要观点		代表学者
政策的形成原因	支持"直接过渡"论	杨承顺等（1989），周尚文等（1990），等等
	反对"直接过渡"论	骆耕漠（1964），冯兰瑞（1982），等等
政策的主要内容	四内容说	张弛（1980），丁世俊（1987），等等
	五内容说	周志诚（1990），杨彦君（1982），等等

1. 对"战时共产主义"政策形成原因的研究

"战时共产主义"政策的实施有一定的历史现实依据。学者们普遍认为政策的形成是当时战争环境所导致的；但在关于"战时共产主义"是否是列宁"直接过渡"到社会主义（共产主义）社会的政策措施方面，学界存在着较大分歧，形成了两种观点。

一种观点是支持"直接过渡"论。该观点认为，在国内战争时期，列宁试图利用"战时共产主义"的作用，使苏俄"顺势"或"直接"过渡到社会主义（共产主义）社会。杨承顺等（1989）在《历史性的飞跃——列宁后期思想探索》一书中提出，"战时共产主义政策"是战争造成的特别困难的环境和直接过渡思想双重影响的产物。[①] 周尚文等（1990）在《新编苏联史》提出："既然实现社会主义、共产主义就是意味着剥夺剥夺者，实现生产资料公有化，取消商品经济和货币流通，苏维埃俄国在战时环境下做到了这些。于是，许多人自觉不自觉地把这些政策和措施看作实现社会主义、共产主义的简捷道路。"[②] 熊懿求（1991）也认为，"战时共产主义"政策绝不是迫于战争环境所采用的临时性措施，其措施的内容是要否定资本主义，实现社会主义。[③] 持有这一观点的学者还有于振武（1994）[④]、叶伯华（1991）[⑤] 等。

另一种观点是反对"直接过渡"论。该观点认为，"战时共产主义"政策仅仅是当时的临时性措施，尽管含有社会主义经济性质的举措，有着向社会主义过渡的倾向，但也并不是"直接过渡"或"完全过渡"的长期政策。骆耕漠（1964）认为，当时的"战时共产主义"政策不过是特殊的历史产物，如无战争则不必采取如此激进的措施，并非从资本主义向社会主义过渡的必经步骤。[⑥] 冯兰瑞（1982）则从马克思关于社会主义过渡论述出发，认为"战时共产主义"政策这一"直接过渡"背离了马克思的过渡论。[⑦]

[①] 杨承顺，南俊英，车有道：《历史性的飞跃——列宁后期思想探索》，华中师范大学出版社，1989 年，第 75 页。

[②] 周尚文，叶书宗，王斯德：《新编苏联史》，上海人民出版社，1990 年，第 59 页。

[③] 熊懿求：《列宁关于通过国家调节商业过渡到社会主义的理论》，《经济评论》，1991 年第 1 期，第 18~23 页。

[④] 于振武：《学习列宁关于社会主义经济建设实践和理论的探索》，《科学社会主义》，1994 年第 1 期，第 39~43 页。

[⑤] 叶伯华：《战时共产主义与列宁的经济建设思想》，《苏州大学学报》（哲学社会科学版），1991 年第 4 期，第 10~15 页。

[⑥] 骆耕漠：《商品经济的消灭及其规律的探索之二——从十月革命到战时共产主义政策期间的商品经济问题》，《学术月刊》，1964 年第 10 期，第 65~73 页。

[⑦] 冯兰瑞：《苏俄从战时共产主义到新经济政策》，《学术月刊》，1982 年第 8 期，第 29~32 页。

俞良早（2020）认为，列宁从未提出利用实施"军事共产主义"的机会使苏俄"顺势"过渡到共产主义社会的思想，未提出选择"简捷道路"使苏俄完成"过渡"任务的思想。①

2. 对"战时共产主义"政策主要内容的研究

"战时共产主义"政策实施了许多项措施，本质上是社会主义性质的政策措施。学界对于"战时共产主义"政策的主要内容也展开了研究，不同学者就此提出了不同看法，有的学者认为是四项主要内容，而有的则认为有五项主要内容。张弛（1980）认为该政策有四项主要内容：在农业方面实行余粮收集制；在工业方面实行国有化和统收统支制；禁止生活必需品私人买卖，实行主要消费品的定量供应；实行普遍义务劳动制，强迫地主、资产阶级参加体力劳动。② 丁世俊（1987）则从《列宁全集》中总结政策的主要内容，包括实行余粮收集制、禁止自由买卖、合作社收归国有、发展农业生产中的公有经济。③

持有"五内容"观点的学者主要有周志诚（1990）和杨彦君（1982）④。周志诚（1990）认为"战时共产主义"政策内容要从五方面来探讨：一是把对生产资料私有制的剥夺进行到底，加速国有化进程；二是废除商品交换，实行实物分配制；三是积极促进货币作用的消失；四是对社会经济生活实行高度的集中管理；五是实行强制性的义务劳动制，以实现消灭社会上的寄生阶级，更有效地组织社会经济。⑤

（二）关于新经济政策的论述

新经济政策是1921年3月苏联开始实行向社会主义过渡的经济政策，对于苏联经济社会发展影响深远。关于新经济政策的研究，学界早在20世纪初期就已经开始了，主要集中于政策的形成原因及主要内容两方面，在这两方面也形成了不同的观点（见表13-2）。

表13-2 关于新经济政策的主要观点汇总表

主要观点		代表学者
政策的形成原因	国际因素论	邝振翎（1924），胡鄂公（1924），等等
	国情实际论	陈独秀（1927），刘书林（2001），等等
	社会主义发展任务论	周尚文（2015），刘铮（2020），等等

---

① 俞良早：《正确认识列宁关于"军事共产主义"错误的论述——纪念列宁诞辰150周年》，《党政研究》，2020年第3期，第5～16页。
② 张弛：《如何估价苏维埃俄国的战时共产主义政策》，《世界经济》，1980年第6期，第30～35页。
③ 丁世俊：《"战时共产主义"政策的提出和形成——介绍〈列宁全集〉中文第二版第35-37卷》，《教学与研究》，1987年第4期，第38～41页。
④ 杨彦君：《苏俄"战时共产主义"政策的内容、后果和教训》，《国际共运史研究资料》，1982年第1期，第73～98页。
⑤ 周志诚：《苏联早期社会主义理论与实践的反思》，《社会科学家》，1990年第3期，第17～22页。

续表13-2

	主要观点	代表学者
政策的主要内容	三核心说	刘国光（1985），赵长茂（1996），卫兴华（1997），等等
	四内容说	赵曜（2000），周良武（2015），等等
	其他观点	俞颂华（1921），瞿秋白（1922），殷秋明（2001），等等

1. 对新经济政策形成原因的研究

新经济政策是苏联在"战时共产主义"政策实施后实行的新的经济发展政策，与之前的经济政策有着很大的差别。因此对于苏联经济政策的改变，学界从不同角度给予了解释。总的来看，主要有国际因素、国情实际以及社会主义发展任务等三方面的原因。

第一，"国际因素"论。邝振翎（1924）认为新经济政策的实行是由于国外资本主义国家对苏联的经济封锁。[①] 在当时的国际背景下，列宁想利用帝国主义国家之间的矛盾，以外贸和租让为突破口发展与资本主义国家的经济关系，力图打破帝国主义军事干涉和经济封锁，所以胡鄂公（1924）把新经济政策视为从经济基础上调剂危机的方略。[②]

第二，"国情实际"论。陈独秀（1927）指出，新经济政策是由特定的国情需要所决定的。他认为只有在工农及其他被压迫剥削阶级革命的国家而采用国家资本主义，才能由此过渡到非资本主义的社会主义经济建设。[③] 恽代英分析道，列宁本是认定了在产业后进的国家不经过相当的资本主义的发展，是不能进入最低度的共产主义的，因此新经济政策是必要的。[④] 刘书林（2001）指出，随着俄国生产力的发展和人们思想觉悟的提高，在和平时期继续执行"战时共产主义"政策的余粮收购制已不合时宜，因此新经济政策应运而生。[⑤] 胡增文（2008）也同样认为，新经济政策的实行，主要是为了解决建国初期国内严重的经济困难及由此引起的社会不满所采取的应对措施。[⑥]

第三，社会主义发展任务论。周尚文（2015）认为，当时的布尔什维克党面临两大历史任务：一是努力发展生产力，在俄国实现现代化；二是按社会主义原则改造全部生产关系和社会关系。在这任务面前，列宁逐渐意识到由于俄国经济落后，不能像发达国家那样，按照马克思设想的路径进入新社会，必须首先恢复和发展社会生产力，然后逐步按照社会主义原则剥夺剥夺者，消灭私有制，使俄国走上一条非资本主义的现代化道

---

① 邝振翎：《苏俄革命的特质》，《列宁纪念册》1924 版，第 2 页//转引自靳书君，孙兴芳：《20 世纪早期中国知识界对列宁新经济政策的观察、研究与思考》，《马克思主义与现实》，2015 年第 3 期，第 155~161 页。
② 胡鄂公：《列宁与苏俄》，《列宁纪念册》1924 版，第 4 页//转引自靳书君，孙兴芳：《20 世纪早期中国知识界对列宁新经济政策的观察、研究与思考》，《马克思主义与现实》，2015 年第 3 期，第 155~161 页。
③ 陈独秀：《陈独秀文章选编》（下），生活·读书·新知三联书店，1984 年，第 410 页。
④ 恽代英：《恽代英全集》（第六卷），人民出版社，2014 年，第 154 页。
⑤ 刘书林：《清醒的退却，坚定的原则——重新解读列宁的新经济政策》，《马克思主义研究》，2001 年第 1 期，第 26~31 页。
⑥ 胡增文：《新经济政策：列宁稳定社会的重大政策举措》，《湖北社会科学》，2008 年第 1 期，第 23~26 页。

路。① 刘铮（2020）反对国内学界将"新经济政策"作为一种应对经济和政治危机局面的"临时措施"和"权宜之计"的表象化认识。她认为新经济政策是探索社会主义建设道路的现实需要。②

2. 对新经济政策主要内容的研究

新经济政策的形成是多因素导致的，而其本质是为实现苏联社会主义经济发展的现实所需。学界对于新经济政策主要内容展开了诸多研究，不同学者就此提出了不同看法。通过搜集文献可知，学界关于新经济政策主要内容的总结主要有"三核心"说、"四内容"说以及其他观点。

一种观点是三核心说认为新经济政策主要内容体现在三种核心。刘国光（1985）认为，新经济政策三大核心体现在：第一，在生产资料公有制基础上发展商品生产和商品交换；第二，国营企业也在相当程度上实行商业原则；第三，集中管理的行政手段为机动灵活的经济手段所代替。③ 赵长茂（1996）则是从列宁《论粮食税》出发，认为新经济政策的基本内容包括：第一，实行国家资本主义；第二，实行粮食税、贸易自由、租让制；第三，辩证地看待资本主义经济和向资本家学习。④ 卫兴华（1997）认为，在新经济政策时期，列宁从商品货币关系、市场与政府的作用以及经济计划三方面创新了社会主义经济发展理论。⑤

另一种观点认为新经济政策包括四项主要内容。赵曜（2000）⑥、任云丽（2002）⑦都指出新经济政策主要内容体现在四个方面：一是用粮食税代替余粮征集制，二是工业企业非国有化，三是大力发展商业，四是加强同资本主义国家的经济交往与合作。周良武（2015）则是从制度创新层面研究新经济政策的内容核心，认为新经济政策的内容核心主要有产权制度创新，即完善农村粮食产权制度和土地产权制度创新以及城市实行多种所有制代替单一的公有制创新；由计划到市场制度创新，即允许国家调节下的自由贸易，恢复和发展商品货币关系；实行"租让制"式对外开放制度创新，即将一些企业或自然资源租让给外国资本家经营和开采；正式制度与非正式制度创新相结合。⑧

还有一些学者将新经济政策主要内容总结为更多方面。早在新中国成立前，民国时期学界就对此展开了研究，最具代表性的是俞颂华（1921）和瞿秋白（1922）。他们归纳的新经济政策主要内容为：一是改粮食均配法为物产课税法；二是国家仅掌大工业，

---

① 周尚文：《列宁新经济政策思想的历史价值及其局限》，《华东师范大学学报》（哲学社会科学版），2015年第1期，第48~61页。
② 刘铮：《列宁"新经济政策"思想对社会主义建设道路的探索》，《当代经济研究》，2020年第8期，第14~20页。
③ 刘国光：《彻底破除自然经济论影响，创立具有中国特色的经济体制模式》，《经济研究》，1985年第8期，第64~67页。
④ 赵长茂：《列宁关于新经济政策的基本思想及其理论意义和实践意义是什么？》，《前线》，1996年第12期，第28~29页。
⑤ 卫兴华：《列宁的商品经济、市场与政府理论的再评析》，《中共中央党校学报》，1997年第3期，第30~39页。
⑥ 赵曜：《列宁晚年社会主义思想的三重涵义》，《马克思主义研究》，2000年第2期，第55~63页。
⑦ 任云丽：《列宁新经济政策及其对中国的影响》，《生产力研究》，2002年第3期，第131~132页。
⑧ 周良武：《论列宁新经济政策的制度创新》，《求索》，2015年第7期，第156~159页。

小工业租给私人企业家经营;三是对外租让制,实行国家资本主义;四是允许自由贸易;五是设立国家银行,由国家调节商业货币;六是职工衣食住改由协作社分配。① 其他观点还有"五内容"说,如殷秋明(2001)将新经济政策的内容总结为恢复和发展农业生产力、发展商品交换、建立对外开放体制、引进和利用资本主义以及发展科技文化水平等五个方面。②

(三) 关于斯大林模式的论述

在新经济政策之后,苏联经济社会发展逐渐形成了高度集中的计划经济体制。该发展模式也被称为斯大林模式。斯大林模式对于苏联社会主义经济发展的影响是最为深刻的。关于斯大林模式,学界展开了诸多讨论也形成了丰富的研究结果。总体来看,集中讨论了斯大林模式的形成原因和主要经济特征两方面(见表13-3)。

表13-3 关于斯大林模式的主要观点汇总表

主要观点	视角	代表学者
模式的形成原因	国际环境	沈宗武(2000),吴恩远(2007),等等
	国内背景	胡绳(2000),高放(2009),陆南泉(2010),等等
	历史必然性论	武克全(1998),俞良早(2004),等等
模式的主要经济特征	两特征说	蔡金发(1996),沈宗武(2003),等等
	三特征说	左凤荣(1998),倪稼民(2009),周新城(2013),等等

1. 关于斯大林模式形成原因的研究

斯大林模式的形成有其特定的历史背景。关于其形成原因,学界从不同角度出发进行研究。绝大多数学者认为斯大林模式的形成是多因素导致的结果,但从学者的研究讨论中可以看出,学界基本是从国际环境、国内背景以及其形成是否具有历史必然性等方面进行研究。

第一,从当时国际环境出发研究斯大林模式的形成。沈宗武(2000)认为,斯大林模式的形成与当时的国际环境有着直接的关系。③ 吴恩远(2007)也同样认为,斯大林时期面临着法西斯入侵的威胁,必须保卫国家的主权和领土完整,而斯大林模式高度集中的体制正好适应此需要。④

第二,从当时国内背景出发研究斯大林模式的形成。胡绳(2000)认为,斯大林模

---

① 转引自靳书君,孙兴芳:《20世纪早期中国知识界对列宁新经济政策的观察、研究与思考》,《马克思主义与现实》,2015年第3期,第155~161页。
② 殷秋明:《论列宁"新经济政策"及其当代意义》,《深圳大学学报》(人文社会科学版),2001年第5期,第38~44页。
③ 沈宗武:《试论斯大林模式产生的深层社会原因》,《重庆社会科学》,2000年第4期,第7~11页。
④ 吴恩远:《正确评价苏联模式》,《理论前沿》,2007年第19期,第8~9页。

式"是在一个落后的国家开始社会主义建设难以避免的,而且在一个时期内还能行之有效"①。高放(2009)从俄国的历史传统出发,认为俄国的国情注定了它不可能在短期内建成标准的社会主义社会,同时苏共领导人急于求成,偏重用行政命令、群众运动方式加速消灭私有制,忽视了发展生产力和消灭封建主义残余的首要性,以致苏联1936年建成的社会主义是带有浓厚封建专制色彩的社会主义。② 陆南泉(2010)则认为斯大林模式的形成与发展来源于国内诸多因素,其中最为明显的是1924至1929年围绕新经济政策的党内斗争,开始使苏联社会主义发展发生了变形。③

第三,历史必然性论学者们就斯大林模式形成是否具有历史的必然性也展开了讨论,主要有两大观点。一种观点认为斯大林模式形成有其一定的历史基础,但并非历史的必然。武克全(1998)从十月革命后苏联的整个社会主义实践分析出发,认为斯大林模式的形成决不是历史的必然选择,而是列宁逝世后在斯大林主导下社会主义道路发生的悲剧性转折。④ 另一种观点则认为斯大林模式的形成具有历史必然性。俞良早(2004)分析了苏联十月革命后的政治经济形势,提出苏联社会主义模式有其历史必然性和合理性。他认为将苏联社会主义模式的历史同英法资本主义制度的历史相比较,斯大林模式以强有力的国家权力克服政治生活和社会生活上的不稳定,更具有达到社会稳定和政治稳定的功能和作用。⑤ 支持这一观点的还有张玉龙(2002)。⑥

2. 关于斯大林模式主要经济特征的研究

斯大林模式是苏联社会主义探索过程中具有鲜明特征的发展模式,尽管斯大林模式具有高度集中的计划经济体制特征,但学界对其主要的经济特征的具体研究形成了不同的看法。

一种观点是两特征说,认为斯大林模式的主要特征包括两大方面。蔡金发(1996)指出,斯大林模式不是自然的经济发展过程,而是带有超经济规律的政治发展和暴力发展的过程,是中央高度集权的计划经济的社会主义。⑦ 沈宗武(2003)从制度变迁视角指出,斯大林模式既是社会主义制度的实践形式,也是社会主义制度内的制度变迁。⑧

另一种观点是三特征说,认为斯大林模式主要包括三方面的特征。持有该观点的学者较多。左凤荣(1998)认为,工业化、大规模阶级斗争以及高度集中的计划经济体制是斯大林模式的主要特征。⑨ 倪稼民(2009)也指出,斯大林模式是通过公有制、计划

---

① 胡绳:《马克思主义与改革开放》,中国社会科学出版社,2000年,第54页。
② 高放:《社会主义模式的反思与展望》,《理论视野》,2009年第7期,第11~15页。
③ 陆南泉:《斯大林模式究竟是怎样形成的》,《探索与争鸣》,2010年第2期,第30~37页。
④ 武克全:《社会主义与斯大林模式》,《复旦学报》(社会科学版),1998年第2期,第13~20页。
⑤ 俞良早:《"稳定"的取向:苏联社会主义模式的历史必然性和合理性》,《俄罗斯中亚东欧研究》,2004年第6期,第1~6+98页。
⑥ 张玉龙:《贡献与误导——析"斯大林模式"的两重性》,《理论学刊》,2002年第4期,第20~23页。
⑦ 蔡金发:《从列宁到斯大林探索社会主义建设的经验与教训》,《理论学习月刊》,1996年第10期,第1~7页。
⑧ 沈宗武:《制度变迁与斯大林模式的形成和变革》,《湖北行政学院学报》,2003年第3期,第23~27页。
⑨ 左凤荣:《列宁与斯大林的两种截然不同的社会主义建设模式》,《中共中央党校学报》,1998年第1期,第97~104页。

经济、农业集体化三大方面对经济领域实行全面的干预和控制。① 黄宗良（2010）则从经济建设和经济体制方面指出，斯大林模式有着三个基本经济特征，即通过阶级斗争推动经济社会发展、实行单一公有制以及指令性的计划经济体制。② 周新城和梅荣政（2013）认为，斯大林模式在经济发展上表现的特征有三方面：一是在所有制上实行单一的生产资料公有制，二是在经济体制上实行自上而下的指令性计划经济，三是在发展战略上以重工业为重点追求外延式的粗放增长。③

二、对苏联社会主义经济发展道路评价的阐释

在布尔什维克党的带领下，苏联建立形成世界历史上第一个社会主义国家。随着社会主义的建立，关于社会主义经济发展道路逐渐从理论阐述转变为实践发展，社会主义经济发展道路的探索进入了一个新的时期。关于对苏联社会主义经济发展道路的评价，学界从其发展道路本身及对于我国社会主义发展的影响两方面作出了研究。

（一）对列宁和斯大林关于社会主义经济发展道路评价的阐释

从实践中看，苏联（俄）社会主义经济发展经历了三条不同的发展道路，即"战时共产主义"政策、新经济政策以及斯大林模式。学界从其发展道路本身以及对我国社会主义发展影响两个方面作出了研究。

1. 对"战时共产主义"政策的评价

学界对于"战时共产主义"的评价集中于两点（见表13-4）：一是客观综合地分析其优缺点，如郭连成（1992）指出，"战时共产主义"政策作为战争时期的特殊政策和临时措施，是必要的，也是有成效的。④ 顾海良和张雷声（2001）认为，列宁"战时共产主义"政策的实施，是列宁"直接过渡"思想的一种体现。⑤ 二是认为"战时共产主义"政策违背了社会主义经济发展规律，如胡瑾（1998）认为，"战时共产主义"政策是对马克思主义社会主义理论的错误搬用，没有充分认识到俄国社会结构和阶级结构同西欧国家的重大区别。俄国共产党和列宁当时试图跨越过渡时期，直接进入社会主义，甚至共产主义，是违背马克思主义、错误搬用了马克思主义理论的结果。⑥ 张军（1999）指出，作为一种极端的计划经济形式，"战时共产主义"经济发展模式主要体现两点，即完全限制劳动力的自由流动和最大限度地废止货币关系。⑦

---

① 倪稼民：《苏联模式：制度化与非制度化胶着的体制》，《社会科学》，2009年第6期，第12~19页。
② 黄宗良：《实践是最权威的评价——从斯大林模式到中国模式是世界社会主义发展史上的大飞跃》，《探索与争鸣》，2010年第7期，第20~22页。
③ 周新城，梅荣政：《关于苏联模式研究的两个问题》，《思想理论教育》，2013年第15期，第24~27页。
④ 郭连成：《列宁经济思想研究与探索》，东北财经大学出版社，1992年，第121页。
⑤ 顾海良，张雷声：《从马克思到社会主义市场经济》，北京出版社，2001年，第239页。
⑥ 胡瑾：《从列宁到邓小平》，山东人民出版社，1998年，第45页。
⑦ 张军：《比较经济模式：关于计划与市场的经济理论》，复旦大学出版社，1999年，第205页。

表 13-4 对"战时共产主义"政策评价的主要观点汇总表

主要观点	代表学者
客观综合评价"战时共产主义"政策的优缺点	郭连成（1992），顾海良（2001），等等
"战时共产主义"政策违背了社会主义经济发展规律	胡瑾（1998），张军（1999），等等

2. 对新经济政策的评价

新经济政策的实质涉及过渡时期苏联所走的社会主义道路问题，是一个关于什么是社会主义、怎样建设社会主义的重大理论和实践问题。改革开放后我国逐渐确立起社会主义市场经济体制，考虑到新经济政策包含一些废止货币关系应用的内容，学界对新经济政策展开了激烈争论。观点可分为以下几个方面（见表 13-5）[①]：

表 13-5 对新经济政策评价的主要观点汇总表

主要观点	代表学者
新型工农联盟说	杨运忠（1990），郑异凡（2005），等等
发展商品经济说	王东（1990），等等
计划与市场结合论	左凤荣（1998），王祖奇（2004），等等
发展国家资本主义说	郭大民（1988），等等
补资本主义课说	廖胜刚（1994），孔永松（1994），等等
战略退却说	叶卫平（1991），胡家勇（1992）、陈华山（1995），等等

第一，新型工农联盟说认为新经济政策是工农联盟的新型化。杨运忠（1990）认为，列宁在俄共（布）十大上确立的粮食税政策标志着其在政治上重新估计和建立工人与农民的阶级关系，1921 年秋后则通过国家调节商品和货币流通找到了工农关系在经济上的"结合点"。[②] 郑异凡（2005）也指出，新经济政策的实行确实是对农民的让步。[③]

第二，发展商品经济说认为新经济政策的实质是发展商品经济。王东（1990）认为，新经济政策道路以及最后结晶而成的经济建设构想实际上就是发展商品经济的问题。因此，他们把新经济政策的实质理解为发挥市场、货币和商业的作用，以国家调节的市场为基础有计划地发展国民经济，逐渐走向社会主义，建设社会主义，所以其意义不仅仅局限于社会主义过渡时期。[④]

第三，计划与市场结合论认为新经济政策的目的是将计划与市场相结合。左凤荣（1998）认为，虽然新经济政策是为了克服危机而采取的，但它绝不是权宜之计。列宁

---

① 夏克强：《1978—1999 年间国内理论界对列宁新经济政策研究述评》，《湖北经济学院学报》，2020 年第 1 期，第 44~52 页。
② 杨运忠：《关于对列宁新经济政策两个重大问题的再探讨》，《苏联东欧问题》，1990 年第 5 期，第 50~55 页。
③ 郑异凡：《对新经济政策的不同诠释及其命运》，《当代世界与社会主义》，2005 年第 6 期，第 135~139 页。
④ 王东：《改革之路的真正源头》，北京大学出版社，1990 年，第 13~79 页。

把新经济政策看成俄国这个落后资本主义国家建设社会主义切实可行的途径。① 同时，王祖奇（2004）认为，在新经济政策的实践中，列宁在理论上和实践上都对传统的社会思想提出了深刻的反思和批判，并首先从实践方面肯定了社会主义与市场经济机制的结合。②

第四，发展国家资本主义说认为新经济政策是发展国家资本主义，进而过渡至社会主义。郭大民（1988）提出，新经济政策并不是在建设社会主义经济，而只是探索实现这一途径的方法，是列宁所说的"向后转"，即从社会主义转向国家资本主义。新经济政策的实质并不是直接向社会主义过渡，而是全力发展国家资本主义，通过国家资本主义到达社会主义的"入口"。③

第五，补资本主义课说认为新经济政策是在"补资本主义课"。廖胜刚（1994）认为，列宁公开承认允许发展自由贸易、商业和市场的新经济政策必然导致资本主义的重生，把发展商品货币关系作为小农占优势的俄国向社会主义过渡的桥梁和步骤，实质上是提出了无产阶级专政条件下"补资本主义课"的问题。④ 与这观点相一致的，还有孔永松（1994）的观点。他认为十月革命胜利后的头十年，苏联社会主义经济建设处于"无模式"的探索时期。⑤

第六，战略退却说认为新经济政策仅仅是战略退却的特殊政策。叶卫平（1991）认为，列宁1921年提出的新经济政策与1918年提出的通过国家资本主义向社会主义过渡的计划本质上都是社会主义性质的战略调整，无所谓"路线改变"和"补资本主义课"。⑥ 胡家勇（1992）提出，实施新经济政策期间列宁仍把商品、货币、市场看作资本主义的经济范畴，仍把小生产的发展等同于资本主义的发展，并且也没有放弃改造小生产的目标，而只是调整了改造的方法。⑦ 陈华山（1995）指出，实施无论是苏俄的政界还是经济学界，都把有限制地利用商品货币关系视为暂时的、不得已的办法，并且在利用中逐步加强计划，为最终消灭这种经济关系创造条件。⑧ 还有陈立旭（1996）认为，新经济政策的实质仅仅是战略退却，是由"强攻"转为"围攻"，用新的迂回办法继续与资本主义斗争，而绝不是放弃社会主义搞资本主义。⑨

---

① 左凤荣：《列宁与斯大林的两种截然不同的社会主义建设模式》，《中共中央党校学报》，1998年第1期，第97~104页。

② 王祖奇：《新经济政策时期列宁对社会主义经济的市场化探索》，《河南师范大学学报》（哲学社会科学版），2004年第2期，第5~8页。

③ 郭大民：《列宁和一国社会主义理论》，《中南民族学院学报》（哲学社会科学版），1988年第5期，第65~70页。

④ 廖胜刚：《列宁对小农结构国家向社会主义过渡道路的探索》，《吉首大学学报》（社会科学版），1994年第4期，第17~23页。

⑤ 孔永松：《简述有中国特色社会主义经济模式形成的历史轨迹》，《中国社会经济史研究》，1994年第3期，第89~97页。

⑥ 叶卫平：《论完整准确地研究列宁的新经济政策思想》，《中国人民大学学报》，1991年第1期，第61~68页。

⑦ 胡家勇：《列宁的新经济政策与社会主义商品经济理论》，《中南财经大学学报》，1992年第5期，第11~13页。

⑧ 陈华山：《试论苏联的社会主义自然经济观》，《东欧中亚研究》，1995年第1期，第10~18页。

⑨ 陈立旭：《列宁新经济政策的实质》，《理论学习》，1996年第12期，第43页。

3. 对斯大林模式的评价

学界对于斯大林模式的评价研究主要集中于斯大林模式的形成、与"战时共产主义"政策的关系、与社会主义发展的关系等方面（见表13-6）。

表13-6 对斯大林模式评价的主要观点汇总表

主要观点		代表学者
斯大林模式的形成	当时世界历史环境影响	高放（2009），等等
	俄国历史传统影响	左凤荣（1998），等等
斯大林模式与"战时共产主义"政策的关系	联系与继承	沈宗武（2004），高放（2009），等等
	无关或不一致	郑易平（2003），龚成（2003），等等
斯大林模式与社会主义发展的关系	"扭曲的社会主义"	何捷一（2003），曹长盛（2004），等等
	与中国特色社会主义有着相通之处与区别	周新城（2007），等等

第一，关于斯大林模式的形成，学界主流的观点是认为斯大林模式来源于当时的历史环境，如第二次世界大战等背景。①但左凤荣（1998）则认为，斯大林模式是符合沙俄历史传统的。从彼得大帝开始，沙俄的经济发展战略和计划都是为军事战略的需要服务，突出的特点是以牺牲农民和榨取农民为代价，优先发展国防工业，主要是重工业和为陆海军服务的轻工业。尽管俄国到十月革命前仍很落后，但以军工为核心的近代工业体系已经确立。列宁曾努力改变这一传统，但列宁的早逝使这一尝试没有成功，斯大林模式又回到了沙俄的老路上去了。②

第二，关于斯大林模式与"战时共产主义"政策的关系，主要有两种对立的观点。郑易平和龚成（2003）认为，列宁与斯大林模式的产生没有任何关系。斯大林模式与列宁关于社会主义建设问题的理论探索并不一致。列宁时期俄国曾实行"战时共产主义"政策，对国民经济进行严格的中央集权管理，取消了按劳分配原则和商品货币关系。但列宁很快发现了这一政策的弊端，提出并实行了新经济政策，促进了国民经济的好转。而斯大林模式则背离了列宁时期实行的"新经济政策"。③沈宗武（2004）认为，"战时共产主义"政策的高度集权、公有制、对生产和分配实行严格的集中领导、排斥市场经济等，为斯大林模式的形成提供了借鉴和一定的制度基础。④

第三，关于斯大林模式与社会主义发展的关系。何捷一（2003）认为，斯大林高度集中的计划经济体制，由于否认了社会主义发展生产力必须经过商品经济发展阶段，发挥市场机制的作用，从而违背社会化生产发展的规律，最终阻碍了苏联社会生产力的发

---

① 高放：《社会主义模式的反思与展望》，《理论视野》，2009年第7期，第11~15页。沈宗武：《试论斯大林模式产生的深层社会原因》，《重庆社会科学》，2000年第4期，第7~11页。
② 左凤荣：《列宁与斯大林的两种截然不同的社会主义建设模式》，《中共中央党校学报》，1998年第1期，第97~104页。
③ 郑易平，龚成：《关于斯大林模式的再思考》，《学海》，2003年第2期，第92~96页。
④ 沈宗武：《斯大林模式的现代省思》，云南人民出版社，2004年，第35~38页。

展。① 在与中国特色社会主义的比较中，周新城（2007）则指出，从社会主义的本质特征这一层次出发，中国特色社会主义与斯大林模式有一定的相通之处，但在社会主义本质特征的具体实现形式层次上，中国特色社会主义与斯大林模式是两种不同的模式。② 也有人认为，斯大林模式同马克思与列宁所设想的社会主义模式根本不同，是"扭曲、变形的社会主义""兵营社会主义"，是导致苏联解体的直接原因。③

（二）对苏联社会主义经济发展道路经验借鉴论述的阐释

苏联社会主义经济发展模式对于我国社会主义经济发展影响深刻，在我国社会主义经济发展史上，也曾对苏联模式展开讨论与反思。学界关于苏联社会主义经济发展的反思，主要是从中国特色社会主义与苏联模式的比较，以及苏联模式对于我国社会主义经济发展的启示两大方面进行的。

1. 对中国特色社会主义与苏联模式的比较研究

改革开放以来，我国社会主义经济逐渐具有中国特色的发展特点，由此引发学界对中国特色社会主义与苏联模式的比较研究。总的来看，学界就此问题形成了两大对立的观点（见表13-7）。

表13-7 关于中国特色社会主义与苏联模式的比较研究的主要观点汇总表

主要观点	代表学者
"继承和发展"说	周新城（2008），刘书林（2009），辛程（2010），等等
"根本突破"说	左凤荣（2007），陆南泉（2009），张帆（2016），等等

一种观点是"继承和发展"说，认为中国特色社会主义在社会主义的最基本的原则或属性上是对苏联模式合理成分的继承和发展，不同的只是具体形式和体制层面。周新城（2008）指出，要对苏联模式坚持社会主义本质特征这个层次"必须充分肯定"，因为它反映了社会发展规律，符合社会发展的必然趋势；就这一层次来说，中国特色社会主义与苏联模式是相同的，都坚持了科学社会主义的基本原则。④ 刘书林（2009）同样认为，苏联模式中所体现的社会主义基本原则为中国特色社会主义提供了基本原则。⑤ 持有此种观点的还有辛程（2010）⑥ 等。

另一种观点是"根本突破"说，认为中国特色社会主义与苏联模式是截然不同的发展模式，是对苏联模式的根本突破。该观点还认为苏联模式的理论、制度和体制违背马列主义，不符合科学社会主义的本质要求，是陈旧僵化的模式。左凤荣（2007）通过全

---

① 何捷一：《社会主义思潮与社会发展模式评述》，中国财经出版社，2003年，第164页。
② 周新城：《关于社会主义模式问题的若干思考——试论中国特色社会主义与斯大林模式、民主社会主义的关系》，《中共石家庄市委党校学报》，2007年第5期，第9~12页。
③ 曹长盛，张捷，樊建新：《苏联演变进程中的意识形态研究》，人民出版社，2004年，第332页。
④ 周新城：《如何看待苏联社会主义模式》，《思想理论教育导刊》，2008年第6期，第66~70页。
⑤ 刘书林：《社会主义的"苏联模式"与中国特色社会主义》，《思想理论教育导刊》，2009年第3期，第64~70页。
⑥ 辛程：《怎样评价斯大林以及"斯大林模式"？》，《中华魂》，2010年第4期，第54~59页。

面分析中国特色社会主义与苏联模式的根本区别,明确指出中国的改革开放是对苏联模式的否定。① 陆南泉(2009)认为,中国特色社会主义都是对斯大林模式社会主义的全面突破,这已被中国改革开放历史所证明。② 张帆(2016)则从七个方面指出了中国特色社会主义是对苏联模式的超越,有利于推动社会主义现代化建设。③

2. 苏联社会主义经济发展模式对中国社会主义经济发展的启示

苏联社会主义经济发展模式对于中国社会主义经济发展的启示包含着许多方面,学界就此进行了诸多研究,也形成了不同的观点,主要区别在于不同学者对于启示的总结分为不同方面。

第一种观点是将启示总结为两个方面。刘建武(2011)认为,苏联模式对于中国社会主义经济发展的启示具体表现在:一是不能照搬所谓的社会主义经济发展通用模式,二是不能犯把社会主义制度和体制相混淆的错误。④ 张帆(2016)则从苏联模式在我国发展的实践来看,认为经验启示包括:第一,不能盲目推崇和实行单一公有制和计划经济;第二,不能片面发展重工业。⑤

第二种观点是将启示总结为三个方面。肖引(2008)指出,苏联模式的失败使中国对于社会主义经济发展进行了重新认识,主要围绕社会主义本质、社会主义初级阶段以及社会主义市场经济三方面展开创新。⑥ 刘书林(2009)则是通过分析毛泽东关于苏联模式的反思论述指出,正确认识苏联模式要坚持三点:一是把苏联的经验一分为二,不能机械照搬;二是学习苏联的经验必须与中国的实际情况相结合;三是学习苏联的经验必须与发扬独创精神相结合。⑦ 华德亚和荣兆梓(2012)则是从考茨基的批判和民主社会主义实践对中国模式的启示、托洛茨基的批判对中国模式的启示以及中国社会主义市场经济模式的实践探索与完善三方面进行论述。⑧

第三种观点是将启示总结为四个方面。左凤荣(2008)通过对苏联解体原因进行分析,从而总结出四点关于苏联教训的启示:一是要坚持民生,以人民为中心;二是要摒弃苏联赶超战略式发展,要追求质量与效益;三是要坚持社会与经济发展相同步;四是在处理与资本主义关系上要坚持开放性。⑨ 黄宗良(2010)则通过比较苏联模式与中国

---

① 左凤荣:《中国的改革开放是对斯大林—苏联模式的否定》,《中国特色社会主义研究》,2007年第1期,第11~16页。

② 陆南泉:《扬弃斯大林模式,坚持走中国特色社会主义光明大道》,《探索与争鸣》,2009年第2期,第7~8页。

③ 张帆:《苏联模式对中国社会主义现代化建设的作用及启示》,《理论与现代化》,2016年第1期,第37~41页。

④ 刘建武:《苏联模式衰败的缘由与启示》,《当代世界与社会主义》,2011年第4期,第22~26页。

⑤ 张帆:《苏联模式对中国社会主义现代化建设的作用及启示》,《理论与现代化》,2016年第1期,第37~41页。

⑥ 肖引:《苏联模式与中国特色社会主义——苏联模式的反思》,《湖北社会科学》,2008年第11期,第11~13页。

⑦ 刘书林:《社会主义的"苏联模式"与中国特色社会主义》,《思想理论教育导刊》,2009年第3期,第64~70页。

⑧ 华德亚,荣兆梓:《由苏联实践引发的社会主义模式再思考》,《当代经济研究》,2012年第1期,第29~38页。

⑨ 左凤荣:《苏联在发展观问题上的教训及其对中国的启示》,《新远见》,2008年第12期,第31~39页。

特色社会主义之间的区别，指出了苏联模式对于中国在经济发展层面的启示主要包括社会主义本质、社会主义经济发展目标、经济体制转变以及对外经济发展四个方面。[1]

第二节 对中国共产党关于社会主义经济发展道路认识的阐释

自新中国成立以来，中国共产党不断探索社会主义经济发展道路，逐渐形成了中国特色社会主义经济发展道路。这是马克思主义基本原理同中国具体实际相结合、同中华优秀传统文化相结合的产物，是马克思主义经济思想的中国化。在中国特色社会主义经济发展道路的指导下，中国迎来了从站起来、富起来到强起来的伟大飞跃。学界对中国共产党关于社会主义经济发展道路认识的研究比较深入，形成了诸多研究成果。本节将对这些研究成果进行梳理。

一、对毛泽东思想关于社会主义经济发展道路认识的阐释

自新中国成立，中国共产党在借鉴苏联经验的基础上，结合中国实际发展需要对中国社会主义经济发展道路作出了初步阐述。以毛泽东同志为核心的党中央领导集体对于社会主义经济发展道路的认识，主要包括对工业化道路的探索，"四个现代化"目标及"两步走"战略，统筹重工业与轻工业、农业的关系。学界围绕这三方面展开分析与研究。

第一，对工业化道路的探索。中黄（1964）从社会主义经济革命视角出发，对毛泽东关于我国社会主义工业化道路的探索展开研究。他认为毛泽东关于工业化道路的探索是在经济战线上的一次社会主义革命，并指出实现社会主义工业化就必须坚持社会主义工业企业的领导权在无产阶级手中，中国的社会主义工业化道路就是一部不断现代化、革命化的历史道路，必须始终坚持社会主义的工业化而非其他社会性质的工业化。[2] 宋利芳（1993）则对于毛泽东提出的中国工业化道路进行了概括：从我国国情出发，工业和农业同时并举，重工业和轻工业同时并举，通过多发展些农业和轻工业的做法，加快重工业和整个国民经济的发展，以逐步实现我国社会主义工业化。[3] 吕政（1993）指出，毛泽东关于工业化道路的探索主要表现在初步建立起齐全的现代工业体系、工业布局以及现代国防工业等诸多方面。[4] 武力（2004）指出，毛泽东的工业化思想有三个主要特点：一是在单一公有制和计划经济基础上推进工业化；二是对中国经济发展的速度始终抱有过于乐观的设想，实行赶超世界发达国家的发展战略；三是毛泽东出于对国家安全、未来战争和世界革命的准备，始终将备战作为制定工业化战略和计划

---

[1] 黄宗良：《从苏联模式到中国特色社会主义》，《中共党史研究》，2010年第7期，第36~41页。
[2] 中黄：《社会主义工业企业的革命化和现代化问题》，《经济研究》，1964年第12期，第21~29页。
[3] 宋利芳：《毛泽东关于中国社会主义工业化的思想》，《教学与研究》，1993年第6期，第48~53页。
[4] 吕政：《毛泽东对中国工业化道路的探索》，《中国工业经济研究》，1993年第12期，第9~13页。

的重要因素。① 从武力（2004）对毛泽东工业化思想的特点总结来看，毛泽东对工业化道路的探索与苏联工业化道路有点相似。吴敬琏（2009）也持类似的观点。他认为虽然毛泽东对工业化进行了独立的探索，但他最终没有摆脱复制苏联的模式，这种模式把拉动经济增长的动力推向了极端，重工业投资已然成为中国经济增长的主要特征，由于畸形的产业结构和产业效率低下，中国还没有摆脱低收入国家的地位，依旧没有实现工业化。② 总体来看，学界对于毛泽东关于工业化道路探索的研究有着不同的研究视角，甚至在同一问题上有着不同的观点，例如，对于毛泽东时期工业化道路的探索与苏联模式的比较方面就出现了不同观点，但从实践来看，毛泽东关于社会主义工业化道路的探索总体是从中国社会主义经济发展实际需要出发的。

第二，"四个现代化"目标及"两步走"战略。新中国成立初期，中国共产党就已明确了现代化目标，即农业现代化、工业现代化、国防现代化和科学技术现代化。学界对于"四个现代化"目标也进行了研究。洪远朋（1993）指出，毛泽东时期"四个现代化"目标经历过多次会议才逐渐形成，其核心就是要实现社会主义现代化。他认为进行社会主义现代化建设，实现四个现代化，是毛泽东及其战友为中国人民摆脱落后和贫困，把中国建设成为一个社会主义强国规划的必由之路。③ 周振华（1993）认为毛泽东关于社会主义现代化的思想包括：第一，社会主义改造与社会主义建设同时并举；第二，把中国建设成为现代化的社会主义强国；第三，探索适合中国情况的社会主义现代化建设道路；四是努力建设社会主义祖国战略后方基地。④ 也有其他学者对毛泽东推动现代化建设的措施政策进行了总结，例如，以农轻重为序安排国民经济计划；经济建设要坚持"两条腿走路"；调动一切积极因素；打破常规，尽量采用先进技术；自力更生为主，争取外援为辅；厉行节约，勤俭建国等。⑤ 关于"两步走"战略，刘德军（2005）认为，毛泽东"两步走"的发展战略实际上是"赶超"战略的组成部分，在经历过"大跃进"失败后，毛泽东的"赶超"战略又回到了"两步走"式的道路上来：第一步，建立一个独立的、比较完整的工业体系和国民经济体系，使我国工业大体接近世界先进水平；第二步，使我国工业走在世界前列，实现工业、农业、国防和科学技术现代化。⑥ 沙健孙（2007）指出其必要性：一是要尽快改变我国经济落后状态，二是争取经济独立自主。⑦ 钱斌（2010）从"两步走"战略的历史意义角度指出，这个战略思想表明毛泽东在中国共产党历史上较早地触摸到了中国社会主义经济建设过程中的"阶段

---

① 武力：《试论毛泽东对马克思主义工业化理论的伟大贡献》，《湖南社会科学》，2004年第1期，第94～99页。
② 吴敬琏：《中国增长模式抉择》，远东出版社，2009年，第65页。
③ 洪远朋：《毛泽东关于社会主义现代化建设战略目标的理论及其发展》，《复旦学报》（社会科学版），1993年第6期，第9～12页。
④ 周振华：《毛泽东的社会主义现代化建设思想》，《毛泽东思想研究》，1993年第4期，第39～43页。
⑤ 国家发展改革委宏观经济研究院课题组：《中国社会主义现代化建设道路的开拓性探索——纪念毛泽东诞辰110周年》，《宏观经济研究》，2013年第12期，第7～10页。
⑥ 刘德军：《论毛泽东的"赶超"战略》，《云南社会科学》，2005年第6期，第23～25页。
⑦ 沙健孙：《毛泽东与"四个现代化"目标和"两步走"战略的确定》，《思想理论教育导刊》，2007年第12期，第33～39页。

性"规律，初步提出了中国的现代化建设分两步走的战略步骤。①

第三，统筹重工业与轻工业、农业的关系。俞明仁（1960）认为，尽管新中国成立初期中国社会主义经济发展是以重工业为中心，但毛泽东同志也曾指出要兼顾其与轻工业、农业之间的关系，要实现国家工业化不仅仅是如何进行工业建设的问题，而且必须考虑如何建设轻工业、农业的问题。因此他指出农业、轻工业和重工业的发展的关系问题，是一个牵涉社会主义国民经济高速度和按比例发展的大问题。②旦谷（1961）也分析过这三者的关系。他认为正确处理轻工业与国民经济其他部门之间的关系以及轻工业在各地区之间分布的关系，不仅对于轻工业的发展有重要的意义，而且也是保证整个国民经济有计划按比例地发展的必要条件。③史景星等（1963）认为发展农业合作化是毛泽东关于社会主义经济发展论述的一个重要部分，是发展我国社会主义轻工业的一个重要条件。④吕政（1993）也是从毛泽东的论述出发。他认为在"一五"时期毛泽东同志在农轻重关系问题上，坚持从实际出发，遵循客观经济发展规律，因此在"一五"期间我国社会主义经济建设进展顺利。⑤李庆瑞（1993）认为，毛泽东关于农轻重关系的论述是基于发展工业化上的，毛泽东关于三者关系的认识主要有"农业是国民经济的基础""轻工业的发展对促进重工业和整个国民经济的发展也具有重要作用"以及"实现工业化必须正确处理城市工业化和农村工业化的关系"等。⑥

二、对中国特色社会主义理论体系关于社会主义经济发展道路认识的阐释

（一）对邓小平关于社会主义经济发展道路认识的阐释

随着改革开放的发展，以邓小平同志为核心的党的第二代中央领导集体突破了传统社会主义发展模式的限制，科学正确地认识到社会主义的本质，回答了"什么是社会主义，怎样建设社会主义"这一基本问题，走出了一条具有中国特色的社会主义发展道路，并提出了大量关于社会主义经济发展道路的观点，主要包括："三步走"发展战略、"一个中心，两个基本点"的基本路线、对计划与市场关系认识的突破。学界围绕这三方面展开了研究。

一是对"三步走"发展战略的研究。董辅礽（1984）认为：邓小平"三步走"发展战略实际上就是提出了我国社会主义现代化建设分阶段进行的战略方向；这个分阶段逐步进行社会主义现代化建设的方针，将使我国的建设事业有条不紊、扎扎实实地进行，从长远来看，建设的速度不会慢，反而会快。⑦吴静潮和黄儒泽（1994）认为邓小平

---

① 钱斌：《论毛泽东关于现代化两步走的战略》，《求实》，2010年第S1期，第8~10页。
② 俞明仁：《论农业、轻工业和重工业的相互关系》，《经济研究》，1960年第2期，第1~7页。
③ 旦谷：《略论轻工业与农业、重工业的关系》，《经济研究》，1961年第12期，第1~10页。
④ 史景星，叶孝理，陈惠丽：《论轻工业支援农业》，《经济研究》，1963年第11期，第7~14页。
⑤ 吕政：《毛泽东对中国工业化道路的探索》，《中国工业经济研究》，1993年第12期，第9~13页。
⑥ 李庆瑞：《毛泽东的工业化理论探析》，《经济学动态》，1993年第12期，第8~12页。
⑦ 董辅礽：《关于建设有中国特色的社会主义的几个问题》，《学习与思考》，1984年第1期，第3~10页。

"两步走"的经济发展战略是一种以满足人民生活需要、重点与一般均衡发展、以提高经济效益为中心以及实现与世界经济接轨的经济发展战略。① 刘维林（1994）认为，"三步走"发展战略具有内在协调性，正如邓小平反复强调的，提出和实现这个战略的目的是实现中华民族的雄心壮志，这个目标的中心是发展生产力，但同时也包括教育、科技的发展战略目标，包括社会主义的精神文明建设，包括提高全民族的文化素质，甚至包括社会的长期稳定。② 高化民（1995）指出，邓小平"三步走"发展战略构想是基于历史经验，特别是考虑到中国底子薄、人口多和耕地少的国情特点，没有讲到20世纪末全面实现四个现代化，使我国经济走在世界前列，而是实事求是地提出了到20世纪末使我国达到四个现代化的最低目标。③ 贺耀敏（2004）也指出，"三步走"战略是立足中国国情、从中国实际出发制定的经济发展战略，是中国现代化的必然选择，是邓小平对中国经济发展深刻思考的理论成果。④

二是对"一个中心，两个基本点"的基本路线的阐释。吴振坤（1987）指出，十一届三中全会以来，关于以经济建设为中心，也就是集中力量发展生产力，一心一意搞四化，邓小平讲得最早、最多、最深刻；关于既要坚持四项基本原则，又要坚持改革开放，邓小平也讲得最早、最多、最深刻。⑤ 高放（1992）认为，邓小平关于基本路线的重要论断可以概括为：既要警惕右的，同时主要防止"左"的。同时为了防止以阶级斗争中心压倒、取代经济建设中心，我们一定要坚持阶级斗争只是在一定范围内长期存在，即便有可能激化，也是短促的或局部的，而经济建设则是全局的、根本的、长期的中心任务。⑥ 李忠杰（2004）指出，邓小平紧紧围绕社会主义发展阶段问题，全面分析和思考我国国情的基本状况和主要特点，确认我国正处在社会主义的初级阶段，并围绕这一判断，解决了有关国情的几个关键问题，并在此基础上进一步领导制定了党在社会主义初级阶段的基本路线。⑦ 朱佳木（2012）认为，邓小平南方谈话是围绕"基本路线一百年不动摇"这个核心思想所展开的，对涉及党和国家发展的一系列重要关系问题进行了全面地辩证地分析，如不要怕资本主义的东西多了与必须坚持社会主义道路的关系，计划经济不等于社会主义与市场经济不等于资本主义的关系，一部分人先富裕起来与共同富裕的关系，聚精会神抓经济建设与坚持两手抓的关系，等等。⑧

---

① 吴静潮，黄儒泽：《深刻理解"三步走"的经济发展战略思想》，《天津党校学刊》，1994年第2期，第6~8页。

② 刘维林：《论邓小平"三步走"战略思想的方法论意义》，《马克思主义与现实》，1994年第4期，第11~19页。

③ 高化民：《对三步走战略目标的认识》，《教学与研究》，1995年第2期，第18~22页。

④ 贺耀敏：《邓小平对中国经济发展战略的积极探索——兼论邓小平"三步走"战略的时代意义》，《教学与研究》，2004年第9期，第5~12页。

⑤ 吴振坤：《党的基本路线是我们在社会主义初级阶段一切工作的指针》，《理论月刊》，1987年第12期，第12~15页。

⑥ 高放：《坚持党的基本路线与发展有中国特色的社会主义理论——学习邓小平同志南巡重要谈话的体会》，《社会科学》，1992年第9期，第2~5页。

⑦ 李忠杰：《邓小平与社会主义初级阶段的基本路线》，《中共党史研究》，2004年第5期，第12~20页。

⑧ 朱佳木：《坚持党的基本路线一百年不动摇——重温邓小平南方谈话》，《毛泽东邓小平理论研究》，2012年第3期，第1~7页。

三是对计划与市场关系认识的突破。学者们从不同的角度对此进行论述。何建章等（1980）认为，邓小平对于计划和市场关系认识的突破就在于将计划与市场相结合。他们指出实行计划调节和市场调节相结合，以计划调节为主，同时充分重视市场调节的作用，这是经济管理体制的重大改革和计划管理方法的较大变动，但不论如何改变，都要坚持社会主义的发展方向。① 薛暮桥（1980）指出，在经济体制改革以前我国国民经济管理体制最大的缺点是用行政管理代替经济管理，只有计划调节，缺少市场调节，因此经济体制改革的首要目标就是要将计划调节和市场调节相结合。就这个问题，他进一步指出，经济体制改革首先要做的是对财政进行分级管理，其次是扩大企业自主权，主抓企业的利润分成。② 卫兴华和田超伟（2016）对邓小平"计划经济不等于社会主义，资本主义也有计划；市场经济不等于资本主义，社会主义也有市场"这句话作出了新的理解。他们认为要着重把握其精神实质，即市场经济不等于资本主义，计划经济不等于社会主义，否定了其社会经济制度的属性。这就表示我国可以由计划经济转向市场经济，但并不排斥我国发展的计划性。③ 简新华和余江（2016）认为，邓小平关于计划与市场的论述没有违背而是发展了马克思主义政治经济学的计划经济理论。同时他们也就"计划经济不等于社会主义""市场经济不等于资本主义"作出了解释：一是肯定了计划经济是社会主义经济的一个重要特征，而社会主义经济的基本特征还包括公有制、按劳分配等，所以社会主义不能与计划经济画等号，不能认为社会主义只能搞计划经济；二是邓小平讲的社会主义指社会主义初级阶段，强调的是社会主义初级阶段还不能实行单一公有制，还要搞市场经济，社会经济运行在合理坚持实行计划调节的同时必须充分发挥市场调节的作用。④

（二）对江泽民关于社会主义经济发展道路认识的阐释

随着改革开放的深入，在十三届四中全会之后，以江泽民同志为核心的党中央继续坚持和完善邓小平理论，将马克思主义基本原理同中国社会主义经济发展实际相结合，不断完善中国特色社会主义经济发展道路，推动中国特色社会主义经济发展道路不断前进，主要包括：确立和完善中国特色社会主义经济制度体系，提出创新性经济发展战略，如可持续发展战略、西部大开发战略等。

第一，对于确立和完善中国特色社会主义经济制度体系的研究。中国特色社会主义经济制度体系涉及众多方面，如所有制、分配制以及经济体制等。蒋学模（1991）认为，江泽民关于中国特色社会主义的经济结构的论述表达两层面含义：一是要防止"左"的偏向，二是要防止资产阶级自由化的右的偏向。同时就分配制问题，蒋学模指

---

① 何建章，王积业，吴凯泰：《关于计划调节和市场调节相结合问题》，《经济研究》，1980年第5期，第19~25页。
② 薛暮桥：《关于经济体制改革问题的探讨》，《经济研究》，1980年第6期，第3~11页。
③ 卫兴华，田超伟：《准确把握邓小平市场经济思想发展的曲折历程》，《马克思主义理论学科研究》，2016年第4期，第63~72页。
④ 简新华，余江：《市场经济只能建立在私有制基础上吗？——兼评公有制与市场经济不相容论》，《经济研究》，2016年第12期，第4~17页。

出,江泽民同志提出的分配原则是党和政府要长期贯彻的方针,既要克服平均主义,也要防止两极分化。[1] 刘诗白(1997)指出,江泽民在党的十五大报告中,从社会主义初级阶段这一最大实际出发,对我国当前体制转型中的所有制问题作了系统的阐述,提出与阐明了有关社会主义所有制的重要命题,例如,所有制结构的调整和完善,全面认识公有制经济的含义,公有资产要有量的优势,更要注重质的提高,国有经济的控制力和竞争力,公有制实现形式可以而且应当多样化等新的论题,这些命题的提出是社会主义所有制理论的重要发展。[2] 卫兴华(2002)认为,江泽民关于我国公有制和非公有制经济发展的论述是坚持了我国社会主义的发展方向,要正确认识社会主义初级阶段基本经济制度,必须把公有制为主体与多种所有制经济共同发展这两方面坚定不移地统一起来。如果只讲其中的一面,就会脱离社会主义初级阶段的实际,就建不成有中国特色的社会主义。[3] 周新城(2007)指出,江泽民推动形成以公有制经济为主体、多种所有制经济共同发展的基本经济制度,是中国共产党建设中国特色社会主义事业的重大理论创新,对整个社会主义初级阶段的实践具有根本性的指导意义。[4]

第二,对创新性经济发展战略的研究阐释。首先是关于可持续发展战略的研究。杜润生(1997)认为,江泽民所提出的可持续发展战略是不同于西方工业化先发展后恢复的模式,它是把保护环境作为预定前提,每一阶段的发展都成为下一个阶段发展的基础,而不是相反,这一代发展破坏了下一代可持续的条件。[5] 张薰华(1998)指出,可持续发展战略的基本要求是控制人口数量、提高人口素质、合理利用资源、保护生态环境;也就是要协调人口、资源、环境与社会经济发展的关系,使社会经济能健康而持续地发展。[6] 胡代光(1997)也同样认为,可持续发展的核心就在于正确处理好经济建设和人口、资源、环境的关系,具体做法有控制人口增长、提高人口质量、坚持资源的开发和节约并举以及加强环境保护和污染治理。[7] 其次是关于西部大开发战略的研究。刘诗白(2000)认为,实施西部大开发需要实行大推动,这种大推动包括稀缺生产要素——资金、技术的流入,科技创新和生产力转换能力的增强,加强人才的引进和人力资本的培育,全面体制改革的推进,等等,以实现提高内地经济素质、加快经济的自我增长能力的发展目标。[8] 何炼成(2004)对西部大开发的措施作了论述。他认为要在全面建设小康社会战略目标条件下,重点分析西部地区经济发展战略与对策,强调在基本经济制度上必须压缩国有制、扩大私有制,在西部开发过程中,构建新的矿产资源开发

---

[1] 蒋学模:《关于有中国特色的社会主义经济的几个问题——学习江泽民同志"七一"讲话的几点体会》,《金融管理与研究》,1991年第4期,第7~17页。
[2] 刘诗白:《社会主义所有制理论的重要突破》,《经济纵横》,1997年第12期,第4~6页。
[3] 卫兴华:《深化认识和不断完善社会主义初级阶段基本经济制度》,《高校理论战线》,2002年第7期,第5~7页。
[4] 周新城:《必须坚持社会主义初级阶段的基本经济制度——学习〈江泽民文选〉的一点体会》,《学习论坛》,2007年第1期,第32~35页。
[5] 杜润生:《坚持可持续发展方针》,《中国农村经济》,1997年第8期,第5~8页。
[6] 张薰华:《从可持续发展战略看甬港深经济合作》,《宁波经济》,1998年第2期,第25~26页。
[7] 胡代光:《正确处理经济建设和人口、资源、环境的关系》,《学术月刊》,1997年第2期,第41~46页。
[8] 刘诗白:《论全面大推动战略——西部大开发的经济学思考》,《天府新论》,2000年第4期,第3~8页。

体制,必须解决西部大开发的"三农"问题,建立长期、稳定的资金渠道,贯彻"尊重劳动、尊重知识、尊重人才、尊重创造"的方针。①

(三) 对胡锦涛关于社会主义经济发展道路认识的阐释

进入 21 世纪之后,以胡锦涛同志为总书记的党中央继续坚持改革开放,继往开来,与时俱进,在准确分析当前面临的国际国内形势的基础上,作出一系列重大战略部署,在实践中不断推动中国特色社会主义经济发展道路探索,主要提出了新型工业化道路、创新型国家建设、城乡统筹发展等方面的战略安排。

一是对新型工业化道路的研究。江小涓(2002)认为,胡锦涛所提出的新型工业化道路是崭新的经济发展道路,是我国工业化发展必然经历的阶段,是对改革的继续深化。② 魏礼群(2002)则从新型工业化的意义方面指出,"走新型工业化道路"是党中央在我国进入全面建设小康社会、加快推进社会主义现代化建设的新阶段作出的重大战略决策,对于开创中国特色社会主义事业新局面,实现现代化建设第三步战略目标,具有十分重要的意义。③ 吴敬琏(2005)指出,中国提出要走一条新型的工业化道路,就是以信息化带动工业化,以工业化促进信息化,中国不能走西方某些国家的经济发展道路,要迎头赶上就要有后发优势,不要再重复别人的错误。④ 何炼成和何林(2003)指出,胡锦涛所提出的"走新型工业化道路,大力实施科技兴国战略和可持续发展战略",是总结了我国半个世纪来走工业化道路的经验教训,结合世界各国进行工业化和当前国际新的科技革命的新形势,所提出的一条新型工业化道路,是对世界各国实行工业化的理论与实践的巨大发展。⑤

二是对创新型国家建设的阐释。曹应旺(2011)认为,建设创新型国家是党的十六大以来党的重大理论创新和重大战略部署之一,就是把增强自主创新能力作为发展科学技术的战略基点,作为调整产业结构、转变经济发展方式的中心环节,作为国家发展战略的核心,贯穿到现代化建设的各个方面。⑥ 刘强等(2011)则就如何建设创新型国家提出看法,认为增强自主创新能力是我国应对未来挑战的重大选择,是实现建设创新型国家目标的根本途径。⑦ 袁新涛(2012)指出,胡锦涛科学分析了世界科技革命对我国带来的机遇和挑战,准确把握了我国基本国情和战略需求,作出了建设创新型国家的重大战略决策,其思想的主要内容包括:走中国特色自主创新道路,大幅度提高自主创新能力,深化科技体制改革,加快推进国家创新体系建设,创造良好环境,培养造就创新

---

① 何炼成:《西部大开发战略与对策新探》,《西北大学学报》(哲学社会科学版),2004年第1期,第5~9页。
② 江小涓:《新型工业化:实现小康生活的必由之路》,《人民论坛》,2002年第12期,第4~6页。
③ 魏礼群:《坚持走新型工业化道路》,《求是》,2002年第23期,第17~20页。
④ 吴敬琏:《一些地方没搞新型工业化》,《中国信息界》,2005年第1期,第10页。
⑤ 何炼成,何林:《试论新型工业化道路与方针》,《中国经济发展进程中热点问题探讨》,2003年10月,第230~234页。
⑥ 曹应旺:《十六大以来"建设创新型国家"述论》,《党的文献》,2011年第1期,第99~105页。
⑦ 刘强,刘滨,刘兰剑:《当代中国马克思主义社会观》,中国社会科学出版社,2011年,第114页。

型人才，发展创新文化，努力培育全社会的创新精神。①

三是对城乡统筹发展的论述。姜作培（2003）指出，胡锦涛在党的十六大报告中提出要统筹城乡经济社会发展的战略要求，建立城乡互补融合、协调发展和共同繁荣的新型城乡关系；推进这项系统工程建设，关键在于深化改革，实现制度创新。② 张红宇（2004）提出了关于推动城乡统筹发展的具体措施：一是区域经济平衡发展，二是调整城乡就业结构，三是实施多元化的城镇化战略，四是调整国民收入分配格局。③ 顾修迅等（2004）指出胡锦涛所提出的城乡统筹发展的基本内涵包括城乡地位平等、城乡互通互补以及城乡共同发展，同时认为城乡统筹发展是解决"三农"问题的重要途径。④ 蒋永穆和戴中亮（2005）则基于我国二元经济结构的国民经济特征，对城乡统筹发展提出了一系列的措施与政策。⑤ 郭建军（2007）认为，基于现实情况，胡锦涛所提出的城乡统筹发展就是要加快推进城乡一体化，打破城乡二元结构，让广大城乡居民共享现代文明成果，形成以工促农、以城带乡、城乡协调发展的新格局。⑥

三、对习近平新时代中国特色社会主义思想关于社会主义经济发展道路认识的阐释

随着中国特色社会主义进入新时代，以习近平同志为核心的党中央积极总结新中国社会主义经济发展经验，经过长期的探索和实践，逐步形成了较为系统的中国特色社会主义经济发展道路，推进中国特色社会主义经济事业迈向新时代。学界对此展开了诸多研究。

一是对中国特色社会主义新型工业化道路的研究。从党的十八大以来，习近平对新型工业化道路作出了一系列阐述，丰富了新型工业化道路的内容。贾根良（2015）认为，新时代继续沿用"两化融合"（工业化与信息化相融合）来概括新型工业化道路的内容已不合时宜，而应是"四化同步"来概括。⑦ 张宇等（2018）指出，习近平对于我国工业化道路的探索体现在对于新型工业化道路的完善并提出要健全体制机制，形成以工促农、以城带乡、工农互惠、城乡一体的新型工农城乡关系，以促进工业化、信息化、城镇化、农业现代化同步发展，为中国新型工业化道路指明了方向。⑧ 任保平和张星星（2019）则是将习近平新发展理念融入新型工业化道路之中，认为新时代为进一步推进工业化进程的完成，必然需要顺应五大发展理念提出的时代要求，从创新、绿色、

---

① 袁新涛：《胡锦涛建设创新型国家思想初探》，《中国矿业大学学报》（社会科学版），2012年第3期，第14~18页。
② 姜作培：《制度创新是城乡统筹发展的关键》，《上海农村经济》，2003年第8期，第25~28页。
③ 张红宇：《统筹城乡经济社会发展的基本思路》，《农村经济》，2004年第2期，第4~6页。
④ 顾修迅，郭振宗，胡继连：《统筹城乡发展是解决"三农"问题的关键》，《山东社会科学》，2004年第6期，第86~89页。
⑤ 蒋永穆，戴中亮：《双重二元经济结构下的城乡统筹发展》，《教学与研究》，2005年第10期，第22~29页。
⑥ 郭建军：《我国城乡统筹发展的现状、问题和政策建议》，《经济研究参考》，2007年第1期，第24~44页。
⑦ 贾根良：《我国新型工业化道路主导产业的选择与战略意义》，《江西社会科学》，2015年第7期，第55~65页。
⑧ 张宇，谢地，任保平，等：《中国特色社会主义政治经济学》，高等教育出版社，2018年，第222页。

协调、开发、共享等各方面推进工业化的高质量发展。① 颜英和何爱国（2019）认为，新时代下的新型工业化道路是以市场为主导、以创新为中心，工业化与信息化、智能化、生态化融合发展，工业化与农业现代化、城镇化互动发展的新型工业化。② 总的来看，习近平反复强调推进新型工业化，必须要与信息化、城镇化以及农业现代化同步发展，实现由"两化融合"向"四化同步"的重要转变，这是基于时代发展新背景对新型工业化内涵的重要扩充，为新型工业化道路指明了方向。

二是对中国特色社会主义信息化道路的研究。党的十八大以来，习近平总书记对于我国信息化和网络强国建设尤为重视，并对新时代信息化建设作出了一系列重要论述，走出了具有中国特色的社会主义信息化发展道路。鲍静和贾开（2018）认为，习近平新时代信息化建设重要思想内涵包括四个层面：一是技术层面的信息化建设，二是行为层面的信息化建设，三是组织层面的信息化建设，四是制度层面的信息化建设。③ 康乃馨和杨承训（2018）认为，习近平关于信息化建设的重要思想是其科技思想的重要组成部分，并指出习近平信息化建设思想包括两大方面，即建设信息大国和注重国家信息安全问题。④ 王潜（2020）指出，习近平关于信息化建设的重要论述的基本内容包括以下几个方面：一是准确把握信息革命的时代脉搏，二是对信息革命的认识和理解不断加深，三是按照总体布局从经济、政治、文化和社会等方面进行信息化建设，四是加强治国理政信息化长效机制建设。⑤ 也有学者从信息化和网络安全两大部分展开研究，如叶战备（2019）认为，习近平关于网信事业发展的重要论述的丰富内涵集中体现在明确互联网强国、坚持互联网造福人民、破解互联网难题、营造互联网良好生态以及建立互联网综合治理体系五个方面，且呈现出本土性、创新性和包容性三大特色。⑥ 新时代信息化建设的一大突出就是网络强国战略，岳爱武和张伊（2018）认为，准确领会习近平网络强国战略思想的深刻内涵和深层底蕴，应着力从四个维度进行把握：一是坚持发展与治理同向前行的理论维度；二是健全互联网管理领导体制，完善互联网治理法律法规体系，强化互联网治理行业规范的制度维度；三是强化核心技术创新能力，激发互联网企业创新活力，推动互联网技术开放合作，鼓励技术型人才揭榜挂帅的技术维度；四是把握两个巩固的根本方向，秉承以人民为中心的发展理念，维护广大网民利益诉求的发展旨向

---

① 任保平，张星星：《新中国70年工业化发展进程的演进及其未来趋势》，《西安财经学院学报》，2019年第4期，第17～23页。
② 颜英，何爱国：《新中国七十年的工业化道路》，《福建论坛》（人文社会科学版），2019年第7期，第19～30页。
③ 鲍静，贾开：《习近平新时代信息化建设重要思想研究与阐释》，《中国行政管理》，2018年第4期，第33～38页。
④ 康乃馨、杨承训：《习近平新时代科技创新思想研究（上）》，《上海经济研究》，2018年第8期，第5～15页。
⑤ 王潜：《习近平关于信息化的重要论述与我国的信息化发展》，《西华师范大学学报》（哲学社会科学版），2020年第5期，第103～108页。
⑥ 叶战备：《网络安全和信息化工作的引领思想——习近平总书记关于网信事业发展的重要论述及特色》，《学习论坛》，2019年第2期，第5～12页。

和遵循安全与发展并重的评判标准的价值维度。① 韩建旭和胡树祥（2019）指出，从1982年踏入政坛以来，习近平对信息科技、互联网和信息化建设作了诸多思考与探索，他关于网络强国的重要思想由此形成发展，并大体上经历了萌芽、初具轮廓、基本形成、深化发展四个阶段。系统把握这一发展历程，有助于更好地理解习近平总书记关于网络强国的重要思想，推进新时代网络强国建设。②

三是对中国特色社会主义新型城镇化道路的研究。党的十八大以来，习近平总书记就深入推进新型城镇化建设作出了一系列重要论述，形成了以人为本、协调发展的新型城镇化道路思想和理论。程恩富和侯为民（2013）认为，习近平关于新型城镇化的核心思想是推动城乡一体化发展，要把生态文明理念和原则全面融入城镇化全过程，走集约、智能、绿色、低碳的新型城镇化道路。③ 倪鹏飞（2015）认为习近平关于新型城镇化发展思想与理论的核心是人和人心，指出人的城镇化是新型城镇化的核心内容、以人心所向为政策原则推进新型城镇化以及将人心城镇化作为人的城镇化的重要内容。④ 蒋永穆等（2016）通过对习近平讲话和著作的梳理，将其城乡发展一体化思想归纳为八个方面：一是推进城乡发展一体化是我国经济发展到一定阶段的必然要求；二是实现城乡发展一体化是一项关系全局、关系长远的重大任务；三是推进城乡发展一体化必须坚持中国特色；四是推进城乡发展一体化需要动员各方力量形成新格局；五是农村发展的出发点和落脚点是维护好、实现好、发展好农民权益；六是农村发展的根本是坚持不懈推进农村改革和制度创新；七是新型城镇化和新农村建设必须协调推进、互惠一体；八是推进城乡发展一体化必须加强顶层设计和系统谋划。⑤ 胡祖才（2019）则指出，新时代新型城镇化重点任务有抓好重点人群落户，提高农业转移人口市民化质量，抓好城市群和都市圈规划建设，促进大中小城市和小城镇协调发展等。⑥

四是对中国特色社会主义自主创新道路的研究。自党的十八以来，我国经济社会发展始终强调创新驱动发展战略，新发展理念中创新的地位作用不断凸显。潘冬晓（2016）则指出，习近平就科技创新发表了一系列重要讲话，回答了为什么要创新、谁来创新、怎么创新和为谁创新的根本问题，形成了系统完整的科技创新思想。⑦ 谭文华（2018）认为，习近平科技自主创新观十分丰富，其要点主要有：推进科技自主创新要具有"超前谋划、顶层设计"的战略思维，要采取"非对称"赶超的战略战术，要坚持开放合作的创新方式等。⑧ 马文武（2019）认为，习近平关于科技自主创新的一系列新

---

① 岳爱武，张伊：《习近平网络强国战略的四重维度论析》，《马克思主义研究》，2018年第1期，第55～65页。
② 韩建旭，胡树祥：《习近平关于网络强国重要思想的形成和发展》，《马克思主义理论学科研究》，2019年第1期，第81～90页。
③ 程恩富，侯为民：《习近平的十大经济发展战略思想分析——访著名经济学家程恩富教授》，《海派经济学》，2013年第4期，第9～18页。
④ 倪鹏飞：《推进以人和人心为核心的新型城镇化》，《财贸经济》，2015年第12期，第12～14页。
⑤ 蒋永穆，赵苏丹，周宇晗：《习近平城乡发展一体化思想探析》，《政治经济学评论》，2016年第5期，第111～125页。
⑥ 胡祖才：《以改革创新推动新型城镇化高质量发展》，《宏观经济管理》，2019年第8期，第1～4页。
⑦ 潘冬晓：《习近平科技创新思想探析》，《学术论坛》，2016年第10期，第22～26页。
⑧ 谭文华：《论习近平科技自主创新观及其时代价值》，《社会主义研究》，2018年第5期，第24～30页。

思想、新论断、新要求，形成了系统完整、博大精深的新时代科技创新思想，开辟了马克思主义科技发展观的新境界，是指导我国科技工作的强大理论武器。[①] 李民圣（2019）指出，党的十八大以来，习近平在各种不同场合发表了大量关于自主创新的重要论述，反复强调科技创新的重要性，屡屡提到要走中国特色自主创新道路，主要包括：第一，发挥好战略规划的导向作用；第二，坚持"有所为有所不为"，以"三个面向"作为主攻方向；第三，发挥新型举国体制优势；等等。[②] 杨孝青和岳爱武（2020）则对习近平关于科技自主创新的论述进行了四重维度的解读。[③] 李磊（2020）认为，习近平关于科技自主创新的论述不仅顺应时代潮流，而且符合中国实际，合乎科技发展规律，为我们加快科技创新，建设世界科技强国提供了科学理论指导和行动指南。[④]

第三节 中国特色社会主义工业化道路

工业化是一个国家实现现代化的必经之路。自新中国成立以来，中国共产党人就不断探索社会主义工业化发展战略与路径，形成了具有历史阶段性特征的中国特色社会主义工业化道路。对于中国特色社会主义工业化道路，学界展开了诸多研究，形成了较为丰富的理论成果。

一、中国特色社会主义工业化道路的历史探索

中国特色社会主义工业化道路是在我国长期的工业化建设过程中形成的，在这个形成过程中经历了诸多阶段，同时也有着不同阶段的工业化道路选择。学界针对这两个方面展开了诸多研究，形成了不同的观点。

（一）中国特色社会主义工业化道路的阶段划分

对于中国特色社会主义工业化道路的阶段划分，学界普遍以新中国成立初为起点对我国工业化进程进行划分，有的学者在此阶段划分的基础上，又从不同的视角进行了细分。目前比较普遍的观点有三阶段论、四阶段论以及五阶段论，每一种观点的划分视角又不尽相同。

1. 三阶段论

这种观点将中国特色社会主义工业化道路的历史演进划分为三个阶段（见表13-

---

① 马文武：《新时代科技创新思想的形成逻辑、科学内涵与时代要求》，《思想教育研究》，2019年第9期，第58~63页。
② 李民圣：《习近平总书记关于自主创新的重要论述研究》，《毛泽东邓小平理论研究》，2019年第12期，第11~19页。
③ 杨孝青，岳爱武：《习近平关于科技创新重要论述的四重维度研究》，《江淮论坛》，2020年第1期，第40~46页。
④ 李磊：《习近平关于新时代科技创新的几个重要论断》，《党的文献》，2020年第2期，第16~22页。

8)。简新华（2005）从我国轻重工业化发展历程分析出发，将我国工业化道路划分为三个阶段，即新中国成立初期至改革前的重工业优先发展阶段、改革开放时期的轻工业发展阶段以及新世纪开始的重新重工业化发展阶段。① 武力和温锐（2006）则从工业结构角度出发，将我国工业化道路划分为三大阶段：1953—1978 年为新中国工业化的第一个阶段，其主要特征是单纯依靠政府力量，实行计划经济和优先发展重工业；1979—1997 年的"纠偏"和轻、重工业同步发展阶段；1998 年以来的结构调整和所谓"重化工业化"发展阶段。② 张宇等（2018）参考历届党代会的决策规划将新中国的工业化道路分为三大阶段：第一阶段是 1949—1978 年，传统的社会主义工业化道路时期；第二阶段是 1978—2002 年，中国特色的社会主义工业化道路时期；第三阶段是 2002 年至今，中国特色新型工业化道路时期。③ 此外，任保平和张星星（2019）指出，我国工业化发展依次经历了计划经济时期的优先发展重工业道路、改革开放初期的轻重工业协调发展的外向型工业道路、21 世纪初期的新型工业化道路的三次路径转换。④

表 13—8 中国特色社会主义工业化道路"三阶段"论的主要观点汇总表

主要观点			代表学者
第一阶段	第二阶段	第三阶段	
新中国成立初期至改革前的重工业优先发展阶段	改革开放时期的轻工业发展阶段	新世纪开始的重新重工业化发展阶段	简新华（2005）
1953—1978 年发展阶段	1979—1997 年的"纠偏"和轻、重工业同步发展阶段	1998 年以来的结构调整和所谓"重化工业化"发展阶段	武力和温锐（2006）
1949—1978 年传统的社会主义工业化道路时期	1978—2002 年，中国特色的社会主义工业化道路时期	2002 年至今，中国特色新型工业化道路时期	张宇等（2018），等等
计划经济时期的优先发展重工业道路	改革开放初期的轻重工业协调发展的外向型工业道路	21 世纪初期的新型工业化道路	任保平和张星星（2019），等等

2. 四阶段论

这种观点是将中国特色社会主义工业化道路的历史演进划分为四个阶段（见表 13—9）。陈一鸣和全海涛（2007）依据我国在推进工业化的政策和钱纳里关于工业化阶段的划分理论，将我国工业化历程划分为四个阶段：优先发展重工业阶段（1950—1978 年）、消费导向型工业发展阶段（1979—1992 年）、全面市场化转型阶段（1993—2002 年）、新型工业化阶段（2002 年以后）。⑤ 韩保江和杨丽（2019）则主要依据我国工业化

---

① 简新华：《论中国的重新重工业化》，《中国经济问题》，2005 年第 5 期，第 16~26 页。
② 武力，温锐：《1949 年以来中国工业化的"轻、重"之辨》，《经济研究》，2006 年第 9 期，第 39~49 页。
③ 张宇，谢地，任保平，等：《中国特色社会主义政治经济学》，高等教育出版社，2018 年，第 219 页。
④ 任保平，张星星：《新中国 70 年工业化发展进程的演进及其未来趋势》，《西安财经学院学报》，2019 年第 4 期，第 17~23 页。
⑤ 陈一鸣，全海涛：《试划分我国工业化发展阶段》，《经济问题探索》，2007 年第 11 期，第 166~170 页。

各时期取得的成就将我国工业化进程分为四个阶段:第一阶段是 1949—1978 年工业化初期;第二阶段是 1978—2002 年工业化中前期,该时期农业、轻工业、重工业开始协调发展;第三阶段是 2002—2012 年工业化中后期,走新型工业化道路;第四阶段是 2012 年至今工业化发展后期,新发展理念引领高质量发展。[①] 王钦(2019)则是从我国工业技术创新视角出发,将我国工业化进程分为四个阶段:第一阶段是起步阶段(1949—1978 年);第二阶段是初步发展阶段(1979—1991 年);第三阶段是快速发展阶段(1992—2005 年);第四阶段是自主创新发展阶段(2006 年至今)。[②]

表 13-9　中国特色社会主义工业化道路"四阶段"论的主要观点汇总表

主要观点				代表学者
第一阶段	第二阶段	第三阶段	第四阶段	
1950—1978 年 优先发展重工业阶段	1979—1992 年 消费导向型工业发展阶段	1993—2002 年 全面市场化转型阶段	2002 年以后 新型工业化阶段	陈一鸣和全海涛(2007)
1949—1978 年 工业化初期	1978—2002 年 工业化中前期	2002—2012 年 工业化中后期	2012 年至今 工业化发展后期	韩保江和杨丽(2019)
1949—1978 年 起步阶段	1979—1991 年 初步发展阶段	1992—2005 年 快速发展阶段	2006 年至今 自主创新发展阶段	王钦(2019)

3. 五阶段论

这种观点是将中国特色社会主义工业化道路的历史演进划分为五个阶段,但持有该观点的学者并不多。陶长琪等(2019)主要以政府发展规划、重大政策实施以及经济发展作为工业发展阶段的划分依据,将我国工业化道路划分为五大阶段:第一阶段是 1949—1977 年,中国工业与经济发展的蓄力期;第二阶段是 1978—1991 年,中国工业与经济发展的探索期;第三阶段是 1992—2001 年,中国工业与经济的加速发展期;第四阶段是 2002—2011 年,中国工业与经济高速发展期;第五阶段是 2012 年至今,中国工业与经济发展的换挡期。[③]

(二)中国特色社会主义工业化道路的选择

从学界研究中国特色社会主义工业化道路的文献来看,研究的重心主要集中于对工业化道路选择问题的讨论。自新中国成立以来,我国工业化进程分成若干阶段,学界针对不同阶段所选择的工业化道路的不同的原因展开了研究,主要可分为以下几个方面(见表 13-10):

[①] 韩保江,杨丽:《新中国 70 年工业化历程、成就与基本经验》,《改革》,2019 年第 7 期,第 5~15 页。
[②] 王钦:《新中国工业技术创新 70 年:历程、经验与展望》,《中国发展观察》,2019 年第 21 期,第 18~21 页。
[③] 陶长琪,陈伟,郭毅:《新中国成立 70 年中国工业化进程与经济发展》,《数量经济技术经济研究》,2019 年第 8 期,第 3~26 页。

表 13-10 关于工业化道路选择的主要观点汇总表

研究视角	代表学者
分析党的领导人关于工业化道路的思想	吴根生（2008），等等
运用历史分析方法阐明中国的工业化道路	武力（2004），吴敬琏（2005），等等
从经济学角度分析中国工业化道路的选择	吕政等（2003），陈佳贵和黄群慧（2003），林毅夫（2005），等等
从不同特征的区域分析工业化道路的选择	吴倩（2010），周及真（2011），等等
新型工业化与传统工业化之间差别的分析	吴敬琏（2006），韩江波和龚唯平（2012），等等

第一，分析党的领导人关于工业化道路的思想。吴根生（2008）分析了毛泽东如何在总结和借鉴苏联经验与教训的基础上，不断探索中国的工业化道路。他认为毛泽东对中国的工业化道路认识经历了一个不断升华的过程，即从照抄苏联模式的优先发展重工业到"以苏为鉴"独立探索，最终发展至以农业为基础、以工业为主导的道路选择过程。①

第二，运用历史分析方法阐明中国的工业化道路。武力（2004）认为，中国的工业化道路伴随每阶段的国情特点，并认为这种历史性的选择，既是特定环境和经济发展阶段的产物，同时也反映出中国共产党在工业化问题认识上的逐渐成熟。② 与上述学者不同的是，吴敬琏（2005）则是从历史发展进程的角度总结了传统工业化道路的七种弊端，并认为这种传统工业化道路不再适应中国现阶段的发展，而新型工业化道路也应针对这些弊端提出有针对性的解决方案。③

第三，从经济学角度分析中国工业化道路的选择。吕政等（2003）通过工业发展的阶段化指标评价方法与各年的统计数据，测算得出"如果以人均GDP指标和就业结构指标为主要依据，以工业产出比重（以及第二产业比重）和工业结构水平两个指标为辅助依据来判断我国工业化的进程，那么，目前我国仍处于工业化中期的第一阶段"。④ 陈佳贵和黄群慧（2003）则又提出了以工业增长效率、工业结构和工业环境三个方面作为工业现代化的标志，并依据这套指标体系对我国工业的现代化水平进行了初步评价。⑤ 林毅夫（2005）则从比较优势理论出发，认为这种重化工业赶超战略并不能够得到长久发展，只有创造良好的市场环境，在资源结构升级和完善的基础上发展重工业才有意义。⑥

第四，从不同特征的区域分析工业化道路的选择。吴倩（2010）分别从贵州的旅游

---

① 吴根生：《论毛泽东对中国工业化道路的思考和探索》，《哈尔滨学院学报》，2008年第3期，第40~44页。
② 武力：《中国工业化道路选择的历史分析》，《教学与研究》，2004年第4期，第71~77页。
③ 吴敬琏：《思考与回应：中国工业化道路的抉择（上）》，《学术月刊》，2005年第12期，第38~45页。吴敬琏：《思考与回应：中国工业化道路的抉择（下）》，《学术月刊》，2006年第1期，第58~61页。
④ 吕政、郭克莎、张其仔：《论我国传统工业化道路的经验与教训》，《中国工业经济》，2003年第1期，第48~55页。
⑤ 陈佳贵、黄群慧：《工业现代化的标志、衡量指标及对中国工业的初步评价》，《中国社会科学》，2003年第3期，第18~28页。
⑥ 林毅夫：《谨慎对待"重化工业热"》，《商务周刊》，2005年第16期，第35~37页。

资源和周边省份利用旅游业发展的研究和数据分析中,发现贵州旅游业发展迅速,起到了拉动贵州第三产业的"引擎"作用,指出贵州可以利用旅游业的推动作用,因地制宜地走后工业化道路。[①] 周及真(2011)通过分析上海60年经济发展的进程数据,以霍夫曼比例来测度上海工业化水平,以二、三产业产值比来测度产业结构水平。通过对上海1952—2008年将近60年的历史数据的回归分析来说明上海工业化和产业结构的关系,总结了上海工业化演进对产业结构调整的影响、取得的成果及存在的问题,并提出上海走新型工业化道路和产业结构再调整的对策思考。[②]

第五,新型工业化与传统工业化之间差别的分析。吴敬琏(2006)认为,新型工业化较之传统工业化"新"在:首先,它的主要依靠力量不是资本和其他资源的投入;其次,信息技术在现代发展中成为越来越主要的角色,未能完成工业化的国家能够运用现代信息技术加快工业化发展。[③] 而韩江波和龚唯平(2012)则认为,新型工业化与传统工业化的不同之处在于,它是一种跨越式工业化,而非加速型、跳跃型工业化,更非赶超型工业化;同时还是一种可持续工业化,而非渐进式工业化,要实现跨越式和可持续的辩证统一。[④]

二、中国特色社会主义工业化道路的基本内涵

中国特色社会主义工业化道路不是单一的发展路径,而是与其他发展领域相结合,因此我国工业化道路的基本内涵十分丰富,学界对此讨论也较多,形成了诸多研究成果。总的来看,学界对于中国特色社会主义工业化道路的基本内涵的讨论聚焦于新型工业化道路,学者们从多方面对工业化道路的主要内涵进行总结,主要有"两方面内涵"说、"三方面内涵"说、"四方面内涵"说及其他观点(见表13-11)。

表13-11 关于中国特色社会主义工业化道路基本内涵的主要观点汇总表

主要观点	代表学者
两方面内涵说	江小涓(2002),高伯文(2008),等等
三方面内涵说	曲格平(2003),王新天和周振国(2003),胡鞍钢(2003),等等
四方面内涵说	林兆木(2002),白永秀和严汉平(2003),张宇等(2018),等等

---

① 吴倩:《贵州旅游产业发展的经济支撑能力研究——兼与周边"四省一市"对比分析》,《农业考古》,2010年第6期,第304~306页。
② 周及真:《上海60年工业化道路与产业结构调整研究》,《华东经济管理》,2011年第1期,第1~7页。
③ 吴敬琏:《思考与回应:中国工业化道路的抉择(下)》,《学术月刊》,2006年第1期,第58~61页。
④ 韩江波,龚唯平:《新型工业化究竟"新"在哪里》,《学习与实践》,2012年第12期,第5~17页。

续表 13—11

	主要观点	代表学者
其他观点	五方面内涵说	吴敬琏（2006），杜传忠（2013），等等
	六方面内涵说	厉以宁（2005），等等
	七方面内涵说	任保平和洪银兴（2004），等等
	十方面内涵说	简新华和向琳（2004），等等

（一）两方面内涵说

这种观点将中国特色社会主义工业化道路的基本内涵分为两个主要方面。江小涓（2002）将新型工业化道路概括为"一条既高速增长又不大量消耗资源和污染环境、既提升结构又能扩大就业、速度与效益相结合的工业化道路"，从经济发展与生态环境两方面对其进行总结。[①] 高伯文（2008）认为中国特色新型工业化道路的基本内涵突出表现在两个方面：一是工业化与信息化融合互动，实现社会生产力的跨越式发展；二是坚持科学发展观，实现工业化进程中的全面协调可持续发展。[②] 持有此观点的还有郭祥才（2003）。他认为中国新型工业化道路是以信息化带动工业化，以工业化促进信息化的双向互动。[③]

（二）三方面内涵说

这种观点认为中国特色社会主义工业化道路体现着三方面内涵。曲格平（2003）指出，所谓新型工业化道路，也就是可持续发展的工业化道路，要吸取西方发达国家工业化与中国工业化进程中的经验教训，既要经济发展，又要生态环境的保护，实现"生产发展、生活富裕、生态良好"三位一体的发展目标。[④] 王新天和周振国（2003）持有相同观点。他们认为新型工业化道路的内涵包括：第一，经济发展既有较快速度又有较高质量；第二，把信息化和工业化结合起来，以信息化带动工业化，以工业化促进信息化；第三，坚持人与自然和谐统一的可持续发展。[⑤] 持有相同观点的还有胡鞍钢（2003）。[⑥]

（三）四方面内涵说

这种观点认为中国特色社会主义工业化道路的基本内涵包括四个方面。持有这一观点的代表学者林兆木（2002），从我国历史发展条件出发，认为我国新型工业化道路是

[①] 江小涓：《积极探索新型工业化道路》，《求是》，2002年第24期，第19～20页。
[②] 高伯文：《中国共产党与中国特色工业化道路》，中央编译出版社，2008年，第412～423页。
[③] 郭祥才：《马克思主义跨越发展理论与中国新型工业化道路》，《中国社会科学》，2003年第6期，第4～13页。
[④] 曲格平：《探索可持续的新型工业化道路》，《环境保护》，2003年第1期，第3～5页。
[⑤] 王新天，周振国：《新型工业化道路与跨越式发展——学习江泽民同志关于跨越式发展的思想》，《求是》，2003年第9期，第29～31页。
[⑥] 李寿生：《专家谈走新型工业化道路》，经济科学出版社，2003年，第149～152页。

符合我国国情的工业化道路,并指出其内涵与特征:一是以信息化带动的工业化,二是以科技进步为动力、以提高经济效益和竞争力为中心的工业化,三是同实施可持续发展战略相结合的工业化,四是充分发挥我国人力资源优势的工业化。① 白永秀和严汉平(2003)则认为我国新型工业化包括以下四点内涵与特征:一是实现信息化和工业化的互动发展,二是实现经济效益、社会效益和生态效益的"共赢",三是以可持续发展的视角来审视工业化,四是实现我国优势资源配置效率的最大化。② 张宇等(2018)认为,新型工业化道路与传统工业化道路相比有高技术与高效益并重、低污染与低能耗并举、"工农互动"与"城乡协调"齐进以及"绿色""低碳""循环"与"可持续"高度契合等四大基本内涵。③

(四) 其他观点

关于中国特色社会主义工业化道路的基本内涵还有一些其他观点。洪银兴(2003)指出新型工业化道路有两个基本含义:第一,相对于我国原有的工业化道路是新型的;第二,相对于西方发达国家走过的工业化道路是新型的。④ 任保平和洪银兴(2004)在此基础上将我国新型工业化道路与我国原有工业化道路进行比较并指出"新型"的七大内涵与特征,同时与西方发达国家走过的工业化道路进行比较并指出"新型"的四大内涵与特征。⑤ 杜传忠(2013)将新型工业化概括为实现经济系统、社会系统与资源生态系统协调发展,与信息化深度融合、互相推动,以自主创新为引擎、内需与外需协调而以内需作为主要动力,以高水平的现代产业体系作为基本支撑,与城镇化、农业现代化紧密结合的工业化。⑥ 吴敬琏(2006)则从其他角度指出新型工业化道路的另外五大内涵与特征:一是要转变在传统工业化模式下形成的思维定式;二是要加快技术进步;三是要加快服务业、特别是生产性服务业的发展;四是用信息化带动工业化,即通过信息服务提升各行各业的效率;五是完善社会主义市场经济体制。⑦ 厉以宁(2005)除吴敬琏所指出的五条以外还增加一条,即实现人力资本积累。⑧ 除此以外,持有"五方面内涵"观点的还有崔向阳(2003)。他从工业化与市场化、信息化、城市化、国际化以及绿色化等五个视角指出新型工业化的基本内涵。⑨ 除以上观点之外,简新华和向琳(2004)则提出了更为复杂多元的内涵与特点,主要包括十个方面:由信息化带动的工业化道路,以集约型增长为主的工业化道路,发挥比较优势和后发优势的工业化道路,

---

① 林兆木:《关于新型工业化道路问题》,《宏观经济研究》,2002年第12期,第3~8页。
② 白永秀,严汉平:《西部地区跨越式发展的路径选择:走新型工业化道路》,《北京行政学院学报》,2003年第2期,第38~41页。
③ 张宇,谢地,任保平,等:《中国特色社会主义政治经济学》,高等教育出版社,2018年,第222~223页。
④ 洪银兴:《新型工业化道路的经济学分析》,《贵州财经学院学报》,2003年第1期,第1~6页。
⑤ 任保平,洪银兴:《新型工业化道路:中国21世纪工业化发展路径的转型》,《人文杂志》,2004年第1期,第60~66页。
⑥ 杜传忠:《转型、升级与创新——中国特色新型工业化的系统性研究》,人民出版社,2013年,第104~108页。
⑦ 吴敬琏:《中国应当走一条什么样的工业化道路?》,《管理世界》,2006年第8期,第1~7页。
⑧ 厉以宁:《让信息化带动工业化,而不是代替工业化》,《中国制造业信息化》,2005年第S1期,第34页。
⑨ 崔向阳:《新型工业化道路内涵探析》,《社会科学辑刊》,2003年第3期,第74~78页。

机械化与就业协调的工业化道路,力求产业结构优化的工业化道路,与城镇化适度同步的工业化道路,以经济效益为中心的工业化道路,实现可持续发展的工业化道路,对外开放型的工业化道路,以及政府导向、市场推动型的工业化道路。①

三、中国特色社会主义工业化道路的实现路径

中国特色社会主义工业化道路在不同阶段的发展推动了我国工业化进程。在这个推动过程中,关于中国特色社会主义工业化道路的实现路径是学界争论的焦点问题。学界主要聚焦于新型工业化与信息化、产业结构调整、人力资源开发、城市化以及制度创新等方面之间的关系,试图从这些关系处理中总结出我国工业化道路的实现路径。对此学者们从不同角度作出了不同的理论研究,形成了丰富的研究成果(见表13-12)。

表13-12 关于新型工业化道路实现路径研究的主要观点汇总表

	主要观点	代表学者
信息化与新型工业化	信息化与新型工业化的互动方式	乌家培(1993),黄泰岩和李德标(2003),厉以宁(2005),等等
	从宏观层面分析两者的互动实现途径	周叔莲和王伟光(2001),等等
	从微观层面分析两者的互动实现途径	周振华(2004),等等
产业结构调整与新型工业化	推进高科技产业化	洪银兴(2003),等等
	用工业化的生产方式改造传统农业	任保平(2004),等等
	实现工业与国民经济各产业的协调和稳定增长	曹建海和李海舰(2003),等等
人力资源开发与新型工业化	多角度发挥人力资源优势	林兆木(2002),简新华(2003),魏礼群(2003),等等
	适应新型工业化的教育改革	朱廷春和王德忠(2004),等等
城市化与新型工业化	城市化与新型工业化的均衡关系	崔向阳(2003),等等
	政府与社会成员要正确认识城市化与工业化的关系	简新华和向琳(2003),任保平(2004),等等
	新型同步发展的关系	蒋永穆和李善越(2019),等等
制度创新与新型工业化	通过制度创新推动工业化模式的转化	白旻(2008),吴艳玲(2011),等等

(一)信息化与新型工业化

当前关于信息化与新兴工业化的关系,学界已形成统一观点,即以信息化带动工业化、工业化促进信息化。但就信息化与新兴工业化的互动方式与互动途径,学界又有不同理解。第一,在信息化与新型工业化的互动方式上,乌家培(1993)分析了信息化在

---

① 简新华,向琳:《论中国的新型工业化道路》,《当代经济研究》,2004年第1期,第32~38页。

中国的演化历程，提出在信息化过程中，工业做后盾，信息业应做先导。[1] 姜爱林（2002）从逻辑上讨论了工业化与信息化的关系，认为二者是相互融合、互相促进的，具有内在的联系。[2] 周振华（2002）、贾俐贞（2003）等率先从理论上提出用信息化带动工业化，工业化促进信息化，"两化融合"的现实必然性。由于中国经济发展正处于工业化中期阶段，实现工业化的任务非常烦琐艰巨。[3] 黄泰岩和李德标（2003）指出，在新型工业化的全新结构中，优先发展信息技术和高新技术产业是新型工业化的先导，而发展基础产业和制造业却是新型工业化的支撑或基础，因此要全面发展制造业，实施信息化带动工业化战略。[4] 厉以宁（2005）提出，要让信息化带动工业化，而非取代工业化。[5] 第二，在信息化与新型工业化互动的实现途径上，从宏观层面看，周叔莲和王伟光（2001）从我国目前亟须处理好工业化与信息化的关系的背景入手，分析了信息化带动工业化的必要性和可能性，提出以信息化带动工业化，其核心是加速发展信息产业，用信息技术改造传统产业。[6] 从微观层面看，周振华（2004）认为，工业化与信息化的互动与融合，不仅要求信息技术扩散与应用的广度，而且要求其扩散与应用的深度。他认为信息化与工业化的融合将会发生在产品、生产经营、产业三个层面。[7]

（二）产业结构调整与新型工业化

新型工业化道路要求推进产业结构优化升级，即形成以高新技术产业为先导、基础产业和制造业为支撑、服务业全面发展的产业格局。[8] 曹建海和李海舰（2003）从农业、制造业、第三产业与工业的关联出发强调了实现工业与国民经济各产业的协调和稳定增长的重要性和具体措施，并把信息化作为带动产业结构优化升级的主要驱动力量。[9] 洪银兴（2003）指出，根据信息化带动工业化要求，当前产业升级的一个重要内容是推进高科技产业化。[10] 任保平（2004）主张，实现经济结构的调整，要用工业化的生产方式改造传统农业，同时还要促进乡镇企业的二次创业。[11]

（三）人力资源开发与新型工业化

新型工业化必须提高综合要素生产率，重视对人力资源的开发和利用。林兆木

---

[1] 乌家培：《正确处理信息化与工业化的关系》，《经济研究》，1993年第12期，第70~71页。
[2] 姜爱林：《城镇化、工业化与信息化的互动关系》，《城市规划汇刊》，2002年第5期，第32~37页。
[3] 周振华：《新型工业化道路：工业化与信息化的互动与融合》，《上海经济研究》，2002年第12期，第5~7页。贾俐贞：《走新型工业化道路：以信息化带动工业化》，《江苏社会科学》，2003年第2期，第34~36页。
[4] 黄泰岩，李德标：《我国新型工业化的道路选择》，《中国特色社会主义研究》，2003年第1期，第35~41页。
[5] 厉以宁：《让信息化带动工业化，而不是代替工业化》，《中国制造业信息化》，2005年第S1期，第34页。
[6] 周叔莲、王伟光：《论工业化与信息化的关系》，《中国社会科学院研究生院学报》，2001年第2期，第30~39页。
[7] 周振华：《产业融合与新型工业化道路》，《天津社会科学》，2004年第3期，第70~76页。
[8] 李斌，陈军：《中国新型工业化研究综述》，《特区经济》，2007年第8期，第276~278页。
[9] 曹建海，李海舰：《论新型工业化的道路》，《中国工业经济》，2003年第1期，第56~62页。
[10] 洪银兴：《新型工业化道路的经济学分析》，《贵州财经学院学报》，2003年第1期，第1~6页。
[11] 任保平：《论新型工业化道路的总体战略定位》，《社会科学辑刊》，2004年第5期，第70~74页。

(2002)①、简新华（2003）②、魏礼群（2003）③ 等人从发展资本和技术密集型产业、劳动密集型产业、采用节约劳动的技术和提供更多就业岗位的技术、发展高新技术产业、发展劳动密集型传统产业、发展大企业大集团和中小企业等角度阐述了充分发挥人力资源优势，以实现中国的新型工业化。朱廷春和王德忠（2004）则提出了适应新型工业化的教育改革思路：教育的提供主要应由政府负责，政府应坚持教育优先发展战略。④

（四）城市化与新型工业化

工业化与城市化的发展是相随相伴的。崔向阳（2003）从城市化与新型工业化的关系角度出发，阐述了两者之间的均衡关系。⑤ 简新华和向琳（2003）以及任保平（2004）指出，必须协调好工业化与城市化的关系，加快城市化进程，这需要政府和社会成员正确认识城市化与工业化的关系，有效地推动城市化与城镇化的结合，同时还要优化城市结构，提高城市的聚集能力。⑥ 蒋永穆和李善越（2019）则是通过对新中国成立以来城镇化与工业化的互动发展分析指出，两者关系从"主从发展"转向"新型同步发展"。⑦

（五）制度创新与新型工业化

制度创新对于新型工业化道路也具有深刻影响。关于制度创新与新型工业化的关系，学界也有不同的研究视角。白旻（2008）指出，我国从传统工业化向新型工业化模式转化的过程中，制度创新是最根本的突破口，通过制度创新推动工业化模式的转化。而制度创新需要通过政府（宏观）、市场（中观）和企业（微观）三个层面展开。⑧ 从具体制度创新实践上来说，吴艳玲（2011）在研究农业区向工业区转化过程中的体制改革问题时，提出制度和制度创新是决定农业区向工业区转化过程快慢的重要因素，有效的制度安排是政策实施和经济运行的制度基础。⑨

---

① 林兆木：《关于新型工业化道路问题》，《宏观经济研究》，2002年第12期，第3~8页。
② 简新华，向琳：《新型工业化道路的特点和优越性》，《管理世界》，2003年第7期，第139~149页。
③ 魏礼群：《坚持走新型工业化道路》，《求是》，2003年第23期，第17~20页。
④ 朱廷春，王德忠：《政府在推行新型工业化中的作用分析》，《经济学家》，2004年第2期，第117~119页。
⑤ 崔向阳：《新型工业化道路内涵探析》，《社会科学辑刊》，2003年第3期，第74~78页。
⑥ 任保平：《论新型工业化道路的总体战略定位》，《社会科学辑刊》，2004年第5期，第70~74页。简新华，向琳：《新型工业化道路的特点和优越性》，《管理世界》，2003年第7期，第17~20页。
⑦ 蒋永穆，李善越：《新中国70年工业化城镇化互动发展思想演进：历程、主线及动力》，《政治经济学报》，2019年第3期，第19~33页。
⑧ 白旻：《资源环境约束下中国工业化模式的转换与制度创新》，《工业技术经济》，2008年第6期，第31~34页。
⑨ 吴艳玲：《制度创新与传统农区新型工业化》，《生产力研究》，2011年第3期，第23~25页。

第四节　中国特色社会主义信息化道路

随着以互联网为代表的信息革命的发展，经济社会发展也呈现出新的特征。改革开放以来，中国积极融入全球经济发展，在这个过程中形成了具有中国特色的社会主义信息化道路。学界对中国特色社会主义信息化道路展开了诸多研究，形成了较为丰富的理论成果。

一、中国特色社会主义信息化道路的历史探索

中国特色社会主义信息化道路的形成经历了诸多阶段，也呈现出诸多特点。但对于中国特色社会主义信息化道路的历史演进阶段和所呈现出的特点，学界有各种认识，尚未形成统一的理论观点。

（一）中国特色社会主义信息化道路的阶段划分

对于中国特色社会主义信息化道路的阶段划分，学界普遍是以改革开放后我国信息化工程的实施为起点，但也有追溯于改革开放前，我国对于信息化道路的探索。目前，比较普遍的观点有三阶段论、四阶段论以及五阶段论，每一种观点的划分视角又不尽相同。

1. 三阶段论

这种观点是将中国特色社会主义信息化道路的历史演进划分为三个阶段（见表13-13）。张晋平（2006）则是主要从信息化建设主体的角度将我国信息化发展分为三个层面：第一层面是以企业信息化建设为基础，以国民经济占主导地位的国有企业为切入点，全面带动国民经济各领域的信息化建设；第二层面是政府主导信息化建设，主要标志为由1993年开始实施的"金桥""金税""金卡""金关"等12项"金"字系列信息化重大工程，1999年电子政务工程开始全面启动等；第三层面是居民家庭信息化建设普及，从1985年起，电信业增长速度开始超过国民经济增长速度，此后居民家庭信息化建设开始步入发展的快车道。① 曲维枝（2007）在2007年首届国家信息化理论与实践研究高层论坛大会上指出，我国的信息化历程大致分为三个阶段：第一阶段起始于19世纪70年代中至80年代，是以计算机用于数据运算为主要特征的初级阶段，这个阶段研究和应用工作侧重于技术，比较分散；第二阶段时间是19世纪90年代，是以重点信息化系统工程建设为标志的发展阶段，"三金"工程的实施拉开了国家信息化建设的序幕，标志着信息技术从计算应用转向构建国家重大信息处理系统；第三阶段起始于21世纪初，我国信息化建设进入全面部署、快速发展的阶段，并制定了关于我国长期

---

① 张晋平：《论中国特色信息化道路的发展路径》，《甘肃社会科学》，2006年第6期，第250~252页。

信息化发展的《2006—2020 国家信息化发展战略》。① 郭朝先和刘艳红（2020）则是从我国基础信息设施建设视角出发，将我国信息化建设划分为三个时期：第一是 20 世纪 90 年代通信基础网络建设时期；第二是 21 世纪头十年的互联网和移动通信快速发展时期；第三是 2010 年以来新一代信息基础设施建设时期。②

表 13-13　中国特色社会主义信息化道路"三阶段"论的主要观点汇总表

主要观点			代表学者
第一阶段（层面）	第二阶段（层面）	第三阶段（层面）	
以计算机用于数据运算为主要特征的初级阶段	以重点信息化系统工程建设为标志的发展阶段	全面部署、快速发展的阶段	曲维枝（2007）
通信基础网络建设时期	互联网和移动通信快速发展时期	新一代信息基础设施建设时期	郭朝先和刘艳红（2020）
以企业信息化建设为基础	政府主导信息化建设	居民家庭信息化建设普及	张晋平（2006）

2. 四阶段论

这种观点是将中国特色社会主义信息化道路的历史演进划分为四个阶段。姜爱林（2002）则以改革开放为起点将我国信息化发展划分为四个阶段：第一阶段是 1978—1983 年的酝酿阶段，第二阶段是 1984—1992 年的起步阶段，第三阶段是 1993—1997 年的全面推进阶段，第四阶段是 1998—2001 年的加速发展阶段。③ 杨裕民（2019）从政府和社会信息化以及电子信息产业的发展角度进行回顾总结，将我国信息化发展历程分为四个阶段：第一阶段是 1954—1978 年的艰难起步阶段，第二阶段是 1978—2001 年的全面追赶阶段，第三阶段是 2002—2011 年的融合发展阶段，第四阶段是 2012 年至今的理性跨越阶段。④ 与三阶段论总体比较来看，尽管四阶段论从不同的视角对我国信息化建设作出了阶段划分，但总体上都是以改革开放后我国开始重视并推动信息化为起点进行研究的。

3. 五阶段论

这种观点是将中国特色社会主义信息化道路的历史演进划分为五个阶段。五阶段论相比于前两者是将我国信息化发展道路时间线拉长，以新中国成立为起点对中国特色社会主义信息化道路进行研究的。五阶段论最具代表性的是朱燕（2019）的观点。她在《中国特色信息化发展道路》中将中国信息化发展历程划分为五大阶段：第一阶段是从新中国成立到改革开放之前的准备阶段，即 1949—1978 年；第二阶段是从改革开放到

---

① 曲维枝：《推动信息化理论与实践研究，探索中国特色信息化道路》，《信息安全与通信保密》，2007 年第 6 期，第 2~3 页。
② 郭朝先，刘艳红：《中国信息基础设施建设：成就、差距与对策》，《企业经济》，2020 年第 9 期，第 143~151 页。
③ 姜爱林：《中国信息化发展的历史变迁》，《津图学刊》，2002 年第 3 期，第 1~6 页。
④ 杨裕民：《新中国 70 年信息化发展的历程回顾与经验总结》，《齐齐哈尔大学学报》（哲学社会科学版），2019 年第 9 期，第 36~40 页。

党的十四大的积累阶段，即 1978—1992 年；第三阶段是 20 世纪 90 年代的正式起步阶段，即 1993—1999 年；第四阶段是 21 世纪初的全方位发展阶段，即 2000—2012 年；第五阶段是党的十八大以来的加速发展新时代，即 2012 年至今。①

（二）中国特色社会主义信息化道路的演进特点

从学界研究中国特色社会主义信息化道路的文献来看，尽管学者们立足的视角不尽相同，但也能体现出中国特色社会主义信息化道路历史演进所呈现的特点是与社会发展变迁、经济体制变迁以及发展战略三个方面紧密相关。

1. 与社会发展变迁紧紧相连

我国信息化发展根植于我国社会发展的需要，因此其演进也与我国社会发展变迁紧紧相连。乌家培（1995）认为，在信息化的重点领域上要正确处理经济信息化与社会信息化的关系，走经济信息化为主兼顾社会信息化的发展道路。② 邹家华（1998）从我国所处的历史发展阶段视角出发，指出我国要实现跨越式发展就必须推进信息化建设，以信息化推动社会发展。③ 郑炜航和黄凯（2003）曾采访刘鹤，指出要积极推动远程教育、远程医疗、远程科研的发展，加快关乎于社会发展关键领域的信息化进程。④ 张晋平（2006）则指出，中国是社会主义性质的国家，本国国情与其他国家不同，因此信息化发展必须与中国社会发展相适应，必须建立符合自己国情的信息化发展道路，而不能照搬西方模式，这是中国信息化道路的发展前提。⑤ 陈鹏飞（2016）从"五位一体"建设角度出发，指出信息化与我国文化繁荣、生态文明、社会和谐等方面的适应性。⑥

2. 与经济体制变迁紧紧相连

改革开放后，我国开始建立起社会主义市场经济，在这个过程中信息化与经济体制变迁有着密切联系。姜奇平和汪向东（2004）认为，信息化的本质要求包含了统筹，它通过不断追求信息对称和加速信息合理流动来实现，我国实行的社会主义市场经济体制同样存在市场经济的弊端，而这最大的问题就在于信息不对称，因此信息化的发展能够为社会主义市场经济的进一步有效发展提供基础。⑦ 在经济体制改革中，建立起现代企业制度是重要的一环，因此如何实现企业信息化也是当前所面临的一个重要问题。从整体看，张晋平（2006）提出，我国的信息化道路始终要以我国工业化发展的现实状况作为信息化建设的出发点，信息化要面向市场化的发展采取渐进推进模式，将市场配置资

---

① 朱燕：《中国特色信息化发展道路》，经济科学出版社，2019 年，第 26~55 页。
② 乌家培：《中国信息化道路探索》，《经济研究》，1995 年第 6 期，第 67~72 页。
③ 邹家华：《探索有中国特色的信息化建设道路》，《求是》，1998 年第 8 期，第 2~5 页。
④ 郑炜航，黄凯：《走有中国特色的信息化道路—访国务院信息化工作办公室刘鹤副主任》，《中国信息界》，2003 年第 2 期，第 8~9 页。
⑤ 张晋平：《论中国特色信息化道路的发展路径》，《甘肃社会科学》，2006 年第 6 期，第 250~252 页。
⑥ 陈鹏飞：《用马克思主义中国化最新成果指导中国特色社会主义信息化发展道路》，《〈资本论〉研究》，2016 年第 12 卷，第 131~139 页。
⑦ 姜奇平，汪向东：《"五个统筹"与中国特色信息化道路》，《数量经济技术经济研究》，2004 年第 3 期，第 5~8 页。

源与政府的宏观调控相结合。①

3. 与经济发展战略紧密相关

中国特色社会主义信息化发展道路作为我国社会主义经济发展的路径之一，与我国经济发展战略是紧密相关的。乌家培（2002）曾就中央与地方的信息化关系指出，信息化是全国统一的大业，需要发挥中央与地方两个积极性。中央应加强对信息化的统一领导，各地方则应根据当地经济、科技、文化等发展情况因地制宜、有重点地逐步推进信息化。②张晋平（2006）认为，要实行以信息化带动工业化的国家发展战略。他指出，我国经过"八五"的认识，初步形成了自己的基本思路；通过"九五"的实践，积累了丰富的经验，形成了有特色、有规模的信息产业；而"十五"的快速发展，确立了"以信息化带动工业化"的战略方针；"十一五"则在扩大市场份额、拉动需求的同时，努力提高技术研发水平。③关于信息化与工业化之间关系的讨论学界有许多成果，在第三节中已叙述。总的来看，信息化发展历程与我国经济发展战略及道路是紧密相连的。

二、中国特色社会主义信息化道路的基本内涵

自新中国成立以来，我国的信息化稳步发展，逐渐形成了中国特色社会主义信息化道路，其基本内涵也极为丰富。学界就其基本内涵形成了丰富的研究成果。从学界的研究成果来看，学者们对于我国信息化道路基本内涵的研究存在着视角的差异，主要基于信息化促进工业化、信息化促进农村现代化、信息化促进城乡一体化以及信息化发展的现实路径等几个视角进行研究（见表13-14）。

表13-14　关于中国特色社会主义信息化道路基本内涵的主要观点汇总表

研究视角	代表学者
信息化促进工业化	周振华（2002），周叔莲（2008），谢康等（2009），等等
信息化促进农村现代化	刘美平（2002），张少明等（2009），李道亮（2010），等等
信息化促进城乡一体化	朱启贵（2007），汪礼俊和初蕾（2007），等等
信息化发展的现实路径	乌家培（1995），邹家华（1998），姜奇平和汪向东（2004），等等

（一）基于"信息化促进工业化"的视角

信息化与工业化之间的关系比较紧密，部分学者是从以信息化促进工业化角度出发进行信息化道路研究的。周振华（2002）则从信息化与工业化融合的长期动态过程指出，信息化道路包括信息基础设施普及、信息技术广泛运用、产业关联运作平台的重构

---

① 张晋平：《论中国特色信息化道路的发展路径》，《甘肃社会科学》，2006年第6期，第250~252页。
② 乌家培：《探索有中国特色的信息化道路》，《江西财经大学学报》，2002年第4期，第3~5页。
③ 张晋平：《论中国特色信息化道路的发展路径》，《甘肃社会科学》，2006年第6期，第250~252页。

以及信息化人力资本积累等诸多方面。① 周叔莲（2008）提出，我国信息化的内涵就是与工业化相融合，就是在我国实现工业化过程中，做到信息化带动工业化，工业化促进信息化，进而促使经济社会又好又快发展。② 谢康等（2009）认为我国信息化道路与工业化道路相融合有三个内涵与特征：一是工业化与信息化的平衡发展，二是综合平衡工业化与信息化融合过程中带来的对组织和社会变革的挑战，三是工业化进程中工业装备技术资源与信息化进程中信息资源的平衡发展。③

（二）基于"信息化促进农村现代化"的视角

学界在探究我国信息化道路的内涵与特征时也从农村现代化视角出发，提出了农业信息化的概念，因此有部分学者试图从信息化与农业现代化之间的关系角度出发，研究我国信息化道路的基本内涵。刘美平（2002）提出信息化的一个重要作用就是助力实现城乡产业结构升级。④ 张少明等（2009）认为信息化发展对于农村跨越式发展有着促进作用，农村信息化也是信息化道路的内容之一。⑤ 李道亮（2010）也认为农村信息化是把信息作为推动农村全面协调发展的要素，是我国农业现代化发展的必然路径。⑥

（三）基于"信息化促进城乡一体化"的视角

信息化发展能够有效促进城乡一体化，有部分学者认为信息化的内涵是借力信息化推进城乡一体化。朱启贵（2007）认为信息鸿沟是我国城乡差距逐步拉大的重要原因；农村信息化是落实科学发展观，统筹城乡经济社会发展和建设社会主义新农村之路。⑦ 汪礼俊和初蕾（2007）则认为农村信息化的内涵包括加快和谐社会建设，促进社会主义新农村建设，改善二元经济结构，缩小城乡差别，实现共同发展、共同富裕等。⑧

（四）基于"信息化发展的现实路径"的视角

还有一种研究视角是基于"信息化发展的现实路径"，即在信息化推进过程中所要处理的主要关系，实际上就是信息化发展道路的实质内涵。乌家培（1995）指出信息化发展道路的内涵及主要关系包括：第一，在信息化的重点领域上，要正确处理经济信息化与社会信息化的关系；第二，在信息化的地区布局上，要突出重点地区，兼顾一般地

---

① 周振华：《新型工业化道路：工业化与信息化的互动与融合》，《上海经济研究》，2002年第12期，第5~7页。
② 周叔莲：《推进信息化与工业化融合意义重大》，《人民日报》，2008年6月2日，第11版。
③ 谢康，肖静华，乌家培：《中国工业化与信息化融合的环境、基础和道路》，《经济学动态》，2009年第2期，第28~31页。
④ 刘美平：《信息化是实现城乡产业结构升级的根本途径》，《经济纵横》，2002年第8期，第17~19页。
⑤ 张少明，李习文，梁春阳：《从"试点"到"示范"：宁夏新农村信息化建设实践与理论探索》，宁夏人民出版社，2009年，第213页。
⑥ 李道亮：《农村信息化与数字农业》，中国建筑工业出版社，2010年，第136页。
⑦ 朱启贵：《信息化：新农村建设之路》，《统计研究》，2007年第1期，第17~21页。
⑧ 汪礼俊，初蕾：《浅析新农村建设过程中信息化的战略、模式及文化意义》，《中国软科学》，2007年第12期，第22~27页。

区；第三，要把握信息设备制造、通信网络建设和信息资源开发这三者的关系。① 邹家华（1998）则将信息化发展总结为四个内涵与特征：一是经济和社会发展与信息化结合的道路，二是统筹规划、联合建设，三是以信息化带动本国信息产业发展，四是抓应用、促发展。② 姜奇平和汪向东（2004）则从信息化的定义出发，指出我国信息化道路的本质内涵就是通过信息对称和加速沟通的方式，为城乡发展、区域发展、经济社会发展、人与自然发展，以及国内发展和对外开放的协调对称发展创造基础和前提。③

三、中国特色社会主义信息化道路的实现路径

在中国共产党的带领下，经过长时期的探索与发展，我国在信息化领域取得了历史性的成就，信息化在我国现代化建设全局中的引领作用日益凸显。我国已经走出了具有中国特色的社会主义信息化发展道路，并形成一条具有中国特色的社会主义信息化实现路径。

（一）坚持党对于信息化建设的领导地位

坚持党对于信息化建设的领导地位是我国信息化全面快速发展的根本保障。信息化作为一项全民性的重大工程，必须依靠党统领全局的核心地位才可以实现。乌家培（2002）指出，信息化是全国统一的大业，中央应加强对信息化的统一领导，制定全国信息化的发展战略。④ 刘国光（2004）通过分析历次党关于信息化建设的重要会议指出，党和政府对于信息化建设的密切关注与推动为我国信息化建设取得巨大成就奠定了基础。⑤ 因此，只有在中国共产党的领导下，在政府的统筹规划下，全民参与的国家信息化工作才能顺利开展。党和国家力量是我国信息化建设取得成功的根本保障。

（二）创新信息化、新型工业化和农业现代化融合发展

西方国家是在工业化完成之后开始实行信息化的，而我国开始信息化时工业化尚未完成，现代农业体系也还没有建立起来。我国现在处于并将长期处于社会主义初级阶段，基本国情决定了我们在建设现代化的道路上必须坚持信息化、工业化、农业现代化、新型城镇化的同步发展。周振华（2002）也提出要大力促进工业化与信息化的互动与融合。⑥ 陈柳钦（2004）通过分析我国经济发展的制约因素后指出，要实施信息化带动工业化战略，走"工业化的信息化"之路。⑦ 董梅生和杨德才（2014）则基于数学模

---

① 乌家培：《中国信息化道路的探索》，《经济研究》，1995年第6期，第67～72页。
② 邹家华：《探索有中国特色的信息化建设道路》，《求是》，1998年第8期，第2～5页。
③ 姜奇平，汪向东：《"五个统筹"与中国特色信息化道路》，《数量经济技术经济研究》，2004年第3期，第5～8页。
④ 乌家培：《探索有中国特色的信息化道路》，《江西财经大学学报》，2002年第4期，第3～5页。
⑤ 刘国光：《党和政府推进中国信息化》，《中国信息界》，2004年第21期，第6～7页。
⑥ 周振华：《新型工业化道路：工业化与信息化的互动与融合》，《上海经济研究》，2002年第12期，第5～7页。
⑦ 陈柳钦：《实现我国新型工业化的制约因素及其路径选择》，《重庆大学学报》（社会科学版），2004年第4期，第25～31页。

型分析认为要将信息化社会建设与我国工业化、农业现代化以及城镇化互动融合发展。① 朱燕（2019）指出，在中国共产党的带领下，中国创新了一条信息化、工业化和农业现代化协同发展的道路。② 可以看出，中国特色社会主义信息化发展道路并不是单一领域的发展，而是与多种产业领域相互融合实现跨越式发展的一种模式。

（三）不断健全信息化发展的制度体系

信息化发展的制度体系包含多方面的要求，其中最为明显的是法律法规和人才队伍的建设。在信息化快速发展的过程中，信息经济领域缺少法律约束是导致信息化不能有序建设的主要原因。贾俐贞（2003）认为，促进我国信息化发展必须加强信息产业的法制建设和管理，如关于电子工业、电子商务等相关产业发展，还必须建立信息安全管理体系等，只有这样才能保证信息产业的发展。③ 国家在法律建设方面不断推进信息化法制建设，已推出的法律法规包括《中华人民共和国网络安全法》《中华人民共和国计算机信息系统安全保护条例》《计算机信息网络国际互联网安全保护管理办法》等，以推动国家信息化建设稳步发展。

（四）不断完善人才培养体系

信息化人才也是信息化成功的关键。乌家培（2002）指出，我国在信息化建设过程中，不断健全信息化人才培养体系，加强信息化人才队伍建设，培养高素质信息化人才。邓小平同志早在1984年就倡导"计算机的普及要从娃娃做起"。我国教育部门于20世纪90年代已据此就中小学计算机教育问题制订了发展纲要。④ 同时，朱燕（2019）总结关于信息化人才培养的政策，主要有国务院印发的《关于积极推进"互联网+"行动的指导意见》《"宽带中国"战略及实施方案》等，提出加强制造业、农业等领域人才的互联网技能培训，加强高层次、复合型人才的引进与培养，《2006—2020年国家信息化发展战略》将"国民信息技能教育培训计划"作为重要战略行动，为我国信息化发展提供基础保障。⑤

第五节　中国特色社会主义城镇化道路

新中国成立以来，我国在推动城镇化发展中总结经验，逐渐形成了中国特色社会主义城镇化发展道路。学界对中国特色社会主义城镇化道路展开了诸多研究，形成了较为

---

① 董梅生，杨德才：《工业化、信息化、城镇化和农业现代化互动关系研究——基于VAR模型》，《农业技术经济》，2014年第4期，第14~24页。
② 朱燕：《中国特色信息化发展道路》，经济科学出版社，2019年，第218页。
③ 贾俐贞：《走新型工业化道路：以信息化带动工业化》，《江苏社会科学》，2003年第2期，第34~36页。
④ 乌家培：《探索有中国特色的信息化道路》，《江西财经大学学报》，2002年第4期，第3~5页。
⑤ 朱燕：《中国特色信息化发展道路》，经济科学出版社，2019年，第223页。

丰富的理论成果。

一、中国特色社会主义城镇化道路的历史探索

中国特色社会主义城镇化道路的形成经历了诸多阶段，在探索过程中有着不同侧重点。学界对此研究所得出的观点各异，尚未形成统一的理论观点。

（一）中国特色社会主义城镇化道路的阶段划分

学界普遍以新中国成立为起点对中国特色社会主义城镇化道路的阶段进行划分。有的学者在此阶段划分的基础上，又从不同的视角进行了细分。目前比较普遍的观点有三阶段论、四阶段论以及五阶段论，每一种观点的划分视角又不尽相同。

1. 三阶段论

这种观点是将中国特色社会主义城镇化道路的历史演进划分为三个阶段（见表13-15）。刘勇（2012）主要从城镇化战略演进的视角出发，将城镇化道路分为三个阶段：第一阶段是新中国成立到改革开放前城镇化的缓慢起步阶段（1949—1978年）；第二阶段是改革开放以来至20世纪末城镇化加速发展阶段（1978—2000年）；第三阶段则是21世纪以来城镇化快速发展阶段（2001年至今）。[①] 周加来等（2019）则是从城市发展的一般规律出发，将我国城镇化发展分为三个时期：第一阶段是起步期（1949—1996年），该时期受计划经济体制及经济发展水平的影响，城镇化进程缓慢；第二阶段是加速发展期（1997—2010年），该时期以政府推动为主要特征，城镇化发展较快，但粗放式增长也带来一系列问题；第三阶段是基本成熟期（2011—2018年），该时期对传统城镇化发展模式进行反思和调整，提出以人为本的新型城镇化发展道路。[②] 刘秉镰和朱俊丰（2019）从国家战略与区域经济发展出发，将我国城镇化发展总结为三个阶段：第一阶段是1949—1977年计划经济时代的城镇化停滞期，第二阶段是1978—2011年解放发展生产力时代的城镇化快速发展期，第三阶段是2012年至今现代化经济体系时代的城镇化高质量发展期。[③] 许伟（2019）则是从我国社会主义建设发展历史视角出发，将城镇化发展分为三个阶段：第一阶段是1949—1978年的苏联式社会主义城镇化建设阶段，第二阶段是1978—2012年的中国特色城镇化建设阶段，第三阶段是2012至今的中国特色新型城镇化建设阶段。[④]

[①] 刘勇：《我国城镇化战略的演进轨迹和操作取向》，《改革》，2012年第9期，第18~30页。

[②] 周加来，周慧，周泽林：《新中国70年城镇化发展：回顾·反思·展望》，《财贸研究》，2019年第12期，第1~13页。

[③] 刘秉镰，朱俊丰：《新中国70年城镇化发展：历程、问题与展望》，《经济与管理研究》，2019年第11期，第3~14页。

[④] 许伟：《新中国成立70年来的城镇化建设及其未来应然走向》，《武汉大学学报》（哲学社会科学版），2019年第4期，第13~20页。

表 13-15　中国特色社会主义城镇化道路"三阶段"论的主要观点汇总表

主要观点			代表学者
第一阶段	第二阶段	第三阶段	
1949—1978 年城镇化的缓慢起步阶段	1978—2000 年城镇化加速发展阶段	21 世纪以来城镇化快速发展阶段	刘勇（2012）
1949—1996 年城镇化的起步期	1997—2010 年城镇化的加速发展期	2011—2018 年城镇化的基本成熟期	周加来等（2019）
1949—1977 年计划经济时代的城镇化停滞期	1978—2011 年解放发展生产力时代的城镇化快速发展期	2012 年至今现代化经济体系时代的城镇化高质量发展期	刘秉镰和朱俊丰（2019）
1949—1978 年苏联式社会主义城镇化建设阶段	1978—2012 年中国特色城镇化建设阶段	2012 至今中国特色新型城镇化建设阶段	许伟（2019）

2. 四阶段论

这种观点是将中国特色社会主义城镇化道路的历史演进划分为四个阶段（见表13-16）。解安等（2015）从政府与城镇化之间的关系视角出发，将城镇化道路划分为四个阶段：第一阶段是 1949—1957 年的起步发展阶段，该时期是政府直接干预城镇化推进路径的初步探索；第二阶段是 1958—1977 年的波动起伏阶段，该时期是政府直接干预城镇化推进路径的全面形成和固化；第三阶段是 1978—2002 年的改革加速阶段，该时期是政府直接干预向间接干预推进路径转型；第四阶段是 2003 年至今的科学发展阶段，该时期是自主选择与社会秩序统一推进路径形成。[1] 吴莹（2019）从我国国民经济发展计划中的城镇化政策中将城镇化发展总结为四个阶段：第一阶段是 1949—1978 年的波动城镇化时期；第二阶段是 1978—1994 年的农村城镇化时期；第三阶段是 1994—2012 年的土地城镇化时期；第四阶段是 2013 年以后的新型城镇化时期。[2] 王志锋等（2019）则是基于地方政府治理视角考察中国城镇化发展历程，将其分为四个阶段：第一阶段是改革开放前的停滞和缓慢起步阶段（1949—1978 年），第二阶段是以乡镇企业带动小城镇发展的城镇化阶段（1978—1994 年），第三阶段是以招商引资和工业园区的工业化带动城镇化阶段（1994—2003 年），第四阶段是金融干预型城镇化阶段（2003 年至今）。[3] 朱鹏华（2020）从国际上对城镇化的划分标准出发，将我国城镇化道路总体上划分为四个阶段：改革开放之前的城镇化阶段（1949—1978 年）、改革开放之初的城镇化阶段（1979—1995 年）、社会主义市场经济初期的城镇化阶段（1996—2012 年）和新型城镇化阶段（2013 年至今）。[4]

---

[1] 解安，徐宏潇，胡勇：《新中国城镇化曲折历程的唯物史观分析》，《马克思主义研究》，2015 年第 12 期，第 98~106 页。

[2] 吴莹：《新中国成立七十年来的城镇化与城乡关系：历程、变迁与反思》，《社会学评论》，2019 年第 6 期，第 82~95 页。

[3] 王志锋，张维凡，朱中华：《中国城镇化 70 年：基于地方政府治理视角的回顾和展望》，《经济问题》，2019 年第 7 期，第 1~8 页。

[4] 朱鹏华：《新中国 70 年城镇化的历程、成就与启示》，《山东社会科学》，2020 年第 4 期，第 107~114 页。

表13-16 中国特色社会主义城镇化道路"四阶段"论的主要观点汇总表

主要观点				代表学者
第一阶段	第二阶段	第三阶段	第四阶段	
1949—1957年起步发展阶段	1958—1977年波动起伏阶段	1978—2002年改革加速阶段	2003年至今科学发展阶段	解安等（2015）
1949—1978年波动城镇化时期	1978—1994年农村城镇化时期	1994—2012年土地城镇化时期	2013年以后新型城镇化时期	吴莹（2019）
1949—1978年改革开放前的停滞和缓慢起步阶段	1978—1994年以乡镇企业带动小城镇发展的城镇化阶段	1994—2003年以招商引资和工业园区的工业化带动城镇化阶段	2003年至今金融干预型城镇化阶段	王志锋等（2019）
1949—1978年改革开放之前的城镇化阶段	1979—1995年改革开放之初的城镇化阶段	1996—2012年社会主义市场经济初期的城镇化阶段	2013年至今新型城镇化阶段	朱鹏华（2020）

3. 五阶段论

这种观点是将中国特色社会主义城镇化道路的历史演进划分为五个阶段。杨风和陶斯文（2010）按照城镇化发展水平的不同，将我国城镇化发展大致分为五个阶段：第一阶段是城镇化发展的启动阶段（1949—1957年）；第二阶段是城镇化发展的波动阶段（1958—1965年）；第三阶段是城镇化发展的下滑与停滞阶段（1966—1978年）；第四阶段是城镇化的恢复发展阶段（1979—1992年）；第五阶段是城镇化的快速发展阶段（1993年以后）。①

（二）学界关于城镇化道路与城市化道路的争论

在中国城镇或城市发展进程中，学界对于发展方向的选择存在着巨大争议，一种观点是认为中国应该坚持城镇化的发展道路，而另一种观点则认为应该坚持城市化的发展道路（见表13-17）。②

表13-17 关于城镇化道路与城市化道路的主要观点汇总表

代表观点	研究角度	代表学者
坚持城镇化道路	国情生长说	徐志辉和孟桂美（1997），厉以宁（2013），费孝通（2016），等等
	经验借鉴说	叶克林（1986），徐更生（1987），等等
	现实需要说	顾益康等（1989），等等

---

① 杨风，陶斯文：《中国城镇化发展的历程特点与趋势》，《兰州学刊》，2010年第6期，第75~78页。
② 本小节"学界关于城镇化与城市化道路的争论"如无特别说明，均引自蒋永穆，等：《新中国"三农"十大理论问题研究：70年发展与变迁》，社会科学文献出版社，2019年，第544~547页。

续表13—17

代表观点	研究角度	代表学者
坚持城市化道路	人类社会发展规律匹配说	青川（1989），宋书伟（1990），等等
	城市化规律匹配说	张正河等（1998），秦尊文（2001），田雪原（2013），等等
	矛盾解决说	朱铁臻（2000），季建林（2001），魏杰（2005），等等

1. 坚持城镇化道路

该观点认为中国应坚持城镇化的发展道路，但就为什么选择城镇化发展道路，学界也形成了三种观点。

（1）国情生长说。

该观点认为，中国选择城镇化发展道路是由中国的特殊国情决定的，这是区别于西方城市化道路的根本所在。徐志辉和孟桂英（1997）也提出，与西方国家相比，走"乡镇企业—小城镇建设—城市化"道路是由我国广大农民创造的，是我国实现工业化、城市化的必由之路。[1] 厉以宁（2013）也曾就中国城镇化发展进行分析。他认为中国必须走适合中国国情的城镇化道路，即中国城镇化分三部分：老城区—新城区—农村新社区。[2] 费孝通（2016）跟踪研究中国乡土社会、城乡发展近80年，提出"中国工业化，要从农村开始"[3]。这不仅是指中国工业化的原始积累要依靠农业，也是指改革开放后中国乡镇企业的兴起。

（2）经验借鉴说。

该观点认为，世界城市化进程与人类社会的发展规律相匹配，我们可以借鉴世界各国城市化的经验，甚至可以借鉴和超越"大城市—中小城市"的经验，以小城镇作为城市化的主要模式。叶克林（1986）通过对比世界各国城市化历史，提出世界各国城市化主要以两种模式进行：一种是大城市模式，一种是中小城市发展模式。他认为，我们可以打破世界城市化的"定规"，以"小城镇"作为城市化的主要模式，形成具有中国的特色的城市化道路。[4] 支持此观点的学者还有徐更生（1987）。他认为大城市的发展道路不仅使城市人口"爆炸"，而且使农村陷入萧条和衰败，从美国及其他发达资本主义国家的"城市化"的经历来看，大城市并非人类的最后归宿，城乡差别最终要靠全国星罗棋布的小城镇来解决，因此在中国"发展小城镇是实现农村现代化以至国民经济现代化的捷径"[5]。

（3）现实需要说。

---

[1] 徐志辉，孟桂英：《乡镇企业—小城镇建设—城市化道路：我国农村剩余劳动力转移的必由之路》，《黄淮学刊》，1997年第2期，第37～42页。
[2] 厉以宁：《中国道路与新城镇化》，《唯实·现代管理》，2013年第1期，第24～25页。
[3] 费孝通：《中国城乡发展的道路》，上海人民出版社，2016年，第136页。
[4] 叶克林：《以小城镇为主体的中国城市化模式》，《管理世界》，1986年第5期，第25～37页。
[5] 徐更生：《发展小城镇是我国实现农村现代化的捷径》，《中国农村经济》，1987年第11期，第57～59页。

该观点认为，中国之所以选择"城镇化"的发展模式源于社会的现实需要。支持此观点的学者主要有顾益康等。他们从对"乡村病"和乡镇企业的分析入手，认为大部分学者对工业化的小城镇带来日益严重的"乡村病"注意不够。农村日益出现农业副业化、生态环境恶化、小城镇无序化和离农人口两栖化等"乡村病"。顾益康等（1989）认为"乡村病"的病根并不在工业化的小城镇，而是在于二元社会经济体制，不能使转为非农人口的公民身权统一。他也指出"不能把乡镇企业—小城镇这一农村工业化、城市化的起始模式当作终极的最佳模式"。①

2. 坚持城市化道路

该观点认为中国应坚持城市化的发展道路，但就为什么选择城市化发展道路，学界也形成了三种观点。

（1）人类社会发展规律匹配说。

该观点认为，城乡结构的演变遵循一定的规律，这规律是与人类社会发展规律的内容相统一的，城市化正是这一规律的外部表现。随着社会发展和人类科技的提高，人类将转入新的分散结构。青川（1989）阐述了这一观点：集中型城市化是由工业化阶段物质生产规模效益规律所决定的，"离土不离乡，进厂不进城"的高度分散型发展模式，与工业化阶段所需要的集中型城市化客观趋势相违背。②宋书伟（1990）认为这反映了"人类社会组织形式与文明载体由分散到集中又到新的分散包括适当集中的否定之否定规律"。③

（2）城市化规律匹配说。

一种观点认为市场经济条件下，我们应该遵循国际上"先发展大中小城市，然后再配套发展小城镇"的道路。④也有学者提出，人口向城市集中，尤其是向大城市集中是社会发展的规律，不把大城市发展作为城镇化的重点，就不可能带动中小城市的发展。⑤另一种观点虽然承认了改革开放以来发展小城镇的成效，但认为21世纪以后，"我国的城市化已步入'以大为主'的第二阶段"，⑥以国家社会城市化的"S"形曲线走势为依据，认为我国需要以大城市为主导推进城市化。也有学者从聚集经济效应进行阐述，认为从城镇化到城市化，是我国现阶段农村城镇化模式的必然转变。⑦

（3）矛盾解决说。

一种观点认为，小城镇的发展不仅没有解决城乡二元经济结构的社会矛盾，而且带来诸多社会问题，还在一定程度上形成了"城市—城镇—乡村"的三元社会结构，使城

---

① 顾益康，黄祖辉，徐加：《对乡镇企业—小城镇道路的历史批判—兼论中国农村城市化道路问题》，《农村经济问题》，1989年第3期，第13~18页。
② 青川：《根据规律和国情选择城市化道路——中国城市化道路研讨会综述》，《经济学动态》，1989年第10期，第12~16页。
③ 宋书伟：《新型中等城市中心论——科技文明时代的新型社会结构》，《城市问题》，1990年第1期，第3~9页。
④ 秦尊文：《小城镇道路：中国城市化的妄想症》，《中国农村经济》，2001年第12期，第64~69页。
⑤ 张正河，谭勇：《小城镇难当城市化主角》，《中国软科学》，1998年第8期，第14~19页。
⑥ 田雪原：《城镇化还是城市化》，《人口学刊》，2013年第6期，第5~10页。
⑦ 冯云廷：《从城镇化到城市化：农村城镇化模式的转换》，《中国农村经济》，2006年第4期，第71~74页。

乡矛盾复杂化;只有城市化的路径才能根本改变城乡关系的二元结构化发展,实现城乡一体、实现现代化。"城市化是伴随着工业化和经济改革而出现的、解决城乡二元结构矛盾的出路。"① 另一种观点认为,城镇化发展道路困难重重。我国小城镇存在着"小城镇病",即集聚能力低、集聚效益差,同时与大城市相比,小城镇的综合经济效益差。② 小城镇对资源的消耗也比较大,小城镇建设用地需求要比大中城市多得多。③

二、中国特色社会主义城镇化道路的基本内涵

中国特色社会主义城镇化道路的基本内涵包括哪些,一直都是学界争论的话题。关于城镇化道路,不同学者有其自己的看法。学者们从不同方面对城镇化道路主要内涵进行了总结,主要有三方面内涵说、四方面内涵说、五方面内涵说及其他观点(见表13-18)。

表13-18 关于中国特色社会主义城镇化道路基本内涵的主要观点汇总表

主要观点		代表学者
三方面内涵说		吴江等(2009),单卓然和黄亚平(2013),等等
四方面内涵说		简新华(2003),肖金成等(2009),王素斋(2013),等等
五方面内涵说		杨继瑞(2006),彭红碧和杨峰(2010),张宇(2018),等等
其他观点	六方面内涵说	康就升(2004),何树平和戚义明(2014),等等
	十方面内涵说	江泽林(2014),等等

(一)三方面内涵说

这种观点是将我国新型城镇化道路的基本内涵分为三个方面。吴江等(2009)认为新型城镇化具有以科学发展观为统领,以新型产业以及信息化为推动力,追求人口、经济、社会、资源、环境等协调发展的内涵。④ 单卓然和黄亚平(2013)定义了新时期的"新型城镇化"概念,并从四个角度分析指出新型城镇化具有民生、可持续发展和质量三大内涵。⑤

(二)四方面内涵说

这种观点是认为我国新型城镇化道路具有四种主要内涵。简新华(2003)认为中国特色的城镇化道路的基本内涵体现在:第一,城镇化与工业化和现代化适度同步发展;第二,城镇化的形式多元化、大中小城市和小城镇协调发展;第三,市场推动和政府导

---

① 朱铁臻:《城市化是新世纪中国经济高增长的强大动力》,《经济界》,2000年第1期,第32~36页。
② 季建林:《当前我国农村经济的主要问题与出路》,《经济理论与经济管理》,2001年第1期,第70~72页。
③ 魏杰:《简论我国城市化战略的新选择》,《光明日报》,2005年11月8日,第6版。
④ 吴江,王斌,申丽娟:《中国新型城镇化进程中地方政府行为研究》,《中国行政管理》,2009年第3期,第88~91页。
⑤ 单卓然,黄亚平:《"新型城镇化"概念内涵、目标内容、规划策略及认知误区解析》,《城市规划学刊》,2013年第2期,第16~22页。

向、自上而下城镇化与自下而上城镇化相结合；第四，城镇发展方式多样化和合理化、以内涵方式为主的城镇化路子。① 肖金成等（2009）从我国国情出发指出我国新型城镇化道路具有四种基本内涵：第一，以功能互补的城市群为主体形态，实现大中小城市和小城镇的合理布局与协调发展；第二，以集约利用为导向，实现资源环境可持续发展；第三，以城乡统筹为主线，实现与农村现代化同步发展；第四，以区域主体功能为基础，实现适应不同区域特点的多元化发展。② 持有相同观点的还有史育龙（2008）。③ 王素斋（2013）则认为我国新型城镇化道路的内涵与特征表现在发展理念的科学性、发展过程的协调性、发展方式的集约性以及发展目标的人本性。④

（三）五方面内涵说

这种观点是认为我国新型城镇化道路的基本内涵包括五个方面。杨继瑞（2006）则认为新型城市化道路的基本内涵：一是走城乡一体化发展路子，二是增强产业集聚功能，三是形成结构合理的城市体系，四是实现集约化和内涵式发展，五是增强城市自主创新能力。⑤ 彭红碧和杨峰（2010）认为我国新型城镇化道路基本内涵是以科学发展观为引领，发展集约化和生态化模式，增强多元的城镇功能，构建合理的城镇体系，最终实现城乡一体化发展。⑥ 黄桂婵和胡卫东（2013）通过对比传统城镇化道路，指出我国新型城镇化道路所具有的新内涵：一是城乡统筹的城镇化；二是"内聚式发展"，走集约、智能、绿色、低碳的道路；三是生态文明贯穿全过程的城镇化；四是注重质量和内涵的城镇化；五是以人为本的城镇化。⑦ 张宇（2018）认为我国新型城镇化道路的内涵表现在五个方面：一是统筹城乡，二是优化布局，三是功能完善，四是节约土地，五是协同推进。⑧

（四）其他观点

关于我国新型城镇化道路的基本内涵的理解还有其他观点。康就升（2004）从城镇化理论与实际的结合上，阐释了集约发展是城镇化理论的深刻内涵，具体表现在区域集约、产业集约、人口集约、经营集约、资源集约以及风格集约等六大方面。⑨ 持有"六方面内涵"观点的还有何树平和戚义明（2014）。他们认为新型城镇化的内涵和要求至

---

① 简新华：《走好中国特色的城镇化道路——中国特色的城镇化道路研究之二》，《学习与实践》，2003年第11期，第45~50页。
② 肖金成，史育龙，申兵，等：《中国特色城镇化道路的内涵和发展途径》，《发展研究》，2009年第7期，第4~8页。
③ 史育龙：《中国特色城镇化道路的内涵和发展模式》，《贵州社会科学》，2008年第10期，第67~73页。
④ 王素斋：《新型城镇化科学发展的内涵、目标与路径》，《理论月刊》，2013年第4期，第165~168页。
⑤ 杨继瑞：《中国新型城市化道路的探索与思考》，《高校理论战线》，2006年第11期，第32~35页。
⑥ 彭红碧，杨峰：《新型城镇化道路的科学内涵》，《理论探索》，2010年第4期，第75~78页。
⑦ 黄桂婵，胡卫东：《我国传统城镇化的特征与新型城镇化的路径探讨》，《农业现代化研究》，2013年第6期，第672~675页。
⑧ 张宇：《中国特色社会主义政治经济学》，中国人民大学出版社，2018年，第237~238页。
⑨ 康就升：《集约型城镇化道路：中国农村城镇化的内涵选择——中国农村集约型城镇化道路探讨之三》，《生产力研究》，2004年第1期，第48~50页。

少包括六个方面：新型城镇化是"质量明显提高"的城镇化。是"四化同步"的城镇化。是"以人为核心"的城镇化。是体现生态文明理念的城镇化。是"以城市群作为主体形态"的城镇化。是注重文化传承和历史文化保护的城镇化。① 关于新型城镇化道路的基本内涵，目前层次最多的"十方面内涵"说的代表学者是江泽林（2014）。他认为新型城镇化道路是以人为本、优化布局、基于公共服务均等化、产城互动融合、城乡一体发展、"四化同步"、绿色生态宜居、传承历史文化、促进区域协调发展、创新城市社会治理的城镇化。②

三、中国特色社会主义城镇化道路的重点方向

学界关于中国特色社会主义城镇化道路的研究还集中于"选择什么样的城镇化"，即"城镇化的重点方向是什么"的问题。围绕这一问题，学界已形成五种主要观点（见表13-19）。③

表 13-19　关于中国特色社会主义城镇化道路重点方向的主要观点汇总表

代表观点	研究角度	代表学者
以小城镇为重点	与城市化对比	徐志辉和孟桂英（1997），费孝通（2016），等等
	借鉴已有经验	柳思维（1999），等等
以发展县域中心镇为重点		温铁军（2001），刘志澄（2004），等等
以中等城市为重点		俞宪忠（2004），吴唯佳和吴良镛（2008），等等
以大城市为重点		李润田（1992），钟荣魁（1994），朱铁臻（2002），陆铭等（2011），等等
以城市群为重点	对比说	周一星（1992），等等
	系统说	冯云廷（2005），等等
	因地制宜说	何干强（2009），简新华等（2013），等等
	规律说	方创琳（2019），等等

（一）以小城镇为重点

学者们虽然在城镇化路径选择上基本观点一致，但视角不同。

视角一，与城市化对比。徐志辉和孟桂英（1997）指出，"发展乡镇企业，进而实现小城镇化，最终完成城市化"④ 是我国城市化的具体路径。费孝通（2016）认为，小

---

① 何树平，戚义明：《中国特色新型城镇化道路的发展演变及内涵要求》，《党的文献》，2014年第3期，第104~112页。
② 江泽林：《新型城镇化的价值内涵和基本特征——基于西咸新区的探索与实践》，《理论导刊》，2014年第12期，第4~9页。
③ 本小节"中国特色社会主义城镇化道路的重点方向"如无特殊说明，均引自蒋永穆，等：《新中国"三农"十大理论问题研究：70年发展与变迁》，社会科学文献出版社，2019年，第548~555页。
④ 徐志辉，孟桂英：《乡镇企业—小城镇建设—城市化道路：我国农村剩余劳动力转移的必由之路》，《黄淮学刊》，1997年第2期，第37~42页。

城镇发展模式可以避免大城市"过度城市化的现象",中国城市化应大力发展小城镇。① 他还指出:"乡镇企业使农村走向城镇化,工农差距在缩小,城乡差别也在逐渐消失。"②

视角二,借鉴已有经验。有学者提出,农村小城镇是解决中国城市化问题的根本出路,农村城镇化是世界各国城市化起步阶段的共同选择。以农村小城镇为主加快城市化适合我国的国情。柳思维(1999)认为,小城镇的发展是培育和开拓农村市场、扩大国内市场需求的根本措施,也是消化城市化过程中大量农村剩余劳动力的重要场所。③

(二)以发展县域中心镇为重点

有学者提出,小城镇的发展优势在其可以把城乡两个市场较好、较快地连接起来,迅速促进农村在第二、三产业的发展,由此大量吸纳农村剩余劳动力,缓解农村人多地少的矛盾,进而促进农业规模效益的提高和农民收入的增长,同时又可以缓解大中城市人口膨胀的压力,因此进一步提出可以优先发展中心镇,"小城镇在国家没有投资的情况下仍然大量增加。所以这个决策(小城镇建设)是比较符合实际的"。④ 刘志澄(2004)也认为,城乡发展一体化的切入点应为发展县域经济,如果"县域工农业、城乡发展失调,我国就不可能顺利地实现由二元化异质社会经济结构向同质一元化社会经济结构转变"。⑤

(三)以中等城市为重点

一种观点认为,中等城市具有更好的吸引力和包容性。中等城市不但可以解决小城镇发展过于分散的难题,而且可以避免大城市的城市化路径带来的不同程度的社会问题和"城市病",因此,以中等城市为核心的发展才是我国社会结构的最佳构建模式。俞宪忠(2004)提出应"尽快把县级城市作为中国城市化发展战略的根本空间选择和主要社会载体"。⑥ 另一种观点认为,与大城市相比,中等城市对上可以吸引大城市富余的资金、技术,对下可以容纳剩余劳动力,有利于社会资源的合理配置和产业结构的合理调整。⑦

(四)以大城市为重点

该观点认为,相比中小城市和小城镇发展思想,大城市具有较多优势,原因在于:

---

① 费孝通:《中国城乡发展的道路》,上海人民出版社,2016年,第194~212页。
② 费孝通:《中国城乡发展的道路——我一生的研究课题》,《中国社会科学》,1993年第1期,第3~13页。
③ 柳思维:《关于发展农村小城镇与加快中国城市化的若干问题》,《湖南商学院学报》,1999年第5期,第1~6页。
④ 温铁军:《城乡二元体制矛盾的形成与城镇化发展战略探讨》,《山东省农业管理干部学院学报》,2001年第1期,第8~11页。
⑤ 刘志澄:《统筹城乡发展,壮大县域经济》,《农业经济问题》,2004年第2期,第4~6页。
⑥ 俞宪忠:《是"城市化"还是"城镇化"——一个新型城镇化道路的战略发展框架》,《中国人口·资源与环境》,2004年第5期,第86~90页。
⑦ 吴唯佳,吴良镛:《中国特色城市化道路的探索与建议》,《城市与区域规划研究》,2008年第2期,第1~16页。

第一,大城市本身通过聚集效应,可以吸引大量的资金、技术和高水平人才;第二,大城市在资源节约、经济效益上是具有显著优势的;第三,大城市是世界城市化进程中的普遍现象;[1] 第四,大城市本身是区域的中心,发展潜力较大,资本密集型和技术密集型产业大都集中在这里。[2] 大城市论的代表学者陆铭等(2011)认为,中国经济的发展不应牺牲大城市的集聚和扩散效应,城市体系的调整将向大城市尤其是东部大城市进一步集聚,并指出这一道路从长远来看有利于区域和城乡间人均收入的平衡,从而实现增长与和谐的共赢。[3] 但是坚持这一观点的学者在对待城乡发展的态度上又不尽相同,有学者旗帜鲜明地提出坚持大城市化,反对城乡一体化,认为社会发展的趋势是城市化而不是城乡一体化。[4]

(五)以城市作为重点,大中小城市及城镇有序协同发展

视角一,对比说。有学者从城市扩展和城市原有地区的关系视角提出,我国城镇化发展的道路应采取大中小城市和城镇化并举、多元协调发展的发展模式。周一星(1992)认为任何城镇不论大小,只要它的收益大于投入,它的存在和发展就有可能性和合理性。我国的城镇化发展模式应根据我国的实际情况,大中小城市协调发展。[5]

视角二,系统说。有学者总结了中国"城市化"与"城镇化"两种模式在劳动力转移、规模效应与承载能力等方面的差异,进而认为两种城市化模式的对接与融合将引发城市空间结构演变,将"彻底瓦解传统的、封闭的'城市—乡村'体系",城市把隔绝的乡镇和农村纳入自己的发展体系之中,形成"真正意义上"的城乡合作,这是"一条新型的城市化道路",即以区域的整体发展为基础而不是单一的大城市或小城镇为基础的集约型城市化。[6]

视角三,因地制宜说。有学者在对区域发展的进一步研究中发现,不同城市的地域不同、条件不同、生财之道也不同,应该因地制宜,发挥地域优势,从而提出了"农村—小城镇—中小城市—以大城市为中心的区域化"的发展模式,提出要充分发挥大城市的聚合效应、辐射效应和小城镇的城乡结合优势、经济外化效应,在大城市的辐射下形成城乡一体化的新型城镇化模式。[7] 何干强(2009)认为,中国城乡发展战略只能是集中与分散相结合,形成"形散实聚"的城市群。[8] 简新华等(2013)也指出,坚定不移走城乡协调、布局结构合理、集约、智能、绿色的新型城镇化道路。[9]

---

[1] 李润田:《现代人文地理学》,河南大学出版社,1992年,第35页。
[2] 朱铁臻:《城市现代化研究》,红旗出版社,2002年,第278页。
[3] 陆铭,向宽虎,陈钊:《中国的城市化和城市体系调整:基于文献的评论》,《世界经济》,2011年第6期,第3~25页。
[4] 钟荣魁:《社会发展的趋势是城市化不是城乡一体化》,《城市问题》,1994年第4期,第31~34页。
[5] 周一星:《论中国城市发展的规模政策》,《管理世界》,1992年第6期,第160~165页。
[6] 冯云廷:《两种城市化模式的对接与融合》,《中国软科学》,2005年第6期,第86~95页。
[7] 费孝通:《中国城乡发展的道路》,上海人民出版社,2016年,第434~450页。
[8] 何干强:《当代中国社会主义经济》(第二版),中国经济出版社,2009年,第229页。
[9] 简新华,罗钜钧,黄锟:《中国城镇化的质量问题和健康发展》,《当代财经》,2013年第9期,第5~16页。

视角四，规律说。有学者认为我国城市化进程已顺利渡过了城镇化初期和中期的快速增长期，即将迈入后期成熟阶段，要"全面引导发展城市群，严格控制超大城市和特大城市，合理发展大城市，鼓励发展中等城市，积极发展小城市和小城镇，形成城市群与大、中、小城市与小城镇协同发展的新型城镇化高质量发展新格局"。[1]

四、中国特色社会主义城镇化道路的实现路径

在中国共产党的带领下，经过长时期的探索与发展，我国在城镇化方面取得了历史性的成就，并逐渐形成了具有中国特色的社会主义城镇化道路，走出了一条切实可行的城镇化实现路径。概括起来，就是坚持"以人民为中心"的城镇化、重视优化城市布局与结构、正确处理政府与城镇化之间的关系以及坚持统筹城乡发展。

（一）坚持"以人民为中心"的城镇化

以人民为中心的发展是中国共产党一直坚守的初心。董振华（2017）认为，无论是新中国成立之初，还是改革开放之后，都把"以人民为中心"作为城市经济政策必须坚持的基本原则，这是根植于马克思主义的基本价值追求、科学社会主义的本质要求以及中国特色社会主义始终坚守的价值理念。[2] 苏红键和魏后凯（2018）指出，坚持"以人民为中心"的城镇化主要表现在保障农业转移人口进城返乡的自主选择权，避免出现"贫民窟"；鼓励农民进城务工，全面提高农民收入水平，为世界减贫事业作出巨大贡献；积极推进市民化和基本公共服务均等化，提高人民群众获得感。[3] 在城镇化进程中，我们既要坚持经济发展的目标，同时更要坚持"以人民为中心"的发展原则。

（二）重视优化城市布局与结构

在城镇化进程中，我国重视城市布局与结构优化，特别是新型城镇化道路的提出，更加强调要优化城市布局，建立合理的城市结构。张宇等（2017）指出，优化城市布局与结构必须坚持三个层面：一是优化大中小城市规模结构的合理布局；二是城市的区域布局问题，在区域经济梯度发展和全面发展之间寻找平衡点；三是提高城市内部规划的科学性，努力改善城市功能与形象等。[4]

（三）正确处理政府与城镇化之间的关系

正确处理政府与城镇化之间的关系也是促进我国城镇化发展的关键。辜胜阻等（2009）认为，我国城镇化的重要特色是体现了"政府推动"和"市场拉动"的双重动

---

[1] 方创琳：《中国新型城镇化高质量发展的规律性与重点方向》，《地理研究》，2019 年第 1 期，第 13~22 页。
[2] 董振华：《"以人民为中心"的理论逻辑和政治价值》，《中共中央党校学报》，2017 年第 6 期，第 27~33 页。
[3] 苏红键，魏后凯：《改革开放 40 年中国城镇化历程、启示与展望》，《改革》，2018 年第 11 期，第 49~59 页。
[4] 张宇，谢地，任保平，等：《中国特色社会主义政治经济学》，高等教育出版社，2017 年，第 226 页。

力机制的结合,政府在城镇化进程中扮演着十分重要的角色。① 在我国城镇化发展过程中政府不能缺位也不能越位,要把市场机制与政府职能有机结合起来。倪鹏飞(2013)也指出,政府应通过制定战略与规划、提供基础设施和公共服务、完善制度与政策、加强监督与管理积极推进新型城镇化进程。② 解安等(2015)也指出,过去延缓中国城镇化健康发展的制度障碍主要来自政府,所以要推动城镇化发展既需要政府统筹协调,做好顶层设计,又需要激发城镇化发展中的市场主体作用。③ 因此,可以看出在我国城镇化进程中要正确处理好政府与城镇化之间的关系。

(四)坚持城乡统筹发展

中国特色社会主义城镇化道路并不是指将乡村发展成为城镇,追求无限的城镇化,而是注重城乡发展要一体化,坚持城乡统筹发展。吴良镛和吴唯佳(2008)认为,不能让农村衰落,不能因城市化而忽视了农业和农村的现代化发展和建设。④ 洪银兴(2013)也指出,城镇化的核心内容是城乡发展一体化,从发展的进程分析,这是城市化的转向,即推进城市现代要素向农村扩散。⑤ 另外,蒋永穆等(2016)指出,在城镇化进程中,党一直注重农业农村发展和城镇化的协调推进、互惠一体。⑥ 因此,只有城镇化发展质量得到提高,城乡发展才能够有长足的发展,这个过程其实就是城市对农村的支持和反哺。这也体现出中国特色社会主义城镇化道路是要坚持着城乡统筹发展。

第六节 中国特色社会主义自主创新道路

坚持走中国特色社会主义自主创新道路,增强自主创新能力,是国家发展战略的核心。作为引领发展的第一动力,创新在我国经济发展中起到至关重要的作用。在国家长期发展中,我国也逐渐探索形成了中国特色社会主义自主创新道路。学界也对中国特色社会主义自主创新道路展开了诸多研究,形成了较为丰富的理论成果。

一、中国特色社会主义自主创新道路的历史探索

中国特色社会主义自主创新道路是在我国长期的历史发展中逐渐形成的,经历了诸

---

① 辜胜阻,易善策,李华:《中国特色城镇化道路研究》,《中国人口·资源与环境》,2009年第1期,第47~52页。
② 倪鹏飞:《新型城镇化的基本模式、具体路径与推进对策》,《江海学刊》,2013年第1期,第87~94页。
③ 解安,徐宏潇,胡勇:《新中国城镇化曲折历程的唯物史观分析》,《马克思主义研究》,2015年第12期,第98~106页。
④ 吴良镛,吴唯佳:《中国特色城市化道路的探索与建议》,《城市与区域规划研究》,2008年第2期,第1~16页。
⑤ 洪银兴:《新阶段城镇化的目标和路径》,《经济学动态》,2013年第7期,第4~9页。
⑥ 蒋永穆,赵苏丹,周宇晗:《习近平城乡发展一体化思想探析》,《政治经济学评论》,2016年第5期,第119~120页。

多阶段，也呈现出不同特点。但学界对于其历史演进尚未形成统一的阶段划分，尤其是关于历史起点尚未有统一定论。

（一）中国特色社会主义自主创新道路的起点与阶段划分

对于中国特色社会主义自主创新道路的起点与阶段的划分，学界主要有两大观点，一是以新中国成立初期为历史起点，二是以改革开放后为历史起点。有的学者又在这两大历史起点的基础上，从不同的视角对阶段进行了细分（见表13-20）。

表13-20 关于中国特色社会主义自主创新道路的起点与阶段划分的主要观点汇总表

主要观点		代表学者
以新中国成立初期为历史起点	三阶段论	胡鞍钢（2014），等等
	四阶段论	贺俊和陶思宇（2019），等等
	两阶段四时期论	刘志迎和马朝良（2014），等等
	两阶段七时期论	程磊（2019），等等
以改革开放后为历史起点	三阶段论	张小峰和苏国红（2013），等等
	四阶段论	范柏乃等（2013），于文浩（2018），等等

1. 以新中国成立初期为历史起点的阶段划分

这种观点是以新中国成立初期为历史起点对中国特色社会主义自主创新道路进行阶段划分。胡鞍钢（2014）从科技追赶的历史事实出发，将中国特色社会主义自主创新道路分为三个阶段：第一阶段是1949—1976年中国自主创新道路初探；第二阶段是1977—1994年中国自主创新道路的探索；第三阶段是1995年至今中国自主创新道路的开拓。[①] 贺俊和陶思宇（2019）则是从我国工业技术进步层面，通过考察我国创新体系与技术能力协同演进历程，将我国自主创新道路分为四个阶段：第一阶段是1949—1977年自力更生导向的工业创新体系艰难探索；第二阶段是1978—1991年在开放中加快技术引进和吸收；第三阶段是1992—2005年市场竞争推进形成正向设计与创新能力；第四阶段是2006年以来全球化与自主创新能力提升。[②] 刘志迎和马朝良（2014）从我国科技体制演变进程中考察自主创新道路，将我国自主创新道路划分为两阶段四时期：第一阶段是改革开放以前30年自主创新道路的探索；第二阶段是改革开放后自主创新道路的探索，这个阶段又被分为四个时期，即一个恢复期和三个改革期。[③] 程磊（2019）则是从我国科技创新发展历程角度出发，将我国自主创新道路的探索分为两阶段七时期：第一阶段是1949—1977年计划经济时代的自主创新阶段，论者根据当时的政治经济背景将这个阶段又分为三个时期，即1949—1955年共和国科技发展奠基时期、

---

① 胡鞍钢：《中国特色自主创新道路（1949—2012）》，《科技创新导报》，2014年第18期，第8~13页。
② 贺俊，陶思宇：《创新体系与技术能力协同演进：中国工业技术进步70年》，《经济纵横》，2019年第10期，第64~73页。
③ 刘志迎，马朝良：《中国自主创新道路演化及特征比较研究》，《管理现代化》，2014年第3期，第43~45页。

1956—1965年中国科技曲折探索时期、1966—1977年"文化大革命"期间科技扭曲停滞时期;第二阶段是1978至今的自主创新阶段,论者根据1978—2018年国内研究与试验发展(R&D)经费支出和国外技术引进合同(支出)额的变化趋势将这个阶段又分为四个时期,即1978—1991年恢复重建期、1992—2001年引进模仿期、2002—2011年整合自创期、2012—2018年自创提升期。①

2. 以改革开放后为历史起点的阶段划分

这种观点是以改革开放后为历史起点对中国特色社会主义自主创新道路进行阶段划分。张小峰和苏国红(2013)从党关于自主创新的重要会议为依据,将我国自主创新道路划分为三个阶段:第一阶段是2002年党的十六大至2006年全国科技大会,"中国特色自主创新道路"的酝酿与萌芽;第二阶段是2006年全国科技大会至2007年党的十七大,"中国特色自主创新道路"的正式提出;第三阶段是2007年党的十七大至国家"十二五"科技发展规划至2012年全国科技创新大会,"中国特色自主创新道路"进一步深化和发展。② 范柏乃等(2013)从改革开放后我国自主创新政策演进历程考察我国自主创新道路,将我国自主创新道路划分为四个阶段:第一阶段是1978—1985年,重构科技体制;第二阶段是1986—1998年,建立研发投入机制;第三阶段是1999—2005年,促进科技成果转化;第四阶段是2006年至今,构建全面的国家创新体系。③ 同样持有"四阶段"论的还有于文浩(2018)。他从政府市场与国家创新体系之间的关系角度出发,将我国自主创新道路划分为四个阶段:第一阶段是1978—1984年政府计划型创新起步阶段,该阶段特征为成套技术引进与模仿;第二阶段是1985—1996年政府主导型创新重塑阶段,该阶段特征为市场换技术与模仿创新;第三阶段是1997—2005年市场导向型自主创新过渡阶段,该阶段特征为集成创新和二次创新;第四阶段是2006年至今市场导向型自主创新启程阶段,该阶段特征为集成创新、二次创新、协同创新和原始创新并举。④

(二)中国特色社会主义自主创新道路的研究主线

我国学界对自主创新这一课题展开了诸多的研究,呈现出多元化、特色各异的研究方向。从学界对于自主创新的研究主线可以看出,我国自主创新道路还存在着很大的发展空间(见表13-21)。

---

① 程磊:《新中国70年科技创新发展:从技术模仿到自主创新》,《宏观质量研究》,2019年第3期,第17~37页。
② 张小峰,苏国红:《"中国特色自主创新道路"的形成分期与哲学思考》,《科技管理研究》,2013年第9期,第14~17页。
③ 范柏乃,段忠贤,江蕾:《中国自主创新政策:演进、效应与优化》,《中国科技论坛》,2013年第9期,第5~12页。
④ 于文浩:《改革开放40年中国国家创新体系的路径选择与启示》,《南京社会科学》,2018年第9期,第18~24页。

表 13-21　关于中国特色社会主义自主创新道路的研究主线汇总表

研究视角	代表学者
自主创新内涵	柳卸林（1997），欧阳峣和汤凌霄（2017），等等
自主创新影响因素	范红忠（2007），卢现祥（2014），张于喆和张义梁（2017），等等
自主创新路径与方式选择	林毅夫和张鹏飞（2005），洪银兴（2011），等等
中国特色自主创新中"特色"	林祥（2015），欧阳峣和汤凌霄（2017），等等

第一，关于自主创新内涵的研究。从学界的研究来看，目前对于自主创新内涵的理解大致分为广义与狭义、宏观与微观。一是自主创新的广义与狭义内涵，欧阳峣和汤凌霄（2017）认为"自主创新"是依靠自身力量独立研发而获得自主知识产权的技术创新，主要方式有原始创新、集成创新、引进消化吸收再创新。① 但柳卸林（1997）、陈劲（1994）将自主创新理解为狭义的科技自主创新。② 二是自主创新的宏观与微观内涵，路风和慕玲（2003）认为应从宏观的国家发展战略角度强调自主创新。③ 而微观层面则是更多强调企业自主创新，强调企业自主创新是指依靠企业自身力量独立地进行研究开发。

第二，关于自主创新影响因素的研究。范红忠（2007）认为基本要素经济总收入和人均收入的提高，将会促进一国研发投入和自主创新能力的提升。④ 卢现祥（2014）则是从制度环境和组织创新两大方面分析我国自主创新的难点。⑤ 李勇（2017）通过分析国有企业与自主创新之间的关系，指出国有企业对总体的自主创新具有补偿效应，并非抑制自主创新。⑥ 而盛垒（2010）则又通过分析外资研发与我国自主创新之间的关系，指出外资研发对内资企业专利产出的促进作用相对显著，但对国内企业创新投入方面的影响却较为有限。⑦ 张于喆和张义梁（2017）则从自主创新能力的内涵出发设定了投入能力、扩散能力、支撑保障能力、产出能力四个一级指标和十六个二级指标，分析了1996年、2001年和2004年我国国家自主创新能力，并与日本和美国等国家的自主创新能力进行了比较。⑧

第三，关于自主创新路径与方式选择的研究。林毅夫和张鹏飞（2005）认为落后国

---

① 欧阳峣，汤凌霄：《大国创新道路的经济学解析》，《经济研究》，2017年第9期，第11~23页。
② 柳卸林：《技术轨道和自主创新》，《中国科技论坛》，1997年第2期，第32~35页。陈劲：《从技术引进到自主创新的学习模式》，《科研管理》，1994年第2期，第32~34页。
③ 路风，慕玲：《本土创新、能力发展和竞争优势——中国激光视盘播放机工业的发展及其对政府作用的政策含义》，《管理世界》，2003年第12期，第57~82页。
④ 范红忠：《有效需求规模假说、研发投入与国家自主创新能力》，《经济研究》，2007年第3期，第33~44页。
⑤ 卢现祥：《中国自主创新的困难在哪里？——对科斯"中国之问"的探讨》，《广东社会科学》，2014年第6期，第5~15页。
⑥ 李勇：《国有企业真的抑制了自主创新吗？》，《中南财经政法大学学报》，2017年第4期，第20~29页。
⑦ 盛垒：《外资研发是否促进了我国自主创新？——一个基于中国行业面板数据的研究》，《科学学研究》，2010年第10期，第1571~1581页。
⑧ 张于喆，张义梁：《国家自主创新能力的评价指标体系研究》，《经济与管理研究》，2017年第5期，第17~20页。

家可以发挥后发优势实现技术赶超，也可以利用适宜技术实现经济收敛。① 洪银兴（2011）则认为市场通过资源配置推动创新，但不排斥政府积极介入企业的自主研发过程。② 关于自主创新路径选择的问题，这方面的学术研究诸多，针对这方面的讨论将在后文详细阐述。

第四，关于中国特色自主创新中"特色"的研究。林祥（2015）认为中国特色自主创新中"特色"是与其他国家创新发展中明显不同的地方，集中体现在政府主导还是市场主导、渐进创新先行还是原始创新优先、大企业主力还是小企业主力、个人主义创新文化还是集体主义创新文化等诸多方面的比较。③ 欧阳峣和汤凌霄（2017）则直接指出中国自主创新的特色表现为需求引致创新的大国效应、促进经济转型的创新方式以及职责边界清晰的运行机制等三个主要方面。④

二、中国特色社会主义自主创新道路的基本内涵

学界不仅对自主创新这一概念的普遍性内涵展开研究，还对中国特色社会主义自主创新道路的独特发展内涵也进行探讨。围绕自主创新道路所展开的研究，不同学者有其自己的看法。总的来看，学界对于中国特色社会主义自主创新道路基本内涵的研究成果主要有三方面内涵说、四方面内涵说、五方面内涵说及其他观点（见表13-22）。

表13-22 关于中国特色社会主义自主创新道路基本内涵的主要观点汇总表

主要观点		代表学者
三方面内涵说		李建建和郑亚伍（2006），秦正为（2007），等等
四方面内涵说		张于喆（2014），林祥（2015），张宇（2017），等等
五内方面涵说		胥和平（2006），崔禄春（2017），等等
其他观点	六方面内涵说	刘海霞（2008），等等
	七方面内涵说	刘志迎（2015），等等
	阶段性与多层次性	许庆瑞（2011），张小峰和苏国红（2013），等等

（一）三方面内涵说

这种观点将我国自主创新道路的基本内涵分为三个主要方面。李建建和郑亚伍（2006）从自主创新的内涵和战略意义两方面来探讨我国自主创新的一些问题，指出我国的自主创新主要是技术方面的创新，包括原始创新、集成创新和引进消化吸收再创新三种内涵。⑤ 秦正为（2007）则认为我国自主创新不仅仅是技术层面创新，还应是一种

---

① 林毅夫，张鹏飞：《后发优势、技术引进和落后国家的经济增长》，《经济学》（季刊），2005年第4期，第53~74页。
② 洪银兴：《科技创新与创新型经济》，《管理世界》，2011年第7期，第1~8页。
③ 林祥：《何为中国特色自主创新道路之"特色"》，《科学学研究》，2015年第6期，第801~809页。
④ 欧阳峣，汤凌霄：《大国创新道路的经济学解析》，《经济研究》，2017年第9期，第11~23页。
⑤ 李建建，郑亚伍：《我国自主创新的内涵及战略意义》，《科技与经济》，2006年第1期，第49~52页。

全新的创新理念以及一项系统工程,需要多方面因素相互作用,形成浓厚的创新底蕴和合力。①

(二) 四方面内涵说

这种观点认为中国特色社会主义自主创新道路具有四种主要内涵。持有该观点的学者众多。张于喆(2014)则从创新资源、创新模式、创新主体、创新方向等方面进行分析,提出了可以有效理解、引导、评估中国特色自主创新道路的一般性分析框架,即选择创新资源配置的重点,必须遵从"两力原则",即"有能力、有潜力";创新模式的确定根据技术梯度和技术地位特征进行分解;"大学—产业—政府"三螺旋相互作用成为创新系统运行的核心。②林祥(2015)认为我国自主创新道路的特色内涵表现在实行市场和政府相结合的科技创新体制,渐进创新先行,小企业担当重任,创新文化既有集体主义也有个人主义等四个方面。③张宇等(2017)认为中国特色自主创新道路具有以下四个特点:一是实行赶超战略,二是坚持超前部署战略,三是"国家—区域—产业—企业"四位一体的创新体系,四是"有所为有所不为"的创新理念。④李民圣(2019)则从习近平总书记关于自主创新的重要论述出发,对我国自主创新道路的基本内涵进行总结:发挥好战略规划的导向作用,坚持"有所为有所不为",以"三个面向"作为主攻方向,发挥新型举国体制优势,坚持开放合作。⑤

(三) 五方面内涵说

这种观点认为中国特色社会主义自主创新道路的基本内涵包括五个主要方面。胥和平(2006)则认为走中国特色自主创新道路坚持着以人为本的理念、体现着自主发展的战略意图、力争实现重点领域的跨越发展、努力促使企业成为技术创新的主体以及扩大开放充分利用全球科技资源。⑥崔禄春(2017)通过研究中国特色自主创新道路的特色溯源指出,我国自主创新道路的内涵与特色集中表现在五个方面:一是领导力量和制度保障,二是实现国家繁荣昌盛和中华民族伟大复兴的根本目标,三是坚持自主创新、重点跨越、支撑发展、引领未来的关键和核心,四是人才保障,五是加快科技体制改革的动力机制。⑦

(四) 其他观点

关于中国特色社会主义自主创新道路的基本内涵还有其他观点。刘海霞(2008)认

---

① 秦正为:《自主创新的科学内涵及重大意义》,《兰州学刊》,2007年第6期,第52~54页。
② 张于喆:《中国特色自主创新道路的思考:创新资源的配置、创新模式和创新定位的选择》,《经济理论与经济管理》,2014年第8期,第5~19页。
③ 林祥:《何为中国特色自主创新道路之"特色"》,《科学学研究》,2015年第6期,第801~809页。
④ 张宇,谢地,任保平,等:《中国特色社会主义政治经济学》,高等教育出版社,2017年,第224~225页。
⑤ 李民圣:《习近平总书记关于自主创新的重要论述研究》,《毛泽东邓小平理论研究》,2019年第12期,第11~19页。
⑥ 胥和平:《以自主创新理解发展》,《中国软科学》,2006年第3期,第6~10页。
⑦ 崔禄春:《中国特色自主创新道路之特色溯源》,《党的文献》,2017年第5期,第86~90页。

为我国建设创新型国家必须达到六点：一是加快建立以企业为主体、产学研相结合的技术创新体系；二是处理好原始创新、集成创新和引进消化吸收再创新的关系；三是加强军用和民用技术的相互转化和军民两用技术的开发；四是建立一个有利于自主创新的高效廉洁的政府；五是加大教育的投入，保证教育公平；六是制定和实施更加有利于自主创新的政策与措施，提高公民的整体素质。[1] 除"六方面内涵"以外，刘志迎（2015）则从产业链视角出发，提出了"七方面"。[2] 另外还有学者从我国自主创新发展道路的历史和现实视角进行研究，如许庆瑞（2011）认为我国自主创新道路具有鲜明的阶段性[3]；张小峰和苏国红（2013）则认为我国自主创新道路具有多层次性，体现在包括技术创新、管理创新、制度创新在内的全面创新。[4]

三、中国特色社会主义自主创新道路的实现路径

在中国共产党的带领下，经过长时期的探索与发展，我国在自主创新与科技发展方面取得了历史性的成就，并逐渐形成了具有中国特色的社会主义自主创新发展道路，走出了一条具有中国特色的自主创新道路的实现路径。概括起来，就是坚持党的领导，发挥新型举国体制优势；坚持市场化导向的创新；树立全球视野，从对外开放中推进创新；健全科技创新体系机制；自主创新发展道路的模式选择。其中对于自主创新发展道路模式选择，学界给出了不同的观点看法。

（一）坚持党的领导，发挥新型举国体制优势

从新中国初期取得的军事科技成就，到现在大国利器不断问世，可以看出我国实现科技跨越和创新能力增强的领导力量与根本保障就是坚持党的领导。在党的领导下充分发挥社会主义制度的优越性。中国特色自主创新道路是有优势的，"最大的优势就是我国的社会主义制度能够集中力量办大事"。[5] 崔禄春（2017）认为，领导有力、制度先进，是我国科技事业实现跨越式发展的重要法宝。[6] 特别是，目前我国在科技创新领域，充分发挥新型举国体制优势。新型举国体制是我国的一大制度优势，是新时代政府与市场关系在科技领域的体现，是中国特色社会主义创新发展体制机制的体现。张大璐（2020）指出，我国自主创新的历史经验已成功地证明了社会主义制度具有集中力量办大事的举国体制优势。[7] 因此，继续坚持中国特色社会主义自主创新道路，就必须坚持党的领导，发挥新型举国体制优势。

---

[1] 刘海霞：《坚持走中国特色自主创新道路建设创新型国家》，《马克思主义研究》，2008年第2期，第49～50页。
[2] 刘志迎：《产业链视角的中国自主创新道路研究》，《华东经济管理》，2015年第12期，第7～14页。
[3] 许庆瑞：《走中国特色自主创新道路》，《光明日报》，2011年4月6日，第11版。
[4] 张小峰，苏国红：《"中国特色自主创新道路"的形成分期与哲学思考》，《科技管理研究》，2013年第9期，第14～17页。
[5] 中共中央文献研究室：《习近平关于科技创新论述摘编》，中央文献出版社，2016年，第35页。
[6] 崔禄春：《中国特色自主创新道路之特色溯源》，《党的文献》，2017年第5期，第86～90页。
[7] 张大璐：《发挥新型举国体制优势，大力提升科技创新能力》，《宏观经济管理》，2020年第8期，第31～35页。

(二) 坚持市场化导向的创新

市场经济体制的选择使得自主创新道路成为市场化导向的自主创新。市场化导向就是将创新的方向和目标定位在市场需求。① 刘海霞（2008）认为，当前我国自主创新的主要主体是企业，因此坚持市场化导向的创新方式，能够有效发挥企业创新活力。这有利于加快建立以企业为主体、产学研相结合的技术创新体系，并转变企业研发的投入方向。② 查英青（2009）认为从计划经济走向社会主义市场经济的转型过程中，可以发现完善社会主义市场经济体制有利于创新的经济体制与社会文化环境。逐步建立社会主义市场经济体制，采用更适合中国国情的"存量不变增量变"的改革思路，既促进市场竞争、绩效优先，又保证社会能平稳过渡、共享改革成果。③ 可以看出，我国自主创新道路在改革开放以来的形成与发展是与我国经济体制改革密切相关的，因此要确立市场导向或需求导向的自主创新方向，把自主创新的目标和市场需求紧紧结合，自主创新才有无穷的发展动力。

(三) 树立全球视野，从对外开放中推进创新

中国特色社会主义自主创新道路是在我国社会主义建设实践中逐渐形成发展的。在当前经济全球化的大背景下，张宇等（2017）认为要正确处理好自主创新与技术引进之间的关系，正确认识到自主创新包括原始创新、集成创新和引进技术再创新三个方面，特别是引进技术再创新就要求我们要坚持对外开放，要以全球谋划推动创新。④ 王维平和李艳庆（2012）则更加明确地认为，在以全球视野推动我国自主创新的同时，要特别注意把握自主开放创新的基本原则。把走出去和引进来相结合，在坚持独立自主、自力更生的基础上，大胆吸收，大胆引进，既不夜郎自大，也不妄自菲薄，既不片面依赖，也不闭关锁国，把积极吸收引进和努力自主创新相结合，以自主创新为主，以引进吸收为辅，这是对外开放条件下推进发展的一条成功经验。⑤ 因此，我国自主创新道路并非"完全自我创新"的道路，而是坚持以自主开放的全球视野推动自主创新。

(四) 健全科技创新体系机制

自主创新的重点是在于科技创新，因此健全科技创新体系机制是推动我国自主创新能力提高的关键。科技创新体系机制包括许多方面，其中最重要的是科技人才的培育、政府与科技创新的关系以及科技创新成果转化机制。

第一，科技人才的培育是我国自主创新的动力保障。要建设一支宏大的科技人才队

---

① 王维平，李艳庆：《中国特色自主创新道路的基本特征》，《重庆大学学报》（社会科学版），2012年第1期，第83~88页。
② 刘海霞：《坚持走中国特色自主创新道路建设创新型国家》，《马克思主义研究》，2008年第2期，第49~50页。
③ 查英青：《新中国自主创新道路的探索与发展特色》，《党史研究与教学》，2009年第6期，第47~52页。
④ 张宇，谢地，任保平，等：《中国特色社会主义政治经济学》，高等教育出版社，2017年，第222页。
⑤ 王维平，李艳庆：《中国特色自主创新道路的基本特征》，《重庆大学学报》（社会科学版），2012年第1期，第83~88页。

伍。习近平曾指出:"推进自主创新,人才是关键。没有强大人才队伍作后盾,自主创新就是无源之水、无本之木。"① 厉以宁(1999)曾指出,随着知识经济时代的到来,如何培养高素质的创新人才已成为全社会关注的焦点。② 人才是中国特色自主创新道路的主体,是中国科技事业发展的真正源动力。离开了人才主体的推动,创新将无从落实和开展,自主创新道路也走不通。人才资源是第一资源,也是创新活动中最为活跃、最为积极的因素;人才是创新的根基,是创新的核心要素,创新驱动实质上是人才驱动。因此,要特别注重创新型人才的培养、使用以及吸纳等诸多方面,充分发挥人才资源对我国自主创新的推动力。

第二,正确把握政府与科技创新的关系是我国自主创新的问题所在。坚持市场化导向的创新方向并不意味着抛开政府对于创新的调控管理。张宇等(2017)认为政府对于自主创新的推动作用主要表现在三个方面:一是对于自主创新作出总体发展规划,二是集中力量攻克关键创新领域,三是以法律法规政策等形式保障建立起完整统一协调有效的国家创新体系。正确处理政府与自主创新的关系的关键就在于树立"有所为有所不为"的理念。③

第三,积极构建有效的科技创新成果转化机制是我国自主创新的激励关键。科技成果转化机制有着重要的双向作用,一是对科技创新单位有着良好的激励作用,二是科技成果创新能够让使用者感受有益。同时,李廉水(1997)也指出,科技创新成果转化机制也是我国产学研深度融合发展的有效途径,能够调动各方开展合作创新的积极性,完善利益机制,将合作创新推向深入。④

(五)自主创新发展道路的模式选择

自主创新道路,实际上就是一国技术创新的模式(方式)、路径(途径)和创新能力形成过程。选择何种自主创新发展模式关乎我国自主创新道路的实现。就此问题,学界有着多种观点。总的来看,主要有着四种模式的争论(见表13-23)。

表13-23 关于我国自主创新模式选择的主要观点汇总表

	主要观点	代表学者
原始与内生创新模式	国家技术能力提升到较高程度时就应采取自主创新模式	生延超(2013),等等
	依据技术梯度和技术地位的特征进行确定	张于喆(2014),等等

---

① 中共中央文献研究室:《习近平关于科技创新论述摘编》,中央文献出版社,2016年,第107页。
② 厉以宁:《努力培养高素质的创新人才》,《学位与研究生教育》,1999年第3期,第5~10页。
③ 张宇,谢地,任保平,等:《中国特色社会主义政治经济学》,高等教育出版社,2017年,第221页。
④ 李廉水:《我国产学研合作创新的途径》,《科学学研究》,1997年第3期,第41~44页。

续表13-23

	主要观点	代表学者
后发追赶模式	落后国家可以发挥后发优势实现技术赶超	林毅夫和张鹏飞（2005），等等
	模块化产业技术追赶和后发国家技术追赶模式	苏敬勤等（2008），等等
	企业后发追赶模式	喻金田等（2007），等等
	后发国家技术追赶的单路径、双路径与多路径模式	刘建新等（2011），等等
二次创新模式	着重模仿发达国家的技术和管理	江小涓（2003），杨小凯（2004），等等
	技术引进+提高本国技术深化能力和水平	周星（2000），吴晓波等（2005），等等
	从引进模仿型向自主创新型转变	郭熙保和肖利平（2007），等等
政府与市场双向促进模式	推动市场化创新，不排斥政府积极介入企业的自主研发过程	洪银兴（2011），等等
	政府主要职能转向制度建设	吴敬琏（1999），等等
	政府与企业自主创新互动发展模式	王毅（2006），等等
	从经济体制、所有制、改革、对外开放、政府力量、宏观政策等方面总结自主创新特征	王维平和李艳庆（2012），等等

1. 原始与内生创新模式

欧阳峣和汤凌霄（2017）认为，原始与内生创新模式主要是强调在本国内的科学技术创新，具体指相对于模仿创新、外部引进和裂化的技术创新模式，属于系统内部自发行为。① 持有这一观点的学者有生延超、张于喆等。生延超（2013）认为，当国家技术能力提升到较高程度时就应采取自主创新模式。② 张于喆（2014）则认为，创新资源配置要遵循"有能力""有潜力"的原则，创新模式应依据技术梯度和技术地位的特征进行确定。③

2. 后发追赶模式

后发追赶模式则是主要通过比较优势实现落后国家的技术创新追赶模式。持有这一观点的代表人物是林毅夫和张鹏飞。林毅夫和张鹏飞（2005）认为，落后国家可以发挥后发优势实现技术赶超，也可以利用适宜技术实现经济收敛。④ 他根据其创立的新结构经济学提出，中国是遵循比较优势战略，通过逐步改变要素禀赋结构，以渐进方式推进

---

① 欧阳峣，汤凌霄：《大国创新道路的经济学解析》，《经济研究》，2017年第9期，第11~23页。
② 生延超：《要素禀赋、技术能力与后发大国技术赶超》，上海人民出版社，2013年，第243~246页。
③ 张于喆：《中国特色自主创新道路的思考：创新资源的配置、创新模式和创新定位的选择》，《经济理论与经济管理》，2014年第8期，第5~19页。
④ 林毅夫，张鹏飞：《后发优势、技术引进和落后国家的经济增长》，《经济学》（季刊），2005年第4期，第53~74页。

国家自主创新的。① 苏敬勤等（2008）提出了模块化产业技术追赶和后发国家技术追赶模式。② 喻金田等（2007）则从企业后发追赶模式的视角出发，提出了反向价值链、反向产品生命周期创新、工艺能力专家、产品技术领先、应用领先等五种战略路径。③ 此外，刘建新等（2011）也提出后发国家技术追赶存在单路径、双路径与多路径三种模式。④

3. 二次创新模式

所谓二次创新，就是指先进行模仿而后进行自主创新，即引进消化吸收再创新。持有这一观点的学者众多。江小涓（2003）认为，在全球化背景下的中国产业技术发展的战略与产业结构升级，可以充分利用经济全球化的机遇，利用全球知识储备，通过跨国公司的对外直接投资引进外国的先进技术推动产业结构调整。⑤ 杨小凯（2004）认为，中国先模仿发达国家的技术和管理，而不模仿发达国家的政治制度，虽然短期内实现了经济和科技快速进步，但为长期发展留下隐患，造成"后发劣势"。这实际上就是反对林毅夫的"后发追赶模式"。⑥ 另外，还有周星（2000）认为，发展中国家应在技术引进的基础上，加强消化、吸收，开发和创新，提高本国的技术深化能力和水平。⑦ 吴晓波等（2005）则通过分析上海、江苏、浙江等发达省份肯定二次创新模式的优越性。⑧ 郭熙保和肖利平（2007）认为，从引进模仿型向自主创新型转变，技术转移的作用在不断被淡化，加强吸收能力积累和促进自主创新。⑨

4. 政府与市场双向促进模式

这种观点是结合我国社会主义市场经济体制环境所提出的一种自主创新发展模式，即政府与市场双向促进模式。洪银兴（2011）认为可以通过资源配置推动市场化创新，但不排斥政府积极介入企业的自主研发过程。⑩ 关于政府如何促进自主创新，吴敬琏（1999）提出"制度重于技术"的观点。他认为高新技术产业的特点在于：在生产诸要素中，掌握着知识的人力资本对于该产业的发展起着决定作用。因此，他提出政府的主

---

① 林毅夫：《新结构经济学与中国发展之路》，《中国市场》，2012年第50期，第3~8页。
② 苏敬勤，吕一博，傅宇：《模块化背景下后发国家产业技术追赶机理研究》，《研究与发展管理》，2008年第3期，第30~38页。
③ 喻金田，皮特，黑尔特，等：《后发企业技术追赶微观机理分析》，《研究与发展管理》，2007年第3期，第37~42页。
④ 刘建新，王毅，吴贵生，等：《后发国家产业技术追赶模式新探：单路径、双路径与多路径》，《科学学与科学技术管理》，2011年第11期，第93~99页。
⑤ 江小涓：《跨国公司的中国演义》，《南风窗》，2003年第1期，第46~48页。
⑥ 杨小凯：《后发劣势》，《新财经》，2004年第8期，第118~120页。
⑦ 周星：《经济全球化下发展中国家实现技术追赶的优劣势及其对策分析》，《数量经济技术经济研究》，2000年第5期，第8~11页。
⑧ 吴晓波，黄娟，郑素丽：《从技术差距、吸收能力看FDI与中国的技术追赶》，《科学学研究》，2005年第3期，第347~351页。
⑨ 郭熙保，肖利平：《技术转移、自主创新与技术追赶方式转变》，《华中科技大学学报》（社会科学版），2007年第4期，第64~70页。
⑩ 洪银兴：《科技创新与创新型经济》，《管理世界》，2011年第7期，第1~8页。

要职能应从直接组织科学技术的研究和高新技术产品的生产转向制度建设。① 此外，王毅（2006）也提出了我国复杂技术追赶路径为政府与企业自主创新互动发展模式，主要包括以企业为主自主创新、政府支持自主创新、政府支持技术学习、以企业为主开展技术学习四种追赶模式。② 王维平和李艳庆（2012）则从市场经济、制度优势、体制改革、对外开放、发展战略、宏观政策等方面总结中国自主创新特征。③

第七节　总体考察

中国特色社会主义经济发展道路是在我国社会主义建设实践中走出的科学道路，对我国社会主义经济稳定和健康发展起着至关重要的作用。学界围绕中国特色社会主义经济发展道路展开了富有成效的研究，并在"中国特色社会主义工业化道路""中国特色社会主义信息化道路""中国特色社会主义城镇化道路"以及"中国特色社会主义自主创新道路"四个重要问题上形成了较为丰富的研究成果和经验总结。本节在综合考察前面各小节的基础上，总结出中国特色社会主义经济发展道路研究的主要特点，并对中国特色社会主义经济发展道路的研究进行展望。

一、研究特点

中国特色社会主义经济发展道路的研究贯穿我国社会主义经济社会发展的全过程。总体来看，学界关于中国特色社会主义经济发展道路所展开的研究具有四个方面的显著特点：不断深化对社会主义经济发展道路的认识、关注社会主义经济发展道路不同路径之间的联系与区别、聚焦中国特色社会主义经济发展道路的重点与难点以及注重总结中国特色社会主义经济发展道路的实现路径。

（一）不断深化对社会主义经济发展道路的认识

中国特色社会主义经济发展道路涉及我国经济发展领域的诸多方面。从新中国成立以来学界就不断对此展开研究，不断深化对社会主义经济发展道路的认识。总的来看，学界对社会主义经济发展道路的深入研究的过程就是探索社会主义现代化的过程，对于社会主义经济发展道路的认识是对如何实现社会主义现代化的路径探索。比如，在工业化方面，对从毛泽东时期所形成的"优先发展重工业道路"到如今的"新型工业化道路"，学界对工业化道路的目标、内涵与路径展开了讨论，对"新型工业化道路"作出诸多阐释。从对文献进行梳理回顾来看，学界对社会主义经济发展道路的认识都是基于

---

① 吴敬琏：《制度重于技术——论发展我国高新技术产业》，《经济社会体制比较》，1999年第5期，第1~6页。
② 王毅：《我国复杂技术追赶路径初探》，《科学学研究》，2006年第S1期，第62~66页。
③ 王维平、李艳庆：《中国特色自主创新道路的基本特征》，《重庆大学学报》（社会科学版），2012年第1期，第83~88页。

实现社会主义现代化这一目标而不断深化的。

（二）关注社会主义经济发展道路不同路径之间的联系与区别

中国特色社会主义经济发展道路是对我国社会主义经济发展所走的独具中国特色的道路的总称，在这个道路之下我国社会主义经济在不同领域又有其独特的发展路径，如工业化、信息化、城镇化等方面；学术界不仅对我国社会主义经济发展道路进行研究，同时也对苏联社会主义经济发展道路进行评价。学界关注社会主义经济发展道路不同路径之间的联系与区别主要体现在：第一，注重对苏联社会主义经济发展道路的评价，特别是针对斯大林模式作出了较为综合的评价，并与我国社会主义经济发展道路相比较；第二，对我国社会主义经济发展道路的不同路径之间的联系与区别进行研究，如在研究工业化道路时会与信息化道路、城镇化道路等发展路径相联系。

（三）聚焦中国特色社会主义经济发展道路的重点与难点

中国特色社会主义经济发展道路是在我国社会主义经济发展实践中逐渐形成的，主要包括工业化、信息化、城镇化以及自主创新等具体发展道路。学界对中国特色社会主义经济发展道路展开研究，讨论了中国特色社会主义经济发展道路中所遇到的重点与难点。例如，在工业化方面，学界聚焦于我国工业化道路的选择以及工业化与其他领域现代化之间的关系进行讨论；在城镇化方面，则就我国是坚持城镇化还是坚持城市化的问题展开研究；在自主创新方面，对我国自主创新发展路径与模式展开了争论。可以看出，学界关于这方面的研究始终聚焦于我国社会主义经济发展道路所遇到的重点与难点。

（四）注重总结中国特色社会主义经济发展道路的实现路径

中国特色社会主义经济发展道路形成于我国社会主义经济发展的实践，并对我国社会主义经济发展起着重要的指导作用。在中国特色社会主义经济发展道路的指引下，我国在经济社会发展方面取得了历史性的伟大成就。学界在研究过程中也积极总结了我国社会主义经济发展所取得的实践成效与实现路径。但在总结实践路径方面，学界在研究视角的选择上表现出显著不同。从学界关于我国社会主义经济发展的实践路径分析研究中可以看出，坚持党的领导是我国社会主义经济发展取得伟大成就的根本保证。

二、未来展望

中国特色社会主义经济发展道路的研究创新要紧密结合我国经济社会发展的最新变化。随着我国全面建成小康社会迈入建设社会主义现代化国家的新征程，中国特色社会主义经济发展道路的研究也将进行创新和发展。

（一）中国特色社会主义经济发展道路与城乡融合发展之间的关系

中国特色社会主义经济发展道路是在我国社会主义经济发展实践中所形成的，因此贯穿于我国经济社会各方面发展的全过程。当前我国已消除绝对贫困，全面建成小康社会，但在未来发展过程中，相对贫困、城乡差距以及乡村振兴等突出问题仍需要解决，而这些问题解决的关键离不开城乡融合发展，因此要重点研究中国特色社会主义经济发展道路与城乡融合发展之间的关系。首先，重点围绕新型城镇化道路探究城乡融合发展路径，针对如何实现城乡要素合理配置、公共服务普惠共享以及城乡基础设施一体化等提出创新理论。其次，应从中国特色社会主义经济发展道路的不同路径出发，积极思考研究如何从这些路径层面解决接下来我国所要面临的"返贫"风险以及相对贫困问题；在城镇化道路方面，积极探索城乡一体化的实现路径以及城镇化对于乡村振兴的辐射作用。因此，要重点把握中国特色社会主义经济发展道路与城乡融合发展之间的关系，这对于我国经济社会长期稳定发展具有重要意义。

（二）中国特色社会主义经济发展道路与新发展格局之间的关系

党的十九届五中全会提出要构建以国内大循环为主体、国内国际双循环相互促进的新发展格局，这是我国经济社会发展的新实践。当前关于新发展格局的研究刚刚起步，而且中国特色社会主义经济发展道路与新发展格局存在着密切联系。新发展格局强调国内大循环，那么必然要实现国内不同产业内的循环以及产业间的循环。例如，在工业化方面如何实现工业内循环，以及在城镇化方面如何实现城乡发展之间的良性循环，等等。因此，要积极研究中国特色社会主义经济发展道路与新发展格局之间的关系，这对于我国社会主义经济发展道路的理论体系构建具有重要意义。

（三）中国特色社会主义经济发展道路与全面建设社会主义现代化国家之间的关系

中国特色社会主义经济发展道路的具体路径包括工业化、信息化、城镇化等方面，这些都是我国社会主义现代化所要实现的目标内容，因此在接下来的研究过程中，要重点关注中国特色社会主义经济发展道路与社会主义现代化之间的关系。从更广泛的意义上讲，中国特色社会主义经济发展道路包括工业化、信息化、城镇化等诸多方面的发展路径，对我国政治、经济、文化、社会、生态文明等方面均会产生深刻影响。因此，既要坚持中国特色社会主义经济发展道路的科学内涵、原则与要求，也要进一步拓展中国特色社会主义经济发展道路与我国全面建设社会主义现代化国家之间的关系，探索出实现社会主义现代化目标的社会主义经济高质量发展道路。

第十四章 社会主义经济结构

经济结构问题是影响国民经济发展的全局性问题。经济结构理论揭示了国民经济各个部门、各个地区、各种经济成分、各种经济组织及社会再生产各个方面的构成形式及其发展变化规律。经济结构与经济发展阶段紧密相连，两者的耦合程度直接决定着国家或地区经济发展质量的高低。中国共产党建党以来，国内学界对社会主义经济结构进行了大量研究，取得了较为丰富的成果。本章将从六个方面梳理中国学界对社会主义经济结构的相关研究：一是对马克思主义经典作家关于社会主义经济结构论述的阐释；二是中国共产党对社会主义经济结构认识的变迁；三是产业结构理论；四是区域经济结构理论；五是二元经济结构理论；六是实体经济与虚拟经济的关系。在此基础上，本章最后一节对社会主义经济结构研究的特点进行了总结，并对社会主义经济结构的进一步研究方向进行了展望。

第一节 对马克思主义经典作家关于社会主义经济结构论述的阐释

对于社会主义经济结构这一问题，马克思、恩格斯、列宁、斯大林都曾有相关论述。根据马克思主义社会经济结构理论，经济结构是生产关系的总和，存在着生产力和生产关系、经济基础与上层建筑的矛盾关系，而经济结构问题的产生就源于生产力和生产关系的矛盾运动。[①] 本节就着眼于马克思主义经典作家关于社会主义经济结构论述的一系列基本内容，分别梳理了马克思恩格斯与列宁、斯大林关于社会主义经济结构论述的阐释。

一、对马克思恩格斯关于社会主义经济结构论述的阐释

社会经济结构理论是马克思历史唯物主义的重要组成部分，也是考察分析社会经济问题的理论基础。结构的方法是马克思主义理论重要的方法论原则，通过对事物内部结构的剖析，发现事物之间质的区别。[②] 马克思恩格斯的经济结构理论，是建立在其对资

---

① 林鹭航：《宋涛对社会主义经济理论的发展和贡献》，《东南学术》，2020 年第 5 期，第 69~76 页。
② 邱海平：《社会主义经济制度理论的继承和创新》，《政治经济学评论》，2020 年第 1 期，第 73~80 页。

本主义社会化大生产条件下经济运行分析的基础上，包含在再生产理论中。① 马克思恩格斯经济结构理论，可以概括为经济结构的基本内涵、基本类型、特殊功能与历史演进四个部分。

（一）经济结构的基本内涵

结构一词最早被使用在自然科学领域，后又被应用在社会科学领域，多指系统中诸要素相互依赖、相互制约和相互作用的形式和比例关系，具有整体性、自调性和转换性的特点（丁蕾等，2015）。② 结构分析力图避免表层和碎片化的认知方式，更利于揭示社会发展本质、寻找社会深层逻辑。与总量分析相比，结构分析更能反映事物的本质和规律性（韩庆祥和张艳涛，2015）。③

马克思恩格斯从生产关系层面对于经济结构给出了更加全面深刻的阐释。依据马克思恩格斯的论述，经济结构是上层建筑与意识形态建立的基础，是资本主义社会的基础结构，将社会经济结构归结为由生产力、生产关系（经济基础）、上层建筑等基本要素组成的统一体（于泉蛟和张澍军，2010）。④ 马克思恩格斯在《资本论》中集中体现和贯穿了马克思主义的立场、世界观和方法论，关于经济结构的表述不仅扩展了生产关系的外延，也扩大了经济结构的构成范围，即包括生产关系结构和生产力结构。前者是人们在社会生产过程中发生的人与人之间的关系，后者则代表人与自然之间的关系（张衔，2021）。⑤

国内学者对马克思恩格斯关于经济结构基本内涵的论述，进行了多视角的解读与发展，相关研究多出现在改革开放以来。一方面，马洪（1979）⑥、马洪和吴家骏（1982）⑦、周叔莲（1982）⑧ 在研究中普遍认为，在马克思主义基本观点下，经济结构是构成国民经济诸要素之间的质的联系和量的比例，经济结构既涉及生产力方面的问题，又涉及生产关系方面的问题。马洪（1979）就曾认为，经济结构是指国民经济各个部门、各个地区、各种成分、各个组织，以及社会再生产各个环节、各个方面的构成，及其相互联系、相互制约的关系。⑨ 陈平（2004）则将经济结构定义为生产过程中的人、技术、自然之间的相互关系，并且具体将它区分为生态经济结构、技术经济结构和

---

① 吕景春，李梁栋：《中国经济增长的阶段演进与高质量发展——一个社会积累结构理论的分析框架》，《政治经济学报》，2020年第2期，第171~193页。
② 丁蕾，吴小根，马劲松，等：《南京市水体旅游资源空间结构分析》，《经济地理》，2015年第12期，第209~215页。
③ 韩庆祥，张艳涛：《体制性改革与结构性改革》，《中共中央党校学报》，2015年第10期，第28~35页。
④ 于泉蛟，张澍军：《马克思主义中国化的"前结构"分析》，《东北师大学报》（哲学社会科学版），2010年第5期，第21~24页。
⑤ 张衔：《坚持〈资本论〉原理，开拓当代中国马克思主义政治经济学新境界》，《当代经济研究》，2021年第2期，第11~13页。
⑥ 马洪：《中国式的社会主义现代化和经济结构的调整》，《经济问题》，1979年第1期，第1~19+38页。
⑦ 马洪，吴家俊：《经济结构是决定社会经济效果的一个重要因素》，《经济问题》，1982年第1期，第1~5页。
⑧ 周叔莲：《经济结构的内涵和研究经济结构的任务》，《经济科学》，1982年第2期，第1~7页。
⑨ 马洪：《实现四化与我国经济结构的改革》，《经济管理》，1979年第9期，第2~5页。

经济管理结构三个层次。① 另一方面，部分学者依托马克思主义基本原理，从国民生产总值的视角将经济结构分为支出结构、生产结构、收入结构三方面（魏杰，2010）。② 基于历史经验与当代现实给出经济结构的一般性定义，即一定社会背景下经济要素之间的关系（梁米亚和徐晋，2019）。③ 随着研究的深入与经济社会的发展，更多的学者则认为经济结构包含的内容广泛，投资结构、产业结构、区域结构、需求结构、消费结构、分配结构、人口结构、就业结构、城乡结构、资源结构、能源结构、企业结构、市场结构、贸易结构等都可以看成经济结构的范畴（简新华，2009；④ 刘晓萍，2014⑤）。赵峰等（2017）就认为，经济结构性特征反映在生产资料部类与消费资料部类的相对比例关系、可变资本与剩余价值的相对比例关系以及总需求的相对比例关系上；这些比例关系及其变动决定于资本有机构成、剩余价值率和利润率等关键变量的改变。⑥ 从广义上看，马克思主义经济学中的生产资料所有制结构、社会再生产中两大部类之间的比例关系也属于经济结构范畴，应将是否有利于生产力发展、有利于国家上升到国际分工中的比较优越位置，并看作判断经济结构是否合理的基本标准。经济结构的基本内涵为，在工业化和全球化进程下，反映一国经济发展水平的国民经济中最重要组成部分之间的比例关系。具体可分为四个方面：以制造业为主体的实体经济与以金融业为主体的虚拟经济之间的结构状况，财富和收入分配结构状况，所有制结构状况，产业和生态布局结构状况（谢长安和刘晔，2017）。⑦

综上所述，马克思恩格斯关于经济结构的相关论述揭示了经济结构的本质规定：其一，经济结构是生产关系的总和，是人们的物质生活关系和精神生活关系的总和；其二，将经济结构视作矛盾关系体，存在着生产力和生产关系、经济基础与上层建筑的矛盾关系；其三，经济结构的变化动力来源于生产力和生产关系的矛盾运动，其中起决定作用的是生产力（张曙光，1980）。⑧

（二）经济结构的基本类型

马克思恩格斯将生产生产资料的部门称为第一部类，把生产消费资料的部门称为第二部类，在第一部类内部、第二部类内部以及第一部类与第二部类间，都通过市场交换实现均衡。还对生产资料公有制条件下的社会化大生产两大部类关系作了预测，将两大部类协调发展作为一个"自然规律"看待，在任何经济形态下的社会化大生产中都发生

---

① 陈平：《文明分岔、经济混沌和演化经济动力学》，北京大学出版社，2004年，第128～129页。
② 魏杰：《基于国民生产总值的经济结构调整》，《学术月刊》，2010年第6期，第56～68页。
③ 梁米亚，徐晋：《论经济结构的理论基础——从布尔巴基学派到建构主义经济学》，《经济问题探索》，2019年第8期，第169～180页。
④ 简新华：《中国经济结构调整和发展方式转变》，山东人民出版社，2009年，第2页。
⑤ 刘晓萍：《我国经济结构失衡的突出矛盾与治理对策》，《经济纵横》，2014年第8期，第55～60页。
⑥ 赵峰，赵翌辰，李帮喜：《马克思两大部类模型与中国经济的宏观结构：一个经验研究》，《中国人民大学学报》，2017年第2期，第73～81页。
⑦ 谢长安，刘晔：《马克思主义经济学视域下经济结构内涵探析——兼论中国经济结构调整方向》，《管理学刊》，2017年第5期，第13～24页。
⑧ 张曙光：《改革经济结构 提高经济效果》，《东岳论丛》，1980年第2期，第12～17页。

作用(王梦奎,1983)。① 宝欢与丘涟漪(1960)指出,现代经济学家在对经济结构进行分析时普遍应用了收入决定的理论,这个理论区分两种因素:一类是和收入无关的因素,一类则是对收入发生影响的因素。② 薛栋(1962)通过研究苏联经济结构中第一部类和第二部类的比例关系发现,社会生产第一部类和第二部类之间的对比关系是国民经济中极重要的结构部分。③ 成保良等(2000)认为,人类社会的经济活动就是社会生产活动的抽象的理论形式,社会生产活动是经济活动的具体表现,因此社会的生产结构就可以看作社会的经济结构。社会生产的两大部类是按照社会总产品的物质构成而对社会生产部门所作的类别划分,社会总产品在物质形态上按最终用途可分为生产资料和消费资料两大类。④ 可以说,马克思的两部类再生产模型科学地界定了宏观经济结构及其与资本有机构成、剩余价值率和利润率等重要变量之间的动态关系,是马克思主义政治经济学分析宏观经济结构的重要工具(赵峰等,2017)。⑤

与此同时,在生产过程中的物质资料生产要素具有四种稳定的联结方式:其一,人与自然的关系;其二,劳动者与劳动资料的关系;其三,劳动者之间的关系;第四,生产条件的所有者与直接生产者的关系,即所有制关系。生产条件归谁所有、归谁占有、归谁支配和使用等生产条件的所有关系是社会生产的历史前提和条件(贾贵生,1996)。⑥ 杨河(2018)就认为,生产资料的所有关系是所有制关系的主要方面,支配着直接生产者以及生产运行的各个环节,所有制关系就是指生产资料的所有制关系。⑦ 从分析生产要素结构的四种基本的联结方式中,可以提炼出社会生产过程中三种基本的生产关系,即生产力、生产方式和生产资料所有制,这些生产关系的总和构成社会的经济结构。

(三)经济结构的特殊功能

马克思主义经济结构理论表明,不仅经济基础、上层建筑与意识形态之间存在"结构与功能"的关联,意识形态内部各组成部分之间以及意识形态与多元社会价值观念之间也存在"结构与功能"的关联(王秀阁和杨仁忠,2010)。⑧

当将经济结构视作"生产关系的总和"时,经济结构便具有了以下三种特殊功能。

其一,经济结构以一定的形式把人和物结合起来,是将可能的生产力变为现实生产力的基本前提(罗季荣,1980)。⑨ 尽管在生产力和生产关系相统一的生产方式中,生

---

① 王梦奎:《两大部类对比关系研究》,中国财政经济出版社,1983年,第65页。
② 宝欢,丘涟漪:《外援对越南经济结构的影响》,《南洋资料译丛》,1960年第1期,第116~120页。
③ 薛栋:《苏联〈经济报〉谈20年内苏联工业结构的变化》,《经济学动态》,1962年第6期,第20~22页。
④ 成保良,杨志,邱海平:《〈资本论〉的范畴和原理——问题解答》,经济科学出版社,2000年,第243页。
⑤ 赵峰,赵翌辰,李帮喜:《马克思两大部类模型与中国经济的宏观结构:一个经验研究》,《中国人民大学学报》,2017年第2期,第73~81页。
⑥ 贾贵生:《马克思社会经济结构理论初探》,《内蒙古大学学报》(哲学社会科学版),1996年第6期,第44~50页。
⑦ 杨河:《马克思主义简明读本》,人民出版社,2018年,第160页。
⑧ 王秀阁,杨仁忠:《马克思主义理论学科前沿问题研究》,人民出版社,2010年,第259页。
⑨ 罗季荣:《关于马克思再生产理论的基本原理》,《厦门大学学报》(哲学社会科学版),1980年第3期,第9~29页。

产力是生产关系的基础，然而若不通过生产关系将生产力中人的要素和物的要素结合起来，也就只是可能的生产力，因此若没有由生产关系总和构成的社会经济结构，生产便不存在；与此同时，生产关系也对生产力的发展产生重要的反作用（谢长安和刘晔，2017）。①

其二，经济结构对社会的政治结构和文化结构起决定性作用，并构成二者的现实基础（陈先达，2004）。② 社会经济结构就是经济基础，马克思主义者把在任何经济制度下起作用的一般经济规律和只适用于某一特定社会经济结构的特殊经济规律区别开来。熊映梧（1978）就指出，社会主义制度的优越性是精打细算而来的，不尊重社会主义经济发展的客观规律，搞经济而不算账，就建不成社会主义。③

其三，经济结构关系到社会再生产正常运行。马克思社会资本再生产理论是以劳动价值论为基础的宏观经济理论的重要内容之一，通过对社会总资本实现问题的分析，来科学地解释整个宏观经济结构的基本稳定条件（王璐和柳欣，2006）。④ 朱钟棣（2004）认为，该理论体系逻辑严密，阐述了资本主义经济体系中总量平衡与结构协调的关系，指出了经济结构对经济持续稳定增长发挥的重要作用。⑤ 刘炳瑛（2001）就曾指出，社会总产品的实现条件，应按社会总资本简单再生产和扩大再生产分别加以研究。在这两种再生产条件下，社会总产品实现的条件或实现的规律性是不同的。⑥ 马克思并没有把单个资本运动和社会资本运动割裂开来，而是通过基本实现条件的公式，反映了在扩大再生产条件下两大部类互相提出的需求和供给关系，表现了两大部类互为市场、互相依存、互相制约的关系。两大部类中的任何一方都不能脱离另一方，否则再生产平衡条件就要遭到破坏，扩大再生产就无法正常进行（陈岱孙，1996）。⑦

（四）经济结构的历史演进

按照历史唯物主义的基本原则，人类历史上一切社会经济形态都可以看作由一定的生产关系总和构成的、一定结构的客体，由于不同生产关系在每个社会的经济结构中的地位各不相同，从而形成了社会经济结构的不同的具体历史形式（杨耕，2016）。⑧ 再生产在社会一切形态中都占有重要地位，但在前资本主义社会中，再生产表现为产品的再生产和只是单纯当作商品来交换的简单商品的再生产。而在资本主义社会中，由于它已不单是被当作商品来交换，而是被当作资本的产品来交换，再生产不仅表现为商品的再生产，还表现为反映着在物的掩盖下资本主义商品经济生产关系的资本再生产。以资

---

① 谢长安，刘晔：《马克思主义经济学视域下经济结构内涵探析——兼论中国经济结构调整方向》，《管理学刊》，2017年第5期，第13~24页。
② 陈先达：《马克思主义哲学原理》（第二版），中国人民大学出版社，2004年，第216页。
③ 熊映梧：《试论理论经济学研究中的几个问题（提纲）》，《经济学动态》，1978年第11期，第23~28页。
④ 王璐，柳欣：《马克思经济学与古典一般均衡理论》，人民出版社，2006年，第438页。
⑤ 朱钟棣：《当代国外马克思主义经济理论研究》，人民出版社，2004年，第100页。
⑥ 刘炳瑛：《资本论体系与实践意义研究》，中国经济出版社，2001年，第177页。
⑦ 陈岱孙：《从古典经济学派到马克思》，北京大学出版社，1996年，第193页。
⑧ 杨耕：《论辩证唯物主义、历史唯物主义、实践唯物主义的内涵——基于概念史的考察与审视》，《南京大学学报》（哲学·人文科学·社会科学），2016年第2期，第5~25+157页。

本主义经济形态作为节点，社会经济结构可划分为两种历史形式（陈岱孙，1996）。①

第一种历史形式包括原始社会、奴隶社会、封建社会等资本主义社会以前的各种社会的经济结构。刘勇（1983）指出，这种经济结构的基本特征在于：第一，土地所有制关系居于支配地位，并构成社会经济结构的基础，使用价值的生产是社会生产的目的；第二，自然在人们的社会生产中发挥主导优势，是以土地所有制关系为核心、自然联系占优势并囊括其他社会生产关系在内的经济结构形式。② 马克思的社会总资本再生产和流通学说虽然也是在批判地继承前人的有关理论的基础上建立起来的，但成为一个对资本主义全面运动分析的最完整的理论（万文丽，2004）。③

第二种历史形式即资本主义社会经济结构，它的主要特点包括：第一，具有统治地位的生产关系不再是土地所有制关系，而是资本关系。社会的生产主要是以资本为基础的生产，同时价值也取代使用价值成为社会生产的目的（陆晓禾，2010）。④ 第二，社会性因素在人们的社会生产中成为决定因素。由于价值是资本主义社会生产的目的，因此资本创造价值更多地取决于流通时间，交换在某种程度上决定了生产，于是社会性因素以及对其的依赖成为社会生产的决定性因素。所以，资本主义社会的经济结构是以资本关系为核心、社会性因素占支配优势的经济结构形式（陈岱孙，1996）。⑤

不同经济形态的经济结构的具体特征各异，但从抽象意义来考察，都具有两点共性：一是发挥主导作用的生产关系决定着其他生产关系的性质（刘伟等，2014）⑥，在资本主义社会经济结构中，资本关系是起决定性作用的生产关系，一切社会生产关系的发展和变化都受到资本的支配和影响；二是一切社会的经济结构都是由该社会生产关系共同构成的统一体。在这种经济结构整体中，各种生产关系有机地联系，互为前提，推动着社会向前发展（许崇正和柳荫成，2006）。⑦

二、对列宁和斯大林关于社会主义经济结构论述的阐释

在马克思恩格斯之后，研究经济结构的学者就逐渐分成两大流派。一派以瓦尔拉斯、克拉克等西方经济学家为代表，另一派以列宁、斯大林等社会主义国家领导者为代表（夏兴园，1999）。⑧ 本节分别考察了列宁与斯大林关于社会主义经济结构论述的阐释。

---

① 陈岱孙：《从古典经济学派到马克思》，北京大学出版社，1996年，第153页。
② 刘勇：《马克思的社会经济结构理论及其方法论意义》，《中州学刊》，1983年第3期，第10~14页。
③ 万文丽：《马克思的社会再生产理论与宏观经济调控》，《当代经济研究》，2004年第2期，第14~16页。
④ 陆晓禾：《社会资本为社会生产——对美国金融危机与资本信用的一点思考》，《上海财经大学学报》，2010年第1期，第11~18+26页。
⑤ 陈岱孙：《从古典经济学派到马克思》，北京大学出版社，1996年，第186页。
⑥ 刘伟，蔡志洲：《产业结构演进中的经济增长和就业——基于中国2000—2013年经验的分析》，《学术月刊》，2014年第6期，第36~48页。
⑦ 许崇正，柳荫成：《马克思再生产理论与社会主义市场经济》，《经济学家》，2006年第4期，第21~26页。
⑧ 夏兴园，李洪斌：《中国50年来经济结构调整的主题》，《经济纵横》，1999年第10期，第9~13页。

（一）对列宁关于社会主义经济结构论述的阐释

列宁在长期坚持和捍卫马克思主义的过程中，进一步丰富和发展了马克思主义社会经济结构理论。[①] 首先，列宁肯定了马克思"社会经济形态的发展是一种自然历史过程"的思想，并指出马克思运用了与各种主观唯心主义完全不同的分析方法，列宁关于国家资本主义的学说也丰富和补充了马克思主义经济结构理论（商德文，1983）。[②] 张守一和张曙光（1980）指出，1913年列宁的经济结构表式不仅正确地批评了包括《资本积累论》在内的一系列错误观点，简明扼要地分析了奴隶制和农奴制以及资本主义的再生产问题，而且在马克思主义再生产理论中第一次对社会主义经济发展的速度、比例、效果等重大问题，作出了伟大的科学预见。[③] 侯文文（2019）就认为，列宁时代的马克思主义者从来没有怀疑过社会主义一旦建立之后，资本主义社会所存在的社会化大生产和私人占有制的基本矛盾就会获得根本解决，被束缚的生产力就会得到解放，从而以资本主义不可比拟的速度向前发展。[④] 其次，列宁肯定了生产力在社会经济结构中的基础性决定作用，认为生产力是社会历史发展的物质基础，同时把生产关系的内容概括为生产资料所有制关系、人们在社会组织中所起的作用以及社会财富的分配方式（杨奎松，2013）。[⑤] 杨承训（2020）指出，列宁把生产力作为研究经济结构的出发点，将解放生产力作为社会主义革命的任务，将发展生产力作为社会主义制度的首要任务，这也是他在社会主义建设初期由产品经济观念向商品、市场观念转变的主要原因。[⑥]

列宁对经济结构理论的阐释与贡献，主要表现在两方面。

其一，首次把工业划分为重工业和轻工业。列宁以物质生产的不同特点为标准提出了农重轻产业分类法，即将社会生产活动中的物质生产划分为农业、重工业和轻工业三个产业。[⑦] 同时，列宁的轻、重工业划分的标准与含义，与西方经济学家所使用的标准不同，西方所使用的轻、重工业标准是以单位体积的重量来衡量，而列宁所说的轻工业，是指生产消费品的工业，重工业则指生产生产资料的工业（史波等，1979）。[⑧] 杨坚白和李学曾（1980）认为，重工业为农业服务，也为轻工业与重工业本身服务，这三者间的关系，正是农轻重关系在重工业内部的反映，它对农轻重三者关系的发展变化有着决定性影响。重工业的基本任务在于不断以新的物质技术装备国民经济各部门，决定

[①] 王先俊：《走向文化强国的理论旗帜：坚持马克思主义指导思想》，人民出版社，2017年，第38页。
[②] 商德文：《论列宁新经济政策中关于商品交换和自由贸易的理论》，《经济科学》，1983年第5期，第68~72页。
[③] 张守一，张曙光：《伟大的科学预见——学习列宁关于〈说明各种社会经济形态的社会总产品结构变化的表式〉的一些体会》，《学术月刊》，1980年第2期，第36~41页。
[④] 侯文文：《列宁晚年关于解放和发展生产力的艰难探索及其启示》，《马克思主义理论学科研究》，2019年第5期，第70~77页。
[⑤] 杨奎松：《十月革命前后列宁的社会主义主张与实践》，《俄罗斯研究》，2013年第1期，第107~146页。
[⑥] 杨承训：《社会主义必须创造更新更高的劳动生产率——学习列宁发展和提高生产力的思想》，《经济纵横》，2020年第7期，第17~24+2页。
[⑦] 刘文霞：《用"深绿色"理念导引经济发展》，人民出版社，2012年，第176页。
[⑧] 史波，兆亮，林圃：《按农轻重顺序安排和以重工业为中心探索》，《四川师范大学学报》（社会科学版），1979年第2期，第2~14页。

着国民经济的发展水平和发展方向,决定着农业、轻工业和国民经济各部门的技术水平和劳动生产率提高的程度。发展重工业是建成社会主义现代化强国的根本性问题。① 李树藩(1983)指出,"要挽救俄国"就要"挽救"和"恢复"重工业,是列宁分析苏俄的国情与所处的历史条件所得出的结论。苏联社会主义工业化实行过程中所产生的严重错误,不仅对苏联,而且对国际共产主义运动的发展,都产生过不良影响与深刻教训。但是,无论如何不能因为这些错误就全面否定苏联以优先发展重工业为方针的社会主义工业化的历史性作用。②

其二,揭示了生产资料优先增长规律。列宁研究了资本有机构成提高对社会生产两大部类增长速度的影响,提出了生产资料优先增长规律(孙玉健,2019)。③ 朱家桢(1979)表示,马克思揭示了社会总生产过程中不同生产部门之间实现物质变换的客观经济规律,对社会主义社会也是适用的。但是,生产资料优先增长是由资本主义生产的特性,资本主义生产方式所固有的矛盾决定的。社会主义的客观经济条件将使生产资料生产优先增长的规律失去作用,因为生产资料生产的优先增长同社会主义基本经济规律和有计划按比例发展规律在本质上是相矛盾的。④ 吴树青(1981)则反驳了朱家桢的观点,认为马克思主义的再生产理论与列宁揭示出的生产资料生产优先增长原理,是马克思、列宁研究资本主义生产规律的结果而制定出来的,因而不能不反映资本主义生产的特点。但在社会主义制度下,生产资料优先增长赖以发生作用的经济基础仍然存在,因为社会主义生产也是以机器生产为技术基础的社会化大生产,也是以技术进步条件下的扩大再生产为特征,并且社会主义公有制的确立,还为技术的不断进步开辟了更加广阔的前程。⑤ 唐永和范欣(2018)认为吴树青的分析是在马克思增长模型的假设基础上的再解释与再分析,若放宽原模型假设条件进行拓展研究,可以在生产资料优先增长规律的基础上探讨技术进步对经济增长的影响机制与效应。他们发现在不同技术进步条件下,不变资本、可变资本和总资本的增长率不同,技术进步对经济增长的影响效应显著大于不变资本、可变资本和剩余价值率对经济增长的作用效应。⑥

与此同时,部分学者结合历史数据在历史唯物主义视角下研究了列宁的生产资料优先增长规律。王梦奎(1982)研究发现,对生产资料生产比消费资料生产增长更快不能作绝对化的理解,要看到同时存在着起相反作用的抑制和抵销这一规律的作用的因素,使它只具有趋势的性质。应按照列宁的提法,把这个规律表述为"生产资料生产比消

---

① 杨坚白,李学曾:《论我国农轻重关系的历史经验》,《中国社会科学》,1980年第3期,第19~40页。
② 李树藩:《苏联社会主义工业化与优先发展重工业方针》,《苏联东欧问题》,1983年第2期,第70~74页。
③ 孙玉健:《列宁与第二国际——马克思主义社会发展理论及其当代价值》,人民出版社,2019年,第46页。
④ 朱家桢:《生产资料生产优先增长是适用于社会主义经济的规律吗?》,《经济研究》,1979年第12期,第44~51页。
⑤ 吴树青:《正确认识和运用生产资料优先增长的原理》,《经济理论与经济管理》,1981年第2期,第46~53页。
⑥ 唐永,范欣:《技术进步对经济增长的作用机制及效应——基于马克思主义政治经济学的视角》,《政治经济学评论》,2018年第3期,第147~167页。

资料生产增长更快的规律",而不是把国民经济的比例失调归咎于对这一规律的肯定。① 李翀（2019）指出，列宁根据马克思的社会资本再生产理论提出生产资料生产优先增长的规律，成为苏联经济建设的指导方针。从逻辑上看，科学技术进步导致资本有机构成提高，进而导致生产资料生产优先增长需要有一系列附加条件，这些条件一般在工业化时期才具备。从实践上看，生产资料生产优先增长的规律适用于处在工业化过程的国家，不管是资本主义国家还是社会主义国家，但是不适用于完成了工业化的国家。②

（二）对斯大林关于社会主义经济结构论述的阐释

列宁在苏俄经济建设尤其是实行新经济政策的过程中，发展了马克思主义关于建设社会主义的理论，但是斯大林并没有贯彻和坚持列宁的正确主张，他对列宁揭示的生产资料优先增长规律的理解经历了一个变化过程（周显信，2003）。③ 在1921—1927年实行新经济政策时期，斯大林还批评了以牺牲农业、轻工业来发展重工业的极"左"派观点。随着时间的推移，斯大林自己却把发展重工业作为工业化的重心，认为积累是扩大再生产的唯一源泉。在20世纪20年代末到第二次世界大战前的工业化过程中，斯大林提出了以发展重工业为重点的工业化方针，认为优先发展重工业是为了"保证受资本主义国家包围的我国在经济上的独立，使我国不至成为世界资本主义的附属品"。而当第二次世界大战结束、资本主义国家的包围已经解除的时候，斯大林却提出了"两种工业化道路"的理论，即社会主义工业化道路和资本主义工业化道路的理论（陆南泉，2002）。④

对于斯大林关于社会主义经济结构论述的评价，主要可以分为中性评价与消极评价两类。其一是中性评价。闻海（1986）辩证地探析了斯大林关于社会主义经济结构的阐释，认为对斯大林采取全盘否定的态度，显然是不公正的。但是，把斯大林模式与经济结构理论神圣化，并依此来理解和认识社会主义，将成为社会主义改革的思想阻力。⑤ 左凤荣（1998）就认为，评价斯大林模式不仅要研究它与列宁新经济政策间的关系，而且要研究斯大林社会主义建设理论与列宁社会主义建设理论之间的区别。从理论上看，斯大林对于经济结构有许多不同于列宁的独特看法；从实质上讲，斯大林模式是与列宁所倡导的社会主义建设之路截然不同的，它背离了列宁的新经济政策，是向"战时共产主义"的回归。⑥ 其二是消极评价。刘宏（2014）指出，斯大林模式在经济结构领域过分强调重工业的发展，甚至违背客观经济规律，采取行政命令的手段以牺牲轻工业和农业的发展为代价，这种发展模式在初期显示出其能够集中人力、物力、财力实现经济快

---

① 王梦奎：《论生产资料生产比消费资料生产增长更快的规律》，《中国社会科学》，1982年第4期，第111～131页。
② 李翀：《关于生产资料生产优先增长规律适用性的研究》，《中国经济问题》，2019年第6期，第3～16页。
③ 周显信：《目标与代价——当代中国现代化的发展逻辑》，人民出版社，2003年，第463页。
④ 陆南泉：《苏联兴亡史论》，人民出版社，2002年，第511页。
⑤ 闻海：《斯大林社会主义模式的形成及历史地位》，《清华大学学报》（哲学社会科学版），1986年第2期，第67～73+66页。
⑥ 左凤荣：《列宁与斯大林的两种截然不同的社会主义建设模式》，《中共中央党校学报》，1998年第1期，第97～104页。

速增长的优势,但弊端日益显现,最终导致苏联的工业化进程受阻。① 雷晓欢(2015)研究发现,不论是农业集体化的决定,优先发展重工业的策略,还是高度集中的命令经济体制都是由当时客观的国际环境所决定的,即便有所失误也是难免的,在国家利益和苏联社会主义的生死关头,可以暂时忽略。但政策所具有的严重弊端以及对经济社会发展与经济结构调整造成的负面影响不容忽视。②

总体来看,斯大林片面强调发展重工业,忽视轻工业与农业的发展,在一定程度上导致了苏联国民经济比例长期失调。③ 王绍顺(1980)就指出,在苏联社会主义工业化过程中,斯大林曾经设想,重工业的发展将会带动整个国民经济的增长。但结果是,一方面是重工业的高速发展;另一方面是轻工业和农业的停滞不前,人民生活得不到相应的提高,这反过来又影响了工业化的整体进程。优先发展重工业并没有错,但不能因此而忽视轻工业和农业的发展,用牺牲轻工业和农业的办法来发展重工业,必然要付出沉重的代价。④

第二节 中国共产党对社会主义经济结构认识的变迁

经济结构问题一直是国民经济发展的重要问题,除马克思主义经典作家外,中国共产党人在宣传发展马克思主义基本原理和理论的过程中,从不同的层面研究马克思主义社会经济结构理论,形成了一系列具有理论开拓性与现实指导主义的观点。本节将中国共产党人对于社会主义经济结构认识的变迁分为毛泽东思想关于社会主义经济结构认识的阐释、中国特色社会主义理论体系关于社会主义经济结构认识的阐释、习近平新时代中国特色社会主义思想关于社会主义经济结构认识的阐释三个阶段,对相关认识与论述进行了系统梳理和简要评论。

一、对毛泽东思想关于社会主义经济结构认识的阐释

从中国共产党成立到改革开放前,我国国内并没有公开使用"经济结构"这个概念,有关经济结构的认识与论述,主要集中在社会再生产理论有关两大部类关系和农、轻、重关系的研究中,重点是生产资料优先增长规律(郝奇和赵军,2012)。⑤

毛泽东在其论著中多次提及"社会的经济结构""社会结构""社会经济形态"等词汇,但都未明确界定其内涵。在不同背景下,这些概念的意指不尽相同。毛泽东继承了

---

① 刘宏:《斯大林与布哈林关于新经济政策的争论及其当代启示》,《湖北社会科学》,2014年第10期,第10~14页。
② 雷晓欢:《评西方学者关于斯大林经济思想的研究》,《理论月刊》,2015年第3期,第118~123页。
③ 高继文:《斯大林与新经济政策》,《当代世界与社会主义》,2006年第1期,第132~136页。
④ 王绍顺:《重新认识工业化道路问题——斯大林经济思想研究之二》,《求是学刊》,1980年第4期,第7~11+25页。
⑤ 郝奇,赵军:《中国产业结构理论发展综述》,《社科纵横》,2012年第2期,第38~43页。

马克思的社会经济结构思想,并把生产力和生产关系、经济基础和上层建筑概括为社会基本矛盾,并且认为"所谓经济基础,就是生产关系,主要是所有制"(刘海藩和万福义,2006)。① 新中国成立后,中国在社会主义经济建设上基本沿袭苏联经验,苏联经济结构理论在当时对中国产生了很大影响,集中表现在中国同样以农、轻、重划分经济活动部门,同样走了一条超前启动重工业的工业化道路。顾海良(2016)指出,在中国社会主义建设道路选择的关键时期和国际共产主义运动的逆转时期,毛泽东关于"进行第二次结合""更努力找到中国建设社会主义的具体道路"等重要思想的提出,是对中国革命和建设历史反思和现实思考的结果。从发表《论十大关系》到《关于正确处理人民内部矛盾的问题》正是毛泽东对经济结构建设作出的重大战略调整,对在工业化过程中产业结构调整问题的探索不断深入,中心论题就是"把一个落后的农业的中国改变成为一个先进的工业化的中国"问题。② 由于经济结构较为合理,新中国成立后到"一五"时期内国民经济得到了稳定发展,主要经济效益指标除劳动生产率外,都比结构失衡的"二五"时期好得多。"二五"时期经济结构失衡导致经济效益大幅下降,1962至1966年间,毛泽东对中国社会主义现代化建设中的经济结构问题进行了更为深入的探索,我国经济结构经过扭转渐趋合理,国民经济得到了比较顺利的恢复和发展。但是,渐趋合理的经济结构,又被随之而来的"文化大革命"运动所破坏。③

毛泽东对于社会主义经济结构的理论探索主要体现在以下两个方面。

其一,以农、轻、重划分经济活动部门。吕静(2010)就认为,苏联在经济结构失衡方面的经验教训给中国提供了警示,在三年国民经济恢复时期和"一五计划"时期,经济部门的细致划分与分类施策使得毛泽东在处理经济结构关系方面基本上是成功的,经济发展也取得了可喜的成就。④ 徐祥临(2011)指出,毛泽东农村包围城市的基本理论依据是"中国政治经济发展不平衡",与刘易斯认为发展中国家普遍存在"二元经济结构"之间具有同构性。毛泽东的经济结构模型不仅具有科学性,而且实践效果优于刘易斯模型,并使得传统农民能够得到利益激励。⑤ 李敏昌等(2011)发现,在新民主主义革命时期,党对经济结构问题都有较正确的认识,在革命战争时期的不同阶段都提出对私人资本主义实行保护政策,并鼓励其发展。实践证明,利用商品货币关系恢复和发展生产、坚持国有经济领导下与非国有经济共同发展的经济格局、实行按劳分配与按生产要素分配相结合的分配制度这三大政策符合当时中国社会发展的实际,也产生了较好的效果。⑥ 李吉(2012)则认为,在解放区经济建设和工业建设经验的基础上,毛泽东

---

① 刘海藩,万福义:《毛泽东思想综论》,中央文献出版社,2006年,第112页。
② 顾海良:《中国特色社会主义政治经济学的始创及理论结晶——毛泽东〈论十大关系〉和〈关于正确处理人民内部矛盾的问题〉研究》,《毛泽东研究》,2016年第5期,第4~15页。
③ 赵梦涵、李维林:《新中国经济发展两大历史拐角成因的经济学分析》,《山东社会科学》,2009年第6期,第62~67页。
④ 吕静:《马克思主义经典解读》,人民日报出版社,2010年,第297页。
⑤ 徐祥临:《毛泽东模型与刘易斯模型比较研究——转变二元经济结构的科学路径》,《理论视野》,2011年第7期,第50~53页。
⑥ 李敏昌,张穗成,吴淑娴:《党在建国初期的经济政策及其影响》,《甘肃社会科学》,2011年第3期,第43~46页。

思想中的工业所有制结构逐步形成和定型。这就是由社会主义工业、私人资本主义工业、国家和私人合作的国家资本主义工业三种工业所有制成分组成的多元的工业所有制结构。[1] 李卉（2012）认为，毛泽东鉴于苏联和东欧各国因优先发展重工业而排斥农业和轻工业造成的弊端，强调正确处理农、轻、重关系，认为以重工业为中心，但同时必须充分注意发展农业和轻工业，逐步建立合理的经济结构。在1962年，毛泽东就从理论上把工业和农业的关系概括为"以工业为主导，以农业为基础"。[2]

其二，超前启动重工业的工业化道路。黄宁莺（2000）研究发现，中国与许多后发展国家一样选择了赶超型经济发展战略，然而在实施中，却遇到了经济结构三个方面的极大约束：一是由历史形成的产业结构畸形，使赶超型发展因产业体系断裂而启动乏力；二是农业的缓慢分化与扩张，不足以带动产业升级和满足赶超型发展对结构水平的要求；三是由轻工业扩张带动产业体系向重加工度自然演进的可能性也不存在。[3] 肖际唐和杨正喜（2002）研究表明，"一五计划"时期新中国以苏联模式为范例开始了现代化的进程。中央政府成为现代化的主导者和推动者，同时也是配置社会资源的唯一主体。由于毛泽东动员了全体社会成员参与，所以在较短时间内迅速推动了现代化进程，但也导致了经济结构不平衡等诸多弊端。[4] 蔡天新（2011）认为，新中国成立初期毛泽东根据我国生产力总体水平低且发展不平衡的状况，选择了计划经济体制，从发展重工业起步，加速了中国初级工业化的历史进程，在巩固社会主义的新政权、维护国家安全等方面起到了重要作用。[5]

与此同时，党的其他领导人也基于毛泽东思想的基本观点对社会主义经济结构展开了探索。徐行（1992）通过研究周恩来对中国经济结构的整体设想，认为周恩来早在解放战争中就曾设想推翻三座大山后中国新的经济结构至少应包括公营、私营和个体三种形式，实行三大经济纲领的结果也初步印证了设想的合理性与可行性。周恩来阐明，过渡时期我国经济结构应包括五种经济形式，包括社会主义性质的国营经济，半社会主义性质的合作经济，农民、小手工业者的个体经济，私人资本主义经济和国家资本主义经济。[6] 张绪和李含琳（1983）提出，刘少奇关于过渡时期社会经济结构的思想主要包括四个方面：其一，国情决定了在中国建立社会主义制度必须经由一个过渡时期；其二，过渡时期社会经济结构的内容和特征；其三，过渡时期社会经济结构的内部存在着矛盾和斗争；其四，过渡时期的长期性和复杂性。[7] 辜仕梅（2008）认为，薄一波在工业建

---

[1] 李吉：《毛泽东工业所有制结构思想探析》，《湖南第一师范学院学报》，2012年第2期，第1~5页。
[2] 李卉：《论毛泽东以"工业化"为核心的中国现代化思想》，《人民论坛》，2012年第20期，第222~223页。
[3] 黄宁莺：《对"一五"时期产业结构问题的探析》，《党史研究与教学》，2000年第5期，第40~42页。
[4] 肖际唐，杨正喜：《论建国初期中国现代化模式及效应》，《华南理工大学学报》（社会科学版），2002年第2期，第5~9页。
[5] 蔡天新：《对建国以来两次经济体制选择的历史原因再认识》，《电子科技大学学报》（社科版），2011年第1期，第36~42页。
[6] 徐行：《擘划国计民生之大计——周恩来对过渡时期中国经济结构的整体设想》，《党史纵横》，1992年第1期，第23~25页。
[7] 张绪、李含琳：《论刘少奇关于过渡时期经济结构的思想及其现实意义——学习刘少奇〈关于新中国的经济建设方针〉》，理论学习，1983年第5期，第31~34+38页。

设、重工业、轻工业、农业产业结构以及积累和消费等方面具有深刻的见解,成为毛泽东经济思想的重要组成部分,为促进新中国成立初期的经济健康发展发挥了重要作用。特别是他强调积累和消费之间、农轻重产业结构之间以及基本建设的平衡观,对国民经济健康发展仍具有指导意义。①

二、对中国特色社会主义理论体系关于社会主义经济结构认识的阐释

(一) 对邓小平关于社会主义经济结构认识的阐释

实践是理论创新和发展的基础和源泉。邓小平根据我国改革开放后的经济发展实践以及社会经济结构的变化,继承和发展了马克思社会经济结构理论,形成了切合中国发展实际并闪耀着辩证唯物史观光芒的社会经济结构思想,奠定了中国特色社会主义建设的基础(肖贵清,2018)。② 周振国等(1997)指出,自1979年4月开始,中央正式决定用三年时间,对国民经济实行"调整、改革、整顿、提高"的方针。邓小平敏锐把握到,我国社会生产力发展的主要障碍,在于高度集中统一的计划经济体制与僵化的经济结构,使社会主义制度的优越性未能得到发挥,有许多弊端,必须进行改革。③ 邓小平非常关注我国经济发展中的结构不合理问题,认为我国在改革开放进程中进行的经济结构战略性调整,是同发展社会主义市场经济、扩大对外相联系的。我国原有的经济结构是在传统的计划经济体制和当时的外部条件下形成的,重大比例关系不协调,特别是产业结构不合理,地区发展不协调,城镇化水平低,经济效益不高,商品短缺,不能满足人民群众日益增长的物质文化生活的需要(刘润葵,1997)。④

邓小平对于社会主义经济结构的理论创新主要体现在以下两个方面。

其一,阐释了经济制度与经济体制的区别与联系。邓小平在深刻理解马克思社会经济结构理论,并结合中国改革发展实践的基础上,对经济制度与经济体制的联系与区别有了更深层次的认知(顾海良和张雷声,1998)。⑤ 李全武(1999)就认为,邓小平的经济结构思想是一个完整、系统、科学的体系,不仅从历史与现实角度深刻阐明了经济结构调整的紧迫性,而且从国情出发强调了调整的战略重点和方向,并从深化经济体制改革上指明了加快调整的途径,指引经济结构的调整和优化在改革开放中进入新阶段。⑥ 冯锋(2000)发现,邓小平根据我国社会主义初级阶段的特点,把社会结构划分为社会基本制度和社会体制两个组成部分,从而不仅在理论上发展了马克思主义,而且在实践上闯出了一条解放和发展生产力的新路。⑦ 社会主义市场经济体制不能照搬西方的市场经济模式,社会主义市场经济发展必须把市场的作用与政府的作用结合起来(周

---

① 辜仕梅:《薄一波经济思想中的平衡观》,《毛泽东思想研究》,2008年第3期,第73~78页。
② 肖贵清:《道路·理论·制度·文化:中国特色社会主义论》,人民出版社,2018年,第198页。
③ 周振国,程家明,李焕诚,等:《邓小平改革方法论》,河北人民出版社,1997年,第90页。
④ 刘润葵:《邓小平经济理论研究》,《经济学动态》,1997年第9期,第11~15页。
⑤ 顾海良、张雷声:《邓小平经济思想论纲》,《河北大学学报》(哲学社会科学版),1998年第3期,第4~13+90页。
⑥ 李全武:《邓小平经济结构思想的科学体系》,《经济体制改革》,1999年第6期,第56~61页。
⑦ 冯锋:《邓小平对马克思主义社会结构理论的继承与发展》,《学术研究》,2000年第9期,第26~30页。

新城，2017）。① 李亚军（2003）指出，邓小平认为经济结构是由社会基本经济制度和社会经济体制两部分构成，并主张把二者结合起来研究。经济制度在经济结构中处于支配地位，决定着社会的基本性质；经济体制是社会基本经济制度的组织形式和运行机制，在经济结构中处于从属地位，不反映社会的本质特征。②

其二，阐释了社会基本经济制度中关于主体经济与补充经济的关系。公有制为主体、多种所有制经济共同发展是我国社会主义初级阶段的一项社会基本经济制度。改革开放之初，国民经济结构失衡、比例失调的情况相当严重。坚持公有制经济的主体地位是邓小平经济结构思想的充分体现，也是对马克思社会经济结构理论的继承与发展（侯树栋，2004）。③ 刘继斌（1999）指出，邓小平的经济结构思想主要包含三个部分：一是社会主义经济体制必须坚持公有制为主体的原则；二是允许非公有制经济的存在和发展，更有利于发展社会主义经济；三是分开所有权与经营权，有利于发挥国家、地方、企业和劳动者的积极性。④ 刘国光（2011）通过回顾我国社会主义初级阶段理论形成轨迹及与之对应的基本经济制度的认识深化过程指出，我国社会主义的国家性质决定了必须以公有制作为社会主义经济制度的基础。国有经济在战略性领域要保证国民经济的稳定协调发展，在竞争性领域要增强实现社会公平的经济基础。⑤ 宁坚（2012）发现，邓小平的非公有制经济思想突破了传统经济理论的束缚，跨越了传统社会主义经济运行模式的藩篱，有力推动了公有制经济和非公有制经济的优势互补和共同发展。⑥ 邸敏学（2017）研究指出，在发展社会主义非公有制经济的重大问题上，邓小平不仅继承了毛泽东发展非公有制的思想，并将其付诸实践，主要体现在两个方面：科学论证了社会主义初级阶段发展非公有制经济的必然性，确定了非公有制经济的地位。⑦ 邓小平在南方谈话中的经典论断从根本上扭转了人们对计划与市场、社会主义与资本主义之间区别与联系的认识，创造性地划分了社会主义经济的不同阶段，阐释了社会主义性质的经济和社会主义初级阶段的经济的区别。这是邓小平对马克思社会经济结构理论的创新（石仲泉，2012）。⑧

与此同时，党的其他领导人也对经济结构问题展开了积极探索。陈云率先提出在经济工作中恢复与坚持实事求是的指导思想，调整结构失衡、比例失调的国民经济（夏兴

---

① 周新城：《我国建立社会主义市场经济体制应注意的几个问题》，《改革与战略》，2017年第10期，第66~76页。
② 李亚军：《浅论邓小平区域经济发展战略——基于耗散结构理论的思考》，《经济问题探索》，2003年第7期，第9~10页。
③ 侯树栋：《党和国家关注的十四个重大课题》，人民出版社，2004年，第28页。
④ 刘继斌：《邓小平的经济结构思想》，《广西大学学报》（哲学社会科学版），1999年第1期，第6~7页。
⑤ 刘国光：《关于社会主义初级阶段基本经济制度若干问题的思考》，《经济学动态》，2011年第7期，第14~19页。
⑥ 宁坚：《邓小平非公有制经济思想的科学内涵及其时代价值》，《四川大学学报》（哲学社会科学版），2012年第3期，第150~153页。
⑦ 邸敏学：《毛泽东邓小平若干经济理论问题研究》，人民出版社，2017年，第103~105页。
⑧ 石仲泉：《"南方谈话"与社会主义市场经济的建立和未来发展——纪念邓小平"南方谈话"发表20周年》，《毛泽东邓小平理论研究》，2012年第2期，第1~6+114页。

园，1995）。① 陈云在领导国民经济调整工作时，从产业结构合理化和优化的角度分析了工业发展的战略问题，反复强调经济结构稳定的重要性，强调改革的方针应当既积极又稳妥，以保持社会的安定团结（张凤翱，2015）。② 高强（2015）就认为，中国之所以能够在经济体制转轨期间保持较高的经济增长速度和相对稳定的价格水平，与陈云调整国民经济结构，加强农业基础地位，强调财政平衡和财力集中，坚持逐步渐进的价格改革，反对价格"闯关"等一系列措施、观点的作用密不可分。③ 邹力行（2015）则指出，陈云的综合平衡思想方法体系不仅包括财政、信贷、物质、外汇方面的总量平衡，而且包括产业结构、区域结构、城乡结构以及当前实际与长远目标和它们之间的结构平衡，还包括计划协调与市场协调、自力更生与利用外资等手段协调。④

（二）对江泽民关于社会主义经济结构认识的阐释

在党的十四大提出建立社会主义市场经济体制目标后，经济结构调整进入了新的历史阶段，既面临着"治理整顿"时期所遗留下来的经济结构调整任务，也面对着中央对1992—1993年经济过热实施宏观调控后买方市场下的结构矛盾。

在对于这一时期的政策梳理上，王昊（2016）系统梳理了江泽民关于经济结构调整的论述：在党的十四届二中全会上，江泽民就提出了解决经济结构不协调的问题；在党的十四届五中全会上，则从产业结构的角度强调了经济结构调整的重要性；在1998年、1999年的中央经济工作会议上，相继提出加大经济结构调整力度；在党的十五届五中全会上，指出了实行经济结构的战略性调整，推动两个根本性转变，是新世纪之初我国经济发展的大思路。⑤ 郭代模和孔志锋（2002）认为，江泽民的发展思想体系中，继承与发展了社会主义市场经济的理论，提出了经济结构的战略性调整和跨越式发展这一新的发展道路。⑥ 朱泽（2006）则表示，党的十三届四中全会以来，江泽民根据经济形势的变化，灵活运用财政、金融、土地政策等多种调控手段，成功地抑制了通货膨胀，克服了通货紧缩，优化了经济结构，使得我国经济增长的波动幅度明显缩小，经济结构愈加合理，经济效益不断提高，国民经济发展逐步进入良性发展的轨道。⑦

在对于这一时期经济结构调整的认识上，肖纪美（1997）系统总结归纳了党的十五大对经济结构进行战略性调整的四个原则：一是以市场为导向，使社会生产适应国内外市场需求的变化；二是依靠科技进步，促进产业结构优化；三是发挥各地优势，推动区

---

① 夏兴园：《陈云恢复时期经济思想研究》，《中南财经大学学报》，1995年第6期，第26~30页。
② 张凤翱：《陈云对中国特色社会主义道路的探索》，人民出版社，2015年，第186页。
③ 高强：《陈云反通胀实践与思想研究》，人民出版社，2015年，第265页。
④ 邹力行：《陈云综合平衡思想研究》，《东北财经大学学报》，2015年第4期，第61~69页。
⑤ 王昊：《基于就业的适度经济增长与结构调整问题研究》，人民出版社，2016年，第59~61页。
⑥ 郭代模，孔志锋：《发展思想的理论体系及其创新——论江泽民同志的发展思想》，《经济研究参考》，2002年第27期，第2~21页。
⑦ 朱泽：《认真学习江泽民经济思想 促进国民经济健康发展》，《宏观经济管理》，2006年第10期，第10~12页。

域经济协调发展；四是转变经济增长方式，改变高投入、低产出，高消耗、低效益的状况。① 彭致圭（1997）则提出了调整经济结构要做到"五个结合"：一是总量控制与结构调整；二是发挥市场机制作用与加强宏观调控；三是资产存量调整与增量投入；四是经济结构调整与国有企业的改革与发展；五是经济结构的调整与区域经济发展。② 周肇光（2000）坚持以马克思主义理论和党的十五大精神为指导，认为在经济结构调整和优化中，一是要以产业结构为主导，兼顾其他结构；二是要科学地运用计划与市场两种手段的调节作用；三是要针对经济结构调整和优化过程中的问题，采取有效措施，为实现国家对经济结构进行战略性调整创造必要条件。③ 刘国辉（2003）指出，江泽民对经济结构进行战略性调整，是根据我国经济状况，充分考虑世界科学技术加快发展和国际经济结构加速重组的趋势，着眼于全面提高国民整体素质和效益提出的，是增强综合国力和国际竞争力的根本性措施。④ 王新和周振国等（2003）指出，江泽民认为生产力要素的提升和经济结构的调整，既是生产力跨越式发展的基本标志，也是推动生产力跨越式发展的内在动力。他着重强调了以提高经济效益为中心，对经济结构进行战略性调整，推进产业结构优化升级。⑤

此外，一些学者阐述了江泽民对于我国社会主义经济结构调整的时代价值。张磊（2003）认为这一时期虽然经历了经济结构大规模调整、国有企业职工大量下岗的改革阵痛，但是还能从容应对各种考验和挑战的重要原因，就是江泽民根据国际形势发展积极进行经济结构和产业结构的调整，为我国经济的持续发展奠定了坚实基础。⑥ 秦宣（2006）就认为提高经济运行的质量和效益，关键是解决经济结构不合理的问题。江泽民进行经济结构战略性调整，是根据我国经济发展的状况，充分考虑世界科学技术加快发展和国际经济结构加速重组的趋势进行的。⑦ 张宏志（2008）发现，江泽民对经济结构进行战略性调整，走新型工业化道路，不是暂时性、局部性调整，而是战略性调整。不仅要对落后生产能力进行压缩，又要发展技术含量高的生产能力；不仅要调整产品、产业和企业结构，还要对地区和城乡经济结构进行合理调整；不仅要探索解决当前的市场供求问题，更要提高经济效益。⑧

---

① 肖纪美：《经济结构和功能——材料学者学习江泽民同志〈十五大报告〉的体会》，《世界科技研究与发展》，1997年第6期，第40~44页。
② 彭致圭：《调整优化经济结构，提高经济增长的质量和效益》，《调研世界》，1997年第3期，第4~6页。
③ 周肇光：《关于调整和优化经济结构的几个问题》，《当代经济研究》，2000年第7期，第27~30页。
④ 刘国辉：《江泽民对中国特色社会主义经济理论与实践的丰富与发展》，《中共四川省委党校学报》，2003年第2期，第6~11页。
⑤ 王新天，周振国：《新型工业化道路与跨越式发展——学习江泽民同志关于跨越式发展的思想》，《求是》，2003年第9期，第29~31页。
⑥ 张磊：《探索社会主义现代化建设规律的结晶——学习江泽民正确处理改革发展稳定关系的思想》，《毛泽东邓小平理论研究》，2003年第3期，第23~27页。
⑦ 秦宣：《社会主义现代化建设的行动指南——学习江泽民经济建设思想》，《求是》，2006年第20期，第29~31页。
⑧ 张宏志：《建立社会主义市场经济体制的成功探索——兼论江泽民的突出贡献》，《党的文献》，2008年第6期，第24~30页。

（三）对胡锦涛关于社会主义经济结构认识的阐释

没有经济增长，社会的全面发展就失去了物质基础，经济结构的调整就失去了内生动力。① 针对中国加入 WTO 以来转变经济结构的紧迫性，胡锦涛同志高度重视经济发展的速度与效益问题，提出了一系列具有重要指导意义的战略思想，强调了优化经济结构与加快转变经济发展方式。

在对于这一时期的政策梳理上，徐贵相（2008）指出，2006 年 2 月在中共中央政治局第二十九次集体学习时胡锦涛明确提出，要加快转变经济增长方式，推动经济又快又好发展；2006 年 12 月的中央经济工作会议上，胡锦涛创造性地将"又快又好发展"改为"又好又快发展"的提法；党的十六大提出"转变增长方式，提高发展质量"之后，又多次强调转变增长方式的必要性和急迫性；立足"保增长、扩内需、调结构"的总体目标，在 2009 年 12 月召开的中央经济工作会议上强调把增加居民消费作为扩大内需的重点，认为转变经济发展方式已刻不容缓，深刻阐述了加快经济发展方式转变的重要性和紧迫性。② 何树平（2010）研究发现，党的十六大以后，党中央提出加强宏观调控、调整经济结构，把转变经济增长方式与实现全面协调可持续发展结合起来。党的十七大着眼于抓紧解决我国发展面临的突出矛盾和问题，正式提出转变经济发展方式战略思想，并明确了转变经济发展方式的基本思路和总体要求。国际金融危机使得我国转变经济发展方式问题更加突显，使得对于经济结构的认识得到丰富和发展。③ 郑吉伟（2012）则认为，加快转变经济发展方式是贯彻落实科学发展观的重要目标和战略举措，主要内容包括：转变经济发展方式是从当前我国经济发展的实际出发提出的重要战略，关系改革开放和社会主义现代化建设全局；加快转变经济发展方式不仅需要在经济体制上进一步深化改革和扩大开放，而且需要在经济发展战略上建设创新型国家，调整经济结构，促进经济社会协调发展。④

在对于这一时期优化经济结构的认识与评价上，众多学者认为，在经济总量迅速扩大、经济结构不断得到调整和优化的同时，经济结构不合理的深层次矛盾和问题始终存在（秦宝宏，2011）。⑤ 唐龙（2007）则认为，胡锦涛从"转变经济增长方式"到"转变经济发展方式"的提法创新，是对经济发展规律认识深化的重要标志，体现了落实科学发展观、实现经济又好又快发展的内在要求；应以节能减排为抓手，以结构调整与优化升级为载体，以体制改革与创新为保障，确保转变经济发展方式的各项工作取得新突破、新进展。⑥ 陈佳贵（2010）指出，调整和优化经济结构，促进经济发展方式转变是

---

① 张彬：《当代中国科学社会主义思想研究》，人民出版社，2005 年，第 221 页。
② 徐贵相：《中国发展模式研究》，人民出版社，2008 年，第 205 页。
③ 何树平：《十六大以来党中央转变经济发展方式思想的形成与发展》，《党的文献》，2010 年第 4 期，第 78~84 页。
④ 郑吉伟：《胡锦涛加快转变经济发展方式思想述论》，《理论导刊》，2012 年第 12 期，第 87~89+92 页。
⑤ 秦宝宏：《优化产业内部结构推动经济科学发展》，《中国特色社会主义研究》，2011 年第 5 期，第 99~101 页。
⑥ 唐龙：《从"转变经济增长方式"到"转变经济发展方式"的理论思考》，《当代财经》，2007 年第 12 期，第 5~10 页。

长期而艰巨的战略任务,要考虑多方面因素,制定长期目标和阶段性目标;调整和优化经济结构,转变经济发展方式既要依靠政府政策,更要发挥市场配置资源的基础作用。① 王玉玲等(2010)研究发现,在次贷危机背景下经济结构优化是经济发展的核心内容,优化经济结构不能只着眼于投资结构,而应以劳动者素质技能结构为基础,带动就业结构,提升产业结构,实现经济结构的整体优化。② 面对更加严峻的经济形势,苗圩(2012)就认为,在经济结构战略性调整中,要注重以下六点:第一,高度重视实体经济特别是工业发展,加快完善相关政策法规体系;第二,坚持走中国特色新型工业化道路,大力推进信息化和工业化融合;第三,加快工业转型升级,实现经济发展方式根本性转变;第四,抓住新一轮技术革命的历史机遇,加快创新能力建设;第五,高度重视发挥信息技术作用,加强信息技术的推广应用;第六,更多发挥市场机制作用,统筹利用好两个市场、两种资源。③

三、对习近平新时代中国特色社会主义思想关于社会主义经济结构认识的阐释

党的十八大以来,党中央立足我国经济转型升级的时代特征和基本国情,将马克思主义理论同中国特色社会主义实践有机结合。以习近平同志为核心的党中央在综合研判世界经济走势、正确评估中国经济新常态发展形势的基础上作出的供给侧结构性改革这一重大理论创新,创新发展了马克思主义社会经济结构理论,为我国经济社会发展和经济结构转型升级指明了方向(赵宇,2017)。④ 学者们主要从两个方面对习近平关于社会主义经济结构的论述进行了阐释,集中体现在对供给侧结构性改革的探讨上。

一部分学者强调供给侧结构性改革是对马克思主义经济结构理论的继承和发扬。可以说,正确理解供给侧结构性改革,必须坚持以马克思主义政治经济学为指导;也只有从马克思主义政治经济学的基本理论和方法出发,才能正确理解供给侧结构性改革(邱海平,2016)。⑤ 洪银兴(2016)明确指出,供给侧结构性改革研究需要以马克思主义经济学为指导,处理好供给侧改革目标和当前所要推进的去产能、去库存、去杠杆、降成本和补短板的任务,供给侧改革和需求管理这两大关系。⑥ 谢地和郁秋艳(2016)指出,供给侧结构性改革的理论依据源于马克思主义政治经济学,是解决经济社会发展中各种深层次矛盾的客观需要,对于实现我国经济中长期稳定、可持续发展具有重要意

---

① 陈佳贵:《调整优化经济结构 促进发展方式转变》,《经济管理》,2010年第4期,第1~4页。
② 王玉玲,刘成良,刘政道:《论后经济危机背景下中国经济结构的优化》,《中国特色社会主义研究》,2010年第1期,第53~57页。
③ 王政:《坚定不移走中国特色新型工业化道路——访工业和信息化部党组书记、部长苗圩》,《人民日报》,2012年9月18日,第2版。
④ 赵宇:《供给侧结构性改革的科学内涵和实践要求》,《党的文献》,2017年第1期,第50~57页。
⑤ 邱海平:《马克思主义政治经济学对于供给侧结构性改革的现实指导意义》,《红旗文稿》,2016年第3期,第21~23页。
⑥ 洪银兴:《准确认识供给侧结构性改革的目标和任务》,《中国工业经济》,2016年第6期,第14~21页。

义。① 丁任重和李标（2017）就认为，供给侧结构性改革是基于马克思主义视角下供需具有同一性的辩证关系而提出，这一提法超越并丰富了西方供给理论。要加快推进供给侧结构性改革，应树立正确的宏观调控思路，需求与供给两侧同时发力。②"供给侧结构性失衡并不是新问题，马克思在社会总资本再生产理论中对其早有分析。"（李繁荣，2017）③ 学者们在研究中形成了高度共识，认为当前我国经济发展中有周期性、总量性问题，但结构性问题最突出，矛盾的主要方面在供给侧。白暴力和王胜利（2017）就明确指出，供给侧结构性改革理论是以马克思主义政治经济学理论为基础，并根据我国经济发展新常态而进行的理论发展和创新。我国推进供给侧结构性改革的根本制度基础是以公有制为主体的中国特色社会主义基本经济制度。④ 王炫和邢雷（2017）则将供给侧结构性改革视作解决中国经济发展所面临困难的重大举措，是适应中国经济新常态的必然选择。供给侧结构性改革不能用西方供给学派的观点来指导，而必须以马克思主义政治经济学来引导。其改革不可能在短期内见效，要始终贯彻马克思主义思想。⑤ 周琳娜和白雪秋（2019）认为供给侧结构性改革以马克思主义政治经济学为理论基础，根本出发点是以人民为中心。⑥ 盖凯程和冉梨（2019）追溯了马克思社会总资本再生产理论，并从两大部类均衡的视角分析了目前的两类供需失衡，主张通过实施提高供给体系质量、破除无效供给、培育新动能、强化科技创新、降低实体经济成本等措施，建立高水平和高质量的供需动态平衡体系。⑦ 上述观点明确了我国经济结构改革的方式，即供给侧与需求侧要共同发力，而且极大地丰富和发展了马克思主义社会经济结构理论。

另一部分学者则认为供给侧结构性改革根植于中国大地，在经济新常态下应运而生。供给侧结构性改革的精准论断不仅明确了供给侧是当前我国经济结构性矛盾的主要方面，而且是对当前我国社会经济结构的深刻认识，要加强现状研判、应对措施、风险预判与机会把握（任泽平和冯赟，2016）。⑧ 龚刚（2016）研究指出，"新常态下的供给侧改革"是对习近平主要经济学思想的高度概括，新常态是指中国已经进入经济发展的第二阶段，大规模的剩余劳动力已不复存在，经济出现了一系列结构性变化。新常态下

---

① 谢地，郁秋艳：《用马克思主义政治经济学指导供给侧结构性改革》，《马克思主义与现实》，2016年第1期，第20～25页。
② 丁任重，李标：《供给侧结构性改革的马克思主义政治经济学分析》，《中国经济问题》，2017年第1期，第3～10页。
③ 李繁荣：《马克思主义经济学视域下的供给侧结构性改革解读——基于社会总资本再生产理论》，《当代经济研究》，2017年第4期，第27～34页。
④ 白暴力，王胜利：《供给侧改革的理论和制度基础与创新》，《中国社会科学院研究生院学报》，2017年第2期，第49～59+146页。
⑤ 王炫，邢雷：《以马克思主义政治经济学引领供给侧结构性改革》，《经济问题》，2017年第2期，第19～23页。
⑥ 周琳娜，白雪秋：《以人民为中心的供给侧结构性改革——基于马克思主义政治经济学的人民视角》，《学术论坛》，2019年第5期，第90～96页。
⑦ 盖凯程，冉梨：《〈资本论〉视域下的供给侧结构性改革——基于马克思社会总资本再生产理论》，《财经科学》，2019年第8期，第42～54页。
⑧ 任泽平，冯赟：《供给侧改革去杠杆的现状、应对、风险与投资机会》，《发展研究》，2016年第3期，第8～13页。

中国经济已经是一个供给决定型经济，这是中国供给侧改革的逻辑起点。[1] 胡鞍钢等（2016）认为供给侧结构性改革是中央经济工作会议所提出的适应和引领经济发展新常态的重大创新和必要举措，"十三五"时期是经济发展方式转变与经济结构调整的关键时期，厘清供给侧结构性改革的理论价值与实践意义，从科学的角度对供给侧结构性改革的科学内涵和政策外延作出清楚阐释，具有重大的学术价值与实际指导意义。[2] 贾康和苏京春（2016）则将供给侧结构性改革置于金融危机后的背景，认为中国经济的变化促使人们作出对宏观调控"需求管理"为主实践经验的反思与"理论联系实际"的创新努力，引发了学界和决策层对"供给管理"调控与供给侧结构性改革的重视。[3] 同时，经济发展进入新常态的一个重要内容和表现，就是政府要为市场运行和社会发展设立、修改和创新行为规则，以此推动转型升级。刘伟和蔡志洲（2016）提出需求管理和供给管理都是宏观经济管理的重要手段，但在不同时期的侧重点不同。需求管理已经不能满足宏观经济管理的需要，必须通过强化供给领域的结构性改革来解决发展中的深层次矛盾。[4] 王一鸣（2018）的研究也印证了刘伟等人的观点。[5] 通过上述研究不难看出，为解决我国经济发展过程中存在的结构性问题，实现经济发展由注重市场需求向注重供给质量方面的转变，推进供给侧结构性改革是引领经济新常态的必然选择（冯志峰，2016）。[6] 随着供给侧结构性改革逐渐驶入深水区，政府要从具体干预企业的现状转向为企业和市场提供高质量的制度供给，以供给侧结构性改革为核心调整管理方式（刘志彪，2017）。[7] 余斌和吴振宇（2017）认为，供给侧结构性改革超越供给学派的思想，着力消除制约供给调整的体制性、机制性障碍，推动供需再平衡，促进中国经济在新的中高速平台上稳定增长。[8] 任保平和刘鸣杰（2018）则通过对供给侧结构性改革的核心方向在于促进有效供给形成的研究发现，促进有效供给形成必须从供给主体、产品供给、要素供给等方面着手。[9]

供给侧结构性改革理论及政策体系的提出，不仅抓住了制约中国经济发展的关键与核心问题，也为经济结构调整指明了方向。

---

[1] 龚刚：《论新常态下的供给侧改革》，《南开学报》（哲学社会科学版），2016年第2期，第13~20页。
[2] 胡鞍钢，周绍杰，任皓：《供给侧结构性改革——适应和引领中国经济新常态》，《清华大学学报》（哲学社会科学版），2016年第2期，第17~22+195页。
[3] 贾康，苏京春：《论供给侧改革》，《管理世界》，2016年第3期，第1~24页。
[4] 刘伟，蔡志洲：《经济增长新常态与供给侧结构性改革》，《求是学刊》，2016年第1期，第56~65页。
[5] 王一鸣：《改革开放以来我国宏观经济政策的演进与创新》，《管理世界》，2018年第3期，第1~10页。
[6] 冯志峰：《供给侧结构性改革的理论逻辑与实践路径》，《经济问题》，2016年第2期，第12~17页。
[7] 刘志彪：《政府的制度供给和创新：供给侧结构性改革的关键》，《学习与探索》，2017年第2期，第83~87页。
[8] 余斌，吴振宇：《供需失衡与供给侧结构性改革》，《管理世界》，2017年第8期，第1~7页。
[9] 任保平，刘鸣杰：《我国高质量发展中有效供给形成的战略选择与实现路径》，《学术界》，2018年第4期，第52~65页。

第三节　产业结构理论

产业结构作为经济增长的结果和未来经济增长的基础，是经济发展的重要因素。产业结构问题一直是我国经济学界研究的重点问题，不同学者基于不同视角对产业结构问题进行了分析研究，推动了产业结构理论的形成与演变，得出了众多具有现实指导意义的结论。本节着眼产业结构理论的一系列基本内容，着重分析了产业结构理论的基本内涵与组成部分，并依据相关研究成果系统梳理了产业结构理论的影响评价。

一、产业结构理论的基本内涵

产业结构，亦称国民经济的部门结构，学界一般公认的产业结构专指各产业间的关系结构。苏东水（2012）认为，产业结构是产业间技术经济联系与联系方式，可以从两个角度来考察：一是从"质"的角度动态地揭示产业间技术经济联系与联系方式不断发展变化的趋势，揭示经济发展过程的国民经济各产业部门中，起主导或支柱地位的产业部门的不断替代的规律及其他相应的"结构"效益；二是从"量"的角度静态地研究和分析一定时期内产业间联系与联系方式的技术经济数量比例关系，即产业间"投入"与"产出"的量的比例关系。[1] 宋涛（2002）则指出，产业结构是国民经济各产业部门之间的比例关系。[2] 刘作舟和石宏伟（2001）通过纵向梳理产业结构理论指出，新中国成立以来我国经济理论的发展以马克思主义经济理论为起点，产业结构问题的研究被限定在"两大部类关系"和"农、轻、重关系"分析框架之内。[3] 王方方和陈恩（2011）研究发现，产业结构是指生产要素在各产业部门间的比例构成和它们之间相互依存、相互制约的关系，即一个国家或地区的资金、人力资源和各种自然资源与物质资料在国民经济各部门之间的配置状况及其相互制约的方式。[4] 刘琳（2016）则认为，产业结构又称国民经济的部门结构，是指国民经济各产业部门之间以及内部的构成。[5] 胡红安和常艳（2007）也认为，产业结构是指各产业的构成及各产业之间的联系和比例关系，产业结构理论揭示了产业及产业间相互关系以及结构演变。[6]

与此同时，基于经济社会发展的新形势，周震虹等（2004）研究发现，虽然经过数十年的引进吸收，产业结构理论已被我国广泛接受和使用，但是针对我国的现实情况，

---

[1] 苏东水：《产业经济学》（第三版），高等教育出版社，2012年，第44页。
[2] 宋涛：《调整产业结构的理论研究》，《当代经济研究》，2002年第11期，第11~16+10页。
[3] 刘作舟，石宏伟：《山西调整产业结构理论与政策研究的回顾与评介》，《经济问题》，2001年第1期，第54~55页。
[4] 王方方，陈恩：《产业转移中的企业自我选择效应分析——基于区域产业结构理论的演变》，《经济与管理》，2011年第5期，第35~40页。
[5] 刘琳：《基于产业结构理论的欠发达地区产业结构优化研究》，《学术论坛》，2016年第8期，第58~62页。
[6] 胡红安，常艳：《西方产业结构理论的形成发展及其研究方法》，《生产力研究》，2007年第21期，第113~114+119页。

产业结构理论发展目标由增长的单目标逐渐转变为可持续的多目标，发展的途径由静态理论演绎逐渐转为动态实证分析，使得产业结构理论的普适性不断增强。[1] 贺俊和吕铁（2015）批判了产业结构概念的泛化和滥用，认为一些研究成果和产业政策对经典产业结构研究基本假设和核心命题的偏离和曲解，严重削弱了结构性分析在发展问题研究中的意义和价值。应通过吸收产业结构研究中的合理成分，并在提炼新的典型事实的基础上从产业结构的多维性、分工形式的多样性与产业边界的模糊性等方面，对产业结构概念的内涵和外延进行谨慎拓展。[2]

二、产业结构理论的组成部分

产业结构理论的研究内容可以分为演变、关联、优化与布局四个方面。其中，我国学者的研究成果着重于产业结构形成理论、产业结构演变理论、产业结构影响因素理论、产业结构关联理论、产业结构政策理论、产业结构研究方法论等六个主要领域（苏东水，2012）。[3] 具体来看，产业结构形成理论通常包括产业结构的基本概念与研究范畴，以及产业结构的形成条件、机理和过程等。产业结构演变理论则通常包括产业结构演变的一般趋势（赵景峰，2008）[4]，产业结构演变与经济增长、经济发展的联系（党福玲，2020）[5]，产业结构演变的动因及结构因素分析（吕炜，2010）[6]，不同理论流派与不同国家产业结构演变的实证分析（黄诚，2000）[7] 等内容。产业结构影响因素理论一般包括影响产业结构演变的需求总量与结构、供给总量与结构、国际贸易总量与结构、国际投资总量与结构等一系列问题（张文等，2009）。[8] 产业结构关联理论则包含产业关联方式、投入产出分析、投入产出模型、投入产出表、产业波及效果等理论（张捷和赵秀娟，2015）。[9] 产业结构政策理论一般涵盖产业结构调整、发展和优化政策，产业技术政策等内容（隋占东和马超群，2001）。[10] 产业结构研究方法论的内容体系庞杂，但是大致可以分为静态分析法、动态分析法、定性分析法、实证分析法与产业关联

---

[1] 周震虹，王晓国，谌立平：《西方产业结构理论及其在我国的发展》，《湖南师范大学社会科学学报》，2004年第4期，第96~100页。

[2] 贺俊，吕铁：《从产业结构到现代产业体系：继承、批判与拓展》，《中国人民大学学报》，2015年第2期，第39~47页。

[3] 苏东水：《产业经济学》（第三版），高等教育出版社，2012年，第50页。

[4] 赵景峰：《世界产业结构的演进趋势》，《理论视野》，2008年第6期，第45~47页。

[5] 党福玲：《内蒙古产业结构演变与经济增长实证研究》，《内蒙古统计》，2020年第4期，第34~38页。

[6] 吕炜：《美国产业结构演变的动因与机制——基于面板数据的实证分析》，《经济学动态》，2010年第8期，第131~135页。

[7] 黄诚：《分工与产业结构研究和经济学流派的演变》，《福建论坛》（经济社会版），2000年第5期，第11~14页。

[8] 张文，孙林岩，何哲：《中国产业结构演变的影响因素分析》，《科技管理研究》，2009年第6期，第373~375页。

[9] 张捷，赵秀娟：《碳减排目标下的广东省产业结构优化研究——基于投入产出模型和多目标规划模型的模拟分析》，《中国工业经济》，2015年第6期，第68~80页。

[10] 隋占东，马超群：《深圳市产业结构调整与优化的政策研究》，《湖南大学学报》（社会科学版），2001年第2期，第31~34页。

分析法等具体方法（郭亚军等，2003）。① 本节重点关注了产业结构演变理论、产业结构影响因素理论、产业结构关联理论与产业结构政策理论四个方面。

（一）产业结构演变理论的研究

古典经济增长理论认为经济增长是在竞争均衡的假设下资本积累、劳动力增加和技术变化长期作用的结果，因而忽略了产业结构演变与经济增长的内在联系，片面地认为所有部门要素的长期收益率等于要素的边际生产率，资源配置可以达到帕累托最优，要素在部门间的转移是不必要的。随着社会分工的深入与技术水平的提升，产业结构演变与经济增长间的联系不断突显，不仅产业结构的高变换率会导致经济总量的高增长率，而且经济总量的高增长率也将导致产业结构的高变换率（苏东水，2012）。② 国内学者关于产业结构演变的研究成果大致可以分为整体视域、地区视域、综合视域三类。

1. 整体视域下的产业结构演变分析

第一类成果从我国产业结构的整体视域着眼，主要研究了我国产业结构演变对于国家整体经济社会发展的影响。刘伟和蔡志洲（2015）研究发现，由于国家的工业化进程在不同阶段上各个产业增长率的差别与供求关系的变化，产业结构将不断发生演变和升级。我国的工业化进程已经进入后期，产业结构的加速升级是我国经济增长的新趋势，第三产业将替代第二产业成为经济增长的主导产业，具体表现为第三产业的增长率将高于第二产业，在国民经济中的比重也超过第二产业并且开始迅速提升，并带动就业结构的升级。③ 同时，刘伟与张辉（2008）将技术进步和产业结构演变从要素生产率中分解出来，发现产业结构演变虽然对中国经济增长的贡献一度十分显著，但随着市场化程度的提高，产业结构演变对经济增长的贡献不断降低，逐渐让位于技术进步。但是产业结构演变效应的减弱并不代表市场化改革的收益将会消失，体制因素仍将阻碍资源配置效率的进一步提升。④ 江胜名和吴石英（2017）指出，中国产业结构演变呈现出明显的阶段性特征及区域差异，东部地区第三产业发展较快，产业结构升级水平高，中、西部地区相对缓慢，东北地区产业结构波动性较大。⑤ 郭熙保和王筱茜（2017）研究发现，对比不同收入水平下的产业结构演变，低、中低、中高、高收入国家的产业结构演变虽然差别明显，但是产业结构演变的方向均大致符合库兹涅茨和克拉克的产业结构变化规律。一个国家从中等收入阶段迈入高收入阶段的过程中，工业增长决定了这个国家是否做好了跨越中等收入阶段的准备，而服务业增长在这个国家从中等收入进入高收入的过

---

① 郭亚军，杨耀东，张瑞华：《区域产业结构的合理性及其评价方法》，《工业技术经济》，2003年第3期，第76～77页。
② 苏东水：《产业经济学》（第三版），高等教育出版社，2012年，第159页。
③ 刘伟，蔡志洲：《我国工业化进程中产业结构升级与新常态下的经济增长》，《北京大学学报》（哲学社会科学版），2015年第3期，第5～19页。
④ 刘伟，张辉：《中国经济增长中的产业结构变迁和技术进步》，《经济研究》，2008年第11期，第4～15页。
⑤ 江胜名，吴石英：《中国产业结构的演进与思考》，《河北地质大学学报》，2017年第3期，第39～43+97页。

程中对经济的拉动作用更大，决定了它能否顺利地跨越中等收入阶段。① 王宇等（2013）通过非竞争投入产出模型对产业结构演进的需求动因进行了分析，发现逐步扩大城镇、农村居民消费对产业结构的演变与升级发挥着重要作用，有利于调节重工业与轻工业的比例。② 曹帅（2017）则着重分析了产业结构与城市化的双向互动关系，发现产业结构演变通过要素流动推动城市化的发展，而城市化的发展通过聚集经济效益对产业结构演变起支撑作用。③ 韩文艳等（2019）通过研究科技强国产业结构演变的过程，发现其科技创新和成本效益驱动相对低端产业及其环境污染成本向外梯度转移，长期保留高端价值链产业并形成全球化品牌效应，而且产业结构趋同化发展态势明显，价值密集型、高端知识型服务业占比大。④

2. 地区视域下的产业结构演变分析

第二类成果从我国产业结构的地区视域着眼，主要研究了地区产业结构演变对于域内经济社会发展的影响。李荣胜（2017）对郑州及开封的产业结构升级和经济增长进行格兰杰因果检验和脉冲响应分析，以此来研究经济增长和产业结构升级的互动关系。他发现产业结构升级在短期内会对两地的经济增长带来负面影响，但从长期来看将对郑州的经济增长带来正面影响，并对两地一体化发展水平进行了评价。⑤ 杨家伟和乔家君（2013）通过分析河南省的产业结构演进机理，发现河南省产业结构的高级化既表现为全省整体产业结构高级化，也表现为各市产业结构的高级化，全省三次产业结构非均衡发展与同构化的趋势明显，且与就业结构不协调。⑥ 陈延斌和陈才（2011）通过产业结构评价指标和模型分析评价了吉林省产业结构演进的特征，指出吉林省产业结构与就业结构长期不对称，就业结构与产业结构的总差距在缓慢增大，产业结构转换速度经历了先降后升的过程。⑦ 黄庆华等（2014）学者对长江经济带三次产业结构的演变进行研究，发现长江经济带三次产业结构演变过程中第二、三产业交替主导。分地区来看，长三角地区产业结构合理，第三产业竞争力较强并成为地区主导产业；长江中上游地区第一、二产业竞争力强，形成了以第二产业为主导的经济体系。⑧ 周漾林和黎鹏（2019）选取了珠江—西江经济带为研究对象，发现该经济带的经济增长和产业结构呈良性互

---

① 郭熙保，王筱茜：《产业结构与经济增长——基于中等收入国家的视角》，《江汉论坛》，2017年第6期，第5~13页。
② 王宇，干春晖，汪伟：《产业结构演进的需求动因分析——基于非竞争投入产出模型的研究》，《财经研究》，2013年第10期，第60~75页。
③ 曹帅：《产业结构与城市化互动关系分析》，《文化创新比较研究》，2017年第25期，第84~86页。
④ 韩文艳，熊永兰，张志强，等：《科技强国产业结构演变特点及对中国的启示》，《世界科技研究与发展》，2019年第2期，第193~211页。
⑤ 李荣胜：《基于VAR模型的郑汴产业结构升级一体化研究》，《经济地理》，2017年第1期，第123~128页。
⑥ 杨家伟，乔家君：《河南省产业结构演进与机理探究》，《经济地理》，2013年第9期，第93~100页。
⑦ 陈延斌，陈才：《改革开放以来吉林省产业结构演进特征分析》，《地理与地理信息科学》，2011年第5期，第55~59页。
⑧ 黄庆华，周志波，刘晗：《长江经济带产业结构演变及政策取向》，《经济理论与经济管理》，2014年第6期，第92~101页。

动,但是互动水平偏低,各功能区产业结构存在一定的差异性。①

在生态环境约束趋紧的背景下,部分学者将地区产业结构演化与生态环境保护相结合,创造性地拓展了原有的研究领域。李慧明等(2009)将产业结构系统作为连接经济系统与生态系统的重要纽带,因此产业结构生态化是生态文明建设的重要内容。② 袁杭松与陈来(2010)通过构建不同产业类型的生态环境影响系数与产业结构生态环境影响指数,对巢湖流域产业结构演化的自然生态环境响应进行了定量评价。他们发现研究时段内流域内产业结构的生态环境影响指数波动性变化,并且整体偏高,区域生态环境压力较大。③ 焦士兴等(2021)发现安阳市用水结构与产业结构耦合协调度处于失调状态,但发展态势良好,其中农业用水与第一产业、工业用水与第二产业的耦合协调度波动下降,生活用水与第三产业的耦合协调度由严重失调改善为中度失调。④

3. 综合视域下的产业结构演变分析

第三类成果未将产业结构调整、产业结构升级、产业结构优化与产业结构演化的概念严格区分,既有决定产业结构调整、升级、优化与演化的影响机制分析,也有关于对策建议的大量探讨(见表14-1所示)。关于产业结构调整的内涵,干春晖等(2011)将其分为产业结构合理化和产业结构高级化。产业结构合理化聚焦于产业协调程度和资源有效利用程度,衡量标准为结构偏离度;产业结构高级化聚焦于结构转型升级,衡量标准为第三产业产值与第二产业产值之比。产业结构合理化和高级化进程均对经济增长的影响有明显的阶段性特征,产业结构合理化与经济增长之间的关系具有较强的稳定性,而高级化则表现出较大的不确定性。⑤ 涂晓今等(2012)也认为产业结构优化升级既包括产业结构合理化也包括产业结构高端化。⑥ 在产业结构调整方面,大量研究成果认为不能静态地判断产业结构是否合理,应该从多层次、多角度进行分析(金碚,2013)。⑦ 同时,我国的产业结构有着其内在的历史政策背景和演变轨迹。金碚等(2011)指出我国产业结构演变与我国平推式增长的工业化路径密切相关,认为调整产业结构的关键在于要从平推式工业化路径转为立体式工业化路径,政府应致力于健全市场环境、完善市场机制。⑧ 龙少波和陈璋(2013)研究发现,产业结构升级将带来高端

---

① 周漾林,黎鹏:《基于VAR模型的珠江-西江经济带产业结构演变与经济增长关系研究》,《广西师范学院学报》(自然科学版),2019年第1期,第100~107页。
② 李慧明,左晓利,王磊:《产业生态化及其实施路径选择——我国生态文明建设的重要内容》,《南开学报》(哲学社会科学版),2009年第3期,第34~42页。
③ 袁杭松,陈来:《巢湖流域产业结构演化及其生态环境效应》,《中国人口·资源与环境》,2010年第1期,第349~352页。
④ 焦士兴,李青云,王安周,等:《基于生态位的安阳市用水结构与产业结构动态演化分析》,《水资源保护》,2021年第1期,第79~85+109页。
⑤ 干春晖,郑若谷,余典范:《中国产业结构变迁对经济增长和波动的影响》,《经济研究》,2011年第5期,第4~16+31页。
⑥ 涂晓今,徐艳琴,张华:《产业结构调整视角下促进我国外贸结构优化的实证分析》,《北京邮电大学学报》(社会科学版),2012年第6期,第66~76页。
⑦ 金碚:《现阶段我国推进产业结构调整的战略方向》,《求是》,2013年第4期,第56~58页。
⑧ 金碚,吕铁,邓洲:《中国工业结构转型升级:进展、问题与趋势》,《中国工业经济》,2011年第2期,第5~15页。

部门对低端部门的生产力和收入传递效应,从而导致中国经济的不平衡增长特征和一系列经济结构问题,只有由引进式技术进步转为自主创新技术,才能顺利实现经济结构转变。① 顾雪松等(2016)指出,产业结构高级化是指一国的产业结构重心由第一产业向第二产业和第三产业逐次转移的过程,具体反映为生产要素由劳动密集型的部门逐步转移到资金和技术密集型的部门。②

表 14-1 产业结构演变的评价指标体系③

一级指标	产业结构高度化指标	产业结构合理化指标	产业结构高效化指标
二级指标	霍夫曼比例指标、工业加工程度指标、产业成长程度指标、产业开放性指标、基础产业超前系数、信息产业产值比重指标、智力技术密集型集约化程度指标、新兴产业产值比重指标、技术创新指标等	三次产业结构比例指标、产业水平满足率、产业有序度指标、产业关联性指标、产业可持续发展指标、产业结构协调化指标、资源投入指标等	劳动生产率指标、综合消耗产业率指数、产业结构经济效益指数、综合技术进步贡献率指数、产业加工度指数、新兴或朝阳产业产值比重指数、传统或夕阳产业产值比重指数、传统或夕阳产业淘汰指数等

在金融与产业结构调整、升级、优化与演化的关系问题上,彭俞超和方意(2016)发现,定向降准、再贷款和常备借贷便利等结构性货币政策工具对于不同的外生冲击均有效,且主要通过定向影响金融机构的运营成本而起到信贷结构调整和产业结构升级的作用,非对称地实施结构性货币政策更能兼顾经济稳定和产业结构升级。④ 于斌斌(2017)则认为金融集聚对经济增长的影响是通过促进产业结构升级实现的,金融产业集聚对于产业结构升级的影响效应和空间溢出效应受产业发展阶段和城市规模的限制,提高人力资本水平和控制政府对经济的干预程度将促进产业结构升级。⑤ 罗超平等(2016)发现,金融经营效率、金融规模、金融产出率、金融结构比率和产业结构升级率存在长期均衡关系,金融规模对产业结构升级影响显著。此外,金融结构比率和金融经营效率对产业结构升级在长期来看表现出显著影响,而短期内影响较弱,金融产出率

---

① 龙少波,陈璋:《引进式技术进步下的中国工业生产率与通货膨胀率关系研究》,《经济与管理研究》,2013年第7期,第13~22页。
② 顾雪松,韩立岩,周伊敏:《产业结构差异与对外直接投资的出口效应——"中国—东道国"视角的理论与实证》,《经济研究》,2016年第4期,第102~115页。
③ 姜艾佳,张卫国:《包容性发展中产业结构指标体系构建与实证研究——基于重庆的案例分析》,《人民论坛》,2014年第29期,第219~221页。陈仲常,曹跃群:《产业结构变动指标体系研究》,《重庆大学学报》(社会科学版),2003年第1期,第50~53页。吴传清,周西一敏:《长江经济带产业结构合理化、高度化和高效化研究》,《区域经济评论》,2020年第2期,第112~120页。林春艳,孔凡超:《中国产业结构高度化的空间关联效应分析——基于社会网络分析方法》,《经济学家》,2016年第11期,第45~53页。刘淑茹:《产业结构合理化评价指标体系构建研究》,《科技管理研究》,2011年第5期,第66~69页。黄亮雄,安苑,刘淑琳:《中国的产业结构调整:基于三个维度的测算》,《中国工业经济》,2013年第10期,第70~82页。
④ 彭俞超,方意:《结构性货币政策、产业结构升级与经济稳定》,《经济研究》,2016年第7期,第29~42+86页。
⑤ 于斌斌:《金融集聚促进了产业结构升级吗:空间溢出的视角——基于中国城市动态空间面板模型的分析》,《国际金融研究》,2017年第2期,第12~23页。

则恰恰相反。①

（二）产业结构影响因素理论的研究

产业结构的调整对于经济运行有着重要影响，产业结构调整方向和路径也受到多种因素制约。贺菊煌（1991）对影响产业结构调整的因素以及影响程度进行分析，发现技术进步在产业结构调整过程中发挥了最为重要的作用。② 姜彦福等（1998）认为，我国工业部门的产业结构变动主要是受需求结构变动影响，货运邮电业和商业饮食业的产业结构变动由原先的技术结构影响占主导地位向消费结构影响占主导地位转变。③ 胡乃武和王春雨（2002）认为，国际经济全球化、信息化、市场化等时代特征已成为我国产业结构调整的重要影响因素。④ 周冯琦（2003）发现，通过产业结构调整实现产业结构的高度化和合理化来提高竞争力已经成为重要途径，影响产业结构调整的重要因素主要包括：劳动力配置、产业资本形成、技术进步与体制转轨。⑤ 陈晓涛（2006）在对产业结构演变趋势进行分析的基础上，提出市场需求、技术进步、知识资源和国际因素是影响产业结构调整的关键因素。⑥ 何德旭和姚战琪（2008）指出，产业结构调整和转型伴随着就业结构的变迁、第三产业快速发展和结构优化、技术进步对结构变动的贡献度增大，以及三次产业结构的变动对经济增长的影响提高。⑦

与上述研究多从上层建筑层面来论述不同，也有学者从更为具体的视域切入开展对产业结构影响因素的研究。张辉和王晓霞（2009）分析了导致北京市产业结构变迁对经济增长的贡献不显著的若干因素，发现产业结构变迁对经济增长的贡献不仅和不同产业之间的资源配置效率的差距有关，也和资源在产业之间的转移方向有关。⑧ 干春晖等（2011）认为产业结构高级化是经济波动的重要来源，产业结构合理化则有助于抑制经济波动；总体上我国产业结构合理化对经济发展的贡献要远远大于产业结构高级化。此外，他们还指出我国产业结构政策的重点应是产业结构合理化，要点在于要素投入结构和产出结构的耦合。⑨ 王宇和蒋彧（2011）针对我国经济周期情况进行了计量分析，认为在三次产业中第二产业对于经济周期波动发挥着主导影响，第二、三产业间的关联性

---

① 罗超平，张梓榆，王志章：《金融发展与产业结构升级：长期均衡与短期动态关系》，《中国软科学》，2016年第5期，第21~29页。
② 贺菊煌：《产业结构变动的因素分析》，《数量经济技术经济研究》，1991年第10期，第29~35+60页。
③ 姜彦福，林盛，张卫：《我国产业结构及其变动因素分析》，《清华大学学报》（哲学社会科学版），1998年第3期，第47~51页。
④ 胡乃武，王春雨：《加入WTO与我国产业结构调整》，《中国人民大学学报》，2002年第3期，第54~59页。
⑤ 周冯琦：《世界城市纽约对上海新一轮发展的启示》，《世界经济研究》，2003年第7期，第28~33页。
⑥ 陈晓涛：《产业转移的演进分析》，《统计与决策》，2006年第7期，第87~88页。
⑦ 何德旭，姚战琪：《中国产业结构调整的效应、优化升级目标和政策措施》，《中国工业经济》，2008年第5期，第46~56页。
⑧ 张辉，王晓霞：《北京市产业结构变迁对经济增长贡献的实证研究》，《经济科学》，2009年第4期，第53~61页。
⑨ 干春晖，郑若谷，余典范：《中国产业结构变迁对经济增长和波动的影响》，《经济研究》，2011年第5期，第4~16+31页。

在不断增强。① 杨家伟和乔家君（2013）指出，影响河南省产业结构演进的因素主要有劳动力、政策、制造业转移、社会需求、传统农业生产惯性和知识与技术的创新与应用等。② 朱晓华和邓宝义（2013）计量分析了三次产业对于我国经济增长的贡献情况，指出产业结构调整和经济增长之间存在单向因果关系，即产业结构调整有利于促进经济增长，而经济增长本身并不必然导致结构调整。③ 也有学者认为，政策导向影响、要素价格变化、区域分工合作以及产业发展的客观规律是地区产业结构演变的主要影响因素（黄庆华等，2014）。④ 陶长琪与周璇（2015）依据信息产业与制造业间的耦联对我国产业结构优化升级的空间效应开展定量研究，指出化解信息技术的空间壁垒、巩固政府的动态调节机制、模糊产业耦联边界是优化产业结构的关键。⑤ 高远东等（2015）研究发现，社会需求对产业结构高级化影响最为显著，是产业结构高级化发展的决定性因素，而消费需求对产业结构高级化水平的推动作用最大。目前的制度安排对我国产业结构高级化存在显著的负面影响，造成了产业结构升级困难。⑥

（三）产业结构关联理论的研究

产业结构关联理论侧重于研究产业结构之间的中间投入和中间产出之间的关系，能够很好地反映各产业的中间投入和中间需求（陈明森，1991）。⑦ 此外，产业结构关联理论还可以分析各相关产业的关联关系（包括前向关联和后向关联等），产业的波及效果（包括产业感应度和影响力、生产的最终依赖度以及就业和资本需求量）等。在产业关联方式问题上，童楠楠等（2016）通过对不同功能层信息服务业产业关联的基本模式进行分析发现，基础层面的信息服务业产业关联以前向关联为主，支撑层面的信息服务业产业前后向关联均存在，而整合层面的信息服务业产业关联模式以后向关联为主。⑧ 张贤慧（2012）指出，根据生产性服务业与其他产业的关联性，应突出发展关联性强、拉动作用大的现代物流、金融、信息、现代商务等生产性服务业，促进先进制造业与生产性服务业的互动发展，从而实现经济增长方式的转变。⑨ 在投入产出分析、投入产出模型与投入产出表等问题上，程大中（2015）通过跨国投入—产出分析从中间品关联、

---

① 王宇，蒋彧：《中国经济增长的周期性波动研究及其产业结构特征（1992—2010年）》，《数量经济技术经济研究》，2011年第7期，第3~17页。
② 杨家伟，乔家君：《河南省产业结构演进与机理探究》，《经济地理》，2013年第9期，第93~100页。
③ 朱晓华，邓宝义：《我国产业结构对经济增长影响的实证分析》，《企业经济》，2013年第7期，第132~136页。
④ 黄庆华，周志波，刘晗：《长江经济带产业结构演变及政策取向》，《经济理论与经济管理》，2014年第6期，第92~101页。
⑤ 陶长琪，周璇：《产业融合下的产业结构优化升级效应分析——基于信息产业与制造业耦联的实证研究》，《产业经济研究》，2015年第3期，第21~31+110页。
⑥ 高远东，张卫国，阳琴：《中国产业结构高级化的影响因素研究》，《经济地理》，2015年第6期，第96~101+108页。
⑦ 陈明森：《我国产业重组与产业组织政策的创新》，《中国工业经济》，1991年第5期，第30~36+66页。
⑧ 童楠楠，孙静，王建冬：《我国信息服务业产业关联模式的实证分析》，《现代情报》，2016年第6期，第21~26页。
⑨ 张贤慧：《生产性服务业：转变湖北经济增长方式的选择——基于产业关联视角》，《江汉大学学报》（社会科学版），2012年第4期，第44~48页。

增加值关联、投入—产出关联三个角度综合评估了中国参与全球价值链分工的程度及演变趋势，发现中国以外国增加值比重衡量与世界的关联程度趋于上升，大多数行业倾向于从较高收入经济体进口较多的增加值，也倾向于向后者出口较多的增加值，并已通过产出供给和投入需求深度融入全球价值链。① 杨智峰等（2014）探究各产业部门产出增长与产业结构优化升级的动因，将2002—2007年视为产业结构优化升级时期，其推动因素为重工业的技术进步。其中，冶金工业和机械工业的技术进步对产业结构优化升级的贡献较大，信息产业产出快速增长的推动因素是信息产业的出口扩张和技术进步，机械工业对多数产业部门都有重要影响且随时间推移变得越来越大，服务业的消费增长与投资增长对多数产业部门的消费增长与投资增长的影响较大。② 崔建刚和孙宁华（2019）比较了三组结对扶贫地区产业关联的特征，发现被帮扶地区区域内乘数效应普遍较低，产业布局分散化特征明显，帮扶地区对被帮扶地区产业的溢出效应远远小于后者对前者的溢出效应。就结对扶贫地区不同产业的溢出效应而言，存在溢出错位现象，要根据结对扶贫地区间产业关联特征，加快产业有序转移，提高区域间结对扶贫的溢出效率。③

在产业波及效果问题上，赵玉林和汪芳（2007）分析了高技术产业对传统产业的产业波及效应，认为充分发挥高技术产业的产业波及作用能够有效地促进传统产业的技术进步和产业结构的优化升级，并能够突破性地带动经济的持续增长。④ 于谨凯和曹艳乔（2007）认为海洋产业部门之间以及海洋产业部门与非海洋产业部门之间存在着相互影响、相互波及的复杂关系，可以利用海洋产业影响系数和波及效果分析来定量考察，海洋产业波及效果分析包括海洋特定产业生产变化波及效果分析和价格变化波及效果分析。⑤ 余淑秀和卢山冰（2017）通过研究中国汽车产业在不同发展阶段的结构特征发现，汽车产业自身价值增加能力不足，汽车产业与自身的关联性最强，与其他产业存在多种直接间接联系，其结构优化将会间接影响其他产业。⑥

（四）产业结构政策理论的研究

现有研究成果主要从产业结构调整的方向、产业升级的原则等几个方面进行产业结构政策理论分析后，提出了关于中国产业结构的相关政策与建议。具体而言，王岳平和葛岳静（1997）在对产业结构调整的三种观点（比较优势进行国际分工；缓解基础产

---

① 程大中：《中国参与全球价值链分工的程度及演变趋势——基于跨国投入-产出分析》，《经济研究》，2015年第9期，第4~16+99页。
② 杨智峰，陈霜华，汪伟：《中国产业结构变化的动因分析——基于投入产出模型的实证研究》，《财经研究》，2014年第9期，第38~49+61页。
③ 崔建刚，孙宁华：《产业关联、结对扶贫与区域协调发展——对江浙沪及其帮扶地区的投入-产出分析》，《经济问题》，2019年第3期，第87~94+103页。
④ 赵玉林，汪芳：《高技术产业波及效应分析》，《科学学与科学技术管理》，2007年第6期，第103~107页。
⑤ 于谨凯，曹艳乔：《海洋产业影响系数及波及效果分析》，《中国海洋大学学报》（社会科学版），2007年第4期，第7~12页。
⑥ 余淑秀，卢山冰：《中国汽车产业关联和产业波及效果分析》，《统计与决策》，2017年第9期，第88~92页。

业、基础设施瓶颈制约，抑制加工工业的过快增长的数量调节；加速产业结构升级）进行评析的基础上，提出加速产业结构升级是优化产业结构、实现经济持续增长的主题，并提出优化产业结构的政策建议。① 国风（1999）指出，要选择产业关联度高的原材料工业类产品作为结构调整的龙头产品，支柱产业产品要真正成为结构调整的"支柱"，同时要注意理顺产品结构调整与企业组织结构、地区布局调整的关系。② 胡春力（1999）提出调整中国产业结构，必须处理好农村工业化、对外开放、制造业结构升级三者之间的关系。③ 罗松山（2000）在借鉴美国、日本产业结构调整的思路的基础上，认为我国西部大开发中产业结构调整必须考虑全球化，大力发展高新技术产业和信息产业。④ 谢伏瞻（2000）通过对各产业对国民经济整体的关联影响、劳动密集程度等各项指标的计算和比较，提出以农业，电力工业为主的能源工业，钢铁、铝、化工原料为主的原材料工业，交通运输与通信业等七大产业作为产业结构调整中的战略产业。⑤ 潘力剑（2001）对长三角产业结构现状、成因分析后，提出加快城市化步伐是推进长三角产业结构调整的主要途径。⑥

产业结构在整个经济结构中居于主导地位，它的变动对经济增长有着决定性的影响，是显示一个国家和地区经济发展阶段与水平的重要标志之一（孙尚清等，2019）。⑦立足新发展阶段，韩永辉等（2017）指出产业政策的出台与实施显著促进了地区产业结构合理化和高度化，产业政策对产业结构优化升级的推进作用高度依赖于地方市场化程度，产业政策对结构优化升级的推进作用还取决于地方政府能力。⑧ 黄群慧（2018）研究发现，中国的产业政策总体上是成功的，在产业政策操作层面做到了政府在一定程度上干预资源配置但又尽量避免直接介入资源配置，"度"的总体把握相对合理。他还认为要正确处理以下六对关系：改革、发展与稳定的关系，保证产业持续成长和工业化进程持续深化；政府与市场的关系，不断提高产业效率和促进产业迈向高端化；中央政府与地方政府的关系，促进产业合理布局和区域协调发展；市场化与工业化的关系，培育全面持续的产业发展动力机制；全球化与工业化的关系，形成全面开放发展的现代化产业体系；城市化与工业化的关系，促进产业和人口集聚效率提升与社会民生协调发展。⑨ 惠宁和刘鑫鑫多（2019）指出，新中国成立以来农业的基础地位不断强化，工业主导地位不断提升，服务业对经济社会的支撑效应不断优化，三大产业发展趋于合理，变动趋势基本符合产业结构演变的一般规律；但产业结构层次仍然较低，产业政策的实

---

① 王岳平，葛岳静：《关于新时期我国产业结构调整战略的思考》，《管理世界》，1997年第2期，第101～105页。
② 国风：《关于产业结构调整的思考》，《管理世界》，1999年第5期，第93～97页。
③ 胡春力：《我国产业结构的调整与升级》，《管理世界》，1999年第5期，第84～92页。
④ 罗松山：《西部大开发中的产业结构调整思路——来自美国、日本的启示》，《中国工业经济》，2000年第5期，第45～48页。
⑤ 谢伏瞻：《经济结构战略性调整的方向与政府作用》，《经济学动态》，2000年12期，第4～9页。
⑥ 潘力剑：《长江三角洲产业结构调整及城市化的必要》，《经济管理》，2001年第17期，第55～57页。
⑦ 孙尚清，张卓元，蔡中杰，等：《论经济结构对策》，知识产权出版社，2019年，第74页。
⑧ 韩永辉，黄亮雄，王贤彬：《产业政策推动地方产业结构升级了吗？——基于发展型地方政府的理论解释与实证检验》，《经济研究》，2017年第8期，第33～48页。
⑨ 黄群慧：《改革开放40年中国的产业发展与工业化进程》，《中国工业经济》，2018年第9期，第5～23页。

施具有一定的局限性；要坚持从高质量发展、现代化产业体系构建、创新驱动、绿色增长和改革开放五个方面推动产业结构合理发展、经济与社会协调发展、人与自然和谐发展。① 郭克莎（2019）认为"十四五"时期要重点解决的主要结构问题是工业产能过剩问题、新兴产业发展问题、制造业的地位和作用问题与服务业结构的优化问题。基本取向在于：一是坚持以供给侧结构性改革为引领，以深化改革促进产业政策的合理设计和有效实施；二是坚持处理好政府与市场的关系，使产业结构政策建立在使市场在资源配置中起决定性作用和更好发挥政府作用的体制机制上；三是坚持把结构调整与产业升级结合起来，推动制造业高质量发展并增强对结构优化的带动效应。②

三、对产业结构的影响评价

学界常用的产业结构综合评价方法主要有定性评价方法、技术经济分析方法、多属性和多目标决策方法、运筹学方法、统计分析方法、系统工程方法、模糊数学方法、对话式评价方法、智能化评价方法等（虞晓芬和傅玳，2004）。③ 而针对产业结构调整问题的综合评价方法主要有投入产出分析模型、系统动力学模型、大道模型、数学规划和可计算的一般均衡模型、最优控制模型、经济计量模型和灰色系统模型等。针对产业结构的综合评价而言，如果缺乏合理的评价基准，仅对产业结构进行相对评价是不完善的，据此所提出的产业结构调整思路也是有失偏颇的。基于此，学者们针对如何引入新的评价体系，并将实际产业结构与最优产业结构相结合，最终提出更加贴近现实、更加符合经济学逻辑的产业结构调整思路，作出了大量富有建设性的工作（刘明国，2016）。④

（一）关于整体产业结构的影响评价

已有的产业结构评价研究多数基于所构建的评价指标体系，并利用历史数据对产业结构的演变进行长期评价。齐建国（1993）就认为，需求适应性指标、结构效果指标、产业协调发展指标、资源供给适应性指标、技术进步适应性指标、外贸适应性指标、反映产业结构对生态影响的指标等七个方面可以作为评价产业结构的指标。⑤ 蔡希贤和王韬（1988）对产业结构的评价与调整的数量方法进行评析，并推荐采用投入产出法来评价产业结构。⑥ 施发启（1998）利用1988—1992年国家统计局编制的可比价投入产出

---

① 惠宁，刘鑫鑫：《新中国70年产业结构演进、政策调整及其经验启示》，《西北大学学报》（哲学社会科学版），2019年第6期，第5~20页。
② 郭克莎：《中国产业结构调整升级趋势与"十四五"时期政策思路》，《中国工业经济》，2019年第7期，第24~41页。
③ 虞晓芬，傅玳：《多指标综合评价方法综述》，《统计与决策》，2004年第11期，第119~121页。
④ 刘明国：《中国特色最优产业结构理论——兼对若干产业结构理论的批判》，《河北经贸大学学报》，2016年第3期，第48~54页。
⑤ 齐建国：《高速增长不等于过热，调整结构是90年代的重大课题——1979—1988：中国产业发展政策与经济增长的关系研究报告（摘要）》，《数量经济技术经济研究》，1993年第5期，第11~21页。
⑥ 蔡希贤，王韬：《产业结构评价与调整的数量方法初探》，《数量经济技术经济研究》，1988年第5期，第29~34页。

表，对不同产业之间的协调性进行测算，发现三次产业之间的协调性存在逐年下降的趋势，并提出加大对第一产业的投入，并大力发展第三产业，同时适当放缓第二产业发展速度的政策思路。① 李宝瑜和高艳云（2005）通过构建产业结构年度变化失衡指数，对所有产业的结构不合理程度进行综合评价。② 邬义钧（2006）分别从基本实现工业化和基本实现现代化两方面，具体分析产业升级的具体目标和战略目标，并提出附加价值溢出量、高加工化系数、结构效益指数等评价产业结构优化升级的指标。③

现有整体产业结构调整的综合评价尚缺乏经过系统论证的产业结构基准——最优产业结构，如何弥补现有研究成果的不足是准确提出产业结构调整思路的重中之重。林毅夫（2017）开创的新结构经济学，采用新古典经济学的分析方法来研究现代经济增长的本质及其决定因素。其核心思想在于一个经济体在每个时点上的产业和技术结构内生于该经济体在该时点给定的要素禀赋结构，与产业、技术相适应的软硬基础设施也因此内生决定于该时点的要素禀赋结构。④ 肖兴志等（2013）通过对生产者和要素供给者的双重优化动机分析，构建了能付诸定量测算的最优名义产出增长率模型对最优产业结构进行测算，发现最优名义产出增长率模型可以成功地量化中国经济运行过程中重大事件对实际产业结构偏离最优产业结构程度的影响。⑤ 黄亮雄等（2013）从调整幅度、调整质量与调整路径三个维度着眼，构建了产业结构变动幅度指数、高度化生产率指数、高度化复杂度指数和相似度指数四个指数考察与评价了中国的产业结构调整过程。⑥ 于斌斌（2015）利用中国 285 个地级及以上城市的统计数据，运用动态空间面板模型对产业结构调整和生产率提升的经济增长效应进行了实证检验。⑦ 此外，于斌斌（2017）还从调整幅度和调整质量两个维度出发，分析了中国产业结构调整与能源效率变化的演变特征和相互关系，并实证检验了产业结构调整对能源效率影响的空间溢出效应。⑧ 李子豪和毛军（2018）基于中国的省际面板数据，以反映区域经济发展和生态环境状况的"生态效率"衡量区域绿色发展，系统地考察了地方政府税收竞争、产业结构调整对中国区域绿色发展的影响机制和效果。⑨ 与此同时，张蕊等（2019）采用具有充分灵活形式的半参数平滑系数模型测算了我国要素产出弹性和 TFP 增长率变化，同时分东、中、西部

---

① 施发启：《中国产业结构的协调性分析》，《统计研究》，1998 年第 2 期，第 19~25 页。
② 李宝瑜，高艳云：《产业结构变化的评价方法探析》，《统计研究》，2005 年第 12 期，第 65~67 页。
③ 邬义钧：《我国产业结构优化升级的目标和效益评价方法》，《中南财经政法大学学报》，2006 年第 6 期，第 73~77 页。
④ 林毅夫：《新结构经济学、自生能力与新的理论见解》，《武汉大学学报》（哲学社会科学版），2017 年第 6 期，第 5~15 页。
⑤ 肖兴志，彭宜钟，李少林：《中国最优产业结构：理论模型与定量测算》，《经济学》（季刊），2013 年第 1 期，第 135~162 页。
⑥ 黄亮雄，安苑，刘淑琳：《中国的产业结构调整：基于三个维度的测算》，《中国工业经济》，2013 年第 10 期，第 70~82 页。
⑦ 于斌斌：《产业结构调整与生产率提升的经济增长效应——基于中国城市动态空间面板模型的分析》，《中国工业经济》，2015 年第 12 期，第 83~98 页。
⑧ 于斌斌：《产业结构调整如何提高地区能源效率？——基于幅度与质量双维度的实证考察》，《财经研究》，2017 年第 1 期，第 86~97 页。
⑨ 李子豪，毛军：《地方政府税收竞争、产业结构调整与中国区域绿色发展》，《财贸经济》，2018 年第 12 期，第 142~157 页。

探讨了不同时期产业结构变迁与经济增长之间的关系，发现产业结构合理化及高级化均能促进经济增长，但不同地区、不同时期产业结构升级对经济增长的影响存在差异。① 技术进步的方向作为影响宏观经济增长和产业结构变迁的重要因素，涂正革和陈立（2019）根据标准化供给面系统方法，估算出中国 28 个省级行政区的技术进步方向指数，并运用这一指数进行了基于偏向性技术进步的量化分析。②

（二）关于具体产业结构的影响评价

除了对整体产业结构进行综合评价之外，部分学者们还针对一些产业或不同地区的产业结构进行了具体评价研究。师萍（1999）就以旅游产业为研究对象，首先提出旅游产业结构合理化的三个层次，即宏观结构合理化、旅游产业内部结构的合理化和动态结构的合理化，并建立旅游产业机构的评价准则，然后依据准则构建出产业机构合理化的三项指标。③ 赵敏（1998）则以水利产业为研究对象，使用层次分析法建立水利产业结构评价模型，并运用所建模型对江苏省某县的水利产业结构进行实证分析。④ 孟庆武（2015）运用"三轴图"法对我国渔业内部产业结构演进规律进行研究分析，得出了渔业产业结构发展的三个阶段，并指出当前渔业第一产业占主导地位，第二、三产业比重较小。⑤ 针对我国农产品市场"三量齐增"的现象，曹博和赵芝俊（2017）总结了我国农业科技创新发展路径及其存在的问题，从全产业链的角度研究了农业技术进步与产业结构升级之间的互动机制，提出要从消费需求拉动和产业结构推动两个角度出发分别构建公共部门和私人部门共同参与的现代农业科技创新体系。⑥

除了对某一具体产业的结构进行评价外，一些学者还对特定地区的产业结构进行了评价。陆根尧（1995）根据宁波市的投入产出表，对宁波市产业结构的现状特征进行定量分析，发现化工、纺织、机械这三个主要部门的影响力系数和感应系数较大，表明这三个主要部门具有较强的带动能力。⑦ 还有学者以黑龙江省农业为研究对象，构建产业结构相似系数、产业结构变化系数和产业结构熵值三个量化指标，对黑龙江省农业产业结构的现状、变化情况及结构稳定性进行量化评价（张孟林和王庆石，2006）。⑧ 陈立泰和张祖妞（2009）借助比较劳动生产率与产业结构偏离度等，对重庆市产业结构现状

---

① 张蕊，李安林，李根：《我国产业结构升级与经济增长关系研究——基于地区和时间异质性的半参数平滑系数模型》，《经济问题》，2019 年第 5 期，第 19～27 页。
② 涂正革，陈立：《技术进步的方向与经济高质量发展——基于全要素生产率和产业结构升级的视角》，《中国地质大学学报》（社会科学版），2019 年第 3 期，第 119～135 页。
③ 师萍：《旅游产业结构评价方法初议》，《西北大学学报》（哲学社会科学版），1999 年第 1 期，第 85～88 页。
④ 赵敏：《水利可持续发展评价指标体系研究方法初探》，《水利科技与经济》，1998 年第 3 期，第 126～127 页。
⑤ 孟庆武：《中国渔业内部产业结构演进分析及调整对策》，《东岳论丛》，2015 年第 5 期，第 126～129 页。
⑥ 曹博，赵芝俊：《基于产业结构升级的现代农业科技创新体系研究》，《农村经济》，2017 年第 1 期，第 99～104 页。
⑦ 陆根尧：《宁波市产业结构现状特征的定量研究》，《数量经济技术经济研究》，1995 年第 11 期，第 52～55 页。
⑧ 张孟林，王庆石：《区域农业生产结构优化模型的建立》，《农机化研究》，2006 年第 7 期，第 71～73 页。

进行分析，并计量分析了产业结构对经济增长的影响。[1] 施生旭和童佩珊（2020）利用 DPSIR 模型构建出产业结构优化评价指标体系，采用 TOPSIS 分析方法和障碍模型，以中国 27 个地区样本数据，对产业结构优化水平进行了评价分析。[2] 关伟和许淑婷（2014）从 DEA 能源综合技术效率、单位 GDP 能耗及融合二者的能源利用效率三方面出发，分析了辽宁省 14 个地级市能源效率的空间等级与结构特征。在对各地级市产业结构高级度、合理度、集中度测度与分析的基础上，采用耦合度评价模型总结了辽宁省能源效率与产业结构的耦合特征。[3] 孙威等（2016）采用多区域投入产出模型，构建了节能和就业导向下产业结构整体最优的模型和优化度模型，以此来研究节能和就业导向下中国中部地区产业结构优化。[4] 马子量（2016）则基于西北地区 51 个市（州/地）面板数据，利用相关指标测度了西北地区城市化进程对产业结构演变的驱动效应，在把握其时空演化的基本趋势的基础上，利用空间自相关检验及空间计量方法对其空间相关性和时空驱动路径进行了分析。[5]

与此同时，关于金融与具体产业结构的关系研究也不断深化。杜家廷等（2015）从金融资产结构调整视角出发，对西部地区金融资产结构调整与产业结构升级之间的互动关系进行深入研究。[6] 李雪和金琦（2019）利用京津冀地区 43 个区市的面板数据进行实证检验，重点探究金融发展对产业结构调整的影响机制。[7] 魏丽莉和杨颖（2019）剖析了西北地区金融绿色化与产业结构优化间的关系演进，构建了绿色金融发展与产业结构优化的动态耦合协调度模型，从时间与空间两个维度实证刻画二者间的演变过程。[8]

第四节 区域经济结构理论

在特定的经济系统中，人类经济活动在空间中的表现形态各异，并由此形成了不同的区位类型。关于区域经济结构，不仅要研究生产什么、生产多少和为谁生产等一般经

---

[1] 陈立泰，张祖妞：《重庆市产业结构的评价及其与经济增长的关系研究》，《统计与决策》，2009 年第 23 期，第 115~117 页。

[2] 施生旭，童佩珊：《中国各地区产业结构优化评价及障碍因素研究——基于 DPSIR-TOPSIS 模型》，《河北经贸大学学报》，2020 年第 2 期，第 54~64 页。

[3] 关伟，许淑婷：《辽宁省能源效率与产业结构的空间特征及耦合关系》，《地理学报》，2014 年第 4 期，第 520~530 页。

[4] 孙威，李文会，张文忠，等：《节能和就业导向下中国中部地区产业结构优化》，《地理学报》，2016 年第 6 期，第 984~997 页。

[5] 马子量：《西北地区城市化进程对产业结构演变的驱动效应研究》，《中国人口·资源与环境》，2016 年第 11 期，第 37~44 页。

[6] 杜家廷，冉茂盛，任䅗：《西部地区金融资产结构调整与产业结构升级分析》，《重庆大学学报》（社会科学版），2015 年第 2 期，第 1~8 页。

[7] 李雪，金琦：《京津冀地区金融发展对产业结构调整的影响分析：区市证据》，《四川师范大学学报》（社会科学版），2019 年第 3 期，第 53~62 页。

[8] 魏丽莉，杨颖：《西北地区绿色金融与产业结构耦合协调发展的历史演进——基于新结构经济学的视角》，《兰州大学学报》（社会科学版），2019 年第 5 期，第 24~35 页。

济问题,更要关注在何地生产和消费的问题(邓宏兵,2008)。[①] 本节讨论区域产业结构与区域经济空间结构的一系列基本内容,重点关注了区域产业结构的分类与评价、配置与优化,分析研究了区域经济空间结构的基本概念与基本结构,对于存在的争论和达成的共识进行了系统梳理。

一、区域经济结构理论的基本内涵

区域经济结构理论源于区位论的概念理论,基本上沿用了早期区位论学者研究现实问题的方法,即区域基础状况的假设——几何图解及简单的公式数学推导——模型的归纳并与实际情况相对照。但区域经济结构理论与区位论的研究重点并不完全相同,它是把处于一定区域的各类经济事物看成具有一定功能的有机体,从纵向实践变化上加以考察(年猛和孙久文,2012)。[②]

区域经济结构是社会经济长期发展的结果,也是人们根据区域的自然、区位、历史、经济等因素的特点实施相应的区域发展方针的结果(胡序威,1998)。[③] 随着区域社会生产力的进步,区域经济结构也将演变,并且其演变呈现出一定的规律性:处于不同发展阶段的区域具有不同的经济结构特征,发展阶段大致接近的不同区域具有大致相似的经济结构特征(顾朝林和沈建发,2002)。[④] 不同学者对于区域经济结构的定义不尽相同,但都包含以下五个基本方面:以城镇型居民点为中心的土地利用结构,最佳的企业规模、居民点规模、城市规模和中心地等级体系,各类区域经济主体的空间相互作用,社会经济发展各阶段上的空间结构特点及其演变,社会经济客体区域集中的合理程度(陆大道,1995)。[⑤] 陆玉麟(1998)则指出,区域经济结构是人类经济活动作用于一定地域范围所形成的组织形式,包括三个方面的内容:第一,以资源开发和人类经济活动场所为载荷的经济地域单元为中心问题的空间分异与组织关系;第二,空间实体构成的某种等级规模体系;第三,各空间实体之间存在的某种要素流的形式。[⑥] 曾菊新(1996)认为,区域经济结构指的是经济现象和经济变量在一定地理范围中以分布的位置、形态、规模和相互作用为特征的存在形式和客观实体,反映了以地理空间为载体的经济事物的区位关系和空间组织形态,为各种物质实体要素构成某种空间联系和作用关系的总和,既体现了事物的属性和相互关系,也是人类经济活动作用于一定地域范围所形成的空间组织形式。[⑦] 陈才(2001)指出,区域经济结构是人类的经济活动在一定地域空间上的组合关系,是区域经济的中心、外围、网络诸关系的总和。[⑧] 叶大年等(2001)研究发现,区域经济结构是从空间分布、空间组织角度辨析考察区域发展状态

[①] 邓宏兵:《区域经济学》,科学出版社,2008年,第12页。
[②] 年猛,孙久文:《中国区域经济空间结构变化研究》,《经济理论与经济管理》,2012年第2期,第89~96页。
[③] 胡序威:《沿海城镇密集地区空间集聚与扩散研究》,《城市规划》,1998年第6期,第22~28页。
[④] 顾朝林、沈建发:《论中国西部区域开发战略》,《地域研究与开发》,2002年第3期,第28~33页。
[⑤] 陆大道:《区域发展及其空间结构》,科学出版社,1995年,第57~61页。
[⑥] 陆玉麟:《区域发展中的空间结构研究》,南京师范大学出版社,1998年,第39页。
[⑦] 曾菊新:《空间经济:系统与结构》,武汉出版社,1996年,第117~118页。
[⑧] 陈才:《区域经济地理学》,商务印书馆,2001年,第112页。

和区域社会经济有机体的罗盘,是区域发展状态的航标灯和启明星。① 崔功豪(2010)认为,区域经济结构是指在一定地域范围内经济要素的相对区位关系和分布形式,它是在长期经济发展过程中人类经济活动和区位选择的积累结果。区域经济结构是经济活动的空间表现形式,它反映了经济活动的区位特点以及在地域空间中的相互关系。经济空间结构受到经济发展水平的制约,必须与经济发展的客观实际相适应。区域经济结构也具有相对稳定性,一旦形成要经过较长时期才能变动,具有明显的滞后性。②

二、区域经济结构理论的组成部分

区域经济结构理论就是一个由复杂系统构成的多层次、多因素的复合体,主要包含区域产业结构理论与区域经济空间结构理论两大部分。

(一)区域产业结构理论

社会生产的产业结构是在一般分工和特殊分工的基础上发展而来,区域产业结构研究则是区域经济研究的重要组成部分,是人们认识区域经济发展的重要内容之一(杨德勇,2011),③ 主要研究区域经济中各类产业之间的内在联系和比例关系(陈栋生,1990)。④

1. 区域产业结构的分类

区域产业结构的分类方法大致可以概括为一般分类法与功能分类法两类。在区域经济学的研究范式下,经常使用的分类方法有两大领域、两大部类分类法与三次产业分类法(林峰,2006)。⑤

(1)基于生产要素密集程度的区域产业结构分类法。

部分学者基于生产要素的密集程度,依据各经济部门对不同生产要素(土地、资本、技术、劳动力等)的依赖程度,将经济部门划分为资源密集型产业、资本密集型产业、技术密集型产业与劳动力密集型产业。贺灿飞和朱彦刚(2010)指出,资源密集型产业作为我国的基础性产业,资源依赖度高、市场内向化、产业联系强、规模效应显著,大多分布在重工业基础较好的地区。⑥ 胡森林等(2020)研究发现,资本密集型产业是生产技术装备程度较高、单位产品所占用的投资较多的生产部门,主要集聚在资本雄厚、矿产资源丰富或沿海沿江地区。劳动密集型产业则需要大量使用劳动力进行生产活动,呈现出"小集聚、大分散"的格局。⑦ 技术密集型产业指需要运用现代化的科学

---

① 叶大年,赫伟,徐文东,等:《中国城市的对称分布》,《中国科学》(D辑:地球科学),2001年第7期,第608~616页。
② 崔功豪:《区域分析与区域规划》,高等教育出版社,2010年,第298页。
③ 杨德勇:《区域产业结构调整的投融资问题研究》,中国经济出版社,2011年,第7页。
④ 陈栋生:《区域经济学研究的内容》,《经济问题》,1990年第8期,第62页。
⑤ 林峰:《可持续发展与产业结构调整》,社会科学文献出版社,2006年,第15页。
⑥ 贺灿飞,朱彦刚:《中国资源密集型产业地理分布研究——以石油加工业和黑色金属产业为例》,《自然资源学报》,2010年第3期,第488~501页。
⑦ 胡森林,曾刚,滕堂伟,等:《长江经济带产业的集聚与演化——基于开发区的视角》,《地理研究》,2020年第3期,第611~626页。

技术进行生产的生产部门，其国际竞争力是衡量国家经济和科技发展水平的重要标志（林玮和张向前，2013）。① 基于生产要素密集程度的区域产业结构分类法对研究区域生产要素优势与规划区域产业结构具有重要意义（杨海生等，2008）。②

（2）基于社会生产活动历史发展顺序的区域产业结构分类法。

三次产业分类法是我国在研究国民经济结构方面采用的产业分类法，是基于社会生产活动历史发展顺序的分类法，在改革开放后对宏观经济管理、调整产业结构都起到了重要作用（孙菲，2008）。③ 三次产业分类法在国际上得到了广泛的运用，但到目前为止，世界各国的经济学家们对三次产业的划分口径、标准、分类和编组都不尽相同，仍未达成一致（季伟，1984）。④ 1985年，为了适应建立国民生产总值统计的需要，国家统计局向国务院提出了《关于建立第三产业统计的报告》，报告中首次规定了我国三次产业的划分范围，开始尝试使用三次产业分类法。国家统计局还于2002年、2012年、2017年在原标准的基础上，对三次产业的划分范围进行了调整。三次产业分类法当前通常被用于研究区域产业结构演进规律与趋势，有利于地方政府根据自身实际选择最具比较优势的产业（陈东强，2006）。⑤

但是，也有学者对三次产业分类法提出了质疑。孙菲（2008）从无法反映产业内部的组合情况，无法反映生产的社会化、现代化与市场化程度，无法反映生产者与最终消费者的内在联系，无法反映金融市场的发育程度等方面指出了三次产业分类法的弊端。⑥ 刘思华（2000）⑦、刘国涛（2005）⑧、桂文静和王容天（2011）⑨ 则着重强调了绿色产业、生态产业作为一个独立产业的重要价值，认为建立生态产业并大力推进其发展，是解决环境危机、能源危机，实现全球社会、生态、经济可持续发展的必由之路，也是中国实现经济、产业结构战略性调整的原则。

总体而言，区域产业结构的不同分类方法均是国民经济产业分类法在区域产业分类中的具体运用，还有很多其他种类的分类法，如夕阳产业与朝阳产业分类法（邓荣霖，2014）⑩，轻、重工业分类法（列宁，1898；任纪军，1990）⑪，轻、重、化工业分类法

---

① 林玮，张向前：《我国技术密集型产业国际竞争力研究》，《科技进步与对策》，2013年第5期，第52~59页。
② 杨海生，陈少凌，周永章：《地方政府竞争与环境政策——来自中国省份数据的证据》，《南方经济》，2008年第6期，第15~30页。
③ 孙菲：《关于三次产业分类法应当正视的几个问题》，《沿海企业与科技》，2008年第7期，第96~97页。
④ 季伟：《国外划分三次产业的标准》，《天津金融研究》，1984年第11期，第46页。
⑤ 陈东强：《区域产业形态与产业结构的比较及其在实践中的意义》，《经济地理》，2006年第1期，第80~83页。
⑥ 孙菲：《现行三次产业分类法的弊端》，《统计与决策》，2008年第18期，第2页。
⑦ 刘思华：《创建五次产业分类法，推动21世纪中国产业结构的战略性调整》，《生态经济》，2000年第6期，第5~13页。
⑧ 刘国涛：《绿色产业与绿色产业法》，《中国人口·资源与环境》，2005年第4期，第95~99页。
⑨ 桂文静，王容天：《对第四产业内涵的再思考》，《商业时代》，2011年第17期，第99~101页。
⑩ 邓荣霖：《老龄产业不是夕阳产业，而是亟待发展的朝阳产业》，《人民论坛》，2014年第36期，第34~35页。
⑪ 任纪军：《中国轻重工业的结构变动》，《经济学家》，1990年第5期，第47~58+127~128页。

（徐光远等，2018）①，主导、关联、基础性产业分类法（赵慧英，2003）②，传统产业和高新技术产业分类法（俞园园等，2015）③，等等。

2. 区域产业结构的合理性评价

与此同时，不同学者运用多种方法对区域产业结构合理性的不同方面进行评价。从资源配置的角度来看，区域产业结构可作为各类资源的"转换器"，区域在经济发展过程中所投入的各类资源经过产业结构的转换，实现了空间位移与价值增殖（李小建，2012）。④ 区域产业结构的形成不仅取决于该区域的内部条件，而且受到外部环境的强烈影响（杜肯堂，2004）。⑤ 一般而言，学界普遍认可的决定区域产业结构的内部条件包括自然资源状况、人力资源状况、科学技术水平、资金供给情况、产业基础情况与社会历史文化等六个方面；外部条件则包含社会消费需求、国家产业政策、区域经济联系、区域经济分工等方面（杜琦和吴伟，2011）。⑥

合理的区域产业结构对区域经济长期健康发展意义重大，其评价角度主要涉及六大方面：其一，现有的区域产业结构同区域资源结构是否相适应，能否有效地发挥区域要素禀赋优势与比较优势（李小建和杨慧敏，2017）⑦；其二，区域产业系统的功能能否担负起区域在区际或全国地域分工中的任务（李小建，2013）⑧；其三，区域内各产业间是否联系紧密、协调发展（安虎森，2021）⑨；其四，区域产业结构是否有较强的转换能力与应变能力（安虎森和季赛卫，2014）⑩；其五，区域产业结构的先进性情况，主导产业是否先进且新旧产业更替迅速（刘再兴，1992）⑪；其六，区域产业结构的结构性效益情况（刘再兴，1991）⑫。

3. 区域产业结构的配置

学界对于区域产业结构配置的研究主要包含区域产业结构配置的标准、区域主导产业的选择与区域非主导产业的配套三大部分（陈栋生，2001）。⑬

（1）区域产业结构配置的标准。

区域产业结构配置是指区域内各类产业为了达到区域经济效益与社会效益的最大

---

① 徐光远，林洁，曾尔庆，等：《试论云南工业结构的重工业化趋势及对策》，《云南大学学报》（社会科学版），2008年第2期，第61~71+96页。
② 赵慧英：《试析主导产业与基础产业的关系》，《经济与管理》，2003年第9期，第13~14页。
③ 俞园园，梅强：《传统产业集群和高新技术产业集群的创业制度环境比较》，《中国科技论坛》，2015年第7期，第51~56页。
④ 李小建：《经济地理学》（第二版），高等教育出版社，2012年，第182页。
⑤ 杜肯堂：《城乡统筹 区域协调 开拓成都新型工业化城镇化的广阔空间》，《四川省情》，2004年第6期，第11~13页。
⑥ 杜琦，吴伟：《测量社会消费需求的指标体系构建》，《统计与决策》，2011年第10期，第14~15页。
⑦ 李小建，杨慧敏：《中原城市群产城协调发展分析》，《区域经济评论》，2017年第4期，第47~54页。
⑧ 李小建：《经济地理学发展审视与新构思》，《地理研究》，2013年第10期，第1865~1877页。
⑨ 安虎森：《空间经济学的一些理论问题》，《河北经贸大学学报》，2021年第1期，第71~78+89页。
⑩ 安虎森，季赛卫：《演化经济地理学理论研究进展》，《学习与实践》，2014年第7期，第5~18+2页。
⑪ 刘再兴：《产业政策区域化的理论与方法》，《天津社会科学》，1992年第3期，第23~28页。
⑫ 刘再兴：《协调区域关系 改善生产布局》，《开发研究》，1991年第5期，第2~9页。
⑬ 陈栋生：《西部地区经济现状与大开发的对策》，《中国工业经济》，2001年第3期，第20~26页。

化，遵循客观规律和比例的动态空间组合（安虎森，2004）。① 刘再兴通过研究发现，区域产业结构配置通常要遵循以下三个标准：第一，要提升区域经济增长力度，使区域产业结构按照区域优势的准则不断进行选择与转换，使区域内各产业都具备不同程度的领先优势。② 第二，要提升区域产业间的和谐度，既要主导产业与非主导产业间具有极强的正向联动机制和反向配合关系，也要流通部门、基础设施和公共事业等与直接生产部门在质量、规模上相适应，使区域产业联系有序化，产业比例合理化。第三，要提升区域产业结构的弹性，使区域产业结构既有吸收域内外资源或烫平经济波动的能力，又促使主导产业不断技术更新释放潜能。③ 综合来看，陈栋生（2005）就提出，区域产业结构配置的实质在于通过确立主导产业，围绕主导产业的产前、产中与产后的全产业链过程，发展辅助产业与配套产业，构建结构紧凑、相互促进的高效区域经济有机体。④

（2）区域主导产业的选择。

在区域产业结构中，主导产业是区域经济组织的核心，它的选择对于区域的长期可持续发展至关重要。⑤

关于区域主导产业的选择基准，学者们作了大量的研究工作。确定基准必须要明确区域主导产业选择的约束条件和重视区域主导产业的微观基础，要重视定性分析在主导产业选择中的重要作用（宋继承，2010）。⑥ 陈栋生（1993）就曾指出，区域主导产业必须具备高产业关联强度、高比较优势系数、高需求收入弹性、高生产上升率、高产业规模经济与高产业创新能力等六大条件。⑦ 郝寿义（2004）则提出了区域主导产业选择的四个定量评价指标，即产业比较优势度、产业的市场潜力、产业规模与产业关联度。⑧ 陈燕连等（2013）认为，我国学者在借鉴国外观点的基础上结合中国国情提出了各种区域主导产业的选择基准，可以归纳为"三基准""四基准""五基准""六基准""七基准"及"十一基准"，见下表14-2。⑨

表14-2 区域主导产业选择的不同基准总结表

基准	各学者及其代表性观点
三基准	周振华（1991）：增长后劲；瓶颈效益；短缺替代弹性⑩
四基准	党耀国等（2004）：收入弹性；产业关联度；增长率；劳动就业⑪

---

① 安虎森：《区域经济学通论》，经济科学出版社，2004年，第135页。
② 刘再兴：《论我国生产力布局战略》，《开发研究》，1987年第5期，第11~13页。
③ 刘再兴：《中国资源配置的历史、现状与发展趋势》，《开发研究》，1994年第1期，第3~8页。
④ 陈栋生：《论区域协调发展》，《北京社会科学》，2005年第2期，第3~10+62页。
⑤ 李小建：《经济地理学》（第二版），高等教育出版社，2012年，第176页。
⑥ 宋继承：《区域主导产业选择的新思维》，《审计与经济研究》，2010年第5期，第104~111页。
⑦ 陈栋生：《区域经济学》，河南人民出版社，1993年，第172页。
⑧ 郝寿义：《区域经济学》（第二版），经济科学出版社，2004年，第103~106页。
⑨ 陈燕连，蔡海生，林联盛：《区域主导产业选择研究综述》，《当代经济》，2013年第15期，第142~144页。
⑩ 周振华：《产业政策体系分析》，《江淮论坛》，1991年第2期，第46~52页。
⑪ 党耀国，刘思峰，翟振杰：《区域主导产业评价指标体系选择与数学模型》，《经济经纬》，2004年第6期，第38~40页。

续表14-2

基准	各学者及其代表性观点
五基准	张圣祖（2001）：收入弹性；生产率上升率；产业关联度；生产协调最佳；增长后劲最大化①
	朱要武和朱玉能（2003）：收入弹性；生产率上升率；产业关联度；动态比较优势；国际竞争力上升率②
	王莉（2004）：可持续发展；收入弹性；生产力上升；效益；产业关联度；比较优势③
	陈刚（2004）：生产率上升率；需求收入弹性；产业关联度；创新率；规模经济性④
六基准	邬义钧（2001）：需求收入弹性大；供给弹性大；劳动生产率高；能体现劳动生产率的方向；对相关产业的波动和带动作用强⑤
	关爱萍和王瑜（2002）：需求；产业关联；效率；持续发展；技术进步；竞争优势⑥
	林素娇和江兵（2008）：市场潜力；技术进步；产业关联；比较优势；环境保护；社会进步⑦
七基准	王稼琼和李卫东（1999）：市场前景和市场竞争力；产业之间的带动；技术创新与进步；吸纳劳动能力；动态比较综合优势；世界市场竞争力；可持续发展⑧
	张大松和赵英才（2002）：区内增加值比重；产业专门化；比较劳动生产率；比较资金利税率；市场占有率；感应度系数；影响力系数⑨
	张魁伟（2004）：收入弹性；生产率上升率；产业关联度；动态比较优势；生产要素的相对集约化；就业；可持续发展⑩
十一基准	崔功豪等（2010）：对相关产业的带动影响；对区域资源的有效利用；对区域就业的作用；增加价值；出口潜力；环境影响；技术先进程度；产品质量水平；劳动生产率；市场占有率；利税效果⑪

关于区域主导产业选择的方法，秦耀辰和张丽君（2009）指出，区位熵法、投入产出法、SSM法、DEA法、主成分分析法、因子分析法、聚类分析法、层次分析法、加权求总法、模糊分析法、BP神经网络法等分析手段已经广泛应用于不同区域主导产业

---

① 张圣祖：《区域主导产业选择的基准分析》，《经济问题》，2001年第1期，第22~24页。
② 朱要武，朱玉能：《区域主导产业的选择基准》，《上海综合经济》，2003年第11期，第24~26页。
③ 王莉：《关于区域主导产业选择基准之探讨》，《煤炭技术》，2004年第8期，第110~111页。
④ 陈刚：《区域主导产业选择的含义、原则与基准》，《理论探索》，2004年第2期，第52~53页。
⑤ 邬义钧：《调整产业结构，以信息化带动工业化》，《中南财经大学学报》，2001年第3期，第5~6页。
⑥ 关爱萍，王瑜：《区域主导产业的选择基准研究》，《统计研究》，2002年第12期，第37~40页。
⑦ 林素娇，江兵：《可持续发展主导产业选择模型研究》，《价值工程》，2008年第4期，第14~17页。
⑧ 王稼琼，李卫东：《城市主导产业选择的基准与方法再分析》，《数量经济技术经济研究》，1999年第5期，第26~29页。
⑨ 张大松，赵英才：《区域主导产业及其评价方法》，《吉林工业大学学报》（工学版），2002年第2期，第94~98页。
⑩ 张魁伟：《区域主导产业评价指标体系的构建》，《科技进步与对策》，2004年第8期，第7~9页。
⑪ 崔功豪，魏清泉，刘科伟：《区域分析与区域规划》，高等教育出版社，2010年，第222~223页。

的选择（见表14-3）。① 同时，现有研究偏重产业结构和产业关联的分析方法，普遍轻视产业组织确定。在市场体制下，产业结构变动必然伴随着产业组织的整合，如何使这二重的过程更加稳定高效，降低产业变动和要素整合过程中的成本，是主导产业选择中不可回避的问题。

表14-3 区域主导产业选择方法分类表

分类	特征	代表模型	简单描述
单基准法	根据单个选择基准研究主导产业，思路简单，操作方便	区位熵法	方便分析现有产业形成的区域比较优势
		投入产出法	以物质流的形式分析各部门间投入产出的依存关系
		SSM	动态综合反映区域产业的现状基础和发展趋势
		DEA	根据产业的输入输出数据评价产业运行效率，科学客观，操作性强
		钻石理论基准法	同时考量区域的比较优势和竞争优势
多基准法	基于多个评价指标，全面又有侧重地反映主导产业特征	主成分分析法	集中了原变量大部分信息，通过综合得分客观科学地评价分析对象
		因子分析法	重组原变量，旋转后的公因子解释性更强
		聚类分析法	根据变量域间相似性逐步归群成类
		层次分析法	建立层次模型，构造判断矩阵，确定指标值大的为区域主导产业
		加权求总法	充分体现了主导产业的多属性、多功能、多层次等复杂特点
		模糊分析法	依靠多层次多角度处理复杂事物
		灰色关联分析法	使指标间的"灰"关系清晰化，找出主要影响因素
		BP神经网络法	有自适应能力，能客观处理复杂指标间的非线性关系

资料来源：秦耀辰、张丽君：《区域主导产业选择方法研究进展》，《地理科学进展》，2009年第1期，第132～138页。

(3) 区域非主导产业的选择。

区域非主导产业的选择主要包含关联产业配套、基础性产业配套与潜导产业及支柱产业发展三个方面的内容（李小建，2012）。②

关联产业配套是指根据主导产业来合理规划、协同促进相关产业的发展，从而使得关联产业与主导产业间形成紧密联系、相互促进的发展关系。需要做好关联产业的选

---

① 秦耀辰，张丽君：《区域主导产业选择方法研究进展》，《地理科学进展》，2009年第1期，第132～138页。
② 李小建：《经济地理学》（第二版），高等教育出版社，2012年，第178～179页。

择、关联产业的发展规模确定与关联产业的合理布局三个方面的工作（王岚和盛斌，2013）。① 同时，颜燕等（2017）学者研究发现，对外开放度、市场自由化水平和政府干预程度三项区域制度变量作为重要的外部力量，会影响甚至改变区域关联产业演化的路径和方向。②

基础性产业作为主导产业与关联产业健康发展的重要保障，其配套的实质在于根据主导产业与关联产业的发展需要，合理引导和组织基础性产业发展，尽可能为两者提供必要支持并创造良好外部环境。当前，基础性产业配套的关键问题在于，民营资本进入基础性产业仍存在多重障碍，包括国家经济体制改革的区域政策和地域条件、制度供给差异、社会服务体系建设滞后、观念障碍和政策障碍等（春风和姜玮，2004）。③

潜导产业可谓区域产业的未来方向与发展希望。在构建区域产业结构时，必须紧密结合外部环境变化与自身客观条件，选择具有较强发展前景的新兴产业作为潜导产业，并在技术支撑、资金供给、人才培养等方面及时予以扶植。培育和发展战略性新兴产业不能仅支持产业的某一个方面，而是要促进其所处创新生态系统、生产生态系统与应用生态系统的完善与协调（李晓华和刘峰，2013）。④ 胡碧玉等（2005）认为，为了实现经济可持续发展的目标，需要进行产业结构的调整，关键是在原有生产要素枯竭前建立能够替代资源产业的潜导产业。⑤ 与此同时，作为区域经济的增长点，支柱产业的确定和发展是区域经济发展的关键（杨江等，2014）。⑥ 支柱产业作为其他产业发展的重要支撑，对于区域经济增长有着突出的贡献，要积极采用新技术要素、新物质要素予以支持，防止其过早出现衰退从而限制区域经济增长。

4. 区域产业结构的优化

学者们对于区域产业结构优化的考察，主要从区域产业结构优化的意义与策略两方面进行论述（陈栋生，2001）。⑦

（1）区域产业结构优化的意义。

区域产业结构优化是指利用各种方法尽可能使得区域产业结构趋向最优配置的过程。张永恒和郝寿义（2018）就认为，区域产业结构优化升级的约束条件包括生态和空间层面，目标导向下包括要素、产业结构以及产业链三个层面。要素禀赋是产业优化升级并实现新旧动力转换的落脚点，推动产业优化升级，应从提高要素流动形式多样化、提升各类要素禀赋等级、细化要素禀赋分类、创造更多具有创新性的新要素等四个方面

---

① 王岚，盛斌：《比较优势、规模经济和贸易成本：国际生产分割下垂直关联产业的空间分布》，《世界经济研究》，2013年第4期，第18～23+65+87页。
② 颜燕，贺灿飞，王俊松：《产业关联、制度环境与区域产业演化》，《北京工商大学学报》（社会科学版），2017年第1期，第118～126页。
③ 春风，姜玮：《江西民营经济的市场准入现状、成因及其对策——以基础性产业为例》，《江西社会科学》，2004年第11期，第178～181页。
④ 李晓华，刘峰：《产业生态系统与战略性新兴产业发展》，《中国工业经济》，2013年第3期，第20～32页。
⑤ 胡碧玉，刘诗白，宋小军：《西部资源型城市产业结构调整与潜导产业的培育》，《四川师范大学学报》（社会科学版），2005年第5期，第16～19页。
⑥ 杨江，黄新建，万科：《新时期江西工业支柱产业的选择与发展研究》，《南昌大学学报》（人文社会科学版），2014年第5期，第80～84页。
⑦ 陈栋生：《西部地区经济现状与大开发的对策》，《中国工业经济》，2001年第3期，第20～26页。

着手。① 崔功豪等（2010）指出，区域产业结构优化的意义主要体现在充分发挥区域优势、产业结构整体性与系统性的相对平衡、提升产业结构的先进性三个方面。② 安虎森（2004）通过研究发现，区域产业结构优化的实质在于：其一，准确选择区域主导产业，合理确定其发展规模和速度，协调主导产业和非主导产业间的关系；其二，建立以主导产业为核心、各产业协调配套及高效运转的区域产业体系；其三，对外突出区域主导产业的发展优势，提高与域外的经济互补性，对内提高区域各产业间的关联度、协调性，形成区域内外经济发展的良性循环；其四，及时把握区域产业结构的内在变化，积极扶持潜导产业，促进产业结构的适时转换。③ 邵翠丽（2014）指出，产业结构优化有助于加大第一产业的投资并提高投资效益，加快农业发展方式转变，发展现代农业，并能引导第二产业向集聚化、融合化、高端化方向发展，还能有效增加第三产业中高技术产业的投资比重，构建新的现代产业体系。④

（2）区域产业结构优化的策略。

在区域产业结构优化的策略上，应从以下三个方面重点着手：其一，准确选择、优先发展主导产业；其二，积极协调主导产业与非主导产业的关系；其三，积极扶持潜在主导产业，促进区域产业结构及时合理转换（安虎森，2004）。⑤ 高京燕（2019）结合供给侧结构性改革的背景，提出从优化资源配置、完善配套设施、建设一流人才队伍等方面对特定产业供给侧进行优化。⑥ 徐小钦和谢静（2003）则提出，从注重投资质量和效益的提高方面着眼，促进产业结构优化升级，进而更加有效地促进地区经济增长。⑦ 胡亭亭和胡本田（2004）提出了五点优化区域产业结构的策略：第一，通过改革、转轨、制度建设，最大限度地建立起适宜于经济结构全方位自行、持续调整的机制；第二，以市场为导向，充分发挥市场机制在资源配置中的基础性作用；第三，产业结构调整要依靠科技进步，努力适应世界和全国的产业调整的变化；第四，坚定不移地推进工业化战略，遵循社会经济发展的客观规律；第五，以信息化推进产业结构的转换和升级，走信息产业化与产业信息化相结合之路。⑧ 禹晋卿（2008）则认为，优化区域产业结构可以从以下八个方面着手：一是从区域特点和发展需要出发，科学把握结构调整的侧重点；二是改变要素投入结构和利用方式，为各类产业健康成长创造条件；三是增强自主与竞争意识，实施积极的地区博弈策略；四是坚持大企业、名牌产品和企业家带动战略，全面提升产业经济的竞争力；五是切实解决好资金、土地等瓶颈问题，促使中小

---

① 张永恒，郝寿义：《高质量发展阶段新旧动力转换的产业优化升级路径》，《改革》，2018年第11期，第30～39页。
② 崔功豪，魏清泉，刘科伟：《区域分析与区域规划》，高等教育出版社，2010年，第228～229页。
③ 安虎森：《区域经济学通论》，经济科学出版社，2004年，第149～151页。
④ 邵翠丽：《以农业为重点的区域投资结构调整和产业优化研究——基于中原经济区的数据分析》，《税务与经济》，2014年第4期，第25～31页。
⑤ 安虎森：《区域经济学通论》，经济科学出版社，2004年，第152页。
⑥ 高京燕：《供给侧改革背景下旅游产业结构优化策略》，《华北水利水电大学学报》（社会科学版），2019年第3期，第16～20页。
⑦ 徐小钦，谢静：《重庆直辖以来投资结构现状及产业结构优化升级的策略分析》，《探索》，2003年第6期，第123～126页。
⑧ 胡亭亭，胡本田：《安徽省产业结构分析及优化》，《安徽广播电视大学学报》，2004年第4期，第32～36页。

企业和产业集群健康发展；六是坚持扩大产业开放，培育特色高新技术产业；七是积极发展循环经济，切实降低资源能源消耗；八是坚持体制机制创新，改变政府管理经济的方式。[①] 张学威（2010）指出，产业结构的优化对全要素生产率具有明显的影响，虽然受各地区初始产业结构布局的限制，但仍旧呈现出一定的规律性，即第一产业比重的降低和第二产业比重的提升对全要素生产率具有显著促进作用。[②]

（二）区域经济空间结构理论

区域内部存在着诸如经济结构、产业结构、社会结构、人口结构等多种结构，但空间结构自始至终都是各种结构图谱的基础。空间演变过程着眼于要素集合时空耦合的动态发展过程，研究它们沿时序轴的空间发生、发展、增长、扩散、演替过程，区域经济空间结构演变过程就是区域经济活动的空间格局、空间联系在时间轴上的变化，其空间结构特征见表14-4。

表14-4　不同发展阶段区域经济空间结构特征总结表

发展阶段	聚集程度	聚集形态
农业占绝对优势阶段	区域经济平衡、分散、无疏密问题	点状为主，无发展轴，居民点等级规模尚未形成
农业经济向工业化过渡阶段	区域经济不平衡显现，有一定空间经济梯度，聚集程度加强	"点—轴"状态出现，克氏中心地等级特征
工业化中期	区域不平衡加剧，聚集占主导地位	"点—轴"系统形成，大城市增多
工业化后期及后工业化阶段	平衡布局再次显现，由聚集向分散转型	完善的"点—轴"空间系统

资料来源：陆大道，《区域发展及其空间结构》，科学出版社，1995年，第105～107页。

区域经济空间结构理论的发展经历了从19世纪初至20世纪40年代的产业、企业的区位选择、空间行为和组织结构规律性研究阶段，第二次世界大战后至20世纪80年代的区域总体空间结构与形态演化规律研究阶段，以及20世纪80年代后的新空间经济学阶段。研究重点从抽象的纯理论研究演变为从总体出发寻求各种经济主体在空间中的最优组合与分异的区域经济空间结构演化理论研究。对于区域经济空间结构研究，经典区位论所揭示的区域经济活动的空间分布形态，基本上概括了区域经济空间分异的主要特征性规律，是当今区域经济空间结构演化的基础性理论。伴随区域经济空间结构演化理论的发展，其相应的方法也从静态分析模拟逐步向动态过程的空间演化模拟发展（郭腾云等，2009）。[③] 区域经济空间结构演变机制研究就是要透过区域经济空间结构演变的现象，去

[①] 禹晋卿：《河南产业结构调整优化策略研究》，《河南社会科学》，2008年第4期，第216～218页。
[②] 张学威：《全要素生产率和产业结构优化的关系——基于1978—2008年安徽省和长三角地区面板数据的实证分析》，《中国软科学》，2010年第2期，第207～215页。
[③] 郭腾云，徐勇，马国霞，等：《区域经济空间结构理论与方法的回顾》，《地理科学进展》，2009年第1期，第111～118页。

探知演变的本质（唐承丽等，2008）。① 首先是要明确导致这种演变的作用力究竟是什么，其次是要知道这些力是怎么相互作用又共同作用于区域经济空间结构演变，包括若干个作用力的作用点、作用方式、途径、作用结果以及相互关系等（程钰等，2013）。② 邓宏兵和曹媛媛（2019）指出，空间结构在经济"力"和社会"力"的作用下从较低级向较高级过渡，并由此推动社会经济的持续发展，其中最根本的原因是经济因素。③

1. 空间结构机制理论

区域空间结构是社会经济发展在空间上的反映，决定了社会经济发展的方式和水平，同时又通过复杂的反馈机制影响社会经济的发展（邓宏兵，2008）。④ 空间结构机制理论主要包括区位势能机制理论、空间邻近效应理论、极化与扩散机制理论（聂华林和王成勇，2006）。⑤

（1）区位势能机制理论。

区位势能是指在一定区域内，由于自然条件、经济水平、资源分布、交通运输、人口状况、技术状况等因素在不同地点的组合形成的差别程度及其相应能力（吴家友和刘术红，2003）。⑥ 区位势能机制的作用则体现在区位内不同势能之间相互联系、相互作用的制约关系及其功能，具体表现在集聚作用和辐射作用、增值作用和促进作用两个方面。其中，集聚作用指具有较高区位势能的地区，能够有选择地集聚各类资源；辐射作用指具有高区位势能的地区在经济发展过程中向其他地区扩散技术、输送产品、进行投资等经济行为，是由中心向外围辐射的一种离心活动；增值作用指高区位势能的地区对集聚的资源进行合理配置和加工，从而使资源增值；促进作用是指具有高区位势能的地区在集聚、辐射和增值过程中，同时促进并带动了本地区相关产业的发展，并促使经济结构、文教卫生、技术水平与环境保护等方面全面发展（陆大道，1995）。⑦ 杨勤业等（2003）将区域作为一个系统，当该区域相对于其他区域在地理位置、区际差异、区域结构和环境质量等方面显示出发展的综合优势，即该区域在这一系统中的区位势能。区位势能的大小受自然环境基础的深刻影响，并可随着不同的历史阶段、科学技术的发展而转化。地理位置和区位在自然条件上的势能促使其获得政策上的势能，并直接影响到产业结构的形成。区位势能遵循能量守恒定律，势能转化的动力来源于自然与社会两方面。⑧ 一个地区的综合区位势能不是一成不变的，而是具有动态演化的特征。当一个节点因为其产生聚集和增值作用的势能发生变化时，该节点在区域节点体系中的分工和地

---

① 唐承丽，李建香，李发俊：《湖南省经济空间结构演变及工业化主导因素分析》，《人文地理》，2008 年第 1 期，第 57～60 页。
② 程钰，刘雷，任建兰：《区域经济空间结构特征及影响因素研究：以山东省为例》，《区域经济评论》，2013 年第 2 期，第 48～55 页。
③ 邓宏兵，曹媛媛：《中国区域协调发展的绩效测度》，《区域经济评论》，2019 年第 1 期，第 25～32 页。
④ 邓宏兵：《区域经济学》，科学出版社，2008 年，第 154 页。
⑤ 聂华林，王成勇：《区域经济学通论》，中国社会科学出版社，2006 年，第 170 页。
⑥ 吴家友，刘术红：《基于区位势能的新城区总体交通需求预测模型探讨》，《重庆交通学院学报》，2003 年第 4 期，第 93～95 页。
⑦ 陆大道：《区域发展及其空间结构》，科学出版社，1995 年，第 118 页。
⑧ 杨勤业，吴绍洪，陆大道：《区域发展中地理势能的初步研究》，《经济地理》，2003 年第 4 期，第 441～444+456 页。

位会发生相应的变化（刘洪钟，2020）。①

（2）空间邻近效应理论。

空间邻近效应是指区域内各种经济活动间或各区域间的空间位置关系对其相互联系所产生的影响（刘秉镰和朱俊丰，2018）。②空间邻近效应对区域空间结构形成与发展的影响主要表现在以下三个方面：第一，促使区域经济活动就近扩张；第二，影响各种经济活动的竞争；第三，影响各种经济活动在发展上的相互促进（蔡之兵和洪世健，2015）。③曹清峰（2017）就认为，各类经济活动采取行动的可能性及产生的影响都将随着空间距离的增大而相对衰减，诸如不同地方政府间的住房限购强度存在显著的正向邻近效应。④刘娟（2019）则将空间邻近效应的表现分为溢出效应与挤出效应，区域的工资水平、市场规模及区域间的贸易量等是挤出效应的重要影响因素。⑤刘岳平与付晓东（2018）通过引入空间参数构建了分析空间邻近对企业区位选择影响的分析框架，发现空间参数的估计值小于1的情况下，本区域的特征属性对企业区位选择有着显著的影响，表明企业所选择区位的本地溢出效应对企业区位选择的影响比邻近区域的溢出效应更明显。从分区域来看，东、中部地区仍然是企业所选区位的本地溢出效应对企业区位选择的影响大于区域的溢出效应，在东北地区则相反。⑥林毅夫等（2018）以国家级经济开发区为研究对象，认为其对企业全要素生产率存在积极影响。经济开发区内企业的生产率溢价并非由政府挑选高生产率企业所致，主要通过提供更好的政策环境提升企业生产率，区内的集聚效应并不明显，但是存在正向溢出效应。⑦

在区域协调发展方面，主体功能区建设是相关国家战略的重要支撑，而政绩考核指标设计在推进主体功能区建设过程中具有重要意义。王健（2011）阐述了相关政绩考核指标设计的整体原则，并结合四大主体功能区域的具体情况，探索构建了一套新型区域政绩指标体系框架。⑧张杰（2011）指出，区域发展政策不仅仅涉及国家意愿与财政能力层面，还关系到中央政府与地方政府以及地方政府之间的博弈。在中央财力较弱时，倾向于配置政策资源给地方，鼓励各地区自主发展；在中央财力较强时，倾向于实施区域协调发展政策，地区间空间邻近效应将呈现不同的表现形式。⑨

---

① 刘洪钟：《超越区域生产网络：论东亚区域分工体系的第三次重构》，《当代亚太》，2020年第5期，第137~158+160页。
② 刘秉镰，朱俊丰：《区域市场分割的影响因素及其空间邻近效应分析——基于1989—2014年中国省际面板数据》，《经济地理》，2018年第10期，第36~45页。
③ 蔡之兵，洪世健：《区域分工体系框架——区域经济研究的系统视角》，《系统科学学报》，2015年第3期，第75~78页。
④ 曹清峰：《空间"邻近效应"与地方政府住房限购政策的实施》，《南开经济研究》，2017年第1期，第77~89页。
⑤ 刘娟：《东道国特征对中国OFDI影响的空间邻近效应——基于"一带一路"沿线国家的经验数据分析》，《经济经纬》，2019年第1期，第56~63页。
⑥ 刘岳平，付晓东：《空间邻近、溢出效应对企业区位选择的影响》，《软科学》，2018年第4期，第49~53页。
⑦ 林毅夫，向为，余淼杰：《区域型产业政策与企业生产率》，《经济学》（季刊），2018年第2期，第781~800页。
⑧ 王健：《构建新型区域政绩指标体系研究》，《国家行政学院学报》，2011年第2期，第21~26页。
⑨ 张杰：《西部农村市场化的困境分析及其对策思考》，《陕西行政学院学报》，2011年第1期，第95~97页。

（3）极化与扩散机制理论。

极化效应是指外围向中心的移动过程，在区域经济空间结构理论中是指经济资源向某个具有优势的地点聚集，并逐渐成为整个区域发展极核的过程（崔功豪，2010）。[①]极化效应为了追求规模经济效应与集聚经济效应，其产生的原因主要分为三个方面：经济活动的区位指向、经济活动的内在联系与经济活动对集聚经济的追求。从极化效应的区域空间形态来看，有向心式极化、等级式极化与波状圈层极化三种主要表现形式，在一个区域中几种极化方式可能同时存在。罗巍等（2020）研究指出，黄河流域上中下游的科技创新均处于极低极化水平，并分别呈现持续上升、先升后降、持续下降趋势，强科技创新省区对弱科技创新省区依次表现为弱"虹吸"效应、先"虹吸"后"涓滴"、弱"涓滴"效应。[②]从极化效应的波及范围来看，既可以是全国性的极化效应，也可以是地方性的极化效应。蒋永穆和李想（2020）通过实证研究发现，极化效应通常与行政区划不重叠，极化效应是对一个区域生产力的布局，行政区划是影响极化效应的重要因素，但绝非决定性因素，他们还从政策机制、产业发展、生态绿色、高质量发展等角度提出了推动形成优势互补高质量发展的区域经济布局的建议，见图14-1。[③]

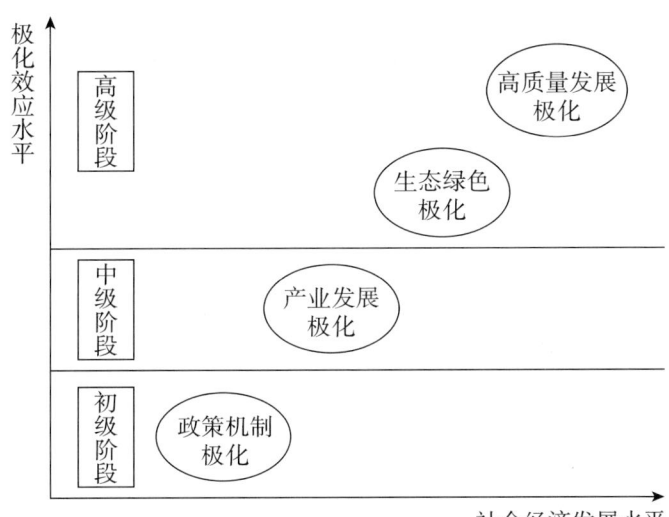

图14-1 区域极化效应阶段发展示意图

示意图来源：蒋永穆，李想：《川渝黔经济一体化助推成渝地区双城经济圈建设研究》，《西部论坛》，2020年第5期，第46页。

扩散效应作为与极化效应相对的另一种区域空间效应，是由极化中心向外围的移动过程，通常是指经济活动及经济要素从极核向外扩散的过程，其主要作用是使生产要素

[①] 崔功豪：《区域分析与区域规划》，高等教育出版社，2010年，第305页。
[②] 罗巍，杨玄酯，杨永芳：《面向高质量发展的黄河流域科技创新空间极化效应演化研究》，《科技进步与对策》，2020年第18期，第44～51页。
[③] 蒋永穆，李想：《川渝黔经济一体化助推成渝地区双城经济圈建设研究》，《西部论坛》，2020年第5期，第43～56页。

逐步由极核区域向外围区域渗透扩散，形成区域经济的离心运动（潘文卿等，2017）。[①] 扩散效应形成的根本原因在于避免集聚不经济、部分经济活动区位指向、寻求新发展机会与行政政策。其直接原因有两点，即极化中心的带动与促进作用，极化中心的外溢与扩散作用（李金城和王林辉，2020）。[②] 具体来说，扩散机制主要有就近扩散（亦称接触扩散、传染式扩散）（王勇和李国武，2012）、[③] 跳跃式扩散（朱孟珏等，2013）、[④] 等级扩散（李飞，2010）[⑤] 与随机扩散（单卫东和包浩生，1995）[⑥] 四种表现形式。金刚和沈坤荣（2016）研究发现，技术效率空间扩散效应强于技术进步空间扩散效应，且随着时间推移两者均呈现"钟型"结构，并且技术效率空间扩散效应峰值先于技术进步空间扩散效应峰值出现。规模以上工业企业技术效率和技术进步的空间扩散效应均存在渐进性距离衰减特征，但地理距离对技术效率空间扩散效应的制约更为明显。[⑦] 魏巍和王林辉（2020）通过对中国制造业的扩散效应研究，确定了北京、上海和广东为制造业技术辐射中心及其辐射半径，且这些城市和地区在各自辐射范围内对周边区域均形成了显著的正向扩散影响。[⑧] 张宓之等（2020）认为，创新空间扩散效应对于创新要素集聚与区域企业集群发展存在显著的正向促进作用，区域不仅要加大对创新要素的吸引力度，同时要加快提升自身技术创新溢出的吸收能力，推动创新资源跨区域协同与城市间协同发展。[⑨] 廖婴露和曹力维（2008）认为，区域经济空间结构优化机制包括：集聚与扩散机制、空间竞争与合作机制、产业升级驱动机制、经济全球化驱动机制、基础设施导向和推动机制、政府宏观调控机制。这六种机制主要从产业运动和区际协调发展两方面推动区域经济空间结构合理化和高级化进程，实现区域经济空间结构优化。[⑩]

通过上述梳理不难看出，极化与扩散效应作为相互对立和并存的复合效应机制，均是制约区域空间结构形成与发展的重要机制。一方面，在区域空间结构形成与发展的不同阶段，极化与扩散效应发生作用的强度不同，并都存在一定的惯性。另一方面，极化与扩散效应的作用都是有限度的，两者超过一定限度就会由经济转化为不经济，从而遏

---

① 潘文卿，吴天颖，胡晓：《中国技术进步方向的空间扩散效应》，《中国工业经济》，2017年第4期，第17~33页。

② 李金城，王林辉：《中国省际技术进步偏向性的空间扩散效应》，《数量经济研究》，2020年第3期，第129~146页。

③ 王勇，李国武：《技术就近扩散与产业空间集聚》，《中央财经大学学报》，2012年第3期，第62~66页。

④ 朱孟珏，周春山：《从连续式到跳跃式：转型期我国城市新区空间增长模式》，《规划师》，2013年第7期，第79~84页。

⑤ 李飞：《中国经济型连锁酒店空间扩散类型及其规律——接触扩散与等级扩散的理论视角》，《旅游学刊》，2010年第8期，第52~58页。

⑥ 单卫东，包浩生：《非均质空间随机扩散方程及其在城市基准地价评估中的运用》，《地理学报》，1995年第3期，第215~223页。

⑦ 金刚，沈坤荣：《中国工业技术创新空间扩散效应的时空演化》，《经济地理》，2016年第5期，第121~127页。

⑧ 魏巍，王林辉：《中国制造业技术进步偏向性的空间扩散效应实证研究》，《东南大学学报》（哲学社会科学版），2020年第5期，第56~69+155页。

⑨ 张宓之，高鋆，胡曙虹：《创新要素集聚、空间溢出效应与区域企业群发展》，《创新科技》，2020年第11期，第17~24页。

⑩ 廖婴露，曹力维：《西部地区城乡产业耦合及其发展》，《重庆社会科学》，2008年第6期，第37~41页。

制效应的继续进行（张文合，1991）。① 正如黄蕊和张肃（2019）的研究指出，我国区域极化效应和扩散效应存在显著的非对称性影响，即极化地区在吸纳资源形成极化影响的同时，其反哺作用却十分微弱，未能对资源输出地形成对称性的扩散影响，这是导致我国区域经济发展不平衡的重要原因。②

三、对区域经济结构的影响评价

国内学者关于区域经济结构的影响评价重点是基于理论研究，结合具体案例实际情况，分析区域经济结构的演化模式、表现形态及其驱动力等。

具体而言，甄峰（2004）通过研究全球化、信息化对长三角区域经济结构的影响，认为其能促使新的空间结构模式的形成。③ 陈蔚镇和郑炜（2005）则从溢出效应理论分析的视角对上海城市区域经济结构演化进行实证研究，通过区域经济形态指数测定与人口密度空间分析对上海城市区域经济形态变迁的表征进行描述，进而揭示上海区域经济形态变迁的内在作用效应在于郊区化进程与扩散主导型溢出效应的时空耦合。④ 葛丹东等（2005）在宏观层次上分析了国际经济环境、产业区位、城市产业集聚动力机制变动所引致的经济结构变化，在微观层次上分析了企业的空间组织与效应、产业技术升级对区域经济结构的影响。⑤ 高更和与李小建（2006）认为产业结构变动是影响区域经济增长的重要因素，以河南省为例发现产业结构变动对区域经济增长贡献的空间差异明显，地区产业结构变动差异较大，各地产业结构调整进展不一。产业结构变动对区域经济增长的贡献与区域经济增长之间存在显著的负相关关系，经济增长率是经济结构调整的基本动力，而经济结构调整又成为经济增长的动力。⑥ 陈志文和陈修颖（2007）认为我国区域经济的宏观空间结构亟须重组优化，可按照经济结构的相似性重组为港深体系、台海体系、上海体系、京津体系和沈大体系五大区域经济体系。⑦ 王世豪（2009）以广东区域经济结构发展为例，构建了以集聚—扩散运动为主要内容的区域经济结构形成与演变的解释模型。⑧ 也有学者通过对长三角16个城市区域和杭州大都市区域经济结构演化进行实证分析，建立了一个立足于我国体制转轨时期的区域经济结构协调发展的理论分析模型，系统分析了区域经济结构带来的拉力与推力。⑨ 李欣等（2012）以沈阳经济

---

① 张文合：《建设流域工业走廊与产业密集带的探讨》，《求索》，1991年第6期，第17~19页。
② 黄蕊，张肃：《梯度转移理论下我国区域创新极化效应与扩散效应的非对称性影响研究》，《商业经济与管理》，2019年第12期，第88~97页。
③ 甄峰：《信息时代的区域空间结构》，商务印书馆，2004年，第145页。
④ 陈蔚镇，郑炜：《城市空间形态演化中的一种效应分析——以上海为例》，《城市规划》，2005年第3期，第15~21页。
⑤ 葛丹东，华晨，刘涛涛：《区域空间演进的宏观、微观产业视角》，《浙江大学学报》（理学版），2005年第1期，第99~102+107页。
⑥ 高更和，李小建：《产业结构变动对区域经济增长贡献的空间分析——以河南省为例》，《经济地理》，2006年第2期，第270~273页。
⑦ 陈志文，陈修颖：《区域空间结构重组：结构重组研究的新领域》，《江西社会科学》，2007年第9期，第166~170页。
⑧ 王世豪：《区域经济空间结构的机制与模式》，科学出版社，2009年，第129~136页。
⑨ 陈前虎：《多中心城市区域空间协调发展研究》，浙江大学出版社，2010年。

区 23 个县为研究单元，选取人均 GDP、人均财政收入等九项指标建立评价体系，研究县域经济结构分异的特征和驱动因素，发现区位条件是县域经济结构分异的重要因素，自上而下的政策驱动是县域经济结构分异的外部动力，中心城市的极化扩散作用是县域经济结构分异的重要力量。①

不难看出，涉及区域经济结构的影响评价一般是将微观、中观与宏观有效结合，从过去、现在和未来三个角度综合研判所研究区域经济结构的演化历程、表现模式与作用机制。

第五节 二元经济结构理论

纵观世界各国城乡关系的历史进程，从乡村孕育城市，到城乡逐步分离，再到城乡日趋对立，最终实现城乡融合，城乡关系的不断演变成为一种不可逆转的客观历史趋势。当前，发达国家已经基本实现了城乡融合，而广大发展中国家还普遍处于城乡分离或城乡对立阶段，还需要不断探索实现城乡融合的路径。二元经济结构既是发展中国家经济结构的共同特征，也是经济发展转型中的关键问题。中国共产党成立以来，尤其是改革开放以来，众多学者对二元经济结构问题进行了大量的有益探索，形成了许多富有代表性的成果。本节就二元经济结构的基本内涵、组成部分、突出特点等，对于存在的争论和达成的共识进行了系统梳理。

一、二元经济结构理论的基本内涵

二元经济结构的概念最早由荷兰经济学家 J·H·伯克（J·H·Boeke）提出（梁小民，1982）。② 对于二元经济结构理解的起点，通常要追溯到"二元"一词的内在含义。"二元"是指一国经济系统中不同性质的制度、技术、机制等的并存，尤其特指发展中国家存在着的反差巨大的传统部门与现代部门。经济体系中的二元结构现象通常是同时存在的，且每一种二元结构对其他方面的二元性起强化作用（谷慎等，2015）。③

20 世纪 40 年代，发展经济学主要奠基人张培刚在著作《农业与工业化》中，就曾对二元经济结构的基本概念进行系统阐释：从社会生产力的性质来看，二元经济结构是指既有传统的手工劳动，又有现代的机械化和电气化劳动；从商品经济发展的程度来看，二元经济结构是指既有自然经济或自给自足经济，同时又有简单商品经济以及现代商品经济；从生产发展的规模与性质来看，二元经济结构既包括传统的小农经济生产，又包括现代社会化大生产；从生产力和生产关系的对立统一来看，二元经济结构是指既

---

① 李欣，张平宇，刘晓琼，等：《基于 BP 神经网络的沈阳经济区县域经济空间分异分析》，《经济地理》，2012 年第 12 期，第 79~84 页。
② 梁小民：《评刘易斯的二元经济发展理论》，《经济科学》，1982 年第 2 期，第 63~67 页。
③ 谷慎，马敬彪，马翰墨：《中国城乡二元结构的转换途径——基于分工动态循环演进的视角》，《审计与经济研究》，2015 年第 1 期，第 83~92 页。

有奴隶制或封建制生产,又有现代资本主义生产。① 不同学者对二元经济结构构成部门的提法各异,通常有传统部门与现代部门、不发达部门与发达部门、落后部门与先进部门、维生部门与资本主义部门、低收入部门和高工资部门等,但大体形成了"以城市工业为主的现代部门与以农村农业为主的传统部门并存,传统部门比重过大、现代部门发展不足,以及城乡差距十分明显的经济结构"的基本概念(见表14-5)。②

表14-5 二元经济结构的部门特征汇总表

部门特征	传统农业部门	现代工业部门
组织方式	自给自足	社会化分工
生产方式	手工劳动	机器大生产
资源供给	土地、劳动力	资本、劳动力
技术状况	技术含量低,长期停滞	技术含量高,创新频繁
规模状况	小规模运作	大规模操作
生产效果	规模报酬递减	规模报酬递增

二、二元经济结构理论的组成部分

学者普遍认为,中国的城乡二元结构是指近代以来逐渐形成的城乡隔绝且各自演进的一种经济社会结构(辛逸和高洁,2009)。③ 与此同时,对于二元经济结构的内在含义,经济学界基于不同的研究视角形成了诸多观点。总体而言,从经济结构形态来看可以归纳为三类:二元经济结构论、三元经济结构论与环二元经济结构论。从二元经济结构的具体内容来看,可以总结为四类:经济二元结构论、社会二元结构论、制度二元结构论与综合二元结构论。

(一)二元经济结构论

对于我国经济结构的认识,以二元经济结构为主流观点。持有经济二元结构论观点的学者认为,城乡经济二元结构是二元经济结构的主要内容,具体体现为城乡之间经济资源要素的明显差别。梁小民(1982)指出,在二元经济理论中,1979年诺贝尔经济学奖获得者刘易斯(Lewis)的理论提出最早,对后世的影响最大。虽然刘易斯的二元经济发展理论显然并不完全适用于发展中国家,但是对分析发展中国家的经济问题,制定经济政策仍有重要的理论意义。首先,二元经济结构在发展中国家客观存在,其分析方法对研究发展中国家的经济问题是有启发的。其次,理论中对资本积累问题的分析具有一定的理论与实践意义,佐证了发展中国家发展独立的民族经济的可能性。最后,理

---

① 张培刚:《农业与工业化》,中国人民大学出版社,2014年,第56~60页。
② 杨瑞龙:《社会主义经济理论》(第三版),中国人民大学出版社,2018年,第199页。
③ 辛逸,高洁:《从"以农补工"到"以工补农"——新中国城乡二元体制述论》,《中共党史研究》,2009年第9期,第15~24页。

论中关于工业与农业关系的分析是他的平衡增长理论的出发点。① 刘守英（2014）就指出，城乡二元的土地制度是二元经济结构的重要体现，这一制度带来了城乡二元的土地权利体系、城乡土地拥有不同的配置方式、土地增值收益在城乡之间分配严重不公、土地管制缺陷等情况，造成了城乡不平等发展。② 侯风云和张凤兵（2006）认为，城乡二元结构主要体现为人力资本的二元结构，城市长期以来对农村人力资源的剥夺带来了劳动力的二元结构，是城乡二元的主要体现。③ 王检贵（2002）以"刘易斯－拉尼斯－费景汉理论"为依据，认为中国具有典型的二元经济结构特征，不仅农村存在着大量边际生产率为零的剩余劳动力，而且工业化就是农村剩余劳动力向城市工业部门不断转移的过程。④ 国家统计局农村社会经济调查总队（2002）也指出，虽然1978年来我国的产业结构变化已经出现了新的态势，但是二元经济结构仍然处于失衡状态，农村发展长期落后于城市地区，农业、农村和农民在经济发展中作出了太大的牺牲。⑤ 任保平（2004）利用比较劳动生产率、二元对比系数、二元反差系数等指标对新中国成立以来不同时期的二元经济结构强度进行判断，指出我国二元经济结构强度呈现出"增强－减弱－强化－减弱－增强"的反复趋势，但是经济整体上仍属于二元经济结构。⑥ 也有学者认为，改变中国二元经济结构的路径在于降低单位交易费用、提高交易效率、促进分工组织演进与分工水平提高，促使传统经济逐渐转化为以分工为特征的现代经济，农业部门中的大量剩余劳动力被现代部门或改造后的农业部门吸收（高帆，2007）。⑦

与此同时，正式金融与非正式金融在城乡之间构成了"二元"金融体系（韩正清，2009），⑧ 余芪（2000）⑨、冯蕊（2013）⑩、王全景和郝增慧（2018）⑪ 等学者的研究也印证了金融视域下的经济二元结构论。例如，韩正清等（2009）提出，二元经济结构与金融二元结构间互为因果关系，两者的相互作用通过产融关系、投资结构、金融"投入"等体现出来，二元经济结构对城乡金融二元结构有固化的影响。⑫

（二）三元经济结构论

基于二元经济结构的研究思路与研究方法，一些学者提出了三元经济结构论的观

---

① 梁小民：《评刘易斯的二元经济发展理论》，《经济科学》，1982年第2期，第63~67页。
② 刘守英：《中国城乡二元土地制度的特征、问题与改革》，《国际经济评论》，2014年第3期，第9~25页。
③ 侯风云，张凤兵：《从人力资本看中国二元经济中的城乡差距问题》，《山东大学学报》（哲学社会科学版），2006年第4期，第133~138页。
④ 王检贵：《劳动与资本双重过剩：宏观经济形势的新概括》，《经济学家》，2002年第2期，第45~50页。
⑤ 国家统计局农村社会经济调查总队：《2001—2002年：中国农村经济形势分析与预测》，社会科学文献出版社，2002年，第364页。
⑥ 任保平：《论中国的二元经济结构》，《经济与管理研究》，2004年第5期，第3~9页。
⑦ 高帆：《中国二元经济结构转化：轨迹、特征与效应》，《学习与探索》，2007年第6期，第123~130页。
⑧ 韩正清：《中国城乡金融二元结构强度分析》，《农村经济》，2009年第5期，第62~65页。
⑨ 余芪：《经济与金融二元结构下的非国有经济增长》，《当代财经》，2000年第6期，第25~28页。
⑩ 冯蕊：《城乡经济二元结构与金融二元结构的关系研究》，《商业时代》，2013年第22期，第10~11页。
⑪ 王全景，郝增慧：《中国城乡收入差距的经济结构基础：所有制结构与金融结构——基于双重二元结构的视角》，《经济科学》，2018年第3期，第21~34页。
⑫ 韩正清，王燕，王千六：《城乡经济金融二元结构：理论关系与实证分析》，《财经问题研究》，2010年第2期，第118~123页。

点。三元经济结构论在理论界具有较大影响,包含我国经济结构中出现的特殊成分——以乡镇企业为代表的农村工业。李克强(1991)就认为,囿于中国传统二元经济结构的复杂特征,我国无法从传统农业社会直接转变为现代工业社会,而必须经历一个农业部门、农村工业部门与城市工业部门并存的三元结构时期。这种三元结构目前已经形成,并加快了国民经济结构一元化的转换进程。[①] 陈吉元和胡义亮(1994)[②]、张朝尊和曹新(1995)[③] 则认为,中国从近代开始形成的二元经济结构随着农村工业的发展已不复存在。农民就地兴办工业,转移剩余劳动力,使得农村工业逐渐成为推动国民经济发展的新的增长点。新生的农村工业也改变了传统经济增长格局,开始形成传统农业、农村工业、城市工业"三足鼎立"的三元经济结构(林刚,1997)。[④]

与此同时,也有部分学者重点关注了三元经济结构中城市农民工这一转型时期的社会特殊群体。他们人数众多,存续期长,对社会影响大,既不同于农村居民,也不同于城市居民(甘满堂,2001),[⑤] 基于"市民"概念的重构和"农民市民化"内涵的广泛性,足以构成转型期中国社会的第三元(葛正鹏,2007)。[⑥] 曹勇(1986)就指出,中国的现代城市工业发展所提供的就业机会,在一个较长时期还不能满足城市本身就业人口增长的需要。新中国成立以来中国城市工业的发展没有提供二元经济结构理论所赋予现代工业部门的作用,中国农村剩余劳动力特殊的转移方式形成了中国相当独特的三元经济结构发展格局。[⑦] 蒋永穆与张晓磊(2015)就认为,随着改革开放后工业化和城市化进程的加快,大量农业剩余劳动力涌入大城市,但其在政治、经济和社会地位等方面与当地户籍居民存在较大的差距,在大城市内部形成了新二元社会结构。[⑧] 此外,林岗和黄泰岩(2007)则着重关注了知识经济的重要作用,认为知识经济催生了新部门新业态的形成与发展,将使我国经济结构发生根本性的转变,即从"二元经济结构"(农业经济、工业经济)转向"三元经济结构"(农业经济、工业经济、新经济或知识经济)。[⑨] 部分学者则认为我国存在传统农业、工业和信息产业并存的三元经济结构。陆

[①] 李克强:《论我国经济的三元结构》,《中国社会科学》,1991年第3期,第65~82页。
[②] 陈吉元,胡必亮:《中国的三元经济结构与农业剩余劳动力转移》,《经济研究》,1994年第4期,第14~22页。
[③] 张朝尊,曹新:《中国三元结构经济存在和发展的机理》,《改革》,1995年第2期,第58~61页。
[④] 林刚:《长江三角洲近代经济三元结构的产生与发展》,《中国经济史研究》,1997年第4期,第50~72页。
[⑤] 甘满堂:《城市农民工与转型期中国社会的三元结构》,《福州大学学报》(哲学社会科学版),2001年第4期,第30~35+151页。
[⑥] 葛正鹏:《论三元经济结构下我国农民市民化的舞台和载体》,《经济体制改革》,2007年第2期,第90~93页。
[⑦] 曹勇:《两种不同的农村二元经济结构发展格局——福建省晋江县与安溪县乡镇企业发展的对比考察》,《经济研究》,1986年第12期,第3~13页。
[⑧] 蒋永穆,张晓磊:《大城市新二元社会结构的形成和破解》,《党政研究》,2015年第2期,第113~118页。
[⑨] 林岗,黄泰岩:《三元经济发展模式》,经济科学出版社,2007年,第15~27页。

海沧和孙芳伟（2002）①、郭勇（2005）②、李飒和林木西（2014）③ 认为信息化已经打破了城乡二元经济结构，从二元经济结构转变为一元经济结构，离不开信息化的帮助。信息化推动了城市工业部门的扩张和农业效率的提高，为二元结构的转型奠定了物质基础。

（三）环二元经济结构论

我国在出现城乡分割与工农分化的二元经济格局的同时，在地区、行业及市场主体间也出现了二元化的现象。有学者因此认为，中国经济不仅仅是简单的二元经济结构，而是比较特殊的多元经济结构或是环二元经济结构（吴天然等，1993）。④ 一方面，以张培刚（1999）为代表的一些学者认为，多元经济结构是中国经济的最大特点，从横断面来看，西部最落后，中部较先进，东南部沿海地区最为先进。无论从生产力的性质或发展水平而言，或从商品经济的发展规律和形态而言，或从生产力和生产关系相结合的生产方式的发展形态而言，或从人民的文化素质和生活观念的转变程度而言，从西部到中部，进而到东部，近百余年来直到新中国成立前，长期呈现着奴隶制经营、封建制经营、殖民地半殖民地经济形态下的民族资本主义经营和官僚资本主义经营等类型的差别。多元经济结构形成的重要原因，不仅在于地理环境等区位条件的差异，而且也在于社会经济发展的文化历史背景上的差异。⑤ 徐庆（1997）则认为二元和三元经济结构论忽略了第三产业的发展，模糊了经济发展同质化的观念。发展中国家在同质化方向发展的过程中，经济结构是多元化的，中国呈现出明显的四元结构，即城市现代部门、城市传统部门、乡镇企业部门与农村传统部门。⑥ 面对四元经济结构，中国未来发展的基本方向就是城乡一体化、城市内部一体化、农村内部一体化（胡鞍钢和马伟，2012）。⑦ 另一方面，我国经济结构存在着城市及工业和农村及农业这样两个相互区别的"经济元"，而各个"经济元"内部也存在着两个相互区别的"微经济元"，并且还可以将"微经济元"再按照优势与落后的方法细分，整个国民经济形成了大小不等的二元的环的重叠（吴天然，1992）。⑧

与二元经济结构论相比，环二元经济结构论更好地揭示了经济结构的复杂性，与三

---

① 陆海沧，孙芳伟：《浅析我国的三元经济结构》，《松辽学刊》（人文社会科学版），2002年第1期，第12~14页。
② 郭勇：《三元结构条件下中国农村基础设施供给问题研究》，《社会主义研究》，2005年第3期，第66~69页。
③ 李飒，林木西：《信息化与工业化融合的理论模型探索——基于三元经济结构视角》，《工业技术经济》，2014年第2期，第132~138页。
④ 吴天然，胡怀邦，俞海，等：《二元经济结构理论与我国的发展道路——兼论环二元经济结构的形成及转换》，《经济理论与经济管理》，1993年第4期，第8~14页。
⑤ 张培刚：《新发展经济学》，河南人民出版社，1999年，第57~98页。
⑥ 徐庆：《四元经济发展模型与城乡收入差距扩大》，《经济科学》，1997年第2期，第3~9页。
⑦ 胡鞍钢，马伟：《现代中国经济社会转型：从二元结构到四元结构（1949—2009）》，《清华大学学报》（哲学社会科学版），2012第1期，第16~29+159页。
⑧ 吴天然：《论环二元经济结构及我国农村的经济发展道路》，《当代经济科学》，1992年第4期，第21~26页。

元经济结构论和四元经济结构论相比则具有更强的涵盖性（李享章，1989），①是对二元经济从更深层含义上的解释。比如，按社会生产力的性质言，二元经济可以解释为既有传统的手工劳动，又有现代的机械化和电气化劳动；按商品经济的发展程度言，二元经济又可以解释为既有自然经济或自给自足经济，又有简单商品经济以至现代商品经济；按生产发展的规模和性质言，既有传统的小农经济生产，又有现代社会化的大生产；按生产力和生产关系的结合方式即生产方式言，既有奴隶制或封建制生产，又有现代资本主义生产。如果在一个经济社会里，社会主义公有制经济成分虽然占据了主要地位，但同时又有上述各种私有制经济成分，那二元经济更可解释为既有传统的私有制生产，又有现代化的公有制生产（张培刚，1989）。②

（四）综合二元结构论

持综合二元结构论观点的学者认为我国二元经济结构是城乡二元分化在多个层面的综合体现。其中，比较有代表性的是"经济＋社会"二重结构说，以及"经济＋政治＋社会＋文化"四重结构说。王国敏（2004）就认为，我国城乡在经济和社会两个方面都存在相当程度的二元分化，我国的二元结构表现为二元经济结构和二元社会结构的"双二元结构"特征，造成了城市与乡村的对立。③而白永秀（2012）则在经济、社会二元结构的基础上，对政治和文化的二元结构进行了研究，提出了我国的城乡二元结构经历了从经济领域向政治领域、社会领域、文化领域拓展的过程，最终形成经济政治社会文化四重二元结构。④与此同时，部分学者对二元经济结构进行了细致划分，认为其具有双层的特性。任保平（2004）认为随着经济社会的不断发展，我国的城乡二元结构表现为"双层刚性二元经济结构"，即城市是现代工业和传统工业并存，农村是传统农业和乡镇企业并存。⑤顾骅珊（2013）指出中国多数城市已出现城乡"双二元结构"的问题，不仅要从经济结构的角度加以认知，而且要从制度层面加以解决。⑥蒋永穆与戴中亮（2005）通过对城市和农村的二元结构进行细致分析，提出在农村形成了农村内部二元经济结构，主要指我国农村经济发展过程中形成的以乡镇企业为标志的农村现代工业部门和传统农业部门之间的对立和差别。⑦

---

① 李享章：《论双重二元结构与农业发展——兼论我国二元经济发展转化道路》，《中国农村经济》，1989年第2期，第3~16页。
② 张培刚：《发展经济学往何处去——建立新型发展经济学刍议》，《经济研究》，1989年第6期，第14~27页。
③ 王国敏：《城乡统筹：从二元结构向一元结构的转换》，《西南民族大学学报》（人文社科版），2004年第9期，第54~58页。
④ 白永秀：《城乡二元结构的中国视角：形成、拓展、路径》，《学术月刊》，2012年第5期，第67~76页。
⑤ 任保平：《论中国的二元经济结构》，《经济与管理研究》，2004年第5期，第3~9页。
⑥ 顾骅珊：《破解城乡"双二元结构"：基于浙江嘉兴的经验研究》，《农业经济问题》，2013年第2期，第99~105+112页。
⑦ 蒋永穆，戴中亮：《双重二元经济结构下的城乡统筹发展》，《教学与研究》，2005年第10期，第22~29页。

三、中国二元经济结构的突出特点

在讨论二元经济结构概念与内涵的同时，我国学者还对中国二元经济结构的特点进行了总结提炼，社会经济发展的历史变迁决定了中国二元经济结构具有与先行工业化国家和广大发展中国家不同的特殊性。其主要特点可以概括为二元经济结构转型与体制转轨的同步性、二元经济结构演化进程的阶段性与二元经济结构现实情况的特殊性三大特点（刘吉瑞，1986）。①

（一）二元经济结构转型与体制转轨的同步性

部分学者认为，我国城乡二元结构的形成和发展与我国经济体制转轨具有同步性，形成了与之相适应的城乡二元体制（金重仁，1986）。② 蔡昉（2003）就指出，我国的就业问题面临的是二元经济转换和体制转轨的双重挑战，既要解决国有企业下岗职工的再就业问题，又要实现农村劳动力转移。③ 任保平（2004）认为，我国的二元经济是转型二元经济，二元经济结构与制度的变迁结合在一起形成特殊的二元经济。④ 张桂文（2013）则表示，我国存在着城市化滞后于工业化、人口城市化滞后于土地城市化，以及"农村病"严重存在的同时"城市病"日益突出等问题，二元经济结构具有二元经济转型以体制转轨为背景并受体制转轨进程的制约、二元经济转型滞后于工业化进程，以及农业劳动力转移的非城市化与半城市化路径三大特点。⑤ 周健和张桂文（2018）也认为，我国当前存在二元经济转型与经济新常态并行、二元经济转型与人口老龄化并行、二元经济转型与体制转轨并行这三个特殊性，并通过资源环境成本上升、有效供给、有效需求不足并存、产业结构转型升级、人口老龄化、城乡利益调整中政府和市场双重失灵和制度改革滞后等六个方面表现出来。⑥ 苏洪波（2010）研究指出，我国二元经济结构的特色主要表现为人口红利对我国经济发展的贡献巨大，全要素生产率及其对经济增长的贡献率较高，对外开放为我国提供了比较优势，政策性因素的影响显著。⑦

（二）二元经济结构演化进程的阶段性

学者们在研究我国二元经济结构演化进程中形成了一些共识。多数学者认为二元经济结构呈现出明显的阶段性特征，大致经历了从逐步形成，到加以巩固，再到不断扩

---

① 刘吉瑞：《从二元经济走向现代增长》，《经济社会体制比较》，1986年第3期，第48~51页。
② 金重仁：《宏观金融政策与社会主义经济运行》，《管理世界》，1986年第4期，第37~45页。
③ 蔡昉：《我国就业面临二元经济转换和体制转轨双重挑战》，《领导决策信息》，2003年第13期，第23页。
④ 任保平：《论中国的二元经济结构》，《经济与管理研究》，2004年第5期，第3~9页。
⑤ 张桂文：《中国二元经济转型的特殊性及其对城市化影响》，《河北经贸大学学报》，2013年第5期，第15~19页。
⑥ 周健，张桂文：《中国二元经济结构转型的特殊性及其评估指标体系构建》，《经济问题探索》，2018年第4期，第1~8+53页。
⑦ 苏洪波：《略论中国特色二元经济发展的特殊性——以刘易斯转折点为视角》，《高等函授学报》（哲学社会科学版），2010年第6期，第14~16页。

大，最终趋于消解的历史进程（孙建，1986）。① 如蒋永穆和周宇晗（2018）就认为，我国二元经济结构经历了启动农村改革注入发展活力的城乡互动阶段、建立市场经济体制实现快速发展的城乡协调阶段、形成战略思想不断缩小差距的城乡统筹阶段、全面深化改革实现发展一体化的城乡融合阶段四个主要阶段。② 许柏年和赤坚（1982）认为东北地区的二元经济结构首先是由历史原因造成的。虽然新中国成立以来一直在设法改变旧中国遗留下来的地区生产不平衡的状态，但因时间过短，问题很难从根本上得到解决。其次，二元经济结构的演化也同新中国成立以来生产布局上的某些失误有关。比如，一些重大项目布点不合理，能源生产的规模与布局同加工工业的发展与布局不相适应等。③ 郭文杰（2007）研究发现湖北省二元经济具有明显的阶段性特征，总体上日趋严重，在 1978—1990 年二元经济结构相对有所缓和，在 1990—1993 年又逐渐增强，1993—1995 年二元经济结构强度又一度减弱，但 1995—2005 年二元经济结构强度又趋于强化。④ 贺黎黎和何炼成（2011）通过对陕西省的实证分析，也印证了上述观点。⑤

与此同时，另一部分学者从差异化角度对我国城乡二元结构的演化进行了分析。李明宇和金丽馥（2005）则创新地提出我国城乡二元结构经历了从制度型二元结构到市场型二元结构的转变：早期的二元经济结构是制度型二元结构，但在市场机制的作用下，城市对农村的依赖关系逐渐淡化，城市居民的生活越来越多的部分不再与农民、农村发生关系，城市居民的收入也不再流入农村。后一阶段城乡间的断裂不是制度造成的，而是市场经济发展的结果。⑥ 柏培文和杨志才（2019）通过度量 1995—2014 年中国各省份农业与非农业部门之间的要素错配程度，发现各省份要素错配整体上呈现以 2006 年为拐点的 U 形趋势，起初东部地区的要素错配程度最低，但 2008 年次贷危机后上升最快，于 2014 年超过中西部地区。⑦ 张明志等（2021）在以创新为主要驱动力的经济社会发展背景下，将新二元经济形成的创新驱动过程归纳为工业的凝练式发展、服务业的扩张式发展、农业的融合式发展。⑧

（三）二元经济结构现实情况的特殊性

部分学者则主要关注我国城乡之间以户籍制度和经济体制为主要内容的现实差别。

---

① 孙建：《我国经济发展阶段及对策选择》，《计划经济研究》，1986 年第 12 期，第 48~52 页。
② 蒋永穆，周宇晗：《改革开放 40 年城乡一体化发展：历史变迁与逻辑主线》，《贵州财经大学学报》，2018 年第 5 期，第 1~10 页。
③ 许柏年，赤坚：《关于逐步改变东北地区二元经济结构的若干问题》，《内蒙古社会科学》，1984 年第 6 期，第 108~112+75 页。
④ 郭文杰：《二元经济结构的实证分析：一个区域差距的视角》，《武汉理工大学学报》（社会科学版），2007 年第 2 期，第 145~149 页。
⑤ 贺黎黎，何炼成：《二元经济结构转换的实证分析——以陕西为例》，《西安财经学院学报》，2011 年第 1 期，第 42~47 页。
⑥ 李明宇，金丽馥：《我国城乡二元结构现状解析及路径选择》，《农业经济》，2005 年第 4 期，第 3~4 页。
⑦ 柏培文，杨志才：《中国二元经济的要素错配与收入分配格局》，《经济学》（季刊），2019 年第 2 期，第 639~660 页。
⑧ 张明志，李兆丞，刘红玉：《创新驱动下的新二元经济形成及解构》，《科学学研究》，2021 年第 2 期，第 1~22 页。

佟明忠（1989）指出，中国的城乡二元结构体制，不同于某些国家在现代化过程中自然形成的自然经济和商品经济并存的过渡状态，而是人为独创的一套带有中国特色的社会体制。① 吴楚材等（1997）认为，我国城乡二元结构在世界上是非常特殊的，远比其他发展中国家突出，主要表现在：其一，城乡居民存在两种身份制，城乡分割形成两种社会形态和两大利益集团；其二，城市以国有经济为主，农村以集体和个体所有制为主，形成互相独立的两大不同性质的经济板块。② 陆学艺和杨桂宏（2013）则认为，在严格区分的城乡户籍制度管理下的国家土地制度、财政支出等均呈现出城乡不平等的情况。③ 刘雅南和邵宜航（2013）进一步阐释了非农产业部门的技术进步对结构转变和城市化的促进机制，发现两部门技术进步与转移成本因素在不同发展阶段影响效应具有差异性，农业和非农产业的技术进步分别主导了经济体制改革重心转移前后两个不同阶段的结构转变。④ 张伟进等（2014）则探讨了二元经济结构下农民工迁移、户籍制度改革及周期性波动因素如何影响城乡居民生活水平，认为调整现行户籍制度以降低农民工迁移成本，无论从长期还是短期来看都有利于提高城乡居民消费与收入，而且还可以缩小城乡居民生活差距。⑤ 此外，国务院发展研究中心农村部课题组（2014）则主要研究了土地权利、劳动力市场、金融制度、公共资源等领域的城乡二元体制，认为这些城乡二元体制构成了中国城乡二元结构的最大特征。⑥ 王登城（2017）则深入分析了户籍制度对二元经济结构的影响程度和劳动收入份额的下降趋势，进而提出缓解我国劳动收入下降、要素收入不平等问题的根本在于加快深化户籍制度改革。⑦

四、对二元经济结构的影响评价

二元经济结构是我国经济结构的典型特征之一，对我国经济社会发展产生了巨大影响。不同学者对二元经济结构的影响评价可以分为积极、消极与中性评价三类。

（一）对二元经济结构的积极评价

部分学者详细地研究了二元经济结构所带来的积极意义。郑千里（1954）⑧、黄希穆（1954）⑨就认为中国的城乡二元结构并未割裂工农城乡之间的关系，早在新中国成立之初，工业部门就开始了对农业生产的支援，这是中国社会主义建设事业的客观要

---

① 佟明忠：《论我国的城乡二元体制与城乡一体化道路》，《社会科学》，1989年第6期，第30~34页。
② 吴楚材，陈雯，顾人和，等：《中国城乡二元结构及其协调对策》，《城市规划》，1997年第5期，第38~41页。
③ 陆学艺，杨桂宏：《破除城乡二元结构体制是解决"三农"问题的根本途径》，《中国农业大学学报》（社会科学版），2013年第3期，第5~11页。
④ 刘雅南，邵宜航：《中国户籍制度下的城市化与结构转变》，《经济学动态》，2013年第1期，第32~39页。
⑤ 张伟进，胡春田，方振瑞：《农民工迁移、户籍制度改革与城乡居民生活差距》，《南开经济研究》，2014年第2期，第30~53页。
⑥ 国务院发展研究中心农村部课题组：《从城乡二元到城乡一体——我国城乡二元体制的突出矛盾与未来走向》，《管理世界》，2014年第9期，第1~12页。
⑦ 王登城：《户籍制度、二元经济结构和劳动收入份额》，《经营与管理》，2017年第9期，第77~80页。
⑧ 郑千里：《解放以来工业部门如何支援农业生产》，《经济周报》，1954年第13期，第15~16页。
⑨ 黄希穆：《无锡市工业支援农业的群众运动》，《经济研究》，1954年第7~8期，第56~61页。

求。杨坚白（1959）则明确指出，党中央对于我国重工业同农业的战略部署，是根据辩证唯物主义的原则和马克思主义再生产的原理，从全面的观点出发的结果，保证了我国社会主义工业化的健康发展。① 俞明仁（1960）提出，城乡二元结构给工业化积累提供了大量的资金，中国当时五亿多勤劳俭朴的农民是积累资金的巨大力量。② 黎克明和张庆（1975）也曾提出，三大差别的产生是历史的必然，标志着社会的进步。从城乡对立、工业与农业对立，到脑力劳动与体力劳动对立，从奴隶社会到封建社会，到资本主义社会的发展，这种对立已经达到顶点，为资本主义的灭亡创造了条件。③ 佐牧（1979）也认为，国家运用价格工具把农业的一部分积累集中到国家手中，为社会主义建设作出了伟大贡献，是具有其必要性的。④ 再比如，贺雪峰（2014）也从保护农民利益的角度出发，指出当前的城乡二元结构让农民在务工失败之后可以返回家乡，这就使得城乡二元结构有可能成为保护农民这一市场经济中的弱势群体的制度安排。⑤ 肖琳子和肖卫（2014）研究发现二元经济结构中基于技术进步的农业发展，是促进农业劳动力有效流向现代产业部门的前提条件，并构成二元经济均衡增长的基本动力。⑥ 刘钻石等（2015）通过研究二元经济结构对国际收支的影响，认为二元经济融合和农民工进城数量的增加对中国大部分宏观经济变量有正向影响，会引起贸易顺差并促进消费、提升国家总产出水平。同时，城市部门的技术进步不仅对本部门有益，还会引起贸易顺差和提高农民工工资。总的来说，对外国的消费和产出有正向的溢出效应。⑦ 李稻葵和徐翔（2015）研究发现中国二元经济结构已经呈现比较明显的改善，内外部结构失衡现象同时开始缓解，具体表现为贸易顺差占GDP的比重趋稳和消费率的迅速回升。他们通过理论和实证分析还发现，结构改善的关键动力是剩余劳动力转移进入后期和劳动收入份额的回升。⑧

（二）对二元经济结构的消极评价

部分学者在二元经济结构发展到一定阶段后，则更多地关注到二元经济结构在特定的历史阶段所直接带来的负面影响。朱林兴（1995）研究发现，实践证明二元经济结构政策利少弊多，造成了许多难以解决的困难和深层次矛盾，包括给中国农村城市化造成了巨大障碍和滞后效应，削弱了推进农村城市化的物质基础，削弱了工农联盟的基础，不利于国家安定团结，制约了先进生产力的渗透，延缓了农村城市化进程，制约了现代

---

① 杨坚白：《论国民经济根本性的比例关系》，《经济研究》，1959年第10期，第11~25页。
② 俞明仁：《论农业、轻工业和重工业的相互关系》，《经济研究》，1960年第2期，第1~6页。
③ 黎克明，张庆：《关于三大差别的产生和灭亡问题》，《广东师院学报》（哲学社会科学版），1975年第4期，第34~42页。
④ 佐牧：《应当怎样分析工农业产品的比价问题？》，《经济研究》，1979年第1期，第60~62页。
⑤ 贺雪峰：《论中国式城市化与现代化道路》，《中国农村观察》，2014年第1期，第2~12页。
⑥ 肖琳子，肖卫：《二元经济中农业技术进步、劳动力流动与经济增长——基于中国1992—2012年省级面板数据的实证分析》，《上海经济研究》，2014年第6期，第23~33页。
⑦ 刘钻石，张晨峰，赵炎，等：《二元经济融合对国际收支影响分析》，《国际贸易问题》，2015年第1期，第79~89页。
⑧ 李稻葵，徐翔：《二元经济中宏观经济结构与劳动收入份额研究》，《经济理论与经济管理》，2015年第6期，第21~28页。

文化的传播。① 吴楚材等（1997）学者研究指出了二元经济结构五个方面的负面影响，具体包括：阻碍国民经济的协调发展，影响工业化和农业现代化进程；刺激农村人口膨胀，不利于农村人口控制；资源配置的不合理程度加剧，资源浪费严重；阻碍农村剩余劳动力转移和城乡人口流动；造成农村贫困化，引发社会问题。② 党国英（2016）指出，城乡二元体制是我国社会公正目标实现的主要障碍。③ 赵颖文与吕火明（2016）通过研究发现，二元经济现象是我国经济发展进程中表现出的长期特征，随经济形势变化呈多维复杂性，严重阻碍城市与农村协调发展。④ 此外，部分学者的研究针对二元经济结构所间接带来的负面影响。张爱军（2002）认为二元经济结构与农村城镇化滞后已成为影响我国城乡协调发展的突出问题，两者的互相影响及其消极后果严重阻碍着城乡经济、社会的发展。⑤ 张英洪（2010）则认为我国二元经济结构有静态与动态两种形态，静态二元结构与动态二元结构共同构成当代中国的双重二元结构，这种二元经济结构是制约我国经济社会发展的重要体制瓶颈。⑥ 龚刚和杨光（2010）通过研究中国收入分配不平等的原因，发现收入不平等在很大程度上表现为功能性收入分配的不平等，即随着经济的发展，工资性收入占国民收入的比例越来越小，而现阶段二元经济结构下的无限劳动力供给则是其主要原因。⑦ 刘伟（2009）则批评了不发展和贫困的根源在于传统落后的农耕经济结构，摆脱贫困的实质是实现所谓"二元经济结构"的转换的观点。他认为这种观点在实现二元结构转换上，以西方发达国家经济史为依据，按照发达国家的经济结构改造落后的发展中国家的经济结构，推动产业结构工业化升级，目标——以发达国家的今天作为发展中国家的明天；战略——加快资本积累，尽快补齐工业化的不足，以弥补发展结构短板为重点，而不是突出传统优势，来缩短与发达国家的工业化差距；方式——实施进口替代，以弥补资本密集产业、技术密集产业的不足的发展药方并不灵验。⑧

（三）对二元经济结构的中性评价

多数学者对城乡二元结构进行了中性评价，认为城乡二元结构在一定历史阶段对我国完成工业化起到了不可替代的作用，但同时也承认其带来了许多矛盾问题。杨坚白（1962）认为，城乡二元结构保证了重工业的优先增长，但同时带来的重工业过度优先

---

① 朱林兴：《论城乡二元结构与农村城市化》，《财经研究》，1995年第11期，第28～32页。
② 吴楚材，陈雯，顾人和，等：《中国城乡二元结构及其协调对策》，《城市规划》，1997年第5期，第38～41页。
③ 党国英：《城乡一体化发展要义》，浙江大学出版社，2016年，第45页。
④ 赵颖文，吕火明：《改革开放以来我国二元经济结构的历史演变与发展对策》，《农业经济与管理》，2016年第5期，第21～32页。
⑤ 张爱军：《发展小城镇是促进我国城乡协调发展的有效途径——兼谈城乡二元结构和农村城镇化滞后问题》，《山东行政学院山东省经济管理干部学院学报》，2002年第5期，第16～17页。
⑥ 张英洪：《城乡一体化的根本：破除双重二元结构》，《调研世界》，2010年第12期，第30～33页。
⑦ 龚刚，杨光：《从功能性收入看中国收入分配的不平等》，《中国社会科学》，2010年第2期，第54～68+221页。
⑧ 刘伟：《新发展理念与跨越"中等收入陷阱"》，《中国经济报告》，2019年第2期，第11～15页。

增长是应坚决反对的。① 凌岩（1987）指出，城乡经济二元结构的形成，是社会生产力发展的结果，同时又促使社会生产力不断向前推进。它否定了城乡一体的社会经济形态，把人类历史推进了一个新纪元。然而，现代经济、文化和科技的发展，又使二元结构显得不相适应。② 李迎生（1993）表示，城乡二元格局的形成有历史的必然性，在历史发展的特定时期起过明显的积极作用，但它的凝固化则产生了严重的社会弊端，不利于社会经济的长期发展。③ 厉以宁（2004）明确指出，城乡二元经济结构体制曾经是我国传统计划经济的重要支柱，但当前城乡分割、工农分割的城乡二元经济结构体制已经不再适用，成为经济体制改革的重点。④ 肖冬连（2005）认为，与二元结构相应的二元治理模式从多方面支撑了高速度推进工业化，却付出了昂贵的历史代价，遗留下了许多结构性矛盾。⑤ 周健（2008）通过对比英美工业化过程中的二元经济结构现象，认为其能妥善解决的原因在于其工业化道路对二元经济结构的转换起到关键性作用，我国亟须探索一条新的工业化发展道路，以解决我国独特复杂的二元经济问题。⑥

第六节　实体经济与虚拟经济的关系

如何正确处理实体经济与虚拟经济间的关系，是宏观经济运行与政府经济管理所需要关注的重要方面，主流经济学界一直都在围绕实体经济的运行与物质财富的增长进行研究（刘林川，2013）。⑦ 随着生产力的发展与社会制度的变迁，虚拟经济作为有别于实体经济运行方式的一个新的经济范畴吸引了越来越多的学者对其概念、特征、积累方式以及与实体经济的关系等诸多方面进行了深入探讨（易培强，2009）。⑧ 从经济运行现实来看，发达国家虚拟经济过度繁荣而实体经济却相对萎缩，"再工业化"道路上充斥着单边主义与贸易保护主义，新兴经济体实体经济蓬勃发展而虚拟经济部门发育则相对滞后，"脱实向虚"倾向不断动摇着经济的基本盘，虚拟经济与实体经济间的失衡成为经济持续稳定发展的重要制约因素。本节从实体经济与虚拟经济的基本内涵、相互作用关系与影响评价等内容着眼，对于学界的诸多观点进行了系统探讨。

---

① 杨坚白：《试论农业、轻工业、重工业比例和消费、积累比例之间的内在联系（下）》，《经济研究》，1962年第1期，第10~21页。
② 凌岩：《论城乡经济二元结构向一体化演进》，《党政论坛》，1987年第3期，第41~45页。
③ 李迎生：《我国城乡二元社会格局的动态考察》，《中国社会科学》，1993年第2期，第113~126页。
④ 厉以宁：《改变城乡二元经济结构意义深远（学习贯彻十六届三中全会精神专论）》，《人民日报》，2004年1月12日，第9版。
⑤ 肖冬连：《中国二元社会结构形成的历史考察》，《中共党史研究》，2005年第1期，第21~31页。
⑥ 周健：《英、美工业化道路对二元经济结构转换的作用——对我国的启示》，《当代经济管理》，2008年第1期，第88~92页。
⑦ 刘林川：《资产价格财富效应的传导机制及实证研究》，《经济问题探索》，2013年第12期，第100~106页。
⑧ 易培强：《马克思虚拟资本理论与国际金融危机》，《当代经济研究》，2009年第1期，第1~6+73页。

一、实体经济与虚拟经济的基本内涵

对于实体经济与虚拟经济的基本内涵的探讨,既有助于深入理解两种经济运行模式的本质特征,也有助于把握不同时期学者对两者考察研究的内涵和外延的变化。

(一)实体经济的基本内涵

实体经济的发展创造了人类赖以生存的各类生活资料,促进了物质条件的提升及人类生活水平的提高,并奠定了人类进一步追求高层次精神生活的基础。尤其在经济结构经历深刻变革的时期,实体经济的平稳发展对于维护社会经济秩序尤为重要(周莹莹和刘传哲,2014)。[1] 既有的研究在实体经济的概念与界定方面的分歧很少,无论与"虚拟经济"(Fictitious Economy)相对应还是与"符号经济"(Symbol Economy)、"可视化经济"(Visual Economy)等概念相对应,实体经济均指那些除虚拟经济之外的,以物质生产为主要内容的产业和部门,如农业、采矿业、制造业、建筑业、化学工业和交通运输业等。为了厘清实体经济的基本内涵,国内学者与政策部门对其作了专门研究,在实体经济所涵盖的领域、实体经济的作用与实体经济的地位等问题上基本达成了共识。

成思危(2009)指出实体经济即在市场上进行的物质产品的生产、流通和交换等经济活动。[2] 王国刚(2004)将实体经济的内涵表述为物质产品的生产、销售活动,以及与此相关服务的提供,在现代产业体系中主要涵盖农业、工业、交通运输业、商业、建筑业、邮电业等部门。[3] 吴秀生和林左鸣(2006)认为实体经济仅包括物质生产,连某些基本的服务也不算实体经济,服务业属于广义虚拟经济。[4] 刘晓欣(2003)[5]、孙竹(2007)[6]、刘骏民(2008)[7] 等学者从资产定价的方式着眼,认为实体经济与虚拟经济的资本化定价方式不同,主要是以生产成本为基础进行定价。潘英丽(2001)则从是否创造实际价值的角度进行了定义,认为能够创造价值或财富的就是实体经济,反之就是虚拟经济。[8] 宋超英和王宁(2010)认为实体经济是指物质资料的生产、销售及直接为此提供劳务所形成的经济活动,与资金循环与周转等经济现象密切相关,主要包括农

---

[1] 周莹莹,刘传哲:《我国虚拟经济发展对实体经济投资扩张效应影响研究》,《山西财经大学学报》,2014年第3期,第21~32页。
[2] 成思危:《虚拟经济的基本理论及研究方法》,《管理评论》,2009年第1期,第3~18页。
[3] 王国刚:《关于虚拟经济的几个问题》,《东南学术》,2004年第1期,第53~59页。
[4] 吴秀生,林左鸣:《以广义虚拟经济的视角定位"新"经济》,《经济体制改革》,2006年第2期,第12~16页。
[5] 刘晓欣:《虚拟经济运行的行为基础——资本化定价》,《南开经济研究》,2003年第4期,第42~45页。
[6] 孙竹:《西方资产定价理论中的实体经济因素考察——以CAPM模型与B-S期权定价模型为例》,《中央财经大学学报》,2007年第2期,第53~57页。
[7] 刘骏民:《虚拟经济的经济学》,《开放导报》,2008年第12期,第5~11页。
[8] 潘英丽:《关于虚拟经济的演进及其两重性的探讨》,《华东师范大学学报》(哲学社会科学版),2001年第5期,第192~203页+210~223页。

业、工业、商业、建筑业及交通运输业等产业部门。① 孙工声（2012）总结归纳了实体经济的概念，认为实体经济活动应当是直接或间接创造社会财富的活动，实体经济部门既包括农业、工业、交通通信业、商业服务业、建筑业等物质生产和服务部门，也包括教育、文化、知识、信息、艺术、体育等精神产品的生产和服务部门。② 此外，金碚（2012）对实体经济的外延进行了阐述，认为广义的实体经济应涵盖三次产业中的工业化服务业和直接服务业，第二产业尤其是内部的制造业是实体经济的主体与核心。③ 周小川（2012）指出，实体经济不仅包括物质产品的生产，也包括服务业，简单地理解金融就是虚拟经济是不对的，金融业有些并非虚拟的。④

（二）虚拟经济的基本内涵

价值理论是马克思主义经济学理论的主要内核之一，虚拟价值理论是劳动价值论的补充和发展。马克思在《资本论》中论述利润构成与生息资本时，系统分析了虚拟资本由商品到货币、由货币到资本、由资本到生息资本、由生息资本最终演化为虚拟资本的过程，同时对其属性以及运行规律也作了全面阐述（徐熙泽和马艳，2011）。⑤ 与此同时，学者们通过研究揭示了虚拟资本是"现实资本运动的没有概念的形式"的本质，分析了虚拟资本既可帮助现实资本短时间内快速扩张，也可把资源从现实资本中抽取出来的辩证关系（景玉琴和李浩楠，2020）。⑥ "虚拟经济"一词是从马克思的"虚拟资本"延伸而来的，虽然绝大多数虚拟经济的研究都源于马克思的虚拟资本概念，但是提出虚拟经济的研究命题最主要的原因还是面对实践中遇到的新现象和新问题（刘晓欣等，2016）。⑦ 通常可以从劳动价值论与交易内容这两方面对虚拟经济内涵进行探讨，也有学者从马克思对虚拟资本的分析、金融、信息网络、实体经济、"虚拟"本身、权益交易、虚拟资产、虚拟价值、虚拟经济的广义性、信誉信用、"异化"形态、经济社会互动关系与难以准确定义这13个角度出发，对虚拟经济内涵进行了系统研究（徐丹丹和郑林曼，2020）（见表14-6）。⑧

---

① 宋超英，王宁：《论虚拟经济与实体经济的关系——由冰岛破产与迪拜债务危机引发的思考》，《金融经济》，2010年第6期，第12~14页。
② 孙工声：《正确理解金融服务实体经济的内涵》，《中国金融》，2012年第8期，第23~24页。
③ 金碚：《牢牢把握发展实体经济这一坚实基础》，《求是》，2012年第7期，第24~26页。
④ 周小川：《健全促进宏观经济稳定、支持实体经济发展的现代金融体系》，《经济日报》，2012年11月22日，第6版。
⑤ 徐熙泽，马艳：《马克思地租理论的拓展及现代价值》，《财经研究》，2011年第5期，第47~57页。
⑥ 景玉琴，李浩楠：《马克思虚拟资本理论探析》，《经济纵横》，2020年第11期，第28~35页。
⑦ 刘晓欣，宋立义，梁志杰：《实体经济、虚拟经济及关系研究述评》，《现代财经》，2016年第7期，第3~17页。
⑧ 徐丹丹，郑林曼：《虚拟经济与实体经济关系：一个文献综述》，《经济研究参考》，2020年第13期，第53~61页。

表 14-6 对于虚拟经济基本内涵的多种界定汇总表

基本观点	代表学者
从马克思对虚拟资本的分析角度出发理解虚拟经济	刘骏民（1998），李晓西等（2000），潘英丽（2001），邓利方（2002），王爱俭（2008），成思危（2009），等等
从金融角度出发理解虚拟经济	易纲（2002），梅子惠（2002），李扬（2003），吴秋璟等（2006），钱津（2009），戴相龙（2012），等等
从信息网络角度理解虚拟经济	李宪徐（2002），郭华平（2004），蒋正华（2004），刘维刚等（2006），王国平（2007），王征（2012），等等
从实体经济角度出发理解虚拟经济	陈文玲（1998），周革平（1999），管仁勤（2003），邵燕（2003），杜厚文等（2003），张红伟等（2004），等等
从"虚拟"本身角度出发理解虚拟经济	曾康霖（2000），王滨等（2003），等等
从权益交易角度出发理解虚拟经济	李翀（2003），何瑞霞（2004），曹和平等（2013），等等
从虚拟资产角度出发理解虚拟经济	姜琰（2003），张学翠（2009），苏治等（2017），等等
从虚拟价值角度出发理解虚拟经济	陈祖华（2003），程金蛟（2004），鲁品越等（2009），等等
从虚拟经济的广义性角度出发理解虚拟经济	林左鸣等（2010），袁潮清等（2014），王英等（2019），等等
从信誉信用角度出发理解虚拟经济	吴德礼等（2009），何其春等（2015），肖磊（2019），等等
认为虚拟经济是一种"异化"形态	陈淮（2000），秦晓（2000），靳永茂（2020），等等
认为虚拟经济是一种经济社会互动关系	李晓安等（2005），叶祥松等（2012），刘志彪（2015），等等
认为难以准确定义虚拟经济	钟伟（2001），张宝林等（2001），张晓晶（2002），等等

一方面，部分学者在劳动价值论的框架下，对虚拟资本的虚拟性质和资本性质及其表现形式进行探讨。刘骏民在其著作《从虚拟资本到虚拟经济》（1998）中从广义和狭义两个层面对虚拟经济进行了定义，指出广义的虚拟经济即除物质生产活动和相关劳务提供之外的所有经济活动，而狭义的虚拟经济则仅仅是所有的金融活动和房地产业。此后，他还对狭义虚拟经济进行了细致界定，认为经济的金融化或金融深化主要是虚拟资本的扩张造成的，而虚拟资本的扩张与房地产业的虚拟价值膨胀合在一起，就实际上构成了经济中的虚拟部分，经济中的虚拟部分就是虚拟经济（刘骏民，2003）。[①] 成思危（1993）结合马克思对"虚拟资本"的相关论述与经济新事物（如股票、公债等金融衍生品）、新情况（如黄金的非货币化、经济信息化等），[②] 将虚拟经济的内涵概括为与虚

[①] 刘骏民：《虚拟经济的理论框架及其命题》，《南开学报》，2003年第2期，第34~40页。
[②] 成思危：《虚拟经济与金融危机》，《管理科学学报》，1999年第3期，第1~6页。

拟资本以金融系统为主要依托的循环运动有关的经济活动,即直接以钱生钱的活动。①李晓西和杨琳(2000)沿袭马克思虚拟资本理论的分析方法,指出虚拟经济即相对独立于实体经济之外的虚拟资本的持有和交易活动,而虚拟资本作为市场经济中信用制度与货币资本化的产物,其内容涵盖期票与汇票等银行信贷信用、股票和债券等有价证券、产权、物权以及各种金融衍生品。②王国刚(2004)通过考察虚拟经济的基本特征,将其定义为通过对有价证券的持有来获取相应权益的经济行为及其关系的总和。他认为尽管金融部门涵盖了大多数虚拟经济活动,是虚拟经济的最重要的组成部分,但虚拟经济并不完全等同于金融业,某些以物权、租赁权等权益为主要业务对象的机构也应纳入虚拟经济部门。③白钦先和禹钟华(2007)通过对"虚拟经济现象""虚拟价值体"及"虚拟经济"等概念间的逻辑推导,从价值运动的角度将虚拟经济定义为,没有实体价值保证而被凭空制造的虚拟价值体的运行。④王爱俭(2008)强调了心理预期在虚拟经济运行中的关键作用,指出心理预期对经济运行影响的差异是虚拟经济与实体经济的根本区别,指出虚拟经济的本质是预期的未来价格体系在现时的镜像。⑤罗良清和袭颖安(2010)认为界定虚拟经济首先要从界定经济的交易对象,即虚拟资产开始,虚拟资产是一种以实物为背景的价值权利,主要包括股票及其他有价证券、衍生产品和房地产权三类。⑥

另一方面,部分学者从虚拟经济的交易内容等方面对其外延进行了探讨,并着重对虚拟经济与金融业的区别和联系进行了辨析,其特点可以概括为复杂性、流动性、不稳定性与高风险性(秦晓,2000)。⑦张晓晶(2002)突出强调了实体经济与虚拟经济间的从属关系,认为虚拟经济"是由这些经济符号的创造和流通所形成的与实体经济相对应的经济体系"。⑧姚尔强将虚拟经济视作虚拟资本的运动与虚拟化的货币结合在一起,所形成的相对独立于实际经济的虚拟资本的价格决定过程和相对独立的运行过程。⑨李扬(2003)则认为除却金融变量,似乎还没有发现其他重要的虚拟经济形态,因此可将虚拟经济与金融等同起来,并将与实体经济对应的部分称作"货币经济"。⑩钱津(2008)认为虚拟经济是一种现代劳动分工的表现,是指在实体经济中的价值独立运动之上又出现的价值独立运动。虚拟经济不包括实体经济中的金融活动,只有扣除了实体经济的金融活动之外的金融活动才是虚拟经济。⑪袁国敏(2008)对虚拟经济统计核算的范围、原则、方法,以及主要的统计指标等作了比较系统研究,从交易工具来看,对

---

① 成思危:《虚拟经济探微》,《南开学报》(哲学社会科学版),2003年第2期,第23~28页。
② 李晓西,杨琳:《虚拟经济、泡沫经济与实体经济》,《财贸经济》,2000年第6期,第5~11页。
③ 王国刚:《关于虚拟经济的几个问题》,《东南学术》,2004年第1期,第53~59页。
④ 白钦先,禹钟华:《对虚拟经济内涵的再探讨》,《西南金融》,2007年第11期,第6~10页。
⑤ 王爱俭:《关于虚拟经济几个重要问题的再讨论》,《现代财经》,2008年第2期,第3~6页。
⑥ 罗良清,袭颖安:《从国民核算视角再认识虚拟经济》,《统计与决策》,2010年第11期,第35~37页。
⑦ 秦晓:《金融业的"异化"和金融市场中的"虚拟经济"》,《改革》,2000年第1期,第74~90页。
⑧ 张晓晶:《符号经济与实体经济:金融全球化时代的经济分析》,上海三联书店,2002年,第69页。
⑨ 姚尔强:《对虚拟经济和实体经济关系的辩证思考》,《当代贵州》,2002年第12期,第24~25页。
⑩ 李扬:《金融市场 宏观调控 金融稳定》,《中国货币市场》,2003年第12期,第4~8页。
⑪ 钱津:《虚拟经济与中国工业化腾飞》,《开放导报》,2008年第5期,第24~29页。

虚拟经济的统计应涵盖股票以外的证券、股票和其他权益、金融衍生工具和房地产；从交易市场方面来看，则包括资本市场、金融衍生品市场和房地产市场，其中资本市场主要涵盖股票市场、债券市场和基金市场等。①

二、实体经济与虚拟经济关系的基本认识

姜英华（2020）指出，党的十八大以来，习近平同志把振兴实体经济摆到了更加突出的位置，多次提出如"国家强大要靠实体经济""必须把发展经济的着力点放在实体经济上"等重要论断。习近平关于实体经济与虚拟经济互益发展的重要论述，以资本逻辑的最新形态为枢纽，以经济发展客观事实为主轴，以用好虚拟经济助益壮大实体经济为旨归。② 现代经济系统是实体经济系统与虚拟经济系统的有机统一体，实体经济始终是人类赖以生存与发展的基础，虚拟经济是实体经济高度发展的产物，其最终目的在于服务于实体经济（张晓朴和朱太辉，2014）。③ 国内对实体经济与虚拟经济相互关系的探讨大体可以分为两类研究路径。第一类研究路径以实体经济为主体，重点探讨了实体经济对虚拟经济的影响，其观点可以概括为实体经济是虚拟经济的基础；第二类研究路径以虚拟经济为主体，重点探讨了虚拟经济的运行对实体经济的发展产生巨大的反作用，其观点可以概括为虚拟经济对实体经济具有反作用（邱兆祥和王树云，2017）。④

一方面，实体经济发展状况是虚拟经济健康运行的基础，一定的实体经济规模决定了虚拟经济规模的膨胀范围，实体经济系统的良性发展是虚拟经济系统有序运行的重要保障（周莹莹和刘传哲，2014）。⑤ 王国忠（2005）就认为，由于虚拟经济系统与人们对未来收益的预期密切相关，可将虚拟经济系统看作观念支撑的价格系统，而实体经济系统可看作以成本支撑的价格系统。⑥ 虚拟经济系统以资本化定价为基础，具有内在波动性（关敬如，1987）。⑦ 与此同时，虚拟经济系统的发展可反映实体经济的实际情况，实体经济与虚拟经济间存在相互依存、相互促进的密切关系。包亚钧（2010）就认为，虚拟经济本身不能创造价值，其利润的价值来源于实体经济，因而虚拟资本能否实现价值增殖，必须以实体资本运作的有效性为前提，必须依附于实体生产性经济。虚拟经济一旦脱离实体经济，走上自身盲目扩张的歧路，就会异化为泡沫经济。⑧

另一方面，虚拟经济的周期性依附于实体经济的运行周期，两者的周期存在非同步

---

① 袁国敏：《虚拟经济统计核算体系的构建》，《统计与决策》，2008年第12期，第4~6页。
② 姜英华：《习近平关于实体经济与虚拟经济互益发展的重要论述研究——基于资本逻辑视角的政治经济学分析》，《广西社会科学》，2020年第2期，第13~19页。
③ 张晓朴、朱太辉：《金融体系与实体经济关系的反思》，《国际金融研究》，2014年第3期，第43~54页。
④ 邱兆祥、王树云：《金融与实体经济关系协调发展研究》，《理论探索》，2017年第4期，第28~34页。
⑤ 周莹莹、刘传哲：《我国虚拟经济发展对实体经济投资扩张效应影响研究》，《山西财经大学学报》，2014年第3期，第21~32页。
⑥ 王国忠：《当代经济的"二分法"：基于经济虚拟化的思考》，《财经研究》，2005年第11期，第117~130页。
⑦ 关敬如：《富有启迪的经济模式探索——评介"虚拟私有制"》，《广州研究》，1987年第11期，第25~28页。
⑧ 包亚钧：《实体经济是虚拟经济可持续发展的基础和保证——对虚拟经济与实体经济关系的探究》，《贵州财经学院学报》，2010年第4期，第17~21页。

性。谈儒勇（1999）对金融中介、股票市场和实体经济增长之间的关系进行了回归分析，结果显示金融中介与实体经济增长之间表现出显著的正向相关关系。[①] 史永东等（2003）对中国实体经济增长与金融部门发展的关系进行了格兰杰因果关系检验，发现两者间存在着双向因果关系。[②] 王志强和孙刚（2003）将中国金融发展规模、结构调整和金融效率等指标纳入向量误差修正模型并进行实证研究，发现20世纪90年代以来中国金融发展与经济增长之间存在显著的双向因果关系。[③] 孟猛（2003）将中国广义货币量占名义GDP的比例和非金融机构所获取的贷款量占当年名义GDP的比例分别作为衡量虚拟经济的指标，发现短期内金融深化不会促进经济的增长，其中经济增长会促进货币化程度的提高，但对非金融机构获取的贷款量没有影响，长期金融深化程度的提高则会促进经济增长速度的加快。[④] 方爱平和李虹（2011）将金融机构信贷余额与名义GDP的比值作为金融发展的代表性指标，考察了中部地区产业结构升级与金融部门发展之间的关系，发现产业技术升级和第三产业的壮大有力地推动了中部地区金融部门的发展。[⑤] 石盛林（2011）通过对实体经济增长与金融部门发展的关系进行多元回归分析，发现实体经济规模、城镇化水平、产业结构以及金融生态等因素对金融发展具有积极的推动作用。[⑥] 陈瑞华和杨帆（2019）探讨了中国经济发展的周期性特征及不同阶段实体经济与虚拟经济间的关系，发现自2007年以来虚拟经济愈加具有脱离实体经济独立性发展的趋势，实体经济对虚拟经济的影响逐渐减弱，而虚拟经济对实体经济的影响逐渐增强，原因在于我国的实体经济结构转型滞后，金融市场投机严重而监管不力。[⑦]

三、实体经济与虚拟经济的相互作用关系

虚拟经济是中国具备自主性和创新性的研究课题。就虚拟经济与实体经济的互动进行基本的逻辑辨析，有助于澄清虚拟经济研究领域的概念模糊和逻辑混乱（刘冠军和刘刚，2010）。[⑧] 国内对实体经济与虚拟经济的相互作用关系的探讨大体有三种方向：第一种观点可以归纳为虚拟经济对实体经济具有重要的反作用，第二种观点可以归纳为虚拟经济的健康发展对实体经济的发展具有积极作用，第三种观点可以归纳为虚拟经济的

[①] 谈儒勇：《中国金融发展和经济增长关系的实证研究》，《经济研究》，1999年第10期，第53~61页。

[②] 史永东，武志，甄红线：《我国金融发展与经济增长关系的实证分析》，《预测》，2003年第4期，第1~6页。

[③] 王志强，孙刚：《中国金融发展规模、结构、效率与经济增长关系的经验分析》，《管理世界》，2003年第7期，第13~20页。

[④] 孟猛：《金融深化和经济增长间的因果关系——对我国的实证分析》，《南开经济研究》，2003年第1期，第72~74页。

[⑤] 方爱平，李虹：《产业结构升级对金融发展的影响——来自中部地区的证据》，《经济问题》，2011年第11期，第97~100页。

[⑥] 石盛林：《经济增长对金融发展的影响机理研究——基于县域数据的实证分析》，《财贸研究》，2011年第2期，第107~112页。

[⑦] 陈瑞华，杨帆：《中国经济的周期性特征及其实体经济与虚拟经济协调性的实证分析》，《中国证券期货》，2019年第6期，第4~10页。

[⑧] 刘冠军，刘刚：《虚拟经济与实物经济互动的文献综述及逻辑辨析》，《山东社会科学》，2010年第11期，第64~69页。

过度膨胀对实体经济的发展具有消极作用。

(一) 虚拟经济对实体经济具有重要的反作用

虚拟经济的运行对实体经济的发展具有"双刃剑"的作用。一方面,虚拟经济的发展有利于促进资本集中和社会资源的优化配置,促进实体经济增长。另一方面,虚拟经济的过度投机也可能扭曲消费行为,影响实体经济的运行安全与长期稳定(冯琦,2013)。① 陈文玲(1998)就指出,虚拟经济产生于实体经济,实体经济的良性运转产生了适度的虚拟经济,当虚拟经济完全脱离实体经济极度膨胀时,泡沫一旦破灭,虚拟状态便不复存在,实体经济运转将会受到影响。②

在中国加入世界贸易组织之后,越来越多的学者开始关注虚拟经济对实体经济的重要反作用。潘英丽(2001)通过研究发现,虚拟经济对实体经济的发展既有积极促进的一面,也有消极抑制的一面;虚拟经济既有增进社会经济福利的性质,但又会对投资和收入结构产生影响,造成一国社会经济福利的净损失。③ 林兆木和张昌彩(2001)认为,虚拟经济具有提供融资支持、分散经营风险、降低交易成本、促进资源优化配置、反映实体经济信息等功能,但同时也可能因过度膨胀增加实体经济运行的不确定性和投机风险,在经济全球化和金融一体化的背景下甚至严重危及世界经济安全。④ 杜厚文和伞锋(2003)认为虚拟经济提升了市场流动性,降低实体经济的运行成本和交易成本,对经济增长成效显著,但是虚拟经济的过度繁荣将产生系统性风险,影响实体经济稳定。⑤ 王爱俭(2004)通过建立实体经济与虚拟经济的总量关系模型,发现只有虚拟经济发展与实体经济的规模结构相匹配,才能使经济增长达到最优状态,滞后和超前的虚拟经济均会损害经济发展。⑥ 邓瑛(2004)研究发现虚拟经济在其不同发展阶段对实体经济产生的作用各异,突出地表现在递增效应、溢出效应、异化效应和挤出效应上。起初闲置资金经虚拟经济中介进入实体经济领域,极大地促进了实体经济的发展,随后不断膨胀的虚拟经济吸引了本属于实体经济的产业资本,造成实体经济发展缓慢甚至倒退,对实体经济造成巨大破坏。⑦ 罗哲元(2010)也表示,虚拟经济的适度发展会极大促进实体经济的发展,但若虚拟经济发展规模过大速度过快,就会阻碍实体经济的发展,严重的会引发泡沫经济,造成经济衰退(见图14-2)。⑧

---

① 冯琦:《论虚拟经济对实体经济的"双刃剑"作用》,《江苏教育学院学报》(社会科学版),2013年第4期,第103~106页。
② 陈文玲:《论实物经济与虚拟经济》,《世界经济》,1998年第3期,第17~18页。
③ 潘英丽:《关于虚拟经济的演进及其两重性的探讨》,《华东师范大学学报》(哲学社会科学版),2001年第5期,第192~203页+210~223页。
④ 林兆木,张昌彩:《论虚拟经济及其实体经济的影响》,《宏观经济研究》,2001年第4期,第3~9页。
⑤ 杜厚文,伞锋:《虚拟经济与实体经济关系中的几个问题》,《世界经济》,2003年第7期,第74~79页。
⑥ 王爱俭:《对中国地下金融的政策取向》,《经济研究参考》,2004年第79期,第28~29页。
⑦ 邓瑛:《论新经济下虚拟经济的阶段发展与实体经济》,《财贸研究》,2004年第1期,第7~12页。
⑧ 罗哲元:《浅析虚拟经济发展对实体经济产生的影响》,《知识经济》,2010年第16期,第5页。

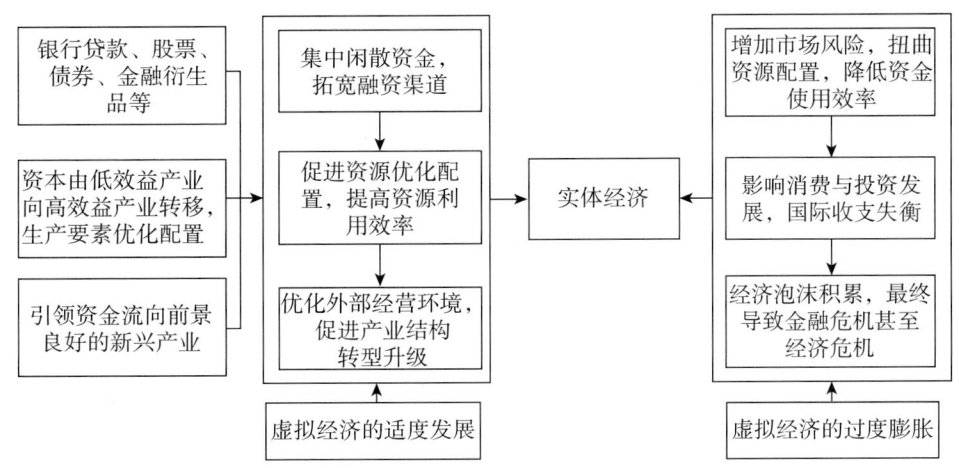

图14-2 虚拟经济对实体经济具有重要的反作用

(二) 虚拟经济的健康发展对实体经济的发展具有积极作用

虚拟经济的健康发展对实体经济的发展具有积极作用，主要体现在三个方面：加快促进闲散资本集聚，拓展实体经济融资渠道；促进资源优化配置，提高资源利用效率；分散外部市场风险，促进产业结构升级（牛芳，2003）。[①] 刘金全（2004）通过分析虚拟经济与实体经济在规模和活性上的相互作用和相互影响，发现虚拟经济对实体经济具有显著的"溢出效应"，无论是货币供给规模还是价格水平的波动都存在着对实体经济规模和增长的正向作用和影响，实体经济则对虚拟经济具有显著的反馈影响，并且反馈过程具有一定的规则性和灵敏性。[②] 持此类观点的学者普遍表示，虚拟经济与实体经济的协调发展不仅是经济政策有效性的基础，而且也是保持经济长期快速稳定增长的必要条件（裴汉青，2004[③]；郑湘明，2013[④]）。蒋元涛和王宗军（2004）认为我国虚拟经济当前存在着经济规模小、金融工具少、金融结构不合理等问题，要使虚拟经济和实体经济协调发展，需要增强实体经济的盈利能力，积极壮大虚拟经济，同时加强金融监管，以降低虚拟经济的风险。[⑤] 杨兆廷和王元（2009）认为实体经济是经济发展的基础，虚拟经济对于实体经济发展具有积极作用，但必须防范虚拟经济可能导致的经济泡沫。[⑥] 袁国敏等（2008）通过考察我国的实体经济和虚拟经济在不同的经济发展阶段的耦合协调程度，发现当虚拟经济发展滞后、政府对虚拟经济监管加强或资本市场波动较大时，

---

① 牛芳：《虚拟经济与实体经济比较分析研究》，《经济问题》，2003年第5期，第10～11页。
② 刘金全：《虚拟经济与实体经济之间关联性的计量检验》，《中国社会科学》，2004年第4期，第80～90+207页。
③ 裴汉青：《我国虚拟经济发展现状及对实体经济的影响》，《经济纵横》，2004年第3期，第17～19页。
④ 郑湘明：《论我国实体经济的持续健康发展》，《中央财经大学学报》，2013年第5期，第46～51页。
⑤ 蒋元涛，王宗军：《我国虚拟经济与实体经济协调发展的几个问题》，《江西财经大学学报》，2004年第2期，第19～21页。
⑥ 杨兆廷，王元：《论虚拟经济与实体经济协调发展——以美国金融危机为例》，《河北金融》，2009年第4期，第3～5页。

实体经济与虚拟经济的耦合度会出现下降的情况。① 刘传哲等（2010）通过研究发现证券交易量、期货交易量等指标与GDP关联度较低，建议地方政府加大信贷投放力度，推动资本市场发展和完善，以此促进实体经济的长足发展。② 周敏（2012）提出我国应该适度发展虚拟经济，优化虚拟经济结构，有效控制虚拟经济的波动性，以实现虚拟经济和实体经济的协调发展。③ 与此同时，张霞（2010）④、冯琦（2011）⑤、张晓倩（2012）⑥、宋加山等（2015）⑦也通过次贷危机带来的启示，论述了实体经济与虚拟经济协调发展的重要性，强调虚拟经济必须服务于实体经济。

（三）虚拟经济的过度膨胀对实体经济的发展具有消极作用

虚拟经济的过度膨胀对实体经济的发展具有消极作用，主要体现在两个方面：增加市场风险，扭曲资源配置；经济泡沫积累，诱发泡沫经济。⑧ 随着虚拟经济的快速膨胀，尤其是在日本金融泡沫、亚洲金融风暴、美国次贷危机、欧债危机相继发生之后，学者们更多地开始关注虚拟经济对实体经济发展的负面效应。⑨ 李晓西和杨琳（2000）就认为，虚拟经济相对于实体经济具有高风险、高收益的特点，容易吸引投机资金滞留于虚拟经济领域，对实体经济形成"挤出效应"，尤其在实体经济下行时，极易出现投机过度而引致过度膨胀并形成泡沫经济，不仅会引发金融危机，危害实体经济运行，甚至会引发严重的社会问题。⑩ 刘骏民（2000）则指出，虚拟经济过度膨胀会带来暂时的资本暴利，将实体经济领域里的资金吸引至此，从而导致金融危机。⑪ 张晓晶（2002）也认为，实体经济与虚拟经济的严重背离会导致投机活动增强、金融不稳定、金融创新的作用不确定、分配格局发生变化等问题，将会阻碍经济长期发展，并可能诱发系统性风险。⑫ 张红伟和贾男（2004）就指出，脱离实体经济基础的过度发展，致使虚拟经济对金融体系乃至整个经济的破坏作用日益明显，并最终导致金融危机。⑬ 2008年美国次

---

① 袁国敏，王亚鸽，王阿楠：《中国虚拟经济与实体经济发展的协调度分析》，《当代经济管理》，2008年第3期，第12~15页。
② 刘传哲，周莹莹，迟晨：《虚拟经济与实体经济协调发展研究——以江苏省为例》，《经济与管理》，2010年第6期，第14~19页。
③ 周敏：《论中国虚拟经济与实体经济的协调发展》，《经济研究导刊》，2012年第18期，第13~15页。
④ 张霞：《从美国金融危机看虚拟经济与实体经济的协调发展》，《发展》，2010年第3期，第91~92页。
⑤ 冯琦：《虚拟经济与实体经济的关系述论》，《江苏教育学院学报》（社会科学），2011年第5期，第97~101页。
⑥ 张晓倩：《浅析虚拟资本、虚拟经济与金融危机》，《企业导报》，2012第12期，第44页。
⑦ 宋加山，邓金堂，黄亭：《基于协整理论和Granger检验的美国虚拟经济与实体经济背离研究》，《科技进步与对策》，2015年第15期，第49~53页。
⑧ 杨春光：《美国经济的"虚拟化"——股票市场动荡的反思》，《吉林大学社会科学学报》，1989年第3期，第29~33页。
⑨ 朱立南：《虚拟经济与日本的经济增长》，《现代日本经济》，1992年第5期，第5~10页。
⑩ 李晓西、杨琳：《虚拟经济、泡沫经济与实体经济》，《财贸经济》，2000年第6期，第5~11页。
⑪ 刘骏民：《虚拟经济与当前的通货紧缩》，《南开经济研究》，2000年第5期，第3~10页。
⑫ 张晓晶：《加入金融创新的IS-LM模型》，《经济研究》，2002年第10期，第9~15+93页。
⑬ 张红伟，贾男：《虚拟经济与金融危机》，《四川大学学报》（哲学社会科学版），2004年第3期，第16~20页。

贷危机发生以来，针对虚拟经济消极作用的研究愈加深入。曹源芳（2008）就发现，我国实体经济与虚拟经济是彼此背离的，不存在长期稳定的协整关系，虚拟经济的过度增长与相关交易持续膨胀可能造成社会经济的虚假繁荣及泡沫经济的出现，不利于实体经济健康发展。① 李强和徐康宁（2013）检验了金融发展对经济增长和实体经济的影响，发现虚拟经济发展对我国经济增长和实体经济发展的影响存在区域异质性。② 梁剑波（2015）也认为虚拟经济有着天然的扩张性，其过度发展而产生的泡沫将会损害实体经济。③ 持有这类观点的学者普遍认为，实体经济"脱实向虚"将对社会财富分配、国家经济平衡发展和社会稳定带来巨大的危害。④ 苏治等（2017）从规模和周期两个层面重点检验了中国虚拟经济与实体经济的关联性，发现无论在规模水平层面还是周期波动层面，两者均存在虚实背离特征。在规模水平层面，虚拟经济对实体经济冲击反应具有惰性，对自身冲击反应更灵敏，对实体经济具有"挤出效应"；在周期波动层面，仅存在实体经济对虚拟经济的短期先导性；在虚实背离之下，价格型货币政策能长期抑制虚拟经济与实体经济的趋势性背离。⑤

第七节　总体考察

　　党的事业要发展，社会要前进，就必须坚持理论创新。建党百年以来，中国共产党人以及中国学界坚持马克思主义的指导思想，对马克思主义经济结构理论以及我国经济结构问题进行了深入研究和广泛讨论，探索出了极具中国特色的社会主义经济结构理论体系，并在"产业结构理论""区域经济结构理论""二元经济结构理论"与"实体经济和虚拟经济的关系"四个重要问题上形成了极其丰富的研究，指导着社会实践的不断向前发展。本小节在考察前面几节阐述的问题的基础上，总结提炼出了中国社会主义经济结构理论体系研究呈现的特点，并对未来社会主义经济结构研究的发展进行展望。

一、研究特点

　　在社会主义经济结构研究的历史变迁中，学界始终坚持马克思主义政治经济学的指导思想不动摇，对于社会主义经济结构内涵的认识不断深化，不断探索以现代化为宗旨的经济结构优化新路径，不断探索以市场化为核心的经济结构调整新模式，形成了特点

---

① 曹源芳：《我国实体经济与虚拟经济的背离关系——基于1998—2008年数据的实证研究》，《经济社会体制比较》，2008年第6期，第57～62页。
② 李强，徐康宁：《金融发展、实体经济与经济增长——基于省级面板数据的经验分析》，《上海经济研究》，2013年第9期，第3～11+57页。
③ 梁剑波：《虚拟经济与实体经济协调发展的策略分析》，《才智》，2015年第16期，第3页。
④ 舒展，程建华：《我国实体经济"脱实向虚"现象解析及应对策略》，《贵州社会科学》，2017年第8期，第103～109页。
⑤ 苏治，方彤，尹力博：《中国虚拟经济与实体经济的关联性——基于规模和周期视角的实证研究》，《中国社会科学》，2017年第8期，第87～109+205～206页。

鲜明的理论研究成果。

（一）对于社会主义经济结构内涵的认识不断深化

从中国共产党成立到中国特色社会主义进入新时代，学界对于社会主义经济结构的研究始终牢牢坚持马克思主义经济结构理论，对社会主义经济结构内涵的认识不断深化。关于社会主义经济结构的研究体现出了辩证唯物主义与历史唯物主义的丰厚意蕴。社会主义经济结构理论体系的唯物论基础主要表现在：社会主义经济结构体现出人与自然之间的物质变换关系，尊重经济社会发展客观规律是社会主义经济结构的基础和前提，社会实践为社会主义经济结构提供物质基础。社会主义经济结构理论的相关研究主要从调整经济结构就是促进经济发展、转变经济结构就是发展生产力、深化经济结构领域改革的唯物史观依据三个层面不断深化，关于社会主义经济结构内涵的认识实现了从沿袭两大部类分类法，到借鉴轻重工业分类法，再到发展出具有中国特色的社会主义经济结构理论体系，对于产业结构、区域结构、需求结构、城乡结构、资源结构、市场结构、贸易结构等一系列问题的认识达到了新高度。

（二）不断探索以现代化为宗旨的经济结构优化新路径

社会主义经济结构调整的实质在于以实现二元经济结构调整升级为主要目标的经济结构优化，不断探索以现代化为宗旨的经济结构优化新路径。不同的现代化发展模式，既相互联系又有显著区别，同时展现出学界对于实现经济结构现代化的不懈追求。相关学术研究普遍认为，经济发展必然伴随着经济结构的现代化，结构现代化滞后是陷入发展瓶颈与中等收入陷阱的重要原因。因而所得结论大同小异，包括：要依靠创新驱动高质量发展，提高要素生产率；依靠创新扩大有效供给，提高有效供给能力；依靠创新淘汰落后，实现经济结构从中低端转向中高端，构建现代经济体系等。

（三）不断探索以市场化为核心的经济结构调整新模式

不断探索以市场化为核心的经济结构调整，其实质是以传统计划经济体制向具有中国特色的社会主义市场经济体制的根本性转变为基本内容的制度变迁过程，不断探索以市场化为核心的经济结构调整新模式成为我国社会主义经济结构研究的重要基本特征之一。绝大多数相关研究表明，具有中国特色的社会主义经济结构的市场化过程不仅仅是简单的完全依赖市场的过程，有效市场与有为政府在经济结构调整中也起到了至关重要的作用。相关研究普遍认为，唯有切实提升我国经济结构的市场化水平，构建更加完善的要素市场化配置体制，加快新旧动能转换，破除各类障碍和隐性壁垒，推动公平且充分的市场竞争，持续推进经济结构调整升级，才能令中国经济中的各类产业和服务进一步以全球为腹地发展壮大，形成经济高质量发展的新局面。学界对于市场导向型的调整模式探索与现代化导向型的结构优化路径的持续关注，共同构成了中国经济结构改革与发展的基本脉络。

二、未来展望

经济结构的高度化、高级化是经济发展的核心内容,其实质就是经济结构变化带来要素依赖度的变化。没有结构变化的总量扩张只是经济增长,不是经济发展。经济结构研究的变迁和演进始终紧密结合中国经济社会发展的最新实践,随着全面建成小康社会、实现第一个百年奋斗目标,乘势而上开启全面建设社会主义现代化国家新征程,向第二个百年奋斗目标进军,中国学界对经济结构的研究也将以此为重点,不断创新和发展。

(一) 增强具有中国特色的经济结构调整理论依据

中国经济结构调整的历程常被学界表达为中国充分发挥生产要素的比较优势,深入参与国际产业分工,向更高效率的现代部门转移剩余生产要素的经济结构调整过程。相关研究针对这一过程及过程中的典型事实不断在系列结构调整理论中寻找理论依据。从刘易斯二元结构理论到拉尼斯-费景汉模型再到乔根森模型,似乎解释了中国过去经济发展的动力机制,体现出要素由生产率低的传统部门向生产率高的现代部门转移,产生要素再配置效应;配第-克拉克定律、库兹涅茨事实和钱纳里的标准结构等经验研究也似乎与中国过去经济结构调整路径基本一致,即从农业转移到工业,再从工业转移到服务业。目前国内学者应用经济结构理论时,难免存在一些概念复制、理论误用与理解片面的现象,缺乏对原有理论的批判和扬弃。尤其在结构调整极其复杂、体制机制差异巨大、结构红利逐渐缩小的情境下,传统产业结构研究的基本假设与变化了的典型事实之间存在日益严重的冲突。经典理论是否能真实反映中国经济的结构性特点,既是一个学理问题,更是涉及评价结构变化增长效应的真实性问题。目前的经济结构分析存在一些逻辑缺陷,以至于影响了结构调整的学理价值和政策含义,也让总结归纳出具有中国特色的经济结构理论迫在眉睫。此外,尽管有一些研究对顶层设计进行了评述,但目前仅停留在理论研究层面,究竟该如何指导基层实践,也亟须探索。

(二) 以经济结构调整加快构建现代产业发展新体系

以经济结构的现代化为根本遵循,加快经济结构调整,优先发展具有现代产业特征的主导产业,兼顾培育非主导产业,使资源合理配置,并与现阶段的需求结构和生产能力相适应,为经济高质量发展奠定了坚实基础。在经济结构调整中,一方面,应大力加强针对现代农业、现代工业和现代服务业的研究,促进传统产业体系向现代产业体系的调整;另一方面,应重点研判建立以高新技术和人才为核心的创新体系,不断优化产业结构,增加效益,增强后劲。经济结构失衡和产业发展粗放是我国经济高质量发展的软肋,也是经济结构调整的关键领域。要着重分析重复建设带来的资源浪费、粗放生产带来的环境破坏,协同高科技人才的技术创新,创建鼓励创新的良好氛围。要加强产学研的结合,深入研究教育体制、科技体制、财税体制等对经济结构调整和构建现代产业发展新体系的影响,不断强化跨学科、跨部门、跨区域研究。

(三) 科学区分内外部因素变化对经济结构调整的不同影响

经济结构研究中的经典理论与众多模型的意义不在于提供了一个一成不变的分析模式，而是提供了分析起点和参照系。综合本章讨论不难看出，产业与区域的要素使用和技术变化的作用才是决定经济结构的长期因素。一般而言，经济结构变化与经济发展并非线性变化关系，以经济理论与模型作为标准模式判断结构升级的高度或差距，容易忽视产业内、区域内、实体经济与虚拟经济间的因素变化对结构调整的决定作用。一些研究在分析经济结构与经济发展的关系时，并没有严格区分产业间和产业内、区域间和区域内、二元经济结构间和二元经济结构内、实体经济与虚拟经济间和实体经济与虚拟经济内等概念，对结构概念的内涵指向并不清晰。随着产业、区域、城乡、实体经济与虚拟经济边界的日益模糊，内外部概念的混淆使用与内外部因素的混合分析削弱了所得结论的科学性与合理性，在未来的研究中应详细区分内外部因素变化的不同影响。

第十五章　社会主义生态文明建设

生态文明体现了某一历史时期一个社会在处理其与自然环境关系时的文明状态。习近平指出："建设生态文明是关系人民福祉、关系民族未来的大计。"[①] 坚持生态文明建设是新发展理念的客观要求，对我国生产方式和生活方式的转变具有重要意义。中国共产党成立以来，学界围绕这一主题进行了多次探讨，形成了较为丰富的成果。本章首先从学界对马克思主义经典作家关于生态文明建设论述的阐释出发，考察中国共产党对生态文明建设认识的变迁。接着从纵向和横向两个维度对社会主义生态文明建设的相关研究进行梳理。在纵向维度上，集中回顾中国生态文明建设历程；在横向维度上，主要梳理生态文明建设的核心内容，主要包括"两山"理论、绿色生产方式和绿色生活方式、生态文明制度建设等内容。最后，提炼和总结了社会主义生态文明建设研究的特点，并对未来研究方向进行了展望。

第一节　对马克思主义经典作家关于生态文明建设论述的阐释

对于生态文明建设，马克思主义经典作家都曾有相关论述。学界对马克思主义经典作家关于生态文明建设论述的阐释主要体现在三个方面：一是关于人与自然的关系，二是关于资本主义生产方式，三是关于生态危机的根源。

一、对马克思恩格斯关于生态文明建设论述的阐释

19世纪中期开始，西方工业社会的内部矛盾日益显露，生态破坏对人类的报复时有发生。马克思恩格斯始终都在关注人与自然的关系，虽没有使用"生态文明"的概念，没有专门论述生态文明思想体系，但其关于人和自然关系的论述包含着生态文明相关的一系列重要思想观点，体现生态文明的理念，开创了生态文明思想的先河。学界主要从人与自然的关系、资本主义生产方式、生态危机的根源对这一思想进行了研究。

第一，对马克思恩格斯关于人与自然的关系论述的阐释。学者研究的角度各有不同。卫兴华（1979）指出，马克思恩格斯认为在任何社会生产中，必然发生两方面的物质关系：一是人与自然的关系，即人们从自然界获取物质利益的关系；二是形成一定的

---

① 中共中央文献研究室：《习近平关于全面建成小康社会论述摘编》，中央文献出版社，2016年，第171页。

生产关系即经济关系，即人们之间的物质利益关系。① 池超波（1981）指出，马克思恩格斯认为人与自然的矛盾是生产力的内部矛盾，正是这个矛盾推动生产力发展、推动历史前进。② 刘辉（1998）指出，马克思恩格斯认为人是通过劳动占有自然界的，劳动是人与自然的中介，是联结双方的纽带。人在占有自然的过程中，又建立了人与人之间的关系，人类史与自然史是相互制约的。③ 陈芬（2003）指出，马克思恩格斯的生态自然观强调了人与自然的相互影响和相互作用。片面强调人的需要，以及人对自然的控制、支配和征服，忽略人也是自然界的一员，最终会断送人自己。④ 朱炳元（2009）指出，马克思在对人与自然的关系的论述中，指出了人与动物的根本区别，正因为人与自然的关系不同于动物，就存在人类活动破坏自然平衡的可能性。⑤ 袁银传和王喜（2013）指出，人与自然的关系问题成为马克思恩格斯生态文明思想的核心论题，人同自然的和解以及人同自身的和解是其根本价值取向。⑥ 赵东海（2011）指出，马克思恩格斯认为，人类对生态反思和觉悟经历了生态无知时代、生态觉悟阶段、生态自觉阶段，从而真正认识并实践自然界是人类赖以生存的基础，把人与自然的关系视为自然界内部关系。⑦ 陈树文和郑士鹏（2012）指出，马克思恩格斯认为，人与自然的关系本质上是人与人之间的关系，只有变革人们的生产生活方式，实现人与人之间的和谐，才能从根本上达到人与自然的和谐。⑧ 魏连（2014）指出，马克思恩格斯认为，人是自然界的组成部分，不应该以自然的征服者、统治者自居，而应将自己当作自然中的一员，通过生产实践活动改造自然。⑨ 秦书生和鞠传国（2017）指出，马克思恩格斯对人类破坏生态环境的行为进行了无情的揭露与严厉的批评，马克思恩格斯已经认识到人类必须合理地运用自身改造自然的能力，与自然和谐相处，若继续盲目地追求经济效益，不顾生态环境的承受能力，会威胁到自身的生存发展。⑩ 曹鹤舰（2019）指出，马克思恩格斯认为人与自然的关系包含两重属性，即自然界的客观性与人类对自然界的依赖性。⑪

第二，对马克思恩格斯关于资本主义生产方式中的自然力及自然规律运用论述的阐释。于幼军（1998）指出，马克思认为，大工业使分工丧失了自然性质的最后一点痕

---

① 卫兴华：《论社会主义制度下的物质利益关系》，《经济研究》，1979年第1期，第14~20页。
② 池超波：《再论生产力发展的动力》，《福建论坛》，1981年第3期，第48~52+23页。
③ 刘辉：《试论马克思主义生态观》，《社会主义研究》，1998年第2期，第63~67页。
④ 陈芬：《在自然界实现人道主义——试论马克思恩格斯的生态自然观》，《马克思主义研究》，2003年第3期，第12~17页。
⑤ 朱炳元：《关于〈资本论〉中的生态思想》，《马克思主义研究》，2009年第1期，第46~55+159页。
⑥ 袁银传、王喜：《马克思主义视域中的中国特色社会主义生态文明建设》，《山东社会科学》，2013年第8期，第5~11页。
⑦ 赵东海：《生态文明的理论之维》，《中国社会科学院研究生院学报》，2011年第6期，第38~42页。
⑧ 陈树文、郑士鹏：《从生态文明视角论和谐社会建设》，《中国社会科学院研究生院学报》，2012年第2期，第27~33页。
⑨ 魏连：《当代中国生态文明建设的理性自觉与路径优化》，《马克思主义研究》，2014年第7期，第45~51页。
⑩ 秦书生、鞠传国：《生态文明理念演进的阶段性分析——基于全球视野的历史考察》，《中国地质大学学报》（社会科学版），2017年第1期，第19~28页。
⑪ 曹鹤舰：《新时代中国生态文明建设》，四川人民出版社，2019年，第33页。

迹，破坏了手工业和工业的一切旧阶段，把自然形成的关系一概消灭掉。① 徐民华（1999）指出，恩格斯着重分析了在资本主义工业化过程中人们受到自然规律的盲目支配的情况，工业化过程意味着人们对自然力的征服，但人们受到自然力报复的情况却比历史上任何时期都要广泛和深刻。② 黄顺基（2008）指出，一方面，马克思恩格斯充分肯定了工业生产方式伟大的历史作用，认为工业生产力打破了与它不相适应的封建社会的所有制关系；另一方面，又深刻地批判了建立在工业生产力与资本主义制度基础上的工业生产方式给人类文明带来的空前严重的威胁。③ 魏连（2014）指出，马克思认为在游牧文明和农业文明时期，人类臣服于自然；在工业文明时期，"征服自然"的观念日盛。经历了大工业时代的大开发、大破坏，马克思恩格斯准确预言了资本主义之后的人类工业发展途径，同时提出了在保护自然的框架下发展工业的新思维。④ 耿步健和许阳（2017）指出，马克思在《资本论》中提出了带有类似循环经济的"再利用"思想，在他看来，在"大规模的劳动"和"科学技术的进步"两个条件下，生产排泄物可以作为原料重新回归生产领域。⑤ 裴艳丽和倪素香（2018）认为，马克思恩格斯从经济维度强调了自然生产力的重要作用，指出了自然生产力和社会生产力的辩证关系。⑥

第三，对马克思恩格斯关于生态危机的根源论述的阐释。方世南（2008）指出，马克思恩格斯认为生态文明是人类文明演进的一个具有更高阶段和更高形态的文明，视其为人类面临的两大变革之一，关键是改变历史上出现过的生产方式以及同这些生产方式相联系的私有制度。⑦ 朱炳元（2009）指出，马克思的资本理论，不仅揭示了资本主义社会经济危机、人口危机、社会危机的实质和根源，而且包含了生态危机的实质和根源。⑧ 秦书生和王宽（2014）指出，马克思恩格斯生态文明思想是指马克思恩格斯在探究资本主义社会运行规律过程中形成的保护自然资源，维护人与自然和谐统一的具体准则和对策，也包括建立符合生态文明要求的社会制度，建立符合生态文明要求的共产主义制度。⑨ 左亚文等（2014）指出，对于工业文明时代对自然生态环境的掠夺和破坏，马克思恩格斯认为人与自然的关系走向恶化与资本主义生产方式下单纯追求高额利润的制度痼疾有关。⑩ 耿步健和许阳（2017）指出，在资本主义制度下，劳动的异化所带来

---

① 于幼军：《马克思的社会发展理论及其当代价值》，《中国社会科学》，1998年第4期，第4~14页。
② 徐民华：《马克思恩格斯的生态观及其当代价值》，《社会主义研究》，1999年第5期，第1~6页。
③ 黄顺基：《建设生态文明，转变发展方式》，《河南大学学报》（社会科学版），2008年第6期，第1~6页。
④ 魏连：《当代中国生态文明建设的理性自觉与路径优化》，《马克思主义研究》，2014年第7期，第45~51页。
⑤ 耿步健，许阳：《〈资本论〉中的绿色发展思想及其当代价值》，《财经问题研究》，2017年第9期，第11~16页。
⑥ 裴艳丽，倪素香：《马克思生态文明思想的三重维度》，《江西师范大学学报》（哲学社会科学版），2018年第6期，第47~51页。
⑦ 方世南：《社会主义生态文明是对马克思主义文明系统理论的丰富和发展》，《马克思主义研究》，2008年第4期，第17~22页。
⑧ 朱炳元：《关于〈资本论〉中的生态思想》，《马克思主义研究》，2009年第1期，第46~55+159页。
⑨ 秦书生，王宽：《马克思恩格斯生态文明思想及其传承与发展》，《理论探索》，2014年第1期，第39~43页。
⑩ 左亚文，等：《资源 环境 生态文明 中国特色社会主义生态文明建设》，武汉大学出版社，2014年，第102页。

的人与自然关系的异化充分暴露了资本主义生产方式的反生态性,马克思认为资本主义社会存在着不可持续发展的问题,而要解决这一问题,除了消灭资本主义私有制外,还需要依靠科技进步。[①] 秦书生和鞠传国(2017)指出,马克思恩格斯揭示了生态危机的根源,即资本主义制度,也找到了解决生态危机的根本途径,即变革资本主义生产方式、消灭资本主义私有制,最终实现更加高级的共产主义社会。[②] 张盾(2018)指出,马克思所揭示的资本主义生产方式的危机,是一种更深层意义甚至绝对意义上的经济危机,标志着资本主义生产方式已经触碰到它最后的绝对限度,即自然的限度。[③]

二、对列宁和斯大林关于生态文明建设论述的阐释

列宁、斯大林都不同程度地继承了马克思恩格斯的生态文明思想,作出了一些理论探讨和贡献。有些思想观点至今仍有启示意义,学界对这些思想观点的讨论主要集中在以下两个方面。

一是对列宁和斯大林关于重视人与自然的关系论述的阐释。刘增惠(2010)指出,斯大林在坚持马克思恩格斯生态思想的基础上,承认自然界和自然规律的客观性,并主张人在遵循客观规律的前提下改造自然为人类造福的观点。[④] 刘希刚(2012)指出,尽管斯大林的改造自然计划取得了一定成效,显示了人改造自然、使自然为人类服务的主观能动性,但整体而言,仍然存在着忽视自然的整体性、轻视自然的反人化的认识偏差。[⑤] 莫凡(2013)指出,列宁主张合理发挥人的主体作用,把现时代的自然看作人类长期发展演变的历史性产物,规范人的主体行为,在保护自然生态的前提下实现人自身的自由而全面发展。[⑥] 杨峻岭和吴潜涛(2020)指出,列宁认为人类不能运用人类自身的尺度去理解和认识自然本身,自然界只有通过自然界本身才能被理解,自然界的必然性不是人类的或逻辑的必然性,也不是形而上学的或数学的必然性。[⑦]

二是对列宁和斯大林关于批判资本主义生产方式论述的阐释。胡振生(2000)指出,列宁认为在资本主义生产方式下,科学技术是为资本生产剩余价值服务的,追求剩余价值的动力也是科学技术发展的动力,资本家总是想尽办法利用科学技术来设计和生产出能带来巨额利润的产品,忽视给生态环境系统造成的破坏。[⑧] 刘希刚(2012)指出,列宁积极肯定科学技术在改善环境中的作用,但认为帝国主义对外扩张使殖民地原

[①] 耿步健,许阳:《〈资本论〉中的绿色发展思想及其当代价值》,《财经问题研究》,2017年第9期,第11~16页。
[②] 秦书生,鞠传国:《生态文明理念演进的阶段性分析——基于全球视野的历史考察》,《中国地质大学学报》(社会科学版),2017年第1期,第19~28页。
[③] 张盾:《马克思与生态文明的政治哲学基础》,《中国社会科学》,2018年第12期,第4~25+199页。
[④] 刘增惠:《马克思主义生态思想及实践研究》,北京师范大学出版社,2010年,第121页。
[⑤] 刘希刚:《前苏联对生态环境问题的探索及其历史启示》,《理论导刊》,2012年第8期,第107~109+112页。
[⑥] 莫凡:《马克思主义经典著作中生态思想的诠释与重构——以"人与自然和谐统一"为例》,《中国社会科学院研究生院学报》,2013年第5期,第49~53页。
[⑦] 杨峻岭,吴潜涛:《马克思恩格斯人与自然关系思想及其当代价值》,《马克思主义研究》,2020年第3期,第58~66+76+167页。
[⑧] 胡振生:《生态环境的恶化呼唤共产主义》,《当代思潮》,2000年第4期,第2~12页。

料被掠夺、生态环境被破坏，而这又源于垄断资本主义追求超额利润的生产目的。[①] 黄茂兴和叶琪（2017）指出，列宁通过实践验证社会主义制度较之于资本主义制度在处理人与自然关系方面的优越性，以此来进一步批判资本主义和帝国主义对自然资源的过度消耗和对生态环境的肆意破坏。[②] 雷学军（2018）指出，列宁在批判资本主义破坏环境方面的立场，与马克思恩格斯关于人与自然是辩证统一关系的论点是完全一致的，列宁表达了对资本主义大城市糟糕环境的厌恶和批评，指出资本主义生产方式导致了工人生存环境的恶化。[③]

第二节 对中国共产党关于社会主义生态文明建设认识的阐释

中国共产党关于社会主义生态文明建设的重要思想理论体系，是中国共产党以马克思主义为指导，结合我国不同阶段生态环境的客观实际与社会发展的现实要求所提出的生态建设策略及其实践总结，是马克思主义中国化理论成果的重要组成部分，是中国特色社会主义生态文明建设的行动指南。中国共产党的生态文明思想也是在中国社会主义革命和现代化建设实践中萌芽和成熟的。

一、对 1921—1949 年中国共产党关于生态文明建设认识的阐释

中国共产党 1921 年成立后，便领导人民大众进行反帝、反封建、反官僚资本主义的新民主主义革命。农村包围城市的革命道路客观上决定了中国共产党进行以发展农业为主的经济建设。在中华苏维埃政府时期，特别是陕甘宁边区政府时期，在大规模发展农业生产的过程中，中国共产党注意到当地的自然资源与环境问题。学者们对这一历史阶段相关问题的研究，主要从以下几个方面展开。

一是对中国共产党关于农业生产条件论述的阐释。孙金华和张国富（2009）指出，毛泽东早已认识到生态环境与农业生产的天然联系，把生态环境保护看作发展农业经济的重要内容，认为森林培养和畜产增值是农业的重要部分，水利是农业的命脉。[④] 陈颖等（2015）指出，毛泽东在早期革命活动时期进行农村调查的文章中，就对山林的分配与保护制度、林产品价格及流通作了详细的考察。[⑤] 屈彩云（2021）指出，在这一时期，党对自然资源和环境的关注是建立在其为农业重要生产要素和生产条件这一前提基

[①] 刘希刚：《前苏联对生态环境问题的探索及其历史启示》，《理论导刊》，2012 年第 8 期，第 107～109+112 页。
[②] 黄茂兴，叶琪：《马克思主义绿色发展观与当代中国的绿色发展——兼评环境与发展不相容论》，《经济研究》，2017 年第 6 期，第 17～30 页。
[③] 雷学军：《生态文明建设研究》，《中国能源》，2018 年第 8 期，第 5～23 页。
[④] 孙金华，张国富：《论中国共产党与时俱进的生态观》，《郑州大学学报》（哲学社会科学版），2009 年第 6 期，第 21～24 页。
[⑤] 陈颖，韦震，王明初：《毛泽东生态文明思想及其当代意义》，《马克思主义研究》，2015 年第 6 期，第 41～50 页。

础上的,对水利、山林资源等关乎农业生产的重要因素很关注。①

二是对中国共产党关于人与自然的关系论述的阐释。庹平(2011)指出,毛泽东主张对于社会和自然的矛盾,要用发展生产力的方法去解决。②屈彩云(2021)指出,在中华苏维埃政府时期和陕甘宁边区政府时期,党主要以改善农业生产要素和生产环境、提高生产效率、推动生产力的发展来应对人与自然的矛盾。③

二、对1949—1978年中国共产党关于生态文明建设认识的阐释

新中国成立以后,中国共产党对生态环境建设的探索是以社会主义建设为导向的。社会主义建设理念决定了中国共产党关于生态环境问题的认识程度。在这一时期,生态环境建设在社会主义事业全局中并没有得到充分重视,党和人民的主要任务是集中力量把我国尽快地从落后的农业国变为先进的工业国。中国共产党对生态环境建设的认识和探索就是在这一背景下展开的。学者们对这一历史阶段相关问题的研究,主要从以下几个方面展开。

一是对中国共产党关于人与自然的关系论述的阐释。武善彩(2005)指出,毛泽东深受达尔文、赫胥黎的进化论的影响,十分关注人与自然关系。但与处理人与人之间的关系强调对立和斗争一样,也强调人与自然对立和斗争的一面,一定程度上忽视了人与自然统一和谐的一面。④黄志斌等(2015)指出,毛泽东认为人与自然本来是一体的,从事物质生产的实践活动后人类才从自然界中区分出来直面人与自然的关系。毛泽东不仅强调人对自然界的对象性活动和主观能动性,也强调自然界对人的反作用和人在自然界面前的受动性。⑤蒋常香等(2017)指出,人与自然和谐共生是毛泽东生态文明思想的理想诉求,其根本目的是使人与自然达到一种和谐共生共荣的状态,为人类提供一个宜居的生活环境。但在"大跃进"、人民公社化运动的过程中,对人与自然关系的认识并未超出西方工业化时代以来的层次。⑥

二是对中国共产党关于重视生态环境问题论述的阐释。董静和钟兴明(2013)指出,统筹兼顾和综合利用是毛泽东生态文明思想的重要特点。毛泽东不仅在水利建设方面,坚持水利建设与水土保持以及植树造林相结合,还在环境保护方面坚持综合利用思路,走农林牧渔综合发展的道路。⑦陈延斌和周斌(2015)指出,在这一时期,周恩来同志就多次提到森林资源问题,强调必须加强国家的造林事业和森林工业,有计划有节

---

① 屈彩云:《建党以来党对环境保护问题的认知定位变迁》,《西南民族大学学报》(人文社会科学版),2021年第1期,第178~189页。
② 庹平:《初探新民主主义革命时期毛泽东的中国社会主义理论》,《毛泽东思想研究》,2011年第3期,第31~36页。
③ 屈彩云:《建党以来党对环境保护问题的认知定位变迁》,《西南民族大学学报》(人文社会科学版),2021年第1期,第178~189页。
④ 武善彩:《毛泽东关于人与自然关系的思想评析》,《毛泽东思想研究》,2005年第3期,第50~54页。
⑤ 黄志斌,沈琳,袁蛟姣:《毛泽东的绿色发展思想及其时代意义》,《毛泽东邓小平理论研究》,2015年第8期,第48~52+91页。
⑥ 蒋常香,王薇,杨志其:《毛泽东生态文明思想的当代解读》,《江西师范大学学报》(哲学社会科学版),2017年第6期,第30~33页。
⑦ 董静,钟兴明:《浅析毛泽东生态文明思想》,《学术交流》,2013年第1期,第45~47页。

制地采伐木材和使用木材，同时在全国有效地开展广泛的群众性的护林造林运动。① 陆波和方世南（2016）指出，毛泽东具有强烈的生态保护意识，新中国成立时，曾发出植树造林、绿化祖国的号召，要求大家有计划、有秩序地实行绿化，同时高度关注森林资源对改善气候和防止水土流失的重要作用，把植树造林融入生态循环大系统中，提出"农、林、牧"三者并重的思想。②

三是对中国共产党关于生态保护与经济发展的关系论述的阐释。陈映（2007）指出，20世纪六七十年代，党中央明确地意识到了西方资本主义工业化"先污染、后治理"模式的弊端，确立了科学的人口、资源和环境政策，力求在发展经济的同时搞好工业污染防治，造福子孙后代，实施经济建设、城乡建设和环境建设的"三同步"方针。③ 段娟（2014）认为，毛泽东从中国实际出发，提出了综合利用和提高资源使用效益，增产节约维护国家经济安全，发展林业促进工农业生产，兴修水利促进经济社会效益和生态效益协调发展，计划生育促进人口与经济社会协调发展，爱国卫生运动促进人与自然和谐共处等多方面的、丰富的生态经济理念。④ 黄娟（2014）指出，毛泽东生态文明思想主要集中在经济建设与生态环境的关系方面，节约资源、植树造林、节俭消费、水利建设、控制人口等都是从经济建设角度认识生态环境问题，将经济建设放在优先地位，生态环境放在次要位置。⑤ 陈延斌和周斌（2015）指出，新中国成立后，社会主义建设缺乏历史经验，对环境保护的重视源于经济建设引起的"倒逼状态"，苏联发展模式的弊端对中国共产党的政策有很大影响。⑥

三、对1978—2012年中国共产党关于生态文明建设认识的阐释

改革开放后，中国共产党对生态文明建设的认识上升到了一个新阶段。

（一）对1978—1992年中国共产党关于生态文明建设认识的阐释

这一时期，邓小平在继承毛泽东生态文明思想的基础上，形成了其系统的生态文明建设思想，是对马克思主义生态文明建设理论的又一次创新和丰富。以邓小平同志为主要代表的中国共产党人针对"重发展轻保护"的突出问题，提出将环境保护上升为基本国策，强调通过法制与科技推动环境保护。学界主要从两个方面对这一历史时期相关问题进行研究。

一是对中国共产党关于重视生态环境问题论述的阐释。胡建和余保玲（2011）指

---

① 陈延斌，周斌：《新中国成立以来中国共产党对生态文明建设的探索》，《中州学刊》，2015年第3期，第83~89页。
② 陆波，方世南：《绿色发展理念的演进轨迹》，《重庆社会科学》，2016年第9期，第24~30页。
③ 陈映：《论中国共产党人与自然和谐发展的思想演进》，《毛泽东思想研究》，2007年第6期，第124~126页。
④ 段娟：《毛泽东生态经济思想及其对中国特色社会主义生态文明建设的启示》，《毛泽东思想研究》，2014年第4期，第82~88页。
⑤ 黄娟：《毛泽东对生态文明建设的探索与启示》，《当代经济研究》，2014年第4期，第15~20页。
⑥ 陈延斌，周斌：《新中国成立以来中国共产党对生态文明建设的探索》，《中州学刊》，2015年第3期，第83~89页。

出,以邓小平同志为核心的第二代中央领导集体对生态文明思想的完善主要是从生产方式、生活方式、思想意识上对生产力发展与生态平衡维护的矛盾性之认知。① 陈凡和白瑞(2013)指出,邓小平提出生态环境建设需要走法治化道路,认为生态环境建设也要靠科学与教育,邓小平关于"科学技术是第一生产力"的观点对我国的生态环境建设尤为关键。② 黄小梅(2013)指出,邓小平在长期的社会主义建设和改革开放过程中,重视生态环境问题,提出了遵循农业生产规律、通过科技创新和体制创新发展农业的生态农业思想,工农融合、循环发展、质量第一的生态工业思想,注重艰苦创业、提倡使用新能源和可再生能源、以市场机制促节约的生态消费思想,加强人口立法、环保立法、国际合作的生态法治思想等。③ 李学林和胡广宇(2016)指出,邓小平从战略高度提出了绿化祖国的思想,为我国的绿化事业作出了重要贡献,主要包括重大林业生态工程、绿化工作与发展经济、提高我国森林覆盖率、防治城市污染、以法律和制度保护森林草原、规范绿化活动等。④

二是对中国共产党关于经济与环境协调发展论述的阐释。王伟光(2011)指出,邓小平同志对人口的可持续发展、资源的可持续利用、环境的可持续保护作了深刻阐释,提出了生态可持续发展的重要观点。⑤ 李文砚(2013)指出,邓小平虽然没有明确提出过"可持续发展战略"的概念,但十分重视经济建设与人口、资源、环境相协调,提出了"加快经济发展、保护生态环境"的辩证自然观。⑥ 袁银传和王喜(2013)指出,邓小平认为经济发展不能牺牲生态环境,但生态建设也不只为环境保护,还应服务于发展生产力,实现经济效益。⑦ 方浩范(2013)指出,邓小平注重经济与环境协调发展,认为自然环境是影响经济发展的重要因素,保护和改善环境有利于推动经济发展,而经济的发展反过来又能够为保护和改善环境提供有力的支持。⑧ 陈凡和白瑞(2013)指出,邓小平把控制人口增长、合理利用资源、加强环境保护放到国民经济和社会发展的全局中统筹考虑,把保护和改善生活环境和生态环境,防止污染和自然生态环境破坏上升到基本国策的高度,对社会主义现代化建设有着重要的现实意义,还体现出追求经济与自然协调发展的理念,内含了绿色发展的理论精髓。⑨ 胡刚(2018)指出,邓小平强调,要注重经济效益的提高,不能只注重产值、产量的提升,要区分经济增长和经济发

---

① 胡建,余保玲:《析新中国的生态文明之理路——从毛泽东时期到胡锦涛时期》,《中共浙江省委党校学报》,2011年第3期,第96~105页。
② 陈凡,白瑞:《论马克思主义绿色发展观的历史演进》,《学术论坛》,2013年第4期,第15~18页。
③ 黄小梅:《邓小平生态思想探析》,《党史研究与教学》,2013年第3期,第78~83页。
④ 李学林,胡广宇:《改革开放初期邓小平绿化祖国思想探析》,《党的文献》,2016年第3期,第63~68页。
⑤ 王伟光:《论邓小平关于可持续发展的战略思想》,《中国人口·资源与环境》,2011年第10期,第1~4页。
⑥ 李文砚:《党对人与自然关系与时俱进的认识和实践》,《科学社会主义》,2013年第2期,第52~54页。
⑦ 袁银传,王喜:《马克思主义视域中的中国特色社会主义生态文明建设》,《山东社会科学》,2013年第8期,第5~11页。
⑧ 方浩范:《中国共产党领导人对生态文明建设理论的贡献》,《延边大学学报》(社会科学版),2013年第5期,第66~71页。
⑨ 陈凡,白瑞:《论马克思主义绿色发展观的历史演进》,《学术论坛》,2013年第4期,第15~18页。

展之间的差异，转变经济增长方式，着力解决我国的生态问题。①

（二）对1992—2002年中国共产党关于生态文明建设认识的阐释

在改革开放的全面推进时期，以江泽民同志为主要代表的中国共产党人继承和发展了毛泽东、邓小平关于生态环境建设的思想，提出了以实现可持续发展为核心的生态文明思想，继续丰富和发展了社会主义生态文明建设的思想理论体系。在此背景下，学者们展开了对相关问题的研究。

一是对中国共产党关于人与自然的协调与和谐论述的阐释。郑汉华（2008）指出，江泽民认为恩格斯讲清了人类应该如何正确处理同自然界的关系，他强调必须实现经济建设和生态环境协调发展，要更加科学地利用、改造和保护自然，为人类的生产生活创造更加良好的条件。②杨卫军（2009）指出，江泽民提出"要促进人与自然的协调与和谐"的观点是对马克思生态观的继承，从哲学的高度深刻地提出了人与自然的辩证关系、人对自然应采取的科学态度。③朱建堂（2010）指出，江泽民鲜明地提出了"要促进人和自然的协调与和谐"的马克思主义观点，构成了江泽民生态伦理思想的理论支点。④

二是对中国共产党关于可持续发展论述的阐释。郑汉华（2008）指出，江泽民同志虽然没有明确提出生态文明的概念，但是他的可持续发展思想中包含丰富和深刻的生态文明思想，包括人和自然的关系、可持续发展、环境保护、依法治理、生态意识、生态安全、中国的责任与义务、维护生态主权等八个方面。⑤袁银传和王喜（2013）指出，江泽民生态文明思想主要包括可持续发展的战略思想，坚持生态环境的依法治理，强调生态保护与环境治理的国际合作。⑥胡建（2015）指出，江泽民时期的生态文明思想表现为由"发展主义"向"可持续发展观"的"范式转换"。"可持续发展观"奠定了科学性发展的三大原则——"生态可持续性原则""经济可持续性原则""社会可持续性原则"，并为胡锦涛时期的"科学发展观"提供了理论基础。⑦左雪松（2019）指出，以江泽民同志为主要代表的中国共产党人提出可持续发展战略，蕴含丰富的生态思想。首先，可持续发展要处理好经济发展和人口、资源、环境的关系，发展与保护的关系，当代与后代的关系；其次，可持续发展要坚持计划生育、保护环境和保护资源的三大基本国策；最后，可持续发展要开创生产发展、生活富裕、生态良好的文明发展道路。⑧

---

① 胡刚：《中国特色社会主义生态文明建设路径研究》，电子科技大学出版社，2018年，第58页。
② 郑汉华：《江泽民同志生态文明思想述要》，《毛泽东思想研究》，2008年第4期，第92~96页。
③ 杨卫军：《论江泽民对马克思生态观的新发展》，《前沿》，2009年第4期，第3~6页。
④ 朱建堂：《中国共产党领导人生态伦理思想论析》，《湖北大学学报》（哲学社会科学版），2010年第6期，第28~32页。
⑤ 郑汉华：《江泽民同志生态文明思想述要》，《毛泽东思想研究》，2008年第4期，第92~96页。
⑥ 袁银传，王喜：《马克思主义视域中的中国特色社会主义生态文明建设》，《山东社会科学》，2013年第8期，第5~11页。
⑦ 胡建：《从"发展主义"到"可持续发展观"——析江泽民时期的生态文明思想》，《中共浙江省委党校学报》，2015年第1期，第96~102页。
⑧ 左雪松：《新中国七十年来中国共产党生态思想历史演进的回顾和启示》，《中南大学学报》（社会科学版），2019年第6期，第1~8页。

（三）对2002—2012年中国共产党关于生态文明建设认识的阐释

以胡锦涛同志为主要代表的中国共产党人重视人与自然的协调和谐的生态文明理念，阐明了解决生态环境问题的基本方法是大力实施可持续发展战略，提出了科学发展观。随后，党的十七大首次将"生态文明"写入党代会报告。在此背景下，学者们对相关问题展开了研究。

一是对科学发展观的阐释。张秀荣（2008）指出，科学发展观的全新发展理念，引领中国开辟一条全新的发展路径，创造出一种全新的发展模式。科学发展观为我们回答了发展什么、怎样发展、如何发展、为谁发展等一系列发展进程中必须要回答的问题。[1] 胡建和余保玲（2011）指出，中国的生态文明思想由江泽民时期的"可持续发展观"演进至胡锦涛时期的科学发展观，具有历史逻辑的必然性，科学发展观本质上乃"可持续发展观"在当代中国的理论新高峰，提出了全面、协调、可持续发展，明确了生态文明建设在整个社会文明建设中的基础性地位和作用。[2] 秦书生等（2013）指出，胡锦涛可持续发展思想是科学发展观的重要组成部分，包括资源与环境可持续发展、经济可持续发展、社会可持续发展的思想。[3]

二是对生态文明建设思想的阐释。曹萍和冯琳（2009）指出，胡锦涛提出要把人与自然和谐发展作为生态文明建设的重要理念，把以循环经济为主导的经济发展方式的根本性转变作为生态文明建设的重要内容，把科学技术的创新和生态化应用作为生态文明建设的主要手段，以实现资源节约型、环境友好型社会的生态文明建设目标。[4] 周生贤（2012）指出，胡锦涛深刻揭示了建设生态文明的内涵和本质，创造性地提出建设生态文明的重大命题和战略任务，为我国实现人与自然环境、经济、社会和谐发展提供了坚实理论基础、远大目标指向和强大实践动力。[5] 秦书生（2015）指出，胡锦涛生态文明建设思想是一个完整的思想体系，主要包括三个层面：一是观念层面，强调加强生态文明宣传教育，增强全民节约意识、环保意识和生态意识；二是经济层面，强调转变粗放型经济增长方式，倡导绿色发展、循环发展、低碳发展；三是制度层面，强调加强生态文明制度建设。[6] 朱聪明（2014）指出，胡锦涛结合当代中国实际，确立了中国特色社会主义经济、政治、文化、社会和生态文明"五位一体"总体布局，创造性地提出了科学发展观、社会主义和谐社会和社会主义生态文明建设等重大理论。[7]

---

[1] 张秀荣：《解读科学发展观》，《马克思主义与现实》，2008年第3期，第165~167页。
[2] 胡建，余保玲：《析新中国的生态文明之理路——从毛泽东时期到胡锦涛时期》，《中共浙江省委党校学报》，2011年第3期，第96~105页。
[3] 秦书生，王宽，张瑞：《胡锦涛可持续发展思想探析》，《东北大学学报》（社会科学版），2013年第3期，第310~314页。
[4] 曹萍，冯琳：《胡锦涛同志生态文明思想的区域实现探析》，《毛泽东思想研究》，2009年第6期，第65~69页。
[5] 周生贤：《中国特色生态文明建设的理论创新和实践》，《环境保护》，2012年第19期，第8~10页。
[6] 秦书生：《社会主义生态文明建设研究》，东北大学出版社，2015年，第126页。
[7] 朱聪明：《论胡锦涛对马克思社会有机体理论中国化的历史贡献》，《求实》，2014年第8期，第18~23页。

四、对十八大以来中国共产党关于生态文明建设认识的阐释

随着中国特色社会主义进入新时代,生态文明建设所面临的形势、条件、目标和要求都发生重要变化。党的十八大进一步对生态文明建设进行了科学定位,科学阐述了生态文明建设与经济建设、政治建设、文化建设、社会建设的关系,提升了人们对生态文明建设及其在全面建成小康社会过程中的重要意义的认识,开创了中国社会主义生态文明建设的新时代。学者们主要从三个层面对这一时期的相关问题进行研究。

一是对习近平生态文明思想的学习与阐释。阮朝辉(2015)指出,习近平生态文明思想形成了一个"试验—生态—生态环境—生态文化—生态文明"的话语演进递升进程。①张占斌和戚克维(2017)指出,习近平生态文明思想是我国步入新时代的必然选择,站在历史发展的新起点上,必须坚持人与自然和谐共生,这是新时代中国共产党带领人民进行改造自然实践活动的现实依据。②刘磊(2018)指出,随着中国特色社会主义进入新时代,社会主要矛盾已经发生历史性变化,生态环境恶化成为"不平衡不充分"的显著表现。习近平总书记肯定了生态环境在人民生活中扮演的重要角色,把生态文明建设同全面建成小康社会、中华民族伟大复兴"中国梦"等奋斗目标相统一,习近平生态文明思想体现了对经济发展目标的反思。③李昕和曹洪军(2019)指出,将服务于经济社会发展以满足人们日益增长的物质文化需求的生态文明建设,由从属关系转变为同经济社会和谐共生的平等关系,甚至主从关系,系统完整的"五位一体"国家战略总体布局,是新中国成立以来对生态文明建设最高的战略部署,揭示了解决生态环境问题是实现国家健康有序发展的最根本途径之一。④

二是对习近平关于生态文明建设与经济发展的关系论述的阐释。黄承梁(2015)指出,习近平"牢固树立保护生态环境就是保护生产力、改善生态环境就是发展生产力"的科学论断把自然生态环境纳入生产力范畴,揭示了生态环境作为生产力内在属性的重要地位。⑤杨卫军(2016)指出,习近平绿色发展观具有多重维度的价值考量,绿色生产力、绿色自然观、绿色发展方式、绿色生活方式、绿色价值观和新的生态经济伦理是对科学发展观的继承和发展,是马克思主义生态文明理论中国化的最新理论成果。⑥荣开明(2017)认为,习近平生态文明思想是基于破解我国经济社会发展难题提出的,我国资源约束趋紧、环境污染、生态系统退化的问题十分严重,环境承载力逼近极限,高

---

① 阮朝辉:《习近平生态文明建设思想发展的历程》,《前沿》,2015年第2期,第105~107页。
② 张占斌、戚克维:《论习近平新时代中国特色社会主义思想中的生态文明观》,《环境保护》,2017年第22期,第20~22页。
③ 刘磊:《习近平新时代生态文明建设思想研究》,《上海经济研究》,2018年第3期,第14~22+71页。
④ 李昕,曹洪军:《习近平生态文明思想的核心构成及其时代特征》,《宏观经济研究》,2019年第6期,第5~15页。
⑤ 黄承梁:《以"四个全面"为指引走向生态文明新时代——深入学习贯彻习近平总书记关于生态文明建设的重要论述》,《求是》,2015年第16期,第51~53页。
⑥ 杨卫军:《习近平绿色发展观的价值考量》,《现代经济探讨》,2016年第8期,第15~18+29页。

投入、高消耗、高污染的传统发展方式已不可持续。① 闫坤和陈秋红（2018）指出，中国特色社会主义生态文明建设新思想丰富了对生产、生活、生态内涵的认识，并为整个社会推进"三生"协调发展进而实现生产发展、生活富裕、生态良好作出了系统的具体部署，提出了明确的实践要求。② 李昕和曹洪军（2019）指出，党的十九大将"增强绿水青山就是金山银山的意识"列入党章，这一重要举措充分体现了习近平对经济发展与生态保护辩证统一关系的深刻认识和正确主张。③ 马俊峰和王鹏（2019）指出，自党的十九大以来，习近平创新性地提出绿色发展理念，是对社会发展规律、自然发展规律的正确认识，绿色发展方式是对传统发展方式的一大创新，绿色生活方式更是引领了社会价值观念的深刻变革。④

三是对习近平关于生态文明建设与人类长远发展重要论述的阐释。李军等（2015）指出，习近平生态文明思想是我们建设美丽中国、走向生态文明新时代的共同思想基础，并对实现中华民族伟大复兴中国梦意义重大。⑤ 王越芬等（2016）认为，习近平生态文明思想经历了以经验层面为主的生态认识阶段、以经济建设为出发点的生态文化阶段和以人类长远发展为根本的生态文明阶段。⑥ 刘磊（2018）指出，"生态文明"概念虽然首提于中国，是为了解决中国问题，但同时也是世界工业文明转型的难题，是一个全球性问题。习近平生态文明思想揭示了人类文明进步的客观规律，彰显了"人类命运共同体"的伟大情怀，为世界工业文明转型及全球生态治理贡献中国智慧。⑦ 陈俊（2020）指出，习近平生态文明思想彰显了高远的战略视野，生态文明建设不仅仅包括环境治理，而且是关涉人民幸福和中国社会可持续发展的重大问题。⑧

第三节 生态文明建设的历程

探讨生态文明建设历程，是对生态文明建设的整体性研究和总体性把握。对于生态

---

① 荣开明：《努力走向社会主义生态文明新时代——略论习近平推进生态文明建设的新论述》，《学习论坛》，2017年第1期，第5~9页。
② 闫坤，陈秋红：《新时代生态文明建设：学理探讨、理论创新与实现路径》，《财贸经济》，2018年第11期，第5~20页。
③ 李昕，曹洪军：《习近平生态文明思想的核心构成及其时代特征》，《宏观经济研究》，2019年第6期，第5~15页。
④ 马俊峰，王鹏：《习近平生态文明思想的三个维度解析》，《学术交流》，2019年第7期，第64~73+191页。
⑤ 李军，等：《走向生态文明新时代的科学指南学习习近平同志生态文明建设重要论述》，中国人民大学出版社，2015年，第179页。
⑥ 王越芬，张世昌，孙健：《习近平生态思想演进论析》，《中南林业科技大学学报》（社会科学版），2016年第6期，第1~4+14页。
⑦ 刘磊：《习近平新时代生态文明建设思想研究》，《上海经济研究》，2018年第3期，第14~22+71页。
⑧ 陈俊：《习近平生态文明思想的十大特征》，《中国矿业大学学报》（社会科学版），2020年第4期，第1~16页。

文明建设历程，学者们的研究主要集中在阶段划分、驱动机制和实现路径三个方面。

一、生态文明建设历程的阶段划分

对于中国生态文明建设历程的阶段划分，学界主要有以下三种代表性观点（见表15-1）。

表15-1 中国生态文明建设历程阶段划分的代表性观点汇总表

阶段划分	阶段	起止时间	典型特征	代表学者
三阶段论	第一阶段	1949—1978年	治理水患、兴修水利、拓荒垦殖	潘家华（2019）
	第二阶段	1978—2010年	逼近工业文明的生态红线、环境底线和资源上线	
	第三阶段	2010年以来	全面启动生态保护、污染控制和资源节约的转型发展进程，高质量、大力度建设生态文明	
四阶段论	第一阶段	1949—1978年	对生态环境问题的初步探索	陈延斌和周斌（2015）
	第二阶段	1979—2002年	生态环境保护意识、生态文明理念形成	
	第三阶段	2002—2012年	生态文明社会建设蓝图的整体勾画	
	第四阶段	党的十八大以来	生态文明相关保障体系的完善	
五阶段论	第一阶段	1949—1978年	开始环境保护和治理，开展水利建设、林业建设，开始参与世界环境保护工作	黄承梁（2019）
	第二阶段	1978—1990年	环境保护法律体系逐步完善	
	第三阶段	1990—2000年	再造秀美山川，将人口、资源、环境工作切实纳入依法治理的轨道	
	第四阶段	2000—2012年	建设资源节约型、环境友好型社会	
	第五阶段	党的十八大以来	构建更加系统完整的生态文明法律制度体系、加强环境污染防治工作，建设人与自然和谐共生的现代化	

（一）三阶段论

有学者认为，生态文明建设的历程可以分为三个阶段。潘家华（2019）指出，中国的生态文明建设经历了三大阶段。第一阶段，从1949—1978年，中国整体上表现为农耕文明特征，新中国的缔造者带领人民治理水患、兴修水利、拓荒垦殖，问题得到缓解但没有得到解决。第二阶段，1978—2010年，工业化快速推进，城市化加速发展，中国的发展逼近工业文明的生态红线、环境底线和资源上线，可持续发展挑战不断凸显。第三阶段，2010年以来，中国全面启动生态保护、污染控制和资源节约的转型发展进程，高质量、大力度建设生态文明，推进人与自然的和谐发展。①

（二）四阶段论

也有学者认为，生态文明建设的历程可以分为四个阶段。陈延斌和周斌（2015）指出，中国生态文明建设大致可以分为四个阶段。第一阶段，1949—1978年，对生态环境问题的初步探索。第二阶段，1979—2002年，生态环境保护意识、生态文明理念形成。第三阶段，2002—2012年，生态文明社会建设蓝图的整体勾画。第四阶段，党的十八大以来，生态文明相关保障体系的完善。②

（三）五阶段论

还有学者认为，生态文明建设的历程可以分为五个阶段。黄承梁（2019）指出，我国生态文明建设应分为五个阶段。第一阶段，1949—1978年，我国开始环境保护和治理，开展水利建设、林业建设，并开始参与世界环境保护工作；第二阶段，1978—1990年，环境保护走入立法，我国环境保护法律体系逐步完善；第三阶段，1990—2000年，我国将实现可持续发展作为现代化建设的一个重大战略，着力再造秀美山川，并将人口、资源、环境工作切实纳入依法治理的轨道；第四阶段，2000—2012年，我国在践行科学发展观的过程中大力建设生态文明，努力建设资源节约型、环境友好型社会；第五阶段，党的十八大以来，我国大力推进生态文明建设，构建更加系统完整的生态文明法律制度体系，通过推进供给侧结构性改革加强环境污染防治工作，通过高质量发展建设人与自然和谐共生的现代化，并将生态文明建设贯穿于构建人类命运共同体的进程中。③

二、生态文明建设的驱动机制

关于生态文明建设的驱动机制，学者们存在争议，主要有两种观点，一种是三元论，另一种是四元论，见表15-2。

（一）三元论

有学者认为，生态文明建设的驱动机制可以归为三类。黄勤等（2015）指出，可以将生态文明建设的实现机制归纳为政府推动机制、市场驱动机制和个人自觉机制，我国生态文明建设主要依靠政府推动机制，市场驱动机制亟待建立和完善，培育和形成个人自觉机制任重道远。④ 杨煜和张宗庆（2017）指出，生态文明建设对新常态产生影响的

---

① 潘家华：《新中国70年生态环境建设发展的艰难历程与辉煌成就》，《中国环境管理》，2019年第4期，第17~24页。
② 陈延斌，周斌：《新中国成立以来中国共产党对生态文明建设的探索》，《中州学刊》，2015年第3期，第83~89页。
③ 黄承梁：《中国共产党领导新中国70年生态文明建设历程》，《党的文献》，2019年第5期，第49~56页。
④ 黄勤，曾元，江琴：《中国推进生态文明建设的研究进展》，《中国人口·资源与环境》，2015年第2期，第111~120页。

路径大体上包括创新驱动、政府转型和公众参与这三条,也恰好对应于治理体系中的市场、政府和社会等多元主体。① 谷树忠等(2013)指出,生态文明建设的驱动机制可以分为社会动员参与机制、规划引领机制、制度创新机制。②

(二)四元论

有学者认为,生态文明建设的驱动机制可以归为四类。吴守蓉和王华荣(2012)指出,根据要素构成与结构功能,生态文明建设驱动机制可以分为政、企、学、民"四位一体"的运行机制,目前四个层次驱动力量不均衡,自第一层次向第四层次呈减弱趋势,需要加以改善。③ 余建辉等(2010)指出,推动生态文明建设的正作用力和制约生态文明建设的负作用力的大小及其相互作用决定着生态建设的发展进程,具体驱动机制可以分为政策扶持机制、企业诱导机制、技术创新与转化机制、社会公众参与机制(见表15-2)。④

表 15-2　关于中国生态文明建设驱动机制的代表性观点汇总表

代表观点	驱动机制	代表学者
三元论	政府推动机制、市场驱动机制、个人自觉机制	黄勤等(2015)
	创新驱动机制、政府转型机制、公众参与机制	杨煜和张宗庆(2017)
	社会动员参与机制、规划引领机制、制度创新机制	谷树忠等(2013)
四元论	政府驱动机制、企业驱动机制、学术机构驱动机制、民众和民间团体驱动机制	吴守蓉和王华荣(2012)
	政策扶持机制、企业诱导机制、技术创新与转化机制、社会公众参与机制	余建辉等(2010)

三、生态文明建设的实现路径

一直以来,学者们都十分重视对生态文明建设实现路径的研究。现有研究主要集中在五个方面:一是转变经济发展模式,二是完善生态文明制度建设,三是提升社会生态文明程度,四是构建全社会行动体系,五是解决生态环境问题。

第一,转变经济发展模式是生态文明建设的实现路径。魏连(2014)指出,首先,要在资源开采环节和消耗环节解决环境资源制约问题;其次,要加大技术投入、升级产业结构和生产技术,提高资源利用率,减少污染物排放;最后,要实施绿色GDP核算,

---

① 杨煜,张宗庆:《生态文明建设引领经济新常态的动力机制研究》,《西南大学学报》(社会科学版),2017年第4期,第65~70+190页。
② 谷树忠,胡咏君,周洪:《生态文明建设的科学内涵与基本路径》,《资源科学》,2013年第1期,第2~13页。
③ 吴守蓉,王华荣:《生态文明建设驱动机制研究》,《中国行政管理》,2012年第7期,第60~64页。
④ 余建辉,刘燕娜,石德金,等:《福建省生态文明建设的驱动机制探讨》,《福建论坛》(人文社会科学版),2010年第2期,第133~137页。

将自然资源和生态环境建设纳入经济核算体系中。① 任建兰等（2018）指出，生态经济作为继工业经济后又一次全新的经济形态将成为循环低碳绿色经济发展的支撑，一是要实现以经济生态化为核心的发展模式，二是要推进循环发展，三是要提高绿色技术创新驱动能力。② 袁银传和王喜（2013）指出，推进生态文明建设应加快转变传统的经济增长方式与生活消费方式，破解经济增长与环境危机、消费社会与生态文明的现实悖论。其一，走新型工业化道路，实现经济增长与生态良好的兼顾；其二，推进产业结构优化升级，大力发展生态产业和循环经济，积极建设资源节约型和环境友好型社会；其三，提倡适度消费与低碳生活，将生态理念转化为人们的日常行为。③

第二，完善生态文明制度建设是生态文明建设的实现路径。张艳和何爱平（2016）指出，我国生态文明建设根本上还需要结合现实，通过弥补制度欠缺，创新体制机制，才能助力和保障生态文明建设的有效落实。④ 闫坤和陈秋红（2018）指出，制度建设是生态文明建设的重中之重，党中央从法律法规、标准体系、体制机制以及重大制度安排入手进行总体部署，以便使生态文明建设进入法律化、制度化的轨道。⑤ 袁银传和王喜（2013）指出，推进生态文明制度建设是最为重要的，主要包括逐步完善生态决策与考评制度；建立生态经济激励制度；建立生态文明教育制度。⑥

第三，重视社会建设，强化生态环境保护意识，提升社会生态文明程度是生态文明建设的实现路径。洪大用（2013）指出，生态环境问题反映了社会结构和社会成员行为模式关系的失调，其本质是社会问题，要重视社会改革和社会建设，促进生态文明建设中责任和损益的公平分配，使全体社会成员能共享生态文明建设的成果。⑦ 胡家勇和李繁（2015），张金荣和沈辰（2017）倡导通过强化生态环境保护意识，建设生态文化来推进生态文明建设，扭转现有的资本主义控制自然的反生态的价值观，使人们认识到在人类生存和发展中生态环境的基础性作用。⑧ 张云飞（2015）认为要塑造生态经济理性，单纯的经济理性忽视了自然在价值形成中的作用，结果导致了对自然的破坏和污染。要做到既遵循经济规律，又遵循自然规律的可持续发展，在其过程中培养生态理性

---

① 魏连：《当代中国生态文明建设的理性自觉与路径优化》，《马克思主义研究》，2014年第7期，第45～51页。
② 任建兰，王亚平，程钰：《从生态环境保护到生态文明建设：四十年的回顾与展望》，《山东大学学报》（哲学社会科学版），2018年第6期，第27～39页。
③ 袁银传，王喜：《马克思主义视域中的中国特色社会主义生态文明建设》，《山东社会科学》，2013年第8期，第5～11页。
④ 张艳，何爱平：《生态文明建设的理论基础及其路径选择——马克思主义政治经济学视角》，《西北大学学报》（哲学社会科学版），2016年第2期，第120～125页。
⑤ 闫坤，陈秋红：《新时代生态文明建设：学理探讨、理论创新与实现路径》，《财贸经济》，2018年第11期，第5～20页。
⑥ 袁银传，王喜：《马克思主义视域中的中国特色社会主义生态文明建设》，《山东社会科学》，2013年第8期，第5～11页。
⑦ 洪大用：《关于中国环境问题和生态文明建设的新思考》，《探索与争鸣》，2013年第10期，第4～10页。
⑧ 胡家勇，李繁荣：《〈资本论〉中的生态思想及其当代价值》，《经济学动态》，2015年第7期，第70～79页。张金荣，沈辰：《"新生态范式"对我国生态文明的借鉴意义》，《人民论坛·学术前沿》，2017年第21期，第84～87页。

人格，强化社会保护自然的责任和义务。① 至于如何强化生态环境保护意识，引导人们树立正确的生态价值观，培育生态人格，刘贵华和岳伟（2013）建议通过教育来推进。他们强调教育在生态文明建设中的基础作用，认为教育能促进人们的观念转变，加快经济增长方式转变，增强技术创新，营造良好的生态文化氛围。②

第四，构建全社会行动体系是生态文明建设的实现路径。李全喜（2015）指出，推进生态文明建设需密切注重系统协调，凝聚生态保护合力，需要发挥政府主导的助推力、激发市场阵地的牵引力、调动公众参与的主体力。③ 张惠远等（2017）指出，形成节约资源和保护环境的绿色生活方式和消费模式是生态文明建设的重要任务，需要全社会共同的参与，要树立社会主义生态文明观，积极构建全社会行动体系。④

第五，解决生态环境问题是生态文明建设的实现路径。谷树忠等（2013）指出，生态文明建设的基本路径有四种，包括资源保护与节约、环境保护与治理、生态保护与修复、国土开发与保护。⑤ 任建兰等（2018）指出，推进生态文明建设应重点解决突出环境问题，加大生态系统保护力度。一是要深入实施污染防治行动计划，推进污染达标排放和总量减排；二是要加强生态修复，推动山水林田湖草生态保护修复工程，构建生态安全屏障；三是要推进资源节约集约利用。⑥

第四节 "两山"理论

学界围绕习近平总书记提出的"两山"理论进行了大量研究与阐释。纵观学者们的研究，主要争议集中在三个方面：一是"两山"理论的形成与发展，二是"两山"理论的科学内涵，三是"绿水青山"与"金山银山"的关系。

一、"两山"理论的形成与发展

"两山"理论是习近平生态文明思想的重要内容。学者们对"两山"理论的形成与发展的研究主要集中在以下两个方面：一是"两山"理论的创立起点，二是"两山"理论的发展阶段划分。

---

① 张云飞：《生态理性：生态文明建设的路径选择》，《中国特色社会主义研究》，2015年第1期，第88~92页。
② 刘贵华，岳伟：《论教育在生态文明建设中的基础作用》，《教育研究》，2013年第12期，第10~17页。
③ 李全喜：《习近平生态文明建设思想的内涵体系、理论创新与现实践履》，《河海大学学报》（哲学社会科学版），2015年第3期，第9~13+89页。
④ 张惠远，张强，刘淑芳：《新时代生态文明建设要点与战略架构解析》，《环境保护》，2017年第22期，第28~31页。
⑤ 谷树忠，胡咏君，周洪：《生态文明建设的科学内涵与基本路径》，《资源科学》，2013年第1期，第2~13页。
⑥ 任建兰，王亚平，程钰：《从生态环境保护到生态文明建设：四十年的回顾与展望》，《山东大学学报》（哲学社会科学版），2018年第6期，第27~39页。

（一）"两山理论"的创立起点

对于"两山"理论的创立起点，有学者认为，习近平最早使用"两山"之喻的文献《环境保护要靠自觉自为》是"两山"理论创立的起点。徐祥民（2019）通过查阅习近平同志发表的报告、讲话、论文以及发布的指示、批示等文献，指出"两山"理论确立的历史节点应是2003年8月8日习近平同志在这一天发表的《环境保护要靠自觉自为》。在这篇文章里，习近平明确使用了"绿水青山""金山银山"这一对概念。[①] 也有学者认为，习近平在浙江省安吉县首次提出"绿水青山也是金山银山"这一科学论断是"两山"理论的起点。郭占恒（2017）指出，习近平同志的"两山"思想是在浙江省安吉县考察时首次提出的。2005年8月时任中共浙江省委书记的习近平，在浙江省安吉县天荒坪镇余村考察调研时提出"绿水青山也是金山银山"，首次阐发了"两山"理论。9天后，习近平同志在浙江日报《之江新语》发表《绿水青山也是金山银山》的评论（见表15-3）。[②]

表15-3 关于"两山"理论创立起点的代表性观点汇总表

创立起点	主要依据	代表学者
2003年8月	《环境保护要靠自觉自为》明确使用"绿水青山""金山银山"这一对概念	徐祥民（2019）
2005年8月	习近平在浙江省安吉县天荒坪镇余村考察调研时提出"绿水青山也是金山银山"，首次阐发了"两山"理论	郭占恒（2017）

（二）"两山"理论的发展阶段划分

第一种观点，"二阶段"论。沈满洪（2018）指出，习近平生态文明思想大致上经历了提出"两山"重要思想、形成生态文明思想体系两个阶段。第一阶段，2003—2006年，提出"两山"重要思想。这一阶段为习近平同志主政浙江时的"两山"重要思想，可概括为"认识三阶段论"：一是"只要金山银山，不要绿水青山"，二是"既要金山银山，又要绿水青山"，三是"绿水青山就是金山银山"。第二阶段，党的十八大以来，"两山"重要思想趋于成熟和定型，形成生态文明思想体系，形成"三个重要论断"：一是"既要绿水青山，也要金山银山"，二是"宁要绿水青山，不要金山银山"，三是"绿水青山就是金山银山"。[③] 也有学者认为，"两山"理论的发展阶段主要分为思想形成和制度发展两个阶段。杨美勤和唐鸣（2019）指出，第一阶段是2005—2013年的思想形成阶段，"两山"理论思想表述基本成型。从2005年8月首次明确提出"绿水青山也是金山银山"，到2005至2006年习近平发表多篇文章进一步阐明"两山"理论的理论内

[①] 徐祥民：《"两山"理论探源》，《中州学刊》，2019年第5期，第93~99页。
[②] 郭占恒：《"两山"思想引领中国迈向生态文明新时代》，《治理研究》，2017年第3期，第20~25页。
[③] 沈满洪：《习近平生态文明思想研究——从"两山"重要思想到生态文明思想体系》，《治理研究》，2018年2期，第5~13页。

涵,再到 2013 年习近平提出"我们既要绿水青山,也要金山银山。宁要绿水青山,不要金山银山,而且绿水青山就是金山银山"。第二阶段:党的十八大以来,制度发展阶段,"两山"理论与生态文明制度体系建设进一步融合。党的十八大以来,我国生态文明体制改革逐步深入,生态文明制度体系的"四梁八柱"逐步构建并加快形成,党的十九大进一步强调要坚持"人与自然和谐共生"的基本方略,树立和践行"绿水青山就是金山银山"的理念,要求"加快生态文明体制改革"。①

第二种观点,"三阶段"论。王会等(2017)指出,从时间上看,习近平关于"两山"关系的阐述不断深入,理论意蕴不断提升,可将习近平"两山"论断的提出与深化历程分为三个阶段。第一阶段:2005 年,"两山"论断的提出阶段。习近平在深刻思考经济快速发展中经济增长与环境保护的关系的基础上,提出了"绿水青山就是金山银山"的重要论断。第二阶段:2006—2015 年,"两山"论断的深化阶段。习近平对绿水青山与金山银山之间的辩证关系进行了系统阐述。第三阶段:2015 年以来,"两山"论断的升华阶段。习近平关于"两山"的重要论断升华为中国推进生态文明建设的指导思想,并在战略制定、政策出台、发展实践中得到深入贯彻实施。②

第三种观点,"四阶段"论。李桂花和杜颖(2019)指出,"两山"理论是有一个萌芽、提出、写入中央文件、上升为理念的发展过程,基本上可以分为以下四个阶段。第一阶段:最初萌芽。2005 年 8 月 15 日,时任中共浙江省委书记的习近平到浙江省湖州市安吉县天荒坪镇余村考察时,作出了对"绿水青山就是金山银山"论断的最早表述。第二阶段:正式提出。2005 年 8 月 24 日,习近平在《浙江日报》"之江新语"专栏发表了题为《绿水青山也是金山银山》的短论。第三阶段:写入中央文件。2015 年 3 月 24 日"坚持绿水青山就是金山银山"正式写入《中共中央国务院关于加快推进生态文明建设的意见》,进而成为推动我国社会主义生态文明建设的重要指导思想。第四阶段:确立理念。2017 年 10 月 18 日中国共产党第十九次全国代表大会,把"绿水青山就是金山银山"作为新时代"坚持人与自然和谐共生"必须树立和践行的理念确立下来(见表 15-4)。③

表 15-4 "两山"理论发展阶段划分的代表性观点汇总表

观点	阶段	起止时间	典型特征	代表学者
二阶段论	第一阶段	2003—2006 年	提出"两山"重要思想	沈满洪(2018)
	第二阶段	党的十八大以来	"两山"重要思想趋于成熟和定型	

---

① 杨美勤,唐鸣:《习近平"两山"论的四重逻辑》,《科学社会主义》,2019 年第 6 期,第 87~92 页。
② 王会,姜雪梅,陈建成,等:《"绿水青山"与"金山银山"关系的经济理论解析》,《中国农村经济》,2017 年第 4 期,第 2~12 页。
③ 李桂花,杜颖:《"绿水青山就是金山银山"生态文明理念探析》,《新疆师范大学学报》(哲学社会科学版),2019 年第 4 期,第 43~51 页。

续表15-4

观点	阶段	起止时间	典型特征	代表学者
二阶段论	第一阶段	2005—2013年	"两山"理论思想表述基本成型	杨美勤和唐鸣（2019）
	第二阶段	党的十八大以来	"两山"理论与生态文明制度体系建设进一步融合	
三阶段论	第一阶段	2005年	提出	王会等（2017）
	第二阶段	2006—2015年	深化	
	第三阶段	2015年以来	升华	
四阶段论	第一阶段	2005年8月15日	最初萌芽	李桂花和杜颖（2019）
	第二阶段	2005年8月24日	正式提出	
	第三阶段	2015年3月24日	写入中央文件	
	第四阶段	2017年10月18日	确立理念	

二、"两山"理论的科学内涵

关于"两山"理论的科学内涵，学者们主要持有"两山"理论阐释人与自然和谐相处关系、解决经济发展与生态环境保护的关系问题、涉及民生问题、事关人类文明兴衰四方面的论断。

第一，"两山"理论阐释人与自然和谐相处的关系。杨莉和刘海燕（2019）指出，习近平"两山"理论的科学内涵之一就是人与自然和谐统一的辩证关系，人类在改造自然的过程中必然要遵循自然的发展规律，做到"顺应自然、尊重自然、保护自然"。[①] 徐朝旭和裴士军（2019）指出，人与自然和谐共生观是习近平"绿水青山就是金山银山"理念乃至生态文明思想的价值观基础，习近平多次强调"人与自然和谐共生"的观点，党的十九大把"坚持人与自然和谐共生"作为党的基本方略之一，并强调我们要建设的现代化是人与自然和谐共生的现代化。[②]

第二，"两山"理论解决经济发展与生态环境保护的关系问题。张云飞（2018）指出，"两山"理论是经济发展和自然保护相统一的理念。习近平强调生态环境保护的成败，归根结底取决于经济结构和发展方式。要坚持发展是硬道理的战略思想，而发展必须是绿色发展、循环发展、低碳发展，必须是可持续发展，实现发展与保护的内在统一、相互促进、相互提高。[③] 李桂花和杜颖（2019）指出，"保护生态环境就是保护生产力，改善生态环境就是发展生产力"，是"绿水青山就是金山银山"理念的精髓所在。习近平强调良好的生态环境就是GDP，必须正确处理好经济发展和生态环境保护之间

---

① 杨莉，刘海燕：《习近平"两山理论"的科学内涵及思维能力的分析》，《自然辩证法研究》，2019年第10期，第107~111页。

② 徐朝旭，裴士军：《"绿水青山就是金山银山"理念的深刻内涵和价值观基础——基于中西生态哲学视野》，《东南学术》，2019年第3期，第17~24页。

③ 张云飞：《"绿水青山就是金山银山"的丰富内涵和实践途径》，《前线》，2018年第4期，第13~15页。

的关系,切实把绿色发展理念融入经济社会发展的各方面和全过程,推进绿色发展方式和生活方式的早日形成①。赵建军(2017)指出,发展方式绿色化转型是兼顾生态环境和解决社会物质需求的先决与必要条件。"绿水青山就是金山银山"是正确处理高速发展与可持续发展关系的理性考量,是生态文明建设与可持续发展的统一。②

第三,"两山"理论也涉及与人民群众生活息息相关的民生问题。杨莉和刘海燕(2019)指出,习近平的"两山"理论中辩证解释了物质资料与精神资料的辩证关系,"绿水青山就是金山银山"就是将自然资料合理有效地转换为物质财富,并且要让"绿水青山"这种精神层面的需求得到更大的满足。"两山"理论最终的价值旨归是以人民为中心的美好生活的实现。③ 宋英俊(2017)指出,"绿水青山"作为生态资产的价值开始凸显,坚持生态文明建设的民生导向,就是要让人民群众在分享发展红利的同时,更充分地享受绿色福利,使生态文明建设成果更好地惠及全体人民,造福子孙后代。④

第四,"两山"理论是事关人类文明兴衰的问题。李桂花和杜颖(2019)指出,"生态兴则文明兴,生态衰则文明衰"是"绿水青山就是金山银山"理念的意义表达。生态文明是继原始文明、农业文明、工业文明之后人类文明发展的新形态,生态危机是人类文明面临的最大威胁与严重挑战之一。习近平把生态是否良好与文明是否兴衰紧密地联系在一起,旨在强调生态文明建设对人类文明发展的深远意义。⑤

三、"绿水青山"与"金山银山"的关系

关于"绿水青山"与"金山银山"的关系,学者们主要从"金山银山"与"绿水青山"的逻辑关系及其演进进行讨论。

首先,有学者从逻辑关系演进的角度,阐释了习近平"金山银山"与"绿水青山"相关重要论述逻辑关系的演进过程。杨美勤和唐鸣(2019)指出,习近平三个时期从宏观到具体再到宏观的重要论述演进是构建"两山"理论的理论路径:2003年8月,从认识论层面阐述强调宏观"共同的家园";2005年8月,从具体路径角度指出"重视具体生态经济的优势";2006年3月,从矛盾发展角度再次重申重视建立"浑然一体、和谐统一的关系"。⑥ 王景通和林建华(2019)指出,"金山银山"与"绿水青山"的关系,就是经济社会发展与生态环境保护的关系。在工业文明时代之前,"既要绿水青山,也要金山银山",重心在金山银山、在发展;在工业文明时代,"宁要绿水青山,不要金山银山",其重心在绿水青山、在保护;进入生态文明时代,"绿水青山就是金山银山",

---

① 李桂花,杜颖:《"绿水青山就是金山银山"生态文明理念探析》,《新疆师范大学学报》(哲学社会科学版),2019年第4期,第43~51页。
② 赵建军:《我国生态文明建设的理论创新与实践探索》,宁波出版社,2017年,第93页。
③ 杨莉,刘海燕:《习近平"两山理论"的科学内涵及思维能力的分析》,《自然辩证法研究》,2019年第10期,第107~111页。
④ 宋英俊:《习近平"两座山论"之生态文明思想意蕴》,《探索》,2017年第4期,第187~192页。
⑤ 李桂花,杜颖:《"绿水青山就是金山银山"生态文明理念探析》,《新疆师范大学学报》(哲学社会科学版),2019年第4期,第43~51页。
⑥ 杨美勤,唐鸣:《习近平"两山"论的四重逻辑》,《科学社会主义》,2019年第6期,第87~92页。

重心在和谐、在共生,核心是绿色发展、循环发展和低碳发展。[1]

其次,有学者分析了"金山银山"与"绿水青山"的逻辑关系。任铃和张云飞(2018)指出,绿水青山就是金山银山的科学基础,绿色青山就是金山银山的实践路径。[2] 李丽等(2018)指出,"绿水青山"与"金山银山"是矛盾和统一的关系。第一,"绿水青山"与"金山银山"具有矛盾性;第二,"绿水青山"与"金山银山"具有统一性。[3] 郭华巍(2019)指出,"两山"重要理念蕴含的"统一论""优先论"和"转化论",揭示了绿水青山与金山银山是既矛盾又统一、既有侧重又不可分割、既对立又相互转化的辩证统一关系。[4] 林坚和李军洋(2019)指出,从哲学角度来看,"两山"理论深刻揭示了生态环境保护和经济发展之间的辩证统一关系,可进一步分为六对关系:绿水青山包含金山银山,绿水青山可以转化为金山银山,绿水青山保障支撑着金山银山,绿水青山超越金山银山,人与自然是生命共同体,人类必须保护绿水青山(见表15-5)。[5]

表15-5 "绿水青山"与"金山银山"逻辑关系的代表性观点汇总表

关系	主要内容	代表学者
两种关系	矛盾论、统一论	李丽等(2018)
三种关系	统一论、优先论、转化论	郭华巍(2019)
六种关系	包含论、转化论、保障支撑论、超越论、共同体论、保护论	林坚和李军洋(2019)

第五节 绿色生产方式和绿色生活方式

绿色生产方式和绿色生活方式是贯彻绿色发展理念,推动生态文明建设的重要内容。关于绿色生产方式和绿色生活方式,学者们的讨论主要表现在三个方面,一是绿色生产方式和绿色生活方式的内涵及关系,二是推进绿色生产方式和绿色生活方式的原因,三是推进绿色生产方式和绿色生活方式的路径。

一、绿色生产方式和绿色生活方式的内涵及关系

自绿色发展理念提出以来,学者们积极探讨绿色生产方式和绿色生活方式的内涵及

---

[1] 王景通,林建华:《"金山银山"与"绿水青山"关系的逻辑理路》,《学习与探索》,2019年第6期,第28~32页。
[2] 任铃,张云飞:《改革开放40年的中国生态文明建设1978—2018》,中共党史出版社,2018年,第144页。
[3] 李丽,佘梅溪,李明宇:《习近平新时代生态文明思想的科学方法》,《江苏大学学报》(社会科学版),2018年第2期,第1~5页。
[4] 郭华巍:《"两山"重要理念的科学内涵和浙江实践》,《人民论坛》,2019年第12期,第40~41页。
[5] 林坚、李军洋:《"两山"理论的哲学思考和实践探索》,《前线》,2019年第9期,第4~6页。

关系。

（一）绿色生产方式的内涵

第一，绿色生产方式是实现绿色发展的关键和基础。张涛（2018）指出，作为决定经济发展模式的主要因素，生产方式是实现绿色发展的关键。推进绿色发展，必须构建科技含量高、资源消耗低、环境污染少的绿色产业结构和生产方式。① 渠彦超和张晓东（2016）指出，生产方式上摒弃传统的粗放型发展模式，坚持集约型发展模式，实施创新驱动战略，更好地节约和利用资源，涉及更新发展理念、深化经济体制改革、实施创新驱动战略、加快产业结构战略性调整等诸多方面，只有生产方式上进行了绿色转变，绿色发展才具备坚实的基础。②

第二，绿色生产方式注重经济增长方式的转变。王有捐等（2012）指出，构建绿色生产方式是实现绿色与增长有机统一的必然要求，其出路在于转变经济增长方式，构建资源节约、环境友好的生产方式，实现经济与环境的协调发展，实现绿色与增长的有机统一。③ 黄娟和张涛（2015）指出，绿色生产方式应当是指注重在物质资料生产过程中转变经济增长方式，实现经济增长与资源能源节约和环境保护并举的一种可持续的新型生产方式。④

第三，绿色生产方式是经济领域的绿色化。杨博和赵建军（2016）指出，绿色化体现在经济发展、生活方式、体制建设和意识形态的各个方面，但经济发展领域的绿色化指的就是一种科技含量高、环境污染少、资源利用率高的新型生产方式。在经济领域，绿色化就是生产方式绿色化，可带动绿色产业的快速发展，形成新的经济社会增长点。相对以往的生产方式，绿色化的生产方式也将在物质生产方式和社会生产方式这两方面全面影响生产方式，使新的生产方式实现全面的绿色化升级。⑤

（二）绿色生活方式的内涵

首先，绿色生活方式主要是指绿色消费。刘海娟和田启波（2020）指出，所谓社会生态的绿色化，体现在人民生活以及行为的方方面面，包括衣食住行游节约型习惯的养成、健康文明生活方式的转变、坚持抵制各种形式的奢侈浪费等，绿色消费就是绿色生活方式的重要内容。⑥ 张三元（2018）指出，生活方式通过生产方式影响和制约人与自然的关系，要实现人与自然的和解，建立良好的人与自然的关系根本在于变革人的生活

---

① 张涛：《新时代中国特色社会主义绿色发展观研究》，《内蒙古社会科学》（汉文版），2018年第1期，第10~16页。
② 渠彦超，张晓东：《绿色发展理念的伦理内涵与实现路径》，《青海社会科学》，2016年第3期，第54~58+106页。
③ 王有捐，林卫斌，万千：《第一章 绿色增长：构建资源节约、环境友好的生产方式》，《经济研究参考》，2012年第13期，第25~35页。
④ 黄娟，张涛：《生态文明视域下的我国绿色生产方式初探》，《湖湘论坛》，2015年第4期，第77~82页。
⑤ 杨博，赵建军：《生产方式绿色化的技术创新体系建设》，《中国科技论坛》，2016年第10期，第5~10页。
⑥ 刘海娟，田启波：《习近平生态文明思想的核心理念与内在逻辑》，《山东大学学报》（哲学社会科学版），2020年第1期，第1~9页。

方式，构建绿色生活方式。构建绿色生活方式，必须要有正确价值观的引导，必须克服享乐主义，倡导绿色消费，以绿色消费引导绿色生产，以绿色生产促进绿色消费，必须不断丰富人们的精神文化生活，以精神文化的力量引导和推动绿色生活方式的形成。[①] 薛丁辉（2017）指出，生活方式的绿色化是以绿色消费引领消费端和需求侧的变革。消费既是生产的终点，同时也是生产的起点，通过"消费革命"也即消费端和需求侧的变革，可以带动生活方式的转变。消费包含了生产消费和生活消费两种方式，提倡绿色消费既是一种理性消费，是我国扩大内需的重要方面，也是人的道德观念提升和社会进步的一个重要组成部分。[②]

其次，绿色生活方式不能脱离"人"的发展。周杨（2019）指出，对绿色生活方式的理解，不能脱离"绿色维度""人的维度"两个维度。在"绿色维度"方面，绿色是绿色生活方式区别于传统生活方式的关键所在。绿色不是简单的消费绿色，而是一种绿色价值观和绿色精神的体现，还蕴含生态因素的幸福观。在"人的维度"方面，绿色生活方式是个体面对环境问题时在日常生活中采取的与之相关的生活实践行为和生活模式，并由个人推及全社会，最终形成一种绿色生活方式的社会新风尚。绿色生活方式涉及权利和义务两个方面。[③] 张三元（2017）指出，之所以要构建绿色生活方式，根源于人的发展的片面性。构建绿色生活方式的根本在于人的全面发展。人的全面发展主要表现为：正确价值观和消费观的确立，人的需要的健康而全面的发展，人们生产自己生活资料的能力的提高以及生产方式的不断改进。[④]

（三）绿色生产方式和绿色生活方式的关系

第一种观点，绿色生产方式与绿色生活方式是辩证统一的关系。张涛（2018）指出，生产方式与生活方式在经济活动运行过程中的辩证关系表明，如果没有绿色生活方式的推动，生产方式与产业结构的绿色转型则会出现内生动力不足的局面。换言之，生活方式的绿色化可以倒逼产业结构转型升级，引导生产方式的转变，促进绿色发展。[⑤] 秦书生和晋晓晓（2016）指出，绿色生活方式要求社会提供更多的绿色产品，生活方式绿色化能够带动生产方式的转变，能够促进传统产业生态化改造，推动构建科技含量高、资源消耗低、环境污染少的产业结构。[⑥]

第二种观点，绿色生活方式包含绿色生产方式。陈凯和高歌（2019）指出，生活方式与生产、供给条件密切相关，是消费系统和生产系统相互作用过程和阶段性结果的体

[①] 张三元：《绿色发展与绿色生活方式的构建》，《山东社会科学》，2018 年第 3 期，第 18~24 页。
[②] 薛丁辉：《习近平绿色发展思想及其当代价值研究》，《理论学刊》，2017 年第 1 期，第 34~39 页。
[③] 周杨：《美好生活视域下的绿色生活方式构建》，《中国特色社会主义研究》，2019 年 1 期，第 85~91 页。
[④] 张三元：《绿色生活方式的构建与人的全面发展》，《中国特色社会主义研究》，2017 年第 5 期，第 86~92 页。
[⑤] 张涛：《新时代中国特色社会主义绿色发展观研究》，《内蒙古社会科学》（汉文版），2018 年第 1 期，第 10~16 页。
[⑥] 秦书生，晋晓晓：《我国实现绿色发展的路径探析》，《中州学刊》，2016 年第 5 期，第 93~99 页。

现。绿色生活方式包括绿色生产方式和绿色消费方式两个维度。① 何娟（2019）指出，绿色生活方式的形成是一个包括生产方式、消费方式与生活观念在内的综合性深刻变革。建立绿色的生产方式，发展绿色的消费方式和培育绿色的生活理念三者是相辅相成的，是系统性的变革的不同方面，所以在真正绿色生活方式构建的实践过程中，这三者不是独立的，而是相互作用、统一性的过程。②

二、推进绿色生产方式和绿色生活方式的原因

关于推进绿色生产方式和绿色生活方式的原因，学者们看法不一。

（一）推进绿色生产方式的原因

有学者认为，生产方式的绿色化是绿色发展的核心。薛丁辉（2017）指出，经济增长与生态保护的关系问题，归根结底取决于经济结构和经济发展方式，生产方式的绿色化是绿色发展的核心和基础，能够实现经济发展与环境保护的双赢。③ 秦书生和晋晓晓（2016）指出，生产方式是决定经济发展模式的主要因素。我国推进绿色发展，从根本上缓解经济发展与资源环境之间的矛盾，首要是转变经济发展方式，推动生产方式绿色化。④ 罗文东和张曼（2016）指出，社会主义国家不会通过生态殖民和转嫁污染等方式解决资源、环境问题，只能依靠全体人民，立足于科学发展、和平发展、和谐发展和自主发展，推动形成绿色发展方式，促进包容性增长和社会全面进步。需要我们加快构建科技含量高、资源消耗低、环境污染少的产业结构，支持绿色清洁生产，推进传统制造业绿色改造，建立涵盖工业、农业、交通运输、信息、金融、文化等绿色发展产业体系，推动生产方式绿色化。⑤

也有学者认为，推进绿色发展方式有利于实现可持续发展。黄娟（2016）指出，资源环境状况与人类的生产方式、产业结构紧密相关。经济快速发展、增长方式粗放、产业结构不合理是导致我国资源环境代价过大的重要原因。建设生态文明需要引导传统生产方式转向绿色生产方式，推动生产活动方式、产业结构绿色化。⑥ 王丽丽（2019）指出，绿色生产方式是一种源于积累绿色财富和增加人类生态福利的根本初衷，为了达到人类社会各种具体生产形式全面、协调、可持续发展的预想目标，将人类的一切活动包括资本的运行都放在自然界良性运行的大格局中考量，准确考察和判断人口、资源、环境、经济、社会、民生等的总体结构及其运行状况，最终实现人与人之间和谐、人与自

---

① 陈凯，高歌：《绿色生活方式内涵及其促进机制研究》，《中国特色社会主义研究》，2019年第6期，第92～98页。
② 何娟：《社会主义生态文明视域下的绿色生活方式》，《哈尔滨工业大学学报》（社会科学版），2019年第4期，第119～125页。
③ 薛丁辉：《习近平绿色发展思想及其当代价值研究》，《理论学刊》，2017年第1期，第34～39页。
④ 秦书生，晋晓晓：《我国实现绿色发展的路径探析》，《中州学刊》，2016年第5期，第93～99页。
⑤ 罗文东，张曼：《绿色发展：开创社会主义生态文明新时代》，《当代世界与社会主义》，2016年第2期，第25～30页。
⑥ 黄娟：《"五大发展"理念下生态文明建设的思考》，《中国特色社会主义研究》，2016年第5期，第83～88页。

然之间和谐的生产方式。绿色生产方式立足于使人类的生产活动向着有利于环境保护的方向发展，促进人与自然和谐发展。①

（二）推进绿色生活方式的原因

有学者认为，推进绿色生活方式是实现人与自然和谐的关键举措。渠彦超和张晓东（2016）指出，远超人类正常需求的过度消费是导致生态危机的一大元凶，选择适度而合理的绿色消费方式是实现人与自然和谐共生的建设性举措。要从"消费主义"的魔咒中解脱出来，需要牢固树立"绿色消费"的理念，提倡简约生活，反对铺张浪费，保护生存环境，维护生态平衡，构建人与自然和谐共生社会所应选择的理想消费方式。② 方世南（2020）指出，只有加快构建人与自然和谐共生平衡的绿色生活方式，才能以科学健康文明安全的绿色生活方式实现人民对美好生活的向往③。

有学者认为，绿色生活方式是实现经济社会发展目标的必然要求。黄娟（2016）指出，不同生活方式与消费模式是影响资源环境的一个重要因素。研究表明绝大多数环境污染是由人们的不良生活习惯所造成的，建设生态文明必须改变每个人的生活方式，构建节约资源保护环境的绿色生活方式和消费模式，重点鼓励人们绿色出行、绿色居住、绿色消费。④ 罗文东和张曼（2016）指出，中国虽然是一个发展中国家，但随着经济规模的扩大，居民消费结构的升级，社会生活中也出现了跟风式、攀比式、炫耀式消费和追求奢华、讲究排场等不良风气。只有根据当今中国的具体国情和人民群众的现实需要倡导和实行合情合理、有礼有节的绿色生活方式，才能如期实现全面建成小康社会和社会主义现代化的宏伟目标，并最终实现共产主义和每个人自由而全面发展的远大理想。⑤

三、推进绿色生产方式和绿色生活方式的路径

对于如何推进绿色生产方式和绿色生活方式，学者们分别进行了探讨。

（一）推进绿色生产方式的路径

有学者认为，绿色技术创新是绿色生产方式的实现路径。薛丁辉（2017）指出，绿色技术创新在生产领域中占据重要位置，实现产业转型，必须摒弃依靠资源要素投入和规模扩大的粗放型发展方式，以发展绿色技术为依托，促进绿色产业的发展，最终实现

---

① 王丽丽：《整合与超越：绿色生产方式的实现理路——基于马克思全面生产理论的视角》，《理论月刊》，2019年第10期，第30~36页。
② 渠彦超，张晓东：《绿色发展理念的伦理内涵与实现路径》，《青海社会科学》，2016年第3期，第54~58+106页。
③ 方世南：《践行人与自然和谐共生平衡的绿色生活方式》，《毛泽东邓小平理论研究》，2020年第1期，第37~39页。
④ 黄娟：《"五大发展"理念下生态文明建设的思考》，《中国特色社会主义研究》，2016年第5期，第83~88页。
⑤ 罗文东，张曼：《绿色发展：开创社会主义生态文明新时代》，《当代世界与社会主义》，2016年第2期，第25~30页。

生产领域的绿色发展、循环发展和低碳发展。[①]胡鞍钢和周绍杰（2014）指出，循环经济系统、高效能源系统以及绿色技术的创新和应用是绿色生产的关键支持。[②]

有学者认为，构建绿色产业体系是绿色生产方式的实现路径。黄娟（2016）指出，构建绿色产业体系，就是要推动我国产业发展从低端转向高端，从低附加值转向高附加值。建立绿色、低碳、循环发展的产业体系，将节能环保产等典型绿色产业发展成为支柱性产业。[③] 秦书生和晋晓晓（2016）指出，推动生产方式绿色化，就是构建绿色产业体系，积极开展绿色生产，发展循环经济，并以绿色技术创新驱动力，促进企业的绿色转型。[④]

（二）推进绿色生活方式的路径

有学者认为，推进绿色生产方式是实现绿色生活方式的根本路径。周杨（2019）指出，从根本上讲，生活方式由生产方式决定，绿色生活方式的形成必须建立在绿色生产方式基础上。首先要转变经济发展方式，从源头上实现供给侧绿色化；其次要大力发展循环经济；最后要积极发展绿色产业。[⑤] 陈凯和高歌（2019）指出，建立绿色生活方式，有必要在绿色生产和绿色消费之间建立链接，将其视为一个完整系统，在这个系统中生产者和消费者的行为以及彼此之间的互动行为决定了对环境的影响。建立这样一个绿色生产—消费系统的核心机制包括负责任的采购、绿色产品认证和标签、基于产品/服务替代的资源效率战略、共同设计战略以节约资源使用。[⑥]

有学者认为，坚持绿色消费理念是绿色生活方式的实现路径。胡鞍钢和周绍杰（2014）指出，绿色消费的实现需要一系列的支持性因素，例如，绿色社区管理、资源类生活产品的定价机制以及绿色消费文化等。[⑦] 秦书生和晋晓晓（2016）指出，绿色消费倡导消费者在购买消费品时选择绿色产品，提倡最大限度地减少对资源的浪费，减少废弃物排放，是一种符合可持续发展的消费模式。社会公众是绿色消费的主要力量。推动生活方式的绿色化需要建立独立的政府绿色服务部门，政府要努力培养公民的生态意识，注重对公民消费心理的分析和把握，通过宣传教育来引导公民加大对绿色产品的需求。[⑧]

[①] 薛丁辉：《习近平绿色发展思想及其当代价值研究》，《理论学刊》，2017年第1期，第34～39页。
[②] 胡鞍钢，周绍杰：《绿色发展：功能界定、机制分析与发展战略》，《中国人口·资源与环境》，2014年第1期，第14～20页。
[③] 黄娟：《"五大发展"理念下生态文明建设的思考》，《中国特色社会主义研究》，2016年第5期，第83～88页。
[④] 秦书生，晋晓晓：《我国实现绿色发展的路径探析》，《中州学刊》，2016年第5期，第93～99页。
[⑤] 周杨：《美好生活视域下的绿色生活方式构建》，《中国特色社会主义研究》，2019年第1期，第85～91页。
[⑥] 陈凯，高歌：《绿色生活方式内涵及其促进机制研究》，《中国特色社会主义研究》，2019年第6期，第92～98页。
[⑦] 胡鞍钢，周绍杰：《绿色发展：功能界定、机制分析与发展战略》，《中国人口·资源与环境》，2014年第1期，第14～20页。
[⑧] 秦书生，晋晓晓：《我国实现绿色发展的路径探析》，《中州学刊》，2016年第5期，第93～99页。

第六节　生态文明制度建设

生态文明制度建设是生态文明建设的重要组成部分。学者们对生态文明制度建设的探讨主要体现在两个方面，一是推进生态文明体制改革，二是生态文明制度体系的构建。

一、生态文明体制改革

生态文明体制改革是生态文明建设的重要一环。学者们对生态文明体制改革的研究十分丰富，主要有两个方面，一是生态文明体制改革的阶段划分，二是生态文明体制改革的主要任务。

（一）生态文明体制改革的阶段划分

有学者认为，生态文明体制改革主要分为三个阶段。陈映（2019）指出，我国生态文明体制改革的历程可以分为三个阶段。第一阶段，1978—2000年，生态文明体制改革起步和探索时期。在这一阶段，探索与总结生态文明建设理论，启动与实施资源环境经济政策，独立与升格生态环保组织机构，资源环境领域开展立法与修法工作。第二阶段，2000—2012年，生态文明体制改革发展和深化时期。这一阶段，生态文明理论不断发展和丰富，生态环境治理政策不断实践和创新，组织机构和法律法规不断健全。第三阶段，2012年以来，生态文明体制改革走向成熟的时期。这一阶段，生态文明建设理论实现重大创新，生态文明体制改革搭建起制度框架，生态文明组织机构改革强力推进，生态环境保护法制建设不断推进。①

有学者认为，生态文明体制改革应分为四个阶段。高世楫等（2018）指出，我国生态文明体制改革的历程可以分为四个阶段。第一阶段，20世纪80年代，确立环境保护为基本国策。这一阶段，将环境保护确立为基本国策，将资源节约和环境保护纳入国民经济和社会发展计划，资源环境领域立法体系逐步健全，生态环境保护的基本制度基本建立。第二阶段，20世纪90年代，推进可持续发展。这一阶段，确立可持续发展为国家基本战略，经济增长方式从粗放型向集约型转变，国民经济和社会发展计划中关于资源节约和环境保护的内容开始增多，生态环境保护的立法进程加快，生态环境保护制度继续完善，生态环境保护的机构保障开始加强。第三阶段，21世纪前10年，首次提出建设生态文明。这一阶段，提出科学发展观，建设资源节约型和环境友好型社会，提出以发展循环经济加快转变经济发展方式，资源环境立法修法密集开展，生态环境保护的制度体系继续完善，生态环境保护的专业化机构继续升格。第四阶段，党的十八大以来，生态文明体制改革力度空前。这一阶段，习近平生态文明思想为生态文明体制改革

---

① 陈映：《中国生态文明体制改革历程回顾与未来取向》，《经济体制改革》，2019年第6期，第24~31页。

提供方向指引,生态文明法治建设加快推进,生态文明体制改革的重大制度实现突破,生态文明机构改革大幅推进(见表15-6)。①

表15-6 中国生态文明体制改革阶段划分的代表性观点

观点	阶段	起止时间	典型特征	代表学者
三阶段论	第一阶段	1978—2000年	起步和探索	陈映(2019)
	第二阶段	2000—2012年	发展和深化	
	第三阶段	2012年以来	走向成熟	
四阶段论	第一阶段	20世纪80年代	确立环境保护为基本国策	高世楫等(2018)
	第二阶段	20世纪90年代	推进可持续发展	
	第三阶段	21世纪前10年	首次提出建设生态文明	
	第四阶段	党的十八大以来	改革力度空前	

(二)生态文明体制改革的主要任务

第一,生态文明体制改革的基本任务是形成相适应的制度体系。张明皓(2019)指出,生态文明制度的衔接整合是生态文明体制改革的中层逻辑,是生态文明体制改革的发力焦点,具体是将"体系化的制度"和"制度化的体系"相结合,从而使生态文明制度体系具备运作自治和科学规范的特性。②刘湘溶(2018)指出,生态文明体制改革的基本任务是形成一套与生态文明建设相适应的体系化的制度和制度化的体系,按照"五位一体"总体布局,形成与把生态文明融入其他四大建设各方面、全过程的要求相适应的制度体系。③

第二,转变政府职能是推进生态文明体制改革的核心重点。夏晓华(2017)指出,生态文明建设中政府职能的转变是生态文明体制改革的核心,这种转变主要是由全能型、控制型政府转变成为非全能型政府、服务型政府。④刘湘溶(2014)指出,转变政府职能是整个体制改革的核心,也是生态文明体制改革的核心。要由全能型的政府职能模式转变为非全能型的政府职能模式,由控制型的政府职能模式转变为服务型的政府职能模式。职能转变的突破口在于政府的简政放权,营造良好的发展环境,提供优质的公共服务以及维护社会的公平正义。⑤

第三,推进生态文明体制改革需要建立完善的法律政策体系。陈映(2019)指出,

---

① 高世楫,王海芹,李维明:《改革开放40年生态文明体制改革历程与取向观察》,《改革》,2018年第8期,第49~63页。
② 张明皓:《新时代生态文明体制改革的逻辑理路与推进路径》,《社会主义研究》,2019年第3期,第61~68页。
③ 刘湘溶:《我国生态文明体制改革的任务、机理和动力》,《湖南师范大学社会科学学报》,2018年第2期,第10~16页。
④ 夏晓华:《现代化建设必须加快生态文明体制改革》,《前线》,2017年第12期,第35~39页。
⑤ 刘湘溶:《关于生态文明体制改革的若干思考》,《湖南师范大学社会科学学报》,2014年第2期,第5~7页。

以法治促举措是落实生态文明体制改革的重要保障。坚持改革和法治相统一、相促进，既发挥法治规范和保障改革的作用，又通过改革加强生态文明法治建设。① 夏晓华（2017）指出，现行法律法规、体制机制还不能完全适应生态文明建设的需要，比如，缺乏生态安全保障的统领性法规、不同法律之间存在着相互抵消的情况、相关法规修订滞后、部分法律条文原则性较强操作性较弱等。②

第四，全民参与的社会行动体系是生态文明体制改革的重要基础。郇庆治（2015）指出，党十八大报告和十八届三中全会《决定》也从不同角度阐述了公民主体参与生态文明体制改革工作的重要性。党十八大报告强调的是充分发挥群众参与社会治理的基础作用，而《决定》强调的是人民是改革的主体，也是生态文明建设的主体。除了目前人们更为关注的环境非政府组织的生存与成长问题，还有更普遍性的公民个体的基本环境权益保障问题、如何更好发挥环境学术共同体的作用问题等。③ 沈满洪（2019）指出，生态文明体制改革应着力构建社会治理机制，生态环境"管理"转向生态环境"治理"是生态文明体制改革的重要内容。要避免过去的政府作为管理者、公众作为被管理者的对立性体制，构建起政府机制、市场机制、社会机制三足鼎立、齐抓共管的制衡性体制。④

第五，生态文明体制改革离不开市场机制。沈满洪（2019）指出，生态文明建设既要充分发挥基于庇古理论的绿色财税机制的作用，又要充分运用基于科斯定理的绿色产权机制的作用，而庇古理论和科斯定理均是典型的市场经济手段。生态文明体制改革必须依靠市场机制，而市场机制的核心是价格机制。⑤

二、生态文明制度体系

对于生态文明制度体系，学者们的研究与讨论主要集中在三个方面，一是生态文明制度体系的构成，二是生态文明制度体系建设的阶段划分，三是构建生态文明制度体系的意义。

（一）生态文明制度体系的构成

生态文明制度是一个体系，正确划分生态文明行为规范的种类及其所属的层次，形成生态文明制度体系的科学结构，是建立生态文明制度体系的重要问题。

围绕生态文明制度体系的构成，学者们从不同角度进行了探讨，主要有以下几种观点（见表15—7）。

---

① 陈映：《中国生态文明体制改革历程回顾与未来取向》，《经济体制改革》，2019年第6期，第24~31页。
② 夏晓华：《现代化建设必须加快生态文明体制改革》，《前线》，2017年第12期，第35~39页。
③ 郇庆治：《环境政治视角下的生态文明体制改革》，《探索》，2015年第3期，第41~47页。
④ 沈满洪：《习近平生态文明体制改革重要论述研究》，《浙江大学学报》（人文社会科学版），2019年第6期，第5~15页。
⑤ 沈满洪：《习近平生态文明体制改革重要论述研究》，《浙江大学学报》（人文社会科学版），2019年第6期，第5~15页。

表 15-7　生态文明制度体系构成的代表性观点汇总表

观点	主要内容	代表学者
两元论	正式制度、非正式制度	夏光（2012）
	横向制度、纵向制度	杜艳艳和董贵成（2015）
三元论	生态文明管治制度、生态文明市场制度、生态文明公众参与制度	刘登娟等（2014）
	源头严防制度、过程严管制度、后果严惩制度	杨伟民（2013）、邓玲和周璇（2015）、郭亚红（2014）
	基本制度、符号制度、运行制度	中国行政管理学会等（2015）
	政府监管性制度、市场主体交易制度、救济性制度	顾钰民（2013）
	强制性制度、选择性制度、引导性制度	沈满洪（2015）
四元论	生态政治制度、生态经济制度、生态法律制度、生态文化制度	郭亚红（2014）
	政府管理制度、市场选择制度、生态文化教育制度、社会公众参与制度	詹玉华（2017）
	国土空间开发制度、资源节约制度、自然生态系统和环境保护制度、其他生态文明相关制度	刘登娟等（2014）
五元论	生态环境保护制度、生态经济制度、生态社会制度、生态文化制度、生态政治制度	刘登娟等（2014）

有学者认为，生态文明制度体系主要由两方面构成。杜艳艳和董贵成（2015）指出，生态文明制度体系的构成分为横向构成和纵向构成。从横向构成看，根据调整对象和调整方法的不同，生态文明制度体系划分为源头保护制度、损害赔偿制度、责任追究制度、环境治理和生态修复制度等四个主要组成部分，涵盖了生态文明建设的各个方面和全过程；从纵向构成看，根据生态文明制度规范效力等级的不同，可以将生态文明制度体系划分为五个组成部分，一是宪法中关于生态文明的规定，二是全国人大及其常委会制定的涉及生态文明建设的法律，三是国务院制定的生态文明行政法规，四是地方性法规中关于生态文明建设的规定，五是其他相关政策、纪律、行业内部规则中有关生态文明建设的规定。[①] 夏光（2012）认为，生态文明制度是指在全社会制定或形成的一切有利于支持、推动和保障生态文明建设的各种引导性、规范性和约束性规定和准则的总和，其表现形式为正式制度和非正式制度。[②]

有学者认为，生态文明制度体系主要由三方面构成。刘登娟等（2014）指出，生态文明制度是由政府、市场、公众三个参与主体层面构建的制度体系，形成以政府为主体的生态文明管治制度、以市场为主体的生态文明市场制度、以公众为主体的生态文明公

---

① 杜艳艳，董贵成：《生态文明制度体系初探》，《理论月刊》，2015 年第 2 期，第 173~176 页。
② 夏光：《再论生态文明建设的制度创新》，《环境保护》，2012 年第 23 期，第 19~22 页。

众参与制度。①杨伟民（2013）指出，从生态环境建设过程性的视角，中央对于生态文明制度体系是按照生态环境建设的"源头—过程—后果"这个全过程来阐述的。据此，生态文明制度可分为源头严防的制度、过程严管的制度、后果严惩的制度三类。②邓玲和周璇（2015）指出，应力求形成具有真正约束力的"源头严防、过程严管、后果严惩"的生态文明制度体系。③郭亚红（2014）指出，从环境保护的源头、过程和补救三个环节看，当前的生态文明制度体系构建突出了制度建设的系统性与衔接性。④中国行政管理学会等（2015）指出，从国家治理体系和治理能力现代化的高度看，要按照基本制度、运行制度和符号制度三个子系统建构制度体系，基本制度作为内层，符号制度处于制度体系的外层，运行制度则是基本制度和符号制度的中间环节。具体到生态文明制度体系，可以划分为基本制度、管理制度、文化制度三个层面。⑤顾钰民（2013）指出，党的十八大报告提出的生态文明制度建设的主要内容中，政府监管性制度、以市场主体交易的形式来实施的制度、救济性制度三大类型的制度共同构成了生态文明制度建设的体系。⑥沈满洪（2012）认为，生态文明制度体系包括别无选择的强制性制度、权衡利弊的选择性制度和道德教化的引导性制度。⑦何爱平（2019）指出，系统完备、科学规范、运行有效的制度体系是在事前构建强制性制度与自发性制度，在事中完善环境保护督察制度与公众参与制度，在事后建立党政领导干部生态环保考核机制的综合性制度体系。⑧

有学者认为，生态文明制度体系主要由四个方面构成。郭亚红（2014）指出，从生态文明制度建设的广度而言，主要包括生态政治制度、生态经济制度、生态法律制度和生态文化制度建设四个方面。⑨詹玉华（2017）指出，从参与主体看，生态文明制度体系可以分为强制性的政府管理制度、激励性的市场选择制度、引导性的生态文化教育制度、广泛性的社会公众参与制度，通过制度之间的内在契合、相互转化、优化组合，发挥制度的约束和激励功能，构建起系统完善的生态文明制度体系。⑩刘登娟等（2014）指出，基于党的十八大对大力推进生态文明建设进行的四大工作部署，系统完整的生态文明制度体系被细化为国土空间开发制度、资源节约制度、自然生态系统和环境保护制

---

① 刘登娟，黄勤，邓玲：《中国生态文明制度体系的构建与创新——从"制度陷阱"到"制度红利"》，《贵州社会科学》，2014年第2期，第17~21页。
② 杨伟民：《建立系统完整的生态文明制度体系》，《光明日报》，2013年11月23日，第2版。
③ 邓玲，周璇：《全面推进生态文明建设的协同创新研究》，《新疆社会科学》，2015年第6期，第33~37+173页。
④ 郭亚红：《"美丽中国"生态文明制度体系构建与实践路径选择》，《理论与改革》，2014年第2期，第80~83页。
⑤ 中国行政管理学会，环保部宣教司联合课题组，刘杰：《建立生态文明制度体系研究》，《中国行政管理》，2015年第3期，第58~60页。
⑥ 顾钰民：《论生态文明制度建设》，《福建论坛》（人文社会科学版），2013年第6期，第165~169页。
⑦ 沈满洪：《生态文明制度的构建和优化选择》，《环境经济》，2012年第12期，第18~22页。
⑧ 何爱平：《生态文明建设的政治经济学》，中国经济出版社，2019年，第68页。
⑨ 郭亚红：《"美丽中国"生态文明制度体系构建与实践路径选择》，《理论与改革》，2014年第2期，第80~83页。
⑩ 詹玉华：《生态文明制度四个维度的创新与优化路径研究》，《江淮论坛》，2017年第4期，第66~69+108页。

度以及其他生态文明相关制度。①

有学者认为，生态文明制度体系主要由五个方面。刘登娟等（2014）指出，从内涵属性维度看，生态文明制度不仅包括生态效益最大化的生态环境保护制度，还包括生态经济制度、生态社会制度、生态文化制度和生态政治制度，生态文明制度体系就是具有中国特色的可持续发展制度体系。②

（二）生态文明制度体系建设的阶段划分

有学者认为，中国生态文明制度体系建设可以分为三个时期。从历史的动态发展看，张乾元和冯红伟（2020）指出，中华民族的生态文明建设史也是一部相关制度的发展完善史，可分为三个时期。第一个时期，古代社会对于生态文明制度的初步探索。古代社会形成了比较完善的制度体系，主要内容包括设立环保行政机构、建立环保法律体系、制定环保制度体系等。第二个时期，中华人民共和国成立之前对于生态文明制度的深化发展。中华民国成立后，成立了相应管理机构，制定相关法律法规。第三个时期，中国共产党对于生态文明制度的丰富完善。中国共产党紧握制度建设这把"钥匙"，通过加强法律建设、制度建设、体制机制建设，我国生态文明制度体系建设大幅推进。③

从治理结构看，叶冬娜（2020）指出，我国的生态治理制度结构从一元至三元的变迁路径经历了三个时期。第一个时期，从1949年新中国成立至1978年十一届三中全会前的这段计划经济的时期，是国家计划型一元结构时期。这一时期处于生态文明制度体系理论萌生的初期，基本上表现在对于生态环境保护和治理的具体实践路径上，反映在相应的生态环境保护法律法规的初步制定和实施上。第二个时期，从1978年至2013年党的十八届三中全会召开前，是政府主导和"市场基础性作用"的二元制度结构时期。这一阶段可持续发展战略被纳入国家的重要战略，生态环境保护被纳入法律和制度的层面。改革开放后，我国生态环境立法发展迅速，开启了环保合作的国际模式。第三个时期，自党的十八届三中全会以来，是政府治理、市场治理和社会治理协同推进的三元治理结构时期。我国开始进入"政府主导、市场驱动、公众参与"的现代生态治理三元结构新格局，中国的生态治理现代化事业正大踏步迈向社会主义生态文明建设的新时代。以习近平同志为核心的党中央，深刻回答了中国特色社会主义生态文明制度建设的重要理论和实践问题，进一步丰富和完善了中国特色社会主义生态文明制度建设理论。④

也有学者认为，我国生态文明制度体系经历了四个阶段。陈硕（2019）指出，坚持和完善生态文明制度体系是在总结我国生态文明建设历程和经验的基础上形成的科学方案，可将其分为四个阶段。第一阶段，1973年至1978年，起步阶段。国务院出台首部

---

① 刘登娟，黄勤，邓玲：《中国生态文明制度体系的构建与创新——从"制度陷阱"到"制度红利"》，《贵州社会科学》，2014年第2期，第17~21页。
② 刘登娟，黄勤，邓玲：《中国生态文明制度体系的构建与创新——从"制度陷阱"到"制度红利"》，《贵州社会科学》，2014年第2期，第17~21页。
③ 张乾元，冯红伟：《中国生态文明制度体系建设的历史赓续与现实发展：基于历史、现实与目标的三维视角》，《重庆社会科学》，2020年第1期，第5~16+2页。
④ 叶冬娜：《国家治理体系视域下生态文明制度创新探析》，《思想理论教育导刊》，2020年第6期，第85~90页。

环境保护综合性法规，国家主要通过行政命令推进环保工作，确立了"三同时"制度团、限期治理政策和群众运动手段。第二阶段，1978年到20世纪90年代初，探索和准备阶段。党和国家启动了环境保护的法律法规体系建设，并开始在环境保护中探索运用经济手段，环境保护被确立为我国的基本国策，《中华人民共和国环境保护法》及各类环保单项法律相继出台，初步形成了环保法律体系。第三阶段，20世纪90年代初至党的十八大之前，深化发展阶段。环保立法进程不断加快，经济激励手段的作用日益突，生态文明法律法规体系进一步细化和深化。第四阶段，党的十八大以后，完善时期。党中央将生态文明建设提升到新的高度，正式提出"生态文明制度体系"（见表15-8）。[①]

表15-8 中国生态文明制度体系阶段划分的代表性观点汇总表

观点	阶段	起止时间	典型特征	代表学者
三阶段论	第一阶段	中华民国成立以前	古代社会的初步探索	张乾元和冯红伟（2020）
	第二阶段	中华民国成立后至新中国成立前	深化发展	
	第三阶段	新中国成立后	丰富完善	
三阶段论	第一阶段	1949—1978年	一元结构	叶冬娜（2020）
	第二阶段	1978—2013年	二元制度结构	
	第三阶段	党的十八届三中全会以来	三元治理结构	
四阶段论	第一阶段	1973—1978年	起步	陈硕（2019）
	第二阶段	1978年—20世纪90年代初	探索和准备	
	第三阶段	20世纪90年代初—党的十八大之前	深化发展	
	第四阶段	党的十八大以后	完善	

（三）构建生态文明制度体系的意义

首先，生态文明制度体系是推进生态文明建设的根本保障。田文富（2014）指出，生态文明制度体系是生态文明建设的关键和根本保障。在现代社会条件下谋求实现社会和谐，其中人与自然之间的和谐关系具有更为基础的地位，那么以规范人与自然关系为主旨的环境伦理，特别是体现正义公平等的制度规则，对于保护生态环境就具有重要作用。[②] 朱坦和高帅（2014）指出，从我国的发展阶段来看，只有建立生态文明制度体系，充分发挥制度建设的主导性作用，才能使资源环境因素在未来的发展中得到更加充

---

① 陈硕：《坚持和完善生态文明制度体系：理论内涵、思想原则与实现路径》，《新疆师范大学学报》（哲学社会科学版），2019年第6期，第18~26页。

② 田文富：《生态文明的"三维"向度研究》，《中州学刊》，2014年第1期，第83~86页。

分的体现，开发利用更有效率，分配更加公平；从生态环境的本质特征来看，制度建设带有根本性、全局性、稳定性和长期性，从而推动形成人与自然和谐发展的新模式，形成齐抓共管的新局面；从生态文明建设与其他四大建设的关系来看，只有通过制度建设，在其他四大建设的顶层设计上将生态文明理念融入其中，使其他四大建设在推进的过程中符合生态文明建设的要求。[1]

其次，生态文明制度体系是中国特色社会主义制度体系的组成部分。潘家华（2019）指出，生态文明制度是我国国家制度体系中不可或缺的重要内容，生态文明建设事关中华民族永续发展的千年大计，也是未来我国乃至于全球生态安全的有力保障，生态系统的完整性和生态规律的科学性要求把生态文明建设放在突出地位，生态文明制度的建立、发展、实施和完善，也需要其他制度的保障和支撑。[2] 陈硕（2019）指出，改革开放以来，中国共产党多次对社会主义事业的总体布局进行科学规划与调整。从"一手抓物质文明，一手抓精神文明"的战略方针，"三位一体"总体布局，到党的十七大提出"四位一体"总体布局，再到党的十八大提出将总体布局拓展为"五位一体"。坚持和完善生态文明制度体系是解决当前体制不完善、机制不健全、法治不完备等问题的重要方略，是推动生态文明建设迈上新台阶和融入国家治理全过程的关键之举。[3]

再次，生态文明制度体系是国家治理体系与治理能力现代化的重要维度。陈硕（2019）指出，坚持和完善生态文明制度体系是国家治理体系与治理能力现代化的重要维度。生态文明制度体系包含了诸多具体的规则、程序和规范，将为生态文明核心制度的有效运转提供支撑，为提升生态环境治理能力提供有效的制度保障。坚持和完善生态文明制度建设，是将生态文明的制度优势转化为治理效能的重要前提，也是实现全面深化改革的目标任务之一。[4] 成长春（2020）指出，生态环境是经济持续发展最为重要的基础，社会主义现代化是人与自然和谐共生的现代化，社会主义现代化强国的表征之一就是实现包括生态文明制度体系在内的国家治理体系现代化。建成社会主义现代化强国必须有定型、成熟、有效的生态文明制度，保障生态环境治理工作的科学、持续运转，提升国家生态环境治理能力和治理水平。[5]

最后，生态文明制度体系是维护全球安全的现实需要。成长春（2020）指出，生态文明制度体系是贡献全球生态环境治理中国智慧的现实需要。中国作为世界上最大的发展中国家，总结提炼中国生态治理的成功经验并上升为生态文明制度体系，可以为世界其他国家解决环境问题贡献中国智慧，为推动世界绿色发展、维护全球生态安全作出积极贡献。[6] 丁卫华（2020）指出，包括生态文明制度体系在内的中国特色社会主义制度

---

[1] 朱坦，高帅：《推进生态文明制度体系建设重点环节的思考》，《环境保护》，2014年第16期，第10~12页。

[2] 潘家华：《循生态规律，提升生态治理能力与水平》，《城市与环境研究》，2019年第4期，第21~33页。

[3] 陈硕：《坚持和完善生态文明制度体系：理论内涵、思想原则与实现路径》，《新疆师范大学学报》（哲学社会科学版），2019年第6期，第18~26页。

[4] 陈硕：《坚持和完善生态文明制度体系：理论内涵、思想原则与实现路径》，《新疆师范大学学报》（哲学社会科学版），2019年第6期，第18~26页。

[5] 成长春：《完善促进人与自然和谐共生的生态文明制度体系》，《红旗文稿》，2020年第5期，第39~41页。

[6] 成长春：《完善促进人与自然和谐共生的生态文明制度体系》，《红旗文稿》，2020年第5期，第39~41页。

具有科学性、先进性、人民性等属性,中国社会主义生态文明建设道路从根本上迥然于西方资本主义生态治理之路,绝不以牺牲他国生态权益为代价,向国际社会展现了中国特色社会主义生态文明制度的显著优势。①

第七节　总体考察

一、主要特点

纵观中国共产党成立100年来对生态文明建设的重点理念及道理的探索,以及学界关于生态文明的研究、阐释,主要呈现出四个方面的典型特点。一是在总体方向上,关注并研究推进生态文明建设及其相关问题;二是在取向把握上,注重研究面向新时代的生态文明建设及其相关问题;三是在关键领域上,重视研究生态文明建设的思想渊源和认识变迁;四是在重点内容上,关注并研究如何推进生态文明建设及其相关问题,主要包括生态文明建设的历程、理念、方式、制度等方面。

（一）不懈推进生态文明建设

在研究中,学界非常关注生态文明建设问题,充分体现了研究的持续性。从研究维度来看,主要从历史的维度,探讨了中国共产党对生态文明建设认识的变迁,系统分析了生态文明建设的历程和阶段。从研究视角来看,主要从生产力和生产关系的角度,深入探讨了生态文明建设的原因和必要性,比较典型的是"生态环境就是生产力"等。

（二）聚焦生态文明建设理念

在研究中,学界沿着生态文明建设这一主线,与时俱进,深化对生态文明建设的认识。第一,随着生态文明建设的探索、建立和发展,学者们对生态文明建设的认识不断加深,对生态文明建设核心内容的认识经历了从生态环境保护、协调发展,到可持续发展,再到"五位一体"总体布局的延伸过程。第二,随着生态文明建设的推进和深入,学者们对人与自然关系的研究不断拓展,从人与自然相互影响,到生命共同体,再到人与自然和谐共生。

（三）重视生态文明建设与经济发展的关系

在分析生态文明建设时,学界对生态文明建设与经济发展关系的问题进行了深入研究。首先,从重要性来说,学者们普遍认为生态环境保护与经济发展是辩证统一的关系,生态文明建设是经济社会可持续发展的前提,生态环境保护又取决于经济结构和发

---

① 丁卫华:《中国生态文明的制度自信研究》,《河海大学学报》(哲学社会科学版),2020年第5期,第9~15+106页。

展方式。其次,从实践性来说,学者们普遍认为转变发展方式是生态文明建设的重要实现路径,并对其具体路径进行了探究。

(四) 积极探寻生态文明制度建设的方式

学界对生态文明建设的研究,重点还在于如何推进生态文明制度建设,即生态文明制度建设的方式和手段等问题。一方面,对于整体生态文明建设的方式,学者们的研究集中在生态文明制度体系构成、生态文明体制改革任务等问题的讨论。另一方面,对于生态文明制度建设中重点改革的方式,学者们的研究集中在转变政府职能、完善法律体系等问题的讨论。

二、未来展望

生态文明建设不仅是中国共产党百年经济理论与经济问题研究的重大问题,而且是未来很长一段时期经济问题研究中的关键问题。推进生态文明建设,必须处理好生态环境保护与经济发展的关系,加快推进生产方式绿色化和生活方式绿色化。其中,如何发挥生态文明体制改革这一重要领域和关键环节的积极作用,增强改革的系统性、整体性和协同性,是需要进一步研究的问题。

(一) 处理好生态环境保护与经济发展的关系

我国进入新发展阶段,在生态文明建设过程中,处理好生态环境保护与经济发展的关系是重要前提。其中,有三个问题需要进一步研究。一是如何转变经济发展方式,调整经济发展目标;二是如何进一步实现保护与发展的统一,推动生产力的提高;三是如何将绿色发展理念融入经济社会发展的各个方面和全过程,实现人与自然和谐共生。

(二) 处理好政府与市场的关系

生态文明建设中,政府与市场的关系问题研究将成为学者们进一步研究的难点。一是如何更好地发挥政府的作用,即政府如何为生态文明建设起到高效的监管作用,如何在生态文明建设中做好"主导"等;二是在生态文明建设中,如何发挥好市场在资源配置中的决定性作用,如何发挥好市场的驱动作用,激发市场机制的激励性等。

(三) 推动生产方式绿色化和生活方式绿色化

在绿色发展理念引导下,如何推动生产方式绿色化和生活方式绿色化需要深入研究。一是深入探究绿色生产方式和绿色生活方式的内涵,理清两者的关系;二是深入研究如何推动生产方式和生活方式绿色化,实现绿色发展。此外,实现"碳达峰""碳中和",是我国实现可持续发展、高质量发展的内在要求,也是推动构建人类命运共同体的必然选择。要坚持问题导向,深入研究重大问题,引导形成绿色低碳生产生活方式。

(四) 完善生态文明制度建设体系

在推进生态文明制度建设的过程中,如何推进生态文明制度体系构建,将成为学者们进一步研究的重点。具体包括：第一，如何坚持和巩固我国生态文明体制改革取得的重大成果，不断深化生态文明建设；第二，如何把握好坚持和完善生态文明制度体系的总体要求，形成体系化的生态文明制度，完善生态文明制度体系的主要任务。

第十六章　统筹发展和安全理论

党的十九届五中全会提出，要统筹发展和安全，建设更高水平的平安中国。安全是发展的前提，发展是安全的保障。统筹发展与安全，增强机遇意识和风险意识，有效防范化解各类风险挑战，对中国经济稳定发展与全面建设社会主义现代化国家具有重大意义。学术界围绕这一主题进行了多次探讨，形成了较为丰富的成果。本章首先从学界对马克思主义经典作家关于发展与安全论述的阐释出发，考察中国共产党关于统筹发展和安全认识的变迁，梳理理论界对于树立国家安全观、维护国家经济安全的不同观点，研究有关对外开放与独立自主关系的各方争鸣，最后提炼和概括其中的基本结论和演进逻辑，对统筹发展和安全理论研究的演进路径作进一步的展望。

第一节　对马克思主义经典作家关于发展与安全论述的阐释

马克思主义经典作家都曾对"发展与安全"作过相关论述，形成了丰富的"发展与安全"思想。随着社会发展和经济建设的不断深入，学术界不断对马克思主义经典作家关于"发展与安全"的论述进行了研究和解读，不断挖掘马克思主义经典作家的思想精华，以便为当代中国的"发展与安全"提供理论指导和实践遵循。

一、对马克思恩格斯发展与安全相关论述的阐释

马克思恩格斯发展与安全相关论述是马克思主义统筹发展和安全理论的主要来源之一，学术界主要从两个方面进行了阐释。在发展思想方面，学术界主要研究了马克思恩格斯关于共享发展、绿色发展、协调发展、开放发展等思想观点；在安全思想方面，学术界主要研究了国家安全思想、产业安全思想、文化安全思想和社会保障安全思想。

（一）对马克思恩格斯发展思想相关论述的阐释

关于马克思恩格斯发展思想的相关论述，学者从不同角度进行了阐释，形成了系列研究成果，主要观点如表16-1所示。

表 16-1　学界关于马克思恩格斯发展思想的研究阐释汇总表

研究角度	主要内容	代表学者
共享发展说	研究了马克思恩格斯的共享发展思想	柳礼泉和汤素娥（2017），周建超（2017），等等
绿色发展说	研究了马克思恩格斯的绿色发展思想	方世南（2019），张秀芬（2020），等等
协调发展说	研究了马克思恩格斯的协调发展思想	付清松（2019），陈健和郭冠清（2020），等等
开放发展说	研究了马克思恩格斯的开放发展思想	刘冠婵（2019），王鹏和牛先锋（2020），等等

共享发展说。这些学者主要研究了马克思恩格斯关于共享发展思想的经典论述。柳礼泉和汤素娥（2017）认为，马克思恩格斯的著述蕴含了丰富的共享发展思想，其中主要包括共享发展的基本内涵、实现条件及价值追求。① 周建超（2017）认为，共享发展是千百年来人类对美好生活的愿景，也是马克思主义科学理论的主旨和中国共产党人的理想价值追求。他指出，共享发展的终极目标是人的自由全面发展，主体是社会全体成员；共享发展的前提是消灭私有制，社会形式是建立社会主义和共产主义；共享发展的路径是大力发展社会生产力，分配形式是从按劳分配逐步向按需分配发展。② 糜海波（2017）指出，马克思立足于唯物史观和群众史观，提出了为实现人民的共享发展提供经济基础、政治保障和文化支持的思想，强调既要"做大蛋糕"，又要"分好蛋糕"，关注人的价值和尊严的实现，把人的全面发展和社会的全面进步统一起来。③ 盛誉和袁淳（2019）指出，马克思认为，"资本主义制度是建立在私有制和阶级对立基础之上的，由此决定了丧失生产资料的普通劳动者必然受掌握生产资料所有权的资产阶级的剥削和压迫。"而与资本主义制度的剥削本性不同，社会主义制度的目标正是努力结束牺牲一些人的利益来满足另一些人的需要的状况，彻底消灭阶级和阶级对立，建设一个以物质生产条件为基础的公平正义的"共享"社会。④ 刘旭雯（2020）认为，作为马克思经典著作中的重要思想，马克思世界历史思想是共享发展理念的重要理论之基。随着中国进入全新的历史方位，新时代的共享发展理念从对社会主义经济发展规律的总结、对中国未来发展方向的指引、对人的自由全面发展的推动、对世界历史的影响四个维度展现了对马克思世界历史思想的继承与发展。⑤ 颜军（2020）以《共产党宣言》为研究中心对马克思恩格斯的共享发展思想进行解读，他认为在《共产党宣言》中，我们能解读出其

---

① 柳礼泉，汤素娥：《马克思主义共享发展思想的历史演进与当代创新》，《马克思主义研究》，2017 年第 5 期，第 134~143 页。
② 周建超：《马克思主义经典作家共享发展思想探析》，《求索》，2017 年第 12 期，第 23~29 页。
③ 糜海波：《马克思的共享发展思想与现实启示》，《求索》，2017 年第 12 期，第 30~36 页。
④ 盛誉，袁淳：《马克思主义经典作家共享发展思想的制度意蕴及其当代价值》，《当代经济研究》2019 年第 7 期，第 1~7 页。
⑤ 刘旭雯：《马克思世界历史思想与共享发展理念》，《河南大学学报》（社会科学版），2020 年第 3 期，第 1~8 页。

蕴含的丰富的共享发展思想意涵：全体人民公正地共享社会财富是共享发展的基本要义；全体人民共同参与建设是共享发展的关键；生产力的发展是实现共享发展的前提；坚持社会主义制度是共享发展的重要保障；促进人的自由全面发展、体现社会公平正义、达致自由人联合体是共享发展的价值主旨。① 马陆艳（2018）指出，马克思的公平观内含着实现共享发展和社会公平的五大途径，分别是：推动实现社会生产力的高度发展；变更私有制为社会主义公有制；实行合理的社会主义公平分配；消灭阶级是实现彻底公平的重要路径；通过教育、税收、财政等公共政策调节社会公平。②

绿色发展说。这些学者主要研究了马克思恩格斯关于绿色发展思想的经典论述。张秀芬（2020）通过对《资本论》的研究指出，马克思的绿色发展思想主要表现在对资本主义社会工人恶劣的生存境遇与生态环境系统的恶化问题，资本主义社会的水污染、森林毁坏和其他自然资源的衰竭问题，以及资本主义城乡对立和资本主义农业的工业化经营所造成的物质变换裂缝问题等资本主义非绿色发展问题的深层揭露与生态批判上；表现在对人与自然和谐相处、合理规划、协调发展等绿色发展的新型社会的美好设想与实践构建中；表现在对实现包括循环再利用、集约型发展和内涵式发展在内的绿色发展路径的卓越探索上。③ 邵光学和詹国彬（2021）认为，马克思主义生态发展思想主要强调人与自然之间是辩证统一的关系、资本主义生产方式是生态危机的根本原因、变革资本主义制度是解决生态危机的根本途径等方面。④ 方世南（2019）从生产力的视角出发指出，马克思主义生产力理论蕴含着丰富的生态文明思想，是绿色生产力理论，其中生态环境是生产力发展必不可少的前提条件和坚实基础，是生产力的构成要素和动力源泉。⑤ 穆艳杰和魏恒（2019）认为，人与自然是一个和谐统一的整体，这是马克思自然观的一个核心观点。⑥ 赵绪莹（2017）指出，马克思主义生态思想基本内容中重点强调了人是人与自然关系中的价值主体。⑦ 解保军（2019）指出，马克思"再生产整个自然界"的观点，就是要求人们在使社会生产力持续发展的同时，也要使自然生产力持续发展。因为，人们在改造自然的同时，如果能够自觉地调整自身与自然界的关系，使之保持基本的协调，生产力的发展就有后劲；反之，生产力的发展就会遭受挫折。⑧

协调发展说。这些学者主要研究了马克思恩格斯关于协调发展思想的经典论述。陈健和郭冠清（2020）指出，马克思恩格斯在设想未来的社会主义社会时，都强调了生产

---

① 颜军：《马克思恩格斯共享发展思想及其当代价值——以〈共产党宣言〉为研究中心》，《理论学刊》，2020年第1期，第132~140页。
② 马陆艳：《马克思恩格斯社会公平理论及其发展研究》，广东人民出版社，2018年，第59~74页。
③ 张秀芬：《马克思〈资本论〉绿色发展思想及其实践路径》，《哈尔滨工业大学学报》（社会科学版），2020年第6期，第133~139页。
④ 邵光学，詹国彬：《生态马克思主义对马克思恩格斯生态思想的继承、发展及其局限》，《中国共产党福建省委党校（福建行政学院）学报》，2021年第1期，第153~162页。
⑤ 方世南：《习近平生态文明思想对马克思主义规律论的继承和发展》，《当代中国马克思主义》，2019年第11期，第48~53页。
⑥ 穆艳杰，魏恒：《习近平对马克思生态思想的继承与发展论析》，《思想政治教育研究》，2019年第2期，第11~15页。
⑦ 赵绪莹：《以马克思主义生态思想引领绿色发展》，《人民论坛》，2017年第12期，第92~93页。
⑧ 解保军：《马克思生态思想研究》，中央编译出版社，2019年，第56页。

力平衡分布的重要性,从而体现出社会主义是比资本主义更高级的社会形态。同时又指出马克思恩格斯设想了未来社会主义要实现生产力平衡布局,但需要指出的是,生产力平衡布局是建立在总体生产力得以充分发展的基础上。① 付清松(2019)从分析马克思的不平衡发展思想入手,指出马克思对资本主义不平衡发展的批判,对我们亦有警示意义,启示我们要以人的全面发展为旨归,防止极度不平衡,保持适度不平衡。②

开放发展说。这些学者主要研究了马克思恩格斯关于开放发展思想的经典论述。王鹏(2020)认为,马克思共同体思想是唯物史观的重要内容。人类命运共同体理念承继了马克思共同体思想精髓,是马克思共同体思想的当代创新,将在这个全人类同呼吸共命运的历史时期,为世界生产力的发展提供新动能,为实现中华民族的伟大复兴营造良好的国际环境,为整个人类社会的发展指明前进方向。③ 刘冠婵和牛先锋(2019)指出,马克思世界历史理论为我们审视人类命运共同体提供了世界眼光和理论根基,构建人类命运共同体是对当下世界历史发展的合理应对。④ 张华波和邓淑华(2017)认为,马克思的发展共同体思想是唯物史观的重要内容,该思想认为,共同体是人类存在的基本形式,发展共同体的过程性、阶段性和目标性统一于人的解放之中,资本主义社会共同体是"虚幻的共同体","自由人联合体"是人类社会的"真正共同体"。马克思发展共同体思想的丰富内涵,对构建人类命运共同体有着重要的启示。⑤ 李院平(2017)从开放发展思想入手,提出马克思开放发展思想是马克思主义社会发展理论的重要内容,具有丰富的理论内涵,科学揭示了人类社会发展的基本规律。新中国成立以来,中国共产党在社会主义建设中继承和发展了马克思的开放发展思想,尤其是中国共产党实行的对外开放基本国策,成为马克思开放发展思想在中国的创新实践,使马克思开放发展思想至今仍保持着旺盛的生命力。⑥ 栾文莲(2000)指出,交往关系与社会生产力的发展密切相连,推进人类社会的进步。马克思恩格斯以唯物史观的科学态度说明:交往活动与生产活动相等同,共同构成社会生产力,它们的相互作用是推动社会历史发展的原动力。⑦

(二)对马克思恩格斯安全思想相关论述的阐释

关于马克思恩格斯安全思想的相关论述的阐释,不同学者从各种角度提出了观点。李营辉和毕颖(2018)以总体国家安全为研究中心,指出新时代总体国家安全观是对

---

① 陈健,郭冠清:《马克思主义区域协调发展思想:从经典理论到中国发展》,《经济纵横》,2020年第6期,第1~10页。
② 付清松:《马克思不平衡发展思想的双重视阈及其中国意义》,《东岳论丛》,2019年第5期,第85~91页。
③ 王鹏:《人类命运共同体理念对马克思共同体思想的承继、发展及其当代价值》,《理论导刊》,2020年第2期,第50~56页。
④ 刘冠婵,牛先锋:《人类命运共同体思想对马克思世界历史理论的继承和发展》,《中国共产党福建省委党校学报》,2019年第4期,第31~37页。
⑤ 张华波,邓淑华:《马克思发展共同体思想对构建人类命运共同体的启示》,《马克思主义研究》,2017年第11期,第29~37页。
⑥ 李院平:《马克思开放发展思想及中国运用》,《重庆社会科学》,2017年第11期,第25~31页。
⑦ 栾文莲:《交往与市场:马克思交往理论研究》,社会科学文献出版社,2000年,第2页。

马克思主义国家安全思想的系统阐发,是对国家安全治理理念的创新升华,是新时代中国特色国家安全道路的价值引领。① 付春光和叶泽樱(2018)认为,马克思没有直接提出"产业安全"一词,但是通过对资产阶级产业革命的深入研究,以及借鉴斯密等人的思想,创立了完整、深刻的产业安全思想。集中表现在产业协调思想、产业控制思想、产业竞争思想,以及产业发展的根本途径是劳动生产率的提高和科技的进步,关键在人。② 张安(2014)指出,在马克思恩格斯的理论逻辑体系中,包含着丰富而深刻的文化安全思想。经典作家通过分析观念形态的文化特性,揭示了文化安全的客观规律;通过对意识形态领域内阶级斗争的考察,阐明了文化安全的政治意蕴;通过对资本主义生产方式世界性扩展的思考,预示了全球化背景下的文化安全挑战。③ 汤兆云(2017)从社会保障安全视角切入,指出追求全体社会成员的社会保障是马克思社会保障的基本思想,公平贯穿其始终。马克思社会保障公平思想对我国社会保障制度的建立健全具有启示作用,即通过建立和完善社会主义的社会保障制度这一形式以达到实现社会公平和社会安全的目的。④

二、对列宁和斯大林发展与安全相关论述的阐释

列宁和斯大林在苏联社会主义革命和建设中继承和丰富了马克思恩格斯的发展与安全思想。列宁的发展和安全思想对新中国成立以来中国社会主义经济建设有重要启示。斯大林领导的苏联社会主义经济建设产生了很多问题,"斯大林发展模式"在学界饱受争议,尽管如此,斯大林的经济建设实践依然取得了一定成就,仍然形成了一些正确的发展与安全思想。学者们对列宁和斯大林发展与安全相关论述的研究阐释主要集中在以下几个方面:

(一)对列宁和斯大林发展思想相关论述的阐释

"利用资本主义发展社会主义"。一大批学者集中于研究列宁的新经济政策,考察这一政策如何利用资本主义的方式发展社会主义经济。俞良早(1998)认为,列宁提出了苏维埃国家必须发展商业的思想,发展了马克思主义关于社会主义建设的理论,更新了他本人以前关于社会主义途径的构想,促进了苏俄人民社会主义实践的发展。⑤ 他还在另一篇文章中指出,在苏维埃俄国新经济政策时期,在恢复和发展国民经济的实践中,列宁形成了利用市场发展经济的思想。在党的十一届三中全会以后,邓小平同志在领导和指导我国改革开放的实践中,形成并提出了建立社会主义市场经济体制的理论,深化和发展了列宁的思想。⑥ 并且他指出,租让制的思想是列宁关于苏俄经济建设的重要思

---

① 李营辉,毕颖:《新时代总体国家安全观的理论逻辑与现实意蕴》,《人民论坛》,2018年第17期,第84~87页。
② 付春光,叶泽樱:《马克思产业安全思想研究》,《学术界》,2018年第246期,第151~161页。
③ 张安:《马克思恩格斯文化安全思想的三重视角》,《当代世界与社会主义》,2014年第6期,第38~43页。
④ 汤兆云:《马克思社会保障公平思想及其启示》,《马克思主义研究》,2017年第3期,第140~146页。
⑤ 俞良早:《列宁形成发展商业思想的意义及其他》,《马克思主义研究》,1998年第4期,第57~63页。
⑥ 俞良早:《由国家利用市场思想到社会主义市场经济理论的发展——邓小平理论与列宁思想比较研究》,《江汉论坛》,1996年12月,第60~63页。

想之一。根据这一思想，苏维埃国家可以把一部分自己暂时无力经营的企业出租给外国资本家，让他们到俄国来经营，使他们把国外的资金和先进生产技术带到俄国。在我国改革开放的过程中，邓小平提出建设经济特区的理论，发展了列宁关于租让制的思想。① 靳书君（2017）指出，中国特色社会主义政治经济学吸收了列宁新经济政策的核心思想，又结合21世纪中国的具体实际，实现了历史性飞跃和突破性发展。② 冷元元（2020）提出，列宁以国家掌握"大的生产资料"促进经济发展的思想推动社会主义经济发展。这一思想主要包括多种所有制并存，坚持国有经济掌握国家命脉；在分配关系上完善按劳分配实现形式，实行责任制原则；发挥私营经济在经济恢复和发展中的积极作用；在公有制主导经济的前提下恢复发展商品生产和流通，逐步放开市场等原则。③ 王媛（2010）联系中国改革开放的具体实践，指出邓小平继承发展了列宁新经济政策和商品经济思想，坚决实行经济体制改革，改革率先从农村开始，提出并确立了社会主义市场经济理论，极大地推动了非公有制经济发展。④

"大力发展生产力"。部分学者从生产力的角度阐释了列宁的发展思想。杨承训（2020）指出，列宁主义是发展着的马克思主义理论宝库的重要组成部分。列宁艰辛探索的实践证明，发展生产力是社会前进的最高标准，提升现代社会生产力的质量是社会主义取得世界性胜利的根基，在扩大经济数量的同时着力提高经济质量，必须注重机制转换、充分调动人民的积极性、跨越式推进科技创新。⑤ 丁泽勤（2009）认为，列宁从苏联实际出发，把马克思主义发展生产力思想具体化，深刻论述了社会主义国家发展生产力的重要性，并探索了发展生产力的具体途径。⑥ 柳礼泉和汤素娥（2017）认为，斯大林不仅把生产力发展看得很重要，更把实现共同富裕放在议事日程上。他认为，在生产资料所有制方面，要推动生产力发展，最有效的方法就是采取计划经济手段，在集中统一下推行生产资料高度公有化；在分配制度方面，要抓住使人民群众摆脱贫困实现共同富裕的关键，实行公平分配制度，并适当增加社会福利。⑦

"提倡科学发展"。部分学者从科学发展的角度阐释了列宁的发展思想。徐芹（2009）考察了列宁关于科学发展的几个思想，并指出十月革命胜利后，列宁主张渐进地组织经济建设，逐步形成"渐进发展"的经济建设理论。它力求尽快地恢复和发展苏俄的经济，同时最大限度地维护和实现人民群众的切身利益，避免和化解经济发展过程

---

① 俞良早：《由列宁租让制思想到邓小平经济特区理论的发展》，《社会科学研究》，1996年第6期，第50~54页。
② 靳书君：《列宁新经济政策思想中国化的历史轨迹及当代发展》，《理论学刊》，2017年第270期，第28~33页。
③ 冷元元：《社会主义基本经济制度的创新及其优势研究——学习列宁以国家掌握"大的生产资料"促进经济发展的思想》，《经济纵横》，2020年第12期，第19~24页。
④ 王媛：《邓小平非公有制经济思想对列宁新经济政策思想的继承和发展》，《中国经贸导刊》，2010年第20期，第93+103页。
⑤ 杨承训：《社会主义必须创造更新更高的劳动生产率——学习列宁发展和提高生产力的思想》，《经济纵横》，2020年第7期，第17~24+2页。
⑥ 丁泽勤：《与时俱进的发展生产力思想——从马克思到毛泽东》，《前沿》，2009年第8期，第3~6页。
⑦ 柳礼泉，汤素娥：《马克思主义共享发展思想的历史演进与当代创新》，《马克思主义研究》，2017年第5期，第134~143页。

中出现的利益冲突问题。① 张宏舒和刘明涛（2006）探析了列宁的科学发展思想，认为列宁把大力发展生产力和提高劳动生产率摆在首位；强调协调发展、全面发展、改革是发展的动力等思想。② 宋小敏（2002）认为，列宁和邓小平虽然处于不同的时代和国度，但他们的经济制度渐变思想却具有相同或相近之处，主要表现在关于执政党对经济制度渐变必要性的认识问题、关于渐变过程的启动问题、关于渐变过程的全面推进问题等方面。③

"开放发展说"。部分学者从开放发展的视角入手，阐释列宁的对外开放与发展思想。张晓忠（2009）从生产力的世界性普遍发展的视角出发阐述了列宁的观点，即生产力的世界性普遍发展把俄国卷入西方资本主义经济全球化历史进程，形成了具有内在联系的帝国主义世界体系，从根本上决定了社会主义革命和建设事业的世界历史性，必然要求东方社会主义的生存和发展融入经济全球化大潮。这些思想对当今全球化时代社会生产力的自身发展及对这种发展的世界性普遍联系的理性认识与战略决策有着重大而深远的理论价值和现实意义。④ 王小辉（1994）指出十月革命胜利后，列宁十分强调学习和利用资本主义，实行对外开放。在中国进入社会主义现代化建设的新时期，邓小平的对外开放思想则是对列宁思想的继承和发展。⑤ 王元璋（1995）指出，从十月革命前后开始，列宁在领导俄国人民进行社会主义革命和建设过程中，对于经济落后的苏维埃俄国开展对外经济贸易的必要性、可能性、前提条件、体制、原则以及具体途径或形式等等，无论在理论上还是在实践上，都曾进行了开创性的探索。⑥

（二）对列宁和斯大林安全思想相关论述的阐释

研究者主要从国家安全、文化安全、意识形态安全等领域对列宁和斯大林的安全思想进行研究。具体研究成果如表16-2所示。

表16-2 学界关于列宁和斯大林安全思想的研究阐释汇总表

研究主题	代表学者
国家安全	马凤书（2001），王进芬（2008），刘灿国和张艳（2014），等等
文化安全	王军和何良安（2015），石文卓（2020），等等
意识形态安全	王存福（2011），张安和方小年（2015），燕方敏（2020），等等

在维护国家安全方面，刘灿国和张艳（2014）认为，列宁在巩固政权安全、捍卫国土安全、维护社会安全、保障民生安全和争取国际安全环境方面提出了相关的国家安全

---

① 徐芹：《论列宁关于科学发展的几个重要思想》，《贵州社会科学》，2009年第5期，第25~28页。
② 张宏舒，刘明涛：《列宁科学发展思想探析》，《求实》，2006年第2期，第3页。
③ 宋小敏：《邓小平对列宁经济制度渐变思想的继承和发展》，《中南民族大学学报》（人文社会科学版），2002年第2期，第9~12页。
④ 张晓忠：《论列宁关于生产力世界性普遍发展的全球化思想》，《生产力研究》，2009年第17期，第62~64页。
⑤ 王小辉：《邓小平对列宁对外开放思想的创新和发展》，《科学社会主义》，1994年第2期，第56~58页。
⑥ 王元璋：《列宁经济发展思想研究》，武汉大学出版社，1995年，第309页。

思想，对我国维护国家主权和安全、建设与国家安全相适应的强大人民军队、树立总体国家安全观以及加强政法队伍建设具有重要的现实启示。① 张伟（2014）指出，列宁为维护苏维埃国家主权和安全，提出了一系列国际战略思想，包括利用帝国主义国家之间的矛盾、发展对外经济关系、建立国际统一战线、提出和平共处原则，这些思想对于我国应对国际局势的新变化、维护国家安全无疑具有重要启示。② 王进芬（2008）认为，在领导俄共（布）执政的过程中，列宁提出了一系列旨在维护国家安全的重要主张：要对帝国主义包围给苏维埃政权构成的危险保持清醒的头脑；要把建设新型的军队作为国家安全的坚强后盾；要把利用帝国主义国家之间的矛盾作为维护国家安全的重要手段；要通过和资本主义国家的经济来往维护国家安全；要在对外经济交往中注意维护本国的主权独立和经济安全。③ 马风书（2001）指出，第二次世界大战结束后，斯大林从维护世界和平与苏联安全利益的愿望出发，根据战后不同时期的国际形势提出了一系列维护和巩固战后国际安全的战略思想。就其根本目标来看，这种安全战略旨在保证苏联的国际安全环境在尽可能长的时期内不被破坏；就其实质和措施来看，这种安全战略防守多于进攻，巩固既得利益多于争夺新的势力范围。在两制国家间关系上，他的思想经历了一个从友好合作到冷战共处的转变；在维护国际安全问题上，则由最初寄希望于集体安全保障转变为依靠自己建立的集团组织；在欧洲格局的安排上，斯大林突出了建立苏联"安全带"的想法；在原子弹与世界和平问题上，他认为只有打破美国的核垄断才能保障世界和平与安全。④

在保障文化安全方面，王军（2018）指出，列宁文化安全思想是一个大系统，包括了意识形态安全、民族文化安全、文化发展安全等许多方面的思想。⑤ 石文卓（2020）认为，列宁十分重视维护无产阶级文化安全。他以文化特性为视域，揭示了无产阶级文化发展的内在规律；以意识形态安全为视域，昭示了文化安全的政治意蕴；以民族文化为视域，表明了抵制文化霸权主义的鲜明立场。列宁对文化安全的理论和实践探索，创新发展了马克思恩格斯的文化安全思想。⑥ 王军和何良安（2015）认为，在领导俄国革命和建设的过程中，列宁自觉地把文化安全摆在俄国社会发展的战略层面，对文化安全有着大量的思考和实践，其文化建设思想中蕴含着丰富的文化安全思想。列宁对维护文化安全的根本原则、战略目标、实践途径等方面的深刻论述，于当代中国文化安全的维护有着重要的启示。⑦

在保障意识形态安全方面，燕方敏（2020）认为，列宁继承了马克思恩格斯意识形态思想，并结合俄国实际进行了创造性地发展，形成了系统全面的意识形态安全思想。

---

① 刘灿国，张艳：《论列宁国家安全思想及现实启示》，《理论学刊》，2014年第6期，第21~25页。
② 张伟：《论列宁维护国家安全的国际战略思想》，《湖南师范大学社会科学学报》，2014年第3期，第62~66页。
③ 王进芬：《列宁关于维护国家安全的基本主张》，《学术论坛》，2008年第11期，第23~26页。
④ 马风书：《斯大林关于"二战"后国际安全的思想》，《山东大学学报》（哲学社会科学版），2001年第5期，第112~118页。
⑤ 王军：《列宁文化安全思想研究》，东北大学出版社，2018年，第67~155页。
⑥ 石文卓：《列宁文化安全思想的三重视域》，《马克思主义理论学科研究》，2020年第5期，第115~123页。
⑦ 王军，何良安：《列宁的文化安全思想及当代启示》，《湖湘论坛》，2015年第1期，第16~21页。

坚持和改善无产阶级政党的领导是维护意识形态安全的保证；巩固马克思主义理论的指导地位是维护意识形态安全的核心；加强共产主义宣传教育是维护意识形态安全的关键；满足群众利益，赢得群众信任是维护意识形态安全的根本。① 张安和方小年（2015）认为，面对意识形态领域的危机和挑战，列宁主要从确立意识形态安全的领导核心、构建意识形态安全的教育屏障、巩固意识形态安全的学术阵地、夯实意识形态安全的群众基础等四个方面探讨了意识形态安全问题。列宁意识形态安全思想是经济文化落后的社会主义国家维护意识形态安全的开端，对我国当前的意识形态安全实践工作具有若干重要的启示。② 王存福（2011）指出，斯大林时期强调意识形态的绝对安全。经过斯大林的三次意识形态大批判后，社会主义意识形态的强制与控制成为明显特征，从苏联国内来看，强调意识形态要绝对服从于政治需要；从国际来看，强调对资本主义意识形态的全面批判和拒绝。③

第二节　对中国共产党统筹发展和安全认识变迁的阐释

自中国共产党成立以来，"发展和安全"这一主题就贯穿党领导人民进行革命、改革和建设的各个历史阶段。总体来说，中国共产党对"发展与安全"的认识可分为新民主主义革命时期、社会主义革命和建设时期、改革开放和社会主义现代化建设时期、中国特色社会主义新时代几个时期，在不同历史阶段中国共产党对"发展与安全"的认识呈现出不同的特点。随着实践的不断深入，党对"统筹发展与安全"的认识逐渐发展到一个新的水平，形成了系统的发展与安全理论。

一、新民主主义革命时期（1921—1949）对统筹发展和安全的认识

新民主主义革命时期，中国共产党对"统筹发展和安全"的认识主要围绕"革命根据地的经济建设"和"夺取革命战争的胜利"展开，在中国共产党早期、大革命时期、土地革命时期、抗日战争及解放战争时期，中国共产党对"统筹发展和安全"的认识不断深入。学界对此展开了广泛讨论。

（一）中国共产党成立早期及大革命时期对统筹发展和安全的认识

中国共产党成立早期，对统筹发展和安全的认识主要体现在早期领导人的思想中，学者们对这些思想的讨论归纳起来可以概括为以下几个方面：

一是早期不成熟的民主主义思想。叶世昌（2017）指出，早年李大钊是一个民主主义者，他最早提出的救国主张表现为中国传统的富强思想，同时，早年李大钊还有进化

---

① 燕方敏：《列宁意识形态安全思想及其现实意义》，《科学社会主义》，2020年第2期，第27~33页。
② 张安，方小年：《列宁意识形态安全思想及其当代启示》，《理论月刊》，2015年第10期，第28~33页。
③ 王存福：《苏东社会主义国家意识形态安全的历史考察及其启示》，《社会主义研究》，2011年第1期，第31~35页。

论思想，他希望中国实行资产阶级议会制度。①张雷声和董正平（2006）认为，早年陈独秀认为中国贫穷的重要原因是对外贸易逆差，而他用发展民族工业的办法来抵制帝国主义对华商品输出和资本输出的经济主张，带有浓厚的重工主义色彩。②但是不久后，陈独秀认识到在中国发展民族工业困难重重，于是开始倡导变更社会制度，建立资产阶级共和国，为民族工业的发展扫清道路。③这一时期，陈独秀的经济发展思想主要强调发展资本主义。孙思白（1963）指出，陈独秀认定中国必须继续实现欧美式的民主政治；但要民主政治成功，更为首要的与根本的问题在于革新伦理道德和文学思想。④李稼蓬等（2001）指出，早年瞿秋白的经济思想主要集中在唤醒国民改造旧社会以及对劳动问题的关注上。⑤

二是由革命民主主义向马克思主义转变时期的经济思想。十月革命的胜利对李大钊产生了巨大影响，使他由革命民主主义者向马克思主义者转变。他参与了与胡适的论战，宣传了马克思主义的唯物史观，指出了解决经济问题是解决一切其他问题的基础。之后，他又大力宣传了马克思主义政治经济学，还就中国经济结构和阶级状况进行了分析。有学者评价指出，李大钊对中国各阶级的分析表明他对中国革命的性质、动力等问题已经有了初步认识，对农民作为重要动力的认识更是表现出他的远见卓识。⑥第一次世界大战结束后，中国在"巴黎和会"上的外交失败，导致了陈独秀经济思想的转变，他提出了消灭私有财产，打破阶级制度、继承制度、遗产制度，实行平民社会主义。但是，他尚未分清马克思主义和无政府主义在废除私有制主张上的区别。经过五四运动的洗礼，陈独秀向马克思主义者转变，他认识到经济的重要，开始立足于经济去考察社会现象。⑦与此同时，瞿秋白的经济思想逐渐发展成熟，他系统介绍了苏俄发展商品经济、引进外资和先进技术发展社会主义经济、建立大工业的真实情况。1923年以后，瞿秋白由革命民主主义者转变为马克思主义者，最终形成了关于他的社会主义经济思想，这一阶段他特别肯定了农民在中国革命中的重要作用，提出"耕地农有"的主张，形成了他的较为完整的新民主主义基本经济思想。⑧

三是对社会主义经济建设的预想。李大钊提出了自己对社会主义经济建设的看法，他认为社会主义制度下最重要的是解决经济问题，发展国有制，保存商品生产和交换，实行按劳分配等。戴鹿鸣（1959）认为，李大钊认识到了最根本的问题是社会制度问题，他根据唯物主义原理，指出了整个社会制度的基础是经济制度，因此要解决社会问题，首先要解决经济问题。⑨叶世昌（2017）指出，在世界上只有一个社会主义国家，并且经济建设经验匮乏的情况下，李大钊提出的预想在发展方向上都是正确的，尽管有

---

① 叶世昌：《近代中国经济史》，上海财经大学出版社，2017年，第22页。
② 张雷声，董正平：《中国共产党经济思想史》，河南人民出版社，2006年，第37页。
③ 李稼蓬，庄祖武，裴晓鹏：《中国社会主义经济思想史研究》，安徽人民出版社，2001年，第83页。
④ 孙思白：《陈独秀前期思想的解剖》，《历史教学》，1963年第10期，第28~39页。
⑤ 李稼蓬，庄祖武，裴晓鹏：《中国社会主义经济思想史研究》，安徽人民出版社，2001年，第100页。
⑥ 叶世昌：《近代中国经济史》，上海财经大学出版社，2017年，第28页。
⑦ 李稼蓬，庄祖武，裴晓鹏：《中国社会主义经济思想史研究》，安徽人民出版社，2001年，第86页。
⑧ 李稼蓬，庄祖武，裴晓鹏：《中国社会主义经济思想史研究》，安徽人民出版社，2001年，第101~103页。
⑨ 戴鹿鸣：《"五四"时期李大钊思想的发展》，《教学与研究》，1959年第5期，第58~65页。

些不够准确,但作为一种社会推想,已经很不容易了。① 在20世纪20年代初,陈独秀在《新青年》发表了《马尔塞斯人口论与中国人口问题》一文,这标志着他的社会主义经济思想基本形成。李稼蓬等(2001)指出,陈独秀的社会主义经济思想具有一定程度的复杂性和片面性,但其中包含有不少积极的因素,也不乏许多精辟的见解和天才的预见。陈独秀经济思想中的积极因素包括,社会主义生产方式必将代替资本主义生产方式;重视生产力的发展;在生产方面提出"国家资本主义",在计划调节方面提出统计调节、计划经济;在分配上提出"不劳动者不得食";还提出实行经济对外开放思想。② 方小教(1999)研究了陈独秀通过对外开放发展经济的思想,并指出陈独秀对外经济开放交流的思想尚处于发始阶段,既不够深入,也不够全面,并未形成体系。限于历史条件,他不可能设想中国经济发展遥远的将来,因而也就不可能详细列举出对外经济开放交流的具体措施、渠道和形式。即便如此,陈独秀这方面的思想观点中仍然不乏一些积极的因子。③ 李稼蓬等(2001)认为,与陈独秀同一时期的瞿秋白在转变为马克思主义者后,研究了"军事共产主义"和"新经济政策",提出了有关社会主义的物质基础、商品经济、国家资本主义、所有制结构等的一系列重要思想。他旗帜鲜明地批判各种非科学社会主义经济思想,进一步探讨了中国的出路。尽管没有留下系统的社会主义经济问题的专著,但他作了大量开拓性研究,建构了新民主主义革命理论的雏形,这些至今仍闪耀真理的光芒。④

(二) 土地革命时期对统筹发展和安全的认识

大革命失败后,中国共产党认识到,中国革命要想取得胜利,就必须走"农村包围城市"的道路。毛泽东在这一时期提出了"工农武装割据"的思想,领导人民开辟革命根据地,开展土地革命和各项经济建设,为夺取革命胜利奠定物质基础。土地革命时期,经济建设主要着眼于以下几个方面(见表16-3)。

表16-3　学界关于土地革命时期党对经济发展认识的阐释汇总表

研究主题	主要内容	代表学者
农业生产	恢复和发展农业生产	周敏(1993),张雷声和董正平(2006),等等
工商业发展	发展工商业、保障战争及生活供给需要	张雷声和董正平(2006),杨雪芳(2013),等等
财政金融	财政靠打土豪筹款,金融的中心任务是支援革命战争	张雷声和董正平(2006)

一是恢复与发展农业生产。张雷声和董正平(2006)指出,由于革命根据地基本上属于农业经济,因此发展农业生产,提高农业生产力,是进行革命战争的重要物质基

---

① 叶世昌:《近代中国经济史》,上海财经大学出版社,2017年,第29~30页。
② 李稼蓬、庄祖武、裴晓鹏:《中国社会主义经济思想史研究》,安徽人民出版社,2001年,第88~94页。
③ 方小教:《陈独秀经济思想中的积极因素》,《江汉论坛》,1999年第3期,第56~58页。
④ 李稼蓬、庄祖武、裴晓鹏:《中国社会主义经济思想史研究》,安徽人民出版社,2001年,第104~118页。

础。中国共产党把农业生产放在经济建设工作的首位。在革命根据地恢复和发展农业生产，关键在于解决劳动力和生产资料不足、加强农业生产和基础设施建设等问题。① 王诚和李鑫（2014）认为，在根据地具体的经济建设方面，中国共产党紧紧抓住农业经济建设这个根据地生存发展的命脉，将粮食保障问题作为重点工作来安排。② 周敏（1993）认为，在根据地经济建设中，毛泽东反复强调，要把发展农业放在首位。毛泽东还科学地总结了根据地农业生产发展的经验，提出了一系列关于发展农业生产的方针政策。毛泽东重视发展农业生产，并有初步的科学兴农、搞大农业和农业现代化的思想。③

二是发展工商业、保障战争及生活供给需要。张雷声和董正平（2006）指出，中国的现代工业极其落后，而革命根据地又都地处偏僻的农村，更是没有现代的工业。农村简单的手工业和依附于农业的家庭副业，远远不能满足革命斗争的需要。革命战争的发展和人民生活的需要都要求发展工商业。党根据当时各根据地的情况，提出了发展工商业的思想。发展工商业包括发展国营工商业、合作社工商业和私营工商业。④ 杨雪芳（2013）指出，针对根据地工业基础及现状，毛泽东认为要有计划地恢复和发展手工业及某些工业，以便打破敌人的经济封锁，同时解决根据地军民的需求和红军的发展。在发展根据地工业及商业的问题上毛泽东采取实事求是的态度，认为发展要以根据地的现实状况为前提，不能盲目求大，不能脱离实际。以粮食、食盐及布匹经营为例，毛泽东认为政府不能对粮食完全专卖，盐和布匹也不能由政府完全经管而不准商人插手。⑤

三是财政金融思想。中国共产党在根据地提出财政金融思想，服务革命战争。其内容主要包括财政思想和金融思想。在财政思想方面，革命军队以打土豪筹款取代了旧军队靠商会筹款的方法，打土豪筹款成为革命经费主要来源。在金融方面，由于根据地经济建设时期，金融的中心任务是支援革命战争，发展工农业生产，促进商品流通，支持合作社发展，为巩固工农民主政权服务，因此，中国共产党在这一时期的金融活动主要是摧毁旧的金融制度和建立新的金融制度。⑥

（三）抗日战争时期对统筹发展和安全的认识

随着全面抗日战争的爆发，党的发展与安全相关的思想与政策实践，也有了一些相应的改变。具体落实到根据地的经济建设与革命事业发展巩固上，可以从抗日战争的几个阶段窥探：

一是抗战初期。李稼蓬等（2001）指出，在抗战初期，中国共产党为了国共合作，联合抗日，对经济政策作了新的调整。主要是：（1）没收汉奸财产，筹措经费。后为了

---

① 张雷声，董正平：《中国共产党经济思想史》，河南人民出版社，2006年，第91页。
② 王诚，李鑫：《中国特色社会主义经济理论的产生和发展——市场取向改革以来学术界相关理论探索》，《经济研究》，2014年第6期，第156～178页。
③ 周敏：《试论毛泽东农村革命根据地经济建设思想》，《社会科学研究》，1993年第6期，第43～45页。
④ 张雷声，董正平：《中国共产党经济思想史》，河南人民出版社，2006年，第94页。
⑤ 杨雪芳：《毛泽东中央革命根据地经济建设思想述略》，《湖北大学学报》（哲学社会科学版），2013年第6期，第30～35页。
⑥ 张雷声，董正平：《中国共产党经济思想史》，河南人民出版社，2006年，第99～100页。

分化、争取、瓦解，主要是没收那些铁杆汉奸的财产。（2）改没收地主土地为减租减息。（3）推行和倡导国防经济政策，振兴军事工业，加强国防生产，使财政金融服务于抗日。这一政策除解放区执行外，还向国民党临时全国代表大会提出建议。（4）建立不脱产的自卫军。①

二是战略相持阶段。张金荣（2001）指出，新民主革命时期，毛泽东坚持历史唯物主义原则，确立了以发展经济为中心工作的思想；毛泽东认为，发展生产是我们不可战胜的基础，于是在党的正确领导下，轰轰烈烈的大生产运动在边区和各抗日根据地广泛开展起来，甚至前方也一面打仗，一面生产。以实事求是为思想基础，确立了经济建设是革命战争支承点（手段）的思想；抗战时期毛泽东提出的经济建设乃是一切工作的中心，是经济建设是进行战争的基础之思想的创造性发挥。以辩证法观点为依据，确立了经济建设既是手段又是目的思想。② 张雷声和董正平（2006）指出，由于新民主主义革命"要破坏的是帝国主义和封建主义"，社会主义虽是必然之路，但现在还不成，因此，应该大胆地发展民族资本主义工商业。以毛泽东为代表的中国共产党人在抗日民主根据地经济建设过程中，论述了关于发展民族资本主义工商业的思想。③ 值得一提的是当时开展的军民大生产运动，为夺取抗日战争的胜利提供了重要保障，我们党这一时期在维护自身安全方面，积累了大量成功经验。杨雪芳（2012）指出，在敌后抗日根据地出现严重的财政和经济困难之际，党内有两种思想：一是"节流"，认为应压缩开支，减少财政供给总量以缓解财政供给不足；二是"开源"，认为应发展生产使财政充裕，保障供给。毛泽东认为单纯控制、收缩财政支出不能解决根本问题，因为经济才是财政的源头。毛泽东提出了一系列指导根据地经济发展的思想，把"发展经济，保障供给"作为根据地经济工作和财政工作的总方针，坚持以农业为主，兼顾工业和其他生产事业，因地制宜发展生产，自力更生，克服困难，正确处理经济发展过程中"给"与"要"的关系。④ 杨雪芳（2013）指出，毛泽东发动并领导的大生产运动无疑有着积极的意义：第一，克服了经济上的困难，为抗日战争的胜利奠定了坚实的物质基础；第二，边区建设以经济工作为中心思想的确立体现了我党实事求是的原则。⑤ 罗平汉（2015）认为，大生产运动不但大大改善了机关、部队的生活，更重要的是减轻了根据地人民的负担，密切了党与根据地群众的关系。⑥ 周利生等（2016）指出，在新民主主义革命时期，所谓发展经济，第一位是发展农业生产。所谓保障供给，主要是保障革命战争、武装夺取政权的需要，保障党政机关和军队的供给，也要注意改善人民生活。这个总方针，指出了

---

① 李稼蓬，庄祖武，裴晓鹏：《中国社会主义经济思想史研究》，安徽人民出版社，2001年，第147页。
② 张金荣：《论新民主革命时期毛泽东的经济建设思想》，《江西社会科学》，2001年第7期，第89~91页。
③ 张雷声、董正平：《中国共产党经济思想史》，河南人民出版社，2006年，第114页。
④ 杨雪芳：《发展经济保障供给——毛泽东抗日根据地经济建设思想述略》，《郑州大学学报》（哲学社会科学版），2012年第5期，第93~95页。
⑤ 杨雪芳：《毛泽东对陕甘宁边区大生产运动的指导与实践》，《学术探索》，2013年5月，第134~137页。
⑥ 罗平汉：《抗日战争时期我党如何解决财经问题——纪念抗日战争胜利70周年》，《理论探索》，2015年第5期，第42~49页。

党领导的经济工作和财政工作,是为了从物质上保障革命斗争的需要和为人民的利益服务。①

三是战略反攻阶段。李稼蓬等(2001)指出,在抗日战争时期的战略反攻阶段,针对当时的形势,党中央曾号召敌后人民学会把对敌斗争和生产结合起来,粉碎敌人的"三光政策";在经济政策上推进统一累进税,按富力逐渐累进,在劳资关系上进一步落实劳资两利的原则。抗战胜利前夕,中央又要求国民党废除统治经济,取消官僚资本,严禁投机操纵与囤积居奇。②

(四)解放战争时期对统筹发展和安全的认识

抗日战争胜利后,中国革命进入了一个新的历史时期,即为建立新中国而奋斗的时期。在解放战争时期,中国共产党除打退国民党反动派的进攻外,还继续开展经济建设。统筹发展和安全思想也有了一些新发展。

"解决农民土地问题,保护民族资产阶级"。张雷声和董正平(2006)指出,解放战争初期,中国共产党的三大经济纲领分别是没收封建阶级的土地归农民所有;没收垄断官僚资本归新民主主义国家所有;保护民族工商业。③ 刘建飞(2004)指出,解放战争时期是中国共产党领导全国人民同国民党反动派大决战的时期,农民土地问题的解决,成为夺取新民主主义革命胜利的关键。④ 朱益飞(2016)认为,解放战争时期,中国共产党认可了民族资产阶级及其政党在社会政治以及经济生活中的平等合法地位,这为民族资产阶级在新中国政权中的政治参与提供了基本前提。⑤

"进行货币斗争"。这一时期除了军事斗争外,还伴随着激烈的经济斗争。而货币斗争可以说是那一时期经济斗争的核心。赵入坤(2017)认为,货币斗争贯穿于解放战争的全过程,货币斗争的内容包括货币阵地斗争、货币比值斗争、外汇管理和反假票斗争等四个方面。中国共产党在解放战争中进行的货币斗争,是其在革命战争年代经历的最复杂的经济斗争。从斗争实践中,中国共产党认识到战时货币斗争的主要任务是"平稳物价,保护人民财富,促进生产发展"。只有遵循财政金融经济的客观规律,把货币斗争和贸易斗争相结合,团结一切力量,才能取得斗争的胜利,保障国民经济安全。⑥

随着解放战争逐渐走向胜利,中国共产党在解放区提出了新的经济发展思想。首先是解放区财政经济工作应走向统一;其次是"发展生产,繁荣经济,公私兼顾,劳资两利"和"四面八方"的经济发展方针;再次是经济工作由以农村为主逐步转向以城市为主,由城市领导乡村;同时随着战争胜利,党的工作重心也开始由革命战争逐步转向经

---

① 周利生,王钰鑫,景鹏:《中国农业现代化的求索:民主革命与理论回应》,中国社会科学出版社,2016年,第235页。
② 李稼蓬,庄祖武,裴晓鹏:《中国社会主义经济思想史研究》,安徽人民出版社,2001年,第149页。
③ 张雷声,董正平:《中国共产党经济思想史》,河南人民出版社,2006年,第128页。
④ 刘建飞:《建国前后党的农村土地经济理论嬗变》,《东北师范大学学报》,2004年第6期,第104~110页。
⑤ 朱益飞:《民主革命时期中国共产党对民族资产阶级政治认同的嬗变历程》,《广西社会科学》,2016年第5期,第99~105页。
⑥ 赵入坤:《解放战争时期货币斗争述论》,《军事历史研究》,2017年第3期,第94~102页。

济恢复和建设。①

二、社会主义革命和建设时期（1949—1978）对统筹发展和安全的认识

新中国成立后到改革开放前，党领导人民主要完成了三项伟业：一是成功地恢复国民经济，打退了投机商和破坏分子的猖狂进攻，稳定了国民经济秩序。二是成功地完成了农业、手工业和资本主义工商业的社会主义改造。公有制取代非公有制，在国民经济中占据统治地位，奠定了社会主义经济基础。三是建立了高度集中的计划经济体制，并顺利完成了"一五"计划，为实现国家工业化奠定了初步基础。② 完成了三项伟业以后，中国共产党领导人民进入了社会主义建设时期。这一时期，党领导人民探索社会主义建设道路，历经艰辛和曲折，在理论上取得了一系列重要成果，包含了许多关于统筹发展和安全的思想认识。学者们对这段历史的研究讨论十分丰富。

（一）国民经济恢复时期对统筹发展和安全的认识

新中国成立后，需要办的第一件大事就是恢复国民经济，稳定经济秩序。中国共产党在以下几方面作了具体落实。

一是建立与巩固新民主主义经济。张宝香（2001）指出，新中国成立初期，毛泽东在区域经济发展上主要持平衡发展思想，并认为平衡发展思想的形成对我国宏观经济效果产生了严重的影响，在一定程度上牺牲了整体经济效率，最终的结果是国家的贫穷、落后。③ 与此相反，李玉虹（2001）对毛泽东区域平衡发展思想持积极评价，认为这一思想对于新中国成立之初初步建立起国民经济的整体框架、恢复全国经济的发展，起到了重要的作用。也为内陆地区以后的经济发展打下了基础，有利于各地区经济发展差距的逐步缩小。④ 张雷声和董正平（2006）指出，新中国成立后，为了建立和巩固新民主主义经济，主要采取了三项措施：没收官僚资本，扩大国营经济；实行土地改革，没收地主土地，调整资本主义工商业，稳定经济。⑤

二是抑制通货膨胀，稳定金融物价。秦柳方（1958）认为，新中国成立以来物价工作取得巨大胜利归功于稳定物价的方针。在这一方针指导下，城乡经济活跃、工农业生产快速发展、人民生活得到改善，全国在短期内迅速结束了国民党反动统治给人民带来的痛苦，有力打击了资本主义投机势力，使国家的经济走上正轨。⑥ 薛暮桥和吴凯泰（1985）在研究了新中国成立前后稳定物价的斗争以后，指出1949年4月到1950年3月，历时一年的稳定物价的斗争，是新中国成立前后经济战线上的一次重大战役。这一战役的胜利，结束了国民党统治下延续十多年、中外历史上罕见的恶性通货膨胀和物价

---

① 张雷声、董正平：《中国共产党经济思想史》，河南人民出版社，2006年，第142~144页。
② 张雷声、董正平：《中国共产党经济思想史》，河南人民出版社，2006年，第162页。
③ 张宝香：《论新中国区域经济思想的历史变革——从毛泽东、邓小平到江泽民》，《国际商务研究》，2001年第4期，第20~23页。
④ 李玉虹：《论毛泽东与邓小平的区域经济发展思想》，《经济评论》，2001年第2期，第86~88页。
⑤ 张雷声、董正平：《中国共产党经济思想史》，河南人民出版社，2006年，第163~165页。
⑥ 秦柳方：《物价工作要贯彻社会主义建设的总路线》，《经济研究》，1958年第11期，第54~58页。

暴涨的混乱局面，建立起物价稳定的新民主主义经济新秩序，为迅速恢复国民经济和开展有计划的社会主义建设与改造创立了良好的开端。① 新中国成立初期的通货膨胀给新中国带来了极大困难，针对这种情况政府采取了各种策略和措施。贺水金（2009）指出，新中国平抑短期物价涨风的主要举措是：抛售关系国计民生的紧缺物资——粮食、棉纱和煤炭；取缔投机，紧缩银根；冻结存款；部分紧缺物资采取统购统销及配咨禁卖的办法。解决通货膨胀的治本之策是平衡财政收支，减少货币发行。此外，还加快了交通设施的修复和建设，保证物资流动畅通；兴修水利，为农业丰收、增产创造条件；集中财力，保证重点项目建成投产；统一全国货币。②

三是实行"边抗、边稳、边建"的财政方针。董志凯（2001）认为，国营经济的主导地位和统一财经的重大决策，是保证抗美援朝战争期间，"国防第一，稳定市场第二，其他第三"的财经工作方针和稍后的"边打、边稳、边建"的财政方针顺利贯彻实施的保障。他还进一步指出国营经济领导下多种经济成分并存的经济结构为这个时期战胜重重困难，迅速恢复国民经济从经济体制上奠定了基础。③

（二）社会主义改造时期对统筹发展和安全的认识

随着国民经济的恢复，人民民主政权日益巩固，毛泽东等领导同志认为向社会主义过渡的时机已经成熟。于是从1952年底，中国便开始了大规模地对农业、手工业和资本主义工商业的社会主义改造。学界对这一时期党领导全国人民推进经济发展安全维护的历史有较多关注。具体表现在总路线的形成过程及社会主义改造运动的开展。

第一，总路线形成的争鸣。张雷声和董正平（2006）指出，过渡时期总路线是党内几经讨论才确定下来的。毛泽东在新中国成立初期同其他国家领导人的认识比较一致，即认为社会主义还是很遥远的事情，他在1950到1951年都表达了不要急于向社会主义过渡的思想。但是到了1952年下半年，随着国民经济的恢复，他开始提出要在10到15年的时间内基本完成社会主义过渡。随后，他的这一思想逐渐被其他领导同志接受，在1953年国庆前，中央正式公布了过渡时期总路线，其主要内容概括为"一化三改造"。④

第二，对农业的社会主义改造的三次争论。张雷声和董正平（2006）指出，第一次争论发生在1951年农业合作化运动兴起时，主要争论在于是否应该引导农业互助组走向更高级的形式。当时，毛泽东不同意刘少奇的观点，并起草了《关于农业生产互助合作的决议（草案）》，明确支持农业互助合作生产。第二次争论发生在1953年农业合作化运动发展期间，主要争论在于是否应加快农业合作社步伐。当时农村工作部部长邓子恢针对当时农业工作的冒进和强迫命令，提出了采取慎重稳进的方针，但是由于工业和基础建设增长过快，农产品供不应求，毛泽东认为有必要加快农业合作化步伐，他在第三次农业互助合作会议中表达了加快农业合作化步伐的意见。第三次争论发生在1955

---

① 薛暮桥，吴凯泰：《新中国成立前后稳定物价的斗争》，《经济研究》，1985年第2期，第33~41+71页。
② 贺水金：《试论建国初期的通货膨胀及其成功治理》，《当代中国史研究》，2009年第2期，第120页。
③ 董志凯：《抗美援朝与新中国经济》，《当代中国史研究》，2001年第5期，第24~32页。
④ 张雷声，董正平：《中国共产党经济思想史》，河南人民出版社，2006年，第175~182页。

年农业合作化运动的高潮期间,农业生产合作发展过快,再次出现了强迫命令的现象。中共中央作出了反冒进的决策,开始这一决策是得到了毛泽东的支持的,但是很快,毛泽东对这一问题的看法又发生了转变,他严正提出改变农业合作化的消极态度。[1]

第三,对手工业进行社会主义改造。韩晓青(2020)对手工业改造对象进行了研究,他指出,在国民经济恢复时期,改造的实施者们在确定了改造对象之后,发现仍有遗漏;在改造高潮到来后,改造的实施者们对手工业改造对象所处的范围尽可能全部涵盖,做到不遗漏,但发现还是有不合适的地方。甚至在改造结束之后,仍有一部分个体手工业者存在于手工业合作组织之外。这说明人对客观对象的认识是不可能一次穷尽的,必须在实践当中,通过认识,实践,再认识,再实践这样一个反复的过程来把握事物内在的规律。在手工业改造对象问题上是这样,在其他许多问题上,例如中国革命、建设问题上,中国共产党对客观对象的认识也经历了这样一个过程。[2]

第四,对资本主义工商业进行社会主义改造。管大同(1956)认为,对资本主义工商业实行社会主义改造是我国社会主义革命中的一项特殊历史任务。确定对资本主义工商业实行和平改造,确定以国家资本主义为改造的轨道,是中国共产党运用马克思列宁主义的思想方法,并结合中国的具体情况,进行的创造性实践。[3] 朱光熙(1977)指出,我国资本主义工商业的社会主义改造是一场深刻的生产资料所有制的社会主义革命。在伟大领袖毛主席及党中央的正确领导下,这个革命于1956年取得了辉煌胜利。这是马克思列宁主义的普遍真理同中国革命具体实践相结合的一个光辉范例,是毛主席无产阶级革命路线的伟大胜利。它为国际共产主义运动提供了新鲜经验,丰富了马克思列宁主义的理论宝库。[4]

(三)十年社会主义经济建设时期对统筹发展和安全的认识

从1956年到1966年这十年间,是我国开启全面建设社会主义的十年。这十年间,我国经历了"大跃进""人民公社化"运动,还经历了反右扩大化及国民经济调整时期。这十年间,我国经济发展遭受一定挫折的同时,也取得了一定成就。对于十年间的经济建设思想的合理因素,学界也作了讨论和总结。

一是对经济建设经验的总结。王光远(1958)强调价格政策的重要作用,他指出,商品的价格政策是社会主义经济建设中极其重要的经济政策之一。虽然国家财政上的收支平衡和社会购买力与物资供应力之间的平衡是物价稳定的基础,但是价格政策仍然是影响物价稳定的重要因素。不仅如此,价格政策在经济建设中的作用是极其广泛的,特别是市场上的各种经济活动,几乎是离不开价格政策的。[5] 沈以宏(1959)认为,在以

---

[1] 张雷声,董正平:《中国共产党经济思想史》,河南人民出版社,2006年,第183~191页。
[2] 韩晓青:《20世纪50年代中国共产党对手工业社会主义改造对象认识演进探析》,《安徽史学》,2020年第5期,第106~114页。
[3] 管大同:《我国和平改造资本主义工商业的若干问题》,《经济研究》,1956年第2期,第40~53页。
[4] 朱光熙:《我国对资本主义工商业社会主义改造的胜利是毛泽东思想的伟大胜利》,《北京师范大学学报》(社会科学版),1977年第3期,第21~30页。
[5] 王光远:《商品的价格政策在社会主义经济建设中的作用》,《江汉论坛》,1958年第5期,第33~35页。

生产资料公有制和国民经济有计划发展为基础的社会主义制度下，价值规律的作用已为管理国民经济的国家所认识，并在经济工作的实践中自觉地利用其积极作用和限制其消极作用。但是价值规律对生产和流通依然起着重要的作用，它是贯彻社会主义基本经济规律与国民经济有计划发展规律的要求的重要杠杆；只要善于利用，它对发展国民经济、加速社会主义建设和准备向共产主义过渡方面，可以发挥重要的积极作用。① 宋福僧（1962）指出，我国当前还存在商品生产，为了发展社会主义经济、在整个社会主义阶段，还要发展商品生产。既然存在着商品生产和商品交换，则有关商品生产和商品交换的价值规律就必然存在并发生作用。因此，在实际经济工作中，认识并自觉地运用价值规律为社会主义经济建设服务，便是一个重要问题。② 李稼蓬等（2001）人认为，十年间经济发展取得的重要经验包括：毛泽东在纠正"大跃进"和人民公社化运动中出现的问题时，提出了不能剥削农民、不能超越阶段、反对平均主义、发展商品生产、尊重价值规律和做好综合平衡，以农轻重为序安排国民经济计划等观点。刘少奇提出了生产资料可以作为商品流通和社会主义要有两种劳动制度、两种教育制度的观点。周恩来提出了我国知识分子绝大多数已是劳动人民的知识分子，科学技术具有关键性作用等观点。陈云提出计划指标必须切合实际，建设规模必须同国力相适应，人民生活必须与国家建设兼顾，制定计划必须做好物资、财政、信贷平衡等观点。邓小平提出了关于整顿工业企业、改善和加强企业管理，实行职工代表大会制度等观点。邓子恢提出农业要实行生产负责制的观点。这些观点都是经验的总结，有长远的指导意义。③

二是对"绿色发展思想"的探讨。黄志斌等（2015）指出，毛泽东在新民主主义革命和社会主义建设的探索过程中，提出了诸如顺应自然、增产节约、大地园林化、统筹兼顾等具有绿色发展思想意蕴的主张和观点，开创了中国共产党人绿色发展思想的先河。④ 陆波和方世南（2016）通过对毛泽东绿色发展思想的梳理，指出毛泽东绿色发展思想是毛泽东思想的重要组成部分，构成了中国共产党绿色发展思想的萌芽，是马克思主义绿色发展理论在中国化进程中的重要阶段，是当代中国绿色发展理念的重要渊源。⑤

三是对"区域发展思想"的探讨。韦健玲（2004）从考察毛泽东关于人口较少民族地区经济发展战略思想入手，指出为了迅速地提高生产力水平，发展我国的经济，毛泽东认为必须在全国实现社会主义工业化，人口较少民族地区也要实现社会主义工业化。通过在人口较少民族地区进行工业化，来促进人口较少民族地区经济的发展，来促使各民族在经济发展过程中培养起民族经济发展的相互依赖、共同发展的意识。⑥ 肖翔

---

① 沈以宏：《利用价值规律的积极作用为社会主义服务》，《理论战线》，1959年第4期，第3~7页。
② 宋福僧：《自觉地运用价值规律为社会主义经济建设服务》，《西北师大学报》（社会科学版），1962年第4期，第1~14页。
③ 李稼蓬，庄祖武，裴晓鹏：《中国社会主义经济思想史研究》，安徽人民出版社，2001年，第159~160页。
④ 黄志斌，沈琳，袁蛟姣：《毛泽东的绿色发展思想及其时代意义》，《毛泽东邓小平理论研究》，2015年第8期，第48~52+91页。
⑤ 陆波，方世南：《绿色发展理念的演进轨迹》，《重庆社会科学》，2016年第9期，第24~30页。
⑥ 韦健玲：《建国初期毛泽东少数民族经济发展战略思想初探》，《广西民族研究》，2004年第3期，第76~80页。

和武力（2015）认为毛泽东在国际全局冷战、局部热战的背景下，为加快中国的工业化和保障国家安全的需要，对区域经济发展进行了重要探索，形成了丰富的区域经济发展思想，包括沿海与内地工业均衡发展思想、对地方建立独立经济体系的发展思想、发展人口较少民族地区经济的思想。[①]

（四）"文化大革命"时期对统筹发展和安全的认识

"文化大革命"是党和国家社会主义建设事业遭受巨大挫折和损失的历史时期。理论界对这一时期的发展乱象进行了剖析与反思。

就"文化大革命"时期的经济指导思想来说，李稼蓬等（2001）人指出，"文化大革命"时期，党指导经济工作的思想贯穿"以阶级斗争为纲"的路线，强调"抓革命，促生产"。比较突出的措施有"农业学大寨"、"三线"建设、"以粮为纲"、"以钢为纲"等。[②] 萧国亮（2004）指出，在20世纪60年代中期，中国的经济建设方针不是基于人民的消费需求，而是转变为以备战为中心。同时，夸大了国内的阶级斗争形势，"以阶级斗争为纲"成为各项工作的指导思想。[③]

就"文化大革命"带来的发展结果来说，张启华（1999）指出，十年"内乱"，使国民经济遭受极大损害。所幸的是，党和人民在这个时期与"左"倾错误进行了顽强的斗争且始终未停止，他们的努力使"文化大革命"对经济的破坏受到一定程度的限制，国民经济虽遭巨大损失，却仍取得了进展。[④]

三、改革开放新时期（1978—2012）对统筹发展和安全的认识

1978年党的十一届三中全会开会的召开，使我们党迎来了历史上的伟大转折，开启了改革开放和社会主义现代化建设的新时期。1978年后，随着改革开放不断深入，经验教训不断积累，党中央在1984年决定深化改革、扩大开放，全面推进社会主义现代化建设事业。

（一）徘徊前进时期对统筹发展和安全的认识

从1976年粉碎"四人帮"，到1978年党的十一届三中全会召开，这是中国经济在徘徊中前进的时期。这一时期的经济建设思想是新旧交替的历史时期。学界对这一时期的经济发展作了讨论。

蒋家骏（1989）指出，粉碎"四人帮"后，党和政府采取了一系列恢复国民经济的重大措施，主要包括：第一，恢复安定团结的政治局面，重建生产指挥系统；第二，批判"四人帮"的经济理论，清除流毒和扫清障碍；第三，把工农业搞上去，开始恢复和

[①] 肖翔，武力：《毛泽东对区域经济发展的探索与启示》，《毛泽东邓小平理论研究》，2015年第6期，第64~71+92页。
[②] 李稼蓬，庄祖武，裴晓鹏：《中国社会主义经济思想史研究》，安徽人民出版社，2001年，第163~164页。
[③] 萧国亮：《中华人民共和国经济史》，华文出版社，2004年，第174页。
[④] 张启华：《曲折探索时期的光辉业绩——建国后至"文革"结束的经济建设》，《马克思主义研究》，1999年第5期，第2~12+31页。

制定了一些正确的方针政策;第四,安徽省、四川省开始农村改革、工业企业改革的试验。①李稼蓬等(2001)指出,徘徊时期工作的主要问题是"左"的指导思想没有根本改变。由于坚持"两个凡是",很多重大的历史冤案难以平反,工作重点转移缓慢,而且在经济建设上急于求成的"左"的指导思想依然在起作用。如要求到1980年全国1/3以上的县要建成大寨县,基本上实现农业机械化,各省市都要实现农业《纲要》指标;提出一系列的"大办""大搞",要"创造10个大庆油田"等等。②萧国亮(2004)指出,历史转折时期,邓小平复出,针对"两个凡是"发起猛烈批判,经过真理标准的大讨论,冲破了长期以来"左"的思想的束缚,开始恢复实事求是的马克思主义思想路线,经济生活也在这样的政治背景下逐渐复苏,但就在这个时候,又出现了新的失误。这在一定程度上加剧了国民经济比例的失调问题,加重了财政经济困难。③

(二)社会主义现代化建设新时期对统筹发展和安全的认识

进入改革开放新时期,我们党对发展与安全的认识重点体现在邓小平的重要论述中,学者对邓小平在改革开放后的经济论述进行了深入研究,研究成果主要体现在表16—4中。

表16—4　学界关于社会主义现代化建设时期党对统筹发展和安全的认识的研究阐释汇总表

研究主题	代表学者
"五方面说"	李稼蓬等(2001)
"战略思想论"	王维敏(1999),张文科(1999),张天学和舒畅(2004),等等
"经济和谐发展论"	朱哲(2008),廖和平和张英(2014),等等
"教育促进经济发展论"	韩振峰(1999),卢江菊(1999),等等

"五方面说"。有学者认为,邓小平在社会主义现代化建设新时期提出的经济发展思想,主要包括五个方面:社会主义发展阶段论、社会主义基本经济制度论、社会主义市场经济论、社会主义生产力论、对外经济开放论。④

还有部分学者对邓小平在这一时期的经济思想作了归类分析,从经济发展战略思想、经济和谐发展及教育促进经济发展这几个方面来阐释党对经济发展问题的认识。

一是对邓小平经济发展战略思想相关论述的研究。王维敏(1999)认为,邓小平的经济发展思想是邓小平经济理论的重要组成部分。邓小平社会主义经济发展的中心为发展生产力、核心为共同富裕、动力为改革创新、外因为改革开放、战略为"三步走"。⑤张天学和舒畅(2004)指出,邓小平的经济发展战略思想以历史经验、我国的基本国情

---

① 蒋家骏:《中华人民共和国经济史》,陕西人民出版社,1989年,第221~227页。
② 李稼蓬,庄祖武,裴晓鹏:《中国社会主义经济思想史研究》,安徽人民出版社,2001年,第165~167页。
③ 萧国亮:《中华人民共和国经济史》,华文出版社,2004年,第193~194页。
④ 李稼蓬,庄祖武,裴晓鹏:《中国社会主义经济思想史研究》,安徽人民出版社,2001年,第249~265页。
⑤ 王维敏:《论邓小平经济发展思想的指导意义》,《西南民族学院学报》(哲学社会科学版),1999年第4期,第158~160页。

和当今世界的时代主题为依据,制定了"分三步走,基本实现现代化"的宏伟蓝图,规划了切合实际的、为民、富民的战略目标和战略步骤,提出了行之有效的战略措施,具有现实指导意义。① 谭祖飞和张选中(2011)认为,邓小平在看待中国经济发展问题上,体现了经济与政治的辩证关系;贯穿着实践第一的思想;彰显了人民群众是推动历史发展的主力军的思想。② 一是经济社会协调发展的思想;二是发展才是硬道理的思想;三是科学技术是第一生产力的思想;四是经济社会发展阶段论的思想。③ 谭丕创和潘惠娟(1999)指出,邓小平的经济发展战略思想是对马列主义、毛泽东思想关于经济发展战略理论的继承和发展,主要表现在:实事求是,从国情出发,提出了"三步走"基本实现社会主义现代化的战略构想;切实执行持续、稳定、协调发展战略指导思想,确定了与"三步走"战略相配套的战略重点和战略方针。④

二是对邓小平经济和谐发展思想相关论述的研究。朱哲(2008)指出,在邓小平的经济发展思想中体现着由差异走向和谐的深刻内涵。在经济发展动力方面,邓小平提出了从"收入差距论"到"共同富裕论"的收入分配理论;在经济发展框架方面,邓小平提出了从"补课式"重点发展个别产业到各产业之间协调发展的产业结构理论;在经济发展布局方面,邓小平提出了"两个大局"的区域经济渐次协调发展理论。⑤ 廖和平和张英(2014)认为,邓小平经济和谐发展思想内涵丰富,影响深远,主要内容包括:经济和谐发展的终极目标是共同富裕;经济和谐发展的政治保障是政治稳定;经济和谐发展的不竭动力是科技教育;经济和谐发展的道德准则是义利统一;经济和谐的运作思路是统筹兼顾。⑥

三是对邓小平教育促进经济发展相关论述的研究。卢江菊(1999)对邓小平教育必须适应经济发展的思想进行研究,指出邓小平高度重视教育对经济发展的服务和促进作用,是因为经济的发展始终离不开教育的支撑。这一思想是他科学总结人类历史和当今世界经济发展经验,深刻把握教育与经济互为条件、相互促进辩证规律的必然结果。⑦ 韩振峰(1999)通过对邓小平科教思想的系统梳理,指出邓小平关于科学技术是第一生产力的思想为我国经济发展提供了科学的理论指南;关于发展高科技的思想为我国经济发展指明了主攻方向;关于科技创新的思想为我国经济发展注入了内在动力;关于科技与经济相结合的思想为我国经济发展提供了体制保障;关于尊重知识尊重人才的思想为我国经济发展提供了政策导向;关于优先发展教育的思想为我国经济发展指明了战略重点;关于提高全民科学文化素质的思想为我国经济发展提供了坚实的社会保障;关于科

---

① 张天学,舒畅:《邓小平经济发展战略思想及其现实指导意义》,《学海》,2004 年第 5 期,第 10~13 页。
② 谭祖飞,张选中:《邓小平经济发展的思想方法考察》,《求实》,2011 年第 12 期,第 12 页。
③ 张文科:《邓小平社会经济发展战略思想的伟大实践与发展》,《西南交通大学学报》(社会科学版),1999 年第 4 期,第 11~14 页。
④ 谭丕创,潘惠娟:《邓小平的经济发展战略思想及其指导意义》,《广西大学学报》(哲学社会科学版),1999 年第 S1 期,第 1~5 页。
⑤ 朱哲:《邓小平经济发展思想的主题——走向和谐》,《理论探讨》,2008 年第 1 期,第 159~161 页。
⑥ 廖和平,张英:《邓小平经济和谐发展思想及其现实启示》,《湖南社会科学》,2014 年第 4 期,第 118~121 页。
⑦ 卢江菊:《试论邓小平教育必须适应经济发展的思想》,《社会主义研究》,1999 年第 4 期,第 72~75 页。

教兴国的思想为我国经济发展找到了根本途径。①

1992年党的十四大胜利召开，我国确立了社会主义市场经济体制，改革开放和社会主义现代化建设事业全面推进，党领导人民踏上了全面建设小康社会的新征程。这一时期我们党对发展与安全的认识重点体现在江泽民、胡锦涛等中央领导同志的重要论述中。学者对江泽民、胡锦涛在改革开放后的经济论述进行了深入研究。

有学者认为，这一时期的经济发展理论主要可以概括为：关于社会主义所有制和分配结构的理论，关于建立社会主义市场经济体制的理论，关于经济社会发展战略的理论，关于农业、农民和农村经济的理论，关于"三个代表"的重要思想。② 张雷声和董正平（2006）认为，这一时期的经济发展理论在社会主义所有制及分配理论方面实现了新突破，在市场经济体制运行与发展方面提出了新构想，在深化经济体制改革方面作出了新探索。③

其他部分学者围绕这些论述主要从科学发展思想、科技创新发展思想及区域发展思想等角度进行了研究。赵爽和贾友军（2001）指出，江泽民区域协调发展思想既是对传统"均衡布局"的"超越"，又是对"非均衡战略"的适当调整；江泽民提出的东西部协调发展、西部大开发的战略构想，是对邓小平关于"第二个大局"的回应，是对"非均衡战略"的微调。④ 叶溪生（2003）提出，江泽民把科技创新与社会主义的未来紧密联系起来，深刻指出：创新是民族进步的灵魂，是国家兴旺发达的不竭动力；把科学技术切实放在优先发展的战略位置；实施科教兴国战略和可持续发展战略；构建我们自己的国家创新体系；发展高科技，实现产业化，加速国民经济的发展。⑤ 汪青松（2007）认为，江泽民科学发展思想历经四个阶段的演进，包含经济发展与全面发展、加快发展与协调发展、可持续发展与以人为本的发展等思想，为科学发展观阐述全面发展、协调发展、可持续发展、以人为本的发展等思想内涵作了理论准备。⑥

进入21世纪，我国的发展开始从粗放的快速发展逐渐向可持续的科学发展转变。胡锦涛同志关于统筹发展和安全的论述主要围绕发展方式的转变进行了，极大地丰富了马克思主义的理论宝库。

东人达（2008）指出，胡锦涛同志强调民族地区经济社会要加快发展，缩小与非民族地区经济差距，他要求西藏抓住历史机遇，实现经济社会的跨越式发展；归纳出国家帮助、发达地区支援、民族地区自力更生相结合的发展路径；明确在科学发展观指导下，促使少数民族与民族地区加快发展，让各族人民共享改革发展成果。⑦ 秦书生等（2013）指出，胡锦涛可持续发展思想是科学发展观的重要组成部分，胡锦涛提出了要节约资源与保护环境，实现资源与环境可持续发展的思想；提出了转变经济增长方式，

---

① 韩振峰：《邓小平科教思想对我国经济发展的指导意义》，《青海社会科学》，1999年第4期，第3~7页。
② 李稼蓬，庄祖武，裴晓鹏：《中国社会主义经济思想史研究》，安徽人民出版社，2001年，第272~308页。
③ 张雷声，董正平：《中国共产党经济思想史》，河南人民出版社，2006年，第415~454页。
④ 赵爽，贾友军：《从毛泽东到江泽民：新中国区域经济发展思想的历史演变》，《经济问题探索》，2001年第3期，第4~7页。
⑤ 叶溪生：《江泽民科技创新思想论》，《求索》，2003年第5期，第68~70页。
⑥ 汪青松：《江泽民科学发展思想的历史考察》，《当代中国史研究》，2007年第1期，第4~10+124页。
⑦ 东人达：《胡锦涛民族地区加快发展思想探源》，《贵州民族研究》，2008年第1期，第1~6页。

发展绿色经济、循环经济、低碳经济，推进绿色发展、循环发展、低碳发展的经济可持续发展思想；提出了提高人民群众的生活质量和健康素质，通过发展保障社会公平正义，通过加强和创新社会管理实现社会可持续发展的思想。①

四、中国特色社会主义新时代（2012年至今）对统筹发展和安全的认识

党的十八大以来形成的习近平新时代中国特色社会主义思想是马克思主义中国化时代化的最新成果，是中国特色社会主义理论体系的重要组成部分。随着中国特色社会主义进入新时代，习近平总书记统筹中华民族伟大复兴战略全局和世界百年未有之大变局，于变局中开新局，对新时代下如何统筹发展与安全提出了许多新思想、新理念、新论断。这些重要论述着眼于我国经济社会发展大局，深刻反映和回应了我国当前的最新实际，代表了我们党对当前发展与安全的规律性认识和经验性总结，是新时代马克思主义统筹发展与安全理论的又一次创新和发展。学者们从各个角度对这些论述进行了深入的阐释和解读，具体研究成果体现在表16-5。

表16-5　学界关于2012年至今对发展思想的认识的研究阐释汇总表

研究主题	代表学者
以人民为中心的发展思想	陈江生（2018），赵志鸿（2019），冯颜利和李怀征（2020），等等
推动经济高质量发展的思想	裴长洪和倪江飞（2019），孙智君和陈敏（2019），何立峰（2020），等等
新发展理念	邱海平（2019），郭彩星（2020），等等
绿色发展思想	秦书生和杨硕（2015），薛丁辉（2017），等等

一是关于以人民为中心的发展思想的论述。陈江生（2018）指出，党的十八大以来，习近平总书记针对中国经济建设提出一系列具有开创性的新思想新理念新战略，形成了习近平新时代中国特色社会主义思想的"经济篇"——习近平新时代中国特色社会主义经济思想。这一思想的突出特点就在于其始终坚持以人民为中心的发展思想。② 赵志鸿（2019）认为，习近平同志以人民为中心的发展思想，在理论创新上有三重意蕴。首先强调的是发展，发展是基础，发展是解决中国一切问题的基础与关键，是根本性问题。其次强调了发展的中心，发展必然以人民为中心，一方面发展的主体在人民，作为实践的发展要依靠人民群众，人民是历史的创造者；另一方面发展的目的是为了人民，人民是发展成果的享有者，是幸福感的获得者。最后强调了发展的终极关怀，发展的旨归在于实现人的自由全面发展，以及社会的全面进步，这是新时代中国强起来的重要标志，也是民生幸福的重要标志。③ 朱雪薇（2019）认为，无论是马克思提出的社会主义

---

① 秦书生，王宽，张瑞：《胡锦涛可持续发展思想探析》，《东北大学学报》（社会科学版），2013年第3期，第310~314页。
② 陈江生：《始终坚持以人民为中心的发展思想》，《理论视野》，2018年第1期，第12~15页。
③ 赵志鸿：《习近平"以人民为中心"发展思想的理论创新》，《中国社会科学院研究生院学报》，2019年第6期，第5~13页。

思想，还是习近平新时代中国特色社会主义思想，都聚焦于人的生活、人的发展和人的幸福。习近平以人民为中心的发展思想着重解决时代发展中人的发展的问题，是马克思人学思想的创新与发展。① 冯颜利和李怀征（2020）认为，习近平以人民为中心的发展思想，其出发点和最终归宿都是人民，即"发展为了人民、发展依靠人民、发展成果由人民共享"。无论是路线方针政策的制定，还是工作中的实践，人民利益至上始终是我党紧紧围绕的中心和秉持的原则。② 胡立法和陈珊（2020）指出，习近平新时代中国特色社会主义经济思想中蕴含着丰富的经济伦理观，包括坚持以人民为中心的经济伦理理念。③

二是关于推动经济高质量发展的论述。裴长洪和倪江飞（2019）指出，高质量发展是习近平新时代中国特色社会主义经济思想的主题。它提出了高质量发展的含义，并系统论述了怎样实现高质量发展等一系列实践性认识问题，包括实现高质量发展的基本目标、基本理念、基本动力、基础条件、基本预期、基本保障以及基本预期。④ 何立峰（2020）提出，深化供给侧结构性改革、推动经济高质量发展，是以习近平同志为核心的党中央深刻洞察国内国际形势变化，科学把握经济发展规律，作出的具有开创性、全局性、长远性的重大决策部署。⑤ 孙智君和陈敏（2019）指出习近平总书记在党的十九大报告中对当前中国经济作出重大战略判断，指出"我国经济已由高速增长阶段转向高质量发展阶段"。习近平总书记关于坚定不移走高质量发展之路的重要论述内涵十分丰富，其核心理念是创新、协调、绿色、开放与共享，其发展路径是供给侧结构性改革，其战略目标是建设现代经济体系。⑥

三是关于新发展理念的论述。邱海平（2019）指出，新发展理念是发展理念的伟大创新，以新发展理念为主要内容的习近平新时代中国特色社会主义经济思想，是中国特色社会主义政治经济学的最新成果。在全面建成小康社会和建设社会主义现代化强国的新征程中，深入学习和全面贯彻落实新发展理念和以新发展理念为主要内容的习近平新时代中国特色社会主义经济思想具有重大现实意义。⑦ 郭彩星（2020）认为，新发展理念着重从马克思主义政治经济学层次论述发展，它是对新时代中国发展全局的整体系统

---

① 朱雪薇：《习近平"以人民为中心"的发展思想对马克思人学思想的创新与发展》，《理论视野》，2019年第3期，第49~55页。
② 冯颜利，李怀征：《习近平以人民为中心发展思想的内在逻辑》，《理论视野》，2020年第2期，第28~33页。
③ 胡立法，陈珊：《论习近平新时代中国特色社会主义经济思想中的经济伦理观》，《中国社会科学院研究生院学报》，2020年第1期，第5~13页。
④ 裴长洪，倪江飞：《论习近平新时代中国特色社会主义经济思想的主题》，《财贸经济》，2019年第12期，第5~19页。
⑤ 何立峰：《深化供给侧结构性改革推动经济高质量发展》，《宏观经济管理》，2020年第2期，第1~3+9页。
⑥ 孙智君，陈敏：《习近平新时代经济高质量发展思想及其价值》，《上海经济研究》，2019年第10期，第25~35页。
⑦ 邱海平：《新发展理念的重大理论和实践价值——习近平新时代中国特色社会主义经济思想研究》，《政治经济学评论》，2019年第6期，第42~55页。

的顶层设计,是实现中国从富起来到强起来的根本之道。①

四是关于绿色发展理念的论述。秦书生和杨硕(2015)提到,习近平总书记关于绿色发展的重要论述包括以下几方面:转变经济发展方式是实现绿色发展的重要前提;发展循环经济是推进绿色发展的重要手段;大力发展绿色技术是绿色发展的重要技术支撑;正确处理经济发展同生态环境保护关系是推进绿色发展的基本要求;发展绿色消费是推进绿色发展的重要途径;改善人民群众的生存环境是我国走绿色发展道路的根本目标。习近平的这些绿色发展思想具有重要的理论和现实意义。② 薛丁辉(2017)指出,在新的历史条件下,习近平提出和阐发的一系列关于绿色发展的思想观点,不仅继承了马克思主义的生态自然观,还与中国传统文化中人与自然和谐共生思想一脉相承,更是在对一代又一代中国共产党人的真知灼见充分吸收基础上的升华和创新。习近平总书记关于绿色发展的重要论述主要表现在生产方式的绿色化、生活方式的绿色化、执政环境的绿色化、主流文化的绿色化等诸多方面。③ 习近平绿色发展理念还体现在习近平生态文明思想中。相雅芳(2019)指出,党的十八大以来,习近平总书记从全局的高度对生态文明建设和生态环境保护提出了一系列新思想新论断新要求,为努力建设美丽中国,实现中华民族永续发展,走向社会主义生态文明新时代,指明了前进方向和实现路径。习近平总书记关于生态文明的论述综合起来主要体现在以下几个方面:一是弘扬生态文化,增强生态意识;二是突出生态优先,转变发展方式;三是倡导绿色消费,共享低碳生活;四是完善工作格局,凝聚最强合力;五是坚持全程管控,构建制度体系。④

习近平在保障安全发展方面也作出了重要论述。学界就新发展格局在保障国家安全发展方面起的重要作用进行了多方面阐释。高培勇(2021)围绕构建一个什么样的新发展格局、怎样构建新发展格局这一重大问题,从三个层面作了系统分析:其一,新发展格局的核心要义在于统筹发展和安全。只有站在统筹发展和安全的高度,才能找准构建新发展格局的着力点和着重点、出发点和落脚点,防止构建新发展格局实践走偏变样。其二,统筹发展和安全不仅同构建新发展格局的行军路线和最终成色高度关联,而且体现了进入新发展阶段、贯彻新发展理念的必然要求。以加快构建新发展格局为契机和转折点,我国已走上坚持发展和安全并重之路。其三,相对于其他领域或其他方面的安全而言,市场主体安全是最具基础意义的安全,财政安全是最具底线意义的安全。在统筹发展和安全中构建新发展格局,要牵"牛鼻子"——首先统筹好市场主体发展和安全以及财政发展和安全。⑤ 高惺惟(2021)认为,独立自主的国内大循环是双循环新发展格局的主体和基础,体现以我为主、自立自强。立足国内经济循环,补齐发展过程中的短板,有利于在更高层次推动国际循环。新发展格局意味着我国要通过国内"自转"推动国际"公转",通过中国经济"体内"循环推动全球经济"体外"循环,这种循环模式有利于维护我国经济安全,是未来我国经济发展的方向,开辟了马克思主义政治经济学

---

① 郭彩星:《习近平关于发展论述的层次性和整体性》,《科学社会主义》,2020年第3期,第42~48页。
② 秦书生,杨硕:《习近平的绿色发展思想探析》,《理论学刊》,2015年第6期,第4~11页。
③ 薛丁辉:《习近平绿色发展思想及其当代价值研究》,《理论学刊》,2017年第1期,第34~39页。
④ 相雅芳:《当代可持续意识构建研究》,上海大学出版社,2019年,第77~79页。
⑤ 高培勇:《构建新发展格局:在统筹发展和安全中前行》,《经济研究》,2021年第3期,第4~13页。

新境界。① 王维平和陈雅（2021）指出，作为中国特色社会主义政治经济学研究的最新理论成果，"双循环"新发展格局的提出既遵循马克思主义政治经济学总体性原则的基本原理，其本身又是对当下发展阶段和发展环境的内部与外部、历史与现实、当下与未来、政治与经济、发展与安全等各方面矛盾与问题的综合回应，因而具有明确的总体性意蕴。②

第三节 国家安全观

中国共产党成立以来，党对国家安全的认识随着国内国际环境的变化而不断发展，国家安全的内容也不断完善，特别是党的十八大以来，党中央提出的总体国家安全观实现了对新中国国家安全观的继承与发扬。学术界一直都致力于研究国家安全观，形成了众多的研究成果。这些研究成果主要涉及国家安全观的历史探索、国家安全观的主要内容，以及坚持总体国家安全观等方面。

一、国家安全观的历史探索

国家安全观也是历史的产物。每个历史阶段都有独特的时代背景，也孕育着那一背景下的国家安全观。随着实践的深入发展，国家安全观的内容在不同的历史阶段不断演进，有学者探索了国家安全观的历史演进特征，指出了内在的规律性：其发展演进的基本背景是时代主题和国际形势的变化，根本动力在于新技术革命和全球化的影响，外在推力在于重大安全事件的刺激，根本出发点则是对国民安全福祉的孜孜追求。③ 新民主主义革命时期，国难当头，战争频发，为了保家卫国，我们党对国家安全的认识主要集中于保卫国家领土安全、维护世界和平安宁。新中国的成立后，面对内外安全环境的改变和自身安全需要的调整，国家安全观也在不断演变，形成了从以政治安全为核心、军事安全为主要手段的传统安全观，向以人民安全为宗旨、以合作对话为手段的总体国家安全观的转变。学者们一般将新中国成立后，国家安全观的变化分为三个阶段。如凌胜利（2019）指出基于对安全环境研判、安全内容认知、安全维护手段三个方面的分析，可以比较清晰地发现新中国安全观呈现三个阶段的演变。④ 钟开斌（2018）认为，基于国家安全形势（环境）、国家安全威胁（客体）、国家安全维护（主体）三个维度，可将新中国成立以来中国国家安全观划分为传统国家安全观（新中国成立至改革开放前）、

---

① 高惺惟：《新发展格局的内涵理论基础和现实意义》，《理论视野》，2021年第3期，第49~55页。
② 王维平，陈雅：《"双循环"新发展格局释读——基于马克思主义政治经济学总体性视域》，《中国特色社会主义研究》，2021年第1期，第36~43页。
③ 和晓强：《建国以来"国家安全观"的历史演进特征分析》，《情报杂志》，2020年第9期，第44~49+34页。
④ 凌胜利：《新中国70年国家安全观的演变：认知、内涵与应对》，《国际安全研究》，2019年第6期，第3~29+153页。

转型国家安全观（改革开放后至党的十八大前）和总体国家安全观（党的十八大以来）三个阶段。① 学者们对不同历史阶段的国家安全观进行了系列讨论，形成了如下主要观点。

（一）新中国成立至改革开放前：传统安全观为主导

赵进军（2010）指出，第二次世界大战结束后到20世纪70年代末，世界处在冷战期间，帝国主义战争和无产阶级革命（即"战争与革命"）成为时代主题。国家安全的首要目标是预防来自外部的军事入侵和打击，保证国家领土完整、主权独立和政权稳定——人的安全从属于国家的安全。② 因此，自新中国成立至改革开放前，中国的国家安全观是典型的传统安全观。在安全环境研判方面认为存在严重的内忧外患，将政治安全视为核心，以军事安全作为主要维护手段，国家花费大量资源投入军事力量建设。③

1. 内忧外患的环境

新中国成立初期，国家仍面临不稳定的安全环境。国内有工人阶级和资产阶级的矛盾，国外有中国和帝国主义的矛盾。国际矛盾体现为两种社会制度的竞争，这两种制度之间的矛盾不可调和，因此战争不可避免。④ 中国外交部所编文献中指出，新中国成立之初，国家安全面临着极为严峻的内忧外患。国内政局不稳，国民党的残余势力活动不断，且有外部敌人实力援助，企图颠覆新成立的中央人民政府。⑤ 与此同时，外部面临着复杂的国际形势，意识形态的对立与朝鲜战争中中美关系的交恶，使得美国对中国采取敌视态度，实行政治孤立、经济封锁和军事威慑的全面遏制战略。⑥ 进入20世纪60年代，受美苏核大国威胁等因素影响，毛泽东提出了"世界大战不可避免"的观点，认为战争已经迫在眉睫，要准备对付帝国主义、修正主义发动的世界大战。"世界大战不可避免"的观点一直延续至20世纪70年代。⑦ 在这样的背景下，形成了以政治安全为核心、军事安全为主要手段的传统安全观。⑧

2. 以政治安全为核心，以军事安全为手段

新中国成立初期，对于新生的政权而言，维护政治安全是核心目标。面对政治安全受到的军事威胁，保障军事安全成为维护国家安全的首要手段，其他经济安全、社会安

---

① 钟开斌：《中国国家安全观的历史演进与战略选择》，《中国软科学》，2018年第10期，第23～30页。
② 赵进军：《新中国外交六十年》，北京大学出版社，2010年，第147页。
③ 凌胜利：《新中国70年国家安全观的演变：认知、内涵与应对》，《国际安全研究》，2019年第6期，第3～29+153页。
④ 凌胜利：《新中国70年国家安全观的演变：认知、内涵与应对》，《国际安全研究》，2019年第6期，第3～29+153页。
⑤ 中华人民共和国外交部，中国共产党中央文献研究室：《周恩来外交文选》，中央文献出版社，1990年，第22页。
⑥ 凌胜利：《新中国70年国家安全观的演变：认知、内涵与应对》，《国际安全研究》，2019年第6期，第3～29+153页。
⑦ 杨倩：《试论毛泽东关于战争不可避免思想的演变及其影响》，《军事历史研究》，2003年第4期，第35～42页。
⑧ 凌胜利：《新中国70年国家安全观的演变：认知、内涵与应对》，《国际安全研究》，2019年第6期，第7页。

全等服从于政治安全和军事安全。① 基于增强军事安全的目标，新中国成立初期主要是在国内大力加强军事力量建设，在国际上则寻求结盟来增强国际安全。在国家安全力量建设方面，面对以美国为首的敌对力量的安全威胁，中国不仅始终重视军事力量建设，还在应对美国威慑（特别是核威慑）时实施"三线"建设、研制核武器。② 余雁（2000）指出，在"战争与革命"时代主题下，中国国家安全面临的主要威胁是来自外部敌对国家的军事打击，保障国家安全的手段主要是增强军事实力和建立国际统一战线。在增强军事实力方面，毛泽东把建立强大的国防军和强大的经济力量作为摆在中国人民面前的两件大事；中央军委提出"积极防御"的国防战略，将国防建设摆在首位，强调"军事行动为之服务的政治目标主要是维护世界和平和我国国内安定，达到保卫国家安全和各项权益"。③ 在建立国际统一战线方面，中国在国际关系中提出和平共处五项原则、两个"中间地带"思想、"三个世界"理论等，加强与非洲国家等第三世界的联系，寻求广泛的国际支持。④

（二）改革开放后至党的十八大前：逐步形成非传统安全观

进入20世纪60年代末70年代初，美苏关系开始出现缓和，中美关系实现重大改善；改革开放后邓小平对国际环境的判断发生了深刻改变，"战争可以避免"观念不断发展。⑤ 国际间出现了相对和平的发展趋势，"和平与发展"超越"战争与革命"成为新的时代主题。邓小平对当时世界的认识主要在两个问题的表述上，即和平问题和经济问题（发展问题）。⑥ 钟飞腾（2013）指出，党的十三大报告（1987年）和十四大报告（1992年）将和平与发展概括为"当今世界"的"两大主题"，党的十五大报告（1997年）和十六大报告（2002年）概括为"当今时代的主题"。此后的党代会报告不再写入"世界大战"，转而深入阐释中国的"和平发展道路"和"促进人类和平与发展的崇高事业"。⑦ 党的十七大和十八大仍然强调和平与发展是当今时代的主题。由此可见，改革开放以来，有别于传统的安全观逐步形成与发展。主要有以下几个阶段。

一是以邓小平同志为主要代表的中国共产党人的探索：经济安全成为核心问题。凌胜利（2019）指出，这一时期在安全内容认知方面实现了"政治安全"为核心向"经济安全"为主的重大转变。在安全维护手段方面，邓小平倾向于对话与合作，体现了慎武的态度。我国在军事力量建设中保持克制，在与其他国家争端中慎用武力。这一时期对

---

① 凌胜利：《新中国70年国家安全观的演变：认知、内涵与应对》，《国际安全研究》，2019年第6期，第3~29+153页。
② 凌胜利：《20世纪50年代美国分化中苏同盟的核策略》，《社会科学》，2016年第3期，第16~22页。
③ 余雁：《五十年国事纪要（军事卷）》，湖南人民出版社，2000年，第2~3页。
④ 钟开斌：《中国国家安全观的历史演进与战略选择》，《中国软科学》，2018年第10期，第23~30页。
⑤ 凌胜利：《新中国70年国家安全观的演变：认知、内涵与应对》，《国际安全研究》，2019年第6期，第3~29+153页。
⑥ 钟开斌：《中国国家安全观的历史演进与战略选择》，《中国软科学》，2018年第10期，第23~30页。
⑦ 钟飞腾：《发展型安全：中国的一项大战略》，《外交评论》，2013第6期，第16~34页。

政治安全依旧非常重视，邓小平强调稳定压倒一切。① 在国际安全方面，中国逐渐确立了"不结盟"政策，为了更好地维护国家安全和促进国际和平与稳定，中国不与任何大国结盟，坚定地执行独立自主的对外政策。② 钟开斌（2018）也指出，在维护国家安全手段方面，发展经济取代国防军队建设，成为实现国家安全的可靠保障。为了实现经济快速发展，中国强调对外利用和平的国际环境，对内全力维护社会稳定。③

二是以江泽民同志为主要代表的中国共产党人的探索：互信协助成为主要手段。有学者指出，江泽民时期中国面临的国际环境极其复杂。首先是国际格局发生了巨大变化，其次是中国改革开放不断深入，西方思潮企图对中国进行和平演变。但是中国共产党对安全环境的判断依旧认为"和平与发展"是时代主题，但是必须要重视霸权主义和强权政治对和平与发展的威胁。在安全内容方面，更加重视综合安全，对非传统安全更加关注，在安全手段方面，尽可能通过和平、合作的方式来实现安全。④

三是以胡锦涛同志为主要代表的中国共产党人的探索：新安全观不断发展。进入21世纪后，随着"中国的崛起"，"一超多强"的国际格局加速调整。"中国威胁论"甚嚣尘上，中国面临着更大的外部安全压力。所谓"疆独""藏独""台独"等分裂活动内外联动，严重扰乱了社会稳定和经济发展。新安全观就是在这样的背景下产生的。首先，依然肯定"和平与发展"的时代主题不变，但是必须警惕霸权主义和强权政治。在安全内容方面，对非传统安全的重视显著增加。对传统安全与非传统安全相互交织的强调，是中国政府对于安全内容的深刻认识。在安全手段方面，将新安全观中的"合作"改为"协作"，倡导互信、互利、平等、协作的新安全观，寻求实现综合安全、共同安全、合作安全；捍卫国家核心利益是国家安全的底线所在。⑤

（三）党的十八大以来：总体国家安全观的确立

2012年党的十八大召开之后，中国特色社会主义进入了新时代。虽然"和平与发展仍然是时代主题"，但"和平"已经大大超出了不发生"战争"的范畴，时代主题实际上已经从"和平与发展"扩展为"安全与发展"——"安全"既包括维护世界和平，也包括应对和平状态下非传统安全威胁，即谋求可持续安全。⑥ 伴随时代主题的调整，国家安全面临的威胁也从"内忧型"转换为"内忧外患交织型"。在领域方面，各种安全因素相互叠加、耦合和演化。凌胜利（2019）认为，相对于以往的非传统安全观而言，总体安全观的内容认知更加丰富，涉及的领域更加广泛。总体国家安全观的提出是中国国家安全观的重要变革，实现了内外安全、国土和国民安全、传统安全与非传统安

---

① 凌胜利：《新中国70年国家安全观的演变：认知、内涵与应对》，《国际安全研究》，2019年第6期，第3~29+153页。
② 凌胜利：《中国为什么不结盟?》，《外交评论》，2013年第3期，第20~33页。
③ 钟开斌：《中国国家安全观的历史演进与战略选择》，《中国软科学》，2018年第10期，第23~30页。
④ 凌胜利：《新中国70年国家安全观的演变：认知、内涵与应对》，《国际安全研究》，2019年第6期，第3~29+153页。
⑤ 凌胜利：《新中国70年国家安全观的演变：认知、内涵与应对》，《国际安全研究》，2019年第6期，第3~29+153页。
⑥ 刘江永：《从国际战略视角解读可持续安全真谛》，《国际观察》，2014第6期，第1~17页。

全、发展与安全、自身安全与共同安全等多重统筹。① 2015 年出台的《中华人民共和国国家安全法》明确了政治安全、人民安全、国土安全、军事安全、经济安全、金融安全、资源能源安全、粮食安全、文化安全、科技安全、网络与信息安全、社会安全、生态安全、核安全、外层空间及国际海底区域和极地安全、海外利益安全等领域的重点任务,并提出"根据经济社会发展和国家发展利益的需要,不断完善维护国家安全的任务"。② 与国家安全威胁变化相适应,维护国家安全的手段也由经济发展为主调整为对内发展与对外合作并行。在总体国家安全观时期,为了更好地统筹各种资源,有效应对各种错综复杂的安全威胁,中国开始建设集中统一、高效权威的国家安全领导机构。③

二、国家安全观的主要内容

安全是国际关系研究的焦点话题之一。在过去很长时段,安全经常被用来证明暂停公民自由、发动战争和大规模重新分配资源等重大举措的正当性。④ 安全既包含客观状态,也涉及主观认知,因而安全观具有重要影响。⑤ 在国际关系中,行为体之间的互动通常会促成错综复杂的安全关系,而不同的安全观对于安全互动具有重要影响。⑥ 弄清楚国家安全观是什么,这是理解国家安全观的前提和关键。学者们对国家安全观的主要内容进行了详细探讨,主要观点如下。

"内涵特征说"。何谓国家安全观,主要涉及安全的保护对象和实施主体、安全威胁的来源、安全涉及的领域以及安全实现的方式和手段等问题。⑦ 有学者认为"安全观念"包括错综复杂的"安全观""安全思维""安全认识""安全认知"等概念,⑧ 对此需要区分安全观、安全思维等概念。安全观具有三个特点:一是相对性和暂时性;二是双向互动性,即安全观是行为体与其他行为体或所处国际环境的相互建构、相互变化;三是竞争性和危险性。⑨ 尽管学者对于国家安全观的界定基于不同视角存在差异,但安全观基本包括安全环境研判、安全内容认知和安全维护手段三个方面,形成了国家对于从安全威胁认知到安全威胁应对的整体认知。⑩

"安全观动态演进说"。时代变迁,安全观也不断演变。对于安全观的分类,目前的

---

① 凌胜利:《新中国 70 年国家安全观的演变:认知、内涵与应对》,《国际安全研究》,2019 年第 6 期,第 3~29+153 页。
② 乔晓阳:《中华人民共和国国家安全法释义》,法律出版社,2016 年,第 67 页。
③ 钟开斌:《中国国家安全观的历史演进与战略选择》,《中国软科学》,2018 年第 10 期,第 23~30 页。
④ 凌胜利:《新中国 70 年国家安全观的演变:认知、内涵与应对》,《国际安全研究》,2019 年第 6 期,第 3~29+153 页。
⑤ 刘跃进:《国内关于安全是否具有主观性的分歧和争论》,《江南社会学院学报》,2006 年第 2 期,第 1~6 页。
⑥ 李少军:《国际政治学概论》,上海人民出版社,2014 年版,第 178~185 页。
⑦ 杨光海:《安全观的演进:从传统到非传统的转变》,《教学与研究》,2008 年第 3 期,第 72~80 页。
⑧ 刘跃进:《中国官方非传统安全观的历史演进与逻辑构成》,《国际安全研究》,2014 年第 2 期,第 117~129+159 页。
⑨ 倪世雄,等:《当代西方国际关系理论》,复旦大学出版社,2017 年,第 384 页。
⑩ 凌胜利:《新中国 70 年国家安全观的演变:认知、内涵与应对》,《国际安全研究》,2019 年第 6 期,第 3~29+153 页。

安全观主要存在传统安全观、过渡型安全观、新安全观等三种类型。[1] 也有学者基于国际关系理论的视角，将安全观分为现实主义安全观、自由主义安全观和建构主义安全观。[2] 刘跃进（2001）则认为，可以从认识主体、认知客体、历史阶段、基本观点四个角度对国家安全观进行分类。[3] 传统安全观被认为受到了传统现实主义的影响，主要聚焦于军事权力斗争，所关注的根本问题是战争和战争威胁。[4] 周丕启（1998）认为，"传统安全观主要有四个特点，一是认为安全是可分离的，国家安全具有独立性，只能依靠自助实现；二是安全领域存在零和竞争；三是安全是狭窄的，仅局限于军事领域；四是安全感是建立在'相对'的基础上。"[5] 从安全主体间的关系来看，传统国家安全观认为国家在安全问题上总是处在"安全困境"。[6] 20世纪70年代开始，伴随着国际安全环境的变化，国家面临的安全威胁和维护安全的模式不断发生改变，非传统安全观念也逐渐形成。与传统安全观相比，非传统安全观对于安全的性质及其实现方式存在截然不同的认知。"非传统安全观认为，安全是普遍性的，是一种多边性质的安全，一国的安全与其他国家的安全不无关系；安全是合作性的，安全并无明显的敌方，获取安全的方式是合作而非竞争或对抗；安全是综合性的，不仅仅局限于军事领域，而是扩大到了经济、政治、文化、环境和社会问题等多方面；安全感的获得重点是通过一定的组织、机制和制度建设，而不是依靠实力的对比。"[7] 总体来看，非传统安全观相对于传统安全观而言实现了扩展，显著体现在安全的威胁、对象、主体、领域和实现方式等方面。[8] 对于安全观类型，也主要依据这几个方面进行区分，不过更为重要的是把握安全观的影响因素及其演变规律。[9]

"安全观演变规律说"。安全观并非静态，而导致国家安全观发生演变的原因相对多元复杂。周琪和付随鑫（2014）认为，国家实力、国际地位、政治制度、意识形态、文化传统、历史经验以及地缘条件等是导致国家安全观存在差异的主要原因。[10] 相对而言，国际体系、国家利益、地缘政治、战略文化和安全实践是影响国家安全观的主要因素。国际体系是国家安全观演变的主要动力之一。国际体系反映了国家所处的国际安全环境，影响着国家的安全认知与战略选择。[11] 在不同的国际体系当中，由于所受到的体

---

[1] 王树春：《安全观转型与中俄安全合作》，《国际论坛》，2004年第1期，第39~42+80页。
[2] 石俊杰：《人类命运共同体理念下的"总体国家安全观"研究——对主要西方国际安全观的超越》，《重庆大学学报》（社会科学版），2019年第6期，第198~210页。
[3] 刘跃进：《国家安全观的分类问题》，《江南社会学院学报》，2001年第4期，第19~23页。
[4] 杨光海：《安全观的演进：从传统到非传统的转变》，《教学与研究》，2008年第3期，第72~80页。
[5] 周丕启：《安全观、安全机制和冷战后亚太的地区安全》，《世界经济与政治》，1998年第2期，第57~60页。
[6] 任卫东：《传统国家安全观：界限、设定及其体系》，《中央社会主义学院学报》，2004年第4期，第68~73页。
[7] 周丕启：《安全观、安全机制和冷战后亚太的地区安全》，《世界经济与政治》，1998年第2期，第57~60页。
[8] 杨光海：《安全观的演进：从传统到非传统的转变》，《教学与研究》，2008年第3期，第72~80页。
[9] 凌胜利：《新中国70年国家安全观的演变：认知、内涵与应对》，《国际安全研究》，2019年第6期，第3~29+153页。
[10] 周琪，付随鑫：《中美国家安全观的分析与比较》，《当代世界与社会主义》，2014年第6期，第16~24页。
[11] 陈岳：《国际政治学概论》，中国人民大学出版社，2009年，第70~71页。

系压力存在差异，国家采取的安全战略也不尽相同。① 安全利益是国家的首要利益，国家安全是所有国家生存和发展的必要条件，在国家安全观的构建过程中，生存安全的核心需求难以改变。一个国家的地理位置往往决定了其生存与发展的空间，也是影响国家安全观的自然因素。国家的地理位置、形状与周边等地缘政治因素对于其安全观的形成具有重要影响。战略文化也是影响国家安全观的重要因素。在国家安全战略制定过程中发挥战略文化的导向作用，这在很多国家都有所体现。②③④ 不过，目前及将来也更需要考虑战略文化面临的变革，因为通信科技及网络的发展在不断冲击国家主权及地理上的文化边界。当然，国家安全观与安全实践也会相互影响，安全实践在一定程度上成为安全观演变的重要影响因素，国家安全观的确立不可避免地会受到以往安全实践经验的影响。⑤

三、坚持总体国家安全观

总体国家安全观是中国特色社会主义进入新时代、维护国家安全的新方略。学者们对总体国家安全观的研究和解读主要集中在总体国家安全观的主要内容、基本特征及实践路径这三个方面。

（一）总体国家安全观的主要内容

习近平总书记在中央国家安全委员会第一次全体会议上谈到了国家安全的内容问题。他详细阐释了中国国家安全的丰富内涵和广阔外延。在此基础上，学者们对总体国家安全观的内容展开了研究。概括起来，主要有以下几种观点，如表16-6所示。

表16-6 学界关于总体国家安全观的主要内容的研究阐释汇总表

观点	代表学者
四大内核说	林宏宇（2014），赵瑞琦（2019），等等
五位一体说	刘跃进（2014），李黎（2014），高祖贵（2015），等等
多种要素说	鞠丽华（2018），郑旭涛（2020），等等

1. 四大内核说

持"四大内核说"这一观点的学者认为总体国家安全观的内容主要由四大核心要素构成。林宏宇（2014）首先将总体国家安全观定位为"新国家安全观"，然后总结十八大以来习近平总书记对中国特色国家安全观的精神阐述，概括了这种新国家安全观的四大内核。四大内核包括了先内后外、以内保外、互补互动；包容共赢、命运共同、和谐

---

① 刘丰：《制衡的逻辑——结构压力、霸权正当性与大国行为》，世界知识出版社，2010年，第57~59页。
② 王丽娟：《试析战略文化对国家安全战略的影响》，《国际论坛》，2007年第5期，第13~18+79页。
③ 任飞：《印度战略文化对国家安全战略的影响》，《南亚研究》，2009年第2期，第13~22页。
④ 胡欣：《德国战略文化与安全政策的挑战》，《现代军事》，2016年第10期，第40~45页。
⑤ 凌胜利：《新中国70年国家安全观的演变：认知、内涵与应对》，《国际安全研究》，2019年第6期，第3~29+153页。

共处；经济优先、核心不让、坚定不移；义利并举、积极参与、有所作为。① 赵瑞琦（2019）认为，大国网络安全博弈除了技术和能力外，也包括理念和话语权的博弈，因此其以总体国家安全观为指导，详细阐释了政府、企业、社会组织和亿万网民共同参与建构的"四位一体"网络空间安全建构新格局。②

2. 五位一体说

顾名思义，"五位一体"就是指国家安全观从五个方面构成了一个完整的安全体系。大部分学者根据习近平总书记在中央国家安全委员会第一次全体会议上的发言进行国家安全观的理解与阐释，认为总体国家安全观主要包括人民安全、政治安全、经济安全、军事文化社会安全以及国际安全五个方面。

高祖贵（2015）指出了五个方面逻辑关系，其中人民安全是宗旨，政治安全是根本，经济安全是基础，军事安全、文化安全、社会安全是保障，促进国际安全是依托。这个体系架构从宏观层面表明了中国特色的总体国家安全观的基本价值取向。③ 李黎（2014）从实施角度对五个方面内容进行了深入思考。他认为，五个方面内容其实是运用马克思主义辩证思维、统筹协调好五对矛盾的安全因素提出来的。贯彻落实总体国家安全观，主要是要做到以下五点：一是外部安全与内部安全并重；二是在国家安全前提下以国民安全为根本；三是传统安全与非传统安全整合；四是发展与安全辩证统一；五是在推动共同安全中谋求自身安全。④ 刘跃进（2014）指出，"总体国家安全观"至少是五个"总体"的统一，即内部安全与外部安全的"总体"、传统安全要素与非传统安全要素的"总体"、内部与外部两方面影响因素的"总体"、可以预见与难以预见各种风险的"总体"、统筹多方力量保障国家安全的"总体"。不同方面的"总体"绝对不是彼此独立的，而是有机统一在"总体国家安全观"和"一体的国家安全体系"之中。⑤

3. 多种要素说

多数论者认为，总体国家安全观内容包括政治安全、国土安全、军事安全、经济安全、文化安全、社会安全、科技安全、信息安全、生态安全、资源安全、核安全等各类国家安全要素。这些国家安全要素既涵盖国内安全又涵盖国外安全，既涵盖传统安全又涵盖非传统安全，构成了一个完整的安全体系。

郑旭涛（2020）认为，总体国家安全观是中国共产党在新时代对国家安全的认识，包括对国家安全的要素、国家安全的要素之间的关系、国家安全工作机构、国家安全工作机制等一系列问题的认识。⑥ 姬文波（2018）认为，习近平关于国家安全思想的内容主要包括：构建总体国家安全观；坚决维护国家主权、安全、发展利益；坚持做好军事

---

① 林宏宇：《新国家安全观四大内核》，《人民论坛》，2014年第16期，第21~23页。
② 赵瑞琦：《中国网络安全战略：基于总体国家安全观的特色建构》，《学习与探索》，2019年第12期，57~65页。
③ 高祖贵：《以总体国家安全观指引中国特色国家安全道路》，《科学社会主义》，2015年第2期，第4~10页。
④ 李黎：《贯彻落实总体国家安全观要义分析》，《党政干部论坛》，2014年第7期，第11~13页。
⑤ 刘跃进：《论总体国家安全观的五个"总体"》，《人民论坛学术前沿》，2014年第11期，第14~20页。
⑥ 郑旭涛：《总体国家安全观：新时代中国国家治理的重要指导思想》，《学习与探索》，2020年第1期，第44~45+175页。

斗争准备，努力建设同我国国际地位相称、同国家安全和发展利益相适应的巩固国防和强大军队；推进"一带一路"建设，构建人类命运共同体，夯实国家经济与政治安全的基础；提出网络安全观，加快构建关键信息基础设施安全保障体系，增强网络安全防御能力和威慑能力；以人民安全为宗旨，着力建设平安中国。[①] 鞠丽华（2018）指出，总体国家安全观围绕国家安全内涵、构成要素、保障体系等方面提出了一系列理论思想和重要论断，是新时代中国特色社会主义国家安全体系的根本遵循和核心内容。[②] 刘跃进（2014）提出，仅从习近平在某一次会议上的发言的某个片段来断章取义地理解总体国家安全观是有失偏颇的，而应该从其对整个关于总体国家安全观的论述中去全面认识和把握。他进一步指出，除了上述提到的11种安全要素外，习近平在对国家安全要素的论述中还提到"既重视国土安全，又重视国民安全"。因此，总体国家安全观至少包括"国民安全"在内，国家安全体系应该具有12种安全要素。此外，除了上述所说的12种国家安全要素以外，还存在着许多二级、三级国家安全要素，我们可以按照不同方式细分。[③] 贾立政等（2014）认为，总体安全观，谋求的正是集政治安全、国土安全、军事安全、经济安全、文化安全、社会安全、科技安全、信息安全、生态安全、资源安全、核安全等于一体的国家安全体系，回应的正是当下错综复杂的各类安全挑战。[④] 李大光（2016）指出，冷战结束后，传统安全观已转向维护政治、军事、经济、科技、文化、环境等诸多方面安全的综合安全。因此，政治安全、国土安全、军事安全、经济安全、文化安全、社会安全、科技安全、信息安全、生态安全、资源安全、核安全成为当今国家安全的重要内容，并由此构成当今时代总体国家安全体系。[⑤]

（二）总体国家安全观的基本特征

目前，学者们对总体国家安全观的基本特征进行了大量研究，概括起来主要存在三类观点：一是突出强调"总体性"特征；二是突出强调"人民性"特征；三是强调多种特性并存的多元化特征；四是强调辩证思维特征（见表16-7）。

表16-7 学界关于总体国家安全观的基本特征的研究阐释汇总表

观点	代表学者
"总体性"特征论	刘跃进（2014）、鞠丽华（2018）、王宏伟（2018），等等
"人民性"特征论	黎宏（2015）、王明进（2017）、杨海（2019），等等
"系统化"特征论	张硕和高九江（2016）、王明进（2017），等等
"辩证思维"特征论	张磊（2015）、程同顺（2017），等等

---

① 姬文波：《习近平国家安全思想的核心要义》，《党的文献》，2018年第2期，第38~45页。
② 鞠丽华：《习近平总体国家安全观探析》，《山东社会科学》，2018年第9期，第17~22页。
③ 刘跃进：《非传统的总体国家安全观》，《国际安全研究》，2014年第6期，第3~25+151页。
④ 贾立政、陈阳波、魏爱云，等：《习近平新国家安全观》，《人民论坛》，2014年第16期，第14~15页。
⑤ 李大光：《国家安全》，中国言实出版社，2016年，第4页。

1. "总体性"特征论

持这一观点的学者,认为总体国家安全观具有从整体全盘考虑的"总体性"特征。王宏伟(2018)指出,总体国家安全观是一种整体性国家安全理念,总体安全要达到的目的是各类安全问题耦合而产生的整体涌现效应,其强调各类国家安全要素之间的相互联系与作用,而不是各类安全的简单相加。[1] 刘跃进(2014)认为,总体国家安全观,不仅以其"总体性"体现了马克思主义哲学的唯物辩证法与当代系统科学的系统思维,更重要的是落实了中国传统文化仁爱善良和以民为本的价值取向,体现了马克思主义哲学的群众史观和当代政治的民主精神,体现了社会主义民主政治建设的根本要求,为我国国家安全工作奠定了坚实的民心基础。[2] 鞠丽华(2018)指出,总体国家安全观是一种"整合性国家安全观",强调国家安全问题的"多维度"建构,形成了一种整合性国家安全理念。具体表现在核心价值上凸显以民为本、构成要素上覆盖社会各领域、安全维度上进行全方位考量、维护策略上注重统筹谋划。[3]

2. "人民性"特征论

持这一观点的学者,认为总体国家安全观始终坚持以人民为中心,以人民安全为宗旨,具有"人民性"特征。刘跃进(2014)认为,这个论述突破了传统国家安全观将国家安全定位于国土安全的局限性,契合了中国共产党全心全意为人民服务的根本宗旨和执政为民的执政理念,也突显了保护公民安全是国家存在的基本价值,充分体现了鲜明的人本性。[4] 杨海(2019)认为,总体国家安全观是一个具有严密逻辑结构的国家安全"体系",秉持共同安全、综合安全、合作安全、可持续安全的国际安全新理念,蕴含"六大科学思维方法",中央国家安全委员会对国家安全工作实行"集中统一"领导,坚持以人民安全为宗旨。[5] 王明进(2017)认为,人民安全是总体国家安全观的宗旨,因为最直接感受和评价国家安全的就是一国的人民群众,这既是党的群众路线在国家安全领域的贯彻落实,也突出了国家安全追求中对国家主权和人民群众集体安全的重视。[6] 黎宏(2015)认为,总体国家安全观极为鲜明地体现出四个方面的变革性特征:思想方法更加体现辩证思维;价值理念更加凸显以民为本;框架模式更加注重休戚与共;方法路径更加关切时代要求。[7] 刘强(2014)也指出,总体国家安全观将人的安全作为国家安全的核心和最终归宿,坚持国家安全以人为本,一切为了人民,突出体现了人文性。[8]

3. "系统化"特征论

持这一观点的学者,认为总体国家安全观从系统性的视角维护国家安全,防范系统

---

[1] 王宏伟:《总体国家安全观视角下公共危机管理模式的变革》,《行政论坛》,2018年第4期,第18~24页。
[2] 刘跃进:《总体国家安全观:民心基础与理论溯源》,《人民论坛》,2014年第16期,第24~27页。
[3] 鞠丽华:《习近平总体国家安全观探析》,《山东社会科学》,2018年第9期,第17~22页。
[4] 刘跃进:《非传统的总体国家安全观》,《国际安全研究》,2014年第6期,第3~25+151页。
[5] 杨海:《总体国家安全观中的"总体性"探析》,《马克思主义研究》,2019年第12期,第54~63页。
[6] 王明进:《总体国家安全观的哲学境界与世界价值》,《人民论坛》,2017年第29期,第32~34页。
[7] 黎宏:《论总体国家安全观的变革性特征》,《重庆大学学报》(社会科学版),2015年第3期,第153~157页。
[8] 刘强:《中国总体国家安全观的确立与前景》,《前线》,2014年第5期,第14~16页。

风险,具有"系统化"特征。郭强(2017)认为,总体国家安全观实现了理论创新,具体表现在:具有总体性、内部性、人民性、法治性等亮点。总体性是总体国家安全观最鲜明的特色,体现在全面性、系统性和可持续性;内部性强调要特别重视内部安全;人民性突出以人民安全为宗旨;法治性指出要依法维护国家安全。① 郑旭涛(2020)认为,总体国家安全观的外延空前广泛,其涉及领域日益拓展,更加重视执政党内部的政治安全,更加强调国家安全工作的协调性和系统性。② 王明进(2017)指出,总体国家安全观以系统而辩证的观点来看待国家安全问题,实现了对传统国家安全观的超越。总体国家安全观以人民安全为宗旨,显示了总体国家安全观的人民性;总体国家安全观吸收了国际上国家安全观念中积极的因素,充分体现了整体性。总体国家安全观对世界上各种安全观念合理要素的吸收以及其世界性的关切,都体现了一种开放性的胸怀。③ 张硕和高九江(2016)认为,当前,国际大环境发生了深刻变动,生态恶化问题、恐怖主义袭击、国家信息安全问题、金融安全问题等非传统安全威胁已经"后来居上",成为新时代下安全防范中的新挑战。总体国家安全观在注重应对传统安全要素威胁的同时,高度重视非传统安全威胁的挑战,回应了新的时代要求。④

4."辩证思维"特征论

持这一观点的学者,认为总体国家安全观带有鲜明的"辩证思维"特征。冯卫国(2017)指出,总体国家安全观注重用唯物辩证法的两点论与重点论相统一的思想来把握国家安全问题,如习近平在国家安全问题的认识和处理上指出的"内部与外部、国土与国民、传统与非传统、发展与安全、自身与共同安全问题并重"⑤ 程同顺(2017)认为,习近平总书记提出的总体国家安全观有以下几个方面的鲜明特色:一是从战略高度认识国家安全问题。二是更加关注非传统国家安全因素。三是开创性地论述了发展与安全的辩证关系。四是首次提出了国家安全在国际社会的公共性问题。⑥ 黎宏(2015)从国家安全与国家发展的外部联系来揭示国家安全观的辩证思维。总体国家安全观既重视安全又重视发展;发展是安全的基础,安全是发展的条件,二者相辅相成,互相关联。⑦ 张磊(2015)认为,总体国家安全观蕴涵了历史唯物主义和唯物辩证法的精髓。首先,总体国家安全观强调"以民为本""以人类共同安全为目标",充分体现了历史唯物主义的人本价值取向;其次,总体国家安全观从安全的地理范围、安全要素、安全领域等多角度认识和分析安全问题,体现了其整体性视野,同时,又强调"以政治安全为根本",准确把握了整体与核心的安全关系,是唯物辩证思维方法的灵活运用。此外,

---

① 郭强:《总体国家安全观的理论创新》,《人民论坛》,2017年第29期,第40~41页。
② 郑旭涛:《总体国家安全观:新时代中国国家治理的重要指导思想》,《学习与探索》,2020年第1期,第44~45+175页。
③ 王明进:《总体国家安全观的哲学境界与世界价值》,《人民论坛》,2017年第29期,第32~34页。
④ 张硕,高九江:《习近平总体国家安全观的理论价值探究》,《中国共产党南昌市委党校学报》,2016年第1期,第2~6页。
⑤ 冯卫国:《总体国家安全观与反恐对策思考》,《理论探索》,2017年第5期,第109~114页。
⑥ 程同顺:《习近平总体国家安全观的内容和特色》,《人民论坛》,2017年第29期,第35~37页。
⑦ 黎宏:《论总体国家安全观的变革性特征》,《重庆大学学报》(社会科学版),2015年第3期,第153~157页。

他还指出，总体国家安全观不管是在安全形势与安全要素判断上，还是在安全维护对象和安全维护手段上，都特别强调两点论与重点论的统一，包含了丰富的唯物辩证思维。[1]

（三）总体国家安全观的实践路径

理论只有应用于实践才能转化为物质力量，理解总体国家安全观还需要结合其具体实践。学术界主要从三个不同维度对总体国家安全观的实践路径进行了探讨：在认识维度，强调树立国家安全意识，自觉维护总体国家安全观；在制度维度，突出建立权威、高效、统一的国家安全体制机制的重要作用；在治理维度，强调在国家安全治理实践中通过具体的方式方法贯彻落实总体国家安全观。

1. 认识维度：主要强调要具备国家安全意识，增强忧患意识

刘跃进（2015）认为居安思危是中国传统安全智慧，是国家进行安全战略布局时必须汲取的营养。[2] 任天佑等（2014）指出，把总体国家安全观转化为维护国家安全的实践，要在服务大局中强化忧患意识、底线思维和担当精神，通过强化这三种精神来保持和坚定中国特色国家安全道路的战略定力。[3] 马占魁和孙存良（2014）认为，坚持和贯彻总体国家安全观，要树立系统辩证、统筹兼顾的国家安全理念，不断深化与时代发展相适应的安全意识和安全自觉，只有将总体国家安全观的思维"内化于心"，才能在处理实际安全问题时"外化于行"。[4] 杨云成（2020）指出，要树立忧患意识，防范化解重大风险。忧患意识是中华民族的一个重要精神特质，中国共产党是生于忧患、成长于忧患、壮大于忧患的政党。习近平深刻指出："前进的道路不可能一帆风顺，越是前景光明，越是要增强忧患意识，做到居安思危，全面认识和有力应对一些重大风险挑战。"[5] 廖生智（2020）指出，坚持总体安全观要以战略思维运筹国家安全大计，以辩证思维实现国家安全工作整体推进和重点突破相统一，以系统思维凝聚起维护国家安全的强大合力，以创新思维探索破解国家安全难题、困境的新思路，以法治思维为国家安全事业提供坚强法治保障，以底线思维增强忧患意识、防范国家安全风险挑战，以历史思维为国家安全提供镜鉴。[6]

2. 制度维度：强调要加快建立权威、高效、统一的国家安全体制机制

蒋熙辉（2017）认为，要立足新的历史方位，解决新矛盾，破解新难题，加强国家安全的制度建设和能力建设，协调推进安全与发展共同进步，走出一条中国特色国家安

---

[1] 张磊：《总体国家安全观的唯物辩证特征》，《军队政工理论研究》，2015年第6期，第15～17页。
[2] 刘跃进：《新时期总体国家安全观指导下的中国国家安全战略目标及措施》，《江南社会学院学报》，2015年第4期，第1～6页。
[3] 任天佑，赵周贤，刘光明：《总体国家安全观护航追梦征程》，《光明日报》，2014年10月15日，第1版。
[4] 马占魁，孙存良：《坚持总体国家安全观》，《解放军报》，2014年7月30日，第7版。
[5] 杨云成：《"国家安全是安邦定国的重要基石"——学习习近平关于国家安全工作的重要论述》，《党的文献》，2020年第5期，第36～43页。
[6] 廖生智：《学习习近平总书记关于总体国家安全观的感悟》，《学校党建与思想教育》，2020年第6期，第17～19页。

全道路，不断开创国家安全工作新局面。① 郑旭涛（2020）认为在实践中，党中央通过加强对国家安全工作的领导、建立统一的国家安全工作机制、完善社会治安防控体系、强化互联网管理、推进军队改革等方式加强政治安全、军事安全、文化安全、经济安全和社会安全等工作。② 杜刚和钮菊生（2016）认为，政治安全是总体国家安全的根本，如果政治基础不牢固，政局动荡不稳，政治安全就得不到保障。因此，必须严格控制影响政治安全的各项基本变量，完善政治制度、夯实政治基础、稳定政治体系，采取多种措施以有效保障国家的政治安全。③ 刘跃进（2017）认为，国家安全总体布局，主要有五个方面：一是健全国家安全制度体系；二是创新国家安全思想理论；三是推进国家安全法治建设；四是完善国家安全方略谋划；五是推进国家安全宣传教育。④ 赵耀辉（2014）在认为，国家安全委员会作为我国最高安全事务机构，担负着维护国家安全顶层设计、组织领导、战略运筹、战略指导等方面的功能，它的领导作用的强弱直接关系到国家安全实现和中国特色国家安全道路的推进水平。⑤ 任天佑等（2014）认为，为了应对多种国家安全风险和社会安定的严峻挑战，需要建立一套能够有效整合各方面力量、统筹国家安全资源的国家安全体制。⑥ 马占魁和孙存良（2014）将这两种观点整合为一体，他们认为，国家安全委员会的设立，就是为了加强对国家安全工作的集中统一领导，统筹协调涉及国家安全的重大问题。但设立国家安全机构不足以满足日益严峻的国家安全形势的需要，还必须建立健全国家安全体制机制以保证机构充分、有效发挥作用。⑦ 孙东方（2019）探讨了坚持总体国家安全观的实践路径，指出维护和塑造中国特色国家安全要坚持党对国家安全工作的绝对领导、加强国家安全体系建设、切实维护重点领域国家安全。⑧

3. 治理维度：强调如何在具体的国家安全治理实践中贯彻落实

王红梅（2018）从总体国家安全观的内容和意义出发介绍了如何将其融入高校思想政治教育"五位一体"的课程之中，进一步细化了总体国家安全观在高校安全教育中的推进路径。⑨ 王瑞香（2016）从当前我国文化生产力相对落后、社会主义主流文化面临的冲击以及对文化安全与总体国家安全关系认识不足几个方面出发，提出了增强国民文化认同的具体措施，如要大力发展文化事业和文化产业、践行培育社会主义核心价值观、提高文化开放水平等。⑩ 邢云文和肖扬（2018）提出，要树立网络安全观的战略思

---

① 蒋熙辉：《统筹发展和安全，走中国特色国家安全道路——深入学习习近平总书记总体国家安全观思想》，《人民论坛》，2017年第32期，第48~51页。
② 郑旭涛：《总体国家安全观：新时代中国国家治理的重要指导思想》，《学习与探索》，2020年第1期，第44~45页。
③ 杜刚，钮菊生：《总体国家安全的国内政治基础》，《南京政治学院学报》，2016年第1期，第82~85页。
④ 刘跃进：《以总体国家安全观构建国家安全总体布局》，《人民论坛》，2017年第34期，第38~40页。
⑤ 赵耀辉：《坚持总体国家安全观走中国特色国家安全道路》，《唯实》，2014年第6期，第21~24页。
⑥ 任天佑，赵周贤，刘光明：《总体国家安全观护航追梦征程》，《光明日报》，2014年10月15日，第1版。
⑦ 马占魁，孙存良：《坚持总体国家安全观》，《解放军报》，2014年7月30日，第7版。
⑧ 孙东方：《习近平总体国家安全观核心要义与实践要求》，《理论视野》，2019年第12期，第29~34页。
⑨ 王红梅：《总体国家安全观融入高校思想政治理论课教学的路径探索》，《学校党建与思想教育》，2018年第16期，第34~36页。
⑩ 王瑞香：《论总体国家安全观视野中的国家文化安全》，《社会主义研究》，2016第5期，第70~75页。

维,加强红色网络平台建设、培育红色网络意见领袖、掌握网络话语权,努力实现互联网核心技术突破等的网络安全治理对策。① 张家年和马费成(2019)从应急管理重在预测预防、国家安全重在预警预测以及应急管理的应对和处置三个方面阐释了新时代国家安全应急管理的应对策略。②

第四节 经济安全

冷战结束后,世界格局发生重大变化,"和平与发展"成为多极化世界格局的时代主题。国家安全对经济实力的依赖性增强,使得经济安全成为国家安全的重要内容,2008年金融危机的爆发,更是凸显了保证国家经济安全的重要性和紧迫性。围绕"经济安全"这一主题,学者们进行了深入探讨,主要聚焦于经济安全的基本内涵、主要领域、影响因素和保障措施,深刻回答了经济安全是什么、经济安全受哪些因素影响以及如何保障经济安全等重要问题。

一、经济安全的基本内涵

经济安全是国家安全的基础,准确定义"经济安全"这一概念的基本内涵,是科学理解经济安全的前提。学界对经济安全内涵的讨论,主要观点如表16-8所示。

表16-8 学界关于经济安全的基本内涵的研究阐释汇总表

观点	代表学者
"状态说"	赵英(1996),丁志刚(1998),江勇等(1999),等等
"能力说"	张幼文(1999),顾海兵和张一弓(2010),等等
"综合说"	雷家骕(2000),高昊和张一弓(2010),等等

"状态说"。第一类学者主要从描述国家经济安全的状态着手。赵英(1996)强调国家经济安全是一种状态③,和他持类似国家经济安全状态论的学者还有丁志刚(1998)④等。江勇等(1999)认为,"经济安全是在经济全球化的条件下,一国保持经济系统运行与发展不受到外来势力根本威胁的状态"。⑤ 尹正萍(2002)认为,"国家经济安全是指主权国家的经济发展和经济利益不受外部和内部的威胁而保持稳定、均衡和持续发展的一种经济状态。它具体表现为国家经济主权独立,国家支柱产业的国际竞争力不断增

---

① 邢云文,肖扬:《以习近平总体国家安全观为指引加强网络意识形态安全建设》,《思想教育研究》,2018第3期,第114~117页。
② 张家年,马费成:《总体国家安全观视角下新时代国家安全及应对策略》,《情报杂志》,2019年第10期,第12~20+152页。
③ 赵英:《国家经济安全浅议》,《世界知识》,1996年第20期,第4~5页。
④ 丁志钢:《全球化背景下国家利益的认证与维护》,《世界经济与政治》,1998年第8期,第68~71页。
⑤ 江勇,章奇,郭守润:《经济安全及其评估》,《统计研究》,1999年第9期,第52~56页。

强,经济发展所依赖的市场和资源供给得到有效保障,经济发展的进程能够经受国内外经济动荡的冲击"。① 聂富强(2005)认为,国家经济安全指的是"一个国家经济整体处于不受各种因素尤其是外部因素冲击,即使受到冲击也能保持经济利益不受重大损害的状态;维护这种状态的能力,以及这种状态和能力所获取的政治、军事和文化安全"②。叶卫平(2010)指出,国内已有的关于国家经济安全的定义方式,混淆了国家经济安全与国家经济发展、国家经济稳定以及产业安全、区域经济安全等概念。实际上,国家经济安全是指一个国家经济战略利益的无风险或低风险的状态,表现为基本经济制度和经济主权没有受到严重损害,使得经济危机的风险因素处于可以控制的状态。③

"能力说"。第二类学者主要从国家抵御经济风险的能力角度进行描述。赵英等(1994)认为"从现实生活总结,国家经济安全面临的威胁主要来自两个方面,一是一个国家的经济是否具有足够的国际竞争力,能否在世界舞台上立足;二是一个国家经济面临的各类重大的外部威胁(受到政治、军事、自然灾害等方面的侵袭、干扰)。所以国家经济安全是一个国家的经济竞争力;一个国家经济抵御国内外各种干扰、威胁、侵袭的能力;一个国家得以存在并发展的国内、国际环境"。④ 周肇光(2005)认为"开放型国家经济安全是指一国在开放经济条件下,经济向全球化、国际化发展进程中,综合本国经济因素抵御国内外风险的能力。"⑤ 柳辉和吕天宇(2001)指出,我们可以将经济安全定义为:在开放经济条件下,一国为使国民经济免受国内外各种不利因素干扰、威胁、侵袭、破坏而不断提高其国际竞争力,从而实现可持续发展,保持经济优势的状态和能力。⑥ 张幼文(1999)认为,"国家经济安全指的是一个国家经济整体处于不受各种因素尤其是外部因素冲击,或即便受到冲击也能保持经济利益不受重大损害的状态;维护这种状态的能力以及这种状态和能力所获取的政治、军事安全"。⑦ 顾海兵和张一弓(2010)指出,考虑我国所处的时代背景,以及对国家经济安全的界定,国家经济安全内涵的理解和定位是:通过加强自身机制的建设,使我国经济具备抵御外来风险冲击的能力,以保证我国的经济在面临外在因素冲击时能继续稳定运行、健康发展。⑧ 顾海兵和夏梦(2011)在其另外的文章中补充完善了对这一概念的界定。他指出在以上概念的基础上必须添加下列内容:面对间接外部冲击,必须优先解决内部问题。这个内涵的核心有两个,首先威胁经济安全的来源主要是外部冲击,其次研究要着眼于

---

① 尹正萍:《经济全球化背景下的中国经济安全问题》,《当代财经》,2002年第4期,第12~14页。
② 聂富强:《中国国家经济安全预警系统研究》,中国统计出版社,2005年,第5页。
③ 叶卫平:《国家经济安全定义与评价指标体系再研究》,《中国人民大学学报》,2010年第4期,第93~98页。
④ 赵英,胥和平,邢国仁:《中国经济面临的危险——国家经济安全论》,云南人民出版社,1994年,第1~10页。
⑤ 周肇光:《谁来捍卫国家经济安全》,安徽大学出版社,2005年,第230页。
⑥ 柳辉,吕天宇:《扩大内需:我国经济安全的战略选择》,《华东经济管理》,2001年第4期,第41~43页。
⑦ 张幼文:《国家经济安全问题的性质与研究要点》,《世界经济研究》,1999年第3期,第5~9+13页。
⑧ 顾海兵,张一弓:《后30年:中国国家经济安全战略的总体研究》,《经济学动态》,2010年第1期,第10~14页。

"过程的经济安全",即外部冲击是通过内部的传导机制来威胁经济安全的,因此加强内部自身机制的建设是问题的解决之道。① 研究的重点应放在"过程的经济安全"上,即国家的经济安全问题的发生是需要通过内部的一定传导机制的作用才能真正威胁到国家的经济命脉的。②

"综合说"。第三类学者提出了更加全面的观点。如雷家骕(2000)以对外开放为背景从更广泛的角度来界定了经济安全,并将经济安全分为多个子系统。他认为,国家经济安全是指一国最为根本的经济利益不受侵害。③ 张一弓等(2010)在借鉴世界经济大国经验和厘清本国特殊国情的同时,对国家经济安全战略所包含的要素、所构成的形式加以判别和分析,以准确把握国家经济安全战略的内涵。在德尔菲法的基础上,得出了我国经济安全战略内容上应包括能源安全战略、产业安全战略、贸易安全战略、金融安全战略、粮食安全战略和科技安全战略;形式上应从初始时的"集中—分散嵌入型"形式,逐步向完全的分散嵌入型过渡的结论。④ 高昊和张一弓(2010)指出,国家经济安全应该包括两个最基本的因素:一方面,国家的经济主权不受侵犯;另一方面,导致经济危机的经济风险处于可控的状态。国家经济安全应具有七大特征:国家性、根本性、广泛性、时效性、战略性、整体性和国别性。⑤

二、经济安全的主要领域

经济安全的主要领域不是一成不变的,而是随着时代的发展不断拓展丰富的。有部分学者对经济安全的领域划分作了界定,江涌(2007)认为对关键资源的支配和控制是国家经济安全最根本的内容;⑥ 万君康等(2001)把金融安全、经济信息安全和产业安全三方面视为国家经济安全的主要领域,并将三者的逻辑关系描述为:金融安全是核心,经济信息安全是基础,产业安全是内容。⑦ 张小玲(2020)将国家经济安全的内容从不同的角度划分为三种。第一,从生产要素角度划分为资源安全、技术安全、人口安全、市场安全;第二,从区域角度划分为国内经济安全和国际经济安全;第三,从产业角度划分为农业安全、工业安全、金融服务业安全。⑧ 雷家骕(2000)指出,国家经济安全包括战略资源安全、粮食安全、石油安全、制造业安全、国有经济安全、金融安全、财政安全、科技安全、信息安全等领域。⑨

---

① 顾海兵,夏梦:《基于国家经济安全的金融安全指标的选取研究》,《国家行政学院学报》,2011年第5期,第52~56页。
② 顾海兵,沈继楼,周智高,唐帅:《中国经济安全分析:内涵与特征》,《中国人民大学学报》,2007年第2期,第79~85页。
③ 雷家骕:《国家经济安全的理论与方法》,北京:经济科学出版社,2000年,第1~13页。
④ 张一弓,高昊,崔俊富:《中国国家经济安全的演进及内涵》,《财经问题研究》,2010年第3期,第10~16页。
⑤ 高昊,张一弓:《国家经济安全和国家经济发展比较探析》,《经济问题探索》,2010年第2期,第8~12页。
⑥ 江涌:《经济全球化背景下的国家经济安全》,《求是》,2007年第6期,第60~62页。
⑦ 万君康,肖文韬,冯艳飞:《国家经济安全理论述评》,《学术研究》,2001年第9期,第74~78页。
⑧ 张小玲:《关于国家经济安全的探究》,《统计与决策》,2020年第5期,第48页。
⑨ 雷家骕:《国家经济安全导论》,陕西人民出版社,2000年,第36~275页。

随着中国加入世界贸易组织，中国经济与世界经济联系越来越紧密，这一时期，学者们对国家经济安全的研究领域进行与时俱进的拓展。吴哲能（2018）研究了中国国家经济安全与中国对外直接投资的关系，认为在我国海外资产存量激增的背景下，不能只停留在从东道国角度来分析评估中国对外直接投资对东道国国家经济安全的影响，应该确立海外资产事关国家经济安全的新认知。① 周逸飞（2019）研究了虚拟经济全球化与国家经济安全的关系，通过分析虚拟经济对国家经济安全的影响，认为虚拟经济全球化不仅是挑战也是机会，我国应深刻认识到全球经济发展产生的问题，并利用科学解决手段提高经济综合水平，并提出推动人民币国际化、改善贸易结构、强化风险意识等措施。② 黄新华（2016）从边疆经济治理角度研究中国国家经济安全。他认为从国家经济安全的角度来看，中国边疆经济治理在地区生产总值、产业增加值、固定资产投资、对外贸易方面取得了显著成效，而在经济发展模式、产业结构、居民消费、科技创新方面存在明显不足。维护国家经济安全，必须有针对性地采取措施提升边疆经济治理的有效性，促进边疆地区经济稳定发展。③

三、经济安全的影响因素

维护经济安全会面临诸多困难挑战，这些困难挑战构成影响经济安全的重要制约因素。学者对经济安全的影响因素展开了广泛讨论，其观点大致可以分为单因素影响论、多因素影响论、国际因素影响论和经济全球化影响论。

（一）单因素影响论

持这一观点的学者，认为在影响经济安全的众多因素中，某个因素具有决定性作用。夏先良（2020）从制度和体制的视角入手研究国家经济安全。他指出，制度和体制是决定经济安全风险性的根本因素；社会主义制度与开放体制理论上能够确保经济安全；实践中社会主义制度与开放体制不健全、不发挥作用会放大经济安全风险；只有构建社会主义开放发展体制才能够增强和保障国家经济安全。④ 刘志鹏等（2018）关注技术这一主题。他们指出，经济安全是国家安全的基础。随着科技与经济社会发展的深入融合，技术对经济安全的影响日益突出。在当前经济全球化与新一轮科技革命和产业变革兴起的背景下，迫切需要关注技术因素对经济安全的影响，开展理论与实证研究。⑤

（二）多因素影响论

持这一观点的学者，认为经济安全受到多因素的交互影响。段进军（2001）认为，

---

① 吴哲能：《外商投资与国家经济安全》，《中国投资》，2018年第5期，第94~95页。
② 周逸飞：《浅谈虚拟经济全球化与国家经济安全研究》，《现代经济信息》，2019年第4期，第11页。
③ 黄新华：《我国国家经济安全视阈中的边疆经济治理研究》，《探索》，2016年第4期，第55~62页。
④ 夏先良：《社会主义开放经济体制的构建与中国国家经济安全》，《安徽师范大学学报》（人文社会科学版），2020年第2期，第10~18页。
⑤ 刘志鹏，代涛，李晓轩，等：《技术经济安全的概念与内涵——从新兴学科建设的视角》，《科学学研究》，2018年第3期，第410~417页。

科技产业和经济竞争力，经济体制，财政金融和外贸外汇，国外市场，能源、资源和海上运输线是国家经济安全的主要影响因素。① 徐开金和严岭（2002）的概括方式较为全面一些，把影响国家经济安全的因素区分为四组类型：（1）经济因素与非经济因素。经济因素如经济发展速度、通货膨胀率、社会就业情况、国际收支情况、金融业运转情况、债务负担情况、对外贸易的依存度程度、资源对外国的依存程度等等；非经济因素主要来自政治的、军事的、文化的方面。（2）国内因素与国际因素。（3）主观因素与客观因素。（4）自然因素与社会因素。②

（三）国际因素影响论

持这一观点的学者，认为全球贸易时代的经济安全受到各类国际因素的影响。魏浩和张二震（2005）认为，在我国国际经济摩擦急剧增加的同时，我国与发展中国家之间的经济摩擦也日益增加，发展中国家已经取代发达国家成为我国国际经济摩擦的主体。我国与发展中国家之间的经济摩擦对我国对外贸易的不利影响十分明显，主要表现为：（1）严重影响我国出口商品的贸易额。（2）沉重打击我国相关出口地区和企业的发展。（3）容易引发国际经济摩擦连锁反应。（4）大大增加了我国出口贸易的风险。③

有学者研究了美国全球战略对中国经济安全的影响，其主要表现在以下几方面：其一，美国的能源战略已经同未来中国的巨大能源需求和严重缺口联系起来；其二，中美之间的汇率问题已经出现，并且将在短期内成为中美经贸关系的摩擦热点；其三，随着中国出口竞争力的增强，贸易摩擦将持续上升，贸易战将不可避免；其四，技术出口控制已经成为中美经贸关系的核心问题之一；其五，美国对华投资可能引起的国家经济安全问题正在萌芽；其六，尽管美国对中国的各种制裁效力不显，但是美国仍不放弃并不断对中国实施各种局部制裁；其七，与非传统安全相联系的其他经济因素也在上升；其八，美国可能同日本、欧盟合作，联手对我进行经济压制和打击；其九，在国家制度上，美国始终把中国定位在"非市场经济国家"。④

丁德臣（2018）研究了美元周期和经济安全之间的关系，以便为我们更好维护经济安全提供经验。他指出，美元指数的波动，不仅仅取决于各类经济因素和美国的经济实力，更重要的是取决于美国经济、政治、外交和军事诸方面构成的综合国力的走势。最后建议应当构筑坚实的金融防火墙，努力消除新自由主义的负面影响，积极争取国际贸易中的定价权，扎实稳健地提高包括经济实力在内的综合国力，构建起习近平总书记所倡导的人类命运共同体。这样才能逐渐摆脱美元指数周期性波动的不利影响，最终实现有效保障国家经济安全的战略目标。⑤

---

① 段进军：《试论全球化时代国家的经济安全》，《山西师大学报》（社会科学版），2001年第3期，第77～80页。
② 徐开金，严岭：《国内经济安全理论研究综述》，《经济学动态》，2002年第11期，第47～50页。
③ 魏浩，张二震：《发展中国家与中国的经济摩擦及其影响分析》，《世界经济研究》，2005年第10期，第27～33页。
④ 黄仁伟：《美国全球战略的经济因素及对我经济安全的影响》，《世界经济研究》，2004年第2期，第4～9页。
⑤ 丁德臣：《美元周期及对中国经济安全的启示》，《宏观经济研究》，2018年第7期，第151～163页。

（四）经济全球化影响论

持这一观点的学者，认为各国处在经济全球化的时代是影响经济安全的重要因素。有学者从经济全球化的视角出发，分别从发达国家的压力、发展中国家的竞争以及我国国内矛盾三个方面研究了我国经济安全问题的影响因素，并指出影响我国经济安全的首要因素是经济全球化背景下发达国家经济技术优势的压力。影响我国经济安全的另一因素是经济全球化背景下发展中国家之间激烈的竞争。影响我国经济安全的又一因素是经济全球化所导致的不断加剧的国内经济矛盾。[①] 吴琼（2009）指出，影响中国国家经济安全的因素包括：中国的基本国情、发达国家推行经济全球化的战略意图和政策举措、经济全球化。[②] 王永和江耀生（2002）与吴琼的观点一致，认为发展中国家参与经济全球化的起始条件是决定其经济安全的内在因素；发达国家推行经济全球化的战略意图和政策举措是影响发展中国家经济安全的深层因素；经济全球化是影响发展中国家经济安全的环境因素。[③] 江涌（2007）指出，在经济全球化背景下，不同发展阶段的国家的经济安全问题有着显著差异。著名发展经济学家托达罗认为，发展中国家"在国际关系中处于受支配、依附和脆弱的地位"，这使得发展中国家比发达国家面临更多的安全困境，集中体现在：市场竞争造成两极分化、扩大开放威胁宏观经济稳定、容易受到发达国家的侵害、容易遭受金融风险与金融危机的冲击。[④]

四、经济安全的保障措施

保障经济安全是经济安全理论与战略研究的出发点和落脚点。学界对保障经济安全的系列措施开展了广泛探讨，形成了丰硕的研究成果，主要表现在建立国家经济安全保障机制、树立新的国家经济安全理念、推动国家经济安全立法、学习其他国家的成功经验等方面，具体如表16－9所示。

表16－9　学界关于经济安全的保障措施的研究阐释汇总表

观点	代表学者
建立国家经济安全保障机制	李海舰（2001），崔如波（2003），周肇光（2005），等等
树立新的国家经济安全理念	赵桂芝（2002），陈高翔（2004），等等
推动国家经济安全立法	徐英倩（2017）
学习其他国家的成功经验	周荣坤等（1997），顾海兵等（2007），等等

第一，建立国家经济安全保障机制。一些学者提倡建立国家经济安全保障机制来应

---

① 张薇，翟秀文，郭萍：《经济全球化背景下我国经济安全影响因素分析》，《经济经纬》，2008年第3期，第28～30页。
② 吴琼：《经济全球化条件下的中国国家经济安全》，《生产力研究》，2009年第20期，第1～4+7+203页。
③ 王永，江耀生：《经济全球化下影响发展中国家经济安全的因素分析》，《经济纵横》，2002年第10期，第26～29页。
④ 江涌：《经济全球化背景下的国家经济安全》，《求是》，2007年第6期，第60～62页。

对经济安全领域的风险挑战。周肇光（2005）提出国家经济安全保障机制应该包括"三控型"民族企业保护机制、"双限"理性控制机制、外贸宏观保护机制和多层次金融监管机制等。① 李海舰（2001）提出构建国家经济安全保障机制时要考虑对外经济开放、国民经济全局、区域经济联盟等多个不同的角度。② 姜茸等（2015）从国家经济安全、预警模型与方法、经济风险三个方面对国内外经济安全现状以分类研究的形式作出了评述、结论与展望。③ 崔如波（2003）分析了经济全球化给我国带来的机遇和挑战，他指出，我们必须全面构建21世纪的国家经济安全保障机制，确保中国经济在经济全球化过程中快速持续健康发展。具体表现在以下几方面：构建21世纪国家大安全战略；建设实力雄厚的国内经济，提高我国的综合国力；构建国家经济安全的防御体系和预警机制。④ 王淳萱和李艳燕（2014）认为，在经济全球化下，中国在频繁的跨境资本流动和汇率变动中尚处于劣势，为了应对中国经济安全面临的前所未有的挑战，要建立一个完善的经济安全运行机制。⑤ 员智凯和李博（2012）以中国海外经济安全为研究对象，指出随着我国在海外投资的日益增多，我国海外经济利益所面临的风险也开始明显增加。中国的海外经济利益主要面临政治、金融、市场和自然灾害等风险。加强中国海外经济利益的安全保障措施主要包括加强海外投资风险评估机制、有效利用国际法律保护自己、健全政府关于海外投资的保险体系、提升中国特色文化软实力影响力、加强驻外领事机构保障职能建设、对国有企业在海外的亏损投资问责等。⑥

第二，树立新的国家经济安全理念。部分学者建议从树立新的国家经济安全理念的角度来应对经济安全领域的风险挑战。陈高翔（2004）以冷战后如何维护中国国家经济安全为主题，提出了自己的看法。他指出，冷战后维护中国国家经济安全的对策有：重新调整国家经济安全理念，继续坚持实行经济上的全方位对外开放政策，在开放中求生存，求发展；要积极参与和推动区域经济合作；加强与第三世界国家的传统友谊和经贸关系，开辟新的市场；加强国内经济体制改革，完善法律法规建设，与损害我国经济安全的行为作坚决斗争，维护我国的经济利益和改革开放的成果。⑦ 赵桂芝（2002）分析了经济全球化对我国的影响后，提出了相应的对策。她指出，我们在积极参与全球化的同时，要树立全新观念，寻找相应对策，趋其利避其害，谋求国家和民族利益的最大化。具体从以下五方面着手：树立"发展才是硬道理"的安全观；树立"你中有我，我中有你"的安全观；树立"金融安全是经济安全的核心"的意识；树立"积极参与，广

---

① 周肇光：《谁来捍卫国家经济安全》，安徽大学出版社，2005年，第247~303页。
② 李海舰：《重构国家经济安全观》，《求知》，2001年第5期，第45页。
③ 姜茸，梁双陆，李春宏：《国家经济安全风险预警研究综述》，《生态经济》，2015年第5期，第34~38页。
④ 崔如波：《经济全球化与国家经济安全战略》，《探索》，2003年第5期，第58~61页。
⑤ 王淳萱，李艳燕：《全球化背景下的中国经济安全对策探讨》，《冶金经济与管理》，2014年第12期，第49~50页。
⑥ 员智凯，李博：《中国海外经济利益的安全保障研究》，《河南社会科学》，2012年第4期，第54~56+108页。
⑦ 陈高翔：《论冷战后中国国家经济安全的维护》，《东南亚研究》，2004年第1期，第41~44页。

泛合作"的安全观；树立"人才是根本"的安全观。①

第三，推动国家经济安全立法。徐英倩（2017）从国家立法的角度对国家经济安全进行了探讨，在分析美、俄、日的经济安全立法情况后提出：在新世纪加强对中国国家经济安全的立法是全面推进依法治国的重要举措，应该把国家经济主权、维护国家利益、国家干预等作为我国经济安全统一立法的指导原则，同时可把完善部门法作为实现统一立法之前的过渡措施。②

第四，学习其他国家的成功经验。有学者通过研究国外保障国家经济安全的措施，为我国提供经验借鉴。顾海兵等（2007）通过研究印度的国家经济安全战略举措，得出中国维护本国国家经济安全可资借鉴的保障措施。他指出，印度经济安全战略的实施值得我们借鉴的有：一是印度于1998年成立了国家安全委员会，为国家提供战略性的决策咨询和建议。二是印度特别注重发展自主知识产权。三是印度建立了进口贸易的商品安全监测预警体系。四是印度大力推行经济外交，为其经济安全服务。③ 周荣坤等（1997）研究了外国保障经济安全的举措，以期为我国提供经验借鉴。他指出，国外有关国家一般从两个层面来构建国家经济安全的政策措施体系：一是因应外部挑战而建立的经济安全保障体系。这套措施主要针对经济的外部风险，如资源供应及渠道，国外市场的不确定性，外国产品、资本和服务对国内市场的冲击等。其具体对策包括：关键领域的"自给原则"及战略储备制度；经济安全预警机制；防范外患及联合干预措施；国内经济安全法律和行政规定；强制性经济安全保障手段；二是实施各种内外政策而形成的经济安全保障体系。通过国家安全战略，创造良好的经济安全环境；通过对外经济政策，维护自身的经济利益；通过国内经济措施，提高经济安全系数。④

第五节　对外开放与独立自主

不论是在革命战争时期，还是在和平建设时期，中国共产党都高度重视并集中精力处理好"对外开放"与"独立自主"的关系。党在长期复杂的实践中不断深化认识，总结了大量成功经验，至今仍有巨大的理论指导作用。通过梳理现有的研究成果，可以发现，学术界关于"对外开放"与"独立自主"的研究基本上围绕历史演变、辩证关系及实践遵循等方面展开。

---

① 赵桂芝：《经济全球化对我国经济安全的影响及对策研究》，《财经问题研究》，2002年第5期，第17~19页。
② 徐英倩：《论我国国家经济安全立法》，《学习与探索》，2017年第10期，第65~70页。
③ 顾海兵，沈继楼，刘玮：《印度国家经济安全的经验与借鉴》，《开放导报》，2007年第4期，第81~86+110页。
④ 周荣坤，陶坚，陈凤英：《外国保障经济安全的原则、措施与经验》，《现代国际关系》，1997年第12期，第33~37页。

一、对外开放与独立自主的历史演变

认识随实践的深入而不断变化发展。党对"对外开放"与"独立自主"的认识也是随着实践的深入而历史地发展着的。学界对中国共产党关于"对外开放"与"独立自主"的历史演变的阐释,主要集中于对各个时期党的领导人关于"对外开放"与"独立自主"这一问题的论述的解读。

(一)对毛泽东关于"对外开放"与"独立自主"的认识的阐释

毛泽东的独立自主与对外开放思想是在长期革命、建设实践中形成的,代表了那个时期中国共产党人对独立自主与对外开放的认识。

第一,通过对外开放建设社会主义。毛泽东时代的对外开放思想,其目的是通过学习外国先进技术,争取外援,达到在短时间内加速建设社会主义的目的。薛忠义(1994)指出,在探索社会主义建设道路的过程中,毛泽东站在尽快把我国建设成为现代化强国,赶上世界发达国家的高度,总结我国社会主义建设的经验,向外国学习,形成了他的对外开放的思想,这是毛泽东思想宝库中的重要财富。[1] 吕东征(1994)指出,毛泽东强调发展对外经济交往和向外国学习,目的是要为社会主义经济建设创造良好的国际条件,调动和利用国际的力量来为我们的经济建设服务。他进一步指出,毛泽东不是把发展对外经济交往当作权宜之计,而是把它看作我们的一个立足点和建设社会主义的战略方针。[2]

第二,独立自主是出发点和落脚点。毛泽东认为解决中国的问题,根本上还是要靠中国自己,独立自主是我们的出发点,也是我们的落脚点。有学者指出毛泽东的独立自主和对外开放思想,是在长期的斗争实践和理论思考中逐步形成的。他不仅明确规定了独立自主的原则,也从广义上奠定了中国对外开放的指导思想。独立自主和对外开放的辩证统一,是毛泽东思想的重要组成部分,也是中国革命和建设事业胜利前进不可缺少的保证。[3] 王海平等(1964)指出,我国在社会主义经济建设中坚持贯彻自力更生的原则。主要表现在:在建设资金方面,主要依靠本国积累;在技术队伍方面,主要依靠自己培养;在技术装备方面,尽量自己装备自己;在原材料供应和产品销售市场方面,也必须是自力更生的。社会主义经济建设贯彻自力更生原则,除了必须用自力更生的方法进行建设外,更重要的还必须按照自力更生的要求,建立独立自主的经济体系。[4] 陆讯(1965)认为,党中央和毛泽东同志教导我们,任何一个社会主义国家的建设事业,主要地应当依靠自力更生。中国的社会主义建设,同中国的革命一样,必须坚定不移地执行自力更生的方针,主要依靠本国的力量,立足于自力更生的基础之上。只有这样,才

---

[1] 薛忠义:《试论毛泽东对外开放的思想与实践》,《大连海运学院学报》,1994年第4期,第105~109页。
[2] 吕东征:《毛泽东的对外开放思想及实践》,《福建党史月刊》,1994年第4期,第27~29页。
[3] 李华一、王泠一:《论毛泽东的独立自主与对外开放思想》,上海社会科学院历史研究所,1991年,第1页。
[4] 王海平,高正荣,郭崇凯:《论我国社会主义经济建设中的自力更生原则》,《江淮学刊》,1964年第6期,第22~28+47页。

能够使我们的社会主义建设永远立于不败之地。实践不断地证明，自力更生的方针，是战无不胜的马克思列宁主义的方针，是多快好省地建设社会主义的方针，是无产阶级国际主义的方针。① 李久林（2019）认为，独立自主是毛泽东思想活的灵魂之一，其主要含义就是在革命和建设中，要坚持走自己的路，主要依靠自己的力量，把立足点、出发点放在依靠自己力量的基础上。② 王静东（1993）认为，独立自主、自力更生，是毛泽东同志的一贯思想，是毛泽东思想活的灵魂三个基本方面之一，是以毛泽东同志为代表的中国共产党人在领导中国革命和建设的过程中，把马克思主义原理与中国的实际相结合得出的一个创造性结论。③ 陈世润（1999）指出，毛泽东在中国开创了独立自主并把它成功地运用于中国革命和建设的实践。④

（二）对邓小平关于"对外开放"与"独立自主"的认识的阐释

随着改革开放的序幕拉开，以邓小平同志为主要代表的中国共产党人开始了对外开放的探索。

第一，"不搞改革开放就是死路一条"。邓小平在总结了新中国成立以来社会主义建设的正反两方面经验后，指出中国不能脱离世界独自发展，一定要通过改革开放发展社会主义经济。胡伟国（2003）指出，邓小平在正确把握世界历史发展的趋势和科学总结我国历史经验的基础上，系统阐明了中国在社会主义条件下实行对外开放的必然性和必要性。⑤ 顾春明（2002）认为，邓小平同志的国际战略思想与对外开放思想是相互统一、互为衔接的。他分析国际形势提出对外政策，旨在使中国抓住机遇，创造条件加快发展。⑥ 崔朝东（2001）分析了邓小平对外开放思想形成的背景，并在此基础上着重分析了其对马克思主义的丰富和发展：提出了对外开放是长期的、根本的战略决策；要实行全方位的对外开放；把对外开放和独立自主、自力更生统一起来；对外开放不会导致资本主义；对外开放要大胆、要敢闯；要吸收和借鉴世界上一切有益的文明成果等重要观点。⑦

第二，独立自主地建设中国特色社会主义。以邓小平同志为主要代表的中国共产党人开辟了中国特色社会主义道路。邓小平认为，走中国特色社会主义道路不是做资本主义的附庸，而是利用"市场"和"开放"两大手段，独立自主地发展中国经济。陈世润和陈晨（2009）指出，邓小平坚持独立自主，最重要的是独立自主地探索建设有中国特色的社会主义道路。为了更好地坚持独立自主地走建设有中国特色社会主义道路，

---

① 陆讯：《试论我国社会主义建设的自力更生方针》，《经济研究》，1965年第7期，第1~11页。
② 李久林：《毛泽东独立自主思想及其当代价值》，《思想理论教育导刊》，2019年第11期，第21~25页。
③ 王静东：《试论毛泽东邓小平的独立自主、自力更生的思想》，《社会主义研究》，1993年第5期，第8~11页。
④ 陈世润：《邓小平对毛泽东独立自主思想的继承和发展》，《南昌大学学报》（人社版），1999年第3期，第13~18页。
⑤ 胡伟国：《论邓小平对毛泽东对外开放思想的发展与创新》，《毛泽东邓小平理论研究》，2003年第3期，第85~88页。
⑥ 顾春明：《深刻领会和把握邓小平国际战略和对外开放思想》，《理论前沿》，2002年第1期，第18~20页。
⑦ 崔朝东：《邓小平对外开放思想及其实践》，《外交学院学报》，2001年第1期，第23~29页。

邓小平同志强调必须正确对待马克思主义理论和外国经验，他不仅坚持独立自主探索中国特色社会主义道路，而且坚持新的历史条件下对外政策的独立自主，不仅坚持独立自主，而且根据中国的国情，根据变化的世界打开国门实行对外开放。[1] 贾同跃（1994）指出，邓小平同志有两个鲜明的观点，一是对外开放一定要坚持社会主义原则和方向；二是学习外国有用的东西，必须在坚持独立自主原则的基础上，采取分析、批判的态度，不能一切照搬，必须提高民族自尊心、自信心和自豪感。[2]

（三）对江泽民关于"对外开放"与"独立自主"的认识的阐释

随着冷战结束，国际格局产生了巨大的变化，"两极化世界"解体，"一超多强"的国际新格局逐渐形成，以江泽民同志为主要代表的中国共产党人针对新情况提出了新认识。

陈世润和陈晨（2009）认为，江泽民独立自主对外开放思想是对毛泽东、邓小平独立自主对外开放理论在新形势下的继承和发展，其视野高远内涵丰富深刻，凝聚了第三代领导集体和全党的智慧。[3] 陈扬勇（2009）指出，面对经济全球化这把"双刃剑"，江泽民提出要趋利避害，既要积极参与，利用经济全球化促进我国的经济发展，又要坚持独立自主，防止它所带来的风险。核心是做到坚持独立自主同参与经济全球化的有机结合。[4] 陈平其（2003）认为，江泽民在新的历史时期进一步论证了我国实行对外开放政策的必要性，并就对外开放的具体思路、应坚持的基本原则等作了全面的阐述，继承并发展了马克思主义的对外开放理论，为我国社会主义现代化建设提供了科学的理论指南。[5]

（四）对胡锦涛关于"对外开放"与"独立自主"的认识的阐释

进入21世纪以来，部分国家综合国力不断增强，国际力量对比不断调整，"多极化"趋势明显增强，"一超多强"的世界格局逐步转变。在这样的时代背景下，以胡锦涛同志为主要代表的中国共产党人对"对外开放"与"独立自主"作出了新判断。

许先春（2009）指出，胡锦涛把科学发展观的根本方法——统筹兼顾贯穿到对外开放实践中，强调要统筹国内发展和对外开放，统筹国内国际两个大局，还提出了完善开放型经济体系的目标。[6] 林峰（2009）指出，随着经济全球化的深入发展和我国社会主义市场经济体制的不断完善，我国对外开放面临的内外条件正在发生深刻变化。以胡锦涛为总书记的党中央提出了我国对外开放的新要求，提出了"互利共赢"的开放战

---

[1] 陈世润，陈晨：《新中国60年独立自主对外开放的经验》，《探索》，2009年第5期，第96~99页。
[2] 贾同跃：《邓小平独立自主思想述略》，《探索》，1994年第3期，第14~16页。
[3] 陈世润，陈晨：《新中国60年独立自主对外开放的经验》，《探索》，2009年第5期，第96~99页。
[4] 陈扬勇：《坚持独立自主同参与经济全球化的有机结合——以江泽民经济全球化思想为中心》，《党的文献》，2009年第5期，第65~71页。
[5] 陈平其：《全面提高对外开放水平——简论江泽民的对外开放思想》，《社会主义研究》，2003年第1期，第96~98页。
[6] 许先春：《经济全球化与中国特色社会主义对外开放思想》，《北京行政学院学报》，2009年第5期，第43~47页。

略，提出了"提高开放型经济水平"的开放目标，提出了"安全高效"的开放理念。①聂晓静（2011）认为，以胡锦涛同志为总书记的党中央提出"坚持走中国特色自主创新道路"的科学论断，经过60年党的中央领导集体不断探索，形成了比较完整的党的中国特色自主创新理论。②

（五）对习近平"对外开放"与"独立自主"认识的阐释

党的十八大以来，国际国内都发生着巨大变化。从国际看，世界正经历百年未有之大变局，科技革命和产业革命深入发展，国际力量的对比正经历深刻调整。同时，世界经济发展的不稳定性和不确定性更加明显。从国内看，我国自身的发展条件已经发生了重大变化，2020年我国已全面建成小康社会，开启了全面建设社会主义现代化国家新征程，国家的经济实力、科技实力、综合国力进一步提升，中国这一古老的东方大国已经屹立于世界东方。③站在历史的交汇点上，以习近平同志为核心的党中央对"对外开放"与"独立自主"提出了新的更为系统和全面的认识。

"系统全面的开放理论"。进入新时代，为了更好地融入经济全球化潮流，贡献中国的经济力量，习近平提出更加系统、全面的对外开放理论。有学者指出，党的十八大以来，习近平总书记科学总结新时代中国对外开放的新内涵和新要求，形成习近平新时代中国特色社会主义对外开放思想，成为我国进一步扩大开放的理论指南和根本遵循。习近平新时代中国特色社会主义对外开放思想包含了主动开放、全面开放、双向开放、共赢开放等重要思想内容，具有十分丰富的内涵。④王广（2018）指出，党的十八大以来，习近平同志把握世界大势和时代潮流，统筹国内国际两个大局，围绕对外开放问题提出了一系列新思想、新论述、新战略。对外开放是促进一个国家强盛的必由之路，面对经济全球化的历史潮流，要积极引导经济全球化发展方向，构建中国特色社会主义新时代的对外开放格局。⑤陈宇翔和张潇潇（2019）认为，习近平关于新时代对外开放的重要论述是马克思主义运用于中国改革开放特别是对外开放的实践而产生的最新理论成果。这一理论成果的形成与马克思主义的开放理论、与我们党带领人民不断探索对外开放的丰富实践、与新阶段我国发展所面临的机遇和挑战密不可分。⑥吴宁等（2019）指出，习近平关于对外开放经济的重要论述主要体现在三个方面，一是全面开放的思想，

---

① 林峰：《中国特色社会主义对外开放理论的新发展》，《深圳大学学报》（人文社会科学版），2009年第1期，第59~63页。
② 聂晓静：《党的中国特色自主创新理论的形成初探》，《理论导刊》，2011年第6期，第63~65页。
③ 蒋永穆，孟林：《把握好"十四五"规划和二〇三五年远景目标建议的"变"与"不变"》，《思想理论教育导刊》，2020年第12期，第4~9页。
④ 陈伟雄：《习近平新时代中国特色社会主义对外开放思想的政治经济学分析》，《经济学家》，2018年第10期，第5~13页。
⑤ 王广：《引导经济全球化发展方向与构建新时代对外开放格局——学习习近平同志关于对外开放的重要论述》，《广东社会科学》，2018年第6期，第13~19页。
⑥ 陈宇翔，张潇潇：《习近平关于新时代对外开放的重要论述、实践及其重大价值》，《马克思主义理论学科研究》，2019年第2期，第95~107页。

二是共赢开放的思想,三是更高层次开放的思想。①

"独立自主始终是立足点"。面对逆全球化潮流,最根本的是要把我们自己的事做好。欧阳恩良和唐闻晓(2021)认为,自力更生是中华民族的文化基因和精神品质,中华文明史就是中华民族自力更生的历史。坚持独立自主、自力更生的基本方针,是中国革命、建设、改革取得胜利的一条基本经验。新时代我国依然处于社会主义初级阶段的基本国情没有改变,国家安全面临风险挑战,全球单边主义、保护主义、霸权主义抬头,三者决定了以"自力更生、艰苦创业"为立足点的基本路线不可动摇。在全面建设社会主义现代化国家的新阶段,实现经济社会高质量发展,必须"走更高水平的自力更生之路"。②

二、对外开放与独立自主的辩证关系

厘清"对外开放"与"独立自主"这对范畴的辩证关系是正确处理两者关系的前提。学界对"对外开放"与"独立自主"这对范畴的辩证关系进行了深入研究,总体来讲,两者具有主次地位不同、彼此相互依存、核心目的一致的辩证关系。

(一) 独立自主与对外开放两者的地位不同

矛盾的方面有主次之分,弄清矛盾方面的主次问题,是指导我们正确处理矛盾的基础。学界普遍认为"独立自主"与"对外开放"的地位不同,其中"独立自主"是矛盾的主要方面,处于主导地位,而"对外开放"是矛盾的次要方面,处于从属地位。仪坤秀(1995)从哲学角度分析对外开放与独立自主的关系,他指出,在独立自主和对外开放这一对矛盾统一体中,矛盾的双方不是平等的,而是有主次之分的。在这对矛盾中,独立自主是内因,起主导作用;对外开放是外因,起补充的作用。③杨建辉(2009)指出,独立自主、自力更生是对外开放的前提和基础,舍此立足点,对外开放就成了无源之水,无本之木。"像中国这样大国家搞建设,不靠自己不行,主要靠自己,这叫作自力更生。""中国的经验第一条就是自力更生为主。""中国人的事情要按照中国情况来办,独立自主、自力更生,无论过去、现在和将来,都是我们的立足点。中国人民珍惜和其他国家和人民的友谊和合作,更加珍惜自己经过长期奋斗而得来的独立自主权利。任何外国不要指望中国做他们的附庸,不要指望中国会吞下损害我国利益的苦果。"④赵振英(2000)指出,邓小平强调必须坚持毛泽东的自力更生为主,争取外援为辅的方针。没有对外开放,不学习别人的长处,不引进资金、技术,不发展对外经贸合作,中国式的现代化也难实现。但是一定要弄清自力更生和争取外援的主次关系,这样,我们才能站住脚跟,利用好两种资源、两个市场,才能在充分发挥我国人民的主动性、创造

---

① 吴宁,吴瑞临,许慧:《习近平关于对外开放经济的重要论述及其意义》,《管理学刊》,2019年第1期,第1~7页。
② 欧阳恩良,唐闻晓:《"中国最终还是要靠自己"——认真学习习近平关于自力更生的重要论述》,《思想教育研究》,2021年第2期,第18~23页。
③ 仪坤秀:《独立自主与对外开放的哲学思考》,《东岳论丛》,1995年第3期,第62~64页。
④ 杨建辉:《简论邓小平对外开放思想的特点》,《思想理论教育导刊》,2009年第5期,第20~22页。

性的基础上,使对外开放的工作事半功倍。① 李久林(2019)认为,在对外开放中,一定要坚持独立自主原则,坚决维护国家主权和民族尊严,维护中国人民的根本利益。这是我们应该也必须坚持的底线。独立自主,自主创新,在任何时候都应该成为我们的立足点和出发点。②

(二) 独立自主与对外开放两者互相依存

矛盾双方是相互依存、彼此不可分割的,失去任何一方,矛盾共同体就将失去存在的意义。学界认为"独立自主"与"对外开放"既对立,又统一。虽然主次地位不同,但是两者密不可分,共同服务于社会主义现代化建设实践。仪坤秀(1995)认为,独立自主与对外开放之间是统一的。一方面,独立自主是对外开放的前提和基础,只有坚持独立自主、自力更生,把立足点放在自己力量上,才有条件实行对外开放。另一方面,独立自主并不排斥同其他国家进行技术交流与合作,相反实行对外开放,利用外国先进技术和资金,能够有效地促进本国经济的发展,有利于增强我国自力更生的能力。③ 贾同跃(1994)提到,在独立自主与对外开放的关系问题上,邓小平认为,一个国家如果没有经济上的独立,政治上的独立就只是一句空话。而经济的发展离开与世界的交往与合作是不能成功的。按照邓小平同志的观点,独立自主与对外开放不仅互不排斥,而且相辅相成,相得益彰。坚持独立自主是立足点,是根本,而坚持对外开放是为了更好地发展经济,从而更有利于增强本国独立自主的能力。④ 崔朝东(2001)指出,对外开放是和独立自主、自力更生相统一的。实行对外开放,并不意味着放弃独立自主、自力更生的方针。同时,独立自主不等于闭关自守,自力更生不等于盲目排外。在向外国学习的过程中,吸取其精华,去除其糟粕,是我们要遵守的原则。⑤ 张术环(1997)认为,独立自主与对外开放相互依存。一方面,独立自主是对外开放的基础和前提。在当代中国,坚持四项基本原则是我国政治独立的最根本保证和最大体现。四项基本原则是我们的立国之本,也是实行对外开放的基本前提。另一方面,对外开放是实现我国社会主义现代化,更好地独立自主的条件。⑥ 李久林(2019)在研究毛泽东"坚持独立自主为主,争取外援为辅"的方针时,提出要坚持独立自主与争取外援的辩证统一,坚持独立自主并不意味着盲目排斥一切对自己有利的外在因素和力量。⑦ 代金平和闵绪国(2009)指出,独立自主与对外开放是相辅相成、有机统一的。独立自主是对外开放的前提和基础,对外开放可以增强独立自主的能力,二者都是为了更好更快地推进社会主

---

① 赵振英:《邓小平独立自主、自力更生和对外开放思想探析》,《学习与探索》,2000年第3期,第48~53页。
② 李久林:《毛泽东独立自主思想及其当代价值》,《思想理论教育导刊》,2019年第11期,第21~25页。
③ 仪坤秀:《独立自主与对外开放的哲学思考》,《东岳论丛》,1995年第3期,第62~64页。
④ 贾同跃:《邓小平独立自主思想述略》,《探索》,1994年第3期,第14~16页。
⑤ 崔朝东:《邓小平对外开放思想及其实践》,《外交学院学报》,2001年第1期,第23~29页。
⑥ 张术环:《试论邓小平关于独立自主与对外开放的思想》,《毛泽东思想研究》,1997年第6期,第54~57页。
⑦ 李久林:《毛泽东独立自主思想及其当代价值》,《思想理论教育导刊》,2019年第11期,第21~25页。

义现代化建设。①

（三）独立自主与对外开放二者具有共同的原则

矛盾双方既有斗争性，又有同一性。"独立自主"与"对外开放"的同一性主要表现在两者坚持共同的原则，即国家利益至上的原则。学者们对这一问题进行了系统阐发。仪坤秀（1995）认为，独立自主与对外开放之间是相互联系，相辅相成，相互统一的。二者具有共同的原则，即国家主权原则和国家利益原则。② 孙翠萍和刘福臣（1994）认为，独立自主与对外开放两者从始至终都重视政治独立。他们指出，信奉经济独立、主张全面对外开放固然是邓小平同志的一个鲜明思想特点，但他对坚持政治上的独立这个根本前提不仅未曾有丝毫懈怠、脱离或放弃，而恰恰是，他考虑一切问题的出发点，从制定经济发展战略规划到实施每一项重大方针政策，都是以实现我们民族的根本政治利益为目的的。③ 赵振英（2000）指出，独立自主首先是一项国权，也是我国的国格，是我国人民经过长期奋斗得来的权利，备受我国人民的珍惜。邓小平说："国家的主权和安全要始终放在第一位"。邓小平强调维护国家独立自主权利的重要性。同时，对外开放，取别人之长，用天下之宝，也是为了更好发展中国经济，造成一个强大的社会主义国家，从这个角度讲，两者都秉持国家主权、国家利益至上的原则。④

三、对外开放与独立自主的实践遵循

独立自主始终是立足点。在探讨对外开放与独立自主的实践遵循时，大部分学者特别强调国家安全、独立自主的重要性。如王春玺（2010）认为，中国应直面经济全球化，坚持独立自主与对外开放的统一。在对外开放过程中，始终注意维护国家的主权和经济社会安全，注意防范和化解国际风险的冲击，正确把握对外开放的"度"。善于利用对外开放提高中国综合国力和自主创新能力，实行"引进来"与"走出去"相结合的战略，增强我国经济发展的后劲，提高国家的核心竞争力和民族工业的自主创新能力。⑤ 孙海（2009）指出，在坚定不移扩大对外开放的同时，必须独立自主地发展中国特色社会主义的伟大事业；必须坚决维护国家的主权、安全和根本利益；必须致力于建设创新型国家；必须树立世界眼光、加强战略思维、把握发展机遇和应对风险挑战；必须坚决反对不分国别、不讲原则的"全面开放"的错误思潮。⑥ 陈扬勇（2009）认为，我们党面对经济全球化这把"双刃剑"，核心是做到坚持独立自主同参与经济全球化的

---

① 代金平，闵绪国：《论中国特色社会主义理论体系的基本范畴》，《山东社会科学》，2009年第7期，第10~14页。
② 仪坤秀：《独立自主与对外开放的哲学思考》，《东岳论丛》，1995年第3期，第62~64页。
③ 孙翠萍，刘福臣：《邓小平坚持独立自主与对外开放的思想特点》，《毛泽东思想研究》，1994年第1期，第37~39页。
④ 赵振英：《邓小平独立自主、自力更生和对外开放思想探析》，《学习与探索》，2000年第3期，第48~53页。
⑤ 王春玺：《坚持走独立自主的中国道路——以中国与拉美改革道路的选择为视角》，《中国特色社会主义研究》，2010年第2期，第45~49页。
⑥ 孙海：《论毛泽东对外开放思想及其方法论意义》，《求实》，2009年第12期，第7~10页。

有机结合。始终注意把维护国家主权和经济安全放在首位，把扩大国内需求、开拓国内市场作为我国国民经济发展的基本立足点和长期战略方针，以多元化战略开拓国际市场、利用国外资源，加强自主创新。[①] 欧阳恩良和唐闻晓（2021）认为，新时代我国依然处于社会主义初级阶段的基本国情没有改变，国家安全面临风险挑战，全球单边主义、保护主义、霸权主义抬头，三者决定了以"自力更生、艰苦创业"为立足点的基本路线不可动摇。在全面建设社会主义现代化国家的新阶段，实现经济社会高质量发展，必须"走更高水平的自力更生之路"。[②] 李久林（2019）认为，独立自主的思想是依靠自己的力量进行工作。坚持独立自主，主要依靠自己的力量解决自己的问题，是事物发展的客观规律的必然要求。只有依靠本国人民的独立自主、自力更生，本国革命和现代化建设事业才能顺利发展。[③]

大力发展生产力是关键。中国一切问题的解决归根结底还是要靠发展，对外开放的根本目的是发展本国的生产力，提升本国的综合国力。多年来，部分学者一直强调发展生产力的重要性。张先贤（1994）认为，我们向"一切国家"学习，其目的是为了发展社会主义生产力，把我国建设成为社会主义现代化强国，因此，必须坚持发展生产力的原则。[④] 傅允生（1997）也指出，社会主义的本质是解放和发展生产力，是在生产力发展的基础上实现共同富裕。要更好更快地发展生产力就必须对外开放，同时，对外开放也必须坚持促进生产力发展的原则。原因是：第一，发展生产力是最根本的革命；第二，生产力的极大发展是实现共产主义的必要条件；第三，以是否有利于社会主义生产力的发展，来判断经济建设中的是非曲直。[⑤] 陈江生（2018）指出，十八大以来的"走出去"战略使得我国的资金、技术和装备得到充分利用，缓减了国内产能过剩的压力，推动了国民经济和生产力的发展。同时，发展生产力、夯实经济基础，在很大程度上也会影响对外开放的成效，这也成了对外开放的重要依靠。[⑥]

第六节 总体考察

中国解决所有问题的关键是要靠自己的发展。[⑦] 要发展自己就需要一个长期和平的发展环境，由此可见，发展与安全两大问题是辩证统一的。保障国家安全是为了给经济

[①] 陈扬勇：《坚持独立自主同参与经济全球化的有机结合——以江泽民经济全球化思想为中心》，《党的文献》，2009年第5期，第65~71页。
[②] 欧阳恩良，唐闻晓：《"中国最终还是要靠自己"——认真学习习近平关于自力更生的重要论述》，《思想教育研究》，2021年第2期，第18~23页。
[③] 李久林：《毛泽东独立自主思想及其当代价值》，《思想理论教育导刊》，2019年第11期，第21~25页。
[④] 张先贤：《论毛泽东对外开放的思想原则》，《岭南学刊》，1994年第6期，第41~45页。
[⑤] 傅允生：《发展社会主义生产力与对外开放——邓小平对外开放思想研究》，《财经论丛》，1997年第1期，第1~6页。
[⑥] 陈江生：《近代以来中国经济对外开放的历史分析》，《科学社会主义》，2018年第6期，第14~19页。
[⑦] 邓小平：《邓小平文选》（第3卷），人民出版社，1993年第1版，第265页。

发展提供和平环境，而经济实力的增强又有利于进一步巩固国家安全。我们的党自成立以来一直都高度重视发展与安全问题，学界也在积极探索这一理论命题。总体来看，学界对这一命题进行了充分的讨论，既有对不同问题的争议，也有对同一问题研究视角和方法的拓展。本节在综合考察前面各节的基础上，提炼出统筹发展与安全理论演进的特点，并对未来研究重点进行展望。

一、演进特点

统筹发展与安全理论在中国共产党百年奋斗历程中不断丰富拓展。学界对这一主题的争鸣和认识也深入推进，其演进过程整体上呈现出以下特点。

（一）深入挖掘马克思主义经典作家有关发展与安全的思想结晶

学术界对马克思主义经典作家关于发展与安全相关论述的解读颇为丰富。从研究视角来看，一方面，学者们主要从共享发展成果、保护自然生态、协调平衡发展、对外开放发展等角度，对马克思主义经典作家的发展思想进行解读；另一方面，从维护经济安全、文化安全、意识形态安全等角度阐释马克思主义经典作家的安全思想。从研究成果的数量来看，学者们对马克思恩格斯和列宁的相关论述所作的研究较多，对斯大林的相关论述所作的研究较少。从研究的深度来看，学者们深入挖掘了马克思主义经典作家的发展与安全思想萌芽。比如，在阐释绿色发展思想时，深刻挖掘马克思对资本主义社会工人恶劣的生存境遇与生态系统恶化问题的揭露，对水污染、森林破坏和自然资源枯竭的批判；又如，通过阐发列宁的以国家掌握"大的生产资料"促进经济发展的思想，为我国坚持以公有制为主体、多种所有制经济共同发展的基本经济制度提供理论依据。学者们对经典作家思想结晶的挖掘，做到了历史与现实、理论与实践的有机统一。

（二）统筹发展与安全的研究热点随时代变迁而不断丰富和发展

党在不同历史时期面对的革命或建设事业的主要矛盾是不断变化的，因此每个历史时期的根本任务也不尽相同。学者们根据不同时期的根本任务，紧跟热点作了相关研究。新民主主义革命时期，理论界对统筹发展与安全理论的研究主要关注点在根据地的经济建设及保障革命胜利上。新中国成立初期，三大改造基本完成，社会主义制度的确立使得理论界开始关注社会主义经济建设，与此同时在安全领域，传统安全依然是关注的热点。改革开放后，学者们围绕生产力发展、开放发展作了大量研究，在安全方面也由传统安全向非传统安全过渡，特别关注经济安全。随着改革开放的深化，循环发展、创新发展、人本发展、和谐发展等成为主要研究话题，安全方面的研究强调国际环境的影响，特别是中美关系对国家安全的影响。中国特色社会主义进入新时代，理论界对发展与安全的辩证关系作了大量研究，对安全发展进行了深刻解读，对粮食安全、生态安全等也进行了探索。

（三）不断深化对经济安全的系统性认识

经济安全是国家安全的基础。学界长期致力于经济安全的研究，对经济安全形成了系统性的认识。首先，对于"经济安全"这一概念，主要存在三类不同观点，分别是"状态说""能力说"和"综合说"。经过理论的论证和实践的印证，学者们普遍认同了国家经济安全应该包括两个最基本的因素：一方面是使国家的经济主权不受侵犯的能力；另一方面是导致经济危机的经济风险处于可控的状态。在对内涵有了更加全面的认识后，学者们又对经济安全所涵盖的领域、影响经济安全的因素及保障经济安全的措施进行了探讨，系统回答了什么是经济安全，经济安全受哪些因素影响以及如何保障经济安全的问题，持续深化对"经济安全"这一主题的认识。

（四）始终坚持处理好对外开放与独立自主的关系

中国共产党成立百年来，始终坚持处理好对外开放与独立自主的关系。对外开放是发展国民经济、学习先进技术、促进文化交流、提升综合国力的有力手段。独立自主是保障国家安全的立足点，对外开放不是任意条件下的开放，而是保证了独立自主的开放，没有独立自主，一切开放都失去了价值。学者们对这一问题的研究贯穿党的历史，早在党成立早期，陈独秀等共产党人在救亡图存的同时，已经开始探索开放发展问题；新中国成立初期，毛泽东同志提出坚持"独立自主、自力更生为主，争取外援为辅"的方针，这一方针实质上就是要立足自身的同时，通过对外开放，学习外国先进技术、经验，为社会主义建设服务；改革开放以来，邓小平同志指出中国的发展离不开世界，不能关起门来搞建设，必须对外开放，发展生产力，这一接力棒在一代代中国共产党人手中薪火相传，逐渐形成了系统的对外开放理论。特别是党的十八大以来，习近平同志提出了要走向更高水平的对外开放。"一带一路""人类命运共同体"是新时代对外开放的强力举措。与此同时，习近平同志也指出，中国的事情要靠中国自己来办，不能忘记自力更生、艰苦奋斗的革命精神，要大力发扬这一精神，提高中国的自主创新能力。

二、研究展望

统筹发展与安全理论的变迁始终紧密联系经济社会发展实践的最新变化，随着中国特色社会主义进入新时代，统筹发展与安全理论也将随之创新和发展。

（一）深化统筹发展与安全研究

统筹发展与安全理论的相关研究中，单纯做"发展"或者"安全"研究的很多，但是在如何统筹这一方面，目前所作的研究仍然不多，特别是中国特色社会主义进入新时代之前，对统筹"发展"和"安全"这两者的研究很少。然而，今天的中国正面临百年未有之大变局，前路机遇与挑战并存，各种风险、不安全因素不断增多，这就需要在发展中巩固安全，在安全中保障发展。因此，继续深化统筹发展与安全研究，是应对日趋复杂的国际国内形势所必须的。

（二）强化"总体国家安全"研究

总体国家安全观作为一种新的国家安全理念，具有特殊的时代价值。当前我国国家安全的内涵和外延比历史上任何时候都要丰富，时空领域比历史上任何时候都要宽广，内外因素比历史上任何时候都要复杂，必须坚持总体国家安全观，以人民安全为宗旨，以政治安全为根本，以经济安全为基础，以军事、文化、社会安全为保障，以促进国际安全为依托，走出一条中国特色国家安全道路。为了更好贯彻落实总体国家安全观，我们必须既重视外部安全，又重视内部安全；既重视国土安全，又重视国民安全；既重视传统安全，又重视非传统安全；既重视发展问题，又重视安全问题；既重视自身安全，又重视共同安全。① 因此，在未来关于"总体国家安全"的研究中，必须强化对以上几方面安全关系的研究。

（三）聚焦非传统安全研究

虽然当前对国家安全的研究十分丰富，但是大部分集中于对传统安全的研究，对非传统安全的研究明显不足。"非传统安全"又被称作"全球安全""共同安全""共享安全""综合安全""集体安全""人类安全""社会安全"等，以对应旧的、以国家安全为主的"传统安全"。在全球化加速发展的今天，非传统安全问题此起彼伏，层出不穷，应对不当甚至可能会引发传统安全问题。② 因此，重视对非传统安全的研究，建立预警机制，推动非传统安全治理现代化，对于维护国家安全利益，构建人类命运共同体具有重大意义。

（四）加强统筹对外开放与独立自主的研究

中国的发展离不开世界，世界的发展也需要中国。实践证明经过改革开放40多年的发展，中国的综合国力大幅提升，已经成为世界第二强国，中国对世界的发展也作出了巨大贡献。对外开放不仅没有使中国成为别国的附庸，反而更加巩固了国家安全，保证了独立自主。因此，今后也应该一如既往加强对外开放研究。全球经济化的浪潮是不可阻挡的，但也不是一帆风顺的，也会有波涛汹涌的时候，当今世界逆全球化的暗流涌动，以美国为首的资本主义国家对中国实施贸易制裁，使中国进一步明确了独立自主的重要性，国民经济增长大部分都依赖"出口"来拉动的想法是不现实的，也是不可靠的。今天，我们必须着手研究如何在加快推进高水平对外开放的新时代，独立自主地发展中国经济，特别是如何通过形成"以国内大循环为主，国内国际双循环相互促进"的新发展格局，进一步处理好对外开放和独立自主的关系。

---

① 赵耀辉：《坚持总体国家安全观 走中国特色国家安全道路》，《唯实》，2014年第6期，第21~24页。
② 彭姝祎：《当今人类社会面临的非传统安全》，《人民论坛》，2020年第17期，第116~119页。

中国基本经济理论百年探索（1921—2021）

开放篇

第十七章　社会主义对外开放理论

实行对外开放，发展对外经济关系，是社会化大生产和商品经济发展的客观要求。对外开放有助于推动我国经济发展，推进社会主义现代化建设，为中华民族伟大复兴提供强劲驱动力。中国共产党自成立以来，继承和发展了马克思主义经典作家的对外开放理论，不断加深对相关理论的理解和认识，指导我国的对外开放实践，不断推动我国形成更高水平的对外开放新格局。建党百年来，学术界对于社会主义开放理论有着丰富的研究成果。本章主要从对马克思主义经典作家对外开放相关论述的阐释、对中国共产党对外开放认识的阐述、中国对外开放的历史进程及经验、中国对外开放的政策选择、中国的对外经济关系、全面开放新格局等六个方面对学者的研究进行梳理。在此基础上，总结研究的基本特点并对社会主义对外开放理论的发展作进一步展望。

第一节　对马克思主义经典作家关于对外开放理论论述的阐释

马克思主义经典作家关于对外开放相关问题的论述，主要体现在马克思恩格斯的世界历史及世界市场理论、共产主义本质理论和列宁、斯大林的对外开放思想中。学者们对经典作家的这些论述进行了较为深入的阐释。

一、对马克思恩格斯对外开放思想的阐释

马克思恩格斯的世界历史及世界市场理论和共产主义本质理论是我国社会主义对外开放理论的重要来源。学界根据马克思恩格斯在经典著作中对相关问题的论述，总结出了马克思恩格斯的对外开放思想。学者们的讨论主要围绕以下两个方面展开（见表17-1）。

表17-1　学界对马克思恩格斯对外开放思想的阐释汇总表

观点	代表学者
资本主义大工业开创了世界历史和世界市场	查汝强（1985），陈波（2019），罗海平（2011），朱聪明和臧韶韶（2011），王学川（2009），吴宏政（2021），等等
社会主义和共产主义都应当具有开放性特点	颜鹏飞（2001），吴振坤（1993），陈永志（1997），林峰（2009），刘呤霄（2019），等等

（一）资本主义大工业开创了世界历史和世界市场

查汝强（1985）指出，马克思恩格斯在《共产党宣言》中就明确提出了资本主义生产方式结束了各国闭关自守的局面，生产已经成为世界性的了。[①] 颜鹏飞和刘昌明（2001）等学者指出，马克思着重阐述了资本主义生产力（大工业）与世界市场、世界历史的关系，并阐述了资本主义生产方式的一个重要特点，即生产和交换（交往）的世界性和人的发展的世界性。[②] 陈波（2019）认为，在《德意志意识形态》《共产党宣言》等著作中，马克思恩格斯立足于"历史向世界转变"这一历史事实，十分清楚地阐明了他们的"世界历史思想"。[③] 罗海平（2011）指出，马克思恩格斯意识到"现代商品经济和对外贸易让世界在生产和流通领域联系起来，各国互相依赖，互相制约"[④]。因此，许多学者都总结出马克思恩格斯在世界历史理论中强调了资本主义大工业开创世界历史的重要作用。朱聪明和臧韶韶（2011）也指出，马克思恩格斯认为资本主义大工业开创了世界历史，原来的封闭状态被相互依赖的关系所替代了。[⑤] 王学川（2009）进一步指出，在马克思恩格斯看来"世界历史"的形成具有历史必然性，是资本主义工业文明的必然产物。[⑥] 因此，吴宏政（2021）在剖析马克思使用的"世界历史"这一概念的时候认为，资本扩张催生的普遍交往的"世界历史"是它的核心范畴。[⑦]

（二）社会主义和共产主义都应当具有开放性特点

学者们通过分析发现，马克思恩格斯在对无产阶级、社会主义和共产主义本质的阐释中都强调了对外开放对无产阶级自身发展、社会主义发展和实现共产主义的重大意义，认为社会主义和共产主义都具有开放性的特点。大多学者都认同马克思恩格斯强调了无产阶级只有在世界历史意义上方能存在，共产主义事业只有作为世界历史性的才能实现。[⑧] 颜鹏飞（2001）指出，马克思恩格斯历来反对用狭隘的民族观点来看待社会主义和共产主义。[⑨] 张爱武（2005）认为，社会主义是世界历史性事业，是根据马恩唯物史观、世界历史理论、资本主义、社会主义相互关系的理论而得出的科学结论。[⑩] 朱聪明和臧韶韶（2011）指出，在马克思看来，共产主义只有在世界历史进程中才能实现其

[①] 查汝强：《进一步对外开放的政策是对马列主义理论的创造性发展》，《未来与发展》，1985年第1期，第10~11页。
[②] 颜鹏飞，刘昌明：《中国对外开放的思想渊源——马克思的世界市场和经济全球化理论》（下），《当代经济研究》，2001年第4期，第52~56页。
[③] 陈波：《新中国开放发展思想的演进研究》，经济科学出版社，2019年，第46页。
[④] 罗海平：《基于马克思主义经典作家的经济特区理论溯源》，《深圳大学学报》（人文社会科学版），2011年第3期，第30~33页。
[⑤] 朱聪明，臧韶韶：《论邓小平对马克思世界历史理论的创新与发展》，《辽宁教育行政学院学报》，2011年第2期，第1~3页。
[⑥] 王学川：《论马克思的世界历史理论》，《浙江社会科学》，2009年第1期，第74~79+128页。
[⑦] 吴宏政：《马克思"世界历史"概念的三重内涵》，《江苏社会科学》，2021年第3期，第143~152页。
[⑧] 李士坤：《论世界历史理论与全球化》，《北京大学学报》（哲学社会科学版），2001年第2期，第5~12页。
[⑨] 蔡北华：《论对外开放》，上海人民出版社，1988年，第23页。
[⑩] 张爱武：《世界历史性社会主义理论解读》，《东岳论丛》，2005年第3期，第70~74页。

必然性。没有世界历史的形成，共产主义就只能是一种空想。① 王学川（2009）认为，从马克思对"世界历史"的剖析来看，马克思认为共产主义不可能是地域性的，而只能是世界历史性的存在，最终在全球获得胜利的必将是共产主义。② 陈永志（1997）认为，马克思强调了生产力的普遍发展和与此有关的世界交往的普遍发展是共产主义实现的前提。③ 刘吟霄（2019）也指出，"世界历史"的形成和发展为共产主义奠定了坚实的物质基础，为实现共产主义创造了新的力量，即无产阶级，并为共产主义取代资本主义创造了必要的条件。④ 林峰（2009）进一步指出，马克思恩格斯曾提出要建立"开放型社会主义"。马克思恩格斯在创立科学社会主义学说过程中认为共产主义的实现必须具备两个物质前提：一是生产力的充分发展；二是世界交往的普遍实现。⑤ 钱俊瑞（1984）从马克思恩格斯对无产阶级论述的角度说明了对外开放的重要性，并指出资本主义社会是开放性的，与资产阶级相伴而生的无产阶级也是世界性的。⑥ 何颖（2003）认为，马克思恩格斯在探求世界历史发展规律时，是把无产阶级的历史使命同"人的解放"与"世界历史的发展"紧密联系在一起的。⑦

二、对列宁和斯大林对外开放思想的阐释

列宁的对外开放思想是社会主义国家进行对外开放的理论探索，斯大林继承并发展了列宁的对外开放思想，指导苏联的对外开放实践取得了巨大成就。学者们针对列宁和斯大林充分利用资本主义成果发展社会主义事业、施行和平外交政策的必要性、正确处理与资本主义国家的关系等观点进行了充分的阐释，总结出列宁和斯大林对外开放思想主要包括以下两个方面（见表17-2）。

表17—2　学界对列宁和斯大林对外开放思想的阐释汇总表

观点	代表学者
社会主义国家实行对外开放与和平外交政策具有必要性	王有勤（1989），杨荣坤（1985），任革（1992），魏中海（2000），曹骏（1999），等等
社会主义国家应当正确处理与资本主义国家的经济关系	肖枫（1988），唐朱昌（1996），屈里生（1987），罗海平（2011），王俊文（2004），等等

---

① 朱聪明，臧韶韶：《论邓小平对马克思世界历史理论的创新与发展》，《辽宁教育行政学院学报》，2011年第2期，第1~3页。
② 王学川：《论马克思的世界历史理论》，《浙江社会科学》，2009年第1期，第74~79+128页。
③ 陈永志：《试论邓小平对外开放理论的思想来源》，《当代经济研究》，1997年第1期，第12~17页。
④ 刘吟霄：《马克思"世界历史"理论及其对我国参与经济全球化的启示》，《社会科学家》，2019年第10期，第28~33页。
⑤ 林峰：《对外开放战略的历史考察与理论创新》，《湖南师范大学社会科学学报》，2009年第1期，第57~61页。
⑥ 钱俊瑞：《关于对外开放战略的若干理论问题——在天津市对外开放理论讨论会上的发言摘要》，《天津社会科学》，1984年第6期，第2~6页。
⑦ 何颖：《马克思的世界历史理论》，《马克思主义研究》，2003年第2期，第41~49页。

(一) 社会主义国家实行对外开放与和平外交政策具有必要性

学者们在研究中发现,列宁通过分析社会主义革命和建设的情况,阐明了社会主义国家实行对外开放的重要性和必要性。王有勤(1989)指出,列宁认为社会主义革命首先是在经济比较落后的东方国家取得胜利,而不是在经济发达的资本主义国家,这就提出了一个经济落后的社会主义国家如何赶上和超过经济发达的资本主义国家的问题。[①] 根据列宁的论述,学者们研究发现对外开放是解决这一问题的关键。杨荣坤(1985)指出,列宁明确提出了"开展同先进国家经济关系是后进国家经济发展客观规律的要求"。[②] 任革(1992)进一步指出,列宁认为在资本主义列强包围的情况下,苏维埃俄国只有实行对外开放,才有可能摆脱国内的经济危机,迅速改善工农的生活状况,才有可能赢得和平和时间巩固苏维埃政权。[③] 肖枫(1988)总结出,列宁认为"社会主义对外开放,不仅有可能性,而且具有必然性。"[④] 魏中海(2000)指出,列宁认为社会主义社会应该在资本主义社会已有的物质文明和普遍交往状态基础上进一步实行对外开放,把国际经济活动推向一个新阶段。[⑤] 孙德杰(1998)将列宁对社会主义国家实行对外开放具有必然性的论述进行了较为全面的总结,认为列宁主要是从对外开放是世界经济发展的客观要求、对外开放是人类文明发展的必然趋势、对外开放是巩固苏维埃政权的迫切需要、对外开放是壮大社会主义物质基础的有效措施以及对外开放是完善和加强社会主义政治制度的重要手段等五个方面来进行论述的。[⑥] 学者们还发现,列宁通过制定和平外交政策为俄国的对外开放创造了有利条件。林峰(2009)指出,列宁的对外开放思想经历了一个从寄希望于无产阶级世界革命的总爆发,到同资本主义国家和平共处以谋求发展的战略转变及其成功的实践。[⑦] 曹骏(1999)指出,列宁的外交思想提出了制定和平外交政策、实行租让制、大量引进国外的先进技术设备、高薪聘任外国专家、在对外开放中学会做经济工作、维护群众利益和国家利益等重要内容。其中,制定和平外交政策是为顺利对外开放创造外部条件。[⑧] 陈永志(1996)谈到,在列宁的直接领导下,当时的苏维埃俄国大力拓展对外经济关系:扩大了对外贸易,进口了大量的技术设备和工业原料,吸引了相当数量的国外贷款和外商直接投资,与国外厂商合办了一批合营企业,把20多个矿山、牧场和工厂租让给外国资本家开发经营,还高薪聘请了西方

---

① 王有勤:《列宁的帝国主义理论与我国的对外开放》,《云南财贸学院学报》,1989年第2期,第34~38页。
② 杨荣坤:《对外开放纵横谈》,求实出版社,1985年,第88页。
③ 任革:《列宁的对外开放思想》,《求索》,1992年第4期,第101~105页。
④ 肖枫:《开放的世界:世界各类国家的对外开放》,辽宁人民出版社,1988年,第237页。
⑤ 魏中海:《列宁对外开放思想的丰富与发展——学习邓小平对外开放理论》,《理论学刊》,2000年第4期,第30~33页。
⑥ 孙德杰:《列宁的对外开放思想及其启示》,《社会主义研究》,1998年第2期,第67~71页。
⑦ 林峰:《对外开放战略的历史考察与理论创新》,《湖南师范大学社会科学学报》,2009年第1期,第57~61页。
⑧ 曹骏:《试论邓小平对外开放理论对列宁思想的丰富和发展》,《中国青年政治学院学报》,1999年第3期,第67~72页。

专家来俄帮助经济建设。这大大促进了苏维埃俄国国民经济的迅速恢复和发展。①

（二）社会主义国家应当正确处理与资本主义国家的经济关系

学者们通过对列宁的相关论述的整理与解读，发现列宁认识到了苏维埃国家与资本主义国家之间相互依赖的关系。任革（1992）强调，列宁认为国际间的经济联系决定了任何一个国家，无论是社会主义国家，还是资本主义国家都必须实行对外开放，必须同其他国家发生联系。②学者们研究发现，斯大林根据列宁的论述，也认为苏维埃国家与资本主义国家是互相依赖的。肖枫（1988）认为，在斯大林看来，这种依赖就其根源来讲，同每个资本主义国家对国际资本主义经济的依赖是一样的，都产生于生产方式和交换方式国际化这一趋向。正是由于存在这一客观必然的趋向，所以社会主义国家也不可能置身于这种"各国彼此间的依赖"之外。③唐朱昌（1996）指出，斯大林认为一个技术上落后的农业国是不可能真正获得经济独立的。④钱俊瑞（1984）指出，本着这个指导思想，斯大林在苏联第一个和第二个五年计划期间，大量引进了外资和先进技术，并且聘用了大批工程技术人员和技术工人，帮助苏联搞建设。⑤屈里生（1987）在阐释斯大林对于国家之间依赖性的认识时，也强调了斯大林认为各国发展经济关系虽然会形成经济上的相互依赖，但这并不等于丧失经济的独立性。⑥学者们发现列宁还反复论述了社会主义必须学习和吸收西方资本主义国家最先进的东西。罗海平（2011）指出，在俄国十月革命胜利后，为了恢复和发展经济，加速社会主义建设，列宁一再指出，无产阶级应该利用和重视资本主义一切成就，要把资本主义积累的一切最丰富的文化、技术知识，由资本主义工具变成社会主义的工具。⑦王俊文（2004）认为，列宁提出的租让制，也包含有向资本主义学习现代化的企业管理和先进技术的思想。列宁提出租让制的重要原因就是必须利用外国资金、技术和设备来加速国内的经济建设，改善工农的生活。⑧

---

① 陈永志：《论邓小平对马克思主义对外开放理论的发展》，《厦门大学学报》（哲学社会科学版），1996年第1期，第33~38页。
② 任革：《列宁的对外开放思想》，《求索》，1992年第4期，第101~105页。
③ 肖枫：《开放的世界：世界各类国家的对外开放》，辽宁人民出版社，1988年，第238页。
④ 唐朱昌：《略论斯大林对外经济思想的阶段性特征》，《今日东欧中亚》，1996年第6期，第5~9页。
⑤ 钱俊瑞：《关于对外开放战略的若干理论问题——在天津市对外开放理论讨论会上的发言摘要》，《天津社会科学》，1984年第6期，第2~6页。
⑥ 屈里生：《列宁、斯大林关于苏联发展对外经济关系的战略思想》，《苏联东欧问题》，1987年第2期，第58~65页。
⑦ 罗海平：《基于马克思主义经典作家的经济特区理论溯源》，《深圳大学学报》（人文社会科学版），2011年第3期，第30~33页。
⑧ 王俊文：《列宁"租让制"对外开放思想研究》，《云南社会科学》，2004年第2期，第5~9页。

第二节　对中国共产党关于对外开放认识的变迁

百年奋斗征程中，中国共产党人基于中国国情和对外开放实践，继承和发展了马克思主义经典作家的对外开放思想，推动了中国特色对外开放理论不断深化和升华。在我国对外开放水平不断提高的过程中，中国共产党关于对外开放的理念与政策不断发展和完善，学界对此给予了充分关注与讨论。具体来看，这些研究主要集中在对毛泽东思想、中国特色社会主义理论体系和习近平新时代中国特色社会主义思想中关于对外开放论述的理论来源、发展历程、具体内容、特征意义等多个方面的探讨上。

一、对毛泽东思想中关于对外开放论述的阐释

改革开放前，伴随着我国对外开放的实践探索，形成了毛泽东思想中关于对外开放的一系列论述。在已有的研究中，学者们主要对毛泽东对外开放思想的发展历程、主要内容、重要意义、局限性等方面进行了研究，得出了毛泽东对外开放思想奠定了中国特色对外开放理论的基础和前提的结论。

（一）毛泽东对外开放思想的发展历程

从毛泽东对外开放思想整体的发展历程来看，学者们比较认同新民主主义革命之前是毛泽东对外开放思想的萌芽和初步发展时期；新民主主义革命时期是毛泽东对外开放思想的形成时期；中华人民共和国成立后到三大改造基本完成、社会主义制度初步建立，标志着毛泽东对外开放思想走向成熟。[①] 但是不同的学者对毛泽东对外开放思想发展历程的具体划分有一定差别（见表17-3）。总体看来，学者们对这一问题的研究可以总结为以下三个重要的观点。

表17-3　学界关于毛泽东对外开放思想发展历程的认识汇总表

观点	代表学者
在新民主主义革命时期毛泽东就有了对外开放思想	赵华（2003），王晓琳（2000），林晓燕（2009），刘宝富（1993），等等
毛泽东对外开放思想在新中国成立后不断获得丰富和发展	巫春华和曾宪恒（2002），宗晓平和仇家军（1994），彭有祥（2004），傅朝鼎（2005），等等
《论十大关系》标志着毛泽东对外开放思想走向成熟	冯国庆（2004），韦国善（2003），陈波（2019），等等

第一，在新民主主义革命时期毛泽东就有了对外开放思想。持这一观点的学者们通过分析毛泽东的对外开放相关论述，发现毛泽东在新中国成立以前就对一些对外开放问

---

① 徐涛：《近年来毛泽东对外开放思想研究综述》，《人民论坛》，2012年第5期，第156~157页。

题进行了深入的思考。如赵华和陈淑伟（2003）认为，毛泽东对外开放思想的萌芽产生于1934年，因为毛泽东在论述我们的经济政策时，指出经济建设的中心是发展农业、工业生产，发展对外贸易和发展合作社，使对外贸易第一次以经济中心任务和主要经济政策的形式确定下来，并且指出要有计划地组织人民发展对外贸易。尽管当时的主要任务是革命战争，但毛泽东已深刻认识到对外贸易对于国内生产和建设的重要作用。[①] 王晓琳（2000）也指出，早在1936年，毛泽东在同埃德加·斯诺的谈话中就曾经提出，在获得"真正的独立和民主"的前提下，我们可以让外国资本投资，也可以借取外债。这可以看作是毛泽东关于对外开放的最早设想。[②] 林晓燕（2009）指出，早在抗日战争时期，毛泽东就有了对外开放的思想萌芽：毛泽东在这一时期阐述了"中国离不开世界"的观点，制定了学习外来文化的方针，提出了实行对外经济开放的一些主张。[③] 刘保富（1993）认为，早在战争年代，毛泽东已明确提出了对外经济交往的指导思想、范围和方式。[④] 宗晓平和仇家军（1994）等学者也认同这一观点，指出新民主主义革命时期是毛泽东对外开放思想的探索阶段。[⑤]

第二，毛泽东对外开放思想在新中国成立后不断获得丰富和发展。持这一观点的学者认为，毛泽东对外开放思想的内容是在新中国的对外交往实践中获得丰富和发展的。巫春华和曾宪恒（2002）指出，新中国成立后，毛泽东对未来社会主义建设进行了反复的思考，多次提到了如何利用外国先进的科技和资本加快本国经济发展的思想。[⑥] 宗晓平和仇家军（1994）认为，新中国成立至20世纪50年代末是毛泽东对外开放思想的形成阶段。[⑦] 彭有祥（2004）对毛泽东对外开放思想发展历程的划分更为宏观，认为革命根据地时期是毛泽东对外开放思想的产生期，延安时期是毛泽东对外开放思想进一步发展期，社会主义时期是毛泽东对外开放思想的深化期，[⑧] 从他的分析中可以看出毛泽东对外开放思想在新中国成立后不断发展和充实。傅朝鼎（2005）的分析与之相近，认为毛泽东的对外开放思想形成于新民主主义革命时期，特别是新民主主义革命后期，发展于社会主义时期。[⑨]

第三，《论十大关系》标志着毛泽东对外开放思想走向成熟。不同学者对毛泽东对外开放思想发展历程的划分各有不同，但大多数学者都强调了《论十大关系》在毛泽东

---

① 赵华，陈淑伟：《近年来毛泽东对外开放思想研究综述》，《毛泽东思想研究》，2003年第2期，第134～136页。
② 王晓琳：《浅析毛泽东的对外开放思想的探索》，《毛泽东思想研究》，2000年第4期，第63～66页。
③ 林晓燕：《中共历代领导集体对外开放思想历史演进探析》，《山东行政学院山东省经济管理干部学院学报》，2009年第3期，第32～34页。
④ 刘保富：《毛泽东的对外经济交往思想与邓小平的对外经济开放理论》，《理论学刊》，1993年第6期，第13～16页。
⑤ 宗晓平，仇家军：《略论毛泽东对外开放思想的发展轨迹》，《实事求是》，1994年第1期，第27～29页。
⑥ 巫春华，曾宪恒：《毛泽东关于对外开放思想的探索》，《江西社会科学》，2002年第2期，第162～164页。
⑦ 宗晓平，仇家军：《略论毛泽东对外开放思想的发展轨迹》，《实事求是》，1994年第1期，第27～29页。
⑧ 彭有祥：《论毛泽东对外开放思想的发展轨迹》，《云南民族大学学报》（哲学社会科学版），2004年第1期，第14～18页。
⑨ 傅朝鼎：《毛泽东的"对外开放"思想及其意义》，《西南民族大学学报》（人文社科版），2005年第11期，第290～293页。

对外开放思想中的重要性。冯国庆（2004）指出，1956年三大改造完成后，为了探索中国式的社会主义建设道路，毛泽东进行了大量的调查研究，在深刻思考经济建设多个维度要求（包括对外经济发展）的基础上写成并发表了《论十大关系》。① 韦国善（2003）认为，毛泽东的对外开放思想主要表现在1956年前后的《论十大关系》中。② 陈波（2019）指出，毛泽东在《论十大关系》中明确提出了"向外国学习"的思想。③ 刘保富（1993）进一步指出，毛泽东在《论十大关系》中对"与外国经济交往"的思想表达得最明确，他认为文中不仅阐述了经济对外关系，而且已初步提出了全面开放的思想，为20世纪70年代我国外交关系取得重大突破打下了思想基础。④

（二）毛泽东对外开放思想的主要内容

学者们围绕毛泽东对外开放思想的主要内容形成了不同的总结与概括。相关研究者大都认为，毛泽东对外开放思想内容丰富、涵盖面广，几乎囊括了与政治、经济、文化等相关的所有领域（见表17－4）。整体来看，学者们对毛泽东对外开放思想内容的梳理主要包含了以下几个方面。

表17－4 学界关于毛泽东对外开放思想主要内容的阐述汇总表

观点	代表学者
社会主义中国实行对外开放具有现实必要性	孙海（2008），傅朝鼎（2005），韦国善（2003），洪伟（2007），刘保富（1993），等等
要积极学习一切国家和民族的先进的东西	陈和香（1999），巫春华和曾宪恒（2002），刘利亚（2001），曹应旺（2006），等等
在对外开放中要坚持独立自主的原则	洪伟（2007），沙健孙（2013），陈世润和陈晨（2009），冯国庆（2004），等等
在深化改革、经济建设、思想文化等多个领域对外开放	傅朝鼎（2005），熊晓燕（2002），孙朝和钟兴明（2012），孙海（2008），等等

第一，社会主义中国实行对外开放具有现实必要性。学者们梳理了毛泽东关于我国实行对外开放具有必要性的相关论述。孙海（2008）指出，毛泽东深刻阐发了"中国离不开世界"的思想，且早在1935年就清醒地认识到了中国革命与世界革命的互动关系。⑤ 傅朝鼎（2005）强调，毛泽东阐述了对外开放是中国实现工业化之必要条件的观

---

① 冯国庆：《毛泽东的"对外开放"思想与我国的"对外开放"事业》，《西南民族大学学报》（人文社科版），2004年第9期，第249~252页。
② 韦国善：《试析毛泽东的对外开放思想》，《南宁师范高等专科学校学报》，2003年第1期，第4~6页。
③ 陈波：《新中国开放发展思想的演进研究》，经济科学出版社，2019年，第62页。
④ 刘保富：《毛泽东的对外经济交往思想与邓小平的对外经济开放理论》，《理论学刊》，1993年第6期，第13~16页。
⑤ 孙海：《毛泽东对外开放思想的历史贡献及其局限》，《湖北大学学报》（哲学社会科学版），2008年第1期，第45~50页。

点。① 韦国善（2003）通过梳理毛泽东同美国记者埃德加·斯诺等人的谈话，得出了"毛泽东无论在建国前还是建国后都非常重视对外开放，特别强调对外开放的必要性和重要性"②的结论。洪伟（2007）通过梳理毛泽东与谢伟思的谈话，得出了毛泽东一直认为中国实行对外开放具有必要性和重要性的结论。③

第二，要积极学习一切国家和民族的先进的东西。陈和香（1999）认为，毛泽东历来重视向外国学习的问题，就向外国学习的必要性、主要内容、基本原则等问题进行过非常精彩而深刻的阐述。④ 巫春华和曾宪恒（2002）认为，毛泽东对外开放思想的重要内容是强调了向外国学习的必要性、阐述了向外国学习的内容、论述了向外国学习的原则并制定了向外国学习的路径。⑤ 刘利亚（2001）认为，学习一切民族和国家的长处，是毛泽东对外开放思想中的核心内容，他对怎样向外国学习提出的具体要求在今天仍有重要启示。⑥ 曹应旺（2006）认为，毛泽东在第一个五年计划开始后，就号召学习外国的先进经验；在八大筹备与召开期间，他研究如何学习外国经验的问题，号召"必须善于学习"；八大之后，他研究中国工业化的道路，进一步号召学那些和中国情况相适合的东西，强调"学技术，学科学"，并在发出学习的号召时，系统地论述了学习的对象、学习的内容、学习的目的和学习的方法。⑦

第三，在对外开放中要坚持独立自主的原则。学者们在对毛泽东对外开放思想内容进行研究时，都注意到了毛泽东在对外开放中非常强调独立自主、自力更生原则。洪伟（2007）认为，毛泽东充分表达了在对外开放中必须要坚持平等互利的原则，只有这样才能实现更大规模的对外开放；尤其是在与外国进行经济交往合作时，更是要坚持独立自主、自力更生的原则。⑧ 沙健孙（2013）在对毛泽东关于新中国的国际战略和对外工作思想进行研究时认为，"站稳民族立场，独立自主办外交方针"是毛泽东论述的重要内容。⑨ 冯国庆（2004）指出，毛泽东在考虑对外开放时从来不是就开放谈开放，他坚持认为，我们的对外开放必须是有助于中国工业化和中国社会经济发展的，必须是有助于中国广大人民生活水平提高的，必须是有助于整个国家国力提高和更加独立自主的。⑩ 陈世润和陈晨（2009）指出，毛泽东开创了独立自主对外开放的理论，这是中华

---

① 傅朝鼎：《毛泽东的"对外开放"思想及其意义》，《西南民族大学学报》（人文社科版），2005年第11期，第290～293页。
② 韦国善：《试析毛泽东的对外开放思想》，《南宁师范高等专科学校学报》，2003年第1期，第4～6页。
③ 洪伟：《简论毛泽东对外开放思想》，《理论学刊》，2007年第9期，第16～17页。
④ 陈和香：《从"向外国学习"到"对外开放"》，《毛泽东思想研究》，1999年第1期，第94～96页。
⑤ 巫春华、曾宪恒：《毛泽东关于对外开放思想的探索》，《江西社会科学》，2002年第2期，第162～164页。
⑥ 刘利亚：《从毛泽东到邓小平对外开放思想的发展》，《毛泽东思想研究》，2001年第6期，第86～89页。
⑦ 曹应旺：《八大前后毛泽东的学习号召及其意义》，《毛泽东邓小平理论研究》，2006年第11期，第14～18+83页。
⑧ 洪伟：《简论毛泽东对外开放思想》，《理论学刊》，2007年第9期，第16～17页。
⑨ 沙健孙：《毛泽东关于新中国的国际战略和对外工作思想》，《毛泽东邓小平理论研究》，2013年第11期，第1～13+90页。
⑩ 冯国庆：《毛泽东的"对外开放"思想与我国的"对外开放"事业》，《西南民族大学学报》（人文社科版），2004年第9期，第249～252页。

人民共和国多年探索与实践得出的重要经验。①

除以上三个主要方面外，还有学者从其他角度整理了毛泽东对外开放思想的内容。傅朝鼎（2005）认为，毛泽东强调了对外开放必须以对内改革为前提，这也是一直以来我国对外开放政策的基本理论依据。②熊晓燕（2002）指出，从毛泽东对外开放思想的主要内容看，其论述最多、最详细、最具体的正是经济方面的思想，包括如何吸收和利用外资的问题、如何吸收和利用华侨资金的问题，并且主张同外国人"做生意"，发展对外贸易关系。③孙朝和钟兴明（2012）认为，毛泽东对外开放思想的内容在政治领域体现在学习借鉴国外先进经验和制度；在经济领域体现在分析如何吸收利用外资；在文化领域体现在重视吸收学习国外的先进文化，批评两种错误倾向；在军事领域体现在借鉴苏联军事科学经验和战略技术经验，学习别国先进军事理论。④孙海（2008）指出，毛泽东对外开放思想包括必须坚持"批判继承与学创结合并逐步赶超"的思想、积极发展"对外经贸往来和科学文化交流"的思想等内容。⑤

（三）对毛泽东提出的"一边倒"政策的讨论

"一边倒"政策是特殊历史环境下的产物，为新生的红色政权提供了宝贵的发展机会。毛泽东提出的"一边倒"政策曾引发学界广泛的讨论和研究，学者们普遍肯定了"一边倒"政策的重要意义。贺丰（2003）认为，在战争与革命为时代主题的国际氛围里，在两大阵营尖锐对立的现实中，以毛泽东同志为主要代表的中国共产党人不得不选择"一边倒"政策；当国际政治格局分化重组时，毛泽东又在实践中不断突破，提出了"三个世界"的理论，从而团结了国际上一切可以团结的力量，中国也实现了重新回归联合国的历史性外交突破，完成了打破中美僵局的破冰之旅，赢得了良好的对外开放国际安全环境。⑥舒文（1994）对此问题也有着详细的阐释，指出"一边倒"政策是在美国坚决拒绝与中共合作的情况下被迫采取的，当时的中国并不是完全封闭的，"一边倒"是当时唯一可行的且正确的开放政策。⑦丰根凤和文尚卿（2009）进一步分析了"一边倒"政策为中国发展带来的好处。他们指出，新中国成立初期，"一边倒"政策使新中国在世界舞台的惊涛骇浪中站稳了脚跟，也为中国在国际上赢得了一个半开放的环境。⑧

---

① 陈世润，陈晨：《新中国60年独立自主对外开放的经验》，《探索》，2009年第5期，第96～99页。
② 傅朝鼎：《毛泽东的"对外开放"思想及其意义》，《西南民族大学学报》（人文社科版），2005年第11期，第290～293页。
③ 熊晓燕：《论毛泽东对外开放思想的着眼点》，《毛泽东思想研究》，2002年第4期，第19～20页。
④ 孙朝，钟兴明：《毛泽东对外开放思想的基本内容及现实意义》，《前沿》，2012年第13期，第23～24页。
⑤ 孙海：《毛泽东对外开放思想的历史贡献及其局限》，《湖北大学学报》（哲学社会科学版），2008年第1期，第45～50页。
⑥ 贺丰：《论毛泽东的对外开放战略》，《江汉论坛》，2003年第9期，第40～42+91页。
⑦ 舒文：《毛泽东对外开放理论与实践述评》，《湘潭大学学报》（社会科学版），1994年第3期，第1～6页。
⑧ 丰根凤，文尚卿：《毛泽东对外开放的探索与战略》，《求索》，2009年第7期，第62～64页。

（四）毛泽东对外开放思想的重要意义

对毛泽东对外开放思想，学者们给予了高度的评价。傅朝鼎（2005）认为，在中国共产党内，毛泽东是提出和力主对外开放的第一人，也是要求敞开国门、走向世界的第一人，是我国对外开放事业的开拓者与奠基人。① 巫春华和曾宪恒（2002）指出，毛泽东对外开放思想的创新性表现在：敢于突破人们全盘否定资本主义、把社会主义同资本主义对立起来的传统观念；敢于提出反对全盘洋化问题；敢于打破当时社会主义国家对苏联的迷信；敢于叩开世界的大门，为中国走向世界创造了条件。② 姜中才和韩玉玫（2005）进一步指出，回顾毛泽东新中国成立前后的对外开放思想及其在对外开放实践中的努力，对客观而科学地认识毛泽东时代的"封闭半封闭"模式、中国今天和未来的对外开放，都有着重大的历史意义。③ 沙健孙（2013）认为改革开放前的国际战略和对外工作的思想是正确的，取得的成就是巨大的。④ 徐涛（2012）认为，毛泽东对外开放思想为我国对外开放政策的制订和实施奠定了思想理论基础，毛泽东时期的对外开放实践使中国的国际地位发生改变，逐步摆脱了中国在世界经济体系中日益严重的边缘化趋势。⑤ 孙朝和钟兴明（2012）强调了毛泽东对外开放思想的现实意义在于：能够指引我们充分认识对外开放的长期性、艰巨性，指引我们在对外开放中毫不动摇坚持独立自主、自力更生的方针原则，指引我们在对外开放中坚定不移地把维护国家利益放在首位，指引我们在对外开放中一以贯之地坚持平等互利的原则。⑥

（五）毛泽东对外开放思想的局限性

学者们在对毛泽东对外开放思想进行高度评价的同时，也谈到了这一思想的局限性。曹子洋（1999）指出，在关于对外开放必要性的认识上，毛泽东还没有彻底认识到这是社会主义建设的内在要求；在关于对外开放目的的认识上，毛泽东未能完全摆脱自然经济和传统计划经济思想的影响；此外，毛泽东对外开放思想在很多方面没有提出具体的方针和政策。⑦ 韦国善（2003）指出，受当时客观历史条件的影响，毛泽东对外开放思想中关于向西方学习的思想不可能得到充分践行和展开。⑧ 洪伟（2007）指出，受诸多主客观条件的限制，改革开放之前我国的"对外开放"新局面没能形成，理论的实

---

① 傅朝鼎：《毛泽东的"对外开放"思想及其意义》，《西南民族大学学报》（人文社科版），2005年第11期，第290～293页。
② 巫春华，曾宪恒：《毛泽东关于对外开放思想的探索》，《江西社会科学》，2002年第2期，第162～164页。
③ 姜中才，韩玉玫：《论毛泽东建国前后的对外开放思想》，《辽宁大学学报》（哲学社会科学版），2005年第6期，第29～32页。
④ 沙健孙：《毛泽东关于新中国的国际战略和对外工作思想》，《毛泽东邓小平理论研究》，2013年第11期，第1～13+90页。
⑤ 徐涛：《近年来毛泽东对外开放思想研究综述》，《人民论坛》，2012年第5期，第156～157页。
⑥ 孙朝，钟兴明：《毛泽东对外开放思想的基本内容及现实意义》，《前沿》，2012年第13期，第23～24页。
⑦ 曹子洋：《毛泽东对外开放思想探析》，《西南民族学院学报》（哲学社会科学版），1999年第S5期，第15～18+22页。
⑧ 韦国善：《试析毛泽东的对外开放思想》，《南宁师范高等专科学校学报》，2003年第1期，第4～6页。

践性检验还不充分。① 孙海（2008）认为，毛泽东对外开放思想在主观认识上的局限性主要表现在，毛泽东对开放重要性的认识还有不足，未能将对外开放作为一项基本国策并上升为党的基本路线的重要内容。② 李建宁（2004）认为，在当时紧张的国际局势客观环境下，一些资本主义国家对我国的封锁以及中苏关系的破裂阻碍了毛泽东对外开放思想的进一步发展。③ 彭有祥（2004）指出，虽然对外开放是毛泽东的一贯思想主张，但客观历史环境却没有给毛泽东提供施展他这一思想的舞台，毛泽东所面对的国际形势是相当严峻的。④

二、对中国特色社会主义理论体系中对外开放相关论述的阐释

伴随着我国改革开放实践的推进，中国特色社会主义理论不断发展，党对于对外开放的认识不断加深。学者们围绕邓小平、江泽民和胡锦涛的对外开放论述进行了研究，其中对邓小平对外开放思想的研究尤为丰富，充分展现了我国从选择对外开放政策到不断扩大对外开放深度和广度的思想演进历程。

（一）对邓小平理论中对外开放相关论述的研究

学者们从邓小平对外开放思想的来源、体系框架、主要内容、重要意义以及邓小平对外开放思想与毛泽东对外开放思想的比较等角度，对邓小平对外开放思想进行了较为全面的分析。

1. 邓小平对外开放思想的来源

关于邓小平对外开放思想的来源，学者们进行了充分的研究和探讨。具体看来，主要包括以下三个方面（见表17-5）：

表17-5 学界关于邓小平对外开放思想来源的阐述汇总表

观点	代表学者
马克思主义理论是邓小平对外开放思想的理论基础	吕世荣和姚顺良（2005），曹天禄（2003），詹真荣和熊乐兰（2004），等等
世界经济发展的新特点和总趋势是邓小平对外开放思想的时代背景	张桂芬（2000），邱丹阳（1996），陈永志（1997），刘奔（2004），等等
我国对外开放事业的发展经验是邓小平对外开放思想的直接来源	邱丹阳（1996），戴安林（2014），张洪林和蔡天新（2010），陈永志（1997），等等

第一，马克思主义理论是邓小平对外开放思想的理论基础。持这一观点的学者认为，马克思主义的基本原理和马克思恩格斯的世界历史理论为邓小平正确认识世界发展

---

① 洪伟：《简论毛泽东对外开放思想》，《理论学刊》，2007年第9期，第16~17页。
② 孙海：《毛泽东对外开放思想的历史贡献及其局限》，《湖北大学学报》（哲学社会科学版），2008年第1期，第45~50页。
③ 李建宁：《毛泽东对外开放思想及未能实施原因探析》，《兰州大学学报》，2004年第2期，第91~94页。
④ 彭有祥：《论毛泽东对外开放思想的发展轨迹》，《云南民族大学学报》（哲学社会科学版），2004年第1期，第14~18页。

趋势提供了理论基础。邱丹阳（1996）认为，邓小平对外开放思想运用了马克思主义的基本原理。① 吕世荣和姚顺良（2005）强调，邓小平的全方位对外开放思想是马克思主义历史辩证法的深刻体现，因为邓小平的对外开放思想深刻地把握了社会发展的规律，体现了经济上开放和政治上维护国家主权和安全的辩证法；同时，邓小平关于"和平与发展是时代的主题"的科学论断，是马克思、列宁关于时代性质分析的理论在新时期的运用。② 曹天禄（2003）指出，马克思恩格斯的"世界历史理论"是邓小平认识到第二次世界大战后"世界历史出现新情况和新特点"的理论基础。③ 詹真荣和熊乐兰（2004）强调，马克思列宁主义为邓小平理论的形成提供了思想基础和方法论依据。④

第二，世界经济发展的新特点和总趋势是邓小平对外开放思想的时代背景。持这一观点的学者认为，世界发展的局势是邓小平作出对外开放相关决策的重要依据。张桂芬（2000）认为，对我国历史的反思、对资本主义及其创造的文明成果的正确认识、对世界经济发展趋势的敏锐观察、对周边国家经济腾飞的经验总结，是邓小平对外开放思想的重要来源。⑤ 邱丹阳（1996）认为，邓小平对外开放理论是邓小平根据当代世界经济发展的新特点和总趋势创立的科学理论。⑥ 陈永志（1997）指出，邓小平以深邃的目光关注世界经济的发展，认识到了只有实行对外开放、积极参与国际经济技术竞争和合作、使国内经济与国际经济实现必要的互接互补，才能赶上时代、赶上世界的科技和经济发展。⑦ 刘奔（2004）指出，邓小平紧紧抓住世界发展中的突出问题、基本矛盾和主要矛盾，提出了"和平与发展是当代世界两大问题"的论断。⑧

第三，我国对外开放事业的发展经验是邓小平对外开放思想的直接来源。持这一观点的学者强调，我国的对外开放发展经验和教训为邓小平对外开放思想提供了实践基础。邱丹阳（1996）强调，邓小平的对外开放思想结合了我国现代化建设实践中的经验和教训，是与我国的对外开放实践协同发展和完善的。⑨ 戴安林（2014）指出，邓小平对外开放思想与我国的对外开放实践密切相关，随着社会主义对外开放实践的深入发展，邓小平关于社会主义对外开放的思路更加清晰了。⑩ 张洪林和蔡天新（2010）认为，经济特区是中国改革开放的试验基地，在创建经济特区过程中所形成的邓小平经济

---

① 邱丹阳：《邓小平关于发展中国的对外开放理论与战略》，《南方经济》，1996年第6期，第25～31页。
② 吕世荣，姚顺良：《论邓小平对外开放思想的理论基础》，《河南大学学报》（社会科学版），2005年第12期，第46～49页。
③ 曹天禄：《论邓小平全球化思想的形成基础》，《社会主义研究》，2003年第6期，第57～59页。
④ 詹真荣，熊乐兰：《论邓小平理论的思想渊源》，《社会主义研究》，2004年第5期，第51～54页。
⑤ 张桂芬：《邓小平对外开放理论成因初探》，《河北师范大学学报》（哲学社会科学版），2000年第2期，第1～5页。
⑥ 邱丹阳：《邓小平关于发展中国的对外开放理论与战略》，《南方经济》，1996年第6期，第25～31页。
⑦ 陈永志：《试论邓小平对外开放理论的思想来源》，《当代经济研究》，1997年第1期，第12～17页。
⑧ 刘奔：《经济全球化背景下认识重大现实问题的科学坐标——学习邓小平关于当代世界的两大问题的科学论断》，《哲学研究》，2004年第8期，第3～10+95页。
⑨ 邱丹阳：《邓小平关于发展中国的对外开放理论与战略》，《南方经济》，1996年第6期，第25～31页。
⑩ 戴安林：《邓小平对外开放思想的形成与影响》，《重庆社会科学》，2014年第9期，第86～96页。

特区思想，成为我国改革开放的思想先导，促进了全党和全国人民的思想大解放。① 陈永志（1997）指出，通过对我国长期以来的历史经验进行回顾与反思，邓小平深刻认识到"封闭必然落后、开放才能昌盛"，意识到了对外开放的重要性。②

2. 邓小平对外开放思想的体系框架

一些学者在研究中发现，邓小平对外开放思想在指导实践的过程中不断完善和丰富，最终形成了一个较为全面的体系框架。徐燕（1997）总结出邓小平对外开放的思想源于我国的基本国情，并在中国人民的改革开放伟大实践中进一步获得丰富和发展，逐步形成了包括对外开放的必要性、重要性、紧迫性，对外开放的目标、方向、基本内容，对外开放的战略布局与策略在内的理论框架。③ 王建琼和刘平昌（2008）认为，邓小平的对外开放思想是邓小平理论的一个子系统，其自身形成了一个较完整的理论体系，即一个由对外开放的战略目标、战略布局、战略运行、战略保障、战略措施等重要内容组成的理论体系。④ 全毅（2018）与之观点相似，认为邓小平围绕我国对外开放的战略地位、战略步骤、开放布局以及开放原则作出了非常清晰的论述，基本上建立起了社会主义对外开放理论体系的基础和发展框架。⑤ 王宜秋（2008）认为，邓小平的对外开放理论是以马克思主义"世界历史"观为指导、大胆吸收和借鉴人类文明成果、坚持正确原则构建而起的科学的理论体系。⑥

3. 邓小平对外开放思想的主要内容

学者们对邓小平对外开放思想的主要内容进行了不同角度的研究，尤其围绕邓小平对外开放思想的核心、重点、原则等方面进行了归纳。总的来看，学者们主要强调了邓小平对外开放思想三个方面的内容（见表17-6）。

表17-6 学界关于邓小平对外开放思想主要内容的阐述汇总表

观点	代表学者
建立经济特区的思想	黄毅（2004），张洪林和蔡天新（2010），王永凤（2011），等等
充分利用外资和资本主义先进技术的思想	温勇（1996），黄毅（2004），刘建武（2014），等等
在开放中坚持独立自主的思想	鲁岩（2002），杨建辉（2009），支运春（1997），萧斌（1999），等等

第一，建立经济特区的思想。黄毅（2004）认为，邓小平提出的"创办经济特区是

---

① 张洪林，蔡天新：《邓小平经济特区思想与新时期的改革开放》，《北京工业大学学报》（社会科学版），2010年第5期，第29~36页。
② 陈永志：《试论邓小平对外开放理论的思想来源》，《当代经济研究》，1997年第1期，第12~17页。
③ 徐燕：《邓小平对外开放理论的战略意义及实践效应》，《贵州财经学院学报》，1997年第4期，第25~28页。
④ 王建琼，刘平昌：《邓小平对外开放思想理论体系论析》，《探索》，2008年第6期，第18~20页。
⑤ 全毅：《改革开放40年中国对外开放理论创新与发展》，《经济学家》，2018年第11期，第5~12页。
⑥ 王宜秋：《论邓小平的对外开放理论》，《马克思主义与现实》，2008年第6期，第200~201页。

利用外资和资本主义先进技术发展社会主义的窗口",是邓小平对外开放思想的重点之一。① 王永凤（2011）在对邓小平对外开放理论的分析中强调,以经济特区作为对外开放突破口是邓小平勇于开拓、大胆试验的体现。② 张洪林和蔡天新（2010）认为,邓小平对外开放思想中建立经济特区的思想,为我国社会主义市场经济体制改革总目标的确立提供了理论依据,保证了改革开放的健康发展,并对"一国两制"理论的形成和发展产生影响,指导我国成功地从经济特区实践向特别行政区建设探索,加速了祖国和平统一的历史进程。③

第二,充分利用外资和资本主义先进技术的思想。温勇（1996）将邓小平对外开放思想的核心内容总结为:正确认识资本主义及其创造的文明成果,利用资本主义建设社会主义,争取在两种制度的历史性竞争中立于不败之地。④ 黄毅（2004）指出,邓小平创造性地提出了实施对外开放政策、利用外资和资本主义的先进技术和管理经验的思想。⑤ 刘建武（2014）强调,在科学社会主义发展史上,邓小平是一位正确认识和处理社会主义同资本主义关系的马克思主义战略家、理论家和实践家,他在理论与实践相结合的基础上,成功地开辟了一条利用资本主义建设社会主义的新途径、新方式和新道路,开创了利用资本主义建设社会主义的新局面,使中国特色社会主义在实践中焕发出勃勃生机。⑥

第三,在开放中坚持独立自主的思想。鲁岩（2002）归纳出邓小平对外开放思想要点是"四个明确",即明确提出现在的世界是开放的世界;明确提出中国的发展离不开世界;明确提出我们的开放是面向世界的、全方位多层次宽领域的开放;明确提出在对外开放中要坚持独立自主、自力更生的基本原则。⑦ 杨建辉（2009）指出,邓小平在积极推动对外开放的同时,针对国际上一些妄图改变我国社会主义方向的企图,多次强调要坚持独立自主、自力更生的基本原则。⑧ 支运春（1997）强调了邓小平对外开放思想中的独立自主原则,将邓小平对外开放思想归纳为三个主要方面:在坚持社会主义制度的前提下实行对外开放,在对外开放中发挥社会主义制度的优势;在坚持独立自主、自力更生的前提下扩大对外开放,在对外开放中走以自力更生为主的道路;在坚持独立自

---

① 黄毅:《邓小平对外开放思想理论研究》,《西南民族大学学报》（人文社科版）,2004年第7期,第78~80页。
② 王永凤:《邓小平推进对外开放的历史贡献》,《北京师范大学学报》（社会科学版）,2011年第3期,第20~25页。
③ 张洪林,蔡天新:《邓小平经济特区思想与新时期的改革开放》,《北京工业大学学报》（社会科学版）,2010年第5期,第29~36页。
④ 温勇:《论邓小平的大开放思想》,《东岳论丛》,1999年第6期,第13~19页。
⑤ 黄毅:《邓小平对外开放思想理论研究》,《西南民族大学学报》（人文社科版）,2004年第7期,第78~80页。
⑥ 刘建武:《邓小平对利用资本主义途径方式的创造性探索与贡献》,《中共党史研究》,2014年第7期,第9~17页。
⑦ 鲁岩:《全方位、大开放:邓小平对外开放理论的创新特色》,《南京政治学院学报》,2002年第3期,第122~123页。
⑧ 杨建辉:《简论邓小平对外开放思想的特点》,《思想理论教育导刊》,2009年第5期,第20~22页。

主和平外交政策的前提下深化对外开放,在对外开放中维护国家独立和世界和平。① 萧斌(1999)指出,邓小平多次强调对外开放要有一个和平的国际环境,因此中国要在开放中坚持独立自主和平外交政策。②

4. 邓小平对外开放思想的重要意义

邓小平对外开放思想对中国和世界的发展都产生了深远影响。学者们围绕邓小平对外开放思想的重要意义进行了非常充分的研究和探讨。具体看来,主要包括以下几个方面:

第一,丰富和发展了马克思主义对外开放理论。持此观点的学者们认为,邓小平的对外开放思想是马克思主义对外开放理论与中国实际相结合的产物。王宜秋(2008)指出,邓小平的一系列论述是积数百年历史发展特别是社会主义建设的经验教训而得出的科学论断,是对马克思主义创始人关于历史唯物主义开放观的继承和发展。③ 石广生(2007)认为,邓小平强调的对外开放要与社会主义市场经济体制相结合,国家建设要利用两个市场、两种资源,走开放型经济发展道路等创新观点都是对马克思主义理论的重大历史贡献。④ 赵甲明和杨兴业(2008)指出,邓小平的对外开放政策顺应和把握了当今世界发展的必然趋势,成功回答和处理了中国社会主义与当代资本主义的矛盾问题。⑤

第二,实现了社会主义国家对外开放理论的飞跃。王永凤(2011)指出,社会主义国家实行全方位的对外开放,是前无古人的伟大创举,没有现成的经验可资借鉴。⑥ 石广生(2007)认为,邓小平对外开放思想指导中国经济发展取得了举世瞩目的成就,对马克思主义理论的丰富和发展作出了重大贡献,为社会主义国家制定经济战略和方针政策提供了指导原则;同时也具有重要的实践意义,对中国和世界都产生了深远影响。⑦ 俞新天(1999)强调,邓小平对外开放理论作为建设有中国特色社会主义理论的重要组成部分,指导了中国与世界的关系;在中国这一大国实行开放政策具有独特的意义,这是中国历史上主动的破天荒的大规模的对外开放,是社会主义国家对世界开放的典范。⑧

第三,为中国继续推进对外开放奠定了理论和实践基础。持有此观点的学者从理论意义和实践意义两个方面强调邓小平对外开放思想对中国对外开放事业的重要促进作用。聂启元(2008)认为,邓小平对外开放思想使对外开放成为我国的一项基本国策,

---

① 支运春:《试论邓小平对外开放的战略思想》,《南京政治学院学报》,1997年第4期,第16~19页。
② 萧斌:《中国对外开放20年:从邓小平到江泽民》,《湖北社会科学》,1999年第2期,第6~8页。
③ 王宜秋:《论邓小平的对外开放理论》,《马克思主义与现实》,2008年第6期,第200~201页。
④ 石广生:《邓小平对外开放思想的理论意义和实践意义》,《党的文献》,2007年第2期,第32~34页。
⑤ 赵甲明,杨兴业:《邓小平理论对马克思世界历史理论的继承、丰富和发展》,《清华大学学报》(哲学社会科学版),2008年第S1期,第45~46页。
⑥ 王永凤:《邓小平推进对外开放的历史贡献》,《北京师范大学学报》(社会科学版),2011年第3期,第20~25页。
⑦ 石广生:《邓小平对外开放思想的理论意义和实践意义》,《党的文献》,2007年第2期,第32~34页。
⑧ 俞新天:《中国对外开放理论的演进与前瞻》,《毛泽东邓小平理论研究》,1999年第6期,第15~25页。

中国由此大胆地走向并融入了世界发展大潮。① 石广生（2007）认为，从理论层面来看，邓小平对外开放思想为中国对外开放理论的不断发展构建了基础；从实践层面来看，在邓小平对外开放思想的指引下，我国对外开放和经济社会发展都取得了长足进步，全方位、多层次、宽领域的对外开放格局逐步形成。②

除以上三点，刘华秋（2004）还谈道，邓小平对外开放思想的重大意义在于科学判断了国际形势，改变了"世界战争不可避免而且迫在眉睫"的看法；提出了和平和发展是当今世界两大主题，预见了世界多极化趋势的发展，指明了我国对外工作的目标、任务，并提出了"一国两制"的伟大构想。③ 俞新天（1999）揭示了邓小平对外开放理论的世界意义，进一步指出这些思想不仅对中国的现代化作出了开创性的贡献，而且对世界上所有发展中国家都有启示。④

5. 邓小平对外开放思想与毛泽东对外开放思想的比较

有学者围绕邓小平对外开放思想与毛泽东对外开放思想进行了比较研究，既分析了二者的关系又厘清了二者的异同：

第一，邓小平对外开放思想是对毛泽东对外开放思想的继承与发展。孔祥云和胡宝成（1998）指出，邓小平与毛泽东在对外开放问题上是继承与发展的关系。邓小平在新的历史条件下坚持历史与现实的有机统一，从时代的高度实践了毛泽东的对外开放思想，并促进了它的发展。⑤ 钟瑛（2014）认为，毛泽东对中国社会主义建设道路的探索，为邓小平理论的形成起到了理论奠基和经验准备的作用，邓小平对外开放思想是对毛泽东思想对外开放思想的创新发展。⑥ 詹真荣和熊乐兰（2004）认为，毛泽东对中国特色的社会主义理论和道路的探索是邓小平理论形成的最直接的理论来源。⑦

第二，二者存在一致性和共同点。卢昌军（2002）认为，毛泽东是对外开放思想的探索者，邓小平是具有中国特色的社会主义对外开放理论的创立者。两代伟人的理论基点是一致的，都主张和强调对外开放具有重要意义，核心思想是要充分利用外部条件，促进中国社会主义事业的较快发展。但由于种种原因，两代伟人在认识问题和分析问题的角度、深度、广度上又有很大的不同。⑧ 李理（2000）指出，毛泽东、邓小平的对外开放观都是马克思主义原理和中国实际相结合的产物，所以他们对外开放的原则立场必然趋于一致。⑨ 朱怡悦（1999）强调，邓小平和毛泽东都把对外开放看作是中国富国强

---

① 聂启元：《邓小平对外开放思想对构建新世纪我国开放战略的意义》，《科学社会主义》，2008年第5期，第56～59页。
② 石广生：《邓小平对外开放思想的理论意义和实践意义》，《党的文献》，2007年第2期，第32～34页。
③ 刘华秋：《邓小平与新时期的中国外交》，《党的文献》，2004年第5期，第44～53页。
④ 俞新天：《中国对外开放理论的演进与前瞻》，《毛泽东邓小平理论研究》，1999年第6期，第15～25页。
⑤ 孔祥云，胡宝成：《试论邓小平对毛泽东对外开放思想的继承和发展》，《清华大学学报》（哲学社会科学版），1998年第4版，第42～46页。
⑥ 钟瑛：《邓小平理论对毛泽东社会主义建设思想的创新发展》，《当代中国史研究》，2014年第5期，第20～26+125页。
⑦ 詹真荣，熊乐兰：《论邓小平理论的思想渊源》，《社会主义研究》，2004年第5期，第51～54页。
⑧ 卢昌军：《邓小平毛泽东经济思想比较研究》，湖北人民出版社，2002年，第209页。
⑨ 李理：《毛泽东、邓小平对外开放观比较》，《长白学刊》，2000年第5期，第70～72+80页。

民的重要途径，二者是前后相承的关系。①

第三，二者存在差异。李理（2000）指出，由于历史环境和国际形势的局限，毛泽东对外开放思想更多是对问题的初步探讨，邓小平则是建立在毛泽东基础之上的更加完整表达，反映了新的时代变化特点。②卢昌（2002）也认识到，由于种种客观因素的影响，毛泽东和邓小平在认识问题和分析问题的角度、深度、广度上存在很大的不同。③宋涛（2002）认为，毛泽东和邓小平对外开放思想存在一定差异，主要有三个方面的原因：首先，不同的历史时期、变化的国内外因素是造成差异的客观因素；其次，对社会主义建设和发展的不同认识是造成差异的根本原因；最后，不同的治国风格是造成差异的主观因素。④

（二）对"三个代表"重要思想中对外开放相关论述的研究

党的十四大提出了建设社会主义市场经济体制的目标，将中国的对外开放引入了一个新的发展阶段。面向新世纪，在"三个代表"重要思想的引领下，我国的对外开放事业取得重大进步。许多学者通过对江泽民关于对外开放相关论述的研究发现，江泽民继承了马克思主义的对外开放思想，结合新的历史实际，进一步深化了对对外开放的认识，发展了党的对外开放理论（见表17-7）。学者们对江泽民对外开放思想的研究集中在以下四个方面。

表17-7 学界对"三个代表"重要思想中关于对外开放论述的阐释汇总表

认识维度	观点	代表学者
时代背景	具有鲜明的时代特征和全球视野	刘勇（2009），钱胜（2005），臧学英（2001），等等
内容体系	具有极为丰富的内容，是一套完整的科学理论体系	王金水（2007），卢肖文（2011），顾龙生（2004），等等
理论发展	继承和发展了毛泽东、邓小平的对外开放思想	陈勇（2003），李青燕（2007），祝年贵（2003），等等
重要意义	具有多个方面的现实指导意义	申勇（2000），钟坚（2002），陈平其（2003），等等

第一，"时代背景说"：江泽民对外开放思想具有鲜明的时代特征和全球视野。持这个观点的学者结合中国在这一阶段对外开放事业的发展，认为江泽民对外开放思想结合了新世纪以来时代发展的重要特点，引领中国积极融入世界的发展浪潮。刘勇（2009）认为，江泽民对外开放思想的时代性主要表现在：面对国际国内形势的重大变化，以我国改革开放和现代化建设的实际问题、以我们正在做的事情为中心，着眼于马克思主义

---

① 朱悦怡：《论邓小平对毛泽东对外开放思想的继承和发展》，《苏州丝绸工学院学报》，1999年第4期，第9~12页。
② 李理：《毛泽东、邓小平对外开放观比较》，《长白学刊》，2000年第5期，第70~72+80页。
③ 卢昌军：《邓小平毛泽东经济思想比较研究》，湖北人民出版社，2002年，第209页。
④ 宋涛：《毛泽东与邓小平对外开放思想的比较研究》，《民族论坛》，2002年第9期，第62~63页。

理论的运用，着眼于对实际问题的思考，着眼于新的实践和新的发展，在理论和实践上提出了一系列新思维、新举措，不断提高对外开放水平，形成了一整套完整的对外开放的理论体系。① 钱胜（2005）通过对江泽民关于对外开放诸多观点的整理和分析指出，江泽民的这些思想和论断是站在全球高度来考虑中国经济发展战略的。② 臧学英（2001）指出，新世纪以来我国面临着新的发展趋势，江泽民对外开放思想正是以国内外政治经济形势的变化为依据，引领中国以更加积极的姿态大踏步走向世界。③

第二，"内容体系说"：江泽民对外开放思想具有极为丰富的内容，是一套完整的科学理论体系。学者们梳理总结了江泽民对外开放思想的主要内容和内在体系。王金水（2007）认为，江泽民的对外开放思想可以归纳为四个方面：一是着力提高引进、利用外资的质量和水平；二是加快转变对外贸易增长方式；三是实施"引进来"和"走出去"相结合的开放战略；四是经济特区要不断增强自身的创新优势，更好地发挥对内地经济发展的示范、辐射和带动作用。④ 卢肖文（2011）认为，江泽民的对外开放思想主要包含四个方面内容：强调要全面提高对外开放水平、加入世界贸易组织以主动参与国际竞争、充分发挥经济特区的增创优势、在开放中坚持独立自主的原则。⑤ 顾龙生（2004）在对江泽民关于对外开放相关论述进行总结时，将其划分为六个方面的主要内容：扩大开放是适应世界多极化的要求；要推进全方位、多层次、多渠道的对外开放；要积极加入世界贸易组织；在对外开放中要维护国家主权和经济社会安全；要切实做好经济特区的发展工作；要积极学习国外科学技术及优秀文明成果。⑥

第三，"理论发展说"：江泽民对外开放思想继承和发展了毛泽东、邓小平的对外开放思想。持这一观点的学者们认为，江泽民的对外开放思想是以毛泽东和邓小平的对外开放思想为基础的，同时又在新的实践中丰富发展了毛泽东和邓小平的对外开放思想。陈勇（2003）指出，党的十三届四中全会以来，以江泽民同志为核心的党的第三代中央领导集体高瞻远瞩、审时度势、结合世纪之交国际国内形势的新变化，创造性地继承和发展了毛泽东、邓小平的对外开放观。⑦ 申勇（2000）认为，江泽民继承和发展了邓小平经济特区建设思想，多次提出经济特区要继续办下去，在针对经济特区的一系列讲话中指明了特区发展的方向。⑧ 祝年贵（2003）指出，新的历史时期，江泽民继承和发展了邓小平引进和利用外资的思想，提出了大量利用外资的新思路，开拓了中国共产党人利用外资理论的新境界。⑨ 李青燕（2007）认为，以毛泽东、邓小平和江泽民为核心的党的三代中央领导集体在不同历史时期和时代背景下分别提出"向外国学习""全

---

① 刘勇：《论江泽民对外开放思想的时代特征和重大战略意义》，《生产力研究》，2009年第1期，第4~5+13页。
② 钱胜：《江泽民经济思想研究》，安徽人民出版社，2005年，第311页。
③ 臧学英：《中国共产党对外开放思想述略》，《探索》，2001年第4期，第45~47页。
④ 王金水：《江泽民对外开放思想探析》，《前沿》，2007年第7期，第20~22页。
⑤ 卢肖文：《江泽民中国特色社会主义思想研究》，上海交通大学出版社，2011年，第109~115页。
⑥ 顾龙生：《江泽民经济思想研究》，山西经济出版社，2004年，第187~212页。
⑦ 陈勇：《党的三代领导核心对外开放思想的逻辑联系》，《毛泽东思想研究》，2003年第3期，第96~97页。
⑧ 申勇：《江泽民经济特区发展思想研究》，《学术研究》，2000年第12期，第70~73页。
⑨ 祝年贵：《邓小平、江泽民同志利用外资思想述评》，《毛泽东思想研究》，2003年第5期，第104~106页。

方位对外开放"和"走出去",体现出理论和实践的一脉相承、与时俱进。①

第四,"重要意义说":江泽民对外开放思想有重大的现实指导意义。学者们在研究中指出了江泽民对外开放思想的现实指导意义。刘勇(2009)阐释了江泽民对外开放思想的现实价值,指出江泽民对外开放思想对我国更好地融入经济全球化发展大潮、提高我国的国际地位、调整我国的经济结构、拉动我国的经济发展、推进我国全面建设小康社会宏伟目标的顺利实现和社会主义现代化事业的顺利进行具有十分重大的现实意义。②申勇(2000)指出,江泽民经济特区发展思想是在邓小平经济特区建设思想基础上提出和发展起来的,为经济特区的进一步健康全面发展提供了理论保证。③钟坚(2002)与之观点相似,强调江泽民经济特区思想揭示了经济特区在新的发展阶段的运行规律,是经济特区在新世纪发展的行动指南。④陈平其(2003)指出,江泽民对外开放思想全面阐述了我国对外开放的理论经验,继承并发展了马克思主义的对外开放理论,为新时期我国的社会主义现代化建设提供了科学的理论指南。⑤

(三)对科学发展观中对外开放相关论述的研究

党的十六大以后,我国积极融入世界舞台,对外开放事业加速发展。学者们对胡锦涛对外开放相关论述的研究多是结合科学发展观展开的,取得了丰硕的研究成果(见表17-8)。具体而言,主要包括以下四个方面的观点。

表17-8 学界对科学发展观中关于对外开放相关论述的阐释汇总表

认识维度	观点	代表学者
重要内容	"互利共赢"开放战略是其中的重要内容	林峰(2009),程学童(2010),马慧芬(2013),等等
发展目标	提出了完善开放性经济体系的发展目标	程学童(2010),林晓燕(2009),许先春(2009),等等
鲜明特质	具有鲜明的时代特色和理论特质	邰晴(2010),吕洪良(2011),陈世润和陈晨(2009),等等
指导意义	对中国对外开放实践有重要的指导意义	李娜(2011),李安方(2005),全毅(2018),等等

第一,"重要内容说":"互利共赢"开放战略是胡锦涛对外开放相关论述的重要内容。持此观点的学者重点研究了"互利共赢"开放战略在胡锦涛对外开放相关论述中的

---

① 李青燕:《从"向外国学习"到"走出去"的开放战略——党的三代领导集体对外开放思想的形成和发展》,《南京政治学院学报》,2007年第5期,第37~39页。
② 刘勇:《论江泽民对外开放思想的时代特征和重大战略意义》,《生产力研究》,2009年第1期,第4~5+13页。
③ 申勇:《江泽民经济特区发展思想研究》,《学术研究》,2000年第12期,第70~73页。
④ 钟坚:《江泽民经济特区思想的内涵与价值》,《深圳大学学报》(人文社会科学版),2002年第6期,第19~24页。
⑤ 陈平其:《全面提高对外开放水平——简论江泽民的对外开放思想》,《社会主义研究》,2003年第1期,第96~98页。

重要地位。林峰（2009）强调，在对外开放进入新阶段之后，胡锦涛提出的"互利共赢开放战略"，紧紧把握了世界各国之间日益复杂的关系，在对外开放中充分考虑了大国在多边贸易体系中的责任，充分地展现了我们负责任的大国风范。[1] 程学童（2010）指出，进一步明确"以互利共赢为发展开放型经济的重要目标"是胡锦涛对外开放思想的内容之一。[2] 马慧芬（2013）认为，胡锦涛清楚地表达了中国融入世界发展的积极姿态，"互利共赢"已成为中国在对外开放中所倡导和推动的重大原则。[3] 徐珊（2011）认为，党的十六大以来，以胡锦涛为总书记的党中央对现行的国际体系作出新的评估和分析，提出始终不渝走互利共赢的和平发展道路，这是实现和谐世界的现实途径，也是党中央对共产主义国际关系理论的继承和发展，是马克思主义中国化的重要组成部分。[4]

第二，"发展目标说"：胡锦涛对外开放的相关论述提出了完善开放性经济体系的发展目标。程学童（2010）将胡锦涛对外开放理论的探索成果总结为：精辟概括当前对外开放新环境的新变化、明确提出了对外开放的新任务、首次提出了"开放性经济体系"的理论范畴等十个方面。[5] 林峰（2009）指出，胡锦涛提出了"提高开放性经济水平"的开放性目标，为我们在新条件下形成国际经济合作和竞争新优势提供了指引。[6] 林晓燕（2009）认为，构建和完善开放性经济体系是以胡锦涛为总书记的党中央发展和完善中国特色社会主义对外开放理论的重要体现。[7] 许先春（2009）强调，"开放型经济体系"的提出，标志着我国从政策性的对外开放转变为体制性的对外开放，是对我国对外开放取得的伟大成就进行的科学总结。[8]

第三，"指导意义说"：科学发展观中的对外开放相关论述对中国对外开放实践有重要的指导意义。持此观点的学者们深入分析了胡锦涛提出的科学发展观是如何指导我国对外开放实践的。李娜（2011）认为，科学发展观要求以人为本、实现全面协调可持续的发展，这是国内经济社会发展的纲领，也是实现更高效益和更高水平的对外开放理论、战略与政策的准则。[9] 李安方（2005）指出，在进入全面对外开放的历史新阶段后，中国需要以科学发展观为指导，对传统开放战略和开放模式进行反思，破解开放型

---

[1] 林峰：《中国特色社会主义对外开放理论的新发展》，《深圳大学学报》（人文社会科学版），2009年第1期，第59~63页。
[2] 程学童：《互利共赢——完善开放型经济体系的新思维》，浙江人民出版社，2010年，第45~48页。
[3] 马慧芬：《中国特色社会主义对外开放理论比较研究》，《商场现代化》，2013年第12期，第194~195页。
[4] 徐珊：《和平发展：中国的信心与承诺——十六大以来我国和平发展道路理论探析》，《党的文献》，2011年第5期，第100~106页。
[5] 程学童：《互利共赢——完善开放型经济体系的新思维》，浙江人民出版社，2010年，第45~48页。
[6] 林峰：《中国特色社会主义对外开放理论的新发展》，《深圳大学学报》（人文社会科学版），2009年第1期，第59~63页。
[7] 林晓燕：《中共历代领导集体对外开放思想历史演进探析》，《山东行政学院山东省经济管理干部学院学报》，2009年第3期，第32~34页。
[8] 许先春：《经济全球化与中国特色社会主义对外开放思想》，《北京行政学院学报》，2009年第5期，第43~47页。
[9] 李娜：《十六大以来中国共产党对外开放思想的特点及意义》，《中外企业家》，2011年第16期，第235~236页。

经济发展过程中的矛盾和难题,并通过对开放战略和开放体制的优化与调整,探索新的开放目标和开放理念,在进一步扩大对外开放规模的同时,努力提高中国对外开放的质量和效益,进而实现经济社会的全面、协调、可持续发展。① 全毅(2018)认为,统筹国内发展和对外开放、实施互利共赢的开放战略、建设开放性经济体系等一系列新思想和新论述是根据科学发展观的要求提出来的。② 吕洪良(2011)指出,科学发展观对对外开放实践的指导体现在四个"新"上:即建设全面建成小康社会和完善社会主义市场经济的新背景、以人为本的经济社会全面协调可持续发展的新目标、统筹国际国内发展的新途径、打造互利共赢和谐世界的新保障。③

三、对习近平新时代中国特色社会主义思想中对外开放相关论述的阐释

党的十八大以来,在习近平新时代中国特色社会主义思想的指导下,我国对外开放事业全面推进,对外开放水平不断提高。学者们对习近平关于对外开放的重要论述进行了分析与阐释。具体而言,主要是从其理论来源、主要内容、主要特点和重要意义四个方面展开研究。

(一)习近平对外开放相关论述的理论来源

针对习近平新时代中国特色社会主义思想中对外开放相关论述的理论来源,学者们主要从以下两个方面进行了阐释:

第一,马克思主义的对外开放理论。学者们在研究中大多认为马克思主义的对外开放理论是习近平对外开放相关论述的重要理论来源。竟辉和张婷婷(2019)强调,习近平关于对外开放的重要论述继承和发展了马克思恩格斯的世界历史和世界市场思想,体现了马克思主义理论的一脉相承和与时俱进品质。④ 陈宇翔和张潇潇(2019)指出,马克思主义经典作家的世界历史理论是社会主义国家对外开放的理论之源,为习近平新时代关于对外开放的重要论述提供了丰厚的理论滋养。⑤ 陈伟雄(2018)指出,马克思和恩格斯的"世界历史"理论是习近平新时代中国特色社会主义对外开放思想的哲学基础;列宁对社会主义国家对外开放的方式进行了有益的探索,这也为习近平新时代中国特色社会主义对外开放思想提供了重要的理论依据。⑥ 马凯(2018)认为,习近平新时代中国特色社会主义对外开放思想是马克思主义理论逻辑与中国特色社会主义实践逻辑相结合的产物,具有非常广阔的国际视野,与马克思主义的世界观和方法论

---

① 李安方:《科学发展观与中国对外开放战略的调整》,《现代经济探讨》,2005年第7期,第48~52页。
② 全毅:《改革开放40年中国对外开放理论创新与发展》,《经济学家》,2018年第11期,第5~12页。
③ 吕洪良:《科学发展观指导下的对外开放新战略》,《理论月刊》,2011年第12期,第40~43页。
④ 竟辉,张婷婷:《习近平关于对外开放重要论述的价值意蕴》,《经济学家》,2019年第5期,第5~13页。
⑤ 陈宇翔,张潇潇:《习近平关于新时代对外开放的重要论述、实践及其重大价值》,《马克思主义理论学科研究》,2019年第2期,第95~107页。
⑥ 陈伟雄:《习近平新时代中国特色社会主义对外开放思想的政治经济学分析》,《经济学家》,2018年第10期,第5~13页。

具有一脉相承的关系。① 庞元正（2016）指出，开放发展是五大发展理念中的重要内容，而五大发展理念具有深厚的马克思主义哲学基础，是马克思主义世界观方法论在当前中国的最新运用和集中体现。②

第二，毛泽东对外开放思想和中国特色社会主义理论的对外开放思想。学者们指出，中国共产党人在实践中形成的对外开放思想在习近平对外开放的重要论述形成中发挥了重要基础作用。陈宇翔和张潇潇（2019）认为，中国共产党的对外开放思想是习近平新时代对外开放重要论述形成的直接理论来源。③ 濮灵（2018）指出，习近平曾充分肯定马克思主义经典作家的世界历史理论和邓小平的对外开放理论。④ 竟辉和张婷婷（2019）指出，习近平关于对外开放的重要论述与邓小平对外开放思想具有密切联系，习近平关于对外开放的重要论述继承并发展了邓小平的对外开放思想。这具体表现在：从"开放的世界"到"人类命运共同体"国际视野的继承与发展；从"参与者"到"倡导者"的国际角色定位的转变。⑤ 金华宝和梅浩（2018）认为，习近平关于对外开放的重要论述对邓小平对外开放理论的继承与发展主要体现在，二者都认识到了在不同历史时期实行对外开放的重要性。⑥ 田瑞欣和蒋朝莉（2019）指出，习近平继承了邓小平"解放思想、实事求是"的思想路线，提出了"实干兴邦、空谈误国"的要求；习近平继承了邓小平"对外开放的目的是发展生产力，实质是巩固和发展社会主义"的思想，提出了"中华民族要实现强起来"的目标；习近平继承了邓小平"渐进式开放"的战略，提出了"共建一带一路"的倡议；习近平继承了邓小平"对外开放要坚持独立自主、自力更生"的基本原则，提出了"实现中华民族伟大复兴"的梦想；习近平继承了邓小平"大胆吸收借鉴人类文明成果"的思想，提出了"多元文明交流互鉴、和谐共存"的理念；习近平继承了邓小平"全方位对外开放和点面线相结合"的策略，提出了"合作共赢构建人类命运共同体"的思想。⑦ 唐连凤（2018）指出，习近平在全面继承邓小平对外开放思想成果的基础上，在思想认识、开放格局、方向原则等方面进行了充分丰富和发展，使中国的对外开放理论与实践实现了纵深发展。⑧ 陈伟雄（2018）也认为，毛泽东以及邓小平的对外开放思想为习近平新时代中国特色社会主义对外开放思想的形成奠定了理论基础，江泽民的对外开放思想和胡锦涛对外开放相关论述在习近平关

---

① 马凯：《习近平新时代中国特色社会主义思想的国际视野》，《甘肃社会科学》，2018年第1期，第28～33页。
② 庞元正：《论五大发展理念的哲学基础》，《哲学研究》，2016年第6期，第7～12页。
③ 陈宇翔，张潇潇：《习近平关于新时代对外开放的重要论述、实践及其重大价值》，《马克思主义理论学科研究》，2019年第2期，第95～107页。
④ 濮灵：《习近平新时代中国特色社会主义经济思想中的构建开放型经济新体制研究》，《经济学家》，2018年第4期，第：5～10页。
⑤ 竟辉，张婷婷：《习近平关于对外开放重要论述的价值意蕴》，《经济学家》，2019年第5期，第5～13页。
⑥ 金华宝，梅浩：《习近平对邓小平对外开放思想的继承与发展》，《重庆理工大学学报》（社会科学版），2018年第11期，第134～140页。
⑦ 田瑞欣，蒋朝莉：《论习近平对邓小平对外开放思想的继承与发展》，《西昌学院学报》（社会科学版），2019年第2期，第24～27+49页。
⑧ 唐连凤：《论习近平对邓小平对外开放思想的继承与发展》，《通化师范学院学报》，2018年第11期，第1～7页。

于对外开放的重要论述的形成发展中也发挥了重要的理论指导作用。①

(二) 习近平对外开放相关论述的主要内容

围绕习近平新时代中国特色社会主义思想中对外开放相关论述的主要内容，研究者们认为主要包括以下三个方面（见表17-9）。

表17-9 学界关于习近平对外开放论述主要内容的阐释汇总表

观点	代表学者
坚持全面开放，提出开放发展新理念，构建开放型经济新体制，将对外开放作为发展的重要驱动力	全毅（2018），李艳艳（2018），戴翔（2018），陈伟雄（2018），等等
加快原有经济结构体系的转型升级，不断提高我国开放型经济的发展质量和水平	夏先良（2021），黄晓凤等（2018），濮灵（2018），吴宁等（2019），等等
在开放中兼顾安全与发展，构建以国内大循环为主体国内国际双循环相互促进的新发展格局	李晓倩（2021），王跃生（2021），贾俊生（2020），等等

第一，坚持全面开放，提出开放发展新理念，构建开放型经济新体制，坚持将对外开放作为发展的重要驱动力。持有此观点的学者们强调，全面开放是习近平对外开放相关论述的重点内容。全毅（2018）认为，习近平关于对外开放的重要论述在他对新发展理念和全面深化改革的阐释中得到升华：对外开放是新发展理念的题中应有之义，改革开放是坚持中国特色社会主义的必由之路，也是发展中国特色社会主义的必由之路。② 李艳艳（2018）指出，厚植开放是习近平新时代中国特色社会主义思想的重要组成部分。③ 戴翔（2018）认为，习近平关于对外开放的重要论述主要包括坚持主动开放、坚持共赢开放、坚持双向开放以及推动全面开放等方面。④ 陈伟雄（2018）的观点与之基本相似，他也认为习近平新时代中国特色社会主义对外开放思想包含了主动开放、全面开放、双向开放、共赢开放等重要内容。⑤ 郭敬生（2018）指出，习近平高度重视开放发展，就推动形成全面开放新格局发表了一系列重要讲话，形成了习近平全面开放观，这对我国进一步开放发展作出了全新部署，在推动我国全面开放发展上具有重大实践价值，是我国全面开放发展的根本遵循。⑥

第二，加快原有经济结构体系的转型升级，不断提高我国开放型经济的发展质量和水平。夏先良（2021）认为，习近平的开放发展观是新时代新阶段马克思主义中国化的

---

① 陈伟雄：《习近平新时代中国特色社会主义对外开放思想的政治经济学分析》，《经济学家》，2018年第10期，第5~13页。
② 全毅：《改革开放40年中国对外开放理论创新与发展》，《经济学家》，2018年第11期，第5~12页。
③ 李艳艳：《习近平新时代中国特色社会主义思想之厚植开放》，《中学政治教学参考》，2018年第20期，第69~70页。
④ 戴翔，张二震，王原雪：《习近平开放发展思想研究》，《中共中央党校学报》，2018年第2期，第12~22页。
⑤ 陈伟雄：《习近平新时代中国特色社会主义对外开放思想的政治经济学分析》，《经济学家》，2018年第10期，第5~13页。
⑥ 郭敬生：《习近平全面开放观及其实践价值》，《学习与实践》，2018年第6期，第5~11页。

伟大理论创新，这些理论和观点都旨在推动中国在更大范围、更宽领域、更深层次上提高开放型经济的水平。① 黄晓凤等（2018）强调，习近平在关于对外开放的论述中提出了"发展更高层次开放型经济"的新理念。党的十八大之后，发展更高层次的开放型经济的新理念得到广泛传播，越来越多国家表示赞同，具体内容也在不断丰富拓展，互利共赢开放逐渐成为具有中国特色的经济开放理念。② 濮灵（2018）指出，构建更高水平的开放型经济新体制，是习近平新时代中国特色社会主义经济思想的重要组成部分，这一重要战略思想将为我国发展更高层次的开放型经济、建设更具生机与活力的现代化经济体系指明行动方向。③ 吴宁等（2019）指出，"构建更高层次的开放型经济"是习近平关于发展对外开放经济的论述的重要方面之一，具体要求是不断拓展对外贸易，培育对外贸易新业态新模式，以创新驱动和引领全球价值链的协调发展，进而提升我国产业在全球产业链、价值链中的地位和作用。④

第三，在开放中兼顾安全与发展，构建以国内大循环为主体、国内国际双循环相互促进的新发展格局。李晓倩（2021）认为，构建新发展格局是适应我国发展新阶段要求、塑造国际合作和竞争新优势的必然选择，是习近平新时代中国特色社会主义对外开放思想又一重大理论成果，要求把发展的着力点放在加快培育完整内需体系、深化供给侧结构性改革、加快科技自立自强、实行更高水平对外开放等方面。⑤ 王跃生（2021）指出，统筹好开放发展和经济安全对我国经济行稳致远至关重要。因此，要坚持以习近平关于对外开放的重要论述为指引，以辩证思维统筹开放发展和经济安全：一方面，要围绕自由贸易试验区建设、"一带一路"高质量发展和高标准自由贸易区网络构建等三大平台，进一步提升对外开放的广度、深度和力度，以开放促发展、以发展保安全；另一方面，要从经济主权、金融、产业技术、能源资源等四大领域重点防控风险，积极应对开放发展中各种可能的风险挑战，确保开放发展中的经济安全。⑥ 贾俊生（2020）指出，习近平关于构建新发展格局的科学阐述，为新时期中国推进对外开放指明了前进方向。必须准确把握习近平关于对外开放的重要论述的核心思想，将其贯彻到推进高质量发展的各项工作中，以新发展格局谋划"十四五"新目标新任务，加快构建国际循环高水平开放型经济新体系。⑦

---

① 夏先良：《完整、准确、全面把握习近平开放发展观化解当前中国面临的新挑战》，《人民论坛·学术前沿》，2021年第13期，第84～105+143页。
② 黄晓凤，何剑，邓路：《习近平新时代开放型经济思想及其世界意义》，《广东财经大学学报》，2018年第4期，第4～14+61页。
③ 濮灵：《习近平新时代中国特色社会主义经济思想中的构建开放型经济新体制研究》，《经济学家》，2018年第4期，第5～10页。
④ 吴宁，吴瑞临，许慧：《习近平关于对外开放经济的重要论述及其意义》，《管理学刊》，2019年第1期，第1～7页。
⑤ 李晓倩：《"把握未来发展主动权的战略性布局和先手棋"——学习习近平关于构建新发展格局重要论述》，《党的文献》，2021年第5期，第50～59页。
⑥ 王跃生：《统筹开放发展和经济安全的内在逻辑与路径选择——学习习近平总书记在庆祝中国共产党成立100周年大会上的重要讲话》，《新视野》，2021年第5期，第5～12页。
⑦ 贾俊生：《习近平关于新发展格局的论述》，《上海经济研究》，2020年第12期，第14～21+112页。

(三) 习近平对外开放相关论述的主要特点

学者们通过梳理习近平关于对外开放的重要论述,总结提出习近平关于对外开放的重要论述具有"运用马克思主义思维方法""坚持以人民为中心""体现强烈风险意识"等特点(见表17-10)。

表17-10 学界关于习近平对外开放论述主要特点的阐释汇总表

观点	代表学者
坚持运用马克思主义的思维方法	张静(2020),王岱和范希春(2019),陈宇翔和张潇潇(2019),等等
坚持以人民为中心	吴宁等(2019),王学先和张秦肇(2018),沈江平(2020),等等
具有强烈的风险意识	竟辉和张婷婷(2019),张静(2020),王跃生(2021),等等

第一,运用马克思主义的思维方法。张静(2020)认为,习近平对外开放相关论述具有宽广的马克思主义视野。在对外开放相关工作的决策部署中,习近平始终坚持以马克思主义视野分析和解决问题,真正做到理论与实践相结合,这尤其体现在习近平对马克思主义理论的守正创新和对辩证法的坚持上。[①] 竟辉和张婷婷(2020)进一步指出,习近平关于对外开放经济发展的重要论述是新时代中国扩大对外开放的行动指南,本身就蕴含着极为丰富的马克思主义思想方法和工作方法。[②] 王岱和范希春(2019)认为,习近平经济思想与马克思主义政治经济学有着深厚的理论渊源和内在联系,这一思想体系中关于对外开放的重要论述创新和发展了马克思主义的世界市场理论。[③] 陈宇翔和张潇潇(2019)认为,习近平关于新时代对外开放的重要论述是马克思主义运用于中国改革开放特别是对外开放的实践而产生和发展的最新理论成果,这一理论成果的形成与马克思主义的开放理论密不可分。[④]

第二,坚持以人民为中心。吴宁等(2019)认为,以人民为中心和创新是习近平关于对外开放经济发展的重要论述的双核,"人民对美好生活的向往,就是我们的奋斗目标",这是习近平关于对外开放经济发展的重要论述最为清晰的逻辑。[⑤] 王学先和张秦肇(2018)从习近平关于对外开放的重要论述对邓小平对外开放思想的继承和发展的角度指出,习近平在对外开放的发展思路方面实现了从"以经济建设为中心"向"以人民

[①] 张静:《习近平关于对外开放重要论述的研究》,《南方论刊》,2020年第9期,第16~18页。
[②] 竟辉,张婷婷:《习近平关于对外开放重要论述的价值意蕴》,《经济学家》,2019年第5期,第5~13页。
[③] 王岱,范希春:《习近平经济思想与马克思主义政治经济学的内在关系》,《当代世界与社会主义》,2019年第2期,第83~92页。
[④] 陈宇翔,张潇潇:《习近平关于新时代对外开放的重要论述、实践及其重大价值》,《马克思主义理论学科研究》,2019年第2期,第95~107页。
[⑤] 吴宁,吴瑞临,许慧:《习近平关于对外开放经济的重要论述及其意义》,《管理学刊》,2019年第1期,第1~7页。

为中心"的转变。① 沈江平（2020）指出，习近平不断深化改革开放的相关论述具有明确的价值逻辑，那就是回答好新时代改革开放依靠谁、改革开放为了谁的主体问题，具体表现在确保人民群众的主体地位、解决百姓关心的重大现实问题、让发展成果公平惠及全体人民等方面。②

第三，具有强烈的风险意识。竟辉和张婷婷（2019）认为，习近平对外开放相关论述坚守着维护红色政权的底线思维，多次强调无论对外开放发展到何种程度，都必须始终坚守社会主义的根本红线、维护国家安全。③ 张静（2020）指出，习近平对外开放相关论述具有强烈的风险意识；但是树立风险意识，并不意味着中国要为了规避风险而放弃开放合作，反而表明中国的决心是以更加开放的姿态来增强抵御风险和迎接挑战的能力。④ 王跃生（2021）认为，在开放发展理念引领下，我国掀起了又一次对外开放新浪潮，但同时也带来了经济主权、金融、产业技术、能源资源等领域的经济安全风险，统筹好开放发展和经济安全对我国经济行稳致远至关重要。因此，要认真学习习近平关于统筹开放发展和经济安全的重要论述，以强烈的风险意识将对外开放推向纵深。⑤

（四）习近平对外开放相关论述的重要意义

学者们深刻总结了习近平关于对外开放的重要论述的重要指导意义。具体来讲，主要包括理论和实践两个层面：

第一，在理论层面丰富和发展了中国化马克思主义对外开放思想。濮灵（2018）认为，习近平新时代中国特色社会主义经济思想中关于构建开放型经济新体制的论述，是为应对外开放新要求而及时作出的重大战略部署，是立足于新时代的基本国情和发展实践、对当代中国马克思主义政治经济学的创新发展。⑥ 陈宇翔和张潇潇（2019）指出，习近平创造性地发展了我们党关于中国特色社会主义对外开放的理论，丰富了中国化马克思主义对外开放思想的理论宝库，为迈向高质量发展的开放新时代提供了重要的理论指导和实践遵循，是新时代中国统筹本国发展与对外开放的重要思想来源和理论依据。⑦ 潘石（2017）认为，习近平新时代经济思想中包括"对外开放新战略"等在内新范畴、新理念与新理论的提出，是中国改革开放和社会主义现代化建设的成果，极大促进了马克思主义政治经济学理论的现代化和中国化，形成了一套颇具中国特色的社会主

---

① 王学先，张秦肇：《从对外开放到开放发展——习近平开放发展思想与邓小平对外开放思想比较研究》，《南华大学学报》（社会科学版），2018年第4期，第49～55页。
② 沈江平：《习近平改革开放重要论述的内在逻辑》，《前线》，2020年第11期，第11～14页。
③ 竟辉，张婷婷：《习近平关于对外开放重要论述的价值意蕴》，《经济学家》，2019年第5期，第5～13页。
④ 张静：《习近平关于对外开放重要论述的研究》，《南方论刊》，2020年第9期，第16～18页。
⑤ 王跃生：《统筹开放发展和经济安全的内在逻辑与路径选择——学习习近平总书记在庆祝中国共产党成立100周年大会上的重要讲话》，《新视野》，2021年第5期，第5～12页。
⑥ 濮灵：《习近平新时代中国特色社会主义经济思想中的构建开放型经济新体制研究》，《经济学家》，2018年第4期，第：5～10页。
⑦ 陈宇翔，张潇潇：《习近平关于新时代对外开放的重要论述、实践及其重大价值》，《马克思主义理论学科研究》，2019年第2期，第95～107页。

义经济理论体系。① 沈江平（2020）认为，习近平关于改革开放的重要论述以严谨的内在逻辑，描绘了新时代全面深化改革开放的宏图，解答了为何深化改革开放、如何深化改革开放的现实问题，是新时期党领导人民不断把改革开放事业推向新阶段的理论指南，是我们党需要长期坚持的改革世界观和改革方法论。② 韩喜平和巩瑞波（2018）认为，习近平关于对外开放的重要论述具有明晰的内在逻辑，丰富和发展了社会主义改革开放理论，是新时代全面深化改革和扩大对外开放的理论指南，是习近平新时代中国特色社会主义思想的重要组成部分。③

第二，在实践层面推动了中国对外开放新格局的形成与发展。戴翔等（2018）强调，习近平对外开放发展思想是新时代引领我国未来开放型经济发展方向的基本方针，为提高我国对外开放的质量与水平、增强经济发展的内外联动性提供了行动指南。④ 裴长洪和刘洪愧（2018）认为，习近平对外开放相关论述为推动中国经济与世界经济的内外联动发展提供了中国方案。⑤ 陈伟雄（2018）指出，党的十八大以来，在习近平新时代中国特色社会主义对外开放思想的指导下，我国实施了一系列推进全面开放的新举措，开放型经济体制建设取得重大进展。⑥ 全毅（2018）认为，习近平关于对外开放的重要论述以"自由贸易试验区改革和自贸区战略实施"为突破口，实行高水平的贸易和投资自由化、便利化政策，推动国内外商品、生产要素和服务的双向自由流动，实现了各类资源的高效配置，提升了沿海内陆沿边优势的互补效能，推动了进口与出口、引进来与走出去的平衡发展。⑦ 竞辉（2020）指出，对外开放是一项系统工程，习近平关于对外开放的重要论述则是新时代中国扩大对外开放的行动指南，其所彰显的坚持完善基本国策的战略思维、破除陈规注重变革的创新思维、处理各种复杂关系的辩证思维、开放实践于法有据的法治思维、坚守红线维护政权的底线思维和传承以往开放理论的历史思维等六种科学思维方式，为进一步提升我国对外开放质量和水平提供了行之有效的方法和"钥匙"。⑧

---

① 潘石：《论习近平对马克思主义政治经济学理论的重大创新与贡献》，《当代经济研究》，2017 第 11 期，第 22~31+97 页。
② 沈江平：《习近平改革开放重要论述的内在逻辑》，《前线》，2020 年第 11 期，第 11~14 页。
③ 韩喜平，巩瑞波：《习近平关于改革开放的几个重要论断及其时代价值》，《社会科学研究》，2018 年第 6 期，第 7~12 页。
④ 戴翔，张二震，王原雪：《习近平开放发展思想研究》，《中共中央党校学报》，2018 年第 2 期，第 12~22 页。
⑤ 裴长洪，刘洪愧：《习近平新时代对外开放思想的经济学分析》，《经济研究》，2018 年第 2 期，第 4~19 页。
⑥ 陈伟雄：《习近平新时代中国特色社会主义对外开放思想的政治经济学分析》，《经济学家》，2018 年第 10 期，第 5~13 页。
⑦ 全毅：《改革开放 40 年中国对外开放理论创新与发展》，《经济学家》，2018 年第 11 期，第 5~12 页。
⑧ 竞辉：《习近平关于对外开放重要论述的思维方式论析》，《兰州学刊》，2020 年第 10 期，第 24~35 页。

第三节 中国对外开放的历史进程及经验

改革开放以来,我国对外开放事业不断发展,取得了举世瞩目的成就。学者们基于不同的角度针对我国对外开放的历史进程有着不同方式的划分,较为清晰地展现出了我国对外开放事业在曲折中不断前进发展的过程。本节将学者们对中国对外开放历程的研究分为三个部分,第一部分是学者们对改革开放前中国对外开放历史进程的争议,第二部分是学者们对改革开放后中国对外开放历史进程的认识,第三部分学者们对中国对外开放历史进程的经验总结。

一、对改革开放前中国对外开放历史进程的争议

新中国成立后,我国结束了鸦片战争以来的被迫对外开放历程,开启了独立自主的主动对外开放阶段。陈文敬等(2008)认为,这一时期中国经历了一个由开放或半开放、几近封闭到改革开放的曲折历程。[①] 对于1949年至1978年这一时期我国的对外开放历史进程,学界在研究中存在较大的争议。一部分学者肯定了这一时期我国的对外开放的重要成就,一部分学者则认为这一时期我国并未开始真正意义上的对外开放。

以曹迪(2019)为代表的持肯定态度的学者认为,新中国成立之后到改革开放这段时期,中国的对外开放经历了与苏联等社会主义国家的蜜月期、中苏关系破裂后的困难时期和中美建交前的破冰期。[②] 陈江生(2019)认同这一观点,因为从这一时期思想理论上看,毛泽东提出的"自力更生为主、争取外援为辅"的独立自主原则是全面、完备而深刻的;从实践上看,我国也在这一时期冲破了国际资本主义的封锁、克服了苏联大国沙文主义的要挟。[③] 曲韵(2018)强调,在20世纪50年代中国第一次大规模引进成套设备的过程中,中国从苏联引进了大量机器设备、工艺和产品设计图纸等,使得中国在原材料、能源、机械、电工等工业领域较快形成了一定的生产能力,推动中国的现代工业体系初步建立。[④] 还有学者进一步强调,这一时期所取得的经济建设成果为改革开放后我国的对外开放事业打下了坚实基础,由此说明了这一时期对外开放取得了很多重要成就。王书文(2002)认为,新时期对外开放理论是伴随着对我国社会主义建设道路的探索和反思而孕育形成的。[⑤] 连心豪(1994)认为,邓小平建设有中国特色的社会主义对外开放理论,正是坚持实事求是原则,解放思想、拨乱反正,在科学总结新中国成立以来社会主义对外开放实践正反两方面经验的基础上,对毛泽东对外开放思想的继承

---

① 陈文敬,李钢,李健:《振兴之路:中国对外开放30年》,《中国经济出版社》,2008年,第10页。
② 曹迪:《建国以来中国对外开放研究》,《价格月刊》,2019年第4期,第85~89页。
③ 陈江生:《对外开放与中国经济发展》,科学文献出版社,2019年,第7页。
④ 曲韵等:《中国对外贸易通史》(第3卷),对外经济贸易大学出版社,2018年,第119页。
⑤ 王书文:《新时期对外开放理论发展的历史进程》,《经济论坛》,2002年第5期,第23~28页。

和发展。①

有些学者提出，新中国成立之后到改革开放这段时期我国并未开启真正意义上的对外开放。江小娟（2019）认为，新中国成立后的30年中，受制于对世界形势的判断和对资本主义国家的认识，我国对外开放的主要目的是引进设备和技术，并没有发挥更多的作用。② 杨静（2001）指出，新中国成立后的30年中并未开始真正意义上的对外开放，因为在这段时期，受各种主客观原因影响，我国对外贸易、资金利用、对外援助的发展都非常有限。③ 孙玉琴（2012）认为，尽管新中国成立后我国政府宣布愿在平等互利基础上发展与世界各国的经贸关系，但也仅仅是调剂余缺、互通有无等低层次的、有限度的对外开放。新中国成立后的30年间，面对西方的经济封锁，中国在封闭或半封闭的有限开放境遇下建立了工业化的初步基础，某些产业甚至获得了较高水平的发展。但就整体而言，中国与国际市场的脱节，使中国的比较优势无法发挥，对外经贸活动对国民经济的拉动作用极其有限。④ 因此，陈江生（2018）通过对从1840年鸦片战争以来中国对外开放的回顾和分析，认为只有在中国共产党的领导下建立了新中国，尤其是在党的十一届三中全会之后，中国的对外开放才是主动的、独立自主的、真正意义上的对外开放。⑤

二、对改革开放后中国对外开放历史进程的认识

学者们对改革开放后我国的对外开放历史进程的研究形成了丰硕成果，从不同角度对这一时期的对外开放进行了阶段划分，主要形成了"两阶段说""三阶段说""四阶段说"和"六阶段说"（见表17-11）。

表17-11 学界对改革开放后中国对外开放历史进程的阶段划分汇总表

观点	划分依据	代表学者
两阶段说	以中国加入WTO为界进行划分，包括广度开放和深度开放不同阶段	马慧芬（2013），余淼杰（2019），魏杰（2016），等等
三阶段说	以中国加入世贸组织和提出"一带一路"倡议为节点进行阶段划分	国家发展和改革委员会国际合作中心对外开放课题组（2018），刘国新（2016），孙祁祥（2016），等等
四阶段说	以邓小平南方谈话、中国加入WTO和党的十八大为关键节点	徐宇和曹飞飞（2011），门洪华（2018），杨丹辉（2019），等等
六阶段说	对中国开放型经济的发展过程进行了详细划分	常健（2008），洪涛（2007），等等

---

① 连心豪：《建国初期对外经贸和海关政策的历史思考》，《厦门大学学报》（哲学社会科学版），1994年第2期，第109~114页。
② 江小娟：《新中国对外开放70年》，人民出版社，2019年，第1页。
③ 杨静：《关于新时期对外开放新格局的形成与发展》，《历史教学》，2001年第10期，第24~27页。
④ 孙玉琴：《中国对外开放史》（第3卷），对外经济贸易大学出版社，2012年，第5页。
⑤ 陈江生：《近代以来中国经济对外开放的历史分析》，《科学社会主义》，2018年第6期，第14~19页。

(一)"两阶段说"

魏杰(2016)将改革开放后中国对外开放的历史进程分为两个阶段。第一个阶段是1978年至21世纪初,这是以单向型和政府管制为主要特征的对外开放初级阶段;第二个阶段是21世纪以来到当前经济发展进入新常态的时期,这是以双向型和自由化为主要特征的阶段。双向型的对外开放战略是指在贸易方面坚持进口与出口并重,以及在投资方面坚持对外投资与引进外资并重;自由化的对外开放战略包括外汇市场的自由化和贸易投资的自由化。这两个战略形成了新常态时期中国对外开放的整体格局和趋势。① 余淼杰(2019)也将改革开放后中国对外开放的历史进程划分为两个阶段,他认为1978年至2001年是中国对外开放的广度开放阶段,2001年至2017年则是深度开放阶段。在广度开放阶段的主要工作是设立各类经济园区、大幅度地削减关税、大力发展加工贸易;在深度开放阶段的主要工作则是加入世界贸易组织,成为WTO的第143个成员国,并通过设立自由贸易试验区等方式推进外向型经济体制的改革。②

(二)"三阶段说"

国家发展和改革委员会国际合作中心对外开放课题组(2018)将改革开放后中国对外开放的历史进程划分为以下三个阶段:1978年至2000年是沿海率先开放,带动沿江、沿边、内陆开放的阶段;2001年至2012年是加入世贸组织,积极主动融入全球经济体系的阶段;2013年至2018年则是在"一带一路"合作倡议引领下形成全面开放新格局的阶段。③ 刘国新(2016)指出,如果从时间顺序上来讲,对外开放的步伐早于改革:1978年五六月间的谷牧访欧,是新中国成立以后首次向发达资本主义国家派出的国家级政府经济代表团;而改革开放后的对外开放历史进程可以分为三个阶段:第一个阶段是初步实施"引进来"战略的阶段;第二个阶段是从1997年起提出并实施"引进来"与"走出去"相结合战略、统筹国内国际两个大局的阶段;第三个阶段是从2013年至今,包括筹建自由贸易试验区、提出"一带一路"合作倡议、组建"亚投行"等战略,可以说是"走出去"战略的2.0版本。④ 孙祁祥(2016)的分析与之接近,认为改革开放后中国对外开放的历史进程大致可以分为以下三个阶段:1978年至1992年为对外开放的探索时期;1993年至2001年为对外开放进程显著提速的时期;2002年至今为外向型经济逐步展现竞争力的时期。⑤ 张幼文(2019)从新中国发展的视角分析我国与世界经济关系的发展,认为改革开放后中国对外开放的历史进程包括1978年到2001

---

① 魏杰,汪浩:《论双向型与自由化的对外开放战略》,《学术月刊》,2016年第8期,第52~60页。
② 余淼杰:《新时代中国全面开放新格局的构建》,《中国外资》,2019年第5期,第84~85页。
③ 国家发展和改革委员会国际合作中心对外开放课题组:《中国对外开放40年》,人民出版社,2018年,第10~12页。
④ 刘国新:《开放与改革同等重要》,《中共党史研究》,2016年,第15~18页。
⑤ 孙祁祥,李连发:《我国全方位对外开放战略的新思考》,《北京大学学报》(哲学社会科学版),2016年第2期,第24~27页。

年、2001年到2012年、2012年至今三个阶段。① 余稳策（2019）从新中国开放性经济发展的角度形成的分析与之基本相似：1978年到2000年是从局部开放向全方位开放过渡的阶段，2001年到2012年是开放型经济体系的形成阶段，2013年至今是全面开放新格局的形成与深化阶段。②

（三）"四阶段说"

徐宇和曹飞飞（2011）将改革开放后中国对外开放的历史进程划分为了四个阶段：从1978年改革开放起到20世纪90年代初是试验探索阶段；从1992年邓小平南方谈话到20世纪末是全面开放阶段；从2001年到2006年是以加入世界贸易组织为契机的对外开放体制全面转轨阶段；2007年后对外开放进入实施互利共赢开放战略和打造高水平开放型经济体系的新阶段。③ 门洪华（2018）对改革开放后中国对外开放历史进程的划分具体到了年份，他认为1978年至1992年是梯次布局、确立外向型经济的阶段；1992年至2002年是扩大布局、发展开放型经济的阶段；2002年至2012年是深化布局、构建开放型经济的阶段；2012年至今是全面布局、塑造开放型新经济的阶段。④ 杨丹辉（2019）从我国对外贸易发展进程的角度进行分析，形成了与之相同的时间分期：1978至1991年是对外开放以试点示范为主、有条件探索实施的阶段；1992至2001年是以邓小平同志的南方谈话为契机，对外开放由点及面加快推进的阶段；2001年我国成功加入WTO后，对外开放进入全方位、多层次、宽领域、有重点的阶段；党的十八大以来，我国提出"一带一路"合作倡议、成立"亚投行"、实施负面清单管理等一系列对外开放重大战略新举措，掀起深化外贸体制改革、创新外贸管理方式的新高潮。⑤ 陈文敬（2008）指出，我国的对外开放自1978年开始，以筹备建立深圳等4个经济特区、开放广州、上海等14个沿海城市、确立社会主义市场经济改革目标和中国加入世贸组织为标志性事件，可以将改革开放后中国对外开放的历史进程划分为四个阶段。⑥

（四）"六阶段说"

常健（2008）认为，1979年到2008年我国的对外开放历史进程大致经历了六个阶段：第一阶段是试办经济特区，第二阶段是进一步开放沿海城市，第三阶段是进一步扩大沿海开放区域，第四阶段是开发开放上海浦东新区，第五阶段是全面开放沿边、沿江及内陆省会城市，第六阶段是加入世界贸易组织，形成全方位、多领域的对外开放格局，推动中国对外开放上升到了前所未有的新水平。经过以上六个阶段，中国"以开放促改革、以改革促开放"的经济发展大趋势已经形成。⑦ 洪涛（2007）考察了改革开放

---

① 张幼：《70年中国与世界经济关系发展的决定因素与历史逻辑》，《世界经济研究》，2019年第7期，第3～12+134页。
② 余稳策：《新中国70年开放型经济发展历程、逻辑与趋向研判》，《改革》，2019年第11期，第5～14页。
③ 徐宇，曹飞飞：《中国对外开放的进程与经验》，《科技资讯》，2011年第18期，第212～213+215页。
④ 门洪华：《中国对外开放战略》，上海人民出版社，2018年，第77页。
⑤ 杨丹辉：《新中国70年对外贸易的成就、经验及影响》，《经济纵横》，2019年第8期，第20～31+2页。
⑥ 陈文敬，等：《振兴之路：中国对外开放30年》，中国经济出版社，2008年，第10页。
⑦ 常健：《中国对外开放的历史进程》，《第六期中国现代化研究论坛论文集》，2008年，第311～314页。

以来中国商业对外开放的历史进程,认为改革开放以来我国商业领域的对外开放大体上经历了六个发展阶段:第一阶段是1978年到1992年7月的"禁止期",这一时期中国政府禁止外商在中国开办独资或合资零售批发企业;第二阶段是1992年7月到1999年6月的试点期,这一时期试点成为中国商业对外开放的主基调,具体表现为地点上的试点和有限度地吸引外资;第三阶段是1999年6月到2001年12月的规范管理试点区,这一时期中国政府提出可以设立从事批发业务的合营企业,允许外商合营者控股;第四阶段是2001年12月到2002年12月的外资进入中国抢滩的第一次浪潮阶段,这一阶段中国商业领域的对外开放告别试点阶段,进入常规开放;第五阶段是2002年12月到2004年12月的大量外资以并购形式进入商业领域的阶段,这一阶段外资商品占商品零售总额的比重持续提升,世界50家大的零售企业全部进入中国市场;第六阶段是2004年12月以来商业全面对外开放、外商进入中国的第二次浪潮阶段,这一阶段中国零售业入世过渡期结束,兑现了中国零售市场全面向外资开放的承诺,零售领域实现了全面开放。①

三、对中国对外开放历史进程的经验总结

在对中国对外开放的历程进行梳理后,许多学者对我国对外开放的基本经验和当代启示作了较为全面的总结。学者们重点研究了中国对外开放为什么会取得巨大成功和中国对外开放有哪些基本经验等问题,这为我国不断提高对外开放水平、形成全面开放新格局提供了有益指导(见表17-12)。学者们认为,我国对外开放的历史经验主要包括以下四点。

表17-12　学界对中国对外开放历史进程的经验总结汇总表

观点	代表学者
坚持党的领导	程同顺(2018),门洪华(2018),赵伟洪和张旭(2021),晏维龙(2021),等等
坚持对外开放基本国策	董希淼(2019),栾文莲(2009),罗清和和张畅(2020),陈大鹏等(2021),等等
坚持以发展为引领	隆国强(2018),桑百川和钊阳(2019),叶静(2021),杨丹辉(2019),等等
坚持渐进式开放	刘赛力(2019),程同顺(2018),段小梅(2018),陈文敬等(2008),等等

(一)坚持党的领导

程同顺(2018)强调,回顾我国对外开放的历史进程可以发现,坚持党的领导是中国对外开放能够取得巨大成果的根本保障。只有在中国共产党的正确领导下,坚持以经

---

① 洪涛:《中国商业对外开放的六个阶段》,《中国商贸》,2007年第12期,第44~45页。

济建设为中心,我国的对外开放才能朝着正确方向稳步前行。① 门洪华(2018)指出,坚持中国共产党的领导,坚定不移从严治党,不断提高党的执政能力和领导水平,是中国推进对外开放的政治前提和根本保证。② 赵伟洪和张旭(2021)进一步指出,党的对外开放思想兼有原则性、包容性和创造性,在对外开放实践中要始终坚持党的领导、坚持四项基本原则,既不走封闭僵化的老路,也不走改旗易帜的邪路,始终服务于中国特色社会主义道路。③ 赵蓓文(2019)认为,正是由于中共中央正确的作出了改革开放的关键抉择,才使中国的国民经济在改革开放的强大推力下,走出了中国特色找社会主义道路,使中国的对外开放成为一道亮丽的风景线。④ 晏维龙(2021)认为,中国共产党领导我国经济建设取得了举世瞩目的伟大成就。中国共产党领导的百年红色经济史是一部中国共产党人继承中华优秀传统文化、充分运用马克思主义政治经济学、将理论同中国具体实践相结合的光辉历史。面向国内,中国共产党坚守富民与强国;面向国外,中国共产党坚持独立自主与对外开放。在新发展阶段上,深入贯彻落实习近平新时代中国特色社会主义思想,坚持党对经济工作的集中统一领导,具有非常重要的战略意义。⑤

(二)坚持对外开放基本国策

董希淼(2019)认为,历史经验表明,闭关自守是愚昧落后的重要根源,对外开放则是走向富强和振兴的必由之路,因而必须将对外开放作为我国长期坚持的一项基本国策。⑥ 栾文莲(2009)强调,对外开放是我国改革与发展的基本国策,是必须长期坚持的重大发展战略,是关系国家前途命运的根本政策之一。⑦ 国家发展和改革委员会国际合作中心对外开放课题组(2018)指出,始终坚持对外开放的基本国策,通过不断完善深化改革开放的政策支持体系,将开放发展理念落实到具体的发展实践中,是中国对外开放的基本经验。⑧ 罗清和和张畅(2020)认为,坚持改革开放的道路不动摇,是深圳经济特区40年建设发展的基本经验,也是继续探索社会主义道路和全面建设社会主义现代化强国的现实要求。⑨ 张燕生(2008)认为,坚持对外开放为中国赢得了追赶世界、和平发展的宝贵历史机遇。新一轮经济全球化浪潮既是中国和平崛起的重要战略机

---

① 程同顺:《越开越大的开放大门——中国对外开放的实践探索》,《人民论坛》,2018年第33期,第24~26页。
② 门洪华:《中国对外开放战略》,上海人民出版社,2018年,第119页。
③ 赵伟洪,张旭:《百年来中国共产党对外开放思想的理论基础、历史进程与实践超越》,《经济纵横》,2021年第5期,第8~31页。
④ 赵蓓文:《从应对挑战到积极主动——中国在经济全球化中的地位》,社会科学出版社,2019年,第2页。
⑤ 晏维龙:《中国共产党领导经济建设的百年历程与经验》,《世界经济与政治论坛》,2021年第4期,第1~18页。
⑥ 董希淼,朱美璇:《中国特色对外开放的历程与逻辑》,《中国金融》,2019年第20期,第18~19页。
⑦ 栾文莲:《我国对外开放基本国策的理论基础和实践经验》,《马克思主义研究》,2009年第5期,第134~141页。
⑧ 国家发展和改革委员会国际合作中心对外开放课题组:《中国对外开放40年》,人民出版社,2018年,第22页。
⑨ 罗清和,张畅:《深圳经济特区四十年"四区叠加"的历史逻辑及经验启示》,《深圳大学学报》(人文社会科学版),2020年第2期,第32~40页。

遇期，也是各种矛盾和风险的凸现期。要始终坚持对外开放的基本国策不动摇，以对外开放促进内外交流融通，牢牢把握发展机遇，成功实现中国经济的起飞和快速发展。① 陈大鹏等（2021）认为，新中国成立以来，我们的对外开放从基于知识学习和技术引进的"单向开放"转向基于商品和要素自由流动的"经贸双向开放"，再到基于规则、体制、理念等双向交流互鉴的"制度型开放"，呈现出逐步发展和升级的态势。在构建新发展格局的新阶段，要继续坚持对外开放基本国策，形成开放的国内国际双循环。②

（三）坚持以发展为引领，明确开放的目标和重点

隆国强（2018）指出，开放不是为开放而开放，开放要服务于国家的发展目标，开放战略是国家发展的子战略。目前，我们国家的发展战略是建设现代化国家。从经济发展角度来说，是从高速度增长转向高质量发展，这是整个现代化战略里面不同阶段的子目标。因此，继续推进对外开放要服务于高质量发展，把"引资""引技""引智"结合起来，利用全球的资源增强我们的创新能力，不断推动出口和产业结构的转型升级。提升产业竞争能力。③ 桑百川和钊阳（2019）认为，中国对外开放利用外资的历史经验表明，沿着自上而下推动与特殊区域大胆探索相结合的开放道路，顺应生产力发展要求，冲破思想禁锢，遵循国际经济惯例，全面参与经济全球化进程，大胆吸收利用外资，拓展全球资源配置空间，以开放促改革和发展，是创造中国经济奇迹、推动中国发展的奥秘。④ 叶静（2021）指出，在波澜壮阔的对外开放进程中，我们积累了宝贵的历史经验，即在党的集中统一领导下，坚持独立自主的战略定力、与时俱进的政策方略、循序渐进的方式方法、发挥中国特色社会主义的制度优势。新时代需要继续坚持以发展为引领，推进更高水平的对外开放。⑤ 杨丹辉（2019）认为，我国对外开放取得巨大成就最宝贵的经验在于，深刻总结封闭发展的历史教训，认清世界经济发展和要素流动的规律，准确把握全球化演进的方向，始终坚持对外开放的市场化操作与改革的市场化方向相互配合、相互促进，循序渐进地推动经济体制与国际接轨，政府和企业有意识地遵从国际规则。⑥

（四）坚持渐进式开放

刘赛力（2019）认为，改革开放以来我国的对外经济关系是在不断总结经验的基础上以"摸着石头过河"为方法的渐进式开放，是由地域的全方位开放走向产业的全方位开放的。⑦ 程同顺（2018）指出，中国对外开放的实践和策略显示了党中央"先试点后

---

① 张燕生：《对外开放的历程、发展经验及前景》，《宏观经济研究》，2008年第10期，第18~23+28页。
② 陈大鹏，吴舒钰，李稻葵：《中国构建开放型经济的经验和对新发展阶段的启示——政府与市场经济学的视角》，《国际经济评论》，2021年第6期，第141~160+8页。
③ 隆国强：《中国对外开放40年的经验》，《国际贸易问题》，2018年第12期，第4~6页。
④ 桑百川，钊阳：《中国利用外资的历史经验与前景展望》，《经济问题》，2019年第3期，第1~7页。
⑤ 叶静：《中国共产党领导对外开放的百年历程与基本经验》，《科学社会主义》，2021年第6期，第19~24页。
⑥ 杨丹辉：《新中国70年对外贸易的成就、经验及影响》，《经济纵横》，2019年第8期，第20~31+2页。
⑦ 刘赛力：《中国对外经济关系》，中国人民大学出版社，2019年，第12~14页。

推开、循序渐进"的决策模式。渐进式开放是中国对外开放的突出特征和重要经验，也是"摸着石头过河"的一个绝佳注释。① 段小梅（2018）分析了我国开放型经济转型升级的发展历程，从这一角度出发加以思考，认为我国的对外开放区域格局是逐渐走向深化的。② 国家发展和改革委员会国际合作中心对外开放课题组（2018）在对我国对外开放历史经验进行总结时强调，中国的对外开放经历了从沿海向内陆的区域性、渐进式开放，始终坚持建立符合中国国情的经济制度体系，始终坚持中国特色的渐进式实施模式，始终坚持承担与自身能力相匹配的国际责任。③ 陈文敬等（2008）进一步分析到，党的十一届三中全会以来，随着国际国内发展环境的深刻变化和经济体制改革的不断深入，我国对外开放实现了由点到面、由沿海到内地、由少数产业到大多数产业、由局部到全局、由"引进来"到"走出去"的循序展开。这种渐进式的对外开放，能够及时总结经验和不足，逐步排除前进道路上的各种障碍和干扰，保证了具有中国特色的社会主义现代化建设顺利推进。④ 中国国际经济交流中心"改革开放40年"课题组（2018）指出，以问题为导向、实行渐进式改革，可以有效凝聚广大人民群众的认识与意志，将新旧体制转换时带来的"真空效应"与缝隙降至较低，以利于积极稳健地推进改革开放。⑤

第四节　中国对外开放的政策选择

改革开放40余年，我国不断调整对外开放政策，在世界经济发展浪潮中积极转变角色，抓住宝贵机遇实现了自身的快速发展。围绕中国对外开放的政策选择，学者们的研究主要包括选择对外开放政策的原因、实施对外开放政策的具体举措、新时期优化对外开放政策的路径和要求。

一、选择对外开放政策的原因

关于中国选择对外开放政策的原因，学者们在研究过程中形成了以下三类主要的观点（见表17-13）。

---

① 程同顺：《越开越大的开放大门——中国对外开放的实践探索》，《人民论坛》，2018年第33期，第24~26页。
② 段小梅：《新形势下我国开放型经济转型升级研究》，科学出版社，2018年，第30~46页。
③ 国家发展和改革委员会国际合作中心对外开放课题组：《中国对外开放40年》，人民出版社，2018年，第21~27页。
④ 陈文敬，李钢，李健：《振兴之路：中国对外开放30年》，《中国经济出版社》，2008年，第10页。
⑤ 中国国际经济交流中心"改革开放40年"课题组：《改革开放40年的历史进程与宝贵经验》，《社会治理》，2018年第12期，第5~12期。

表 17-13 学界对中国选择对外开放政策原因的认识汇总表

观点	代表学者
对外开放是基于经济全球化浪潮的必然选择	国家发展和改革委员会国际合作中心对外开放课题组（2018），许先春（2009），王红艳（2000），等等
对外开放是社会主义国家进行现代化建设的必然要求	吴振坤（1993），刘海军和王峰明（2020），叶静（2021），孙大力（2007），等等
苏联及东欧社会主义事业的失败警示我们要走对外开放道路	蓝希瑜（2004），吕艳（2004），李允华（1992），等等

（一）对外开放是基于经济全球化浪潮的必然选择

学者们在研究和探讨中国选择对外开放政策的重要原因时，大都认为经济全球化是其重要原因。国家发展和改革委员会国际合作中心对外开放课题组（2018）认为，我国选择对外开放的重大意义在于：实施对外开放是国家繁荣发展的必由之路，是中华文明发展的基本特征，是顺应全球化发展的客观规律。[①] 许先春（2009）指出，邓小平敏锐地看到了经济全球化趋势在现实中的细微变化和具体表现，认识到了世界经济紧密联系、相互依存且日益加深的特点，在此基础上提出的对外开放政策是顺应全球化发展客观规律的重要表现。[②] 王红艳（2000）认为，我国选择对外开放政策的主要原因有三点：一是世界经济一体化趋势要求我们对外开放，二是世界经济发展不平衡要求我们对外开放，三是世界经济的市场化趋势要求我们对外开放。[③] 茹亚辉（2020）认为，中国共产党制定的对外开放策略既是马克思主义与中国国情相结合的产物，也是依据国际国内背景作出的现实选择。这些政策和调整是适应当今时代"和平与发展"主题的务实需要，也是在西方发达国家主导着国际政治经济秩序、掌握着先进的技术和信息等资源的全球化背景下，缩小中国与西方发达国家之间差距的必然选择。[④] 张松涛（2003）认为，全球化的经济发展，使各国的经济利益既有相互依存、相互渗透，更有相互借重和相互竞争，这是我国选择和调整对外开放政策的重要原因。[⑤]

[①] 国家发展和改革委员会国际合作中心对外开放课题组：《中国对外开放40年》，人民出版社，2018年，第1~4页。

[②] 许先春：《经济全球化与中国特色社会主义对外开放思想》，《北京行政学院学报》，2009年第5期，第43~47页。

[③] 王红艳：《当前世界经济趋势与我国对外开放——学习邓小平关于对外开放理论的几点体会》，《湖南经济》，2000年第4期，第26页。

[④] 茹亚辉：《回顾与反思：新中国成立以来中国共产党对外开放策略的解读》，《党史博采》，2020年第12期，第14~16+47页。

[⑤] 张松涛：《关于新世纪新阶段中国对外开放和对外经济的政策选择》，《经济学动态》2003年第7期，第3~7页。

（二）对外开放是社会主义国家进行现代化建设的必然要求

吴振坤（1993）认为，对外开放是实现我国社会主义现代化的必要条件。① 刘海军和王峰明（2020）进一步指出，实施对外开放政策源自社会主义中国对外开放的历史必然性：社会主义中国脱胎于半殖民地半封建社会，没有经过商品生产和交换的充分发展，与成熟的商品经济或市场经济尚有较大距离。社会主义建设初期，由于帝国主义对中国的长期封锁和破坏，新生的社会主义中国与世界发达资本主义国家的经济联系极为有限，极大地影响了社会生产力的发展和人民生活水平的改善，这是我们实行对外开放政策的历史动因所在。② 叶静（2021）认为，在社会主义现代化建设道路上，我们党领导人民选择了对外开放政策，进行了伟大的对外开放实践，带领中华民族实现了从站起来、富起来到强起来的伟大飞跃，使我国综合国力跃上了更高的台阶。③ 孙大力（2007）认为，中国历史上就有对外开放的传统，新中国成立后也曾进行过对外开放的努力。中国共产党在十一届三中全会前后制定的对外开放政策，并不是对历史传统的简单延续，而是在新的时代背景下探索中国特色社会主义现代化道路的全新实践。④ 周天勇和张弥（2009）认为，对外开放政策推动的经济发展是社会主义中国现代化发展的动力：通过实施对外开放基本国策，我们从引进外资、建立经济特区和实施沿海对外开放战略等方面逐步实行对外开放，强劲推动了中国的经济发展。⑤

（三）苏联及东欧社会主义事业的失败警示我们要走对外开放道路

蓝希瑜等（2004）指出，苏联解体的主要原因是它在第二次世界大战后没有很好地融入势不可挡的全球化浪潮中，反而背离了这一具有很强建设性和破坏性的历史潮流，最终被浩浩的历史进程所湮没。⑥ 吕艳（2004）认为，苏联及东欧社会主义的失败是他们长期没有融入全球经济体系的结果。受各种复杂因素影响，苏联及东欧的社会主义长期孤立于世界之外，没能迅速地适应与满足第三次工业革命的需要，最终在相对封闭的发展环境中走向了失败，这为中国选择对外开放政策提供了重要参考。⑦ 李允华（1992）认为，苏联是世界上第一个社会主义国家，也是社会主义国家中最早实行对外开放的国家。导致苏联解体的原因很多，其中一个重要原因就是苏联在对外政策方面多年来未能始终坚持列宁制定的对外开放的正确战略方针，长期闭关锁国、自缚手足，致

---

① 吴振坤：《中国对外开放通论》，北京工业大学出版社，1993年，第41页。
② 刘海军，王峰明：《经济全球化进程中的中国角色及其历史依据》，《思想理论教育导刊》，2020年第10期，第73～79页。
③ 叶静：《中国共产党领导对外开放的百年历程与基本经验》，《科学社会主义》，2021年第6期，第19～24页。
④ 孙大力：《关于新时期对外开放决策的几个特点》，《中共党史研究》，2007年第2期，第23～28页。
⑤ 周天勇，张弥：《现代化的动力：对外开放推动的经济发展》，《财经问题研究》，2009年第5期，第3～11页。
⑥ 蓝希瑜，罗琼，史世奎：《以"全球化"的视野再议苏联解体》，《世界民族》，2004年第5期，第6～10页。
⑦ 吕艳：《经济全球化与社会主义国家的发展》，《中国特色社会主义研究》，2004年第4期，第68～70页。

使本国经济和科技发展大大落伍于时代,这是中国在对外开放过程中需要汲取的经验教训。①

二、实施对外开放政策的具体举措

中国对外开放政策的具体举措涉及多个领域和方面。围绕中国实施对外开放政策的具体举措,学者们的研究主要包括以下内容(见表17-14)。

表17-14 学界对中国对外开放政策具体举措的研究汇总表

研究类别	代表学者
经济特区及自贸试验区的对外开放政策	苏东斌和钟若愚(2010),姬超和袁易明(2020),赵蓓文(2014),等等
沿边沿海城市的对外开放政策	全毅(2021),陈柳和江静(2008),陆小斌等(1997),庄芮等(2021),等等
内陆地区的对外开放政策	张文丽等(2021),张新平和胡西武(2014),何杰(2018),等等
不同行业与领域的对外开放政策	刘爽(2019),杨艳红和卢现祥(2018),杨朝继(2018),等等

(一)经济特区及自贸试验区的对外开放政策

苏东斌和钟若愚(2010)认为,中国建设经济特区的基本经验有两条:从现实形态来分析,要坚持社会主义市场经济的取向;从深层动力来总结,要尊重与拓展对人的解放。经济特区具有双重新使命:从"改革"的意义上讲,是加快完成向市场经济的转型,当好改革开放的先锋队;从"发展"的意义上讲,是加快转变发展方式,早日建成国际性现代化城市,构筑中国区域经济的新版图。② 姬超和袁易明(2020)认为,建设经济特区的中国实践浓缩呈现了中国经济发展道路的内在逻辑,为中国特色社会主义对外开放理论提供了典型化事实。经济特区不仅仅只是一个特殊开发区域,它们更是中国由计划经济向市场经济转型的一项重要机制,以特区为起点的渐进式、非均衡发展路径也是中国整体制度改革道路上规避风险的最优路径,经济特区的持续演进保证了改革开放的延续性。③ 赵蓓文(2014)从国际贸易体制变化后中国在新型开放格局下如何进行上海自由贸易试验区的总体方向探索入手,分析了上海自由贸易试验区的未来发展方向,认为建设和发展上海自贸试验区的难点在于:处理金融创新、金融开放和风险控制之间的关系,应对从正面清单过渡到负面清单期间的风险监管和政策调整,提升城市的

---

① 李允华:《苏联七十多年来在对外开放问题上的政策演变及其主要经验教训与启示》,《东欧中亚研究》,1992年第5期,第71~79页。
② 苏东斌,钟若愚:《中国经济特区的时代使命》,《深圳大学学报》(人文社会科学版),2010年第3期,第9~21页。
③ 姬超,袁易明:《从经济特区到先行示范区:中国发展道路的"特区"范式》,《江西社会科学》,2020年第1期,第84~94+254~255页。

贸易功能和服务功能。①蔡朝林（2018）以广东自贸试验区广州南沙新区片区为例，从厘清"高水平对外开放门户枢纽"的概念和内涵出发，分析了南沙建设高水平对外开放门户枢纽的基础条件，梳理了世界主要门户城市的发展演进路径，提出了要建成"四中心一窗口"高水平对外开放门户枢纽的总体目标和功能定位，凝练出了"自贸、航运、枢纽、智能、绿色"五个发展策略。②

（二）沿边沿海城市的对外开放政策

全毅（2021）认为，沿边开放型经济体制是我国开放型经济体制的重要组成部分。因沿边与沿海独特的资源禀赋、地缘政治与地缘经济特点，我国沿边开放型经济与沿海开放型经济发展程度具有重要差异，其开放型经济体制构建路径也存在巨大差异，要因地制宜完善沿边地区发展开放型经济的相关政策。③陈柳和江静（2008）从不同区域之间相互作用的机制出发，分析了沿海地区外向型经济的溢出效应与区域收入差距，认为中国沿海地区外向型经济的溢出效应缩小了沿海地区与内陆地区的发展差距，应当继续提高沿海地区的对外开放水平，促进沿海外向型经济对内陆地区的溢出效应，这是实现区域和谐发展的重要途径。④陆小斌等（1997）认为，沿海地区对外开放是与我国经济体制改革同步进行的，它产生在传统的计划经济体制还占绝对优势的大环境下，难免受新旧体制并存、交错和相互之间摩擦的制约，加之沿海各地之间经济发展的不平衡，导致生产要素供需矛盾加剧，沿海地区对外开放和经济发展中面临着诸多困难和问题。这些问题可能会成为影响经济可持续发展的隐患。⑤庄芮等（2021）认为，历经30年左右的持续发展，我国沿边地区对外开放的层次和平台已日趋丰富，开放力度也逐渐增大，取得了巨大成就，沿边开放发展日益成为国家战略的重点以及构建新发展格局的重要组成部分。⑥

（三）内陆地区的对外开放政策

张文丽等（2021）以山西省为例探讨了内陆城市对外开放的优势和经验：随着中国发展阶段和发展条件的变化，内陆腹地的重要性日益凸显，逐步走向改革开放的前沿；依托地域广阔、资源富集、产业基础完备的优势，加快推进全面深化改革和更高水平对

---

① 赵蓓文：《新型开放格局下的上海自由贸易试验区建设》，《上海行政学院学报》，2014第1期，第37~45页。
② 蔡朝林：《建设高水平对外开放门户枢纽的策略与路径——以广东自贸试验区广州南沙新区片区为例》，《暨南学报》（哲学社会科学版），2018年第8期，第28~39页。
③ 全毅：《我国沿边地区开放型经济体制的基本内容与构建路径》，《云南大学学报》（社会科学版），2021年第4期，第110~120页。
④ 陈柳，江静：《沿海地区外向型经济的溢出效应与区域收入差距》，《经济评论》，2008年第5期，第18~25页。
⑤ 陆小斌，赵海平，赵紫陵：《关于沿海对外开放地区可持续发展的几个难题》，《世界经济文汇》，1997年第4期，第60~62页。
⑥ 庄芮，宋荟柯，张晓静：《我国沿边开放战略思考：历史逻辑与推进方向》，《国际贸易》，2021年第7期，第45~52+75页。

外开放,是内陆地区高质量发展的强大动能。① 何杰(2018)选择地处西部内陆地区的中国(四川)自由贸易区川南临港片区作为研究对象,认为探索建设内陆自由贸易港的保障措施包括强化国家配套政策支持、健全法治保障体系、优化政务服务环境、强化金融服务实体、强化人才队伍保障。② 河南省社会科学院课题组(2018)认为,以更大的力度推动全方位扩大开放,快速提升开放型经济的发展水平,充分发挥各类开放合作平台和机制的功能作用,积极培育市场主体和开放主体,加快开放型经济建设,推动形成全面开放新格局,加速扩大开放的范围、拓宽开放的领域、加深开放的层次,从而实现开放方式的创新、开放布局的优化和开放质量的提升,是河南省新时代实施扩大对外开放政策的重要课题。③ 张新平和胡西武(2014)在对湖北省恩施州对外开放现状进行评估分析的基础上,阐述了对外开放对于内陆地区加快发展的重要意义,并结合经济发展和资源禀赋实际,提出恩施州发展外向型经济的关键是形成更具生机与活力的开放型产业。④

(四)不同行业与领域的对外开放政策

刘爽(2019)总结了我国债券市场对外开放的政策变迁,认为我国债券市场的对外开放包括三个方面:一是大力引入境外投资者;二是发展离岸人民币债券市场;三是准许境外发行人发行以人民币计价的债券。这些政策的实施虽然只有短短十几年,但已取得巨大进展。债券市场对外开放有力地推动了人民币国际化进程和债券市场改革的深化,并更有效地服务于各类经济主体。⑤ 杨艳红和卢现祥(2018)认为,我国对外贸易制度跟随对外开放政策的发展步伐,由数量控制型制度走向规制型制度,再到中性开放型制度阶段。以开放促发展、不断转变政府职能、推行经济市场化和贸易自由化、坚持国际化法制化方向改革对外贸易制度,是我国对外开放政策优化及对外贸易制度改革的成功经验。⑥ 杨朝继(2018)认为,自加入世界贸易组织以来,我国农业对外开放程度明显提升。根据2018年中央一号文件要求,我国农业发展要"构建农业对外开放新格局,优化资源配置,着力节本增效,提高农产品国际竞争力,实施特色优势农产品出口提升行动,扩大高附加值农产品出口,建立健全农业贸易政策体系"。在相关政策指导下,中国农业将积极、稳定、有序扩大对外开放,与世界更多国家广泛合作,更好地融入世界农业体系中。⑦

---

① 张文丽,张文霞,宋宜达:《新格局下内陆地区高水平对外开放研究——以山西省为例》,《技术经济与管理研究》,2021年第5期,第107~111页。
② 何杰:《川南临港片区建设内陆自由贸易港路径探索》,《国际经济合作》,2018年第3期,第77~83页。
③ 河南省社会科学院课题组:《构建河南全面开放新格局研究》,《区域经济评论》,2018年第5期,第41~52页。
④ 张新平,胡西武:《扩大内陆开放形势下民族地区发展开放型经济的路径选择——以湖北省恩施州为例》,《湖北民族学院学报》(哲学社会科学版),2014年第6期,第53~56页。
⑤ 刘爽:《我国债券市场对外开放的现状、问题和对策探讨》,《西南金融》,2019年第12期,第12~22页。
⑥ 杨艳红,卢现祥:《中国对外开放与对外贸易制度的变迁》,《中南财经政法大学学报》,2018年第5期,第12~20+162页。
⑦ 杨朝继:《扩大农业对外开放的关键点》,《人民论坛》,2018年第26期,第96~97页。

三、新时期优化对外开放政策的路径和要求

国际国内发展环境的深刻变化，使得中国对外开放政策也需要不断加以优化和调整。学者们围绕新时期优化对外开放政策的路径和要求进行了广泛研究，形成的成果主要包括以下三个方面（见表 17-15）。

表 17-15　学界对中国选择对外开放政策原因的认识汇总表

观点	代表学者
全面深化改革，加强顶层设计，推动对外开放体制机制创新发展	付华（2021），胡伟等（2020），甄晓英和马继民（2017），武云亮（2019），等等
立足经济社会发展新阶段，打造更高质量的对外开放经济体系	高建昆（2019），彭晓辉和于潇（2020），张晓娣（2020），谷克鉴（2018），等等
积极推进相关法案制定与修订，切实优化对外开放的整体环境	朱福林（2021），丁东铭和魏永艳（2020），董俭堂（2013），等等

（一）全面深化改革，加强顶层设计，推动对外开放体制机制创新发展

付华（2021）认为，从改革开放以来经济特区、开发区和新区的发展历程与对地区经济发展的贡献可以发现，这些区域增长极不仅是我国开放的窗口和改革的试验田，也是推动国家和地方经济发展的重要引擎。实现经济高质量发展，需要培育新的增长极，进一步优化营商环境，以体制创新形成动力机制，推动经济要素集聚与产业发展。尤其在欠发达地区应更加注重培育经济增长极，发挥好区域性中心城市的引领作用，以推动区域协调发展。① 胡伟等（2020）分析了东北建设对外开放新前沿的现实基础与路径选择，认为应推动开放型经济体制机制创新，创新自由贸易试验区建设与发展模式，着力建设面向东北亚的跨境大通道，积极探索东北亚区域合作新模式，以特殊的开放政策推动沿边开发开放。② 甄晓英和马继民（2017）认为，创新发展西部地区对外开放机制，是西部地区深度融入"一带一路"建设的大趋势。西部地区不能简单复制沿海地区的经验，应在深化投资贸易便利化改革、完善双向投资布局机制、强化金融创新机制、拓展对外开放新空间、构建多层次对外开放合作机制等方面进行创新，全面提升对外开放的质量和水平。③ 武云亮（2019）认为，新时代加大西部开放力度，应当结合新一轮西部大开发和"一带一路"建设等相关政策，把"加大西部地区开放"上升到国家发展的更高战略位置，从试验区和示范区建设、基础设施建设、招商引资引技引智工作、开放型产业发展、贸易营商环境优化等方面综合审视，利用财税、金融和法规等手段，制定并

---

① 付华：《在区域经济发展中培育经济增长极》，《开放导报》，2021 年第 4 期，第 71~79 页。
② 胡伟，夏成，陈竹：《东北建设成为对外开放新前沿的现实基础与路径选择》，《经济纵横》，2020 年第 2 期，第 81~90 页。
③ 甄晓英，马继民：《"一带一路"战略下西部地区的对外开放与机制创新》，《贵州社会科学》，2017 年第 1 期，第 130~135 页。

优化加大西部开放力度的政策。①

（二）立足经济社会发展新阶段，打造更高质量的对外开放经济体系

高建昆（2019）认为，新时代我国经济社会的高质量发展要求对外开放体系的高质量发展。在理论层面，对外开放体系的高质量发展，主要体现在独立对等、民生导向、双向统筹、多元包容、安全稳定等核心原则与发展导向上；在实践层面，推进对外开放体系高质量发展，关键在于贯彻落实新发展理念，着力推进重点领域对外开放的高质量发展。② 彭晓辉和于潇（2020）认为，我国现阶段亦存在着较为突出的高水平开放型经济与现代化经济体系间协同共生的矛盾。因此，在当前及今后一个时期，如何在进一步提高经济外向型发展程度的基础上，促进开放型经济与现代化经济体系间实现良性互动，是推动我国宏观经济高质量内涵式发展的重要前置条件。③ 张晓娣（2020）认为，为了建成全面开放经济体系，要全面提升中国深度参与塑造国际经贸合作新秩序的能力，利用全球价值链和产业分工创造中国经济转型发展的内生动力，补齐开放领域、开放区域、开放对象等结构不平衡的短板，防范和化解扩大开放可能面临的各类风险。④ 谷克鉴（2018）认为，现代化经济体系中的质量是效率的宏观度量，效率则是质量的微观基础，实现质量和效率变革又迫切需要从根本上转变我国经济增长的动力机制，这些都离不开全面开放。贸易利得形成的空间分工效率同机制设计产生的机制效率共同构成了经济效率不可或缺的组成部分，建立现代化经济体系应当重视对外开放的效率提升功能，建立更高层次的开放型经济。⑤

（三）积极推进相关法案的制定与修订，切实优化对外开放的整体环境

朱福林（2021）认为，行政审批手续时间过长、采购制度不透明、执法不可预测性以及政府部门间缺乏协调所引起的多种问题，都妨碍了经营活动的顺利开展，削弱了投资者对中国市场的信心。提升营商环境的核心在于划清政府与市场的边界，落实市场在资源配置中起决定性作用的同时更好发挥政府作用。要加快推进服务型政府转变，进一步深化"放管服"改革，建设权责清单明确的现代化政府治理体系。⑥ 丁东铭和魏永艳（2020）认为，不断优化我国对外开放营商环境，是建设更高水平开放型经济新体制的内在要求，也是推动实现经济高质量发展的题中之义。现阶段，推进对外开放营商环境建设，应扩容增量优势，为优化对外开放营商环境筑牢主体根基；强化存量优势，为优

---

① 武云亮：《加大西部开放力度：现实依据、路径选择与政策建议》，《新疆社会科学》，2019年第2期，第20～30页。
② 高建昆：《论新时代对外开放体系的高质量发展》，《学术研究》，2019年第12期，第89～95页。
③ 彭晓辉，于潇：《对外开放与内生发展：更高水平开放型经济与现代化经济体系协同联动研究》，《河南社会科学》，2020年第10期，第92～103页。
④ 张晓娣：《建设高质量开放经济体系》，《上海经济研究》，2020年第4期，第24～30页。
⑤ 谷克鉴：《建立现代化经济体系应当重视对外开放的效率提升功能》，《国际贸易问题》，2018年第1期，第7～8页。
⑥ 朱福林：《当前中国构建对外开放新格局面临的重大挑战与战略对策》，《江西社会科学》，2021年第4期，第63～73+255页。

化对外开放营商环境提供必要保障;激发多主体在优化对外开放营商环境建设中的协同作用;深入推进对外开放营商环境建设法治化进程。① 董俭堂(2013)认为,落实宁夏内陆开放型经济试验区对外开放机制创新任务应从以下几点把握:加强贸易、投资、税收、财政等层面的政策体系支持力度,探索取消制约向西开放的政策壁垒,确保政策的持续性,使政策体系成为区域开放的引擎;改善政府公共管理和社会服务的职能,提高政府的服务意识,增强打造西部地区向西开放的软实力。②

第五节 中国的对外经济关系

对外经济关系是我国经济社会发展的重要因素,也是我国对外开放理论的重要内容。学者们围绕改革开放前后以及加入世界贸易组织后中国对外经济关系的发展进行了思考,形成了诸多研究成果。

一、改革开放前中国的对外经济关系

围绕改革开放前我国对外经济关系的相关问题,学者们从不同角度进行了思考和探讨,主要形成了以下两种观点:

第一种观点认为,改革开放以前我国的对外经济关系处于"封闭半封闭"状态中,基本上没有同世界上其他国家建立起具有实质意义的经济交往关系。张友仁(1983)认为,新中国成立后,以美帝国主义为首的世界主要资本主义国家对我国实行封锁禁运,苏联从20世纪60年代起撕毁与我国的经济合同,"文化大革命"更是严重曲解了自力更生的经济建设方针,把自力更生同发展对外经济关系对立起来了,这些因素都导致改革开放前我们的对外经济关系基本处于失效状态。③ 周林(2002)指出,从新中国成立后到1978年,在近30年时间里,由于内外、主客观原因,中国的对外经济关系没有得到应有的发展,基本上处于封闭半封闭状态,对外经济关系的发展总体上处于同世界隔绝的状态。④

另一种观点认为,不能否定我国在改革开放前对外经济关系取得的发展。王海琳(2014)指出,长期以来,在评价1949年至1978年中国对外经济关系基本属性的问题上,人们往往以"闭关锁国"为论。这一论点不仅否定了新中国成立后30年间中国一直奉行的发展对外经济关系的基本政策,而且也没有如实地反映这一时期中国对外经济关系不断发展的实际。尽管这一时期中国的对外经济关系不能与党的十一届三中全会以

---

① 丁东铭,魏永艳:《优化对外开放营商环境进程中面临的挑战与对策》,《经济纵横》,2020年第5期,第109~114页。
② 董俭堂:《略论宁夏内陆开放型经济试验区对外开放机制创新的任务和实现路径》,《商场现代化》,2013年第29期,第191页。
③ 张友仁:《中国对外经济关系的新政策和新发展》,《社会科学战线》,1983年第2期,第106~113页。
④ 周林:《入世——中国对外经济关系发展的新阶段》,《外交学院学报》,2002年第1期,第24~29页。

后全方位、宽领域、多层次的对外开放经济关系相提并论，但以"闭关锁国论"否定这一时期我国经济建设的开放性，是背离实事求是原则而必须匡正的。[①] 尹智超和彭红枫（2020）进一步指出，新中国成立之初，绝大多数西方国家被美国裹挟实施对华禁运政策。为尽快摆脱困境，新中国成立初期中国采取了向苏联"一边倒"的外交方针，苏联和东欧社会主义国家成为中国主要贸易对象。特别是与前苏联之间的进口贸易和政府贷款，帮助中国引进了大量工业化初期所急需的关键设备、技术和资金，为中国工业化的起步奠定了基础。[②] 余稳策（2019）强调，改革开放以前我国积极寻求与其他国家的开放合作，通过民间经贸、文化交流等形式推进了与拉美地区政府间的贸易，对非洲地区进行了经济方面的援助，为发展与拉美地区和非洲地区国家的商贸往来创造了条件，在一定程度上消除了中苏关系破裂带来的负面影响。[③]

二、改革开放后中国的对外经济关系

围绕改革开放后我国对外经济关系相关问题，学者们主要探讨了中国对外经济关系的阶段划分和关键节点，形成了丰硕的研究成果。

（一）改革开放后我国对外经济关系的阶段划分

按照不同标准，学者们对改革开放后我国对外经济关系的发展进行了阶段划分，形成了"三阶段论""四阶段论"和"五阶段论"等观点（见表17-16）。

表17-16　学界对改革开放后我国对外经济关系发展的阶段划分汇总表

观点	划分依据	代表学者
三阶段论	邓小平南方谈话、中国加入世贸组织是三阶段划分的重要依据	尹智超和彭红枫（2020），余稳策（2019），刘赛力（2019），等等
四阶段论	将中国特色社会主义新时代作为新的划分依据	霍强（2020）和张思平（2018），等等
五阶段论	以外向型经济体制改革的具体进程为划分依据	段小梅（2018），武力和李扬（2019），等等

"三阶段论"：尹智超和彭红枫（2020）指出，改革开放后，从我国对外贸易发展的角度出发，可以将我国对外经济关系分为"改革开放，继往开来、跨越发展""加入WTO，咬定青山、奋进崛起，迈向贸易大国"和"逆流而上，大国担当，自贸区（港）与'一带一路'多维度开放格局促进世界经贸融合"的三个阶段。[④] 余稳策（2019）认为，改革开放以来我国对外经济关系的发展主要包括以下三个阶段：1978年至2000年

---

① 王海琳：《1949—1978年中国对外经济关系基本属性的再认识》，《江西社会科学》，2014年第5期，第147~152期。
② 尹智超，彭红枫：《新中国70年对外贸易发展及其对经济增长的贡献：历程、机理与未来展望》，《世界经济研究》，2020年第9期，第19~37+135页。
③ 余稳策：《新中国70年开放型经济发展历程、逻辑与趋向研判》，《改革》，2019年第11期，第5~14页。
④ 尹智超，彭红枫：《新中国70年对外贸易发展及其对经济增长的贡献：历程、机理与未来展望》，《世界经济研究》，2020年第9期，第19~37+135页。

是从局部开放向全方位开放过渡阶段，2001年至2012年是开放型经济体系形成阶段，2013年至今是全面开放新格局形成与深化阶段。① 曹启娥和曹令军（2009）也将改革开放以来我国对外经济关系的发展划分为三个阶段：1978年至1991年是积极探索期，1992年至2001年为快速发展期，2001年后为体制开放期。② 国家发展和改革委员会国际合作中心对外开放课题组（2018）认为，改革开放后中国对外贸易经济体制的改革和发展可以划分为三个阶段：第一阶段是1978年到2000年加入世界贸易组织前的初步发展阶段，第二阶段是2001年到2012年加入世界贸易组织后的高速发展阶段，第三阶段是2013年至今从贸易大国向贸易强国转型升级阶段。③ 刘赛力（2019）对改革开放后我国对外经济关系的发展阶段进行了划分，认为1979年到1991年是中国对外开放的试点和起步及在沿海地区扩展的阶段，1992年到2001年加入世贸组织前是中国逐步实现本国经济与世界经济互接互补的阶段，2001年加入世贸组织后是中国进入全面对外开放的阶段。④

"四阶段论"：霍强（2020）考察了新中国成立以来沿边地区开发开放的演进历程，认为改革开放后我国对外经济关系的发展包括四个阶段：1978年到1992年是稳步开发和扩大开放的阶段，此阶段主要是在沿海地区的城市和口岸先行试验，发展对外经贸关系；1992年到2001年是加快开发和加快开放的阶段，此阶段中国沿边地区的开发开放受到了高度重视，对外经贸发展取得了较为显著的成效；2001年到2012年是大力开发和提升开放阶段，此阶段中国加入了世界贸易组织，与世界各国的经贸联系日益深入；2012年至今是高质量开发和规则性开放阶段，此阶段中国与世界各国的经贸开发与开放关系走向融合共生、良性互动的新阶段。⑤ 张思平（2018）认为，深圳社会主义市场经济体制的建立和发展是中国对外经济关系的缩影，由此可将改革开放以来中国对外经济关系的发展历程划分为四个阶段：1980年到1986年是中国计划经济体制的突围时期，这一时期打开了深圳经济特区招商引资、对外开放的新局面；1987年到1993年是市场经济基础框架的搭建时期，这一时期逐步形成了比较完善的市场体系和比较规范的运作机制，对外经济关系更加密切；1993年到1998年是市场经济体制的初步完善时期，这一时期进行了多项改革探索，对外经济关系的发展获得了更广阔的平台；1998年到2015年是市场经济体制改革的深化时期，这一时期是对外经济关系转型升级的重要阶段。⑥

"五阶段论"：段小梅（2018）从我国开放型经济发展的角度出发，认为改革开放以来中国对外经济关系的发展应当包括五个阶段：1978年至1983年是试点沿海、起步探

---

① 余稳策：《新中国70年开放型经济发展历程、逻辑与趋向研判》，《改革》，2019年第11期，第5～14页。
② 曹启娥，曹令军：《关于中国对外开放的回顾和思考》，《河南工业大学学报》（社会科学版），2009年第1期，第32～35页。
③ 国家发展和改革委员会国际合作中心对外开放课题组：《中国对外开放40年》，人民出版社，2018年，第81～83页。
④ 刘赛力：《中国对外经济关系》，中国人民大学出版社，2019年，第8～11页。
⑤ 霍强：《新中国成立以来沿边地区开发开放的演进历程与实践逻辑》，《改革与战略》，2020年第11期，第36～43页。
⑥ 高尚全，等：《40年改变中国：经济学大家谈改革开放》，北京联合出版公司，2018年，第606～621页。

索阶段；1984年至1991是开辟沿海、不断扩大阶段；1992年至2000年是延伸内陆与边境、全面铺开阶段；2001年至2007年为体制接轨、综合发展阶段；2007年以后是互利共赢、深化发展阶段。① 武力和李扬（2019）在分析新中国70年经济发展与体制改革历程的过程中指出，改革开放后中国的对外经济关系经历多个发展阶段：第一阶段是1978年以后及整个80年，此阶段中国的对外贸易以逆差为主；第二阶段是1994年实现了人民币官方汇率与市场汇率并轨，极大提高了中国的出口竞争力；第三阶段是2001年中国加入世界贸易组织，比较优势全面发挥出来，贸易规模逐步扩大；第四阶段是2008年美国的次贷危机转变为全球性金融危机，中国逆势提高生产能力，"中国制造"的国际影响力和竞争力不断提升；第五阶段是2014年以来，此阶段中国的外汇储备连续多年位居世界第一，对外经济关系飞速发展。②

（二）改革开放后我国对外经济关系发展的关键节点

学者们围绕改革开放后中国对外经济关系的发展进行了研究，认为1992年邓小平南方谈话、2001年中国加入世界贸易组织、2008年全球经济危机是这一发展过程中的关键节点。

第一，有学者认为1992年邓小平南方谈话是改革开放后我国对外经济关系发展的一个关键节点。肖凌（1992）指出，以邓小平南方谈话为契机，20世纪90年代将是我国对外开放事业取得重大进展的10年，我们将在原有对外开放格局的基础上，全方位地加强同世界各国与地区的经济技术合作和贸易往来，全力发展我国的对外经济关系。③ 何方（1994）认为，1992年初邓小平南行谈话后，中国经济飞速发展，对外经济关系上了一个新台阶；在此基础上，中国将根据中共中央十四届三中全会的决定，开展广泛、深刻和内容丰富的改革，为建立社会主义市场经济体制的基本框架奠定基础，使中国对外经济关系的发展进入新阶段。④ 黄冬娅（2002）认为，邓小平发表的南方谈话是全面推进我国改革开放的纲领性文件，它深化了党和国家关于对外经济关系的认识，加快了对外开放的步伐。⑤ 韩军等（2015）认为，邓小平南方谈话后的对外开放推动了我国对外经济关系的发展，在一定程度上缩小了总体和城市内部的收入差距。⑥

第二，有学者认为加入世界贸易组织是改革开放后我国对外经济关系发展的一个关键节点。周林（2002）认为，中国加入世界贸易组织对中国经济及世界经济的发展均具有重要意义。它有利于中国积极参与并利用国际分工，建立国际间长期稳定的经济关系；它标志着中国的改革开放进入一个新的历史时期，标志着中国对外经济关系的发展

---

① 段小梅：《新形势下我国开放型经济转型升级研究》，科学出版社，2018年，第22~30页。
② 武力，李扬：《新中国70年的经济发展与体制改革》，《当代中国史研究》，2019年第5期，第115~125+252页。
③ 肖凌：《九十年代中国对外开放态势》，《开放时代》，1992年第5期，第5~8页。
④ 何方：《中国对外经济关系发展的新阶段》，《党校科研信息》，1994年第Z1期，第37~39+43页。
⑤ 黄冬娅：《邓小平南方谈话与对外开放新局面》，《理论月刊》，2002年第1期，第7~8页。
⑥ 韩军，刘润娟，张俊森：《对外开放对中国收入分配的影响——"南方谈话"和"入世"后效果的实证检验》，《中国社会科学》，2015年第2期，第24~40+202~203页。

进入一个新的阶段。①董腾（2019）认为，加入 WTO 是我国对外贸易发展的一个新阶段；中国在对外贸易中开始享受到关税降低、非关税壁垒减少的好处，对外贸易环境明显改善，促进了我国对外经济关系的快速发展，使中国逐渐成长为世界贸易大国。②石广生（2012）认为，加入世界贸易组织后中国社会主义市场经济不断深化，经济快速发展，在世界贸易组织、国际货币基金组织和世界银行中发挥着越来越重要的作用，与世界贸易组织成员之间的经济关系和力量对比发生了深刻变化。③

第三，有学者认为 2008 年全球经济危机的发生是改革开放后我国对外经济关系发展的又一关键节点。张幼文（2012）强调，2008 年金融危机后，中国的国际经济地位显著提升，开始由经济大国走向经济强国，中国对外经济关系发展面临的新主题有：参与国际政策协调，实现世界经济新平衡；加强能力建设，参与全球经济治理；参与国际金融监管合作，实现金融业在开放中的发展；稳步推进人民币国际化，实现经济大国货币的国际地位；稳定周边环境，以和平包容发展推进区域合作。④隆国强（2018）认为，2008 年全球经济危机是中国对外经济关系发展的重要节点，在此之前全球经历了长达十几年的繁荣，这样的需求侧繁荣使得中国开拓国际市场、发展对外经济关系相对容易。⑤王建（2010）认为，全球金融经济危机的影响和威胁远未消除，中国在发展对外经济关系的过程中必须保持高度警惕，妥善处理各种类型的对外经济关系，做好在长期忍受较高通胀率的背景下保持经济增长的准备。⑥金玉秋（2009）认为，金融危机对我国社会经济各方面的影响主要是通过外贸渠道传播其负面效应的。受金融危机影响，我国进出口贸易、外商投资和对外经济合作的增长速度都出现了不同程度的下降，这为我国对外经济关系的发展带来了新的挑战。⑦

三、加入 WTO 与中国对外经济关系的发展

2001 年申请加入 WTO 后，我国的对外经济关系出现了新的重大变化。学者们总结了加入 WTO 给中国对外经济关系发展带来的积极影响，主要包括以下几个方面（见表 17-17）。

表 17-17 学界对中国加入 WTO 的重要意义的研究汇总表

观点	代表学者
给中国带来的最直接收益是促进了中国对外贸易的繁荣和发展	周林（2002），薛荣久（2018），沈杰（2005），徐德顺（2021），等等

---

① 周林：《入世——中国对外经济关系发展的新阶段》，《外交学院学报》，2002 年第 1 期，第 24～29 页。
② 董腾：《建国 70 年我国对外贸易发展的演变与思考》，《价格月刊》，2019 年第 3 期，第 89～94 页。
③ 石广生：《中国加入世界贸易组织十年回顾与展望》，《当代中国史研究》，2012 年第 2 期，第 121 页。
④ 张幼文：《中国对外经济关系发展的新主题与总战略》，《探索与争鸣》，2012 年第 9 期，第 52～56+2 页。
⑤ 隆国强：《中国对外开放 40 年的经验》，《国际贸易问题》，2018 年 12 期，第 4～6 页。
⑥ 王建：《后危机时代的国际经济形势与中国的对外经济政策》，《中国经贸导刊》，2010 年第 13 页，第 5～7 页。
⑦ 金玉秋：《金融危机后的对外经贸、劳动就业与政策抉择》，《经济问题》，2009 年第 7 期，第 23～26 页。

续表17—17

观点	代表学者
为中国改革开放提供了新的动力，推动了中国改革开放的不断深化	张幼文（1999），薛荣久（2018），沈大勇（2004），武汉大学改革开放研究课题组（2021），等等
推动中国更加广泛和深入地参与制定国际经济规则	刘力（2002），周林（2002），彭刚（2000），王以铭（2000），等等

（一）促进了中国对外贸易的繁荣和发展

学者们认为"入世"给中国带来的最直接收益是促进了中国对外贸易的繁荣和发展。周林（2002）认为，加入世界贸易组织后，我国对外经济联系的领域、渠道和规模都得到了拓宽和放大，中国与世界的经贸关系愈发密切。① 薛荣久（2018）指出，"入世"前，中国的对外开放主要是双边对外开放；"入世"后，中国的对外开放从双边开放进入到以WTO为组织和法律基础的多边贸易体制开放，促进了对外经贸水平的提升。同时，中国还可以运用WTO相关机制维护自身经贸权益，提升了对外经济交往的可持续性。② 沈杰（2005）具体分析了中国加入世界贸易组织后出口贸易总量的高速增长，认为加入WYO使我国在出口产品时受到的障碍总体上明显减少，过去受出口配额限制较大的产品，特别是劳动密集型产品的出口额持续加快增长。③ 徐德顺（2021）认为，中国加入世贸组织是中国与世界共赢的选择，因为加入世界贸易组织这个全球最大的多边贸易体制，进一步加强了中国与世界各国各地区的经贸联系，有利于改善中国的国际贸易环境，有利于促进中国对外经济贸易发展，有利于吸收更多的外国投资，促进中国与世界共同发展。④ 薛荣久（2018）强调，在多边贸易体制下，WTO成员不能明目张胆地采取违背WTO规则的贸易保护主义，在一定程度上遏制了国际金融危机后贸易保护主义的滋生和泛滥，减少了贸易保护主义给中国企业带来的经营发展风险。⑤

（二）推动了中国改革开放的不断深化

张幼文（1999）强调，"入世"为中国改革开放提供了新的动力，将会进一步促进引进外资的规模和力度，推动出口经济的快速发展。⑥ 薛荣久（2018）认为，中国加入世界贸易组织后开始更加全面地融入世界经济体系，这在中国的改革开放历史进程中具有承前启后的地位。"入世"后，中国充分利用经济全球化的发展机遇，不断推动和深

---

① 周林：《入世——中国对外经济关系发展的新阶段》，《外交学院学报》，2002年第1期，第24~29页。
② 薛荣久：《入世在中国改革开放中的意义、作用与维护》，《国际贸易问题》，2018年第10期，第1~15页。
③ 沈杰：《入世三年对中国外贸的影响》，《上海企业》，2005年第4期，第58~60页。
④ 徐德顺：《中国共产党领导下的百年对外经贸重要事件述评》，《对外经贸实务》，2021年第8期，第4~11页。
⑤ 薛荣久：《入世在中国改革开放中的意义、作用与维护》，《国际贸易问题》，2018年第10期，第1~15页。
⑥ 张幼文：《中国入世的经济意义》，《世界贸易组织动态与研究》，1999年第9期，第1~3+10页。

化经济体制改革，使社会主义经济体制不断完善，取得了诸多进步。① 沈大勇（2004）详细分析了加入世界贸易组织对中国经济体制变革的作用，认为主要包括五个方面的推动：政府职能的转变、法律规章的调整、行业协会的再造、金融制度的改革、社会信心体系的构建。② 武汉大学改革开放研究课题组（2021）认为，"入世"20年来，中国开放型经济实现跨越式发展，倒逼国内经济体制改革向纵深推进，实现了从扩大商品和要素流动型开放向更高水平的制度型开放的转变。③

（三）推动中国更加广泛和深入地参与制定国际经济规则

刘力（2002）认为，中国"入世"以后，同其他成员方一样，享有制定和修改规则的充分权利。过去，我们一直在为建立国际经济新秩序而努力，但效果仍然不能令人满意，其中一个重要原因就在于中国不是关贸总协定缔约方或世贸组织成员国，无权参与国际经济规则的制定。而加入世贸组织以后，中国就可以联合其他发展中成员国，在制定和修改国际经济规则的过程中，充分反映发展中国家的意志，推进国际经济新秩序的建立。④ 周林（2002）认为，"入世"后我国将更加深入地参与制定有关对外经济交往和贸易的行为准则，进而提升发展对外经济关系的积极性和主动性。⑤ 彭刚（2000）进一步指出，中国"入世"改变了世界贸易组织中发展中国家与发达国家的力量对比，对于促进世贸组织中发展中国家的团结合作、共同发展、争取更多利益份额具有重要意义。⑥ 王以铭（2000）认为，中国加入世贸组织创造了参与制定国际经济贸易规则的机会，使中国在有关国际组织中得以发挥更大的、更具实质性的作用。⑦

第六节 全面开放新格局

党的十九大报告指出，贯彻新发展理念、建设现代化经济体系的重要任务之一就是要推动形成全面开放新格局。这是新时期我国对外开放思想与理论的科学实践和升华，也是新时代继续推进开放型经济发展的必然选择。学界围绕构建全面开放新格局的内涵和举措、原因和意义进行了分析，同时探讨了"一带一路"建设、新发展格局与全面开放新格局的关系。

---

① 薛荣久：《入世在中国改革开放中的意义、作用与维护》，《国际贸易问题》，2018年第10期，第1~15页。
② 沈大勇：《"入世"对中国经济体制变革的影响》，《国际商务研究》，2004年第6期，第1~3页。
③ 武汉大学改革开放研究课题组：《中国"入世"20年来开放型经济六大发展趋势》，《经济纵横》，2021年第12期，第1~13页。
④ 刘力：《从规则角度分析入世的影响与对策》，《西部论丛》，2002年第2期，第10~15页。
⑤ 周林：《入世——中国对外经济关系发展的新阶段》，《外交学院学报》，2002年第1期，第24~29页。
⑥ 彭刚：《中国"入世"对发展中国家的意义和影响》，《河南社会科学》，2000年第4期，第33~37页。
⑦ 王以铭：《"入世"带来的机遇和挑战》，《城市技术监督》，2000年第1期，第12~14页。

一、构建全面开放新格局的内涵和举措

构建全面开放新格局是在新时代历史方位上不断拓展对外开放广度、深度和领域的战略举措。学者们对全面开放新格局的内涵和举措进行了深入探讨，从不同角度形成了丰富的理解和阐释。

臧学英和邵娜（2020）认为，全面开放新格局拓展了全方位开放的广度、提升了多层次开放的高度、强化了领域开放的力度。[1] 戴翔等（2018）认为，全面开放新格局在实质上就是开放发展的多维度拓展与深化，即空间维度要实现外部地理格局的拓展和内部区域布局的优化；领域维度上要实现制造业开放的深化和服务业开放范围的扩大；系统维度上要实现"引进来"的高质量提升和"走出去"的大踏步加快；方式维度上要实现传统和创新的有效结合；体制维度上要实现从政策性开放向体制性开放的升级；治理维度上要实现从以往全球经济规则的简单接受者进一步向建设者和贡献者转变。[2] 叶辅靖（2018）认为，全面开放新格局的核心在于"全面"，重点和难点在于"五个更好结合"，即"引进来"和"走出去"的更好结合、沿海开放和内陆沿边开放的更好结合、制造领域开放和服务领域开放的更好结合、向发达国家开放和向发展中国家开放的更好结合、多边开放与区域开放的更好结合。[3] 龚晓莺和蔡豪（2019）认为，新时代经济全面开放新格局应当具有多元平衡、渐进动态、制度导向、创新驱动、利益共享的显著特征；在构建实践中，贸易自由化是首要前提，防范金融风险是资金保障，投资便利化是推动力量，优化区域开放是平衡策略，"一带一路"高质量建设是核心布局。[4] 陈健（2020）认为，推动形成全面开放新格局的实践路径包括：以"一带一路"建设为重点，着力构建人类命运共同体；加快创新驱动战略的实施，促进我国产品向全球价值链中高端位移；坚持高质量"引进来"和"走出去"并重，着力推动贸易平衡发展；加快多元开放平台对接发展，提高全面开放新格局的互利共赢合作水平；通过"五通"建设，推动形成沿海、沿边、内陆协调联动的区域开放新布局；加快完善相关制度体系，加快构建高水平开放型经济新体制；加快引领新型全球化发展，增强我国在全球经济治理中的话语权。[5] 赖明明（2021）通过对《习近平谈治国理政》第三卷的学习，将"形成全面开放新格局"的方略概括为合作共赢、包容发展、自由贸易、共建开放型世界经济四个方面的内容，认为形成全面开放新格局的核心是坚持改革开放不动摇，目标是构建更高层次、更高水平对外开放新格局。[6]

---

[1] 臧学英，邵娜：《全面开放新格局与中国担当》，《求知》，2020年第10期，第22～24页。
[2] 戴翔，张二震，王原雪：《全面开放新格局：内涵、路径及方略》，《贵州社会科学》，2018年第3期，第104～110页。
[3] 叶辅靖：《推动形成全面开放新格局：重大意义、科学内涵、主要难点及举措》，《前沿》，2018年第1期，第52～59+66页。
[4] 龚晓莺，蔡豪：《新时代经济全面开放新格局的构建逻辑》，《江淮论坛》，2019年第3期，第26～32+193页。
[5] 陈健：《新时代全面开放新格局形成的现实逻辑与实践路径》，《江淮论坛》，2020年第1期，第84～89页。
[6] 赖明明：《形成全面开放新格局——学习〈习近平谈治国理政〉第三卷系列党课之八》，《党课参考》，2021年第3期，第45～63页。

二、构建全面开放新格局的原因和意义

学者们对构建全面开放格局的原因和意义进行了广泛探讨，形成了较多的研究成果。具体看来，学者们的研究包括国际和国内两个层面（见表17-18）。

表17-18 学界对构建全面开放新格局原因和意义的阐释汇总表

认识维度	观点	代表学者
国际层面	构建全面开放新格局是适应国际环境变化的需要	国务院发展研究中心课题组等（2019），叶辅靖（2018），张燕生（2019），等等
国内层面	构建全面开放新格局是中国启动新一轮对外开放、推进现代化建设发展战略的需要	隆国强（2018），叶辅靖（2018），郭周明（2018），姜荣春和江涛（2018），刘志彪（2019），等等

（一）国际层面

从国际层面来看，构建全面开放新格局是适应国际环境变化的需要。国务院发展研究中心课题组等（2019）强调，推动构建全面开放新格局，是因为国内外经济格局的不断变化对我国的对外开放事业提出了更高的要求。认清形势、把握方向，做好对未来国际经济格局变化趋势及其对中国影响的研判，具有至关重要的战略意义。[①] 叶辅靖（2018）指出，推动形成全面开放新格局是适应引领国际国内经济发展新变局的必然要求。一方面，世界经济仍处长周期下行阶段，推动形成全面开放新格局是培育竞争新优势、更好开拓国际空间的必然要求；另一方面，当前的经济全球化趋势陷入低潮，推动形成全面开放新格局是我国推动经济全球化、更好参与全球经济治理的必然要求。[②] 张燕生（2019）指出，从国内外市场发展来看，金融危机之后西方发达国家的贸易保护主义要求中国开拓新的国际市场，国内制造业产能的严重过剩要求中国开拓新的市场进行空间转移，全球发展格局中出现的"东升西降"和"南升北降"态势也要求我国推动形成全面开放新格局。[③] 龚晓莺和蔡豪（2019）认为，在经济全球化的世界潮流中，世界各国面临着新的挑战与机遇，国际环境变化纷繁。推动构建新时代经济全面开放新格局，进一步扩大对外开放，不断提升对外开放的质量和水平，是我国应对全球发展失衡、顺应包容性全球化的时代之举。[④] 郭周明（2018）认为，推动形成全面开放新格局是顺应经济全球化潮流和促进世界经济发展的客观要求。只有主动顺应经济全球化潮流，充分运用经济全球化带来的机遇，在更高层次和更高水平上推动对外开放，才能在

[①] 国务院发展研究中心"国际经济格局变化和中国战略选择"课题组：《中国应对国际经济格局变化的战略选择》，《政策瞭望》，2019年第3期，第45~48页。

[②] 叶辅靖：《推动形成全面开放新格局：重大意义、科学内涵、主要难点及举措》，《前沿》，2018年第1期，第52~59+66页。

[③] 张燕生：《国际视野下的中国对外开放》，广东经济出版社，2019年，第281~285页。

[④] 龚晓莺，蔡豪：《新时代经济全面开放新格局的构建逻辑》，《江淮论坛》，2019年第3期，第26~32+193页。

激烈的国际竞争中立于不败之地。①

（二）国内层面

从国内层面来看，构建全面开放新格局是中国启动新一轮对外开放、推进现代化建设发展战略的需要。隆国强（2018）认为，形成全面开放新格局是中国新时代对外开放的新要求，是适应中国社会主要矛盾变化的需要，也是适应中国发展比较优势转换的需要。②叶辅靖（2018）指出，随着我国经济发展进入新常态，推动形成全面开放新格局成为经济发展增添新活力的必然要求；随着改革进入攻坚期和深水区，推动形成全面开放新格局成为更好发挥开放对改革牵引和倒逼作用的必然要求。③郭周明（2018）认为，推动形成全面开放新格局是我国贯彻开放发展理念和建设现代化经济体系的客观需要。当前，我国经济已由高速增长阶段转向高质量发展阶段，建设现代化经济体系成为我国国内经济发展的重要战略目标；构建全面开放新格局就是要进一步提高对外开放质量和水平，通过深度参与全球经济合作为建设现代化经济体系带来新资源、提供新动能、激发新活力。④姜荣春和江涛（2018）认为，推动形成全面开放新格局与实现高质量发展转型、深化供给侧结构性改革、促进区域协调发展、坚持总体国家安全观具有密切联系。⑤刘志彪（2019）认为，建设现代化经济体系，要通过形成全面开放新格局来深度融入世界经济分工，以此获取全球的资源、技术和知识，把关系到国家核心竞争能力的关键技术掌握在自己手中。构建全面开放新格局，促进形成强大的国内市场，依托于内需重构自主可控的全球价值链，是奋力推进新一轮新型工业化进程的现实条件。⑥赖明明（2021）认为，构建形成全面开放新格局体现了人民至上的原则和中国与世界包容性发展的原则，既有利于中国，也有利于世界，是中国与世界双赢的选择。⑦

三、"一带一路"建设与全面开放新格局

自2013年我国提出"一带一路"区域合作倡议以来，这个合作倡议受到了越来越多国家和地区的支持与响应。学者们围绕"一带一路"建设与全面开放新格局进行了探讨，分析了"一带一路"建设的内涵及其对构建全面开放新格局的重要意义，形成了丰硕的研究成果。

---

① 郭周明：《新时代推动形成全面开放新格局思考》，《中国高校社会科学》，2018年第5期，第19～25+157页。
② 隆国强：《全面开放新格局与"一带一路"建设》，《中国外汇》，2018年第5期，第12～14页。
③ 叶辅靖：《推动形成全面开放新格局：重大意义、科学内涵、主要难点及举措》，《前沿》，2018年第1期，第52～59+66页。
④ 郭周明：《新时代推动形成全面开放新格局思考》，《中国高校社会科学》，2018年第5期，第19～25+157页。
⑤ 姜荣春，江涛：《新时代全面开放新格局思想的逻辑关系研究》，《国际贸易》，2018年第7期，第11～15页。
⑥ 刘志彪：《新时代形成全面开放新格局与建设现代化经济体系》，《中南大学学报》（社会科学版），2019年第2期，第1～6页。
⑦ 赖明明：《形成全面开放新格局——学习〈习近平谈治国理政〉第三卷系列党课之八》，《党课参考》，2021年第3期，第45～63页。

(一)"一带一路"建设的内涵

关于"一带一路"建设的内涵,学者们进行了多个维度的分析和阐述。刘卫东(2017)提出,"一带一路"建设的核心内涵是包容性全球化。① 段小梅(2018)认为,"一带一路"建设的本质是中国建立以合作共赢为核心的新型国际关系的重要载体。② 戴绪龙(2018)认为,从本质上讲,"一带一路"倡议是中国发展理念、经验和模式的向外延伸,是中国文明理念和发展价值观的对外传播,也是中国民族天下胸怀和正确义利观的对外展示,是中国在21世纪为自己打造的亮眼名片。③ 王义桅(2018)认为,可以将"一带一路"建设总结为"一二三四五六七八",即一个倡议、两个组成、三个原则、四大丝路、五通、六路、七大支点、八大领域。一个倡议就是"一带一路"合作倡议;两个组成是丝绸之路经济带和21世纪海上丝绸之路;三个原则是共商、共建、共享的原则;四大丝路是绿色、健康、智力与和平的丝绸之路;五通是政策沟通、设施联通、贸易畅通、资金融通、民心相通;六路是铁路、公路、水路、空路、管路、信息高速路;七大支点是具有关键意义、起重要支撑作用的相关国家或地点;八大领域是基础设施、经贸合作、产业投资、能源资源、金融合作、人文交流、生态环境、海上合作。④ 吴润生(2018)进一步指出,"一带一路"倡议内涵的基本特征是新一轮对外开放的最综合战略、以经济合作为核心的跨领域战略,将陆、海两个各具特点的丝绸之路有机融合的地缘空间战略。⑤

(二)"一带一路"建设对构建全面开放新格局的意义

"一带一路"建设是构建全面开放新格局的重要抓手。学者们分析和总结了"一带一路"建设对构建全面开放新格局的重要意义。

郑必坚(2018)强调,共建"一带一路"在形成大市场、推动新一轮经济全球化等方面给中国和世界带来了大机遇、新机遇,将对中国构建全面开放新格局产生重要引领作用。⑥ 隆国强(2018)指出,对中国而言,不断深化与"一带一路"沿线国家的经济合作,在保障中国能源资源安全、促进产业结构调整、提升企业在全球市场的布局能力、改善和提升出口结构等方面有着重要意义。⑦ 张辉等(2020)认为,"一带一路"建设在推动形成全面开放新格局过程中发挥着愈来愈重要的作用,不仅拓展了中国的开放之路,加速了中国资本"走出去",推动构建了以中国为节点的全球自由贸易网络,

---

① 刘卫东:《"一带一路"引领包容性全球化》,商务印书馆,2017年,第67页。
② 段小梅:《新形势下我国开放型经济转型升级研究》,科学出版社,2018年,第87页。
③ 戴绪龙:《"一带一路"中国梦的实践》,中国商务出版社,2018年,第6页。
④ 王义桅:《推进"一带一路"国际合作,推动形成全面开放新格局》,《大陆桥视野》,2018年第4期,第63~72页。
⑤ 吴润:《对外经济热点问题专题研究》,经济科学出版社,2018年,第43页。
⑥ 郑必坚:《共建一带一路和中国历史性新机遇》,人民日报,2018年11月15日,第7版。
⑦ 隆国强:《全面开放新格局与"一带一路"建设》,《中国外汇》,2018年第5期,第12~14页。

还完善了沿线国家或地区的交通运输、水利电力等基础设施建设，增加了当地的就业岗位。① 余雷（2020）认为，打造更高水平的开放型经济体制需要在以下几个方面作出努力：切实推进"一带一路"的全方位、立体式服务，充分发掘沿线国家国际贸易的经济动能；提升"一带一路"沿线国家和地区间的互动水平，最终建立起集贸易、金融、投资为一体的多方联动体系；持续推动"一带一路"沿线国家官方对话机制建设，并积极引导和创建民间对话平台；尽量消除东西部经济发展差距大的现实约束，持续扩大跨境经济合作的空间和范围；借助"一带一路"的多条通道、多个港口，积极参与全球经济治理。② 杨丹辉（2018）认为，"一带一路"倡议是中国扩大对外开放的战略举措。随着"一带一路"建设的持续推进，中国不断扩大与沿线国家和地区的双边市场开放，取得了一大批经贸合作的阶段性成果，推动了全面开放新格局的构建。③ 姜荣春和江涛（2018）认为，在经济全球化深度调整和我国进入全面开放大背景下，"一带一路"倡议作为新时代对外开放的战略举措和开启新一轮全球化的重要平台，把内陆和中西部地区推到新一轮对外开放前沿，成为推动形成全面开放新格局、加快区域协调发展的新机制。④

四、新发展格局与全面开放新格局

推动更深层次改革，实行更高水平开放，是构建国际国内双循环新发展格局的强大动力。学者们围绕"新发展格局与全面开放新格局之间的关系"进行了深入探讨，形成了丰硕的研究成果。

（一）在新发展格局中理解和把握全面开放新格局

李世兰（2020）指出，推动形成全面开放新格局是新时代开放型经济发展新阶段的必然选择。在我国逐步形成以国内大循环为主体、国际国内双循环相互促进的新发展格局背景下，推动形成全面开放新格局面临着新的问题和挑战，要全面理解和把握双循环背景下构建全面开放新格局的实践路向。⑤ 崔凡（2020）认为，国内大循环的健康发展有利于中国企业更好地参与国际大循环，积极参与国际竞争又能够提高中国企业的市场竞争力。推动构建国内国际双循环的新发展格局能够培育和促进新形势下我国参与国际合作与竞争的新优势。⑥ 张德勇和依绍华（2020）指出，实现更高水平对外开放，要立足新发展格局，以新发展理念为引领，对标高质量发展要求，在规则等制度型开放、改善营商环境、参与全球经济治理以及实现"一带一路"高质量发展等方面重点推进，推

---

① 张辉，闫强明，唐毓璇：《"一带一路"建设推动形成全面开放新格局》，《北京交通大学学报》（社会科学版），2020年第2期，第1~11页。
② 余雷：《更高水平开放型经济新体制的构建路径》，《河南社会科学》，2020年第2期，第57~65页。
③ 杨丹辉：《面向新时代加快推动形成全面开放新格局》，《区域经济评论》，2018年第3期，第5~13页。
④ 姜荣春，江涛：《新时代全面开放新格局思想的逻辑关系研究》，《国际贸易》，2018年第7期，第11~15页。
⑤ 李世兰：《双循环背景下全面开放新格局探讨》，《合作经济与科技》，2020年第24期，第50~51页。
⑥ 崔凡：《"双循环"格局推动开放进入新阶段》，《中国外资》，2020年第21期，第18~19页。

动对外开放继续向更大范围、更宽领域、更深层次发展。①

(二) 构建全面开放新格局有助于推动形成新发展格局

李春顶和张瀚文（2020）提出，构建高质量的全面开放新格局是推动国际大循环的客观要求，也是经济高质量发展的内在需求。构建高质量的全面开放新格局是推动国家大循环发展的关键，推动形成国内国际相互促进的双循环协同发展体系则是融合双循环的重点。② 隆国强（2020）强调，坚持开放创新是构建新发展格局的内在要求，畅通国际国内循环要求我们坚持开放创新，重塑我国参与国际合作与竞争新优势要求我们改革创新，有效应对双循环外部挑战要求我们坚持开放创新。③ 刘文华（2021）认为，"双循环"新发展格局坚持互利共赢的开放与均衡原则，统筹了内外世界的变局与全局，辩证处理了顶层设计和"摸着石头过河"之间的关系。构建"双循环"新发展格局在战略实施路径上需要积极形成全面开放新格局，在关键性领域鼓励自主创新，实现重点突破；主动适应国际规则，全面深化改革；加紧"补短板"，实现经济高质量发展；积极参与全球经济治理，推动建设开放型世界经济。④ 庄贵阳等（2021）认为，新发展格局下，我国现代化经济体系表现出一定的韧性特征，但也面临新的挑战和问题。围绕现代化经济体系各组成部分的内在要求，应聚焦完善经济体制、提高中等收入群体规模、促进区域协调等稳定措施，采用优化升级产业链供应链、推动形成全面开放新格局等适应性措施，通过深化要素市场改革、培育绿色发展新动能等创新转型手段，增强现代化经济体系的韧性。⑤

第七节 总体考察

总体来说，学界对社会主义对外开放理论的研究已有较为丰硕的成果，涉及社会主义对外开放理论的基本内容、发展历程、现实依据等方面。本节以前述内容对学者们观点的梳理为基础，对我国社会主义对外开放理论研究的特点进行总结，并对社会主义对外开放理论研究的未来进行展望。

---

① 张德勇，依绍华：《以高质量发展构建全面开放新格局》，《中国国情国力》，2020年第4期，第16~19页。
② 李春顶，张瀚文：《构建"双循环"新发展格局，促进高质量全面开放》，《中国报道》，2020年第11期，第20~22页。
③ 隆国强：《坚持以开放创新推动形成双循环新发展格局》，《中国党政干部论坛》，2020年第11期，第6~11页。
④ 刘文华：《论新发展格局的战略思维与实施路径——基于习近平关于对外开放的重要论述》，《福建商学院学报》，2021年第5期，第1~7页。
⑤ 庄贵阳，徐成龙，薄凡：《新发展格局下增强现代化经济体系韧性的策略》，《经济纵横》，2021年第4期，第52~61页。

一、研究特点

通过对学界研究进行梳理,可以发现在我国社会主义对外开放理论研究的发展过程中,学界对于对外开放战略重要地位的认识越来越深入。学者们在进行社会主义对外开放理论的研究过程中,不断结合每一阶段的时代特征,较为全面地把握住了对外开放战略调整与创新的特点和本质。

(一)逐步深化对于对外开放战略重要地位的认识

对外开放事业是中国特色社会主义发展的重要组成部分,对外开放思想是中国特色社会主义理论的重要组成部分。学者们以马克思主义经典作家的世界历史理论、世界市场理论、共产主义本质理论、社会主义建设理论等为依据,论述了实行对外开放的重要性,认识到了对外开放是社会主义发展的重要条件。通过对毛泽东、邓小平、江泽民、胡锦涛和习近平关于对外开放论述的分析,深化了对于对外开放在我国的社会主义事业发展中具有重要作用的认识。尤其是伴随着学界在中国特色社会主义新时代经济发展问题上的深入研究,对外开放对于中国发展的重大意义更是被深刻揭示出来。

(二)注重把握对外开放各阶段国内外环境的变化

学者们对社会主义对外开放理论的研究是与时俱进的,分析各个阶段我国面临的国际环境和国内发展新情况是学者们进行对外开放理论研究的重要内容。根据国际经济发展形势和各国经济关系的变化,研究者们总结了我国在对外开放不同阶段面临的机遇与挑战;同时结合我国经济社会建设的实际情况,说明了各个阶段我国推进对外开放战略的内在动因。在改革开放初期、21世纪初期和步入新时代等对外开放的重要时间节点上,学者们较为深刻地把握了国内外环境的变化,为我国对外开放的政策选择提供了一定的理论基础。同时,学者们基于对各阶段国内外环境的认识,分析了我国不同阶段对外开放政策的调整与创新。尤其是在中国作出改革开放决策、加入世界贸易组织、提出"一带一路"倡议等重要时期,更是形成了许多优质的研究成果。此外,学者们还深入剖析了各时期对外开放战略调整的原因以及对外开放创新发展的路径。

(三)坚持以全球视野认识和把握我国的对外经济政策

在对社会主义对外开放理论进行研究的过程中,学者们始终坚持以全球视野认识和把握我国的对外经济政策,将我国的对外开放事业与经济全球化和全球经济治理紧密联系起来,形成了诸多研究成果。一方面,通过分析经济全球化给经济社会发展带来的影响,说明了我国选择对外开放政策的可能性和必要性;另一方面,通过总结不同历史时期经济全球化所呈现的阶段性特征与表现,阐明了我国在不同历史阶段开展对外经济贸易、走好对外开放道路面临的主要任务和实践要求。学者们在经济全球化历史进程中审视中国与世界的互动,对我们更加深刻地理解社会主义对外开放思想的现实逻辑、中国积极参与经济全球化和全球经济治理的发展脉络,具有重要意义。

二、未来展望

社会主义对外开放理论随着我国对外开放实践的推进而不断丰富。在我国积极推进构建全面开放新格局的大背景下，学者们将深刻把握"两个大局"，结合新的时代发展状况，推动社会主义对外开放理论的创新和发展，从而推进新时代我国对外开放事业的不断发展。

（一）加强对新的国际关系的认识

新型冠状病毒感染疫情在全球的蔓延催生了许多新的国际关系问题。在新冠肺炎疫情的严重冲击下，世界经济增长速度明显放缓；各国应对疫情的政策选择又深刻影响了原有世界经济机制的运行，这些因素都将使中国开放型发展的国际环境发生重大变化。事实上，这些变化驱动着世界范围的数字经济革命同中国对外开放战略的升级发生重叠，使我们不得不对原有的对外开放战略进行重新定位，思考探索新型国际关系背景下对外开放的结构、政策及目标。在此背景下，我们需要准确把握新形势下国际关系所具有的新特征，分析中国特色社会主义对外开放面临的机遇和挑战，为对外开放事业的稳步发展提供理论指导。

（二）进一步探讨新发展格局与对外开放的关系

加快构建以国内大循环为主体、国内国际双循环相互促进的新发展格局，是"十四五"时期一项关系我国发展全局的重大战略任务，需要我们从全局高度准确把握和积极推进。党的十九大报告中强调，新时期我国经济已由高速增长阶段转向了高质量发展阶段，正处在转变发展方式、优化经济结构、转换增长动力的攻关期，建设现代化经济体系成为跨越关口的迫切要求和我国发展的战略目标。因此，我们需要进一步明确高质量发展是我国对外开放的新要求，深刻探索新发展格局与全面开放新格局的相互促进关系，以经济社会的高质量发展推动社会主义对外开放事业的持续前进。

（三）继续探索更高质量和水平的对外开放发展道路

党的十九届五中全会明确强调，到2035年基本实现社会主义现代化的远景目标之一就是要形成对外开放新格局，使我国参与国际经济合作和竞争的优势明显增强。新时期，在"两个一百年"奋斗目标的历史交汇期，我们迫切需要实现对外开放的转型升级，探索更高水平的对外开放新格局，以经济社会的高质量发展推动中国特色社会主义现代化发展。事实上，追求更高质量和水平的对外开放新格局，既是我国经济发展进入新阶段的体现，也是在继续推进社会主义现代化中贯彻新发展理念的要求。因此，如何构建更高层次、更高水平、更加深化的对外开放新格局，应是学者们今后的研究重点。

第十八章　经济全球化和全球经济治理理论

经济全球化是生产力发展的客观要求和科技进步的必然结果,是不可逆转的时代潮流。深刻把握经济全球化的发展大势,积极参与全球经济治理,支持各国扩大开放、加强交流,是维护全人类共同利益的必然选择。中国共产党自成立以来,坚持从人类发展大潮流、世界变化大格局、中国发展大历史出发,正确认识和处理同世界各国的经济交往关系,为推动构建人类命运共同体贡献了中国智慧。建党百年来,学术界对经济全球化和全球经济治理进行了广泛探讨,形成了丰硕的研究成果。本章主要从对马克思主义经典作家关于经济全球化和全球经济治理论述的阐释、对中国共产党经济全球化和全球经济治理认识的阐述、经济全球化及其对中国的影响、全球治理与全球经济治理的辨析、全球经济治理的主体及其经济关系、全球经济治理的历史进程和现实困境、人类命运共同体与全球经济治理的中国方案七个方面对学者们的研究进行梳理。在此基础上,总结研究的基本特点并对经济全球化和全球经济治理理论的发展作出展望。

第一节　对马克思主义经典作家关于经济全球化和全球经济治理论述的阐释

马克思主义经典作家关于经济全球化和全球经济治理的论述,主要体现为马克思恩格斯对世界市场与经济全球化的分析、对资本主义自由贸易的批判,以及列宁和斯大林对社会主义国家融入经济全球化、参与全球经济治理相关问题的深刻思考。学者们围绕经典作家的这些论述进行了阐释。

一、对马克思恩格斯经济全球化和全球经济治理思想的阐释

马克思恩格斯对资本主义世界市场和经济全球化的分析、对资本主义自由贸易虚伪性和内在矛盾的批判,对今天中国参与经济全球化和全球经济治理具有重要启示。学界围绕马克思恩格斯在经典著作中对相关问题的论述,总结出了马克思恩格斯的经济全球化和全球经济治理思想(见表18—1)。

表 18-1　学界对马克思恩格斯经济全球化和全球经济治理思想的阐释汇总表

观点	代表学者
早期的世界市场及全球化是由资本主义主导的	颜鹏飞和刘昌明（2001），陈谨祥（2001），孔令栋（2002），吕世荣（2015），程学童（2010），等等
资本主义主导的全球化具有双重作用	李士坤（2001），朱执和杨楹（2019），余红（2005），李娜（2010），孙凯敏和金鸣娟（2019），等等
资本主义自由贸易具有虚伪性和内在矛盾	王兰芳（2010），黄瑾和王敢（2020），胡键（2015），刘顺和周泽红（2019），等等

（一）早期的世界市场及全球化是由资本主义主导的

颜鹏飞和刘昌明（2001）认为，马克思探讨了以商品输出和殖民化为特征的近代经济全球化，并吸收了斯密的世界主义经济学中的有用成分，创立了世界历史观、全球化唯物史观、世界市场联系论和落后国家特殊过渡论。[①] 陈谨祥（2001）认为，马克思恩格斯在《共产党宣言》中对人类社会发展的客观规律、资本主义制度的本质及发展趋势、无产阶级的性质及伟大历史使命等重大理论问题作了精辟和科学的论述。在阐述这些重大理论问题时，尽管没有用"经济全球化"这一概念，但实际上马克思恩格斯对很早以前已经开始并在20世纪后叶迅速兴起的经济全球化问题作了深刻的阐述，他们所阐述的观点仍然是我们今天解读经济全球化的指南。[②] 孔令栋（2002）阐述了马克思对经济全球化的认识，即全球化是从国际贸易中萌生的，是人类经济活动由于世界市场的出现而导致的交往关系不断扩大的结果；马克思的世界历史概念主要是指从资本主义生产方式产生以后世界市场使整个世界一体化的过程，这一思想在《德意志意识形态》和《共产党宣言》中都有较为完整的描述。[③] 赵兴良（2003）认为，马克思恩格斯是马克思主义世界历史理论的奠基人和创立者，他们提出的世界市场思想是马克思主义关于经济全球化的基础理论：资产阶级开拓的世界市场不断发展，使生产、销售、消费由地方的、民族的、自给自足的闭关自守状态变成世界性的了，也就是全球化的了。[④] 吕世荣（2015）认为，马克思的世界历史理论揭示了人类社会从地域性历史向世界历史转变的根源、动力和趋势，科学地分析了资本主义在世界历史中的地位和作用，为认识经济全球化提供了思想武器。马克思的经济全球化思想主要揭示了经济全球化过程的变现、性质及其趋势，强调经济全球化是资本主义全球扩张的产物。[⑤] 李娟和熊晓琳

[①] 颜鹏飞，刘昌明：《中国对外开放的思想渊源——马克思的世界市场和经济全球化理论（上）》，《当代经济研究》，2001年第3期，第43~47页。
[②] 陈谨祥：《从〈共产党宣言〉解读经济全球化》，《江西社会科学》，2001年第9期，第31~33页。
[③] 孔令栋：《马克思的"世界历史"思想和经济全球化进程》，《史学理论研究》，2002年第4期，第88~93页。
[④] 赵兴良：《马克思主义世界历史理论初探》，《江西社会科学》，2003年第1期，第29~32页。
[⑤] 吕世荣：《马克思经济全球化思想的哲学阐释逻辑》，《中国社会科学》，2015年第4期，第4~23+204页。

（2020）认为，马克思在政治经济学研究过程中得出了"经济全球化由资本全球扩张的内在本质驱动"的观点，这从他研究政治经济学的"六册计划"中可以得到确证。[①] 程学童（2010）指出，马克思本人虽然没有使用经济全球化的概念，但是在马克思的研究视野中，对外贸易、世界市场是考察资本主义制度的最终内容。[②]

（二）资本主义主导的全球化具有双重作用

李士坤（2001）指出，资本主义之所以不能实现真正的全球化，根本原因在于全球化的发展从本质上说是同资本主义制度相冲突的；马克思恩格斯论述的全球化，其前途指向从根本上来讲是共产主义的最终实现。[③] 颜鹏飞和刘昌明（2001）认为，马克思批判了资本主义全球化，阐述了资本主义全球化的二重性，认为这样的全球化既是历史的进步，也是一种异己的、盲目的、使无产阶级陷入绝境的力量。[④] 朱执和杨楹（2019）指出，马克思的世界历史理论批判揭示了资本主义主导的世界历史的内在矛盾性，认为只有实现了共产主义，"历史向世界历史转变"的过程才真正地得以完成，这是社会生产力发展的必然结果。[⑤] 余红（2005）认为，虽然马克思恩格斯在其著述中并没有使用过"全球化"的概念，但他们却创造并使用了"世界历史"这个概念。从他们对这个概念的阐述来看，"世界历史"和"全球化"是同质的，资本主义替代封建主义是历史发展的必然，而随着资本主义生产方式的进一步发展，必然引发"世界历史"时代的到来。[⑥] 李娜（2010）指出，马克思恩格斯的经济全球化思想认为前资本主义历史的各个发展阶段在总体上来说都不能归属于世界历史，都囿于狭小的宗教、民族或一国范围之内；只有在资本主义的世界历史转变为共产主义的世界历史时，才能找到人类社会的归宿。[⑦] 孙凯敏和金鸣娟（2019）认为，马克思恩格斯在《共产党宣言》中用全球化的视野剖析了资本主义社会及世界经济贸易的发展，考察了人类社会历史的发展趋势，阐述了资本主义主导的经济全球化具有正面效能和负面影响：经济的全球化加速封建经济形态瓦解，推动贸易全球化自由发展；生产资料的集中促使政治集中并呈现全球化态势；使民族文化相互交融，各民族文化间隔阂逐渐消解；推动了城市化进程，有助于社会的现代化发展；加剧了世界经济的发展失衡，国家间的贫富差距日益加大；导致社会矛盾突出，社会不稳定因素增加；使资本主义的固有矛盾扩展到了全世界。[⑧]

[①] 李娟，熊晓琳：《马克思经济全球化思想的逻辑展开》，《广西社会科学》，2020年第6期，第83~89页。
[②] 程学童：《互利共赢——完善开放型经济体系的新思维》，浙江人民出版社，2010年，第18页。
[③] 李士坤：《论世界历史理论与全球化》，《北京大学学报》（哲学社会科学版），2001年第2期，第5~12页。
[④] 颜鹏飞，刘昌明：《中国对外开放的思想渊源——马克思的世界市场和经济全球化理论（下）》，《当代经济研究》，2001年第4期，第52~56页。
[⑤] 朱执，杨楹：《世界历史理论视域中的"一带一路"》，《思想理论教育导刊》，2019年第10期，第35~40页。
[⑥] 余红：《从马克思恩格斯的世界历史理论看全球化的二重性》，《贵州社会科学》，2005年第2期，第83~85页。
[⑦] 李娜：《浅析马克思与恩格斯全球化思想及其当代价值》，《求实》，2010年S2期，第1~2页。
[⑧] 孙凯敏，金鸣娟：《〈共产党宣言〉中全球化思想及新时代意义》，《党史博采（下）》，2019年第11期，第13~14+19页。

（三）资本主义自由贸易具有虚伪性和内在矛盾

王兰芳（2010）认为，马克思恩格斯从无产阶级和广大人民的利益出发，对早期的贸易和平论进行了多方面的批判：贸易和平论的实质是为了和平地确立英国在世界市场上的垄断地位和世界霸权；自由贸易加剧了资产阶级对工人阶级的剥削，激化了阶级对立；自由贸易不能带来国际间的和平；鼓吹贸易和平论是"投和平之机"，容易导致对侵略扩张的纵容。① 黄瑾和王敢（2020）指出，马克思恩格斯在深刻揭穿自由贸易论者所散播的贸易自由可以提高工人工资待遇、消除资本主义经济危机谬论的同时，辛辣讽刺了自由贸易论者以自由之名掩盖剥削雇佣工人和殖民地人民之实。马克思恩格斯还揭示了自由贸易与现代资本主义制度的关系，以及自由贸易背后的工业垄断优势。② 刘顺和周泽红（2019）认为，自由贸易和与自由贸易相对应的保护关税议题，不仅是马克思开始关注经济问题的一个关键线索，而且是其对资本主义展开多重批判的一个重要始点。在马克思看来，资本家口中所标榜的"自由贸易"，完全是在资本主义制度范围内兜圈子，本质上只不过是资产阶级不同利益集团对生产体系进行调节的权宜手段，也是资本主义强国以牺牲他国利益为手段聚敛财富的一种单边自由。③ 胡键（2015）指出，马克思恩格斯最初是受保护关税和自由贸易这两个国际经济的话题驱动而研究经济问题的。保护关税和自由贸易都是国际间资本斗争的武器，马克思恩格斯从国际政治经济的互动来思考资本主义内部经济问题。他们认为，无论是保护关税还是自由贸易以及以此为基础的混合制度，都不过是期望获得工人阶级的支持而投下的诱饵。在资本主义生产条件下，保护关税和自由贸易最终都会因资本趋利的本性而导致竞争日益激烈，不仅使不同资本家之间的竞争更为激烈，而且使工人之间的竞争也更加激烈。因此，其必然结果都是因资本主义生产的发展而壮大无产阶级的队伍，为无产阶级社会革命准备必要的条件。④ 赵茜（2021）指出，马克思恩格斯认为资本主义的自由贸易是资本的国际自由流动，是国际贸易发展的总体趋势。先进国家因在生产环节上居于国际垄断地位，会采取自由贸易政策；而落后国家为保护幼稚工业部门，则须相应地采取保护贸易政策；但当国内市场达到饱和后，也应转向自由贸易。马克思恩格斯认为自由贸易会使资源禀赋优越的落后国家获得后发优势，打破先进国家的国际垄断地位，此时先进国家将不得不转而回归保护贸易政策，以抵御新兴工业国的市场扩张。⑤

二、对列宁和斯大林经济全球化和全球经济治理思想的阐释

十月革命的胜利建立起了世界上第一个社会国家，深刻改变了世界历史的发展轨

---

① 王兰芳：《马克思恩格斯对早期贸易和平论的批判》，《东岳论丛》，2010年第6期，第166~170页。
② 黄瑾，王敢：《马克思恩格斯自由贸易思想及当代启示》，《经济学家》，2020年第3期，第16~24页。
③ 刘顺，周泽红：《马克思对资本主义自由贸易的本质批判及当代价值》，《马克思主义研究》，2019年第6期，第144~152页。
④ 胡键：《保护关税，还是自由贸易——马克思恩格斯剖析资本主义"生产的国际关系"的世界视角》，《学术研究》，2015年第1期，第54~63页。
⑤ 赵茜：《马克思恩格斯的国际贸易政策思想及其当代启示》，《社会主义研究》，2021年第2期，第31~37页。

迹。面对资本主义主导的经济全球化趋势和全球经济治理格局，列宁和斯大林围绕社会主义国家参与其中的必要性和实践路径作出了一系列论述。学者们针对这些论述进行了大量研究，将列宁和斯大林的经济全球化和全球经济治理思想总结为以下三个方面的内容（见表18-2）。

表18-2　学界关于列宁和斯大林经济全球化和全球经济治理思想的阐释汇总表

观点	代表学者
帝国主义是资本主义全球化发展的最高阶段	李德芳（2017），杨承训（2020），贾淑品（2017），陈明吾（2012），杨玉生（2001），等等
社会主义国家有参与经济全球化和全球经济治理的必要性	张晓忠（2009），李爱丽（2010），孙建社（2002），费利群（2005），刘建宁（2002），等等
社会主义国家参与经济全球化和全球经济治理的实践路径	桑鸿波（2016），孙代尧（2002），屈里生（1987），刘军（2006），等等

（一）帝国主义是资本主义全球化发展的最高阶段

列宁在对帝国主义时代"世界历史"的深入考察中，分析了当时的全球化浪潮与帝国主义的关系，形成了具有时代特点的全球化理论。李德芳（2017）指出，列宁在总结归纳帝国主义的五大特征的基础上，得出了帝国主义就是垄断资本主义的结论：在这一阶段，资本主义一方面把"世界全部领土"都纳入资本主义的现代化进程，卷入资本主义全球体系中；另一方面，在这一"资本主义的特殊阶段"即"垄断阶段"，资本主义已成为极少数"先进"国家对世界上绝大多数居民实行殖民压迫和金融扼杀的世界体系。[①] 杨承训（2020）指出，列宁认为在发达资本主义商品经济时代即帝国主义时代，世界经济已经发展成一体化的体系，各个国家和地区紧密联系在一起。在这种世界进程中，一方面是竞争和矛盾趋于激烈，另一方面是不同国家之间的相互依赖性进一步加强，初步形成了牵一发而动全身的状态。[②] 贾淑品（2017）指出，列宁在他的《帝国主义是资本主义的高级阶段》中对帝国主义的内在规定性进行了概述，明确指出垄断是帝国主义的根本经济特征，是帝国主义的实质，这是由资本主义不断拓展世界市场的世界历史发展和全球化趋势决定的。[③] 陈明吾（2012）认为，列宁在其早期著作中就已经认识到资本主义全球化是帝国主义对外扩张本性的体现，他所创立的帝国主义理论在某种程度上就是关于资本全球化的理论，他对于帝国主义五大特征和内部结构的分析也是对资本全球化历史进程的阐述。[④] 杨玉生（2001）指出，列宁把世界市场的发展和扩大看作是资本主义生产的生命线，并在《俄国资本主义的发展》一书中把资本主义国家拓展

---

① 李德芳：《十月革命与列宁全球化理论》，《南京政治学院学报》，2017第2期，第54~59页。
② 杨承训：《深刻理解共建"开放型世界经济"的理论渊源——列宁关于顺应和利用"世界经济"论述的现实意义》，《马克思主义与现实》，2020年第2期，第9~16页。
③ 贾淑品：《列宁资本积累理论的历史逻辑与当代价值》，《江汉论坛》，2017年第5期，第5~10页。
④ 陈明吾：《马克思主义理论视域下的"全球化"思想及其现实意义探讨》，《湖北大学成人教育学院学报》，2012年第3期，第42~44页。

世界市场的原因概括为以下几点：第一，资本主义是广阔发展的、超出国家界限的商品流通的结果，没有对外贸易的资本主义国家是不可想象的；第二，社会生产各部分之间的比例由于为自己所不知道的市场而工作的个别生产者的孤立性而经常遭到破坏；第三，资本主义生产的规律就是生产方式的经常改革和生产规模的无限扩大。①

（二）社会主义国家有参与经济全球化和全球经济治理的必要性

张晓忠（2009）认为，列宁的世界历史理论在十月革命后发生了转变，开始形成关于苏俄与帝国主义国家关系的全球化思想。具体表现为：世界历史进入社会主义与资本主义"两制共存"的时代，而社会主义国家不同世界发生联系是不能生存下去的。因此，社会主义国家必须融入全球化大潮，充分利用经济全球化的积极成果，促进社会主义生产力的发展。② 李爱丽（2010）指出，与马克思一样，列宁坚持认为社会主义是"世界历史性的"事业，这是列宁探索社会主义国家融入经济全球化并参与全球经济治理的重要理论基础；此外，资本主义与社会主义"两制共存"的时代背景，决定了社会主义的生存与发展必须融入经济全球化的大潮。③ 孙建社（2002）指出，19 世纪末 20 世纪初的全球化浪潮推动了列宁对科学社会主义理论的发展：在各国联系日益密切的国际社会中，列宁认为各个阶级、各个民族不仅生活在单个的国家中，而且生活在一定的国际体系中，因此，包括社会主义国家在内的各种国际社会主体的经济和政治活动都必然会受到帝国主义体系的深刻影响，这要求社会主义国家积极参与经济全球化和全球经济交往。④ 费利群（2005）指出，列宁从生产社会化中看到了社会主义的具体前提，看到了脱离资本主义的新关系的现实基础，认为全球化进程中伴随着资本主义的发展，而产生在资本主义国家的、与先进生产力相关的现代经济组织和企业制度要求社会主义国家必须学会在全球化机制中生存，作出积极参与全球经济治理的战略选择。⑤ 刘建宁（2002）认为，列宁的"帝国主义论"揭示了经济全球化对社会主义革命的影响：经济全球化将帝国主义国家内部的矛盾转移向全世界，加快了社会主义革命运动的发展；社会主义国家的建立并参与全球经济竞争，打破了资本主义一统天下的局面，支持和促进了亚非拉地区民族解放运动的蓬勃发展，改变了国际政治力量的对比，为人类社会开辟了崭新的发展道路和社会主义的美好前景。⑥ 张祥云（1993）指出，斯大林从"两个平行市场理论"出发，阐述了社会主义国家在冷战环境中应当合作和互助，以此抵御西方的经济封锁和危机转移。但这个理论过分夸大了资本主义体系内部矛盾和危机的程度，否认了社会主义和资本主义经济上的相互依存关系，其结果是使社会主义国家在外部封

---

① 杨玉生：《马克思主义与经济全球化》，《太平洋学报》，2001 年第 2 期，第 3~14 页。
② 张晓忠：《论列宁三个不同时期的全球化思想》，《江西社会科学》，2009 年第 2 期，第 46~50 页。
③ 李爱丽：《列宁关于经济全球化思想的基本内涵》，《全国商情》（理论研究），2010 年第 24 期，第 106~107 页。
④ 孙建社：《全球化与科学社会主义理论的发展》，《社会主义研究》，2002 年第 6 期，第 62~64 页。
⑤ 费利群：《全球化历史进程与资本主义阶段同步发展及其当代启示——列宁主义全球化理论的思考》，《山东社会科学》，2005 年第 11 期，第 139~143 页。
⑥ 刘建宁：《关于围绕"十月革命"争论的求解——经济全球化和 20 世纪社会主义的历史命运》，《江苏教育学院学报》（社会科学版），2002 年第 1 期，第 51~54 页。

锁的情况下逐渐走向了自我封闭。①

(三) 社会主义国家参与经济全球化和全球经济治理的实践路径

桑鸿波 (2016) 指出，列宁认为社会主义国家参与经济全球化既要积极又要谨慎：在经济上，一方面要利用资本主义创造的技术、资本、设备等生产要素加强社会主义的经济建设，另一方面又要限制资本主义的活动范围；在政治上，一方面要巩固工农联盟，加强执政党建设，夯实无产阶级政权，另一方面又要防止资本主义在苏维埃俄国的复辟；在文化上，一方面要抵制资本主义腐朽思想的侵染，另一方面又要树立正确的共产主义信念，建构社会主义文化。② 张晓忠 (2009) 指出，在列宁的全球化思想中，贯穿始终地蕴涵着对生产力世界性普遍发展的高度重视和系统阐释。他认为，生产力的世界性普遍发展把俄国卷入西方资本主义经济全球化历史进程，形成了具有内在联系的帝国主义世界体系。因此，东方社会主义国家要积极融入经济全球化大潮，千方百计利用资本主义创造的一切优秀先进成果，不断提高生产力水平，同时要在与资本主义国家的经济较量中坚持原则界限，拒绝一切关于掠夺和暴力的条款，但是乐于接受一切关于睦邻关系的条款和经济协定。③ 孙代尧 (2002) 指出，列宁在帝国主义和世界经济形成的时代对落后国家走上社会主义的条件及社会主义与资本主义世界经济的关系作出了新的探索，对马克思建构的全球化思想作出了重要发展：要根据世界经济状况来观察经济相对落后国家进行社会主义革命的条件，因为单个国家或民族的经济已经变成世界经济的整体链条中的一个环节；要坚定不移地走社会主义道路；要把社会主义国家的生存同资本主义世界经济联系起来。④ 屈里生 (1987) 指出，斯大林对于苏联融入全球经济发展的很多论述在今天仍有正确性：从国际分工的二重性出发，认为对西方资本家集团一方面要合作，一方面要斗争；在各国经济交往关系的问题上，认为各国在经济上的相互依赖性，应同各国在经济上的独立性区别开来。⑤ 刘军 (2006) 认为，20 世纪社会主义实践中的苏联模式虽有严重的缺陷，但它确是以马克思主义对资本主义的科学批判，力图建立一种能克服资本主义弊端、更能适应社会化大生产的新社会制度的历史尝试。在斯大林领导苏联社会主义建设期间，苏联积极参与国际经济竞争活动，为维护世界和平与发展作出了不懈努力。⑥ 必须承认，受当时历史条件的影响和限制，斯大林关于经济全球化和全球经济治理的探索存在局限性，客观上导致了苏联等社会主义国家未能充分抓住融入全球发展的宝贵机会，这也为中国参与全球化及全球经济治理提供了丰富的经

---

① 张祥云：《重评斯大林"两个平行市场"理论》，《理论学刊》，1993年第3期，第48~52页。
② 桑鸿波：《论列宁的反资本主义全球化思想——以新经济政策时期文本为考察对象》，《哈尔滨学院学报》，2016年第3期，第10~14页。
③ 张晓忠：《论列宁关于生产力世界性普遍发展的全球化思想》，《生产力研究》，2009年第17期，第62~64页。
④ 孙代尧：《马克思主义"全球化"思想论要》，《北京大学学报》（哲学社会科学版），2002年第5期，第80~86页。
⑤ 屈里生：《列宁、斯大林关于苏联发展对外经济关系的战略思想》，《苏联东欧问题》，1987年第2期，第58~65页。
⑥ 刘军：《经济全球化语境下苏联模式的价值与启示》，《理论学刊》，2006年第1期，第15~18页。

验和深刻的教训。

第二节 对中国共产党关于经济全球化和全球经济治理认识的阐述

中国共产党是具有世界视野、天下情怀的无产阶级政党。在带领中国人民进行现代化探索的百年奋斗中，中国共产党人始终坚持马克思主义的立场、观点和方法，着眼于世界历史大势的深刻变动，不断推进中国特色社会主义经济全球化和全球治理理论的发展，形成了诸多重要论述。学界对中国共产党关于经济全球化和全球经济治理认识的阐述非常丰富，尤其是对习近平新时代中国特色社会主义思想中关于经济全球化和全球经济治理的论述，更是围绕其思想来源、时代背景、主要内容、重要意义形成了丰硕的研究成果。

一、对毛泽东思想中经济全球化相关论述的阐释

在毛泽东所处的时代，受客观历史条件的限制，中国想要融入经济全球化并参与全球经济治理是极为艰难的。但毛泽东还是围绕相关问题作出了诸多论述和构想，对后来中国参与经济全球化和全球经济治理打下了坚实的理论基础。学者们探讨了这些理论的形成基础、主要内容和时代价值（见表18-3）。

表18-3 学界对毛泽东思想中经济全球化相关论述的阐释汇总表

认识维度	观点	代表学者
理论基础	马克思主义经典作家的世界历史理论、世界市场理论及社会主义国家的现代化发展理论是其理论基础	庄福龄（1999），何美然（2002），张晓忠（2011），等等
现实基础	以中国的特殊国情、发展诉求和世界历史的深刻变化为最深刻的现实背景	李家伦（2009），李端厚（2003），倪娜（2008），等等
主要内容	拥有民族独立和国家主权才能真正参与全球化；要以世界历史的眼光分析和看待革命问题；社会主义国家的现代化建设需要参与全球化	赵兴良（2003），叶美玉（2009），张旭东（2013），等等
时代价值	推动了新民主主义革命的胜利；打开了中国与资本主义国家经济交往的新局面；提升了新中国的经济竞争力和国际影响力	丁俊萍和王智（2003），黄忠芳（1994），赵蕾（2013），等等

（一）毛泽东思想中经济全球化相关论述的形成基础

有学者认为，马克思主义经典作家的世界历史理论、世界市场理论及社会主义国家的现代化发展理论是毛泽东形成经济全球化思想并作出相关论述的理论基础。庄福龄

(1999)指出,世界性或全球化是马克思恩格斯早就提出的一个重要思想理论,是唯物史观分析资本主义生产方式、揭示资本主义发展趋势的一个重要范畴,也是毛泽东探索社会主义国家融入经济全球化的重要理论来源。① 倪娜(2008)认为,马克思的世界历史思想和列宁的全球帝国主义理论之间的联系不仅仅是思想家及革命家的继承关系,更是资本主义社会发展的必然轨迹。这些都成为毛泽东站在中国革命和中国发展的立场上进行全球性思考和规划的理论根据。② 何美然(2002)指出,马克思主义传入中国是全球化发展的产物,中国知识分子在思考世界历史变化发展的过程中将马克思主义作为拯救民族危亡、克服资本主义弊端的良药,因此可以认为马克思主义的世界观对毛泽东经济全球化思想的萌芽和发展具有重要意义。③ 张晓忠(2011)指出,俄国十月革命给中国送来了马克思列宁主义。作为在主要内容、思想方法和革命策略等方面全面接受马列主义的中国共产党人,毛泽东等人不可避免地受到了马列主义全球化思想的深远影响,形成了具有中国特色的全球化思想。④ 赵蕾(2013)认为,毛泽东对全球化思考的理论源流,是马克思主义的相关理论,尤其是列宁的相关思想。马克思的相关思想主要体现于他的世界历史理论中,列宁则是从生产方式的角度观察和论述了资本主义的全球化。⑤

有学者研究了毛泽东形成经济全球化思想和相关论述的现实基础。李家伦(2009)指出,毛泽东在建构其国际战略思想和全球化思想时,首要目标是要使中华人民共和国在世界上获得应有的位置,进而建立由社会主义民族国家组成的世界大家庭。⑥ 李端厚(2003)认为,毛泽东思想把马克思主义科学世界观同新的历史大变动结合了起来,但他所构想、所实践并取得伟大成功的战略道路,却与马克思恩格斯的构想完全不同:那就是利用资本主义经济、政治发展不平衡规律,抓住帝国主义统治的薄弱环节,把国家引上社会主义道路并以新的姿态参与经济全球化。而这一切都同第二轮经济全球化的发展及中断、逆转和断裂直接相关。⑦ 倪娜(2008)指出,早在抗战时期毛泽东就以其天才的思维能力和预见能力捕捉到了全球化思想的内在必然性,他将列宁对全球化问题的普遍性分析具体落实到了一个特殊的个体,成功地分析了世界历史进程中最大的二元性国家即中国的社会矛盾和社会发展,这是毛泽东形成和发展全球化思想的现实基础。⑧ 张晓忠(2011)认为,毛泽东的全球化理想形成于中国在帝国主义主导的国际秩序对峙

---

① 庄福龄:《简论新世纪中国的马克思主义理论建设》,《毛泽东邓小平理论研究》,1999年第6期,第7~14页。
② 倪娜:《毛泽东的全球化思想及其方法论意义》,《吉林师范大学学报》(人文社会科学版),2008年第5期,第92~96页。
③ 何美然:《对马克思主义中国化的再认识》,《探索》,2002年第6期,第17~20页。
④ 张晓忠:《论中国特色全球化理论的发展与创新》,《南京师大学报》(社会科学版),2011年第3期,第31~39页。
⑤ 赵蕾:《毛泽东对全球化的思考与实践》,《理论学刊》,2013年第5期,第21~26页。
⑥ 李家伦:《把握全球化:中共三代领导人的国家—国际意识》,《湘潭大学学报》(哲学社会科学版),2009年第3期,第143~145页。
⑦ 李端厚:《经济全球化与马克思主义的历史发展》,《创造》,2003年第12期,第51~52页。
⑧ 倪娜:《毛泽东的全球化思想及其方法论意义》,《吉林师范大学学报》(人文社会科学版),2008年第5期,第92~96页。

体系中艰难突围的过程中。毛泽东思想指导中国革命的深层指向是努力取得作为一个国家真正参与全球化所必需的民族独立和国家主权。在这个意义上，毛泽东思想是对资本主义主导的全球化挑战的被动回应。①

（二）毛泽东思想中经济全球化相关论述的主要内容

学者们归纳总结了毛泽东思想中关于经济全球化论述的主要内容，认为包括以下三个方面：

第一，拥有民族独立和国家主权才能真正参与全球化。赵兴良（2003）总结了毛泽东经济全球化思想的主要内容，认为毛泽东全球化思想的首要目标是实现国家独立，因此深刻揭示了中国社会政治经济发展的不平衡规律，开辟了中国式的武装夺取政权的新道路；同时，深刻分析了中国革命与整个世界革命相联系的特点，提出了"中国革命是世界革命一部分"的科学论断。② 张晓忠（2011）指出，毛泽东全球化思想指导中国革命的深层指向是努力取得作为一个国家真正参与全球化所必需的民族独立和国家主权，因为他认为没有民族独立和国家主权的全球化只能是殖民化的全球化。③ 赵蕾（2013）认为，毛泽东关于资本主义全球化本质的认识，深刻体现在他对帝国主义的论述中。倡导和推进民族国家的绝对主权，是毛泽东对资本主义全球化进行抵抗与挑战的主要方式，也是他所追求的全球新秩序的中心原则。④ 张义凡（2005）指出，无论是在新民主主义革命时期还是在新中国成立以后的社会主义建设时期，毛泽东对经济全球化的思考都建立于民族独立和国家主权完整的基础上。⑤

第二，要以世界历史的眼光分析和看待革命问题。叶美玉（2009）认为，中国共产党人在第一次大革命时期就提出了"中国革命是世界革命的一部分"的命题，并为彻底反帝反封建的人士所赞同；抗日战争时期，毛泽东开始重视了解世界形势和让世界人民了解中国共产党，并从全球化的角度看问题，把中国的抗日战争同世界形势紧密结合起来。⑥ 倪娜（2008）认为，毛泽东是一个具有世界历史眼界的革命家，他在研究中国革命时始终没有忘记世界历史的现实背景，而是将中国问题置于国际大环境中来思考，始终关注世界历史格局下的中国的国情和中国的选择。⑦ 皮家胜和刘晨（2014）指出，毛泽东具有非常强烈的世界历史意识和世界视野，这充分展现在他处理和解决中国革命

---

① 张晓忠：《论中国特色全球化理论的发展与创新》，《南京师大学报》（社会科学版），2011年第3期，第31~39页。
② 赵兴良：《马克思主义世界历史理论初探》，《江西社会科学》，2003年第1期，第29~32页。
③ 张晓忠：《论中国特色全球化理论的发展与创新》，《南京师大学报》（社会科学版），2011年第3期，第31~39页。
④ 赵蕾：《毛泽东对全球化的思考与实践》，《理论学刊》，2013年第5期，第21~26页。
⑤ 张义凡：《毛泽东、邓小平全球化思想比较》，《山东省农业管理干部学院学报》，2005年第4期，第77~79页。
⑥ 叶美玉：《浅谈马克思主义中国化进程对全球化的贡献》，《西安社会科学》，2009年第4期，第8~10页。
⑦ 倪娜：《毛泽东的全球化思想及其方法论意义》，《吉林师范大学学报》（人文社会科学版），2008年第5期，第92~96页。

问题的过程中,以全球视野分析和看待革命问题是毛泽东全球化思想的生动体现。① 郭玉琼(2012)指出,当经济全球化侵略性的一面完全遮盖了其发展性一面时,对经济全球化及其主导者首先作出政治军事革命层面的应激反应,不但符合先进中国人的追求,也符合所有中国人的根本利益,这是毛泽东的全球化思想的实践旨归。② 彭继红和李浩(2004)认为,毛泽东在抗日战争时期就对全球化思想有着深刻的阐述,提出要把中国抗日战争跟世界形势紧密结合起来、运用全球眼光决策的观点,后来的实践也证明了他这些观点的正确性。③

第三,社会主义国家的现代化建设需要参与全球化。李家伦(2009)分析了毛泽东的全球化思想,认为毛泽东在新中国成立后实际上提出了中国要面向世界、以开放的态度对待一切民族和国家的观点。此外,毛泽东将社会主义国家经济现代化和经济全球化相结合,指出社会主义既要向社会主义国家学习,也要向资本主义国家学习。④ 赵兴良(2003)指出,毛泽东继承了马克思列宁的世界历史思想并结合中国实际作出了创造性的发展,深刻分析了社会主义中国的发展与整个世界发展相联系的特点,并提出了学习一切民族和国家的长处,把中国建设成为一个伟大的社会主义国家的设想。⑤ 倪娜(2008)指出,新民主主义革命胜利和新中国成立后,毛泽东继续在中国立场上对全球化问题进行思考,形成了"三个世界理论"等关于和平建设时期的全球化思想。⑥ 张旭东(2013)指出,新中国成立后,以毛泽东为代表的中国共产党人深刻认识到同资本主义国家建立经济贸易关系的重要性,认为社会主义国家应当重视利用资本主义国家的资金和技术,依照平等互利的原则参与全球经济发展。⑦

(三)毛泽东思想中经济全球化论述的时代价值

学者们对毛泽东思想中经济全球化论述的时代价值进行了探讨,形成的研究成果主要包括以下三个方面:

第一,毛泽东思想中经济全球化相关论述推动了新民主主义革命的胜利。丁俊萍和王智(2003)认为,毛泽东的全球化思想很大程度上正是在拒斥半边缘化即半殖民地化与衰败化的革命过程中形成和发展起来的,并引导中国革命取得了胜利,从而成功阻断了近代以后中国被边缘化的历史进程,推动中国完成了由被动卷入现代化向主动进行现

---

① 皮家胜,刘晨:《毛泽东的世界历史意识与马克思主义中国化的全球化视野》,《重庆邮电大学学报》(社会科学版),2014年第3期,第10~14页。
② 郭玉琼:《马克思主义中国化与经济全球化》,《求实》,2012年第5期,第12~15页。
③ 彭继红,李浩:《抗日战争时期毛泽东的全球化思想初探》,《湖南科技大学学报》(社会科学版),2004年第2期,第37~39页。
④ 李家伦:《把握全球化:中共三代领导人的国家—国际意识》,《湘潭大学学报》(哲学社会科学版),2009年第3期,第143~145页。
⑤ 赵兴良:《马克思主义世界历史理论初探》,《江西社会科学》,2003年第1期,第29~32页。
⑥ 倪娜:《毛泽东的全球化思想及其方法论意义》,《吉林师范大学学报》(人文社会科学版),2008年第5期,第92~96页。
⑦ 张旭东:《1949—1956中共对外国资本主义经济的认识及政策》,《科学社会主义》,2013年第4期,第147~150页。

代化建设的转变。① 彭继红和李浩（2004）认为，全球化是一个从近代开始并客观存在和不断发展的过程，因此近现代中国革命和建设的实践将不可避免地受到全球化的影响。虽然那个时代还没有全球化这种说法，但作为中国伟大的革命家、军事家、政治家，毛泽东已经正视了全球化的发展进程和影响，并据此对中国抗日战争的前途和命运作出了分析和判断，从而留下了许多珍贵的观点和思想。② 何美然（2002）指出，以陈独秀、李大钊、毛泽东等为代表的先进知识分子在全球化的思想浪潮中找到了马克思主义，并以此为指导建立了坚强而正确的无产阶级政党，这是中国能够取得新民主主义革命胜利的重要政治保证。③ 倪娜（2008）认为，毛泽东在革命战争时期形成的全球化思想即推动中国革命和世界革命的正确理论，不仅使中国革命在世界历史洪流中找到了自己的节奏和路径，而且使世界革命因为有了中国这样一支生力军而掀起了更高的浪潮。④ 赵蕾（2013）认为，毛泽东运用全球化理论分析中国的新民主主义革命，将中国革命放于世界大局中考察，放于全球发展中去定位，使中共对重大问题的分析透彻深远，战略方针制定高屋建瓴。中国新民主主义革命的定位以及社会主义前途的确定，首先都是得益于这个全球发展大势的分析，是以对全球化发展趋势的把握为前提的。⑤

第二，毛泽东思想中经济全球化的相关论述打开了中国与资本主义国家经济交往的新局面。黄忠芳（1994）认为，在全球化思想的影响下，毛泽东很早就注意到了要加快对外经济交往，并对中国与资本主义国家的经济交往进行了初步的探索和构想。⑥ 叶菊珍（2002）认为，毛泽东对资本主义国家主导的经济全球化有深刻的认识，多次表达了希望与西方各国友好往来、互通有无的愿望，并将这些活动视为推动社会主义事业发展的重要手段。⑦ 马占稳（2000）认为，新中国成立初期，在毛泽东经济全球化思想的指导下，党领导人民开展了一系列对外经济交往活动，并以不干涉中国内政和不损害中国主权为条件寻求同美国建立经贸联系，为中华人民共和国的对外经济交往奠定了初步基础。⑧ 皮家胜和刘晨（2014）指出，正是在对全球经济发展和政治格局变化的深刻认识中，毛泽东选择了与美国建立正常外交关系，打破了中美之间二十多年的相互隔绝状态，进而推动了世界政治经济格局的巨大变化。⑨ 张旭东（2013）指出，新中国成立后，在毛泽东经济全球化思想的指导下，中国积极争取同西北欧一些资本主义国家发展

---

① 丁俊萍，王智：《全球化背景下毛泽东思想的科学价值与现实意义》，《马克思主义研究》，2003 年第 5 期，第 20~27 页。
② 彭继红，李浩：《抗日战争时期毛泽东的全球化思想初探》，《湖南科技大学学报》（社会科学版），2004 年第 2 期，第 37~39 页。
③ 何美然：《对马克思主义中国化的再认识》，《探索》，2002 年第 6 期，第 17~20 页。
④ 倪娜：《毛泽东的全球化思想及其方法论意义》，《吉林师范大学学报》（人文社会科学版），2008 年第 5 期，第 92~96 页。
⑤ 赵蕾：《毛泽东对全球化的思考与实践》，《理论学刊》，2013 年第 5 期，第 21~26 页。
⑥ 黄忠芳：《毛泽东对外交往经济思想探析》，《嘉应大学学报》，1994 年第 1 期，第 45~48 页。
⑦ 叶菊珍：《社会主义建设时期毛泽东对外经济交往思想评析》，《毛泽东思想研究》，2002 年第 5 期，第 50~52 页。
⑧ 马占稳：《毛泽东对外经济交往思想探析》，《北京行政学院学报》，2000 年第 3 期，第 47~51 页。
⑨ 皮家胜，刘晨：《毛泽东的世界历史意识与马克思主义中国化的全球化视野》，《重庆邮电大学学报》（社会科学版），2014 年第 3 期，第 10~14 页。

经济贸易关系,开辟了中国同部分西欧国家直接进行民间贸易的渠道和窗口,冲破了西方资本主义国家的经济封锁。①

第三,毛泽东思想中经济全球化的相关论述提升了新中国的经济竞争力和国际影响力。赵蕾(2013)阐述了毛泽东经济全球化思想中对独立自主的高度重视,认为这是毛泽东寻求建立"全球反帝统一战线"的重要理论基础。通过反对苏联和美国在全球化背景中的霸权主义,中国为自己赢得了更多的尊重和发展空间。② 黄良奇(2021)认为,毛泽东的国际格局观以"协和万邦"的优秀传统文化为逻辑起点,以超越意识形态传统观念的东方智慧为行动指针,以尊重世界文明的多样性为实践路径,促进了世界反霸权主义统一战线的形成,使中国人民能够真正地站稳脚跟、屹立于世界民族之林,为百废待兴的新中国区分敌友、团结力量开展社会主义建设,创造了良好的国际舆论环境,丰富了马克思主义国际观的理论内涵。③ 倪娜(2008)指出,毛泽东在全球化和全球经济交往思想指导下形成的"三个世界"理论,不仅使中国的外交事务渐入正轨,逐渐摆脱曾经一度在国际社会中比较孤立的处境,而且使广大发展中国家成了遏制霸权主义和强权政治的主要力量,为中国日后的改革开放奠定了基础、开辟了道路。④ 丁俊萍和王智(2003)认为,毛泽东的全球化思想经由新民主主义到社会主义的路径转变,在对中国工业化和现代化道路的探索中体现出了积极的开放姿态与包容精神,有助于提升新中国在国际交往中的地位。⑤

二、对中国特色社会主义理论体系中经济全球化和全球经济治理相关论述的阐释

改革开放以来,随着经济全球化的加速推进,中国和世界的经济发展环境发生深刻变动,促使中国共产党不断深化对经济全球化和全球经济治理的认识,形成了丰富的思想理论。学者们对邓小平理论、"三个代表"重要思想和科学发展观中关于经济全球化及全球经济治理的论述进行了阐释,充分展现了中国特色社会主义理论体系与时俱进的鲜明特质。

(一)对邓小平理论中经济全球化和全球经济治理相关论述的研究

党的十一届三中全会作出改革开放伟大决策以来,中国逐步深入参与到了经济全球化的浪潮中,并对全球经济治理产生重要影响。学者们从理论基础、时代背景、主要内容、深远影响等多个方面,阐释了邓小平理论中关于经济全球化和全球经济治理的论

---

① 张旭东:《1949—1956 中共对外国资本主义经济的认识及政策》,《科学社会主义》,2013 年第 4 期,第 147~150 页。
② 赵蕾:《毛泽东对全球化的思考与实践》,《理论学刊》,2013 年第 5 期,第 21~26 页。
③ 黄良奇:《中国共产党领导人的国际观及其发展逻辑》,《中国井冈山干部学院学报》,2021 年第 4 期,第 60~66 页。
④ 倪娜:《毛泽东的全球化思想及其方法论意义》,《吉林师范大学学报》(人文社会科学版),2008 年第 5 期,第 92~96 页。
⑤ 丁俊萍,王智:《全球化背景下毛泽东思想的科学价值与现实意义》,《马克思主义研究》,2003 年第 5 期,第 20~27 页。

述，形成了丰硕的研究成果（见表18-4）。

表18-4 学界对邓小平理论中关于经济全球化和全球经济治理论述的阐释汇总表

认识维度	观点	代表学者
理论基础	马克思主义经典作家及毛泽东的全球化理论	萧斌（1999），刘世义和赵英顺（2000），王海军（2004），等等
时代背景	全球化的形式发生了新的变化、和平与发展成为时代主题	谭妹冬（2006），徐明棋（2000），王海军（2004），等等
主要内容	顺应历史潮流、积极融入世界、坚持社会主义道路不动摇	萧斌（1999），孙代尧（2002），王哲（2001），等等
深远影响	丰富了社会主义建设理论、增强了我国的综合国力和国际竞争力	胡鸿（1999），张萃萍（2000），鲍宏礼（2003），等等

第一，邓小平理论中经济全球化和全球经济治理论述的理论基础。萧斌（1999）认为，马克思恩格斯在《共产党宣言》中提出"资本主义工业化打破封建主义闭关自守、使世界连成一体"的观点，列宁提出的"十月革命胜利后俄国应当把自己的生存同资本主义的关系联结起来"的观点，以及毛泽东提出的"向外国学习"的观点等，都十分深刻地表达了马克思主义理论的对外开放理念，是以邓小平为主要代表的中国共产党人思考经济全球化问题的理论基础。① 刘世义和赵英顺（2000）指出，邓小平关于经济全球化的理论既是对马克思主义"社会化大生产条件下各类生产要素的流动必然要求冲破民族与国家的界限、实现全球化流动"等观点的坚持，也是对当代经济全球化趋势的顺应；既是对传统封闭计划经济体制的突破，又是对当代科技革命日新月异发展的认同。② 孙代尧（2002）认为，邓小平继承了马克思和列宁考察全球整体联系的方法和思想精髓，科学地把握了全球化时代中国的发展同世界的关系，对马克思主义的全球化理论作出了进一步阐发。③ 王海军（2004）指出，马克思的世界历史理论是邓小平全球化思想的直接理论基础。一方面，马克思的世界历史理论开阔了邓小平国际交往的视野，促进了后来对外开放政策的制定；另一方面，马克思所阐述的全球化意识为邓小平在中国和世界的互动中准确把握"什么是社会主义""怎样建设社会主义"等理论命题提供了辩证的思维。④

第二，邓小平理论中经济全球化和全球经济治理论述的时代背景。谭妹冬（2006）指出，邓小平在对苏联模式进行反思后认为，面对经济全球化的大趋势，各国经济都处在相互联系、相互依赖、相互渗透又相互竞争的状态中，无论何种制度的国家都应当实行对外开放政策，积极参与经济全球化的进程，这是一个国家和地区经济能否增长与繁

---

① 萧斌：《中国对外开放20年：邓小平到江泽民》，《湖北社会科学》，1999年第2期，第6~8页。
② 刘世义，赵英顺：《论邓小平经济理论的创新思维》，《长白学刊》，2000年第6期，第54~57页。
③ 孙代尧：《马克思主义"全球化"思想论要》，《北京大学学报》（哲学社会科学版），2002年第5期，第80~86页。
④ 王海军：《邓小平全球化思想探析》，《求实》，2004年第6期，第10~12页。

荣的重要因素。① 徐明棋（2000）指出，邓小平将开放与改革放在同等重要的地位，是其开放式思维方式和开放思想的一个重要成果；而邓小平关于社会主义国家对外开放理论的形成离不开经济全球化不断深化发展、社会主义中国发展缓慢这个大背景。② 王哲（2001）指出，随着时代的发展变化，资本主义全球化的形式也在发生着新的变化，尤其是第二次世界大战后第三次科技革命的兴起，使经济全球化的趋势日益加强，带来的影响日益加剧。面对如此的形势变化，邓小平在实践中提出了一系列主张，形成了他独具特色的全球化思想。③ 王海军（2004）指出，当今世界发展的全球化趋势和对社会主义历史发展经验及教训的深刻反思，是邓小平全球化思想形成和发展的现实依据。④ 龚鉴瑛（2007）指出，邓小平以马克思主义政治家的视野关注世界风云变幻和社会主义的前途命运，在历史与现实、世界与中国、马克思主义理论与当代社会主义实践的比较、互动和结合中，把中国社会主义发展的目标和途径置于全球化发展的时空背景中加以审视和提炼，创造性地形成了具有中国特色的社会主义经济全球化理论。这是社会主义与全球化进程在新时期互动的产物，蕴涵着深刻的全球化思维。⑤ 许先春（2009）指出，邓小平的对外开放观是在科学地把握时代主题的前提下形成的，与经济全球化的时代背景分不开，是在对经济全球化趋势进行科学观察的基础上提出的，同时也是对历史经验进行深刻反思的结果，而这一反思是以当今世界的经济全球化趋势、现实中国与世界经济的紧密联系作为参照背景的。⑥

第三，邓小平理论中经济全球化和全球经济治理论述的主要内容。萧斌（1999）认为，邓小平在中国参与经济全球化进程中形成的对外开放理论可以概括为以下五个方面：对外开放是世界各国发展经济的共同经验；改革与开放密不可分；对外开放既要坚持实事求是原则，又要充分发挥人的主观能动性；对外开放是贯穿于我国社会主义现代化建设全过程的伟大事业，是一项需要长期坚持的基本国策；对外开放要有一个和平的国际环境。⑦ 胡鸿（1999）指出，面对经济全球化浪潮，邓小平提出了一系列重要论述：坚决维护国家主权才能发展我国的战略利益；坚持社会主义才能维护我国的国家主权；坚持有中国特色的社会主义才能抓住机遇快速发展；维护国家主权必须处理好独立自主和对外开放的关系。⑧ 刘早荣（2001）认为，邓小平广泛而深刻地思考了全球化问题，精辟地概括出和平与发展是全球化时代的两大主题，并指出这两个问题关系全局，具有全球性、战略性的意义。为使全球化趋势朝着既有利于发达国家又有利于发展中国

---

① 谭妹冬：《论邓小平关于苏联模式的思想》，《经济与社会发展》，2006年第5期，第16～19页。
② 徐明棋：《经济全球化与中国的对外开放》，《上海社会科学院学术季刊》，2000年第4期，第66～75页。
③ 王哲：《邓小平对经济全球化的认识及其思想特征》，《河南师范大学学报》（哲学社会科学版），2001年第3期，第25～28页。
④ 王海军：《邓小平全球化思想探析》，《求实》，2004年第6期，第10～12页。
⑤ 龚鉴瑛：《邓小平的全球化思维与中国特色社会主义理论的创建》，《宁夏大学学报》（人文社会科学版），2007年第3期，第58～61页。
⑥ 许先春：《经济全球化与中国特色社会主义对外开放思想》，《北京行政学院学报》，2009年第5期，第43～47页。
⑦ 萧斌：《中国对外开放20年：从邓小平到江泽民》，《湖北社会科学》，1999年第2期，第6～8页。
⑧ 胡鸿：《从全球化看邓小平的维护国家权益的思想和实践》，《毛泽东思想研究》，1999年第4期，第34～36页。

家的健康道路发展,邓小平又提出了从国家的根本利益出发、超越社会制度和意识形态发展国家间的关系,以和平共处五项原则为基础建立国际政治新秩序,在平等互利的基础上建立国际经济新秩序等思想,这些思想体现了伟大理论家具有前瞻性的战略眼光。[1] 孙代尧(2002)认为,邓小平的经济全球化理论包括:以世界的眼光看中国,站在世界的高度来考察中国的发展问题;以一种深邃的历史感和世界视野观察问题,在深刻总结近代和当代中国与世界交往关系的历史经验教训中提出对外开放理论;认为对外开放是全球化进程的必然要求;认为全球化时代的对外开放不仅是经济上相互往来,一个更为重要的内容是要从人类文明中吸取优秀成果来充实和丰富自己。[2] 王哲(2001)指出,邓小平对经济全球化的认识包括客观性和主观性两个层面。既看到了我国对外开放的必要性、世界经济发展的相互依赖性和世界经济结构的不平等性,又看到了西方国家利用经济全球化对广大发展中国家进行渗透和控制、对社会主义国家进行"和平演变"的图谋。邓小平提出了一系列思想主张:要坚持社会主义道路毫不动摇;要坚持全方位对外开放;要坚持"两手抓、两手都要硬";要坚持独立自主、自力更生;要反对霸权主义、推动建立公正合理的国际政治经济新秩序;要践行和平与发展的时代观。[3] 王海军(2004)认为,邓小平的经济全球化思想可以概括为:全球化是当今世界发展的客观趋势;和平与发展是全球化时代的世界主题;实行全方位的对外开放是应对全球化挑战的基本战略;建立公正合理的国际新秩序是推进全球化进程的基本准则。[4] 李浩(2010)指出,邓小平以马克思主义的宽广眼界和全球性的战略思维,敏锐地洞察到世界经济全球化发展趋势,深刻揭示了世界新科技革命浪潮是世界经济全球化的强大动力,现代市场经济是世界经济全球化的客观基础,全人类共同发展是世界经济全球化的重要特征。[5]

第四,邓小平理论中关于经济全球化和全球经济治理论述的深远影响。胡鸿(1999)认为,邓小平关于在经济全球化浪潮中独立自主维护国家权益的理论和实践,对于我们坚定走有中国特色的社会主义道路的信心,实现中华民族的伟大复兴,具有很强的现实意义。[6] 张萃萍(2000)指出,邓小平关于经济全球化的理论使中国的对外贸易以高于国民生产的速度迅猛增长,成为促进经济快速发展的重要因素,大大增强了我国的综合国力和国际竞争力,极大地提高了我国的国际地位。[7] 鲍宏礼(2003)指出,邓小平的全球化思想以全球化为理论视角审视了世界时代主题,在全球化的进程及趋势

---

[1] 刘早荣:《邓小平对全球化的战略思考》,《社会主义研究》,2001年第2期,第29~32页。
[2] 孙代尧:《马克思主义"全球化"思想论要》,《北京大学学报》(哲学社会科学版),2002年第5期,第80~86页。
[3] 王哲:《邓小平对经济全球化的认识及其思想特征》,《河南师范大学学报》(哲学社会科学版),2001年第3期,第25~28页。
[4] 王海军:《邓小平全球化思想探析》,《求实》,2004年第6期,第10~12页。
[5] 李浩:《邓小平经济全球化思想的深刻蕴涵》,《人民论坛》,2010年第17期,第152~153页。
[6] 胡鸿:《从全球化看邓小平的维护国家权益的思想和实践》,《毛泽东思想研究》,1999年第4期,第34~36页。
[7] 张萃萍:《邓小平对外开放策略与经济全球化条件下的对外开放》,《理论与改革》,2000年第1期,第8~10页。

中建构了我国的经济发展战略目标，以全球化为契机制定了中国的改革开放政策，站在全球化的高度深刻地揭示了社会主义中国不断发展的全球性意义，对中国的经济建设具有深远的理论指导意义和实践意义。① 素梅（2009）指出，邓小平全球化思想中的超前性和开放性特征提供了如何应对经济全球化挑战的科学方法：要以超前开放的眼光来分析解决中国社会主义发展道路中出现的新情况、新问题。既要立足现实，又要面向未来；既要从中国国情出发，又要放眼世界。② 马福运（2002）认为，作为中国改革开放的总设计师，邓小平对全球化浪潮的远见卓识，以及提出的一系列对外开放、融入世界市场的方针、政策和科学构想，为我们在加入WTO之后，以一种积极的姿态迎接全球化浪潮的挑战，打下了坚实的理论基础，积累了经济、科技、人才等各种力量的储备。③

（二）对"三个代表"重要思想中关于经济全球化和全球经济治理相关论述的研究

21世纪初经济全球化深入发展，互联网信息技术使各国之间的经济交往和联系更加密切。在中国加入世界贸易组织、更加深入参与经济全球化和全球经济治理的背景下，以江泽民同志为主要代表的中国共产党人围绕相关问题提出了诸多重要论述。学者们对此的研究主要包括以下几个方面（见表18-5）。

表18-5 学界对"三个代表"重要思想中关于经济全球化和全球经济治理论述的阐释汇总表

认识维度	观点	代表学者
理论基础	马克思主义经典作家及中国共产党的全球化理论	杨耕（2002），李淑珍（2003），朱久兵（2010），等等
主要内容	不断深化我国对外开放，在积极融入经济全球化浪潮中维护国家安全	萧斌（1999），俞新天（1999），许先春（2009），等等
鲜明特质	体现了党的敏锐洞察力、理论的与时俱进性和实践导向性	汤涛和王志强（2001），杨明伟（2002），陈扬勇（2009），等等

第一，"三个代表"重要思想中关于经济全球化和全球经济治理论述的理论基础。杨耕（2002）指出，"三个代表"重要思想中关于经济全球化的论述与马克思列宁主义、毛泽东思想和邓小平理论一脉相承，把马克思主义基本原则转化为经济增长方式发生根本性变化背景下的实践原则，具有鲜明的时代性和现实的针对性。④ 李淑珍（2003）认为，邓小平的国际战略思想是江泽民在形势下准确判断我国经济全球化发展战略的重要理论指导。在新形势下，以江泽民同志为主要代表的中国共产党人坚持和深化了邓小平

---

① 鲍宏礼：《论邓小平全球化思想及其对我国经济建设的影响》，《理论月刊》，2003年第12期，第25~27页。
② 苑素梅：《论邓小平创新思维的基本特征及其现实意义》，《泰安教育学院学报岱宗学刊》，2009年第1期，第1~2页。
③ 马福运：《邓小平理论的全球化视野探析》，《河南师范大学学报》（哲学社会科学版），2002年第3期，第4~7页。
④ 杨耕：《"三个代表"思想：发展着的马克思主义》，《前线》，2002年第10期，第13~16页。

关于和平与发展是当今时代主题的思想，始终保持了对国际战略形势的清醒认识，就经济全球化问题作出了重要论述。① 朱久兵（2010）指出，江泽民经济全球化思想的形成有其深厚的理论基础，马克思恩格斯、列宁、斯大林关于经济全球化的思想为其提供了理论渊源和方法论，毛泽东、邓小平关于经济全球化的思想为其提供了直接的理论来源，西方关于经济全球化的思想为其提供了理论借鉴。② 张晓忠（2011）指出，中国特色全球化理论是马克思主义全球化理论的新形态。所谓"中国特色全球化理论"就是中国主动地、渐进地参与全球化的理论，是对资本主义主导的全球化从被动适应到主动回应。中国特色全球化理论不仅与马克思主义全球化理论一脉相承，又在全球化潮流中反映了时代精神，体现了中国特色。

第二，"三个代表"重要思想中关于经济全球化和全球经济治理论述的主要内容。萧斌（1999）指出，江泽民在历史性的大变动中运作我国的对外开放，使中国的对外开放理论得到深化和发展，针对当今世界经济全球化趋势的加速，提出了发展国际经济合作的"五项原则"：一是要把世界和亚太经济的持续发展作为开展合作的根本目的，二是要为发展中成员经济持续发展创造有利的外部条件，三是要坚持自主自愿原则，四是要尊重差别，恰当把握贸易投资自由化的合理速度，五是要实行贸易投资自由化与经济技术合作并重的方针。③ 俞新天（1999）指出，以江泽民同志为主要代表的中国共产党人实现了对邓小平开放理论的发展，指出了中国参与经济全球化的探索方向：要深入全面地认识知识经济和经济全球化的新作用，坚持以开放促进双重赶超，以更强的综合国力来预防和对付各种难以预料的危害；要正确认识经济全球化所造成的世界秩序变迁和变革的趋向，强化和争取中国在国际组织中的地位，增强在制定国际新规则中的发言权。④ 陈德祥（2004）指出，江泽民在全球经济伦理方面就建立国际经济新秩序问题提出的新主张包括两个方面的内容：坚持共赢共存的伦理原则，正确引导经济全球化，促进世界各国实现共同发展；坚持公正合理的伦理原则，推动建立国际经济新秩序，谋求世界各国实现共同繁荣。⑤ 许先春（2009）指出，江泽民关于经济全球化的论述具有极为丰富的内涵，主要包括：对经济全球化趋势的分析和判断；经济全球化发展的原因和动力；对经济全球化进程加以正确引导和管理的方法；经济全球化对我国的影响；在经济全球化进程中如何趋利避害的问题。⑥ 王庆五（2000）指出，以江泽民同志为主要代表的中国共产党人的经济全球化理论可以概括为：确立社会主义市场经济的目标是当代中国在面向全球化的过程中实现社会主义理论整体跃迁的认识"平台"；科学揭示社

---

① 李淑珍：《江泽民对邓小平国际战略思想的继承与创新》，《教学与研究》，2003年第8期，第48~53页。
② 朱久兵：《论江泽民经济全球化思想的理论基础》，《科教导刊》（上旬刊），2010年第13期，第244~245页。
③ 萧斌：《中国对外开放20年：从邓小平到江泽民》，《湖北社会科学》，1999年第2期，第6~8页。
④ 俞新天：《中国对外开放理论的演进与前瞻》，《毛泽东邓小平理论研究》，1999年第6期，第15~25页。
⑤ 陈德祥：《论江泽民对邓小平经济伦理思想的丰富和发展》，《学术论坛》，2004年第5期，第15~18页。
⑥ 许先春：《经济全球化与中国特色社会主义对外开放思想》，《北京行政学院学报》，2009年第5期，第43~47页。

主义本质是当代中国在面向全球化的过程中实现社会主义理论整体跃迁的核心。① 杨明伟（2002）指出，江泽民多次提醒人们注意经济全球化的问题，中心意思有两点：一是必须正视经济全球化这一客观发展趋势，正视由此而来的机遇和挑战；二是必须加紧研究应对之策，尤其是研究化解风险的对策。② 毛德松（2003）指出，江泽民对经济全球化的两重性进行了充分的论述，不仅明确指出经济全球化作为一个客观进程具有两重性，而且就两重性的具体表现展开了多角度的分析：经济全球化的客观两重性是指经济全球化的生产力属性和生产关系属性；经济全球化的价值两重性是指从世界经济的总体来看，经济全球化具有进步性和狭隘性，从具体的单个国家来看，经济全球化具有利弊两重性。③ 陈扬勇（2009）认为，江泽民经济全球化思想的核心是坚持独立自主同参与经济全球化的有机结合，把维护国家主权和经济安全放在首位，把扩大国内需求、开拓国内市场作为我国国民经济发展的基本立足点和长期战略方针，以多元化战略开拓国际市场、利用国外资源，加强自主创新，这是我们党坚持独立自主同参与经济全球化积累的宝贵经验。④

第三，"三个代表"重要思想中关于经济全球化和全球经济治理论述的鲜明特质。俞新天（1999）指出，党的十五大召开时东南亚金融危机才刚刚开始，但在党的十五大已经提出了"维护国家经济安全"的思想，反映了我们党敏锐的洞察力，也反映了以江泽民同志为主要代表的中国共产党人对于经济全球化时代开放的认识具有与时俱进特点。⑤ 汤涛和王志强（2001）认为，"三个代表"重要思想为我们迎接经济全球化的挑战提供了坚实的理论基础、精神基础和政治基础，充分体现了党对我国社会主义发展规律的深刻认识和科学把握，指明了全面推进中国特色社会主义事业、全面提升我国在全球化格局中战略地位的必由之路。⑥ 杨明伟（2002）指出，江泽民对经济全球化问题的审视蕴含着深刻的辩证观点。一方面，他敏锐地看到经济全球化是一种不以人的意志为转移的客观趋势，是所有国家和地区都不可回避的；另一方面，他适时地提醒人们要注意经济全球化带来的负面影响。⑦ 孟海贵（2002）认为，江泽民关于经济全球化的论述具有强烈的实践指向性特点，这表现在"三个代表"重要思想确定了党代表先进生产力的发展要求和最广大人民的根本利益，正是适应全球化潮流并努力克服其弊端的体现，是应对全球化挑战的强大思想武器。⑧ 陈扬勇（2009）认为，江泽民的经济全球化思想具有辩证性，这具体表现在江泽民多次提出要正确看待经济全球化的"双刃剑"作

---

① 王庆五：《当代中国社会主义：面向全球化视野的理论创新——社会主义理论视野的新拓展》，《上海社会科学院学术季刊》，2000年第4期，第5~14页。
② 杨明伟：《江泽民对经济全球化问题的战略思考》，《党的文献》，2002年第3期，第18~23页。
③ 毛德松：《论经济全球化的两重性——学习江泽民经济全球化论述的体会》，《社会主义研究》，2003年第1期，第62~64页。
④ 陈扬勇：《坚持独立自主同参与经济全球化的有机结合——以江泽民经济全球化思想为中心》，《党的文献》，2009年第5期，第65~71页。
⑤ 俞新天：《中国对外开放理论的演进与前瞻》，《毛泽东邓小平理论研究》，1999年第6期，第15~25页。
⑥ 汤涛，王志强：《"三个代表"——指导新世纪中国应对经济全球化的战略思想》，《特区理论与实践》，2001年第4期，第45~46页。
⑦ 杨明伟：《江泽民对经济全球化问题的战略思考》，《党的文献》，2002年第3期，第18~23页。
⑧ 孟海贵：《经济全球化与"三个代表"思想》，《生产力研究》，2002年第6期，第94~95页。

用——既要积极参与,利用经济全球化促进我国的经济发展;又要坚持独立自主,防止它所带来的风险。①

(三) 对科学发展观中经济全球化和全球经济治理相关论述的研究

随着科学技术的突飞猛进,经济全球化不断加速,世界各国普遍关注并寻求正确的发展理念和发展方式。以胡锦涛同志为主要代表的中国共产党人深刻把握全球经济发展的态势,提出了一系列涉及经济全球化和全球经济治理的论述。学者们主要从以下两个方面对这些论述进行了研究(见表18-6)。

表18-6 学界对科学发展观中关于经济全球化和全球经济治理论述的阐释汇总表

认识维度	观点	代表学者
核心观点	推动经济全球化朝着均衡、普惠、共赢的方向发展	许先春(2009),傅菊辉和杨晓虎(2007),张晓彤(2009),等等
理论特质	宽广的世界视野、求真务实的探索精神、传承性与创新性相结合	吴怀友和王珍(2011),崔秀艳(2009),王万征(2010),等等

第一,科学发展观中经济全球化和全球经济治理相关论述的核心观点。许先春(2009)指出,胡锦涛在论述经济全球化时,用得最多的话是"经济全球化深入发展",他关于经济全球化的思考和认识集中反映在"推动经济全球化朝着均衡、普惠、共赢的方向发展"这一理念中,并要求把科学发展观的根本方法即统筹兼顾的方法贯穿到对外开放实践中,提升中国参与经济全球化及全球经济治理的能力和水平。② 傅菊辉和杨晓虎(2007)指出,胡锦涛将中国共产党的国际关系伦理思想应用于国际经济关系处理中,多次强调,鉴于当今世界各国资源、技术等方面的优势不同,采取"互利合作、取长补短"的手段推进世界各国"互利共赢",是迎接经济全球化发展浪潮和进行全球经济治理的现实选择。③ 张晓彤(2009)指出,以胡锦涛同志为主要代表的中国共产党人在国际关系不断调整、经济全球化日益加速的背景下,提出了和谐世界论、共同发展论、共担责任论及积极参与论等观点,这是符合人类文明发展大势、反映时代进步要求、实现中国人民和世界人民根本利益的正确政策。④ 王万征(2010)指出,中国领导人站在世界利益的高度上提出了自己的全球化主张:比平衡增长更重要的是共同发展。这种共同发展的理念是中国对全球经济治理作出的重要贡献。⑤ 杨圣明(2004)指出,科学发展观的核心在于五个"统筹",统筹国内发展与对外开放便是其中之一。因此,胡锦涛的经济全球化和全球经济治理相关论述就包括要统筹好国内外发展,处理好内需

---

① 陈扬勇:《坚持独立自主同参与经济全球化的有机结合——以江泽民经济全球化思想为中心》,《党的文献》,2009年第5期,第65~71页。
② 许先春:《经济全球化与中国特色社会主义对外开放思想》,《北京行政学院学报》,2009年第5期,第43~47页。
③ 傅菊辉,杨晓虎:《论江泽民和胡锦涛的国际关系伦理思想》,《理论学刊》,2007年第5期,第9~13+128页。
④ 张晓彤:《胡锦涛时代观的中国主张》,《瞭望》,2009年第47期,第32~36页。
⑤ 王万征:《中国的发展改善了全球发展环境》,《红旗文稿》,2010年第19期,第32~36页。

与外需、"请进来与走出去"、自由贸易与保护贸易等的关系，同时还包括改善出口结构、促进国内外经贸关系协调发展等内容。① 崔秀艳（2009）指出，胡锦涛全球化相关论述的主要内容包括：建设持久和平、共同繁荣的和谐世界，这是全球化背景下的世界秩序观；经济上相互合作、优势互补，推动经济全球化朝着均衡、普惠、共赢方向发展，这是应对经济全球化的发展战略；摒弃冷战思维，建立公平、有效的集体安全机制，共同维护世界和平与安全，这是全球化形势下的新安全观；相互借鉴、求同存异，共同促进人类文明繁荣进步，这是全球化背景下对待多样化文明的态度。② 杨勇（2007）认为，和谐世界思想是胡锦涛对经济全球化和全球经济治理问题给出的解决方案，主要包括和谐世界观、和谐发展观、和谐文化观、和谐治理观等内容，既是一种新的国际管理理念，同时又是对全球治理理论的补充、发展和完善。③

第二，科学发展观中关于经济全球化和全球经济治理论述的理论特质。吴怀友和王珍（2011）指出，党的十六大以来，以胡锦涛为总书记的党中央坚持用宽广的眼界和求真务实的精神观察世界，在继承邓小平、江泽民关于经济全球化基本观点的基础上，对时代发展问题作出了一系列新的重要判断，深刻揭示了当今世界经济全球化的深刻变化及其特点，创造性地提出了一系列符合世界发展大势、反映时代进步要求、引领时代前进方向的经济全球化及全球经济治理新论断。④ 崔秀艳（2009）指出，胡锦涛的全球化相关论述主要包含在他提出的构建和谐世界思想中，具有鲜明的传承性和创新性特点。党的十六大以来，国际形势和世界发展趋势发生深刻变化，经济全球化的发展趋势进一步深化，出现了一系列新矛盾、新态势和新特征。以胡锦涛为总书记的党中央，一方面继承和发展了邓小平、江泽民的全球化思想，另一方面又根据新变化与时俱进，形成了新世纪的全球化思想，把中国的对外开放继续推向前进。⑤ 王万征（2010）指出，胡锦涛的全球化相关论述具有重大的价值性，在这一思想理论的指导下，中国的发展推动了全球的普遍发展，世界各国共同繁荣的政治环境得到明显改善；中国坚决反对贸易保护主义，捍卫了和平发展的环境与自由贸易的理念；中国积极推动建立更加公正、公平、普惠、共赢的国际经济新秩序，为广大发展中国家提供了更多的发展机会；中国以自身实践塑造了和谐共处的典范，回答了经济全球化背景下不同发展模式如何共存的新课题。⑥ 李忠伟和王燕（2011）认为，中国共产党在新世纪提出的经济全球化思想和全球经济治理方案具有很强的创新性和科学性，这具体表现在：科学发展观是着眼中国、又面向世界提出的重大理论成果，用科学发展观的思路研究我国对外经济战略的选择与调整，本身就是理论创新；以科学发展观为指导制定中国参与经济全球化的发展战略，能够最大限度地增加和谐因素，有利于全面建设小康社会与构建社会主义和谐社会。⑦

---

① 杨圣明：《坚持科学发展观，统筹国内外发展》，《湘潭大学学报》（哲学社会科学版），2004年第6期，第55~59页。
② 崔秀艳：《接力推进的全球化思想》，《沧桑》，2009年第5期，第112~114页。
③ 杨勇：《论胡锦涛和谐世界思想的背景与内容》，《岭南学刊》，2007年第2期，第14~18页。
④ 吴怀友、王珍：《试论胡锦涛关于时代发展的思想》，《社会主义研究》，2011年第3期，第28~31页。
⑤ 崔秀艳：《接力推进的全球化思想》，《沧桑》，2009年第5期，第112~114页。
⑥ 王万征：《中国的发展改善了全球发展环境》，《红旗文稿》，2010年第19期，第32~36页。
⑦ 李忠伟、王燕：《全球化背景下我国的经济发展战略》，《经济导刊》，2011年第6期，第8~9页。

杨勇（2007）指出，面对经济全球化带来的各种复杂挑战，胡锦涛提出了和谐世界思想，认为应当将联合国作为全球治理的主体，通过改革和完善联合国的运行机制，确保全球治理健康、有序推行。这些思想具有重要的世界意义，可以被视为当前形势下更好推行全球经济治理的前提必要条件。①

三、对习近平新时代中国特色社会主义思想中经济全球化和全球经济治理相关论述的阐释

党的十八大以来，以习近平同志为核心的党中央总揽全局，不断推进理论创新和实践创新，加快构建开放型经济新体制，形成了丰富的经济全球化和全球经济治理相关论述。学者们对此进行了深刻阐释。具体而言，学者们对这些论述的思想来源、时代背景、主要内容、重要意义进行了探讨（见表18-7）。

表18-7 学界对习近平经济全球化和全球经济治理相关论述的阐释汇总表

认识维度	观点	代表学者
思想来源	以马克思主义为指导，以中华优秀传统文化为滋养，包含多个维度的思想理论	葛浩阳和陆荇（2012），陈光连和尹剑（2019），裴长洪和刘洪愧（2018），等等
时代背景	经济全球化呈现出新的发展形式，带来了更多的机遇和挑战；中国日益走近世界舞台中央，国际地位不断提高	戴翔等（2018），黄晓凤等（2018），陈宇翔和张潇潇（2019），张文显（2017），等等
主要内容	引导经济全球化健康发展，推动建设更高水平的开放型世界经济；倡议和建设"一带一路"，开创互利共赢新局面；推动全球经济治理，构建人类命运共同体	王德蓉（2021），张静（2020），吕松涛（2020），濮灵（2018），蒋瑛和周俊（2018），等等
重要意义	推动了中华民族伟大复兴的中国梦的不断实现；国际意义在于推动构建了互利共赢的国际合作发展格局	王立胜（2016），贾烈英（2018），陈伟雄（2018），黄高晓（2016），潘石（2017），等等

（一）习近平经济全球化和全球经济治理相关论述的思想来源

对于习近平新时代中国特色社会主义思想中经济全球化和全球经济治理相关论述的思想来源，学者们主要从以下几个方面进行阐释：

第一，习近平经济全球化和全球经济治理的相关论述是以马克思主义为指导的。葛浩阳和陆荇（2021）认为，习近平关于经济全球化的论述，继承和发展了马克思恩格斯的世界历史理论及世界市场理论：其一，世界市场是资本对利润无限追逐的空间表现之一；其二，世界市场使各个生产要素得到了充分流动和有效利用，是社会生产力发展的必然要求和体现；其三，世界市场的形成和发展，不可避免地带来了国际间的不平等交

---

① 杨勇：《论胡锦涛和谐世界思想的背景与内容》，《岭南学刊》，2007年第2期，第14~18页。

换和依附关系。① 吕松涛（2020）指出，马克思主义经典作家以及中国共产党人对经济全球化趋势所做的思考、探索以及形成的理论成果为习近平关于推动经济全球化新发展的重要论述的形成提供了重要的理论基础。② 曹绿（2021）指出，习近平经济全球化系列论述源于马克思经济全球化思想和马克思世界历史理论，是在此基础上结合时代发展和中国实际开创的一种新型经济全球化理论，这一理论是以马克思主义理论为指导、以科学社会主义为定向的。③

第二，习近平经济全球化和全球经济治理的相关论述是以中华优秀传统文化为滋养的。王义桅（2017）指出，习近平关于经济全球化和全球经济治理的论述中蕴含着极为丰富的传统文化因素。具体看来主要有：共商、共建、共享的中国理念；知行合一的中国哲学；己欲立而立人、己欲达而达人的中国伦理；取法乎上、得乎其中的中国策略；东西互济、陆海联通的中国战法；革命、建设和改革开放的中国经验；统筹兼顾的中国路径；互联互通的中国方案。④ 刘志礼（2017）认为，中华文化十分注重文化因为多样性和差异性而产生的生命力，其中所蕴含的和而不同、求同存异的开放包容精神以及和睦、协商、合作的知行智慧是习近平全球经济治理思想的重要来源。⑤ 陈光连和尹剑（2019）认为，习近平人类命运共同体思想中包含着深厚的中国传统伦理精神：天下为公的思想构成的公义精神，和而不同思想构成的和合精神，义利兼得思想构成的道义精神，这三种精神又在参与经济全球化和全球经济治理等实践中展开为共享、共生、共建的思想特征。⑥

第三，习近平经济全球化和全球经济治理的相关论述包含多个维度的思想理论。裴长洪和刘洪愧（2018）认为，习近平关于新时代对外开放的重要论述顺应了世界经济多极化、各国经济联系日益紧密的客观历史潮流，吸收了前人理论中（包括西方学者）关于贸易投资自由化、经济全球化以及国际经济治理和调控的合理成分，成为构建开放型世界经济观点的思想来源。⑦ 谢卓芝（2018）指出，习近平的全球经济治理观包括四个方面的思想来源，即对中华优秀传统文化的坚守与弘扬，对中国和平外交思想的继承与创新，对中国国内治理思想的国际延伸，对西方全球治理哲学的深刻反思。⑧ 张静（2020）指出，习近平以中华优秀传统文化和马克思主义为理论基石，结合中国具体现

---

① 葛浩阳，陆茸：《新型经济全球化的理论建构与实践发展——习近平经济全球化思想学习体会》，《当代经济研究》，2021年第3期，第36~44页。
② 吕松涛：《应对经济全球化新挑战、构建人类命运共同体的中国方案——习近平关于推动经济全球化新发展的重要论述研究》，《科学社会主义》，2020年第1期，第36~42页。
③ 曹绿：《新时代新型经济全球化的理论阐释与思想逻辑——习近平经济全球化系列论述研究》，《云南大学学报》（社会科学版），2021年第1期，第5~16页。
④ 王义桅：《"一带一路"的中国智慧》，《中国高校社会科学》，2017年第1期，第41~51+156页。
⑤ 刘志礼：《习近平新型经济全球化理念的时代价值》，《马克思主义研究》，2017年第8期，第41~48页。
⑥ 陈光连，尹剑：《习近平人类命运共同体思想中的传统伦理精神》，《理论导刊》，2019年第3期，第64~71页。
⑦ 裴长洪，刘洪愧：《习近平新时代对外开放思想的经济学分析》，《经济研究》，2018年第2期，第4~19页。
⑧ 谢卓芝：《习近平全球治理思想研究述评》，《党政论坛》，2018年第1期，第60~62页。

实,提出了"人类命运共同体"的中国方案,切实推动了经济全球化的健康发展。① 吴志成和吴宇(2018)指出,习近平关于全球经济治理的相关论述是在充分汲取和辩证借鉴古今中外优秀思想理论的基础上,对中国优秀传统文化、无产阶级国际主义、中国外交战略理念以及当代全球治理理论与实践经验等进行创造性升华的结果。②

(二)习近平经济全球化与全球经济治理相关论述的时代背景

经过分析,学者们认为习近平经济全球化与全球经济治理的相关论述是在经济全球化发展呈现新形式和我国国际地位不断提高、日益走向世界舞台中央的时代背景下产生的:

第一,经济全球化呈现出新的发展形式带来了更多的机遇和挑战。戴翔等(2018)指出,全球经济进入深度调整期的时代背景,影响了部分国家对经济全球化的认识和政策抉择,走到了究竟是继续促进经济全球化还是转向"逆全球化"的十字路口,这是中国共产党围绕相关问题作出决策部署的重要原因。③ 黄晓凤等(2018)也强调,开放的路并不平坦,曲折前行已成为经济全球化的主要特征。④ 王广(2018)指出,习近平对世界历史大势进行的科学研判,统筹国内国际两个大局,对经济全球化发展作出了重要判断。⑤ 张静(2020)进一步指出习近平肯定了经济全球化在世界经济发展中的作用,也认识到了经济全球化存在的不足,这是对经济全球化发展形式的正确认识和把握。⑥ 王立胜(2016)指出,问题导向是习近平经济全球化和全球经济治理的重要起点。2008年国际金融危机爆发以来,全球贸易持续陷入低迷和深度衰退,严重影响了中国的出口优势和国际产业分工。正是在这样的问题导向下,习近平作出了关于经济全球化和全球经济治理的重要论述。⑦ 刘志礼(2017)指出,"反全球化"运动是习近平围绕经济全球化和全球经济治理作出重要论述的现实原因,这种现象是资本主义固有矛盾在全球化过程中不断深化和扩展的结果,具体表现在:资本追逐高额利润的本性及其在全球范围的流动与扩张,严重侵蚀了独立民族国家主权及其经济发展空间;而资本主义主导的全球经济治理却逐渐失效甚至出现危机。⑧ 应霄燕(2020)指出,2008年国际金融危机后,逆全球化、贸易保护主义和单边主义趋势抬头,第二次世界大战后确立的多边合作机制和全球治理体系面临巨大危机与挑战,这是习近平经济全球化和全球经济治理观形

---

① 张静:《习近平关于对外开放重要论述的研究》,《南方论刊》,2020年第9期,第16~18页。
② 吴志成,吴宇:《习近平全球治理思想初探》,《国际问题研究》,2018年第3期,第21~41+122~123页。
③ 戴翔,张二震,王原雪:《习近平开放发展思想研究》,《中共中央党校学报》,2018年第2期,第12~22页。
④ 黄晓凤,何剑,邓路:《习近平新时代开放型经济思想及其世界意义》,《广东财经大学学报》,2018年第4期,第4~14+61页。
⑤ 王广:《引导经济全球化发展方向与构建新时代对外开放格局——学习习近平同志关于对外开放的重要论述》,《广东社会科学》,2018年第6期,第13~19页。
⑥ 张静:《习近平关于对外开放重要论述的研究》,《南方论刊》,2020年第9期,第16~18页。
⑦ 王立胜:《习近平经济思想的创新思维》,《当代世界与社会主义》,2016年第5期,第101~107页。
⑧ 刘志礼:《习近平新型经济全球化理念的时代价值》,《马克思主义研究》,2017年第8期,第41~48页。

成的时代背景。①

第二,中国日益走近世界舞台中央,国际地位不断提高。戴翔等(2018)指出,中国经济的崛起使得中国在世界经济中具备了越来越大的影响力。这具体表现在:中国成为世界经济增长的重要贡献者;美国等西方国家已经把中国的崛起看作是对现行国际经济秩序的最大挑战。②黄晓凤等(2018)也认为,党的十八大以来,我国经济建设取得重大成就,国际竞争力明显增强。中国贸易大国地位进一步巩固,开放经济水平显著提升。③陈宇翔和张潇潇(2019)强调,习近平是在正确认识新时代我国面临的国内外新机遇与新挑战的基础上形成的关于新时代对外开放的重要论述。④张文显(2017)指出,习近平围绕经济全球化与全球经济治理作出相关论述的重要原因之一就在于国际格局的变化要求全球经济治理体制的变革:进入21世纪以来,国际力量对比发生深刻变化,包括中国在内的新兴市场国家和一大批发展中国家的国际影响力不断增强,引起了近代以来国际力量对比格局最具革命性的变化。⑤裴长洪和刘洪愧(2018)指出,随着中国经济和综合国力的增强,我们已经可以且有必要实现由原来的被动参与到主动融入和引领经济全球化的转变,这是习近平围绕经济全球化和全球经济治理作出一系列重要论述的时代背景。⑥

(三)习近平经济全球化与全球经济治理相关论述的主要内容

学者们总结了习近平新时代中国特色社会主义思想中经济全球化和全球经济治理相关论述的主要内容。具体包括以下三个方面:

第一,引导经济全球化健康发展,推动建设更高水平的开放型世界经济。葛浩阳和陆茸(2021)指出,习近平深刻认识到分工日益细化、产业链日益复杂是当前经济全球化发展的特征,因此开放不仅能使一国经济融入世界经济的大浪潮中以更好发挥自身的比较优势,也能使其在更为激烈的国际竞争条件下不断提高技术水平和核心竞争力,从而使本国的经济更具活力和韧性。⑦王德蓉(2021)指出,习近平将全球经济治理体系改革视为大势所趋,认为这是新冠肺炎疫情全球大流行、世界百年未有之大变局加速变化、经济全球化遇到逆风和回头浪的情况下,对全球经济治理体系改革提出的更高要

---

① 应霄燕:《习近平全球治理观的核心要义及其时代价值》,《思想理论教育导刊》,2020年第3期,第35~39页。
② 戴翔,张二震,王原雪:《习近平开放发展思想研究》,《中共中央党校学报》,2018年第2期,第12~22页。
③ 黄晓凤,何剑,邓路:《习近平新时代开放型经济思想及其世界意义》,《广东财经大学学报》,2018年第4期,第4~14+61页。
④ 陈宇翔,张潇潇:《习近平关于新时代对外开放的重要论述、实践及其重大价值》,《马克思主义理论学科研究》,2019年第2期,第95~107页。
⑤ 张文显:《推进全球治理变革,构建世界新秩序——习近平治国理政的全球思维》,《环球法律评论》,2017年第4期,第5~20页。
⑥ 裴长洪,刘洪愧:《习近平经济全球化科学论述的学习与研究》,《经济学动态》,2018年第4期,第4~18页。
⑦ 葛浩阳,陆茸:《新型经济全球化的理论建构与实践发展——习近平经济全球化思想学习体会》,《当代经济研究》,2021年第3期,第36~44页。

求。因此,我们要加快构建以国内大循环为主体、国内国际双循环相互促进的新发展格局,更加积极地参与全球经济治理体系改革。① 吕松涛(2020)指出,习近平对经济全球化发展的新趋势进行了深刻思考,形成了包括正确看待经济全球化新问题、引领经济全球化新方向、重塑经济全球化新路径、凝聚经济全球化新力量以及构建中国新角色等推动经济全球化新发展的重要论述。② 曹绿(2021)指出,习近平新时代经济全球化理论要求扬弃资本主义主导及其资本逻辑宰制的旧式经济全球化,构建以合作共赢和均衡发展为本质性特征的社会主义新型经济全球化,将在一条合作共赢和均衡发展的道路上实现更高程度的全球化。③

第二,倡议和建设"一带一路",开创互利共赢新局面。张静(2020)认为,以"一带一路"为重点,打造多种开放平台,开创互利共赢新局面是习近平经济全球化和全球经济治理相关论述的重点。④ 濮灵(2018)指出,习近平经济全球化和全球经济治理相关论述的重要内容之一是加快实施"一带一路"倡议,这是构建开放型经济新体制的必然选择和重大举措,体现了新时代对外开放战略的制度创新。⑤ 黄晓凤等(2018)指出,习近平认为互利共赢是发展更高层次开放型经济理念的首要属性。⑥ 刘国荣和李美荣(2018)进一步指出,习近平经济全球化和全球经济治理相关论述的基本内涵是以双向开放为根本导向,以互利共赢、多元平衡、安全高效为基本原则,以兼容并蓄、交流互鉴为价值遵循,以共筑人类命运共同体为终极目标。⑦ 许嘉林(2019)认为,习近平经济全球化思想的基本内涵是以开放发展新理念引领经济发展新常态、以开放型经济新体制促进国内经济转型升级、以新型国际关系构建新时代"朋友圈"、以"一带一路"倡议打造区域合作新格局和以"人类命运共同体"理念引领国际交往。⑧ 王义桅(2017)指出,"一带一路"倡议是习近平深刻思考经济全球化和全球经济治理问题的结果,充分体现了包容性开放的中国智慧,这个倡议符合国际社会的根本利益,彰显了人类社会共同理想和美好追求,是国际合作以及全球经济治理新模式的积极探索,将为世界和平发展增添新的正能量。⑨

第三,推动全球经济治理,构建人类命运共同体。裴长洪和刘洪愧(2018)认为,

---

① 王德蓉:《关于全球经济治理体系改革的三个问题——基于习近平相关论述的分析》,《党的文献》,2021年第3期,第64~72页。
② 吕松涛:《应对经济全球化新挑战、构建人类命运共同体的中国方案——习近平关于推动经济全球化新发展的重要论述研究》,《科学社会主义》,2020年第1期,第36~42页。
③ 曹绿:《新时代新型经济全球化的理论阐释与思想逻辑——习近平经济全球化系列论述研究》,《云南大学学报》(社会科学版),2021年第1期,第5~16页。
④ 张静:《习近平关于对外开放重要论述的研究》,《南方论刊》,2020年第9期,第16~18页。
⑤ 濮灵:《习近平新时代中国特色社会主义经济思想中的构建开放型经济新体制研究》,《经济学家》,2018年第4期,第5~10页。
⑥ 黄晓凤,何剑,邓路:《习近平新时代开放型经济思想及其世界意义》,《广东财经大学学报》,2018年第4期,第4~14+61页。
⑦ 刘国荣,李美荣:《习近平对外开放思想多维度论析》,《延安大学学报》(社会科学版),2018年第6期,第5~10页。
⑧ 许嘉林:《习近平总书记关于对外开放重要论述初探》,《宁夏党校学报》,2019年第1期,第58~64页。
⑨ 王义桅:《"一带一路"的中国智慧》,《中国高校社会科学》,2017年第1期,第41~51+156页。

改革全球经济治理体系，构建人类命运共同体是习近平经济全球化相关论述中的重要内容。①黄晓凤等（2018）指出，习近平提出了建立更加开放、包容、普惠、平衡、共赢的经济全球化发展新机制，确定了构建人类命运共同体作为世界发展的前进方向和开放型经济发展的目标。②蒋瑛和周俊（2018）认为，习近平新时代对外开放思想从经济学逻辑上适应了国际分工的新变化，指出了全球化的新动力和新贸易利得，驳斥了贸易保护主义的观点，提出了构建全球经济治理体系的新思路，提出了中国参与全球化的选择。③黄高晓（2016）指出，习近平阐明了全球经济治理变革的历史必然性，发出了推动全球经济治理体制变革的"中国声音"：要推动变革经济全球治理体制中不公正不合理的安排；推动全球治理体制变革，最根本的是实现各国平等参与和均衡发展。④张文显（2017）指出，习近平洞察时代发展潮流，代表全球正义力量，特别是新兴经济体和发展中国家的利益和愿望，提出了变革国际关系和构建世界新秩序的重大理论，系统阐述了推进全球治理体系和规则变革、构建世界新秩序的大方向，提出了中国定位和中国方案，这就是推动国际关系民主化、法治化即合理化，引领经济全球化，构建人类命运共同体。⑤刘航和孙早（2020）认为，习近平关于经济全球化和全球经济治理的论述围绕着共建开放合作、开放创新、开放共享的世界经济，提出了以多边主义为理念的共同治理、以制度对接为主线的深层次合作、以新型大国关系为引领的对话磋商等全球经济治理的新机制。⑥

（四）习近平经济全球化与全球经济治理相关论述的重要意义

习近平经济全球化与全球经济治理相关论述具有重要现实意义。学者们主要从国内国际两个方面对此进行了研究：

第一，习近平经济全球化与全球经济治理相关论述最重要的意义是推动了中华民族伟大复兴的中国梦的不断实现。王立胜（2016）指出，习近平关于经济全球化和全球经济治理的论述之所以新意迭出，正在于它有着鲜明的目标指向和强烈的使命意识。因此，这些论述的目标归根结底就是要推动中华民族伟大复兴的中国梦的实现。⑦潘石（2017）认为，习近平冷静面对国际形势新变化，积极迎接对外开放新机遇与新挑战，决定推行合作共赢的全方位开放新战略，这一重大战略是使中国赢得国际经济关系主动权、国际经济治理话语权的正确抉择，更是实现中国伟大复兴，自强于世界民族之林的

---

① 裴长洪，刘洪愧：《习近平新时代对外开放思想的经济学分析》，《经济研究》，2018年第2期，第4~19页。
② 黄晓凤，何剑，邓路：《习近平新时代开放型经济思想及其世界意义》，《广东财经大学学报》，2018年第4期，第4~14+61页。
③ 蒋瑛，周俊：《习近平新时代对外开放思想与逆全球化挑战的应对》，《经济学家》，2018年第9期，第5~11页。
④ 黄高晓：《论习近平推动全球治理体制变革思想》，《广西社会科学》，2016年第6期，第6~11页。
⑤ 张文显：《推进全球治理变革，构建世界新秩序——习近平治国理政的全球思维》，《环球法律评论》，2017年第4期，第5~20页。
⑥ 刘航，孙早：《习近平全球经济治理思想的核心内容、生成逻辑与学科价值》，《经济学家》，2020年第7期，第5~13页。
⑦ 王立胜：《习近平经济思想的创新思维》，《当代世界与社会主义》，2016年第5期，第101~107页。

法宝。① 黄晓凤等（2018）指出，习近平新时代中国特色社会主义开放型经济思想中对全球经济治理的论述，为我国进一步发展更高层次开放型经济、实现中华民族伟大复兴的中国梦提供了行动指南，是当代国际政治经济学研究的重大理论命题，更为构建人类命运共同体、推动人类迈向共同繁荣的崭新时代注入了强大动力。② 裴长洪和刘洪愧（2018）指出，习近平关于经济全球化的科学论述阐述了一系列新观点和新理念，是我们正确认识经济全球化新趋势的理论基础和行动指南。

第二，习近平经济全球化与全球经济治理相关论述的国际意义在于推动构建了互利共赢的国际合作发展格局。戴翔等（2018）指出，习近平开放发展思想强调的"互利共赢"理念不仅是中国对外开放的指导思想，也是中国对构建全球公正合理国际经济治理新秩序的贡献，具有十分重要的时代价值和意义。③ 黄晓凤等（2018）也认为，习近平新时代开放型经济思想推动了国际经济新秩序的构建。④ 裴长洪和刘洪愧（2018）指出，习近平总结了以往经济全球化正反两方面的经验教训，提出了推动经济全球化朝着更加开放、包容、普惠、平衡、共赢的方向发展的新理念。⑤ 陈伟雄（2018）进一步指出，在习近平新时代中国特色社会主义对外开放思想的指导下，中国实施更加积极主动的开放战略，将扩大对外开放与提升全球治理能力更好地结合起来，积极引领和推动全球经济治理体系改革，不断探索与总结我国及广大发展中国家更好参与全球经济治理的新经验和新路径，作出了重大的贡献。⑥ 黄高晓（2016）指出，习近平着眼于解决人类共同面临的全球性挑战，从中国全面建设与世界共同发展的现实出发，统筹国际与国内两个大局，提出了加强全球治理、推动全球经济治理变革的原则规范、价值取向和行动方案，贡献了推动全球经济治理体制变革的中国智慧，提供了促进中国与世界的和平、合作、共赢、持续发展。⑦ 贾烈英（2018）指出，习近平对全球化作出的一系列重要论述，阐明了中国对于全球化的基本立场，积极构建国家治理与全球治理协调互动的全球化实践路径，以新机制为全球化注入新动力，并明确了新型全球化的四大原则和五大目标，促进中国成为新型全球化理念的贡献者和实践的引领者，为推进全球化作出了卓越贡献。⑧

---

① 潘石：《论习近平对马克思主义政治经济学理论的重大创新与贡献》，《当代经济研究》，2017 第 11 期，第 22~31+97 页。
② 黄晓凤，何剑，邓路：《习近平新时代开放型经济思想及其世界意义》，《广东财经大学学报》，2018 年第 4 期，第 4~14+61 页。
③ 戴翔，张二震，王原雪：《习近平开放发展思想研究》，《中共中央党校学报》，2018 年第 2 期，第 12~22 页。
④ 黄晓凤，何剑，邓路：《习近平新时代开放型经济思想及其世界意义》，《广东财经大学学报》，2018 年第 4 期，第 4~14+61 页。
⑤ 裴长洪，刘洪愧：《习近平新时代对外开放思想的经济学分析》，《经济研究》，2018 年第 2 期，第 4~19 页。
⑥ 陈伟雄：《习近平新时代中国特色社会主义对外开放思想的政治经济学分析》，《经济学家》，2018 年第 10 期，第 5~13 页。
⑦ 黄高晓：《论习近平推动全球治理体制变革思想》，《广西社会科学》，2016 年第 6 期，第 6~11 页。
⑧ 贾烈英：《推进全球化的中国贡献》，《前线》，2018 年第 11 期，第 8~11 页。

第三节 经济全球化及其对中国的影响

面对经济全球化这一不可阻挡的历史潮流,中国选择了主动开放、积极融入的发展道路,并在实践中取得了举世瞩目的发展成果。许多学者探讨了经济全球化的相关问题。具体看来,学者们的研究主要围绕在经济全球化的内涵、特征、动力及给中国带来的机遇和挑战等方面展开。

一、对经济全球化内涵的探讨

学者们对经济全球化内涵的探讨主要形成了以下三种比较具有代表性的观点(见表18-8)。

表18-8 学界对经济全球化内涵的探讨汇总表

认识维度	观点	代表学者
经济全球化是全球化的一种表现、载体和基础	经济全球化与全球化的关系	张琼(2004),程伟(2005),于鸥和陈信(2004),等等
经济全球化是一种历史过程和趋势	经济全球化的本质	李坤望(2000),雷达(2001),华民(2007),等等
经济全球化是各种要素的充分流动	经济全球化过程中的具体要素	邓力平(2000),赵宗博(2006),毕吉耀(2004),等等

(一)经济全球化是全球化的一种表现、载体和基础

张琼(2004)指出,世界文明发展到一定阶段,必然出现全球化的趋势,这是指人类不断跨越民族国家的地域,超越制度、文化的障碍,而使全球经济形成一个不可分割的有机整体的历史发展进程和趋势。全球化首先是国际间经济交往的扩大化,因此全球化的主要载体和表现正是经济的全球化。① 程伟(2005)强调,全球化在不同维度上的表现是不同的,经济全球化是所谓的政治、文化和军事全球化的基础。② 于鸥和陈信(2004)认为,经济全球化既是指资本、生产、技术、信息、货物等生产要素在全球范围内跨国界广泛而自由地流动,也是指由于这个过程的深化,各国之间的联系和相互作用不断加强,形成各国经济"你中有我、我中有你"的相互依赖甚至制约的关系。③

---

① 张琼:《从经济全球化看邓小平的对外开放思想》,《学习论坛》,2004年第11期,第13~16页。
② 程伟:《经济全球化与经济转轨互动研究》,商务印书馆,2005年,第6页。
③ 于鸥,陈信:《经济全球化的内涵及对相关问题的阐释》,《辽宁师范大学学报》,2004年第4期,第35~37页。

（二）经济全球化是一种历史过程和趋势

杨明（2007）指出，全球化是一种客观的存在，是一种主观意识，也是一个运动的过程。① 李坤望（2000）认为，经济全球化是一个具有发展性质的历史过程或趋势。② 雷达和于春海（2001）强调，从根本上说，经济全球化是经济活动的全球扩张、融合的过程，是各国经济活动从国内走向全球，在全球范围内实现社会化的过程。③ 华民（2007）认为，经济全球化在本质上是一个通过把更多的经济体组合到一个一体化的经济体系中、达到深化国际分工之目的的经济增长过程。④ 李冬俐（2005）进一步指出，经济全球化是人类社会发展的一个必然趋势和一个自然的历史过程，是人类社会生产力发展到一定程度的必然表现形式，具有不以人们意志为转移的客观性。⑤ 毕吉耀（2006）指出，从本质上说，经济全球化是生产社会化跨越国界在全球范围内展开的一种趋势，最终表现为市场、生产、投资、金融和科技活动的跨国界联系不断发展，各国在经济上相互联系和相互依存，任何一个国家的经济都要受到全球经济发展的影响。⑥

（三）经济全球化是各种要素的充分流动

邓力平（2000）指出，经济全球化是以市场经济为基础，各种生产要素在全世界范围内的自由流动和合理配置。⑦ 赵宗博（2006）根据国际货币基金组织的定义认为，经济全球化的内容主要有生产与贸易国际化、经济资源全球范围内流动、国内市场与国际市场不断融合、各国各地区贸易和投资政策协调化一致化、国际经济合作与交流经常化制度化。⑧ 毕吉耀（2006）认为，一般说来，经济全球化的基本含义是指商品、服务、信息、技术和各种生产要素在全球范围内大规模流动和配置，跨越国家边界的经济活动日益增多，从而使世界各国经济在各个层面上不断相互渗透、相互交织并相互依存和相互融合。⑨

二、对经济全球化特征的探讨

学者们围绕经济全球化的特征进行了讨论，形成了两大类比较具有代表性的观点（见表18—9）。

---

① 杨明：《全球化及其时代特点》，《学海》，2007年第3期，第98～101页。
② 李坤望，刘重力等：《经济全球化——过程、趋势与对策》，经济科学出版社，2000年，第2页。
③ 雷达，于春海：《走近经济全球化》，中国财政经济出版社，2001年，第6页。
④ 华民：《经济全球化与中国的对外开放》，《学术月刊》，2007年第7期，第62～71页。
⑤ 李冬俐：《中国参与经济全球化三个阶段中存在的问题与对策》，《现代财经—天津财经学院学报》，2005年第6期，第65～68页。
⑥ 毕吉耀：《当前的经济全球化趋势及提出的新要求》，《中国物价》，2006年第2期，第34～38页。
⑦ 邓力平：《经济全球化、WTO与现代税收发展》，中国税务出版社，2000年，第1页。
⑧ 赵宗博：《经济全球化背景下世界经济与中国经济的相关性分析》，《技术经济与管理研究》，2006年第2期，第90～91页。
⑨ 毕吉耀：《当前的经济全球化趋势及提出的新要求》，《中国物价》，2006年第2期，第34～38页。

表 18-9 学界对经济全球化特征的探讨汇总表

观点	代表学者
经济全球化具有不平衡性和不均等性	李长久（1997），赵宗博（2006），刘厚俊和朱向阳（2002），韩克庆（2007），等等
跨国公司在经济全球化中的作用不断凸显	刘玉宝（2002），周穗明（2001），成思危（2007），关雪凌和张猛（2014），金梁善（1999），等等

（一）经济全球化具有不平衡性和不均等性

李长久（1997）指出，各国之间经济实力存在差异，因此从全球化进程中得到的机遇和利益是不同的，这就导致了经济全球化具有明显的不平衡性和不公平性。① 赵宗博（2006）指出，经济全球化是一个历史过程，具有连续性、不平衡性和系统性的特征。② 刘厚俊和朱向阳（2002）强调，在目前的经济全球化国际分工体系下，发达国家和发展中国家之间的分工和利益分配是不均等的。③ 韩克庆（2007）认为，在经济全球化过程中，中国对外贸易的发展和外国直接投资在地区、城乡、行业之间的不平衡，相应地带来地区之间、城乡之间和行业之间收入差距的极度不平等。④

（二）跨国公司在经济全球化中的作用不断凸显

刘玉宝（2002）指出，冷战结束以后经济全球化的一个突出特点就是作为经济全球化载体的跨国公司发展迅猛，数量和规模都在不断扩大。⑤ 周穗明（2001）认为，新时代全球化主要特点是跨国公司的能力大大增强，对世界经济发展的影响程度不断提高。⑥ 成思危（2007）指出，21 世纪的经济全球化具有以金融为核心、以知识为基础、以信息技术为先导、以跨国公司为载体的特点。⑦ 关雪凌和张猛（2014）指出，随着经济全球化的发展，各种跨国公司在促进世界经济增长的同时，也主导了全球财富乃至权力的再分配。⑧ 金梁善（1999）认为，以信息、知识、高科技为主要取向的经济全球化，驱动着国际跨国大企业和金融集团的兼并与联合，增强了跨国公司的影响力。⑨

---

① 李长久：《经济全球化的进展、内涵和影响》，《世界经济》，1997 年第 7 期，第 14~18 页。
② 赵宗博：《经济全球化背景下世界经济与中国经济的相关性分析》，《技术经济与管理研究》，2006 年第 2 期，第 90~91 页。
③ 刘厚俊，朱向阳：《经济全球化与不平衡发展》，《南京社会科学》，2002 年第 5 期，第 7~12 页。
④ 韩克庆：《经济全球化、不平等与中国社会政策的选择》，《东岳论丛》，2007 年第 3 期，第 21~31 页。
⑤ 刘玉宝：《经济全球化的新特点与我国的对策研究》，《经济地理》，2002 年第 3 期，第 262~265 页。
⑥ 周穗明：《不要拒绝全球化——新时代全球化的性质、特点、核心问题及对策》，《经济社会体制比较》，2001 年第 1 期，第 76~82 页。
⑦ 成思危：《成思危谈全球化》，《商界（中国商业评论）》，2007 年第 1 期，第 18~19 页。
⑧ 关雪凌，张猛：《发达国家跨国公司是如何为国家利益服务的——跨国公司的政治经济学分析》，《政治经济学评论》，2014 年第 3 期，第 37~56 页。
⑨ 金梁善：《经济全球化的新特点及其对策》，《武汉大学学报》（哲学社会科学版），1999 年第 4 期，第 33~38 页。

三、对经济全球化动力的探讨

学者们深入分析了经济全球化不断发展的动力,基本上都是持多种因素驱动的观点。最为主要的驱动因素包括以下三个方面(见表18-10)。

表18-10 学界对经济全球化动力的探讨汇总表

观点	代表学者
科学技术的进步是经济全球化的重要动力	张琼(2004),刘贤方(2007),朱旭红(2006),袁志刚和余宇新(2013),等等
跨国公司作为微观主体推动着经济全球化	华民(2007),赵景峰(2011),徐明棋(2017),等等
主要国家经济政策的变化是经济全球化发展的重要驱动	李坤望(2000),李春梅(2004),谭再文(2011),等等

(一)科学技术的进步是经济全球化的重要动力

张琼(2004)指出,经济全球化的根源在于科学技术的巨大进步。第二次世界大战后爆发的以原子能、计算机和通信技术为标志的第三次科技革命,在许多领域都取得了重大突破,推动了经济全球化的发展。[1] 刘贤方(2007)在分析全球化发展与地域性社会存在时指出,经济全球化发展的根源在于科学技术产品所具有的重要特征。[2] 朱旭红(2006)认为,作为人类历史的客观发展趋势,经济全球化的根本动力不是资本主义的生产方式,而是人类生产力和科学技术的发展。因此,在经济全球化背景下,资本主义的各种矛盾并不能得到真正解决。[3] 袁志刚和余宇新(2013)认为,正是在技术进步的前提下,始于20世纪80年代的经济全球化进程才能在资本主义发达国家的推动下得以加速发展,也使产品贸易与生产要素的全球优化再配置获得了同步发展。[4]

(二)跨国公司作为微观主体推动着经济全球化

华民(2007)认为经济全球化的发展动因包括三个方面:首先是世界各国经济体制的趋同消除了经济全球化发展的制度障碍,其次是微观经济主体的趋利动机直接导致了经济全球化的发展,最后是日新月异的信息技术提供了经济全球化得以形成和发展的技术支持。[5] 赵景峰(2011)从经济全球化的宏观和微观角度进行分析后指出,在国际垄断资本主义和跨国公司的推动下,经济全球化成为世界经济关系发展的现实和趋向。[6] 徐明棋(2017)认为,跨国公司是利用科技革命成果推动国际分工的具体载体,他们促

---

[1] 张琼:《从经济全球化看邓小平的对外开放思想》,《学习论坛》,2004年第11期,第13~16页。
[2] 刘贤方:《全球化发展与地域性社会存在》,《学术月刊》,2007年第4期,第5~13页。
[3] 朱旭红:《论经济全球化对世界社会主义发展进程的影响》,《国际观察》,2006年第6期,第28~35页。
[4] 袁志刚,余宇新:《经济全球化动力机制的演变、趋势与中国应对》,《学术月刊》,2013年第5期,第67~80页。
[5] 华民:《经济全球化与中国的对外开放》,《学术月刊》,2007年第7期,第62~71页。
[6] 赵景峰:《经济全球化下新贸易保护主义研究》,中国商务出版社,2011年,第4页。

进了全球范围的技术进步,将国际分工变成企业内的分工,极大地拓展了国际贸易的规模和范围,促进了生产要素的充分流动和价格的均等化。①

(三) 主要国家经济政策的变化是经济全球化发展的重要驱动

李坤望(2000)认为,经济全球化的两大动因分别是技术革命的发展和国家对经济干预范围及程度的缩小。前者通过降低经济活动在全球范围内发展的客观障碍、增强经济活动能力和推动企业内部组织重构等渠道,促进经济全球化的进程;后者则通过降低人为障碍等渠道加强全球经济活动的整合。② 李春梅(2004)指出,随着全球化进程的推进和深入,世界各国都已成为全球化的共同参与者和推动者。特别是广大的发展中国家为了在全球化背景下求得生存和发展,在全球范围内与西方资本主义国家既联合又斗争,逐渐引导全球化走上了各种文明相互学习、相互影响、相互融洽的多元化过程。③ 谭再文(2011)指出,全球性经济危机以破坏性和消极的方式影响全球化速度,这就使得各国在经济政策体系层面的合作愈发重要,成为经济全球化的重要驱动。④

四、经济全球化给中国带来的机遇和挑战

经济全球化对中国经济发展来说是一把"双刃剑",既带来了宝贵机遇,又带来了风险挑战。学者们分析了经济全球化给中国带来的机遇和挑战,并探讨了中国应当如何规避经济全球化带来的各种风险。

(一) 经济全球化给中国带来的机遇

华民(2007)认为,在对经济全球化的分析中应当强调经济全球化是能够增进全球发展的。在某种程度上可以说,后进国家在经济全球化过程中所获得的好处要多于发达国家,中国则是当前经济全球化发展的最大受惠国。⑤ 和文华和刘娟(2004)指出,经济全球化对于发展中国家弥补国内资本、技术等生产要素缺口,实现产业升级、技术进步、制度创新和整个经济起飞都是非常有利的。⑥ 毕吉耀(2006)进一步指出,经济全球化给中国发展带来的机遇主要有四点:一是拓展了中国经济发展的市场空间和资源供应来源;二是扩大了中国经济发展所需资金、技术、人才和管理经验的来源渠道;三是加深了中国经济融入全球经济的程度;四是增强了中国经济发展对全球经济的影响力。⑦ 裴长洪(2010)在分析后危机时代经济全球化趋势时强调,尽管经济全球化和世界经济多极化都出现了若干新特点和新态势,中国全面参与经济全球化将遇到新挑战,

---

① 徐明棋:《经济全球化的动力、效应与趋势》,《社会科学》,2017年第7期,第34~46页。
② 李坤望:《经济全球化过程、趋势与对策》,经济科学出版社,2000年,第12页。
③ 李春梅:《全球化动力论》,《西南民族大学学报》(人文社科版),2004年第8期,第266~269页。
④ 谭再文:《全球化动力衰减与后危机时代的东亚区域合作》,《亚太经济》,2011年第1期,第21~25页。
⑤ 华民:《经济全球化与中国的对外开放》,《学术月刊》,2007年第7期,第62~71页。
⑥ 和文华,刘娟:《经济全球化与发展中国家的机遇选择》,《经济问题探索》,2004年第9期,第86~88页。
⑦ 毕吉耀:《当前的经济全球化趋势及提出的新要求》,《中国物价》,2006年第2期,第34~38页。

但是机遇仍然大于挑战。① 霍建国（2012）进一步分析认为，经济全球化背景下欧美的经济危机给中国提供了新的战略机遇期：一是中国内生增长动能仍在，土地、资本、劳动力和技术对工业化和城镇化发展的潜在增长力还没有完全释放出来；二是改革所产生的制度红利还有待挖掘。② 杨丹辉（2005）认为，经济全球化在一定程度上减少了商品和要素国际流动的障碍，使各国经济更加紧密地联系在一起，进而对全球贸易与投资的增长、国际分工方式、国际竞争格局以及国际经济协调机制产生了重要影响，这为中国发展提供了宝贵机遇。③

（二）经济全球化给中国带来的挑战

周穗明（2001）指出，全球化带来的福祉不会自然降临，相反，这个过程中充满了斗争。新时代的全球化在进行全球市场资源再分配的同时，改变了原有的国际经济政治秩序，造成各国竞争条件的改变，也形成新的全球分层；同时，国际经济关系中的不平等状况依然存在，发展中国家作为世界现代化进程中的后来者，仍处于不平等的竞争起点和地位，是全球化中的劣势集团。④ 李黑虎和潘新平（2001）认为，市场经济所固有的缺点和消极因素在全球化时代愈加突出，而首先受到伤害的就是广大发展中国家。事实上，经济全球化对各国的挑战及提供的机遇有很大差异，越是发达的国家在全球化进程中获得的发展机遇越大。⑤ 潘广辉（2003）与之观点相似，认为在全球性经济交往中，发展中国家的"先天不足"注定了它们要比发达国家面临更多的全球化挑战，需要承担更大的经济发展风险。⑥ 金梁善（1999）指出，我国还是一个发展中国家，底子薄、起步晚，生产力水平还不高，不仅与发达国家相比还存在一定的差距，而且与经济全球发展也还存在不相适应的状况。⑦ 毕吉耀（2006）总结了经济全球化趋势下我国面临的主要风险和挑战：首先，经济全球化使中国经济发展的外部环境更加不稳定，并对政府的宏观调控形成一定的制约；其次，经济全球化使中国企业面临巨大的竞争压力和垄断压制，对国家经济安全和自主发展能力构成严峻挑战；最后，经济全球化继续为发达国家所主导，不合理的全球化规则在一定程度上会限制中国的经济发展。⑧ 张京震（2007）不仅强调了发达国家在科技、金融、管理等方面的优势和强势将使我国面临经济依赖性和技术殖民地的风险，对我国的国家经济安全构成潜在威胁，而且指出了经济全球化将会对我国生产环境产生不利影响，对我国经济的均衡发展产生消极影响。⑨

---

① 裴长洪：《后危机时代经济全球化趋势及其新特点、新态势》，《国际经济评论》，2010年第4期，第27~45+3页。
② 霍建国：《世界经济格局变化及中国的新机遇》，《国际经济评论》，2012年第5期，第38~44+4~5页。
③ 杨丹辉：《全球化时代国际经济关系的特征与发展趋势》，《社会科学》，2005年第1期，第22~29页。
④ 周穗明：《不要拒绝全球化——新时代全球化的性质、特点、核心问题及对策》，《经济社会体制比较》，2001年第1期，第76~82页。
⑤ 李黑虎，潘新平：《经济全球化对中国的挑战》，社会科学文献出版社，2001年，第410页。
⑥ 潘广辉：《融入全球化：中国对外开放的战略选择》，《山东社会科学》，2003年第3期，第42~44页。
⑦ 金梁善：《经济全球化的新特点及其对策》，《武汉大学学报》（哲学社会科学版），1999年第4期，第33~38页。
⑧ 毕吉耀：《当前的经济全球化趋势及提出的新要求》，《中国物价》，2006年第2期，第34~38页。
⑨ 张京震：《经济全球化发展态势及其对我国的影响》，《经济师》，2007年第2期，第285页。

(三) 中国应当如何规避经济全球化带来的风险

于鸥和陈信（2004）指出，经济全球化带来的机遇与挑战，在不同的条件下是可以相互转化的。将各种有利条件归结到一起，解决好综合竞争力的问题，是规避经济全球化风险的要求。[①] 王文明（2003）指出，在广泛参与经济全球化的过程中，要全方位转变观念，制定正确参与全球化发展的战略措施，继续建立和完善我国的有关法律、制度，继续扩大开放度等。[②] 金梁善（1999）认为，面对汹涌而来的经济全球化大潮，中国别无选择，唯有积极参与，沉着应对，采取一系列有力对策，抓住机遇，迎接挑战，进一步深化以市场为导向的改革，不断完善社会主义市场经济体制；进一步完善全方位的对外开放格局，不断提高对外开放水平；积极参与并推进亚太区域经济合作等。[③] 刘鹏飞和李刚（2006）认为，迎接挑战的对策是要认清世界产业的竞争格局和发展趋势，将中国经济的发展融入全球经济一体化发展的格局中，切实保障中国的产业安全，在WTO规则的指导下灵活运用各种经济政策，加强相关国际区域的合作，加快调整产业结构，实现产业结构的升级和优化，不断提升经济的国际竞争力。[④] 韩克庆（2007）从经济全球化的宏观视角出发，认为经济全球化的核心要素中包含的不平等性要求国家在社会政策层面出台相应的保护措施。[⑤] 桑百川和王伟（2018）认为，引进来与走出去并重是参与经济全球化、融入全球经济体系的根本依托。[⑥] 程同顺（2018）进一步指出，中国要积极执行"引进来"方略，通过不断完善法治化、国际化、便利化的营商环境，降低交易的制度成本；同时要主动开拓国外市场，更好地利用国际国内两个市场、两种资源。[⑦] 国家发展和改革委员会国际合作中心对外开放课题组（2018）总结了中国对外开放40年"引进来"和"走出去"的经验，认为今后应当从招商引资走向引技引智，从资本净流入转向双向均衡流动。[⑧] 冯宗宪（2018）认为，今天中国的发展遇到了逆全球化浪潮与新全球化之间相互撞击的过程。如何应对新的挑战，继续维持现有经济全球化秩序，改善全球经济治理体系和机制，事关中国对外开放发展的大格局。中国要促进产业升级，不断提升中国在价值链和产业链上的国际分工地位，持续提高出口产品的附加值，进一步改善贸易条件和增加贸易利益。[⑨]

[①] 于鸥，陈信：《经济全球化的内涵及对相关问题的阐释》，《辽宁师范大学学报》，2004年第4期，第35~37页。
[②] 王文明：《我国参与经济全球化应采取的对策》，《学习论坛》，2003年第7期，第30~32页。
[③] 金梁善：《经济全球化的新特点及其对策》，《武汉大学学报》（哲学社会科学版），1999年第4期，第33~38页。
[④] 刘鹏飞，李刚：《全球化：挑战与机遇并存的经济学思考》，《生产力研究》，2006年第12期，第11~14页。
[⑤] 韩克庆：《经济全球化、不平等与中国社会政策的选择》，《东岳论丛》，2007年第3期，第21~31页。
[⑥] 桑百川，王伟：《对外开放四十年：基本经验与前景展望》，《国际贸易》，2018年第12期，第10~15页。
[⑦] 程同顺：《越开越大的开放大门——中国对外开放的实践探索》，《人民论坛》，2018年第33期，第24~26页。
[⑧] 国家发展和改革委员会国际合作中心对外开放课题组：《中国对外开放40年》，人民出版社，2018年，第14~20页。
[⑨] 冯宗宪：《"逆全球化"挑战与新全球化的机遇》，《国际贸易问题》，2018年第1期，第7页。

第四节 全球治理与全球经济治理

随着经济全球化的发展，各国之间的联系越发密切，多个层面的竞争和冲突也愈发频繁，迫切需要建立新的全球治理体系，以此来规范、协调和管理国际间的交往与活动。学术界关于全球治理与全球经济治理的研究，一方面集中于对全球治理和全球经济治理的概念、要素和价值进行探讨，另一方面集中于对两者的联系与区别进行思考。

一、对全球治理相关问题的探讨

学者们在对全球治理相关问题进行研究的过程中，主要探讨了全球治理的缘起、概念、要素及价值。

（一）全球治理的缘起

20世纪90年代，随着冷战的结束，全球治理问题连同全球化、信息化等问题愈发凸显，表现为全球性公共问题突破单一国家行为体界限、需借助于国家行为体与非国家行为体的力量共促全球性问题的解决。俞可平（2012）强调，全球治理的兴起有五方面原因：一是全球化进程中产生的全球性问题；二是传统国家主权面临挑战，需采取新方式维持世界秩序；三是国际合作在全球风险下显得尤为重要；四是国际社会呈多极化发展；五是部分国家的社会治理失效，亟须国际社会帮助。[①] 薛安伟和张道根（2020）强调，冷战结束以后，和平与发展成为时代主题，跨国公司驱动的全球贸易和投资呈现爆发式增长，全球化在世界范围内展开，国际政治经济格局发生深刻变化，在此背景下，全球治理日益成为国际社会广泛关注和研究的话题。[②] 张胜军（2017）认为，全球治理的缘起，可以追溯到20世纪一大批国际管理机构的诞生。这些在不同制度框架下成立的正式和非正式国际机构与机制，旨在有效应对气候变化、恐怖主义、种族冲突、核扩散和传染病等全球性挑战，这种针对某一特定问题且由相互联系的原则、规范、决策结构构成的国际组织推动了全球治理的发展。[③]

（二）全球治理的概念

俞可平和张胜军（2003）指出，关于全球治理的概念至今仍未形成一致明确的定义，一般认为其与"世界政治的治理""国际治理""世界范围的治理""国际秩序的治理"等具有相似性。总体来看，全球治理是指以具有约束力的国际规则解决全球性冲

[①] 俞可平：《全球治理的趋势及我国的战略选择》，《国外理论动态》，2012年第10期，第7～10页。
[②] 薛安伟，张道根：《全球治理的主要趋势、诱因及其改革》，《国际经济评论》，2020年第1期，第94～107页。
[③] 张胜军：《全球治理的"东南主义"新范式》，《世界经济与政治》，2017年第5期，第4～20页。

突、生态、人权、移民、毒品、走私、传染病等问题，以维持正常的国际政治经济秩序。① 冯旺舟（2016）认为，全球治理就是将全球权力中心纳入全球合作框架，进而推动大国合作，以此应对全球性公共安全问题。② 叶江和徐步华（2011）在跨国运动的发展进程中考察了全球治理的概念，认为全球治理是指在全球化环境中，从全球、区域、国家到地方层次，通过人类集体行动，形成并达成共识的一系列原则、规范和规则的过程，这些通过人类集体行动所达成的共识为国际社会提供了公共行为标准及其公共物品。③

此外，还有学者从主体的维度出发，对全球治理的概念加以阐释。蔡拓（2014）认为，全球治理是政府和非政府力量等多元行为体的共同治理行为，而不是某个国家行为体的独角戏。这是指国家、政府间国际组织和全球公民社会三大主体开展对话、协商与合作，共同治理威胁人类的多元全球问题。④ 张宇燕（2016）也指出，全球治理是指在没有世界政府的情况下，国家（也包括非国家行为体）通过谈判协商，权衡各自利益，为解决各种全球性问题而建立的自我实施性质的国际规则或机制的总和；全球治理的内涵主要体现为平等、民主、合作、责任和规则这五个关键词。⑤ 陈文玲和颜少君（2012）认为，全球治理是指在没有强力中央权威干预的条件下，立足于普遍认可的法则、规范和制度所形成的基础框架上的全球合作，其核心要旨在于维护人类共同安全、促进人类共同发展，是对全球新秩序的建构过程。⑥ 闫海潮和杨丽（2017）强调，全球治理是指在没有世界政府的情况下，国家、政府间国际组织及民间社会组织通过平等谈判协商，协调权衡多方利益，为解决多样化全球性公共国内问题而建立的具有自我实施性质的国际规则或机制的总合。⑦ 薛安伟和张道根（2020）认为，全球治理是管理全球性公共事务的综合，是协调全球性冲突的持续过程，是全球性层面正式或非正式制度安排。具体而言，全球治理是全球范围内的多种主体（政府、非政府、私人等）对全球性公共事务进行共同管理的过程。⑧

（三）全球治理的要素及价值

关于全球治理的要素，学术界形成了两种不同的认识。第一种认识是"五要素论"。持此观点的学者将全球治理的要素分为五个方面，即为什么治理、如何治理、谁来治理、治理内容和治理成效。俞可平（2002）将全球治理的要素归结为五个方面，即全

---

① 俞可平，张胜军：《全球化：全球治理》，社会科学文献出版社，2003年，第13页。
② 冯旺舟：《政治马克思主义的全球化理论及其启示——基于艾伦·梅克森斯·伍德的视角》，《广西社会科学》，2016年第10期，第50~54页。
③ 叶江，徐步华：《试论当代跨国社会运动对国家及全球治理的作用及影响》，《国际观察》，2011年第6期，第24~31页。
④ 蔡拓：《中国如何参与全球治理》，《国际观察》，2014年第1期，第1~10页。
⑤ 张宇燕：《全球治理的中国视角》，《世界经济与政治》，2016年第9期，第4~9页。
⑥ 陈文玲，颜少君：《世界经济格局变化与全球经济治理新结构的构建》，《宏观经济研究》，2012年第3期，第3~10+33页。
⑦ 闫海潮，杨丽：《社会组织参与全球治理研究述评》，《社会科学》，2017年第6期，第38~46页。
⑧ 薛安伟，张道根：《全球治理的主要趋势、诱因及其改革》，《国际经济评论》，2020年第1期，第94~107页。

治理的价值、全球治理的规制、全球治理的主体或基本单元、全球治理的对象或客体，以及全球治理的结果。① 任保平（2018）指出，全球治理顺应了世界多极化发展趋势，旨在对全球政治事务进行共同管理，包括治理的价值、规制、主体、客体及效果等五个方面的核心要素。② 另一种认识是"六要素论"。毕海东和钮维敢（2016）认为，全球治理的要素主要包括治理的主体、规则、对象、价值、结果、理念，其中治理理念是治理主体的世界观在治理问题上的反映，即治理主体的治理观。③

关于全球治理的价值，学术界普遍从世界共同发展与人类整体进步的层面加以明晰。俞可平（2002）认为，全球治理的价值，就是全球治理的倡导者们在全球范围内所要达到的理想目标，这些理想目标包括国家、种族、宗教、意识形态、经济发展水平等。④ 蔡拓和王南林（2004）对比了全球治理与以往主流的国际关系理论，认为全球治理理论提出了一种在全球范围内创新的政治概念和政治行为方式。较之于传统的制度合作模式，全球治理适应了全球化的发展，拓展了制度合作的主体，重视国家间及非国家间行为主体的合作，是对传统制度合作模式局限性的超越，是解决人类社会所面临的各种共同问题的新思路，这种理念构建起的合作新模式对于当代国际关系具有重要的理论和实践意义。⑤ 钱静和肖永平（2016）认为经济全球化的推进催生了超越国家界限的"全球治理"，其价值在于正视了全球政治经济一体化、相互依存度持续增强的社会现实，对于人类社会回应全球发展关切、共同解决全球性问题具有积极作用。⑥ 薛安伟和张道根（2020）强调，全球治理伴随着全球化而兴起，是由于各种全球性问题的增加而提出的新理论，这是维护多边主义和推动经济全球化健康发展的重要保障。⑦

二、对全球经济治理相关问题的探讨

学者们在对全球经济治理相关问题进行研究的过程中，主要探讨了全球经济治理的缘起、概念、目标、要素及价值。

（一）全球经济治理的缘起

学者普遍认为全球经济治理缘起于经济全球化，是在回应经济全球化带来的问题中而产生的。胡键（2020）认为，全球经济治理是经济全球化的产物，经济全球化则是资本全球扩张所引发的一种全球经济现象和客观趋势。具体而言，资本的本性在于不断扩张和追逐利益，而资本扩张的结果必然导致不同资本之间争夺世界市场和广大殖民地的

---

① 俞可平：《全球治理引论》，《马克思主义与现实》，2002年第1期，第20~32页。
② 任保平：《新时代中国特色社会主义政治经济学的创新》，人民出版社，2018年，第127页。
③ 毕海东，钮维敢：《全球治理转型与中国责任》，《世界经济与政治论坛》，2016年第4期，第125~140页。
④ 俞可平：《全球治理引论》，《马克思主义与现实》，2002年第1期，第20~32页。
⑤ 蔡拓，王南林：《全球治理：适应全球化的新的合作模式》，《南开学报》（哲学社会科学版），2004年第2期，第64~70页。
⑥ 钱静，肖永平：《全球治理视阈下的国际法治构建》，《学习与探索》，2016年第11期，第57~63页。
⑦ 薛安伟，张道根：《全球治理的主要趋势、诱因及其改革》，《国际经济评论》，2020年第1期，第94~107页。

战争，这种战争与资本逐利的本性相矛盾，由此产生了全球经济治理。① 邓若冰和吴福象（2016）重点关注了全球经济治理中的制度演变，认为全球经济治理缘起于全球化。具体而言，全球化在给世界各国和地区带来不同发展机遇、创造巨大全球红利的同时，也产生了包括经济危机、资源短缺、南北差距等在内的全球性经济问题。这些问题只有在全球经济机构的协调合作中才能得以有效解决，全球经济治理由此产生。② 倪沙和王永兴（2020）指出，全球经济治理是伴随着资本的全球扩张而产生的重要议题，是资本主义生产力发展的结果。因此，较之于其他思想，真正意义上的全球经济治理思想形成较晚，且构成较为单一，只有在思辨和争鸣中才能更好地发展。③

（二）全球经济治理的概念

学者们对全球经济治理的概念进行了探讨。洪银兴（2018）认为，作为公共产品的一种，全球经济治理的概念和内容通常包括治理主体、治理方式和治理机制。④ 于津平（2018）分析了全球经济治理在全球治理中的关键性地位，认为全球经济治理是针对个人、企业、国家的经济活动与经济政策制定规则和实现规则的行为。⑤ 隋广军和查婷俊（2018）将全球经济治理看作是多层次的，认为其概念主要指全球不同层面的公共权威机构和私人机构，通过政治合作体系制定或实施全球或跨国的规则，以达到共同的目标，解决经济全球化中面临的问题。⑥ 庞中英（2011）从"谁来管控世界经济"的视角出发，认为理论与实践上的全球经济治理主要指单独某个国家或若干个国家联合，通过一系列国际制度和国际规则来调控和治理世界经济发展。⑦ 关雪凌等（2017）认为，全球经济治理是指多边机构在塑造全球经济政策与规章制度方面发挥的作用，其本质是确立和维护世界经济秩序以及运行机制。⑧ 王勇（2015）认为，全球经济治理是指国际社会的各类行为主体通过协调、合作以及达成共识等方式，参与全球经济相关公共事务的管理，以建立或维持一个理想的国际经济秩序的过程。⑨ 陈伟光和刘彬（2019）认为，全球经济治理是指世界无政府状态下国家和非国家行为体通过相应的国际制度规范对全球经济问题进行协调和处理的过程，也是世界经济秩序塑造和维护的过程。⑩ 王人骏和赵海月（2019）强调，全球经济治理是指在没有政治权威干涉的情况下，对全球市场经

---

① 胡键：《全球经济治理体系的嬗变与中国的机制创新》，《国际经贸探索》，2020年第5期，第99~112页。
② 邓若冰，吴福象：《全球经济治理制度变迁与演进路径》，《河北学刊》，2016年第1期，第110~115页。
③ 倪沙，王永兴：《比较视野下全球经济治理思想中的中国贡献》，《南开学报》（哲学社会科学版），2020年第1期，第44~53页。
④ 洪银兴：《新编社会主义政治经济学教程》，人民出版社，2018年，第463页。
⑤ 于津平：《全球经济治理体系的变革与中国的作用》，《江海学刊》，2018年第3期，第80~86页。
⑥ 隋广军，查婷俊：《全球经济治理转型：基于"一带一路"建设的视角》，2018年第8期，《社会科学》，第3~12页。
⑦ 庞中英：《1945年以来的全球经济治理及其教训》，《国际观察》，2011年第2期，第1~8页。
⑧ 关雪凌，于鹏，赵尹铭：《金砖国家参与全球经济治理的基础与战略》，《亚太经济》，2017年第3期，第5~11页。
⑨ 王勇：《全球经济治理渴盼中国强力参与》，《证券时报》，2015年11月17日，第A03版。
⑩ 陈伟光，刘彬：《全球经济治理的困境与出路：基于构建人类命运共同体的分析视阈》，《天津社会科学》，2019年第2期，第74~80页。

济运行的一种管理，是在得到普遍认可的法则、规范和制度的框架下对全球经济市场的合理干预和调控，同时通过全球经济合作实现全球经济的可持续运行。①

（三）全球经济治理的目标

关于全球经济治理的目标，学术界普遍认为是解决全球性问题，但仍存在研究视角和侧重点方面的区别，主要观点有以下两种：

第一，提升世界经济发展的均衡性。徐秀军（2015）认为，对于全球性和区域性经济组织及各国政府而言，全球经济治理的目标主要集中在解决日益凸显的全球性经济问题，从而维护世界经济的稳定与繁荣。其中，促进经济增长又是这一议程的首要目标。②朱杰进（2017）以金砖国家为分析对象，认为全球经济治理的目标与核心应该是解决发展问题，尤其是发展中国家的发展问题，全球经济治理理念是以发展为导向的经济发展理念。③陈友骏（2014）认为，国际经济体系的存在与运行，不应成为任何经济体正常运行和发展的障碍，而应满足各经济体共同、平等且均衡发展的切实要求。这既是全球经济治理存在的主要动因，也是全球经济治理的根本目标与实质动力，即促进国际经济体系朝着公平公正、合作共赢的方向良性发展。④

第二，推动全球经济结构的转型。吴志成和吴宇（2018）从构建人类命运共同体视角出发，主张推进平衡普惠式的全球发展治理，即以新型全球经济治理观引领全球经济治理变革，以恢复世界经济发展活力。⑤徐进（2018）指出，积极推动全球经济治理变革，旨在维护开放型世界经济体制，共同应对世界经济中的风险和挑战。⑥邹志强（2014）主张，全球经济治理需要不断发展与改革，随着新兴国家成为全球经济治理变革的最大推动力量，也必然将更多地承担起全球经济治理变革相关的责任。⑦于津平（2018）在分析新一轮"逆全球化"思潮和贸易保护主义本质的基础上指出，全球经济治理应当沿着民主治理、组织多元和目标包容的方向变革：一是在治理主体上，应当由大国霸权治理转向共同参与的民主治理；二是要促进全球经济治理组织形式的多样化，重视区域合作、非政府组织、社会机构、私人部门参与的新型治理组织；三是要切实提升全球治理与国内治理在政策边界上对全球治理体系的包容性，构建起全球治理与国内治理相互包容、互为补充的良好关系。⑧

---

① 王人骏，赵海月：《中国参与全球经济治理的理论阐释与路径选择》，《税务与经济》，2019年第2期，第13～20页。
② 徐秀军：《金融危机后的世界经济秩序：实力结构、规则体系与治理理念》，《国际政治研究》，2015年第5期，第82～101页。
③ 朱杰进：《从新开发银行看金砖合作与国际制度改革》，《国际经济合作》，2017年第8期，第22～26页。
④ 陈友骏：《全球经济治理与中国：改革、创新与理念融合》，《亚太经济》，2014年第1期，第89～96页。
⑤ 吴志成，吴宇：《人类命运共同体思想论析》，《世界经济与政治》，2018年第3期，第4～33页。
⑥ 徐进：《新时代中国特色大国外交理念与原则问题初探》，《现代国际关系》，2018年第3期，第1～9页。
⑦ 邹志强：《全球经济治理变革对中国与新兴国家合作的启示》，《世界经济与政治论坛》，2014年第4期，第72～84+127页。
⑧ 于津平：《全球经济治理体系的变革与中国的作用》，《江海学刊》，2018年第3期，第80～86页。

（四）全球经济治理的要素及价值

关于全球经济治理的要素，学术界围绕全球经济治理的体系、内容等层面展开了研究。庞中英（2016）认为，全球经济治理需要一整套制度体系。因此，各国在第二次世界大战以后构成了包括关税与贸易总协定、国际货币基金组织、世界银行等主要制度设计，并构建了美元与黄金挂钩的相对固定货币体系。① 东艳和张琳（2014）认为，世界经济格局的变化取决于未来国际规则的发展，通过调整国际规则而非强制施加影响来主导国际经济体系的话语权，是今后全球经济治理的重要表现形式。因此，今后各国博弈的焦点仍在于对未来国际规则的制定。② 张新平（2017）指出，全球经济治理涉及全球金融、市场、资源、贸易等多方面内容，是一项复杂的但具有内在结构性的系统工程。③

关于全球经济治理的价值，学者们主要是从目标论的角度出发来认识。于津平（2018）从经济全球化视野出发，认为全球经济治理体系十分重要，在全球范围内承担着制定贸易投资规则、协调各国政策、解决国家间经贸争端和提供公共产品职能的作用。④ 张幼文（2013）强调，在全球化加速发展趋势下，制度性一体化矛盾显现，不同类型国家利益不一，加之国际经济旧秩序的定型呈强化趋势，亟须全球经济治理，以应对全球化带来的全球贫困、国际金融监管缺失、全球经济失衡、要素价格扭曲等问题，并立足全球经济治理构建合理的制度安排。⑤ 陈友骏（2014）将全球经济治理的价值拓展到人本身的发展上，强调治理经济是一种理性行为，其根本目标是满足人的基本要求，应该把人的经济权利与经济自由融入全球经济治理的宏观视野。⑥

三、全球治理与全球经济治理的联系和区别

针对全球治理与全球经济治理的联系和区别，学者们进行了深刻探讨，形成了丰硕的研究成果。

（一）全球治理与全球经济治理的联系

大多数学者将全球治理与全球经济治理视为包含关系。裴长洪（2014）将全球经济治理理解为全球治理在经济领域的应用和延伸，认为这是经济活动与治理关系的反映。⑦ 陈伟光（2014）认为，全球治理和全球经济治理，是相对于全球化和经济全球化的两个概念和术语，正如经济全球化是全球化的重要组成部分一样，全球治理与全球经济治理互相联系、不可分割。其中，全球经济治理是全球治理的主体和核心内容，但并

---

① 庞中英：《亚投行：全球治理的中国智慧》，人民出版社，2016年，第64页。
② 东艳，张琳：《美国区域贸易投资协定框架下的竞争中立原则分析》，《当代亚太》，2014年第6期，第117～131+158～159页。
③ 张新平：《中国特色的大国外交战略》，人民出版社，2017年，第243页。
④ 于津平：《全球经济治理体系的变革与中国的作用》，《江海学刊》，2018年第3期，第80～86页。
⑤ 张幼文：《要素流动：全球化经济学原理》，人民出版社，2013年，第349页。
⑥ 陈友骏：《全球经济治理与中国：改革、创新与理念融合》，《亚太经济》，2014年第1期，第89～96页。
⑦ 裴长洪：《全球经济治理、公共品与中国扩大开放》，《经济研究》，2014年第3期，第4～19页。

不是全球治理的全部，全球治理除了经济领域的合作和协调外，还要涉及环境、能源、恐怖主义、跨国犯罪等多领域的全球性公共问题。① 张新平（2017）认为，全球经济治理涉及全球金融、市场、资源、贸易等多方面，是全球治理的重要内容。② 于津平（2018）也认为全球经济治理是全球治理的关键，直接关系全球治理的成效。③ 梁国勇（2018）强调，全球经济治理是全球治理的重要组成部分，是国际经济秩序的载体，关乎世界各国经济的长期绩效和发展。④ 刘力臻（2020）指出，全球治理、全球经济治理、全球金融治理相互依存、相互关联，不断集中和具象，全球治理包含全球经济治理，而全球金融治理则是全球经济治理乃至全球治理的重要组成部分。⑤

（二）全球治理与全球经济治理的区别

有学者指出，全球治理与全球经济治理在侧重点上存在区别。裴长洪（2014）认为，全球经济治理在三个方面区别于全球治理：一是强调经济理论的运用，二是治理范围和治理途径具有特定性，三是国际金融危机爆发后全球经济治理的议题成为防控全球金融系统性风险、改革全球经济治理体系、重新规划全球经济合作。⑥ 倪沙和王永兴（2020）从主体范畴出发，认为较之于全球治理，全球经济治理更侧重于主体的作用发挥，是全球治理关于经济治理方面的制度安排理念和思想意识，是全球经济治理体系的重要基础。⑦ 陈伟光（2014）区分了全球治理和全球经济治理的三个维度：一是提法的先后，全球经济治理的提法晚于全球治理；二是治理的主体与目标，全球经济治理的子目标服从于全球治理的总目标；三是治理对象和治理内容，全球治理涉及世界性危机、日常国际事务、构建国际社会公共安全防护体系，全球经济治理则侧重于维护全球经济的稳定、均衡与公平，以此纠正全球经济失衡，缩小全球收入差距。⑧

第五节　全球经济治理的主体及其经济关系

全球经济治理是一项系统工程。作为其中必不可少的关键性要素，主体是全球经济治理的践行者，彼此间的经济关系决定着经济治理体系的变革方向。在经济全球化持续加速的背景下，围绕全球经济治理的主体及其经济关系，学者们形成了丰富的研究

---

① 陈伟光：《全球治理与全球经济治理：若干问题的思考》，《教学与研究》，2014年第2期，第53~61页。
② 张新平：《中国特色的大国外交战略》，人民出版社，2017年，第243页。
③ 于津平：《全球经济治理体系的变革与中国的作用》，《江海学刊》，2018年第3期，第80~86页。
④ 梁国勇：《中国方案推动全球经济治理变革》，《经济参考报》，2018年2月14日，第7版。
⑤ 刘力臻：《全球金融治理的困境、变革及中国参与方式》，《社会科学战线》，2020年第11期，第56~64页。
⑥ 裴长洪：《全球经济治理、公共品与中国扩大开放》，《经济研究》，2014年第3期，第4~19页。
⑦ 倪沙，王永兴：《比较视野下全球经济治理思想中的中国贡献》，《南开学报》（哲学社会科学版），2020年第1期，第44~53页。
⑧ 陈伟光：《全球治理与全球经济治理：若干问题的思考》，《教学与研究》，2014年第2期，第53~61页。

成果。

一、全球经济治理的主体及作用

经过广泛研究和思考,学者们认为,全球经济治理的主体包括国家与非国家行为主体、国际社会组织机构主体:

(一) 国家与非国家行为主体

张湘兰和张芷凡(2011)基于国际海上能源合作的视角,认为全球经济治理在主体上强调国际社会间的协同,其中心主体为国家和其他非国家行为体,两者间相互联系、相辅相成、互为依托,唯有如此才能协调好全球经济治理中安全合作与国家主权之间的关系。① 闫海潮和杨丽(2017)认为,各国政府、政府间国际组织、跨国企业、民间社会组织是参与全球治理的主要行为体。② 关雪凌等(2017)认为,随着新兴经济体的崛起及美欧经济危机的相继爆发,金砖国家已成为全球经济治理的重要力量。③ 梁昊光(2020)认为,全球治理不是国家或者政府间国际组织独占的领地,国家、私营部门和非政府组织都可直接参与其中并持续互动。其中,非政府组织拓宽了全球治理的主体,金砖国家可以通过加强与这些机构的合作,打破目前全球经济治理中的局限性和不合理现象。④ 刘志礼和魏晓文(2017)认为,国家是全球经济治理的重要主体。当今世界全球经济治理的主体发生深刻变化的动因之一就在于西方国家自身社会结构变革及国际格局调整,促进了全球经济治理主体关系的平衡与协调。科技进步、国际分工变革、普惠性发展要求等因素共同作用催生了新的经济治理力量,并开始塑造全球治理秩序新版图与人类文明新愿景。⑤ 胡键(2021)从对全球经济治理历史进程的考察出发,认为全球经济治理主体间的关系历经了吸纳、嵌入、脱域的变迁过程。由于经济全球化的进程并非普遍获益的过程,因此各种利益的此消彼长会导致国家权力的转移,并引发全球性的震荡,但是传统大国在全球经济治理体系中的主导地位依然不可取代。⑥

(二) 国际社会组织机构主体

洪银兴(2018)指出,第二次世界大战后在美国主导下建立的全球经济治理体系,依托于世界银行、国际货币基金组织、世界贸易组织等国际组织机构,在战后促进国际

---

① 张湘兰,张芷凡:《现状与展望:全球治理维度下的海上能源通道安全合作机制》,《江西社会科学》,2011年第9期,第5~12页。
② 闫海潮,杨丽:《社会组织参与全球治理研究述评》,《社会科学》,2017年第6期,第38~46页。
③ 关雪凌,于鹏,赵尹铭:《金砖国家参与全球经济治理的基础与战略》,《亚太经济》,2017年第3期,第5~11页。
④ 梁昊光:《以多边合作机制驱动全球经济高质量发展》,《人民论坛·学术前沿》,2020年第13期,第80~87页。
⑤ 刘志礼,魏晓文:《经济全球化主体结构变革与全球治理创新》,《当代世界与社会主义》,2017年第4期,第93~100页。
⑥ 胡键:《全球经济治理主体间关系研究》,《国际经贸探索》,2021年第9期,第84~98页。

投资贸易和世界经济繁荣发展方面发挥了重要推动作用。① 王新影（2020）认为，以世界银行、国际货币基金组织和世界贸易组织等为代表的全球经济治理组织机构，是第二次世界大战后在美国主导下形成的布雷顿森林体系的支柱，对战后的全球经济治理发挥了重要作用。② 马荣久（2019）从国际组织的形成和发展视角出发，分析了世界贸易组织、国际货币基金组织、世界银行、经济合作与发展组织、联合国贸易和发展会议、金砖国家和二十国集团等各类国际组织在全球经济治理进程中的运行特点，认为它们在国际贸易合作、促进全球经济稳定、应对全球化挑战等方面发挥了不同程度的作用。③ 范黎波和史洁慧（2016）认为，随着经济全球化的快速和纵深发展，一些传统上由政府主导的权力开始向国际组织、非政府组织和跨国公司转移、让渡和扩散，全球经济治理的议题越来越专门化、多元化、区域化。④ 臧雷振（2013）认为全球经济治理的重要主体是全球公民社会，尽管这种公民社会组织在世界各国间存在名称上的差异性，但都具有组织性、非营利性、自治性、自愿性等普遍特征。⑤ 谢海霞（2010）指出，在全球经济治理的舞台上，非政府组织与主权国家、政府间国际组织等都成了治理的主体。各类非政府组织通过跨国立法等形式参与全球经济治理，不仅对国际法的形成与发展，而且对国际秩序的运行产生了重要的影响。当然，非政府组织自身地位的局限性，决定了其在治理中的作用也是有限的。⑥

二、当今世界各主要经济体与中国的经济关系

无论全球经济治理的主体是国家或非国家行为主体，还是各类国际社会组织机构，其治理内容都是协调各经济体尤其是主要经济体之间的经济关系。在涉及世界主要经济体之间经济关系的问题上，由于中国是当今世界上最大的发展中国家，对全球经济的发展和治理都具有深刻影响，因此学者们重点探讨了各主要经济体同中国的经济关系：

第一，中国同美国的经济关系。朱福林（2021）认为，与美国、欧盟、日本三大经济体之间经贸摩擦的加剧是中国建设对外开放新格局、参与全球经济治理面临的重大挑战。中美贸易冲突起因于美国政府认为的"贸易不平衡"问题，美国政府以此为由单方面对中国发动了"贸易战"。而欧盟和日本身为美国盟友，在涉及中国经贸诉求的问题上站在美国一边，多次围绕中国对外经贸问题发起责难，影响了中国构建对外开放新格局、参与全球经济治理的效能。⑦ 严静峰（2021）认为，从马克思主义政治经济学的视角来看，中美贸易战的本质是美国将内部危机向外部转嫁，以继续维持美国垄断资本赚

---

① 洪银兴：《新编社会主义政治经济学教程》，人民出版社，2018年，第461页。
② 王新影：《中国对非援助与贸易投资互动关系研究》，人民出版社，2020年，第195页。
③ 马荣久：《变化世界中的国际组织》，人民出版社，2019年，第95~104页。
④ 范黎波，史洁慧：《中国在全球经济治理体系中的角色与定位》，《光明日报》，2016年2月17日，第15版。
⑤ 臧雷振：《西方学界全球治理研究进展及其缺失》，《国际关系研究》，2013年第5期，第28~37页。
⑥ 谢海霞：《论非政府组织在全球治理中的作用——以国际合作社联盟为例》，《江汉论坛》，2010年第11期，第134~136页。
⑦ 朱福林：《当前中国构建对外开放新格局面临的重大挑战与战略对策》，《江西社会科学》，2021年第4期，第63~73+255页。

取垄断利润，进而延续和巩固资产阶级的统治。其根本指向则是中国社会主义与美国资本主义的两种制度、两条道路的竞争与对决。①陈宇（2021）分析了中美建交以来美国对华经济战略的嬗变，认为中国已经彻底改变了百年前积贫积弱的状态，正在改变由西方霸权国家主导的国际秩序局面，世界政治秩序中的权力中心正处于加速由西方向东方转移的过程之中。因此，美国对华经济战略重心的转变将会对双边关系的性质及未来发展产生深刻影响，也会对世界秩序的发展走向产生深远影响。②

第二，中国同日本的经济关系。张玉来（2019）认为，日本多边贸易战略在近年取得了一系列新的突破，除了引领CPTPP生效之外，还与欧盟签署并生效了日欧EPA。截至2019年，日本对外贸易总量的FTA覆盖率逼近40%，已经跻身世界领先阵营。以此为背景，加之日本同样面临逆全球化潮流的巨大压力，中日之间的经济关系或将迎来新的变化，甚至有出现结构性调整的可能性，日本对中国"一带一路"倡议的态度转变就是很好例证。③宋志勇和蔡桂全（2021）分析了RCER签署对中日经贸关系的影响，认为RCEP将使中日两个贸易大国首次建立自贸协定关系，双方市场的开放度将进一步提高，不仅开放两国重点关心领域的投资限制，进出口产品关税也将得到大幅削减，区域累计原产地规则以及便利的海关通关手续将进一步提高中日贸易的便利化水平。④秦梦和陈江生（2021）分析了中日政治关系对双边贸易的动态影响，认为中日政治关系恶化在大部分时间段内会使双边贸易额下降，但这一影响持续的时间会比较短。近年来，受2008年金融危机、美国政府对日政策变化、全球经济低迷等因素的影响，中日政治关系与双边贸易在短期内出现了负相关，但这种双边贸易可以带来的经济利益，在部分时期又推动了中日政治关系的改善。⑤

第三，中国同欧盟的经济关系。陈新（2021）指出，中欧相互投资的规模同双方的合作意愿和经济体量并不匹配。《中欧全面投资协定》更新了中欧经贸关系的法律框架，将进一步推动双边投资关系的发展，助力中国进入新发展阶段，促进欧盟向战略自主迈出重要一步。⑥刘兰芬和刘明礼（2020）分析了欧盟近年来在处理对华经济关系方面的"安全顾虑"，认为欧盟的"安全顾虑"首先源于双方经济结构竞争性上升、互补性下降，也与欧盟自身的政治生态以及国际安全、战略环境变化有关。受欧盟"安全顾虑"以及相关政策调整的影响，中国对欧直接投资数量近年来持续下降，投资主体中国有企业的比重明显降低，投资目的地也从主要集中在大国转向更加多元。但鉴于中国市场对欧洲投资者仍有吸引力、中欧服务贸易仍有潜力可挖等多种因素，未来双方的经济合作仍有很大空间。⑦丁纯和纪昊楠（2020）分析了新冠肺炎疫情下的欧盟经济与中欧经贸

---

① 严静峰：《美中经济关系冲突的政治经济学论析》，《当代经济研究》，2021年第11期，第78~86页。
② 陈宇：《中美建交以来美国对华经济战略的嬗变》，《当代中国史研究》，2021年第3期，第146页。
③ 张玉来：《日本多边贸易战略新进展与中日经济关系》，《现代日本经济》，2019年第4期，第1~12页。
④ 宋志勇，蔡桂全：《RCEP签署对中日经贸关系的影响》，《东北亚论坛》，2021年第5期，第68~82+127~128页。
⑤ 秦梦，陈江生：《中日政治关系对双边贸易的动态影响研究》，《亚太经济》，2021年第4期，第61~68页。
⑥ 陈新：《大变局下中欧全面投资协定的多重意义》，《人民论坛》，2021年第20期，第102~105页。
⑦ 刘兰芬，刘明礼：《欧盟对华经济合作中的"安全顾虑"》，《现代国际关系》，2020年第10期，第27~35+61~62页。

关系，认为疫情发生以来中欧贸易逆势上扬、投资有所回落，双边经贸合作虽取得一定的成果，但也存在不少竞争性因素。展望未来，中欧经贸关系在双边关系中的地位将会进一步上升，中欧经贸仍有宽广的合作空间。①

第四，中国和其他重要经济体的经济关系。冯玉军（2021）认为，近年来中俄关系进一步升温，两国都试图以此减轻来自美国及其盟友的战略压力、获取新的经济增长空间、改善各自面临的国际环境、推动世界格局和国际秩序向自己所期望的方向发展。在百年未有之大变局下，要结合国际格局与世界经济的宏观演变，不断推动中俄在贸易、能源、投资等领域的合作与平衡发展；准确把握中俄经济关系的成本和收益的关系，将维护和拓展中国国家利益作为发展中俄关系的根本出发点和落脚点，将运筹中俄关系服务于为中国营造良好的周边环境和国际环境，为中国的发展提供更多经济和战略助力。② 王勤（2019）认为，伴随着中国与东盟战略伙伴关系的确立，"中国—东盟"区域经济一体化进程加快，经贸合作不断扩大和深化，经济关系迈入新时代。在"一带一路"建设中，东盟具有举足轻重的地位与作用，是"一带一路"基础设施互联互通的重点地区，是"一带一路"国际产能和装备制造的合作区，也是中国企业"走出去"的聚集地。今后，中国与东盟将逐步实施"一带一路"与东盟共同体蓝图、东盟互联互通总体规划、各国"工业4.0"战略对接，实现优势互补与合作共赢。③ 于婷（2021）考察了中国与"一带一路"沿线各国的经贸关系，指出我国在"一带一路"倡议下充分发挥了自身的经济优势和技术优势，结合"一带一路"沿线国家的特点给予了一定的经济支持，提升了沿线国家与我国的贸易往来和经济交流；并通过发挥比较优势，实现了区域内资源的合理配置。这些对于促进区域内的市场经济发展与合作创新都具有重要作用。④

第六节　全球经济治理的历史进程和现实困境

全球经济治理理论是全球化发展的必然产物。如何更好地参与经济全球化和全球经济治理，是我国实行高水平对外开放、开拓合作共赢新局面需要解决的重大课题。基于此，学术界围绕全球经济治理的历史进程、现实困境、困境成因等相关议题展开了丰富的研究。

---

① 丁纯，纪昊楠：《新冠肺炎疫情下的欧盟经济与中欧经贸关系》，《当代世界与社会主义》，2020年第6期，第31～39页。
② 冯玉军：《中俄经济关系：现状、特点及平衡发展》，《亚太安全与海洋研究》，2021年第3期，第78～92+3～4页。
③ 王勤：《论中国—东盟经济关系发展的新格局》，《太平洋学报》，2019年第1期，第84～92页。
④ 于婷：《"一带一路"倡议下中外经贸关系与全球经贸格局重构》，《商业经济研究》，2021年第3期，第149～151页。

一、全球经济治理的历史进程

关于全球经济治理历史进程的阶段划分,目前学界普遍持"三阶段论"的观点,但不同学者对这三个阶段的具体阐述又各有不同:

李由(2018)指出,冷战结束后,在推进全球经济治理和经济全球化的过程中,以美国为首的西方发达国家主导形成了三个全球经济治理国际机制,由此将全球经济治理的历史进程划分为了三个阶段:第一阶段是布雷顿森林体系的建立和运行;第二阶段是在布雷顿森林体系解体后,七国集团、八国集团的相继诞生和运行;第三阶段是2008年美国金融危机后,二十国集团成为全球经济治理最重要的机制与平台。① 郭威和刘晓阳(2021)选取了第二次世界大战以后发生的几次具有代表性的金融危机,结合全球经济治理主体和平台的变化,将全球经济治理的发展划分为三个阶段:1944年到1974年的霸权治理基础奠定阶段,此阶段全球经济治理以布雷顿森林体系为中心,是国际社会基于霸权国经济、政治、军事等实力在主客观上不得不作出的必然选择;第二阶段是1975年到2007年的共同治理初步探索阶段,此阶段形成了西方七国首脑会议,进行了国家间共同治理国际经济这一模式的初步实践,在客观上为全球化背景下的国家协作与全球治理机制的形成奠定了基础;第三阶段是2008年至今的全球治理深入推进阶段,此阶段二十国集团取代了七国集团成为国际经济合作首要平台,并出现了金砖机制、"一带一路"等全球经济治理平台,全球经济治理的主动参与方真正覆盖到了"全球",全球经济治理的模式得以全面更新。② 王文和张婷婷(2019)总结了新中国70年参与国际经济治理的三个阶段:第一阶段是1949年到1977年,此阶段中国逆势而动,实现了工业化;第二阶段是1978年到2012年,此阶段中国顺势而为,与国际经济治理体系相互获益;第三阶段是2013年至今,此阶段中国造势而起,为全球经济治理贡献了中国智慧。③ 陈宇(2018)分析了全球经济治理格局的主体参与者从八国集团到二十国集团变革的发展历程:第一阶段是初始阶段,此阶段起始于布雷顿森林体系的崩溃,七国集团与八国集团相继建立,确立了新的国际经济政策协调机制,为未来在全球治理中发挥重要作用的二十国集团的出现奠定了重要历史和制度基础;第二阶段是发展阶段,此阶段起始于2008年金融危机的爆发,美国总统召集二十国集团的领导人在华盛顿举行经济峰会,商讨改革全球金融部门监管制度的共同原则,这次会议放弃了旧有的国际多边组织,转而选择二十国集团峰会来应对危机;第三阶段是奠定阶段,此阶段始于2009年9月举行的匹兹堡峰会,会议阐述了伦敦峰会的核心议程,将二十国集团确定为全球治理的永久性首要论坛,从应急机制转化为全球金融和经济治理的常态机构。④

---

① 李由:《全球经济治理机制变迁与中美方案的历史考察》,《经济问题》,2018年第6期,第20~25页。
② 郭威,刘晓阳:《风险防范视阈下的全球经济治理变革——变迁历程、演进逻辑与中国定位》,《经济学家》,2021年第10期,第119~128页。
③ 王文,张婷婷:《巧借国际动能配置全球资源——从70年国际治理体系演变看中国现代化提升》,《经济》,2019年第11期,第20~22页。
④ 陈宇:《新兴经济体、二十国集团与全球治理多元化的未来》,《当代世界与社会主义》,2018年第3期,第166~171页。

此外，还有学者提出了中国参与全球经济治理的"四阶段论"。李巍（2019）认为国际经济制度是中国开展经济外交和参与全球经济治理的重要平台，而国际经济制度的变革和中国角色的变化经历了四个阶段：第一阶段是国际经济制度的兴起与中国的旁观性角色，此阶段以布雷顿森林体系的建立为标志，正值国际经济制度的初创时期，中国在这一阶段的参与积极性并不高；第二阶段是国际经济制度的发展与中国的融入性角色，此阶段中国先后恢复了在国际货币基金组织和在世界银行及其所属机构中的席位，开始对参与国际经济制度表现出了较高的热情，并主动寻求融入既有的国际制度体系；第三阶段是国际经济制度的壮大与中国的参与性角色，此阶段中国加入了世界贸易组织，开始成为国际经济体系中的正常成员，也成为国际经济外交舞台上的积极参与者，参与国际经济制度建设和全球经济治理在中国整体外交中的地位进一步提升；第四阶段是国际经济制度的变革与中国的引领性角色，此阶段以2008年国际金融危机和2010年中国成为世界第二大经济体为标志，中国在国际经济外交舞台上开始成为与美欧并肩的领导者，而这种领导性地位在2013年之后更加明显，并主要表现为中国在国际经济制度建设中引领性作用的日益凸显。[①]

二、全球经济治理的现实困境

确定当前全球经济治理存在的问题和困境，是明晰全球经济治理方向、推进全球经济治理体系变革的前提。学术界围绕全球经济治理的现实困境展开了深入探讨，认为主要包括以下三个方面的内容（如表18-11）。

表18-11 学界对全球经济治理现实困境的认识汇总表

认识维度	观点	代表学者
机制缺陷	治理组织职能不足，具有内部结构性缺陷	洪银兴（2018），倪沙和王永兴（2020），等等
	国际货币体系存在缺陷	陈文玲和颜少君（2012），徐秀军（2019），等等
责任缺失	美国奉行单边主义和贸易保护主义，治理责任缺失	于津平（2018），杨娜（2020），陈伟光和刘彬（2019），等等
话语权不足	新兴经济体和发展中国家在经济治理体系中的话语权不足	王新影（2020），庞中英（2011），曹立（2020），等等

（一）全球经济治理的运行机制存在缺陷

洪银兴（2018）指出，在经济全球化深度演进下，现行全球经济治理在维护全球经济秩序的功能方面严重不足，呈现三方面不适应的局限性，即不适应全球经济格局调整的变化、不适应国际分工发展的新特点、不适应全球经济包容性发展的需要。同时，现行全球经济治理的两重性明显，由发达资本主义国家主导制定的规则和秩序，主要维护

---

① 李巍：《历史进程中的国际经济制度与中国的角色》，《当代世界》，2019年第10期，第10~16页。

垄断资本和跨国公司的利益,在全球性公共产品提供方面不充分。① 倪沙和王永兴(2020)认为,当前的全球经济治理存在治理机制本身的内部结构缺陷,不仅表现为各国间的沟通缺乏和信任缺失,还表现为缺乏灵活的自动调节能力;此外,由于缺乏完善健全的协调机制,当前的全球经济治理体制难以从全局上把握世界经济的发展方向,难以协调世界各国的宏观经济政策,最终导致治理制度的无效。② 陈文玲和颜少君(2012)重点关注了国际货币体系的缺陷,认为在全球经济复苏放缓、国内经济增长逐步回落的背景下,世界各国的宏观调控目标及方向难度大。全球经济治理不完善,主要集中表现为国际货币体系方面的缺陷。具体而言,现行国际货币体系长期存在美元是国家货币与国际货币的矛盾,由于美元作为国际货币在全球流动和泛滥,直接导致了全球大宗商品如石油、农产品等价格不断上涨,大部分发展中国家面临巨大的通货膨胀压力和资产泡沫等问题。③ 关雪凌等(2017)分析了全球经济治理体系的制度缺陷,即国际货币体系的美元本位特征及美元陷阱、美欧危机反映出全球经济治理体系亟待改革的必要性。④ 徐秀军(2019)认为,由于全球经济治理主体利益分化、治理客体挑战加大以及治理机制存在的各种弊端和缺陷,全球经济治理面临的民主赤字、责任赤字和效用赤字更加凸显,并对世界各国的全球经济治理行动提出了更高要求。⑤ 郭周明(2018)认为,全球增长动能不足、全球经济治理滞后、全球发展失衡是当前世界经济领域亟待解决的三大突出矛盾,这些矛盾导致世界经济增长缓慢、复苏乏力,同时给中国经济带来了负面影响。⑥

(二)全球经济治理主要领导国的责任缺失

于津平(2018)指出,第二次世界大战以来,美国在全球经济治理体系中长期扮演着重要角色,但特朗普于2017年任美国总统后消极参与全球经济治理,公然违背国际规则和已有承诺,不断挑起贸易争端,推动美国陆续退出了跨太平洋伙伴关系协议(TPP)、《巴黎气候协定》、联合国教科文组织等。即使在全球化的大趋势下,美国的"单边主义"和贸易保护主义也已经威胁到了全球经济治理体系和经济全球化发展进程,如何对此作出回应是关系全球经济治理的重大问题。⑦ 胡键(2020)认为,正是由于美国强调所谓"美国优先"和"贸易公平",其政策调整才会引发全球化的震荡,具体表现为美国先后退出了包括跨太平洋贸易伙伴关系协定(TPP)、《巴黎气候协定》、联合

---

① 洪银兴:《新编社会主义政治经济学教程》,人民出版社,2018年,第461~463页。
② 倪沙,王永兴:《比较视野下全球经济治理思想中的中国贡献》,《南开学报》(哲学社会科学版),2020年第1期,第44~53页。
③ 陈文玲,颜少君:《世界经济格局变化与全球经济治理新结构的构建》,《宏观经济研究》,2012年第3期,第3~10+33页。
④ 关雪凌,于鹏,赵尹铭:《金砖国家参与全球经济治理的基础与战略》,《亚太经济》,2017年第3期,第5~11页。
⑤ 徐秀军:《全球经济治理困境:现实表现与内在动因》,《天津社会科学》,2019年第2期,第81~87页。
⑥ 郭周明:《新时代推动形成全面开放新格局思考》,《中国高校社会科学》,2018年第5期,第19~25+157页。
⑦ 于津平:《全球经济治理体系的变革与中国的作用》,《江海学刊》,2018年第3期,第80~86页。

国教科文组织、伊朗核问题全面协定、联合国人权理事会等全球治理协定和组织。这些行为揭示出关于全球经济治理的制度主导权之争的问题，而这种国际制度主导权之争是长期的，在权力转移的过程中，这方面的竞争会更加剧烈。① 杨娜（2020）强调，除疫情和地缘政治因素的影响外，美国奉行单边主义，退出诸多国际机制，部分地区去一体化趋势明显，都是导致多边治理机制受损的重要因素。② 陈伟光和刘彬（2019）从权力结构层面出发，认为实现世界秩序转型、权力结构和治理责任分配的重新调整需要较长时间。随着发展中国家的崛起以及美国对治理责任的放弃，全球经济治理体系在合法性和有效性方面的困境逐渐暴露。③

（三）发展中国家的全球经济治理话语权不足

王新影（2020）认为，当前的全球经济治理体系不能公平地体现广大发展中国家的发展理念和诉求，广大发展中国家在现行全球经济治理体系中的地位有待提升，世界银行和国际货币基金组织在运行机制、份额分配等方面有待变革。④ 庞中英（2011）强调，美国长期在全球经济治理中发挥着领导作用，但美国所发挥的作用仍具负面性。伴随着新兴经济体的崛起，世界经济冲突已从西方经济内部扩展到非西方经济之间。⑤ 曹立（2020）认为，现行全球经济治理体系最鲜明的特征是霸权主导下的政策协调。21世纪以来国际力量发生深刻变化，新兴市场国家和发展中国家影响力不断增强，但全球经济治理体系与世界经济发展格局之间的矛盾日益尖锐，表现出严重的保守和僵化，甚至成为世界局部地区和少数国家社会失序、政治动荡的根源。这表明，现行的全球经济治理体系已难以适应全球经济格局的变迁，规则重塑的步伐滞后于世界格局发展，既有制度安排难以适应国际秩序失调危机，治理赤字不断加大。⑥ 关雪凌等（2017）从制度层面进行了分析和思考，认为当前的全球经济治理体系存在制度缺陷，即随着新兴经济体的崛起，现有全球经济治理体系的代表性和有效性不足，难以响应新兴经济体的合理诉求。⑦ 国家行政学院经济学教研部（2017）指出，全球经济治理主体随着全球化的发展而日趋多元化，原有由美国和欧盟主导的全球治理体系已不能反映各方诉求，尤其是不能反映新兴经济体诉求。全球治理应立足于平等的基础，增加新兴经济体和发展中国家的代表性和发言权，确保各国在国际经济合作中权利、机会和规则的平等。⑧

---

① 胡键：《全球经济治理体系的嬗变与中国的机制创新》，《国际经贸探索》，2020年第5期，第99～112页。
② 杨娜：《全球经济治理机制的革新与探索》，《国际经贸探索》，2020年第12期，第67～81页。
③ 陈伟光，刘彬：《全球经济治理的困境与出路：构建人类命运共同体的分析视阈》，《天津社会科学》，2019年第2期，第74～80页。
④ 王新影：《中国对非援助与贸易投资互动关系研究》，人民出版社，2020年，第195页。
⑤ 庞中英：《1945年以来的全球经济治理及其教训》，《国际观察》，2011年第2期，第1～8页。
⑥ 曹立：《大国攻坚：决胜2020》，人民出版社，2020年，第7页。
⑦ 关雪凌，于鹏，赵尹铭：《金砖国家参与全球经济治理的基础与战略》，《亚太经济》，2017年第3期，第5～11页。
⑧ 国家行政学院经济学教研部：《中国经济新方位》，人民出版社，2017年，第86页。

三、全球经济治理困境的成因

明晰当前全球经济治理面临困境的复杂原因,是破解全球经济治理难题的必然要求。学者们围绕相关问题进行了探讨,逐步形成了"单因素说"和"多因素论说"的两种认识(如表18-12)。

表18-12 学界对全球经济治理困境成因的认识汇总表

认识维度	观点	代表学者
"单因素说"	国际力量对比发生了新变化	庞中英(2011),关雪凌等(2017),等等
	现行的经济治理体系尚未转型	胡键(2020),杨娜(2020),等等
	受其他单一因素的影响	郭泽林和陈琪(2020),陈伟光和刘彬(2019),等等
"多因素说"	全球经济治理面临困境是多方面因素综合作用的结果	于津平(2018),徐秀军(2019),等等

(一)"单因素说"

持该观点的学者重点分析了全球经济治理面临困境的某一方面成因。首先是国际力量对比发生了新变化。庞中英(2011)认为,随着中国、印度、巴西、墨西哥、印度尼西亚、南非等新兴经济体的崛起,国家间力量发生了深刻调整。同时,如何找到国内经济自主性(国内经济治理)和全球经济治理之间的平衡点,是许多国家面对的最重大的政策选择难题。[①] 关雪凌等(2017)认为,随着新兴经济体的崛起及美欧危机相继爆发,以金砖国家为代表的新兴经济体参与全球经济治理的实力与愿景愈加增强,金砖国家已成为全球经济治理的重要力量。[②] 其次是现行的全球经济治理体系未能及时完成转型。胡键(2020)通过对第二次世界大战后全球经济治理机制的分析,得出了美国在全球经济治理中的地位并未发生根本性改变,原有全球经济治理体系尚未转型,仅作出了一定调整且调整幅度较小的结论。尤其是随着美国内外政策的调整,现行全球经济治理机制在全球化震荡条件下的缺陷更是日渐显现。[③] 杨娜(2020)认为,全球经济治理陷入困境,彰显出既有经济治理机制的固有缺陷及其应对不力。[④] 最后是其他单一因素的影响。郭泽林和陈琪(2020)重点揭示了新冠肺炎疫情对全球经济治理的不利影响,认为其导致了逆全球化进程加速,加大了全球价值链重构的难度,使国际组织的权威性和

---

① 庞中英:《1945年以来的全球经济治理及其教训》,《国际观察》,2011年第2期,第1~8页。
② 关雪凌,于鹏,赵尹铭:《金砖国家参与全球经济治理的基础与战略》,《亚太经济》,2017年第3期,第5~11页。
③ 胡键:《全球经济治理体系的嬗变与中国的机制创新》,《国际经贸探索》,2020年第5期,第99~112页。
④ 杨娜:《全球经济治理机制的革新与探索》,《国际经贸探索》,2020年第12期,第67~81页。

效用性不断下降,加剧了国际经济治理变革的不确定性。① 陈伟光和刘彬(2019)认为,2008年美国次贷危机引发的全球金融危机致使全球经济遭受重创,全球自由市场经济与全球经济治理制度的结构性矛盾日益突出,世界范围内国家之间及国家内部的收入分配不公平问题日益凸显,导致全球经济治理在有效性和合法性等方面上的不足逐渐地暴露了出来。②

(二)"多因素说"

持该观点的学者认为全球经济治理困境的成因可归结为多方面因素综合作用的结果。于津平(2018)认为,现行全球经济治理体系出现僵局和危机的根源在于其既有的运行机制的缺陷和发达国家民粹主义的抬头。具体成因有四:一是全球经济治理成员国数量和各国治理议题数量增多;二是资本、技术、人员跨国流动对生产过程的全球化提出了更高要求,如确保全球生产分工的效率性、公平性、稳定性与照顾各国内部政策、发展理念、发展阶段的差异性;三是各国经济实力的相对变化,发展中国家新兴经济体的快速发展迫切要求改变长期处于全球经济治理的边缘化困境,但受制于话语权的缺失而无法得到回应;四是全球化利益分配不均,发达国家民粹主义抬头,具体体现在国家、企业、个人等各层面。③ 徐秀军(2019)分析了当前全球经济治理面临困境的三方面内在动因:一是全球经济治理主体的利益分化,国家行为体和非国家行为体都追求自身利益;二是全球经济治理客体如全球宏观经济、货币金融、贸易投资等治理难度大;三是全球经济治理制度手段的失灵,导致全球经济治理机制改革进展缓慢。④

第七节 人类命运共同体与全球经济治理的中国方案

人类命运共同体理念的提出,为全球经济治理贡献了中国方案,日益显示出强大的国际影响力、感召力、塑造力。学界从理念引领、实践探索、角色变迁和重要贡献四个方面探讨了中国参与全球经济治理的行动,揭示出人类命运共同体理念是中国对全球经济治理作出的原创性贡献。

一、中国参与全球经济治理的共同体理念

学者们分析了在全球经济治理中秉持共同体理念的必要性,认为人类命运共同体理念在全球经济治理中具有重要引导意义。洪银兴(2018)重点分析了人类命运共同体与

---

① 郭泽林,陈琪:《新冠肺炎疫情对全球经济治理的影响研究》,《经济体制改革》,2020年第6期,第29~35页。
② 陈伟光,刘彬:《全球经济治理的困境与出路:基于构建人类命运共同体的分析视阈》,《天津社会科学》,2019年第2期,第74~80页。
③ 于津平:《全球经济治理体系的变革与中国的作用》,《江海学刊》,2018年第3期,第80~86页。
④ 徐秀军:《全球经济治理困境:现实表现与内在动因》,《天津社会科学》,2019年第2期,第81~87页。

全球经济治理的联系，认为人类命运共同体是对西方发达国家贸易保护主义抬头、内顾倾向明显的有效回应，是完善全球经济治理的先进理念。这一理念蕴含着道义为先、义利平衡的正确义利观，超越了国家的狭隘和国际差异性，树立了人类整体意识，是中华文明天下大同的深邃思想的体现，彰显了负责任大国的风范和担当，将引领全球经济治理机制不足的补充和完善，对于构建更有活力、更加包容、更可持续的经济全球化具有重要引领作用。[1] 魏杰（2018）指出，在人类命运共同体引领下参与全球经济治理，推动建立公平、合理、有序的国际经济新秩序，促进世界经济的可持续发展，既是我国对外开放过程中维护自身利益的需求，也是不可推卸的责任和义务。[2] 杨宏伟和王彦涛（2017）认为，中国在人类命运共同体理念引领下积极主动参与全球经济治理，是深度融入世界经济的需要，更是促进全球经济健康可持续发展的需要。在这个过程中，将会提升我国的制度性话语权，在国际规则制定中发出中国声音，推动国际经济秩序向平等公平方向发展，促进合作共赢。[3] 于津平（2018）认为，中国始终倡导构建人类命运共同体的全球治理理念，较之于传统全球经济治理对各国发展阶段差异性和人类发展道义的轻视，人类命运共同体理念是全球化背景下世界各国关系的真实写照，其治理理念补充和完善了已有的全球经济治理观，指明了全球经济治理体系的变革方向，是促进世界各国相互尊重、减少对抗的思想基础，是凝聚全球力量打破全球经济治理僵局、回应人类社会发展重大问题的良方。[4]

二、中国参与全球经济治理的探索与实践

围绕中国参与全球经济治理的探索与实践，学者们主要从以下三个方面进行了研究：

（一）中国参与全球经济治理的必要性

张幼文等（2013）认为，全球性金融危机对国际政治经济格局产生了重大影响，由此带来的体系升级使中国未来发展面临深刻变化的国际环境。在世界经济格局变化与中国国际地位提升的条件下，中国的国际经济战略必须置身于世界政治经济的整体结构中，关注与世界的互动，通过积极参与全球经济治理，实现对外经济发展方式的转型升级。[5] 庞中英（2016）强调，中国于改革开放以后融入世界经济发展，其参与全球经济治理的过程，也是一个渐进的学习过程。[6] 陈友骏（2014）认为，改革开放促进了中国对国际体系态度和立场的根本性转变，而中国与全球经济治理的融合并非一蹴而就，从认识并接受全球经济治理概念，到完全融入相关治理机制，在经历若干发展阶段中实现

---

[1] 洪银兴：《新编社会主义政治经济学教程》，人民出版社，2018年，第460~464页。
[2] 魏杰：《强起来的新时代：战略与路径》，人民出版社，2018年，第281页。
[3] 杨宏伟，王彦涛：《贯彻落实五大发展理念》，人民出版社，2017年，第194页。
[4] 于津平：《全球经济治理体系的变革与中国的作用》，《江海学刊》，2018年第3期，第80~86页。
[5] 张幼文，等：《强国策——中国开放型经济发展的国际战略》，人民出版社，2013年，第318页。
[6] 庞中英：《亚投行：全球治理的中国智慧》，人民出版社，2016年，第64页。

了由被动反应到主动合作的态度转变。① 刘尚希和傅志华等（2018）指出，1992年邓小平南方谈话后，我国开启了以和平发展为主线的全球经济治理活动，并确立了加强与第三世界国家的团结合作的治理原则，从1997年党的十五大开始，中国提出的全球治理框架开始延伸至经济领域。直至党的十八大，义利平衡、深化合作、互利共赢等理念开启了我国全球经济治理新篇章，正式开展了全球经济治理的框架、原则、机制、策略等探索实践。② 杨丹辉（2018）认为，应对全球挑战、谋求共同发展，是中国在新时代继续扩大对外开放的重大课题。中国改革开放取得的巨大成就离不开世界各国的支持与合作，日益崛起的中国有责任也有能力与各国分享发展成果和机遇。③

（二）中国参与全球经济治理的实践探索

杨洁勉等（2019）指出，中国积极参与二十国集团、金砖国家峰会等国际对话与合作机制，加强与新兴国家经济体在经济、金融、贸易、投资等领域的合作，积极落实联合国千年发展目标和联合国2030年可持续发展议程，致力于帮助发展中国家提升发展能力，改善国际发展环境，构建广泛的发展伙伴关系。④ 杨宏伟和王彦涛（2017）认为，中国参与全球经济治理要明晰全球经济治理的目标、反对贸易保护主义、加快实施自由贸易区战略，并积极承担参与全球公共产品供给、维护国际公共安全等责任义务，坚持互利共赢理念打造人类命运共同体。⑤ 张新平（2017）认为，中国积极引领全球经济治理和区域合作发展，参与建设二十国集团、亚太经合组织等全球和区域经济合作平台，推动二十国集团加强宏观经济政策协调，加快亚太自贸区建设，鼓励各国（地区）通过改革创新挖掘增长潜力。⑥ 于津平（2018）指出，中国积极将人类命运共同体理念落实于全球经济治理行动：首先，积极维护联合国、世界贸易组织、国际货币基金组织、世界银行的地位，遵守多边体系规则，推动多边机制改革，旗帜鲜明地反对贸易保护主义，为全球经济多边治理的健康发展贡献中国力量；其次，积极承办并参与多元化国际组织（二十国集团、亚太经合组织、上海合作组织、金砖国家等）的全球性或区域性经济活动，积极与其他国家合作共商共建全球经济治理。最后，提出并落实了"一带一路"倡议。⑦

（三）中国参与全球经济治理的重要意义

国家发展改革委宏观经济研究院对外经济研究所（2018）指出，中国参与全球经济治理取得了伟大成就，积累了多方面宝贵经验；中国加入国际货币基金组织、世界银行和WTO，积极融入国际治理规则体系，在促进自身发展和丰富全球治理经验的同时，

---

① 陈友骏：《全球经济治理与中国：改革、创新与理念融合》，《亚太经济》，2014年第1期，第89~96页。
② 刘尚希，傅志华，等：《中国改革开放的财政逻辑（1978—2018）》，人民出版社，2018年，第454~455页。
③ 杨丹辉：《面向新时代加快推动形成全面开放新格局》，《区域经济评论》，2018年第3期，第5~13页。
④ 杨洁勉，等：《中国外交与和平发展》，人民出版社，2019年，第65~66页。
⑤ 杨宏伟，王彦涛：《贯彻落实五大发展理念》，人民出版社，2017年，第194~202页。
⑥ 张新平：《中国特色的大国外交战略》，人民出版社，2017年，第62~63页。
⑦ 于津平：《全球经济治理体系的变革与中国的作用》，《江海学刊》，2018年第3期，第80~86页。

还有助于国际社会客观地认识中国。① 张新平（2017）强调，中国是国际秩序的参与者和维护者，将在人类命运共同体理念引领下积极参与全球经济治理体系建设，努力为完善全球治理贡献中国智慧，携手世界各国人民推动国际秩序和全球治理体系朝着更加公正合理的方向发展。② 洪银兴（2018）强调，中国在参与全球经济治理进程中提出的"一带一路"倡议，与对外开放新格局的基本内容和具体内涵高度契合，以此为重点推动形成的对外开放新格局对于中国的现代化建设具有重要战略意义。借助"一带一路"建设加快走出去的步伐，加快推动构建双向循环的开放型经济体系，并将我国中西部地区纳入国际经济大循环，实现东中西部地区对外开放更趋平衡发展，有助于我们发挥和利用资本、技术和先进产能优势，培育创新发展新动能。③

三、中国在全球经济治理中的角色变迁

关于中国在全球经济治理中的角色变迁，学界普遍认为中国逐渐由被动融入全球化转向了主动参与全球经济治理，在参与全球经济治理过程中国际地位和话语权显著增强。

国家发展改革委宏观经济研究院对外经济研究所（2018）认为，中国立足于经济实力的快速提升，在全球治理中逐渐由被动式、接受式，转向主动推动现有经济治理体系变革。不仅积极参与传统全球经济治理体系的完善和改革，还主动塑造与构建更加公平合理的治理机制，如金砖国家峰会、亚洲基础设施投资银行等都是重要体现。④ 陈友骏（2014）强调，中国作为国际政治与世界经济的重要组成体，已成为全球经济治理的主要参与者，并担当起了富有建设性作用的关键性角色，中国参与全球经济治理的身份也随之从被动接受融入，转变为主动完善塑造。⑤ 苏宁和沈玉良（2019）认为，中国历经摆脱贫困到日益影响世界、从自己选择道路到形成世界认可的模式、从努力适应全球化到平等参与全球化、从加快本国增长到加快他国发展、从维护国家利益到承担大国责任的转变。而随着人类命运共同体的提出及实践，中国已从融入者、参与者的角色，转变为推动者和创新者。⑥ 胡键（2020）指出，在国际权力转移的进程中，中国参与全球经济治理进程虽然较晚，但自 20 世纪 90 年代以来的迅速崛起，使中国在国际社会中的作用越来越不可忽视。尤其是进入 21 世纪以后，中国在全球经济治理进程中所发挥的作用日益重要。因此，中国从参与到融入全球治理体系，开始成为全球经济治理体系的重要建设者，并作为最大的发展中国家在全球经济治理制度建设中发挥塑造者作用。⑦ 盛

---

① 国家发展改革委宏观经济研究院对外经济研究所：《开放：中国繁荣发展的必由之路》，人民出版社，2018年，第229~230页。
② 张新平：《中国特色的大国外交战略》，人民出版社，2017年，第63页。
③ 洪银兴：《新编社会主义政治经济学教程》，人民出版社，2018年，第483~484页。
④ 国家发展改革委宏观经济研究院对外经济研究所：《开放：中国繁荣发展的必由之路》，人民出版社，2018年，第230页。
⑤ 陈友骏：《全球经济治理与中国：改革、创新与理念融合》，《亚太经济》，2014年第1期，第89~96页。
⑥ 苏宁、沈玉良：《改革开放40年中国参与全球经济治理的历程与特点》，上海社会科学院出版社，2019年，第3~12页。
⑦ 胡键：《全球经济治理体系的嬗变与中国的机制创新》，《国际经贸探索》，2020年第5期，第99~112页。

斌和王璐瑶（2017）认为，随着实践的推进，中国目前在全球经济治理中的角色定位至少有三方面：一是全球化与开放经济的持续引领者；二是本国发展诉求与国家利益的维护者；三是更加公平的国际体制与秩序的建议者。① 郭周明（2018）认为，作为世界最大的发展中国家和全球第二大经济体，作为世界和平的建设者、全球发展的贡献者、国际秩序的维护者，中国有必要也有责任以更加开放的姿态参与全球经济活动，让中国发展更好惠及世界，从而为开放型世界经济发展贡献中国智慧、提供中国方案。②

四、中国参与全球经济治理的重要贡献

围绕中国在参与全球经济治理中作出的贡献，学者们的研究主要集中在以下几个方面（见表18-13）。

表18-13 学界对中国参与全球经济治理重要贡献的认识汇总表

认识维度	观点	代表学者
合作载体	"一带一路"建设为全球经济治理提供了重要的合作平台	洪银兴（2018），庞中英（2016），王艳华（2015），王新影（2020），等等
理念引领	中国在全球经济治理中引入了"包容性增长"的发展理念	盛斌和王璐瑶（2017），张新平（2017），陈友骏（2014），等等
机制建构	中国积极推动构建了全球经济治理的长效治理机制	杨洁勉等（2019），曹立（2020），陈文玲和颜少君（2012），等等

（一）为全球经济治理提供了有效载体

洪银兴（2018）从国际层面指出，"一带一路"建设已经成为当今世界全球经济治理的重要平台，借助此平台可以向沿线国家提供公共产品，分享中国经济发展成就，践行和探索包容、普惠、平衡、共赢的开放发展理念和模式，在促进全球经济治理的完善上贡献中国智慧和中国方案。③ 王艳华（2015）强调，"一带一路"是对全球经济治理的重大贡献，顺应了广大发展中国家改革全球经济治理机制的诉求，是对全球经济治理规则的补充与完善。同时，"一带一路"作为一种合作发展的理念和倡议，鼓励向西开放，带动西部开发及开放，向国际社会推行全球化的包容性发展理念。④ 王新影（2020）认为，"一带一路"倡议贡献了中国方案，为全球经济治理提供了新平台，在加强世界区域经济合作、提供最大国际公共物品、改革现行国际金融体系等方面作出了重要贡献。⑤ 张辉等（2020）指出，"一带一路"建设在推动形成全面开放新格局过程中发挥着愈来愈重要的作用，不仅能拓展中国开放之路，加速中国资本走出去，构建以中

---

① 盛斌，王璐瑶：《全球经济治理中的中国角色与贡献》，《江海学刊》，2017年第1期，第83~87+238页。
② 郭周明：《新时代推动形成全面开放新格局思考》，《中国高校社会科学》，2018年第5期，第19~25+157页。
③ 洪银兴：《新编社会主义政治经济学教程》，人民出版社，2018年，第483页。
④ 王艳华：《"一带一路"对全球经济治理的价值与贡献》，《人民论坛》，2015年第9期，第31~33页。
⑤ 王新影：《中国对非援助与贸易投资互动关系研究》，人民出版社，2020年，第195~196页。

国为节点的全球自由贸易网络,还能完善沿线国家或地区交通运输、电力基础设施建设,增加工业就业岗位。① 隆国强(2018)认为,对"一带一路"沿线的国家地区而言,与中国及其相互之间的平等互利合作,有利于更好地发挥沿线国家各自的比较优势,使其潜在的优势转化为发展的现实动力,加速其经济发展和结构升级。② 徐照林等(2016)指出,"一带一路"不仅是中国经济发展的战略构想,更是沿线各国的共同事业,有利于将政治互信、地缘毗邻、经济互补等优势转化为经济合作、文化交流,促进各国间的和平健康发展。③ 段小梅(2018)强调,"一带一路"倡议的战略思维是努力做一个负责任、敢担当的大国,坚持走中国特色社会主义的大国外交之路,其最终目的是提升全球经贸合作水平,推进全球经贸格局的重构。④

(二)为全球经济治理贡献了"包容性增长"的价值理念

盛斌和王璐瑶(2017)指出,中国主张多边贸易体制,通过二十国集团和亚太经济合作组织等国际平台积极发声,将包容性增长和发展治理引入全球经济治理的视野,并倡导以发展为导向的全球经济治理观,为全球经济治理作出了贡献。⑤ 张新平(2017)认为,中国是全球经济治理的重要参与者,在全球经济治理中主动贡献中国智慧和中国方案,并将自己的发展理念融入全球经济治理体系中,平等、开放、合作、共享的全球经济治理观反映了中国负责大国的勇气担当,为制约世界经济增长的根源性问题开出了"中国药方"。⑥ 陈友骏(2014)从中国经济发展理念的引导意义出发,认为中国在参与全球经济治理的过程中作出了多方面贡献。具体来讲,包括传递了"发展是硬道理"的理念,主张治理模式应当保持与时俱进的改革与进步,并积极与贸易保护主义作斗争,妥善处理道义与利益的关系,与世界分享改革发展成果与理念等。⑦

(三)推动构建了全球经济治理的长效治理机制

杨洁勉等(2019)重点关注了中国在全球经济治理机制改革方面的贡献,即中国将二十国集团视为参与全球经济治理的重要机制和平台,推动了二十国集团从危机应对机制向长效治理机制的转型,为加强二十国集团合作、促进世界经济发展、完善全球经济治理作出了创造性贡献,充分体现出中国在全球经济治理机制改革中的建设者和贡献者的身份和作用。⑧ 曹立(2020)认为,中国长期以来主动参与全球经济治理变革,积极推动以WTO为代表的多边主义框架建设,在维护全球经济秩序、促进经济全球化、积

---

① 张辉,闫强明,唐毓璇:《"一带一路"建设推动形成全面开放新格局》,《北京交通大学学报》(社会科学版),2020年第2期,第1~11页。
② 隆国强:《全面开放新格局与"一带一路"建设》,《中国外汇》,2018年第5期,第12~14页。
③ 徐照林,朴钟恩,王竞楠:《"一带一路"建设与全球贸易、文化交流》,东南大学出版社,2016年,第7页。
④ 段小梅:《新形势下我国开放型经济转型升级研究》,科学出版社,2018年,第87页。
⑤ 盛斌,王璐瑶:《全球经济治理中的中国角色与贡献》,《江海学刊》,2017年第1期,第83~87+238页。
⑥ 张新平:《中国特色的大国外交战略》,人民出版社,2017年,第243~244页。
⑦ 陈友骏:《全球经济治理与中国:改革、创新与理念融合》,《亚太经济》,2014年第1期,第89~96页。
⑧ 杨洁勉,等:《中国外交与和平发展》,人民出版社,2019年,第92页。

极探索促进贸易投资自由化便利化等方面作出了相应贡献。① 陈文玲和颜少君（2012）认为，中国作为当今世界新兴经济体的代表，加快推进人民币国际化进程，积极参与国际货币体系改革，促进了新型全球治理长效机制的构建，营造了更加公平合理的国际发展环境。②

第八节 总体考察

总体看来，学界对经济全球化和全球经济治理理论的研究已经取得了较为丰硕的成果，涉及经济全球化和全球经济治理的基本内涵、发展历程、现实影响等多个方面。本节以前述各节对学者们研究成果的梳理为基础，总结了学者们在探讨阐释相关理论时所呈现的研究特点，并尝试对经济全球化和全球经济治理理论的未来发展进行展望。

一、研究特点

回顾百年来学界对经济全球化和全球经济治理理论的研究，可以发现以下四个方面的主要特点：一是始终坚持以马克思主义经济全球化思想为指导；二是长期探索参与经济全球化和全球经济治理的有效路径；三是持续关注不同行为主体（包括不同国家与国际机构）参与全球经济治理的角色变迁；四是重视总结国际秩序转型的中国智慧与中国方案。

（一）始终坚持以马克思主义经济全球化思想为指导贯穿其中

马克思主义经典作家对经济全球化和全球经济治理的论述是学者们开展相关研究的重要指导，这具体表现在以下三个方面：一是坚持马克思主义的世界历史理论和世界市场理论，充分认识到经济全球化对世界经济发展的重要驱动作用，要求中国积极参与全球经济发展与治理；二是坚持经典作家对资本主义主导的经济全球化的辩证认识，在分析经济全球化内涵、特征及动力的基础上，阐述经济全球化给中国带来的机遇和挑战，并对如何应对挑战进行有益探索；三是坚持科学社会主义的基本原则，深刻剖析西方资本主义国家主导下经济全球化和全球经济治理存在的矛盾和弊端，论证以人民为中心参与经济全球化及全球经济治理的必要性和可行性，就如何通过经济全球化和全球经济治理推动中国特色社会主义事业的发展进行了深入思考。

（二）长期探索参与经济全球化和全球经济治理的有效路径

学者们在研究中分析了经济全球化的双重影响和全球经济治理的困境，阐释了积极

---

① 曹立：《大国攻坚：决胜2020》，人民出版社，2020年，第209～210页。
② 陈文玲，颜少君：《世界经济格局变化与全球经济治理新结构的构建》，《宏观经济研究》，2012年第3期，第3～10+33页。

参与经济全球化和全球经济治理的重要性，探讨了参与经济全球化和全球经济治理的有效路径。在参与经济全球化方面，学者们认为，要积极执行"引进来"与"走出去"相结合的经济方略，不断完善对外营商环境，更好利用国际国内两个市场、两种资源，以此来促进产业升级，不断提升价值链和产业链在国际分工中的地位。在参与全球经济治理方面，学者们认为，建立国际机制、遵守国际规则、追求国际正义已经成为多数国家的共识，要积极参与全球经济治理体制改革，以多边主义推动形成更加有效的多边治理机制和经济合作平台，切实维护各国在全球化中的合理利益与诉求。

（三）持续关注不同国家行为主体参与全球经济治理的角色变迁

学者们总结了全球经济治理的历史进程和现实困境，分析了不同国家行为主体在全球经济治理过程中的角色变迁，认为随着国际力量对比发生深刻变化，全球性治理挑战不断增多，主要发达国家在全球经济治理中居于主导地位、可以获得更多利益却存在领导责任缺失的问题；广大发展中国家在全球经济治理中居于不利位置，具有新的发展诉求却存在话语权不足的问题。此外，学者们从当今世界主要经济体与中国的经济关系出发，探讨了中国在参与全球经济治理过程中的角色变迁：随着中国经济体量和综合实力的增长，中国与世界的交互影响愈发频繁，逐渐由被动融入全球化转向了主动参与全球经济治理，在全球经济治理中的国际地位和话语权显著增强。

（四）重视总结国际经济秩序转型的中国智慧与中国方案

面对世界经济发展格局的深刻变化，推动全球经济治理体制变革、实现国际经济秩序转型已是大势所趋。学者们论证了中国参与全球经济治理的必要性和重要性，认为这是世界经济格局变化与中国国际地位提升共同作用的结果，将会推动国际秩序和全球治理体系朝着更加公正合理的方向发展。此外，学者们总结了国际经济秩序转型的中国贡献，从多个方面探讨了中国参与全球经济治理的行动，揭示了中国在人类命运共同体理念的引领下对全球经济治理和国际经济秩序变革的原创性贡献："一带一路"建设提供了有效载体，"包容性发展"理念贡献了新的价值引领，二十国集团峰会构建了新的长效治理机制，这些中国智慧和中国方案为全球经济的健康发展提供了重要保障。

二、未来展望

当今世界正处于百年未有之大变局当中。在新冠肺炎疫情持续蔓延、国际政治经济形势急剧变化的背景下，如何正确认识和把握经济全球化的新特点和发展趋势、处理好全球经济治理与中国式现代化发展的关系、推动建立更加公正合理的国际经济新秩序，应是未来理论研究的重点。

（一）提升对后疫情时代经济全球化特点及发展趋势的认识

随着新冠肺炎疫情席卷全球，经济全球化遭遇了严重冲击。疫情降低了世界经济的增长预期和增长速度，加深了各国对经济全球化的批评和质疑，并对全球产业链、供给链带来了负面影响，造成了多种形式民粹主义风险的兴起。这些变化要求我们不断提升对经济全球化的新特点及发展趋势的认识，及时采取相应措施解决当前背景下经济全球化出现的问题。必须看到，虽然在疫情影响下，全球化与"逆全球化"的呼声不断交织，各种贸易保护主义明显抬头；但全球化的趋势决不会就此走向终结，反而会进一步与信息技术相融合，以数字化的形态加强各国的经济融合。如何把握和顺应后疫情时代经济全球化的发展趋势，这是学界在未来应当关注的重要问题。

（二）深入思考全球经济治理与中国式现代化的关系

中国式现代化是走和平发展道路的现代化。从历史的横向来看，中国的现代化建设始终与国际经济治理体系保持着良性互动的状态。无论是在新民主主义革命时期还是在社会主义革命和建设时期，抑或是在改革开放和社会主义现代化建设时期，中国的现代化发展都与世界的整体性发展密不可分。中国特色社会主义进入新时代，中国积极倡导构建人类命运共同体，将现代化建设融入全球发展的潮流中，为世界的和平发展贡献了中国智慧和中国力量。因此，学界在今后的研究中应当注重对全球经济治理与中国式现代化关系的思考，为推动全球经济治理与中国式现代化的协同发展提供理论指导。

（三）进一步围绕推动建立国际经济新秩序展开研究

国际经济秩序是指在世界范围内围绕国际经济关系所确立的一系列国际行为规则和制度的总和。近年来，随着新兴市场国家的崛起，广大发展中国家的影响力不断提升，现行的国际经济秩序愈发不能适应时代的发展要求，建立更加公平合理的国际经济新秩序成为各国的发展共识。目前，中国关于建立国际经济新秩序的主张包括构建新型国际关系、倡导新型全球经济治理观、推进各类国际社会组织机构变革等。在未来的理论研究中，应当结合中国参与经济全球化和全球经济治理的实践，充分估计国际经济竞争和斗争的复杂性，沿着和平与发展的道路不断探索，为推动建立国际经济新秩序提供理论支持。